Zu diesem Buch

Am 12. Dezember 1979 beschloß die NATO die «Nachrüstung» Westeuropas mit neuen Mittelstreckenraketen: 108 Raketen des Typs «Pershing II», die ausschließlich in der Bundesrepublik stationiert werden sollen, und 464 Marschflugkörper («Cruise Missile»), von denen 96 in der Bundesrepublik aufgestellt werden sollen, die übrigen in Großbritannien, Italien, Belgien und Holland. Mit diesen neuen Mittelstreckenraketen können von Westeuropa aus zum erstenmal nicht nur die Verbündeten der Sowjetunion, die Staaten des Warschauer Pakts, sondern auch die westlichen Teile der Sowjetunion selbst bedroht werden.

Offiziell begründet wird diese sogenannte Nachrüstung mit einer gefährlichen militärischen Unterlegenheit der NATO, die entstanden sei, seit die Sowjetunion ihre alten Mittelstreckenraketen durch die modernen SS-20 ersetzt.

Der Kräftevergleich zwischen der NATO und dem Warschauer Pakt, den Dieter S. Lutz hier in detaillierten qualitativen Szenarien entwickelt, zeigt, daß die These von der «Raketenlücke», mit der die Nachrüstung begründet wird, nicht stichhaltig ist.

Die politische Auseinandersetzung um den sogenannten Nachrüstungsbeschluß hat gerade erst begonnen.

Die Analyse, die Dieter S. Lutz hier vorlegt, ist eine wichtige Argumentationshilfe in dieser Diskussion: sie stellt die Grundannahmen des NATO-Beschlusses dar (und in Frage), sie macht die Fakten und Daten – gegen alle Regeln demokratischer Sicherheitspolitik bisher hauptsächlich Geheimwissen der Militärexperten – im Rahmen eines Kräftevergleichs transparent(er), sie zeigt die strategischen und taktischen Ziele, die Reichweiten und die technischen Neuerungen der einzelnen Raketen auf, sie diskutiert die Skala der politischen Handlungsmöglichkeiten von einem Verzicht auf die Nachrüstung bis hin zu der notwendigen einseitigen Abrüstung und der Entwicklung alternativer sicherheitspolitischer Konzepte.

Der steigenden Gefahr eines «Weltkrieges wider Willen» kann nur begegnet werden, wenn die «Risikobereitschaft zum Krieg durch die Risikobereitschaft zum Frieden» ersetzt wird.

Dieter S. Lutz, stellvertretender wissenschaftlicher Direktor des Instituts für Friedensforschung und Sicherheitspolitik an der Universität Hamburg, hat zahlreiche Aufsätze und Bücher zum Thema Friedensforschung und Sicherheitspolitik publiziert und ist Herausgeber der Buchreihe «Militär, Rüstung und Sicherheit».

Dieter S. Lutz

Weltkrieg wider Willen?

Die Nuklearwaffen in und für Europa

rororo

Rowohlt

rororo aktuell – Herausgegeben von Freimut Duve
Originalausgabe
Redaktion Ingke Brodersen

1.–10. Tausend Oktober 1981
11.–14. Tausend Oktober 1981
15.–21. Tausend Januar 1982

Veröffentlicht im Rowohlt Taschenbuch Verlag GmbH,
Reinbek bei Hamburg, Oktober 1981

Umschlagentwurf Werner Rebhuhn
Satz Garamond (Linotron 404)
Gesamtherstellung Clausen & Bosse, Leck
Printed in Germany
1080-ISBN 3 499 14934 6

Inhalt

Teil IV:
«Weltkrieg wider Willen?» oder:
Die Kooperative Rüstungssteuerung der 80er Jahre

«Beide Weltmächte wollen keinen Krieg.
Auf beiden Seiten aber gibt es keine
ausreichende Kriegsvermeidungsstrategie.»

Bundeskanzler Helmut Schmidt,
Hamburg, 11. April 1980

Daten und Berechnungen der vorliegenden Arbeit beruhen auf den bis zum August 1980 zugänglichen Quellen. Die Chronologie des politischen Geschehens, insbesondere im Bereich der Kooperativen Rüstungssteuerung auf TNF-Ebene, wurde bis zum April 1981 fortgeführt.

Vorwort

«Die bekannte Streitfrage der Scholastiker, wie viele Engel auf einer Nadelspitze Platz haben, erregte die Gemüter der Pariser Theologen so sehr, daß sich der Dekan 1289 zu einem damals ungewöhnlichen Schritt entschloß. Des Streites der drei sich befehdenden Gruppen müde, lud er sie am ersten Sonntag nach Trinitatis in die Aula der Universität ein.

‹Wie viele Engel haben nach Eurer Meinung Platz auf einer Nadelspitze?› fragte er Le Varlin, den Sprecher der ersten Gruppe. ‹Kein einziger›, antwortete dieser, ‹die ätherische Beschaffenheit dieser Wesen ...›

‹Das wissen wir›, unterbrach ihn der Dekan und sah Grandgouche, den Sprecher der zweiten Gruppe an. ‹Was meinen Sie?›

‹Natürlich 150›, entgegnete dieser, ‹wer sich nur etwas in den Schriften des Thomas von Aquin ...› – ‹Danke›, sagte der Dekan und wandte sich an Batteux, den Verfechter des dritten Standpunkts. ‹Jeder›, sagte dieser zornig, ‹der nur etwas Verstand hat, wird wissen, daß es unzählige sind. Diese immateriellen Geschöpfe ...›

‹Gut›, sagte der Dekan laut, ‹wir kennen nun Ihre Meinungen. Jetzt passen Sie mal auf.› Er griff in seine Tasche, holte eine Nadel heraus und steckte sie mit dem stumpfen Ende in eine Tischritze. Darauf faltete er seine Hände und nach kurzer Zeit kamen einige Engel in den Raum geschwebt. Sie kreisten eine Weile über der Nadel, dann setzte sich erst einer darauf, nach einigem Zögern ein zweiter, schließlich ein dritter. Ein vierter Engel versuchte es, er rutschte aus und fiel auf den Tisch. Er versuchte es ein zweites Mal, wieder mißlang es, die Nadel bot keinen weiteren Platz mehr. Die Engel blieben eine Weile, dann verließen sie lautlos die Aula.

‹Bitte schön›, sagte der Dekan nach einer Pause, ‹es sind drei Engel, keiner mehr, keiner weniger. Und jetzt beendet den Streit.› Die Sprecher der Parteien schwiegen einen Moment.

‹Das waren aber merkwürdige Engel›, sagte Le Varlin schließlich.

‹Sie waren viel zu groß›, sagte Grandgouche.

‹Jeder, der nur etwas von Engeln versteht›, sagte Batteux, ‹wird wissen, daß es keine waren, da ihre immaterielle Substanz es ermöglicht, daß unzählige von ihnen auf einer Nadelspitze Platz haben.›

‹150›, meinte Grandgouche.

‹Keiner›, sagte Le Varlin fest.

‹Aber meine Herren›, rief der Dekan, ‹nun ist doch bewiesen ...›

‹Bewiesen ist nur eines›, sagten die Sprecher aus einem Mund, ‹daß es keine Engel waren.›

Und da sie sich das erste Mal in ihrem Leben einig waren, marschierten sie schnurstracks zum Großinquisitor, dem der Dekan schon lange ein Dorn im Auge war. Am zweiten Sonntag nach Trinitatis sah man denn auch den schönsten Scheiterhaufen, der je vor Notre Dame gebrannt hatte.»

Für die sogenannte Nachrüstungsentscheidung der NATO vom 12. Dezember 1979 besitzt die vorangehende kleine Geschichte von Robert Gernhardt (*Die Blusen des Böhmen*, Frankfurt a. M. 1977, S. 21 f) parabelhaften Charakter. Denn kaum ein Themenbereich scheint zu Beginn der 80er Jahre so wenig einer wissenschaftlichen, d. h. auf größtmögliche Objektivität bedachten Untersuchung zugänglich wie die Nachrüstungsentscheidung vom 12. Dezember 1979. Dies liegt *zum einen* in den *spezifischen* Formen und Konsequenzen begründet, mit denen die Auseinandersetzung um den NATO-Beschluß öffentlich geführt wird. Stichworte sind u. a. die Glaubwürdigkeit der divergierenden Raketenzahlen und Kräftevergleiche, das Entstehen und Erstarken nationaler Friedensbewegungen und eines europäischen Pazifismus, ferner die Regierungskrisen in den kleineren NATO-Staaten oder die aufkeimenden Zweifel an der Interessenidentität zwischen Supermacht und Bündnispartner und, nicht zu vergessen, die parteipolitische Selbstbindung unter Rücktrittsdrohung auch bundesdeutscher Politiker.

Objektivierungsschwierigkeiten scheinen *zum anderen* aber auch im Untersuchungszusammenhang *generell* begründet zu sein. Denn wie kaum auf einer anderen Ebene menschlichen Zusammenlebens stehen sich in Fragen der Kriegsverhütung und der Friedenssicherung Interessenvertreter, Scholastiker und Ideologen in besonders unversöhnlicher Weise gegenüber. Und kaum in einem anderen Politik- und Wissenschaftsbereich werden demokratische Dialogbereitschaft und Diskussionsbeiträge so schnell und radikal verdrängt, werden unbequeme Analysen und Kritiken bis hin zu persönlicher Diffamierung und Verteufelung abqualifiziert – auch und gerade von regierungsoffizieller oder quasi-offizieller Seite aus. Wie kaum ein anderer historischer Zusammenhang ist gerade aber die Geschichte des Rüstungswettlaufs gekennzeichnet von Irrtümern, Falschmeldungen, Fehleinschätzungen und Fehlentscheidungen; gleichwohl werden Fehleinschätzungen, u. a. in Form von Daten- und Kräftevergleichen, und Fehlentscheidungen, u. a. in Form von Vor- und Nachrüstungsbeschlüssen, immer wieder und stets aufs neue unbeirrt als Dogma ausgegeben. Aber auch wenn – oder: *gerade* wenn – Themen in einer Weise und Vielfalt so umstritten sind wie die sogenannte Nachrüstungsentscheidung, so kann doch nicht auf ihre wissenschaftliche Bearbeitung mit den zur Verfügung stehenden Methoden verzichtet werden. Der Versuch der nachfolgenden Studie, die Grundlagen des NATO-Beschlusses aufzuarbeiten, Daten und Fakten transparent(er) zu machen, Kräftevergleiche nachvollziehbar und gegebenenfalls abänderbar zu gestalten, sowie vorfindbare militärische und sicherheitspolitische Dogmen aufzubrechen, verlangt allerdings vor dem skizzierten Hintergrund eine Bescheidung der Ergebnisse: die Aussagen der Studie dürfen nicht erneut den Anspruch auf überzeitliche Richtigkeit oder auf zweifelsfreie Gewißheit erheben. Sie stehen vielmehr zur Disposition einer breiten und öffentlichen Diskussion, die grundsätzlich auch zu sicherheitspolitischen Themen zwischen allen gesellschaftlichen Gruppen geführt werden muß.

Dem Untersuchungsgegenstand entsprechend, d. h. bezogen auf den NATO-Doppelbeschluß, bestehend aus Nachrüstungsentscheidung und Rüstungskontrollangebot, ist die vorliegende Studie als Kräftevergleichsanalyse aufgebaut, in die Theorie und Praxis Kooperativer Rüstungssteuerung eingebettet und auf die Analyse von Kriegsgefahr und Kriegsverhütungsmöglichkeiten im euronuklearen Bereich ausgerichtet. Die beiden Leitfragen der Untersuchung sind:

1. Besitzt die WVO im TNF-Bereich tatsächlich eine gefährliche militärische Überlegenheit, die einen Nachrüstungsbeschluß der NATO im Jahre 1979 ohne Verzögerung und insbesondere ohne vorherige Rüstungssteuerungsverhandlungen erforderlich machte?
2. Ist grundsätzlich noch zu Beginn der 80er Jahre – unabhängig auch von der Antwort auf die vorangegangene Frage – ein Mehr an nuklearen Mittelstreckenraketen in Westeuropa gleichzusetzen mit einem Mehr an strategischer Stabilität und Sicherheit?

Beide Leitfragen durchziehen – quasi als roter Faden – die Studie. Gleichwohl sind die einzelnen Kapitel und Teile der Untersuchung in sich abgeschlossen, können also auch – je nach Vorkenntnis und Interesse – selektiv gelesen werden.

Methodisch betritt die Untersuchung in vielerlei Hinsicht Neuland: ihre dynamischen Kräftevergleiche in Form von Szenario-Analysen widersprechen u. a. der Ansicht des Bundesministeriums für Verteidigung, es gäbe «keine Methode, qualitative Aspekte in mathematische Formeln so umzusetzen, daß die Qualität von Potentialen in Zahlen dargestellt werden kann». Die Diskussion um die Ergebnisse der Kräftevergleiche muß also auch als Frage nach der Methodologie von militärischen Beurteilungen und Analysen geführt werden. Im Mittelpunkt der Diskussion einer auf Kriegsverhütung ausgerichteten Sicherheitspolitik müssen aber sicherlich jene in die Zukunft weisenden (destabilisierenden) Tendenzen und Strukturen stehen, die – quasi als Nebenprodukte der Kräftevergleiche – offengelegt werden können und die in die zentrale Frage nach der Gefahr eines *Weltkrieges wider Willen* einmünden: Droht ein Nuklearkrieg, der vorbeugend und ohne eigene Absichten und *nur* aus dem einen Grund geführt wird, dem möglichen Gegner zuvorzukommen?

Hamburg, August 1981 — Dieter S. Lutz

Teil I:

Kooperative Rüstungssteuerung und das militärische Kräfteverhältnis

Einleitung, Fragestellung, Methodologie

Die vorliegende Arbeit nimmt den sog. «Doppelbeschluß» der NATO vom Dezember 1979 – bestehend aus «Nachrüstungsentscheidung» und «Rüstungskontrollangebot» – zum Anlaß, nach der Kriegsgefahr und nach den Kriegsverhütungsmöglichkeiten in den 80er Jahren auf euronuklearer Ebene zu fragen. Entsprechend ist die Untersuchung

- ausgerichtet auf Kriegsverhütungsmaßnahmen,
- problemorientiert an der Erforderlichkeit einer Nachrüstung der NATO,
- beschränkt auf die «Nuklearkräfte in und für Europa»,
- aufgebaut als Kräftevergleichsanalyse sowie
- eingebettet in die Theorie und Praxis Kooperativer Rüstungssteuerung (KRSt).

1. Kooperative Rüstungssteuerung als Strategie der Sicherheitspolitik

Äußere Sicherheitspolitik [1] kann definiert werden als Vorsorge gegen Eingriffe von außen, die mit Androhung oder Anwendung insbes. militärischer Gewalt die Entschlußfähigkeit der Regierung, die Entscheidungsfreiheit des Parlaments, die eigenständige Entwicklung der Gesellschaft oder die Existenz des Staates und der ihm angehörenden Menschen gefährden. [2] Gewahrt werden soll die politische Unabhängigkeit, die territoriale Integrität sowie die Lebensfähigkeit eines Landes und die Existenzerhaltung und -entfaltung seiner Bürger. [3]

---

1 Vgl. zu folgendem auch: Baudissin, Wolf Graf von/Lutz, Dieter S., Kooperative Rüstungssteuerung in Europa, IFSH-Forschungsberichte 11/1979; Baudissin, Wolf Graf von/Lutz, Dieter S., Arms Control in Europe, IFSH-Forschungsberichte 16/1980; zum Sicherheitsbegriff und zur Sicherheitspolitik vgl. u. a.: Schwarz, Klaus-Dieter (Hg.), Sicherheitspolitik. Analysen zur politischen und militärischen Sicherheit, Bad Honnef–Erpel 1978 [3], und dort insbes. die Beiträge: Frei, Daniel/Gaupp, Peter, Das Konzept «Sicherheit» – Theoretische Aspekte, ebd., S. 3–16; Bertram, Christoph, Sicherheit in einer sich ändernden Welt, ebd., S. 17–23; Forndran, Erhard/Friedrich, Paul J. (Hg.), Rüstungskontrolle und Sicherheit in Europa. Mit einem Vorwort von Ulrich Scheuner, Bonn 1979, und dort insbes.: Forndran, Erhard, Ist Rüstungskontrolle noch relevant? – Rüstungskontrolle als Instrument der Sicherheitspolitik, S. 3–21; Pawelczyk, Alfons, Sicherheits- und bündnispolitische Interessen der Bundesrepublik und Rüstungskontrolle, ebd., S. 233–241; Hütter, Joachim, Nationale Sicherheitsinteressen als Rahmenbedingungen der Rüstungskontrolle, ebd., S. 245–256; Mertes, Alois, Sowjetische Kriterien der Sicherheit und Rüstungskontrolle – Konzeptionelle Gegensätze und Unterschiede zum Westen, ebd., S. 257–272; Friedrich, Paul J., Dimensionen der Rüstungskontrolle und sicherheitspolitische Optionen der Bundesrepublik Deutschland, ebd., S. 349–359; Kaiser, Karl/Kreis, Karl Markus (Hg.), Sicherheitspolitik vor neuen Aufgaben, Frankfurt a. M. 1977, und dort insbes.: Noack, Paul, Ost-West-Verhandlungen als Instrument von Sicherheitspolitik: Das Beispiel der KSZE, ebd., S. 77–93; Potyka, Christian, Dimensionen der Sicherheitspolitik in der Öffentlichkeit, ebd., S. 353–373; Kreis, Karl Markus, Zum Verhältnis von Sicherheit und Wandel im Westen, ebd., S. 404–414; Kaiser, Karl, Die Sicherheit Europas und die Politik der Bundesrepublik Deutschland, ebd., S. 415–440; Krell, Gert, Die Entwicklung des Sicherheitsbegriffes, in: Beiträge zur Konfliktforschung 3/1980, S. 33–57.

2 Vgl. auch: Baudissin, Wolf Graf von, Arms Reduction in Europe, in: ders./Lutz, Dieter, S., Kooperative Rüstungssteuerung in Theorie und Wirklichkeit, IFSH-Forschungsberichte 6/1978, S. 1; zum Ziel der Existenzerhaltung und -entfaltung der Bürger und Bewohner eines Staates vgl. auch; Lutz, Dieter S., «Positiver Frieden» als Verfassungsauftrag, in: Friedensanalysen. Für Theorie und Praxis Bd. 6, Frankfurt a. M. 1977, S. 178–199, 180f, 183ff; Lutz, Dieter, S./Rittberger, Volker, Abrüstungspolitik und Grundgesetz. Eine verfassungsrechtlich-friedenswissenschaftliche Untersuchung, Baden-Baden 1976, insbes. S. 139ff.

3 Ziel der Vorsorge ist jedoch immer nur eine relative Sicherheit; denn weder kann ein

Europäische Sicherheitspolitik will sich im Zuge des Entspannungsprozesses allerdings nicht nur als Vorsorgepolitik, sondern zunehmend auch als Beitrag zur Friedenspolitik verstanden wissen.[4] Anders als in der Periode des Kalten Krieges versuchen die Akteure ihre Interdependenz und damit auch das komplizierte Verhältnis, für einander zugleich Antagonist und Partner zu sein, anzuerkennen. Sie finden sich zu bi- und multilateralen Gesprächen und Abkommen auf den verschiedenen Sachgebieten und Ebenen in unterschiedlichen Zusammensetzungen bereit.[5] Sicherheit definiert sich somit nicht länger als bloße Negation ihres Gegenteils, der Unsicherheit, sondern positiv[6] als beginnender Prozeß in Richtung auf stabile und partnerschaftliche zwischenstaatliche Beziehungen bzw. Lebensbedingungen[7], unter denen gewaltfreier Konfliktaustrag und Kooperation zu verbindlichen Normen werden.

Zustand völliger Konfliktlosigkeit geschaffen noch können alle denkbaren Möglichkeiten der Gefährdung ausgeschlossen werden. «Gesellschaften können sich nicht in einen Bunker begeben; das hielte nicht einmal ein einzelner Mensch lange durch» – Schubert, Klaus von, Bedingungen des Überlebens. Sicherheitspolitik und politische Moral zwischen Militärstrategie und Waffentechnik, B 10/1980, S. 34.

4 Zur Frage «Was ist Friedenspolitik?» vgl. auch den gleichnamigen Baustein in: Lutz, Dieter S./Schierholz, Henning, Friedens- und Abrüstungspolitik. Baustein für die politische Bildungsarbeit, Waldkirch 1978, S. 12ff; vgl. ferner: Rittberger, Volker, «Frieden ist mehr als kein Krieg» – Gewaltpolitik als Problem der Friedensforschung, in: B 20/1977, S. 19–29.

5 Baudissin, Wolf Graf von, a. a. O. (Anm. 2), S. 2.

6 Wenn wir in unserem Problemkontext «positive Sicherheit» nur unter dem Blickwinkel militärischer Aspekte, insbes. der Gefahr eines Krieges sehen, so soll dennoch nicht unerwähnt bleiben, daß diese Sichtweise trotz aller Legitimationskraft eben doch auch die Arroganz der satten und reichen Völker dieser Erde widerspiegelt. Denn die Ängste und Bedrohtheitsgefühle weiter Teile der Erdbevölkerung resultieren eben nicht aus einer – für wie wahrscheinlich auch immer gehaltenen – militärischen Auseinandersetzung zwischen Ost und West, sondern aus dem ständigen Mangel an Möglichkeiten zur Ernährung, Kleidung, Wohnung und medizinischen Versorgung sowie aus dem unmittelbaren Erleben, besser: Erleiden individueller und gesellschaftlicher Ausbeutung, Unterdrückung, Vertreibung, Folter, von Diktatur, Terrorismus und Chaos. Insbesondere in den Augen der derzeit 800 Millionen in Massenarmut und Massenelend lebenden Menschen der Dritten Welt kann Krieg nichts anderes sein als lediglich eine spezifische Form ihres alltäglichen und permanenten Existenzkampfes. Mehr noch: Die Opfer dieses schleichenden, stillen Kampfes gehen weit über das Leid und Elend der beiden vergangenen Weltkriege hinaus. Allein an Hunger und seinen Folgen sterben in der Dritten Welt pro Jahr ca. 30 bis 40 Millionen Menschen, d. h. ca. 100000 pro Tag; darunter sind laut UNICEF, dem Kinderhilfswerk der Vereinten Nationen, jährlich über 12 Millionen Kinder unter 5 Jahren. Vor diesem Hintergrund verliert die Frage der Kriegsverhütung zwar nicht ihre grundsätzliche Berechtigung, gleichwohl verändert sich doch ihr moralischer Impuls. Denn für die Betroffenen macht es keinen Unterschied, ob sie im Krieg getötet werden oder durch Hunger sterben. Die jährlichen finanziellen Aufwendungen zur Kriegsverhütung – und als solche werden die Rüstungsausgaben bezeichnet – liegen aber um das Zwanzigfache höher als die Ausgaben für die staatliche Entwicklungshilfe.

7 Vgl. Schubert, Klaus von, Sicherheitspolitik, in: Zoll, Ralf/Lippert, Ekkehard/Rös-

In der Realität der internationalen Beziehungen hat militärische Macht als Mittel der Sicherheitspolitik ihre Bedeutung dennoch nicht verloren. Auch im Rahmen des Entspannungsprozesses der vergangenen Jahre war kein Staat bereit, auf militärische Vorsorge als «Standbein» seiner äußeren Sicherheit zu verzichten. Die «gesicherte Verteidigungsfähigkeit und das Gleichgewicht der militärischen Kräfte» wurden und werden im Gegenteil offiziell gerade als «Grundlage der Entspannungsbereitschaft»[8] angesehen. Deutlicher noch: Erst «die Fähigkeit, sich notfalls verteidigen zu können, erlaubt die Suche nach politischen Vereinbarungen, die den Frieden sicher machen»[9].

Die «Fähigkeit, sich verteidigen zu können» ist allerdings für Länder wie die Bundesrepublik nicht unbestritten[10], zumindest muß sie – in einem doppelten Sinne – folgenorientiert[11] verstanden werden: Zum einen muß sie die grauenvollen Konsequenzen und Auswirkungen eines möglichen (dritten Welt-)Krieges für die eigene Bevölkerung und die Menschheit berücksichtigen. Eine Sicherheitspolitik auf der Grundlage militärischer und insbes. nuklear-technologischer Waffensysteme darf deshalb nur *prohibitiv* der gegenseitigen Abschreckung dienen, d. h., sie darf ausschließlich *Kriegsverhütungs*vorkehrungen treffen, nicht aber auf Kriegsvorbereitungs- und Kriegs*führungs*maßnahmen ausgerichtet sein.

Zum anderen muß militärische Sicherheitspolitik auch die Sicherheitsbedürfnisse der Nachbarn und der möglichen Kontrahenten berücksichtigen, da schon jede vage Vermutung eines drohenden Krieges den potentiellen Gegner selbst zum Präventiv- oder Präemptivschlag veranlassen, jede sich abzeichnende Unausgewogenheit der Kräfteverhältnisse zum Auslöser der Katastrophe werden kann. Denn zum Kern, jedenfalls herkömmlicher Sicherheitspolitik, gehört es, den potentiellen Gegner als tatsächlichen Feind zu betrachten, seine Aggressionsbereitschaft zu unterstellen oder nicht

---

sel, Tjark (Hg.), Bundeswehr und Gesellschaft. Ein Wörterbuch. Opladen 1977, S. 267, 268.

8 Bundesminister der Verteidigung – Planungsstab (Hrsg.), Die nuklearen Mittelstrekkenwaffen. Modernisierung und Rüstungskontrolle. Texte, Materialien und Argumente zum Beschluß der NATO vom 12. Dezember 1979, o. O. 1980, S. 2.

9 Ebd.; die Formel, auf die sich das Konzept bringen läßt, findet sich im Titel des Buches von: Walpuski, Günter, Verteidigung + Entspannung = Sicherheit, Texte und Materialien zur Außen- und Sicherheitspolitik, Bonn-Bad-Godesberg 1975[2].

10 Vgl. dazu ausführlich: Weizsäcker, Carl Friedrich von (Hg.), Kriegsfolgen und Kriegsverhütung, München 1971; ferner die Kurzfassung der Weizsäcker-Studie: Afheldt, Horst u. a., Durch Kriegsverhütung zum Krieg, München 1972, S. 10, 18; zur Sowjetunion vgl. noch in folgendem Abschn. 9.3.

11 Zur Folgenorientierung vgl.: Lutz, Dieter S., Verteidigung + Folgenorientierung = Sicherheit, IFSH-Forschungsberichte 2/1977; Lutz, Dieter S., Peace and Security by Means of Arms Limitations – Six Imperatives of the German Grundgesetz to Orient Defense Policy towards its Consequences, in: Journal of Peace Research No. 2/1977 (Vol. XIV), S. 129–144.

auszuschließen und sich auf den «schlimmsten Fall» (*worst case*) vorzubereiten. Unausgewogenheiten im militärischen Kräfteverhältnis werden als untragbare Verwundbarkeit empfunden, die zu erhöhten Rüstungsanstrengungen herausfordert. Die Versuchung, in irgendeiner Phase der ständigen Auf- und Umrüstung sowie der wechselnden Kräfteverhältnisse und -vorteile zum präemptiven bzw. präventiven Krieg zu schreiten, wird daher sowohl für den stärkeren (und in Zukunft vielleicht wieder schwächeren) als auch für den schwächeren (und in absehbarer Zeit womöglich noch schwächeren) der Kontrahenten zum ernsten Problem.[12] Beide Gegner sehen die zielstrebigen Aufrüstungsbemühungen des anderen, beide wissen nicht, ob die Bemühungen nicht bereits als konkrete Kriegsvorbereitungsmaßnahmen gedacht sind bzw. zu einem Kräfteverhältnis führen, das die andere Seite zum indirekten Einsatz ihrer Streitkräfte anreizt. Auch ohne ernsthafte eigene Absichten werden beide Parteien also permanent glauben, vom *worst case* ausgehen zu müssen, und ständig mit dem Gedanken des Präemptiv- oder Präventiv-Krieges spielen. Diese, dem Abschrekkungssystem immanente Kriegsgefahr zu beseitigen, ist – im dialektischen Prozeß mit der Entspannungspolitik – Aufgabe der «Kooperativen Rüstungssteuerung».

1.1 Kräftevergleiche und strategische Stabilität im Rahmen der Kooperativen Rüstungssteuerung

Unter Kooperativer Rüstungssteuerung (KRSt) ist eine politisch-militärische Konzeption zu verstehen, nach der Staaten oder Bündnisse trotz aller bestehenden Konflikte und Antagonismen als «Partner» ihre Militärpotentiale, deren Strategien, Umfang, Strukturen, Dislozierung und sogar deren taktischen Einsatz im Interesse ihrer beiderseitigen Sicherheit aufeinander abstimmen sollen.[13] Im Entwurf wurde KRSt[14] etwa um das Jahr 1960 unter dem angelsächsischen Begriff der Arms Control (Rüstungskontrolle) entwickelt.[15] Historisch lassen sich seine Wurzeln bis zu den Abrüstungsbemühungen der Industrienationen des 19. Jahrhunderts zurückver-

---

12 Vgl. dazu auch: Lutz, Dieter S., Will a Third World War Occur in the Eighties?, in: Gandhi Marq 1/1979 (Vol. 1), S. 19; Lutz, Dieter S., Sowjetische Nuklearrüstung und SALT, in: ders. (Hg.), Militär, Rüstung, Sicherheit Bd. 1: Die Sowjetunion. Rüstungsdynamik und bürokratische Strukturen. Baden-Baden 1979, S. 123–160.

13 Vgl. so: Baudissin, Wolf Graf von, Kooperative Rüstungssteuerung, in: Zoll, Ralf u. a., a. a. O. (Anm. 7), S. 140.

14 Der Begriff der Kooperativen Rüstungssteuerung, der sich im deutschen Sprachraum durchgesetzt hat, ist zurückzuführen auf: Baudissin, Wolf Graf von, Grenzen und Möglichkeiten militärischer Bündnisse, in: EA 1/1970, S. 5, Anm. 4.

15 Wegweisend: Brennan, Donald G. (Hg.), Strategie der Abrüstung. Achtundzwanzig Problemanalysen. Deutsche erweiterte Ausgabe, herausgegeben in Verbindung mit

folgen. Anders aber als die Bemühungen um eine weltweite Abrüstung, anders auch als die noch 1962 von den beiden Supermächten vorgelegten Vertragsentwürfe für eine «allgemeine und vollständige Abrüstung» (General and Complete Disarmament) will die Konzeption der KRSt keine kurz- oder mittelfristig kaum erfüllbare Erwartungen wecken, sondern sich Schritt für Schritt in einem sicherlich nicht immer geradlinigen Prozeß dem Ideal einer Welt ohne Waffen nähern bzw. Voraussetzungen für die weltweite und vollständige Abrüstung schaffen.[16]

Obwohl die KRSt also – wenn auch je nach Ausrichtung mit unterschiedlicher Intensität – einerseits der Abrüstung als Endziel verpflichtet bleibt[17], versucht sie andererseits doch, pragmatisch die sich aus der Existenz nuklearer Vernichtungspotentiale ergebenden politischen wie militärischen Folgen zu verarbeiten. Insbesondere beläßt sie die militärische Abschreckungsstrategie in ihrer zentralen Rolle als Mittel der Kriegsverhütung. Je nach Forschungsrichtung steht jedoch die mehr kurz- oder mittelfristig zu lösende Frage im Vordergrund, mit welchen Mitteln und durch welche Prozesse die gegenseitige Abschreckung zu stabilisieren sei[18] oder – mehr langfristig – wie das stabilisierte bzw. noch zu stabilisierende Abschreckungssystem durch Abrüstung überwunden werden könne.[19] KRSt kann somit als Strategie[20] für die gemeinsame Aufrechterhaltung glaubwürdiger gegenseitiger Abschreckung bezeichnet werden – allerdings langfristig mit der Perspektive weniger bedrohter, weniger bedrohlicher und weniger kostspieliger Potentiale.[21] Kurz- und mittelfristig dagegen ist eine Konzeption der KRSt, die vorrangig auf Stabilisierung des Abschreckungssystems zielt, mehr oder weniger auf die Perfektionierung des klassischen *balance of power*-Mechanismus ausgerichtet.[22] Eine solche Perfektionierung kann sowohl partielle Aufrüstungs- wie Reduzierungsmaßnahmen einschließen.[23]

Kooperative Rüstungssteuerung kann dann als erfolgreich angesehen

---

dem Forschungsinstitut der Deutschen Gesellschaft für Auswärtige Politik von Uwe Nerlich, Gütersloh 1962.

16 Baudissin, Wolf Graf von/Zoll, Ralf u. a., a. a. O. (Anm. 7), S. 140f.

17 So nachdrücklicher: Müller, Martin, Die Theorie der Kooperativen Rüstungssteuerung, in: Schwarz, Klaus-Dieter, a. a. O. (Anm. 1), S. 151f.

18 Stellvertretend: Schelling, Thomas C., Reziproke Maßnahmen zur Stabilisierung der Rüstungen, in: Brennan, Donald, G., a. a. O. (Anm. 15), S. 186–207.

19 Stellvertretend: Wiesner, Jerome B., Umfassende Systeme der Rüstungsbeschränkung, in: Brennan, Donald G., a. a. O. (Anm. 15), S. 219–257.

20 Martin Müller bezeichnet Kooperative Rüstungssteuerung zu Recht auch als «handlungsleitende Theorie» – a. a. O. (Anm. 17), S. 152ff.

21 So Baudissin, Wolf Graf von, a. a. O. (Anm. 2), S. 6; ders. bereits: Kooperative Rüstungssteuerung als Mittel der Entspannungspolitik, in: Information für die Truppe 7/1972, S. 14f.

22 Vgl. Müller, Martin, a. a. O. (Anm. 17), S. 156.

23 Zu den Teilzielen einer auf Abschreckung zielenden Theorie Kooperativer Rü-

werden, wenn es ihr gelingt, strategische Stabilität zu erhalten bzw. zu optimieren. Im Rahmen einer Strategie glaubwürdiger gegenseitiger Abschreckung verlangt dies eine «ausgewogene Leistungsbilanz»[24] der militärischen Kräfteverhältnisse. Instrument des Bilanzierungsversuchs ist der Kräftevergleich. Unter Bedingungen einer qualitativen Rüstungsdynamik, die neue Kapazitäten und Fähigkeiten erschließt, sowie die unterschiedlichsten taktischen, militärstrategischen, ja politischen Optionen eröffnet, kann der traditionelle Kräftevergleich auf der Basis lediglich numerischer Aufrechnung von Potentialen aber kaum noch die realen Kräfteverhältnisse widerspiegeln. Mit anderen Worten: Weder der Kräftevergleich als Versuch der Bilanzierung noch die KRSt selbst als Strategie der Sicherheitspolitik dürfen auf bloßer Parität im Sinne einer Gleichartigkeit und eines zahlenmäßigen Gleichstandes von Soldaten und/oder bestimmten Waffensystemen abzielen. Beiden – der KRSt wie dem Kräftevergleich – muß vielmehr die generelle Ausgewogenheit der Kräfte, definiert als Äquivalenz der sicherheitspolitischen und strategischen Fähigkeiten und Optionen[25] (vgl. dazu noch Abschn. 2.1) wichtiger sein als lediglich Umfang und Art einzelner Teilstreitkräfte, Waffengattungen oder Potentiale.

Haben also die Erfordernisse der «ausgewogenen Leistungsbilanz» und der «strategischen Stabilität» auf der Basis einer Äquivalenz von gegnerischen Fähigkeiten und Optionen nur noch wenig mit einer simplen Aufrechnung oder einer numerischen Parität gemein, so stehen sie auch nicht in automatischem Widerspruch zum Prinzip der Hinlänglichkeit (*sufficiency*). Im Gegenteil erweitert das Begnügen mit der Hinlänglichkeit als Maßstab des Kräftevergleichs das Spektrum der kriegsverhütend und friedensfördernd wirkenden Maßnahmen. Denn solange das Kräfteverhältnis jeden Versuch einer Konfliktregelung mit militärischen Mitteln deutlich als kalkuliert untragbares Risiko[26] erkennen läßt, können auch partielle oder temporäre Unterlegenheiten in Kauf genommen oder als Steuerungsmittel sogar bewußt eingesetzt werden. Ohne aktuelle Risiken zu erzeugen, können also u. U. gerade einseitige Begrenzungsmaßnahmen und politisch gewollte Disparitäten bestehende Bedrohtheitsgefühle und tiefverwurzeltes Mißtrauen abbauen helfen und langfristig stabilisierend wirken.

---

stungssteuerung vgl. den Katalog bei: Forndran, Erhard, Rüstungskontrolle. Friedenssicherung zwischen Abschreckung und Abrüstung, Düsseldorf 1970, S. 122f; zu den Teilzielen einer die «Abrüstung» als Gesamtziel verarbeitenden Theorie vgl.: Wiesner, Jerome B., a. a. O. (Anm. 19), S. 227f.

24 Vgl. Baudissin, Wolf Graf von, a. a. O. (Anm. 2), S. 4–6.

25 Vgl. dazu auch: Lutz, Dieter S., How much is enough? Wieviel an Vernichtung(skapazität) ist genug? Ein Worst-Case-Szenario gegen West-Europa, IFSH-Diskussionsbeiträge 17/1980, S. 9.

26 Vgl. Rosenkranz, Erhard, Abschreckung durch flexible response – eine Mystifikation?, in: ders./Jütte, Rüdiger, Abschreckung contra Sicherheit?, München 1975, S. 15–77.

Unilaterale Teilschritte ebenso wie gegenseitige Vereinbarungen sind letztendlich allerdings nur wirksam und auf Dauer erfolgversprechend, wenn Rüstungssteuerung *insgesamt* kooperativ gehandhabt wird. Jeder kompetitive oder konfrontative Ansatz wirkt unweigerlich kontraproduktiv. Fortschritte in der Abrüstungspolitik sind deshalb nur zu erwarten, wenn das Verhalten aller Parteien erkennen läßt, daß sie das Sicherheitsbedürfnis der jeweiligen Gegenseite entspannungskonform ernst nehmen, für sich selbst auf maximale Sicherheitsvorkehrungen verzichten und in eine möglichst weitgehende Transparenz ihrer Absichten, Entscheidungsprozesse, Strategien und Potentiale einwilligen.[27]

1.2 Kooperative Rüstungssteuerung und militärisches Kräfteverhältnis

Folgen wir Abschn. 1.1, so können wir als Voraussetzungen einer erfolgreichen KRSt einerseits den Willen und die Bereitschaft zu kooperativer Politik sowie andererseits eine weitgehende Übereinstimmung in der Beurteilung der Kräfteverhältnisse und in der Bilanzierung des Kräftevergleichs festhalten. In der Realität der Rüstungssteuerungspolitik zwischen Ost und West sind beide Komponenten allerdings (noch) nicht selbstverständlich, und es spielen insbesondere divergierende Einschätzungen der militärischen Kräfteverhältnisse eine die Verhandlungen und Vereinbarungen – innergesellschaftlich wie zwischenstaatlich – hemmende Rolle. Die Verhandlungen über die Begrenzung strategischer Waffensysteme zwischen den Weltmächten USA und UdSSR (SALT) sowie über einen Streitkräfteabbau in Mitteleuropa zwischen Staaten der NATO und der WVO (MBFR) sind Beispiele dafür. Im folgenden wollen wir beide Praxisebenen kurz durchleuchten (Abschn. 1.2.1 und 1.2.2), um dann zum jüngsten Problembereich der Rüstungssteuerungspolitik, den «Nuklearkräften in und für Europa», zu kommen (Abschn. 1.2.3).

1.2.1 Die nuklear-strategische Rüstung und SALT

Das erste Abkommen[28] über die Begrenzung strategischer Waffensysteme (Strategic Arms Limitation Talks – SALT) ist bereits am 3. Oktober 1972[29]

---

27 Baudissin, Wolf Graf von, a. a. O. (Anm. 2), S. 6f.

28 Vgl. zu folgendem ausführlicher: Lutz, Dieter S., Sowjetische Nuklearrüstung und SALT, a. a. O. (Anm. 12); ders., Strategic Arms Limitation Talks (SALT), in: Baudissin, Wolf Graf von/Lutz, Dieter S., a. a. O. (Anm. 2), S. 29ff.

29 Zur Vorgeschichte und den ersten Verhandlungsrunden von SALT vgl.: Caldwell,

in Kraft gesetzt worden. Es umfaßt den Vertrag über Systeme zur Abwehr ballistischer Raketen (Anti-Ballistic-Missiles – ABM)[30] sowie ein Interimsabkommen über die Begrenzung strategischer Angriffswaffen nebst Protokoll. Diese Texte wurden durch ein Memorandum über die Einsetzung einer ständigen Beratungskommission (Standing Consultative Commission – SCC) vom 21. Dezember 1972 ergänzt und durch eine gemeinsame, in Wladiwostok abgegebene amerikanisch-sowjetische Erklärung über strategische Angriffswaffen am 24. November 1974 bestätigt.[31] Im Gegensatz zum Interimsabkommen, das nur für einen Zeitraum von fünf Jahren abgeschlossen wurde, gilt der 2. Teil des SALT I-Vertrages, die ABM-Vereinbarung, unbefristet. Das zweite SALT-Abkommen[32] ist erst vier Jahre nach Wladiwostok, d. h. sieben Jahre nach SALT I, am 18. Juni 1979 in Wien von US-Präsident Carter und dem sowjetischen Generalsekretär Breschnjew unterzeichnet worden. Der Vertrag stellt das Produkt von knapp 300 zähen Sitzungen dar. Er besteht aus drei wesentlichen Teilen[33]:

– Dem «Vertrag zwischen der Union der Sozialistischen Sowjetrepubliken und den Vereinigten Staaten von Amerika über die Begrenzung der strategischen Offensivwaffen», der bis Ende 1985 gelten soll;
– dem «Protokoll zum Vertrag», das bis zum 31. Dezember 1981 befristet ist;
– und einer «Gemeinsamen Erklärung über die Grundsätze und Hauptrichtungen der folgenden Verhandlungen über die Begrenzung der strategischen Waffen».

Darüber hinaus sind dem Vertrag angeschlossen:

– Eine Interpretationsvereinbarung;

Lawrence T., Soviet Attitudes to SALT, Adelphi Papers No. 75. The Institute for Strategic Studies, London 1971; Payne, Samuel P., The Soviet Debate on Strategic Arms Limitations: 1969–1972, in: Soviet Studies No. 1/1975 (Vol. XXVII), S. 27–45; Newhouse, John, Cold Dawn. The Story of SALT, New York 1973; Leitenberg, Milton, SALT als Mittel der Rüstungskontrolle, in: Beiträge zur Konfliktforschung 2/1974, S. 15–41 und 3/1974, S. 89–120.

30 Zu den «Antiraketen-Raketensystemen und Rüstungskontrolle (*arms control*)», vgl. den gleichnamigen – in einigen Teilen allerdings durch die Realität überholten – Aufsatz von Delbrück, Jost, in: Abschreckung und Entspannung. Fünfundzwanzig Jahre Sicherheitspolitik zwischen bipolarer Konfrontation und begrenzter Kooperation. Veröffentlichung des Instituts für Internationales Recht an der Universität Kiel Bd. 76, Berlin 1977, S. 770–779; vgl. ferner: Fahl, Gundolf, SALT I. Die strategische Grenznachbarschaft von USA und UdSSR, Berlin 1977, S. 24–30.

31 Die genannten Texte sind abgedruckt unter Abschn. 8 in: Fahl, Gundolf, Internationales Recht der Rüstungsbeschränkung, Berlin 1975 ff.

32 SALT II ist abgedruckt in: EA 15/1979, S. D 367ff; ferner als Kapitel III in: Krell, Gert/Lutz, Dieter S., Nuklearrüstung im Ost-West-Konflikt. Potentiale, Doktrinen, Rüstungssteuerung, Baden-Baden 1980, S. 179–213.

33 Dazu ausführlicher: Baudissin, Wolf Graf von/Lutz, Dieter S., a. a. O. (Anm. 1), S. 24ff; Krell, Gert/Lutz, Dieter S., Rüstungskontrolle von SALT I zu SALT III, in: Osteuropa 12/1979, S. 1008–1020.

- eine Stellungnahme Breschnjews zur Frage des sowjetischen Bombers vom Typ BACKFIRE sowie
- ein Memorandum und zwei Stellungnahmen der SALT-Delegationsleiter zu den Bestandszahlen der von beiden Seiten dislozierten strategischen Waffen.

Analysiert man die Verhandlungsergebnisse, so kann zumindest SALT I noch nicht als Abrüstungsvereinbarung angesehen werden. Zwar hat der ABM-Vertrag die Beendigung des Rüstungswettlaufs um die strategisch destabilisierenden und außerordentlich kostspieligen Anti-Raketen-Raketen gebracht. Ferner ist die Bedeutung von SALT I für die Verifikation nicht zu bestreiten: Keine der beiden Vertragsparteien darf länger die Tätigkeit der Beobachtungssatelliten technisch stören oder durch vorsätzliche Tarnung beeinträchtigen. Mit SALT I hat sich also auch die Sowjetunion erstmals eindeutig bereit erklärt, die uneingeschränkte Bewegungsfreiheit von Aufklärungssystemen zu akzeptieren.[34] Hervorzuheben ist schließlich auch, daß die Vertragsparteien und damit auch die UdSSR das in der sowjetischen Militärdoktrin bislang geleugnete «Abschreckungsprinzip» vertraglich bestätigen[35]: SALT und insbesondere der ABM-Vertrag setzen eindeutig die «Verletzbarkeit» (*vulnerability*) des potentiellen Gegners voraus – also ein Grundprinzip nuklearer Abschreckungsstrategie. Die Geiselrolle der Bevölkerung wird als Sicherung vor nuklearen Überraschungsschlägen betrachtet.

Anders als für das ABM-Abkommen waren jedoch die Voraussetzungen für den Erfolg der eigentlichen, auf Abrüstung und Rüstungsbegrenzung abzielenden Teilvereinbarung von SALT I, dem Interimsabkommen, 1972 noch nicht erfüllt. Offensichtlich fehlte es bis zu diesem Zeitpunkt an einer gemeinsamen, von beiden Vertragspartnern getragenen Einschätzung der nuklear-strategischen Kräfteverhältnisse. Als Folge wurde keine Begrenzung des aktuellen Waffenbestandes vereinbart, sondern Obergrenzen für die Zukunft ausgehandelt. Darüber hinaus wurden auch diese Obergrenzen so hoch angesetzt, daß der Vertrag selbst im Rahmen seiner Bestimmungen und Verbote ein nahezu ungehemmtes Weiterrüsten zuließ. Er gestattete ferner, ja reizte sogar dazu an, eine Reihe von Umrüstungs- und Austauschmöglichkeiten bei den «begrenzten Systemen» wahrzunehmen:

---

34 Vgl. Pierre, Andrew J., Das SALT-Abkommen und seine Auswirkungen auf Europa, in: EA 13/1972, S. 435.

35 So auch: Legault, Albert/Lindsey, George, Dynamik des nuklearen Gleichgewichts, Frankfurt/M. 1973, S. 177f; Afheldt, Horst, SALT und qualitatives Wettrüsten, in: Wehrkunde 12/1972, S. 632; Lambeth, Benjamin S., The Soviet Strategic Challenge under SALT I, in: Current History, Vol. 23, Oktober 1972, S. 150; a. A.: Shulman, Marshall D., SALT and the Soviet Union, in: Willrich, Mason/Rhinelander, John B. (Hg.), SALT: The Moscow Agreement and Beyond, New York 1974, S. 119f; vgl. auch: Sienkiewicz, Stanley, SALT and Soviet Nuclear Doctrine, in: International Security No. 4/1978 (Vol. 2), S. 98.

etwa den Ersatz der alten schweren ICBM durch neue leichte, den Abbau dieser Systemkategorien und ihren Ersatz durch SLBM, den Ersatz von neuen schweren ICBM durch andere schwere und schließlich den Ersatz der leichten ICBM durch andere leichte.[36] Wenn Verhandlungen und Vereinbarungen aber – wie offensichtlich im Falle des Interimsabkommens von SALT I – auf beiden Seiten nicht nur von der Tendenz geprägt werden, alle Forderungen zu streichen, die zu einer wesentlichen Reduzierung der «eigenen» Streitkräfte führen, sondern auch beide Seiten zu neuen Rüstungsmaßnahmen anreizen, dann wird «kooperative» Rüstungssteuerung zum «kompetitiven» Wettbewerb, zur Farce.

Faßt man die Auf- und Umrüstungsmaßnahmen der beiden Supermächte seit SALT I im Jahre 1972 zusammen, so werden die Folgen der «Offenheit» des Vertragswerkes deutlich. SALT I hat weder zu einem Stillstand der Rüstungsdynamik – und schon gar nicht zu einer Rüstungsreduzierung – noch zu einer stärkeren Stabilisierung der strategischen Sicherheit geführt.[37] Im Gegenteil: Zwar ist die Gesamtzahl der amerikanischen ICBM seit 1972 mit 1054 Exemplaren gleich geblieben und bei der Sowjetunion von 1527 auf 1398 gesunken. Ein ähnliches Bild ergibt sich auch bei den strategischen Bombern der beiden Staaten. Doch hat sich zumindest auf seiten der Sowjetunion die Zahl der SLBM von 455 drastisch auf 950 erhöht[38] (vgl. auch die Datengrundlage für SALT II – Tabelle Nr. 1). Diese quantitative Ausweitung bei den seegestützten Raketen liegt in der Konsequenz der Einführung von treffgenauen MIRV[39], welche die landgestützten Raketensysteme als Zweitschlagskapazität weitgehend entwertet. Mit anderen Worten: Die Funktion der ICBM, dem möglichen Gegner einen untragbaren Schaden (*unacceptable damage*) zuzufügen, wird mittlerweile zunehmend von den SLBM übernommen. Eine überwiegend auf U-Boot-Raketen mit MIRVs gestützte Zweitschlagkapazität macht das Ziel, die gesicherte Zerstörung (*assured destruction*), aber zukünftig abhängig von der Verläßlichkeit dieses einzigen Waffensystems, d. h. von den Raketen-U-Booten oder, je nach Perspektive, von der Ineffektivität der gegnerischen

---

36 Vgl. ÖMZ 1/1977, S. 19.

37 Vgl. bereits: Lutz, Dieter S., Gandhi Marq, a. a. O. (Anm. 12), S. 13–20.

38 Zu der Bestandsentwicklung vgl.: IISS, The Military Balance 1979–1980, London 1979, S. 88f; Stockholm International Peace Research Institute (SIPRI), World Armaments and Disarmament, Yearbook 1980, London 1980, S. XLIIf.

39 Es gibt Mehrfachsprengköpfe, deren einzelne Sprengkörper sich verteilen, ohne auf verschiedene Ziele programmierbar zu sein (MRV – Multiple Reentry Vehicle); ferner Mehrfachsprengköpfe, deren einzelne Gefechtsköpfe jeweils auf vorherbestimmte, voneinander unabhängige Ziele einstellbar sind (MIRV – Multiple Independently Targetable Reentry Vehicle) und schließlich als vorläufig letzte Steigerung Gefechtsköpfe, deren einzelne Sprengkörper sich auch noch nach dem Ausstoß aus dem Träger-Flugkörper steuern lassen, d. h. Ausweichbewegungen machen können oder in verschiedener Weise das gewünschte Ziel anfliegen können (MARV – Manoeuvreable Reentry Vehicle).

U-Boot-Abwehr (vgl. dazu auch noch Abschn. 9.1.3 und 10.3.4). Gerade die Entwicklung der destabilisierenden U-Boot-Abwehr wird aber weder von SALT I noch von SALT II verboten. In der Abschreckungslogik scheint es für die Supermächte vielmehr auch bislang noch zu liegen, neben der Erprobung von U-Boot-Abwehr-Systemen die bisherigen Zweitschlagkapazitäten durch neue zu ergänzen, etwa durch die Einführung neuer strategischer Bombertypen oder durch die Entwicklung neuer Waffensysteme wie der luftgestützten Version der Marschflugkörper.

Mehr noch: Die quantitative Ausweitung des Rüstungswettlaufs wird mittlerweile – trotz oder gerade wegen SALT I – abgelöst von qualitativen Dynamiken, die sich in größeren Reichweiten, höherer Treffgenauigkeit oder in der Vermehrung der Zahl der nuklearen Sprengköpfe niederschlagen. So ist der Bestand an nuklearen Mehrfachsprengköpfen seit 1972 auf sowjetischer Seite von 1986 auf über 6000 im Jahre 1980 und auf amerikanischer Seite von 3858 auf über 7000 gestiegen. Die Gesamtzahl der Nuklearmittel beträgt bei den USA mehr als 10000 und bei der Sowjetunion über 7000 Gefechtsköpfe.[40]

Mißt man die qualitativen Rüstungstendenzen der vergangenen Jahre am Problem der «strategischen Stabilität» als Grundlage gegenseitiger, funktionierender Abschreckung, dann wird deutlich, daß durch die Dislozierung von ICBM und SLBM mit Mehrfachsprengköpfen, größeren Reichweiten und höherer Treffgenauigkeit etc. automatisch eine stärkere Instabilität verursacht wird. Mit der verbesserten Wirkungsmöglichkeit der sowjetischen und amerikanischen ICBM gegen harte Ziele (wie Raketensilos) oder der U-Boot-Raketen gegen Bomberbasen wächst die Gefahr eines «entwaffnenden Erstschlages» (vgl. noch Kapitel 10). Zu betonen ist, daß diese Gefahr auch nicht dadurch kompensiert werden kann, daß das Risiko – wie es offizielle Strategien vorrechnen – von einem entwaffnenden Erstschlag getroffen zu werden, auf beiden Seiten zunimmt. *Instabilitäten – auch wenn sie von beiden antagonistischen Seiten ausgehen – heben sich keineswegs gegenseitig auf, sondern stellen – jeweils einzeln – das System insgesamt in Frage.*

Muß also festgehalten werden, daß SALT I vermutlich nicht zu einer Eindämmung des Wettrüstens und zur Stabilisierung der Sicherheit beitragen konnte, so ist angesichts der Ergebnisse von SALT II und nach den bisherigen Erfahrungen zu befürchten, daß auch der Wiener Vertrag vom

40 Zu den Daten vgl. auch: SIPRI, Yearbook 1980, a. a. O. (Anm. 38), S. XXVII, XLIIf – beachte dort auch die unterschiedlichen Daten; vgl. auch die höheren Angaben von 11894 (USA) zu 4398 (UdSSR) in: SIPRI, World Armaments and Disarmament, Yearbook 1978, London 1978, S. 438f; ebenso: Lutz, Dieter S., Sowjetische Nuklearrüstung und SALT, a. a. O. (Anm. 12), Schaubild Nr. 1, S. 130f; vgl. ferner; Krell, Gert, Das militärische Kräfteverhältnis bei den nuklearstrategischen Waffen, in: Krell, Gert/ Lutz, Dieter S., a. a. O. (Anm. 32), S. 91–175, und dort insbes. die Tabellen.

Tabelle Nr. 1: Datengrundlage zu den Zahlen strategischer Offensivwaffen im SALT II-Vertrag

Zeitpunkt: 1. November 1978

	USA	UdSSR
Startanlagen für Interkontinentalraketen (ICBM)	1054	1398
Festinstallierte Startanlagen für ICBM	1054	1398
Startanlagen für ICBM mit Mehrfachgefechtsköpfen (MIRV)	550	576
Startanlagen für unterseebootgestützte ballistische Raketen (SLBM)	656	950
Startanlagen für SLBM mit MIRV	496	128
Schwere Bomber	574	156
Schwere Bomber, die für Marschflugkörper mit einer Reichweite von über 600 km eingerichtet sind	3	–
Schwere Bomber, die nur für ASBM ausgerüstet sind	–	–
ASBM mit MIRV	–	–

18. Juni 1979 insoweit keine Veränderung bringen wird. Zwar begrenzt SALT II den Nuklearwaffenbestand der Vereinigten Staaten und der Sowjetunion auf eine gleiche Gesamtzahl von strategischen nuklearen Trägerwaffen in Höhe von 2400 Systemen, die darüber hinaus bis zum 31. Dezember 1981 auf 2250 gesenkt werden müssen. Die Gleichheit dieser Begrenzung hebt nicht nur ein Ungleichgewicht zugunsten der UdSSR auf, sondern erfordert sogar eine Reduzierung – in diesem Falle der sowjetischen Nuklearträgerwaffen – um ca. 270 Systeme. Insofern können die SALT-Verhandlungen erstmals als «Abrüstungs»bemühungen bezeichnet werden. Andererseits sind die Obergrenzen immer noch so hoch angesetzt, daß die leichte Reduzierung kaum ins Gewicht fällt, umgekehrt sogar zumindest die USA die Möglichkeit haben, ihren derzeitigen Stand von 2060 operativen Systemen um ca. 190 zu erhöhen.

Wichtiger noch als die durch SALT II festgelegten Oberhöchstgrenzen nebst Unterhöchstgrenzen (zum «Schachtelsystem» von SALT II vgl. Schaubild Nr. 1) sind die qualitativen Einschränkungen, wie sie Vertrag und Protokoll vorsehen. Die Begrenzung der Zahl der Gefechtsköpfe pro ICBM auf den derzeitigen Stand verhindert nicht nur die Ausschöpfung eines Maximums von 20 bis 30 Gefechtsköpfen auf schweren ICBM vor allem des sowjetischen Typs SS-18, sondern verlangsamt sicherlich auch die Vermehrung der Gesamtzahl von nuklearen Gefechtsköpfen. Dennoch darf nicht übersehen werden, daß SALT II die Vergrößerung des Bestandes an Sprengköpfen von ca. 10000 bzw. 7000 auf ca. 20000 pro Seite letztlich doch nicht verhindert.

Ähnlich ambivalent ist das Problem der Entwicklung, Erprobung und Dislozierung von Interkontinentalraketen neuen Typs gelöst. Zwar beschränkt SALT II insbesondere die Sowjetunion dadurch, daß zukünftig nur *ein* neuer ICBM-Typ zulässig ist, in ihrer Übung, gleichzeitig mehrere Systeme zu erproben bzw. zu dislozieren. Doch bedeutet auch diese Beschränkung letztlich nur ein Einschwenken auf ein Verfahren der konzentrierten Entwicklung nur eines Systems, wie es die USA schon seit Jahren mit großem Erfolg praktizieren. Wichtig ist auch an diesem Beispiel wieder, daß SALT II den derzeitigen Rüstungsprogrammen keine Zäsur setzt, sondern im Gegenteil die Dislozierung etwa der amerikanischen M-X-Rakete – ein mobiles ICBM-System mit 10 Gefechtsköpfen und dem dreifachen Wurfgewicht der Minuteman sowie einer erheblich besseren Treffgenauigkeit mit einem Streukreishalbmesser von ca. 90 m – fördert und beschleunigt.

Gerade Raketen des Typs M-X[41] sind jedoch zweifelsfrei keine reinen Zweitschlagswaffen mehr, sondern besitzen insbesondere wegen ihrer hohen Treffgenauigkeit auch Erstschlagsfähigkeit. Vor dieser Entwicklung ist es zu bewerten, wenn das Protokoll zum SALT II-Vertrag zwar die Dislozierung mobiler Abschußrampen für Interkontinentalraketen und die Flugerprobung der ICBM von solchen Abschußrampen verbietet, das Verbot jedoch temporär nur bis zum 31. Dezember 1981 begrenzt. Ohnehin würden die beiden Supermächte nicht in der Lage sein, solche Systeme vor Ablauf dieser Frist endgültig zu dislozieren; gerade die wichtigen Phasen der Entwicklung und Erprobung der Abschußrampen werden aber für sich allein durch das Protokoll nicht eingeschränkt. Nicht von SALT II berührt wird darüber hinaus auch das von den USA geplante «Mehrfachzielpunktsystem»[42] mit austauschbaren Raketenattrappen.

Schließlich gibt es im Vertrag eine numerische Unterhöchstgrenze für luftgestützte Marschflugkörper, nicht jedoch eine qualitative Einschränkung der Reichweite, der Entwicklung, der Flugerprobung und der Dislozierung dieser Systeme. Im Unterschied zu den luftgestützten Marschflug-

---

41 Zum M-X-System vgl. u. a. die «Erklärung Präsident Carters zur Stationierung der M-X-Rakete», Amerika-Dienst, Dokumentation vom 12. 9. 1979, S. 1–6; Arnsperger, Klaus, Der Herr über 1054 Atomraketen setzt auf das Projekt Missile-X, in: Süddeutsche Zeitung Nr. 272 vom 24./25. 11. 1979, S. 8; Ball, Desmond, The MX Basing Decision, in: Survival No. 2/1980 (Vol. XXII), S. 58–65; Korkisch, Friedrich, ICBM-Interkontinentalraketen, in: ÖMZ 4/1977, S. 304–312; Robinson jr., Clarence A., MX Basing Delay Threatens SALT Ratification, in: Aviation Week & Space Technology vom 20. 11. 1979, S. 20–23.

42 Siehe hierzu stellvertretend das Schaubild Nr. A 1 in: SIPRI, Yearbook 1980, a. a. O. (Anm. 40), S. XXXVI.

Schaubild Nr. 1:

Bis 1982 sollen die beiden Supermächte ihre strategischen Arsenale auf insgesamt 2250 Abwurfsysteme verringern. Dies bedeutet, daß die Vereinigten Staaten ihren jetzigen Besitzstand wahren können, die Sowjetunion aber rund 300 Trägersysteme verschrotten muß.

Unterhalb des Ober-Plafonds sind drei „Zwischendecken“ eingezogen, die Höchstgrenzen für einzelne Waffensysteme festlegen.

- Nur 1320 Abwurfsysteme – Bomber und Raketen – dürfen mit mehr als einem Sprengkopf oder mit *Cruise Missiles* bestückt sein.
- Von diesen 1320 „Mehrfach“-Systemen dürfen nur 1200 Stück Interkontinental- und U-Boot-Raketen sein; daraus folgt, daß bis zu 120 Bomber mit je 28 *Cruise Missiles* zugelassen sind.
- Bei den 1200 Raketen mit MIRV (Mehrfachsprengköpfen) darf die Zahl der Interkontinentalgeschosse 820 nicht überschreiten; daraus folgt, daß beide Supermächte zwar ihr gesamtes MIRV-Potential auf U-Booten, aber höchstens 820 in verbunkerten Silos zu Lande stationieren dürfen.

Das „Verschachtelungsprinzip“ dient zwei Zielen: Die Höchstgrenzen für MIRV (1320) sollen verhindern, daß mit einer gleichbleibenden Zahl von Abwurfsystemen immer mehr Ziele zerstört werden können. Ein Verzicht auf die Begrenzung von Mehrfachsprengköpfen würde beiden Supermächten die (effektive) Aufrüstung trotz (formaler) Abrüstung erlauben. Die Begrenzung der Interkontinentalraketen auf 820 berücksichtigt, daß landverbunkerte Systeme treffsicherer als U-Boot-Raketen sind.

Quelle: Die Zeit Nr. 21 vom 18. Mai 1979, S. 10.

körpern ist die Dislozierung der see- und bodengestützten Cruise Missile zwar verboten, wiederum aber nur temporär begrenzt bis zum Ablauf des Jahres 1981. Auch behindert das Dislozierungsverbot die Entwicklung und Erprobung dieser Systeme, d. h. die gezielte Fortführung der bereits begonnenen Rüstungsprogramme nicht (dazu noch Abschn. 6.2.1).

Gerade die letztgenannten Beispiele verdeutlichen nochmals die Problematik von SALT I und SALT II bzw. von *arms control* generell. Die schnell fortschreitenden technologischen Entwicklungen lassen entweder die SALT-Vereinbarungen weit hinter sich oder höhlen sie dermaßen aus, daß sie ihre (eventuelle) ursprüngliche Bedeutung verlieren. So geht auch derzeit die Forschung und Entwicklung auf Gebieten und in Bereichen weiter, die vom Vertragswerk halbherzig, nur am Rande oder gar nicht angesprochen werden. Hierzu gehören nicht nur die letztgenannten Cruise Missile neuen Typs, sondern auch Systeme aus der Marinerüstung wie das neue TRIDENT-U-Boot oder hochmoderne Waffensysteme wie die sogenannten «Killersatelliten» oder jene Satellitennavigationssysteme, die höhere Treffgenauigkeit garantieren, oder die Raketenabwehr durch Laser ebenso wie die Errichtung von ASW-Systemen (ASW – Anti-Submarine-Warfare) usw.

Fortdauernde Instabilität und die nächste Runde des Rüstungswettlaufs scheinen also gewiß. SALT II besitzt deshalb – zusammenfassend bewertet – eher eine «Brückenfunktion» zu möglichst baldigen SALT III-Verhandlungen denn einen eigenständigen Stellenwert. In diesem Sinne logische Teile des SALT II-Komplexes stellen deshalb auch das Datenmemorandum (vgl. auch Tabelle Nr. 1) und die gemeinsame Erklärung zu den Folgeverhandlungen sowie die Verifikationsbestimmungen dar. Sie sind vertrauensbildende Maßnahmen auf dem Wege zu SALT III.

Ähnlich zu bewerten ist auch das BACKFIRE-Statement Breschnjews (das die Zuwachsrate auf maximal 30 Bomber pro Jahr beschränkt), wie überhaupt die Sowjetunion relativ mehr Zugeständnisse im SALT II-Rahmen gemacht hat als die USA[43] – ein Argument, das übrigens auch von der amerikanischen Regierung in der Öffentlichkeit verwandt wurde.[44] Dennoch scheint die Ratifizierung der SALT II-Vereinbarungen in der Fassung von 1979 auch bislang noch wegen einer starken innenpolitischen Opposition in den Vereinigten Staaten gefährdet.

Anders nämlich als in der Sowjetunion, wo die Ratifizierung des im Juni 1979 unterschriebenen SALT II-Vertrages öffentlich niemals in Frage gestellt wurde, zeichnete sich in den USA bis Ende 1979 ein Diskussions- und Positionsstand ab, der eine Zustimmung durch den US-Senat nicht – oder

43 So auch: Simonitsch, Pierre, Die Funksignale der Raketen sind nicht mehr verschlüsselt. Was steht im SALT-Vertrag? Größere Zugeständnisse der Sowjets, in: Frankfurter Rundschau Nr. 142 vom 22. Juni 1979, S. 12.

44 Vgl. stellvertretend: Amerika-Dienst, Hintergrundmaterial, vom 10. 5. 1979.

nur unter erheblichen aufrüstungspolitischen Zugeständnissen – erwarten ließ. Das Ersuchen des damaligen Präsidenten Carter vom 3. Januar 1980 an den Fraktionsführer der demokratischen Mehrheit im Senat, Senator Robert Byrd, die Schlußberatung über den SALT II-Vertrag wegen der sowjetischen Intervention in Afghanistan bis zur Klärung der internationalen Lage zu verschieben[45], wurde deshalb verschiedentlich auch als Versuch interpretiert, SALT II bis nach der Präsidentschaftswahl 1980 zu retten. Den Verpflichtungen aus dem Vertrag wollte Präsident Carter bis auf weiteres allerdings auch unter Bedingungen des schwebenden Ratifizierungsverfahrens nachkommen.[46]

Die inneramerikanische Opposition, deren herausragende Repräsentanten[47] sich u. a. im «Committee on the Present Danger»[48] zusammengeschlossen haben, geht davon aus, daß sich der Entspannungsprozeß einschließlich SALT nicht positiv für die Sicherheit der USA ausgewirkt habe. In Theorie und Praxis verfolge die Sowjetunion noch immer eine Doktrin, die auf der erfolgreichen Führung eines nuklearen Krieges ruhe. Dies könne insbesondere an vier Elementen des sowjetischen Rüstungsverhaltens abgelesen werden, und zwar bislang am fortgesetzten Aufrüsten im Bereich

---

45 Vgl. dazu u. a.: Amerika-Dienst, Dokumentation vom 9. 1. 1980, S. 1f; Amerika-Dienst, Sonderdienst vom 2. 10. 1979, S. 1–11; Amerika-Dienst, Dokumentation vom 13. 2. 1980, S. 1–7, insbes. S. 5f; Wireless Bulletin from Washington No. 15 vom 22. 1. 1980, S. 1–16, insbes. S. 16; ferner: Schreitter-Schwarzenfeld, Horst, Washington kehrt ins Konfrontations-Zeitalter zurück, in: Frankfurter Rundschau vom 12. 1. 1980, S. 5; Sager, Dirk, Der Köder führt ins Reich des Absurden, in: Vorwärts Nr. 26 vom 21. 6. 1979, S. 3.

46 Vgl. stellvertretend: Kielinger, Thomas, Im geschützten Winkel überlebt SALT II die Krise, in: Die Welt vom 29. 1. 1980, S. 4: «Jedenfalls wird die US-Administration sich streng an die Bedingungen des abgeschlossenen Vertrages halten, so als sei er vom Senat ratifiziert worden. Das betonte Präsident Carter mit besonderem Nachdruck in seinem Bericht zur Lage der Nation, und das wiederholt jeder höhere Beamte, den man danach fragen mag. So ergibt sich die Ironie, daß der zweite Vertrag zur Begrenzung der strategischen Rüstung inmitten des allgemeinen Aufruhrs um die Invasion in Afghanistan in besonders geschütztem Winkel steht, weil der Präsident ihn von der Tagesordnung des Senats zurückgezogen hat. Wäre er auf dem Veranstaltungskalender des Senats stehengeblieben, so wäre das Vertragswerk sicher gescheitert – auch ohne die Afghanistan-Invasion, wie die meisten Beobachter meinen»; vgl. auch: FAZ vom 10. 3. 1980, S. 2; Frankfurter Rundschau vom 5. 7. 1980, S. 3.

47 Hierzu gehören Wissenschaftler wie Donald Brennan, Geoffrey Kemp, Ernst Lefever, Semour Martin Lipset, Robert Pfaltzgraff, Eugene Rostow, Bertram Wolfe, aber auch Paul Nitze, ehemaliger Stellvertretender Verteidigungsminister und Mitglied der SALT I-Delegation, sowie der frühere Außenminister Dean Rusk und der ehemalige CIA-Direktor William Colby, ferner die ehemaligen NATO-Oberbefehlshaber Andrew Goodpaster und Lyman Lemnitzer und viele andere mehr.

48 Zu den übrigen 68 Organisationen der Entspannungskritik vgl.: Brauch, Hans Günter, Ein neues Feindbild gegen Entspannung?, in: Vorgänge 3/1979, S. 117–122, hier S. 118f; ders., Die inneramerikanische Debatte zur «sowjetischen Bedrohung». Schlußfolgerungen für Entspannungsinitiative, in: Die Neue Gesellschaft 2/1979, S. 117–125, hier S. 120, 121f.

der schweren und mittelschweren ICBM SS-17, SS-18 und SS-19, ferner an technologisch-qualitativen Verbesserungen wie Treffgenauigkeit und Zuverlässigkeit der Raketen und schließlich an den Härtungsmaßnahmen der Kommando- und Kontrollsysteme sowie am umfassenden Programm zur Zivilverteidigung.[49] Theoretisch könne – so die Feststellung des Komitees – die Sowjetunion in den 80er Jahren in einem entwaffnenden Erstschlag bis zu 90% des amerikanischen ICBM-Potentials vernichten und, kombiniert mit einer Evakuierung sowjetischer Städte und Industriezentren, einen Nuklearkrieg mit den USA gewinnen.[50] Neben Aufrüstungsmaßnahmen insbesondere im Bereich der mobilen ICBM und des Bombers B-1 seien deshalb eine flexible Nuklearstrategie einschließlich Kriegsführungsoptionen sowie hinsichtlich SALT II völlige Neuverhandlungen erforderlich.[51]

Ohne zu weit in die inneramerikanische Diskussion um SALT[52] eintreten zu wollen, muß doch darauf hingewiesen werden, daß die Analysen der Opposition nicht unwidersprochen geblieben sind. Neben anderen erfahrenen Rüstungsexperten innerhalb und außerhalb der US-Administration weisen etwa der ehemalige Direktor der amerikanischen Rüstungskontroll- und Abrüstungsbehörde Paul Warnke oder die Kongreßabgeordneten Les Aspin und Robert L. Legett darauf hin, daß auch nach einem sowjetischen Erstschlag den USA noch mehr als ein ausreichendes Vernichtungspotential zur Verfügung stände, um in einem Vergeltungsschlag der UdSSR mehr Schaden zuzufügen, als sie in einem Erstschlag den Vereinigten Staaten beibringen könnte[53], daß die USA ferner nicht nur selbst erhebliche Verbesserungen u. a. bei den Lenkungssystemen und der Treffsicherheit der Raketen oder in der Avionik der Bomber und ihrer Ausstattung für elektronische Abwehrmaßnahmen sowie in der Härtung der Silos und Kommando-

---

49 Vgl. Common Sense and the Common Danger. A Political Statement, ed. by the Committee on the Present Danger, Washington, D.C., November 1976; What is the Soviet Union Up To?, ed. by the Comittee on the Present Danger, Washington, April 1977; Nitze, Paul, Assuring Strategic Stability in an Era of Détente, in: Foreign Affairs, Januar 1976, S. 207–232; ders., The Global Military Balance, in Kirk, Grayson/Wessel, Nils (Ed.), The Soviet Threat. Myths and Realitites, New York 1978; ferner: Nitze, Paul, Die Sicherung der strategischen Stabilität in der Ära der Entspannung, in: Beiträge zur Konfliktforschung 2/1976, S. 5–34, insbes. S. 2ff.

50 Vgl. so auch: Rummel, R. J., Der gefährdete Frieden. Die militärische Überlegenheit der UdSSR, München 1977, insbes. S. 121ff.

51 Vgl. Nitze, Paul, Analysis of the Current States and Implications of the SALT II Negotiations, ed. by the Committee on the Present Danger, Washington, D.C., März 1978.

52 «Die gesellschaftlichen Auseinandersetzungen um SALT in den USA 1969–1975» werden in der mit diesem Untertitel versehenen Studie von Krell, Gert, Rüstungsdynamik und Rüstungskontrolle, Frankfurt/a. M. 1977, abgehandelt.

53 Vgl. u. a.: «Es ist nicht genug, genug zu haben». Amerikas Chef-Unterhändler Paul C. Warnke über das neue SALT-Abkommen, in: Der Spiegel Nr. 20 vom 14. Mai 1979, S. 138–145; ferner auch: Pordzik, Wolfgang, SALT II im Kreuzfeuer der Kritik, in: EA 16/1978, S. 524, und dort die Quellenangaben.

Schaubild Nr. 2: Das nuklear-strategische Potential der USA und der UdSSR, verteilt auf Trägersysteme in Prozent

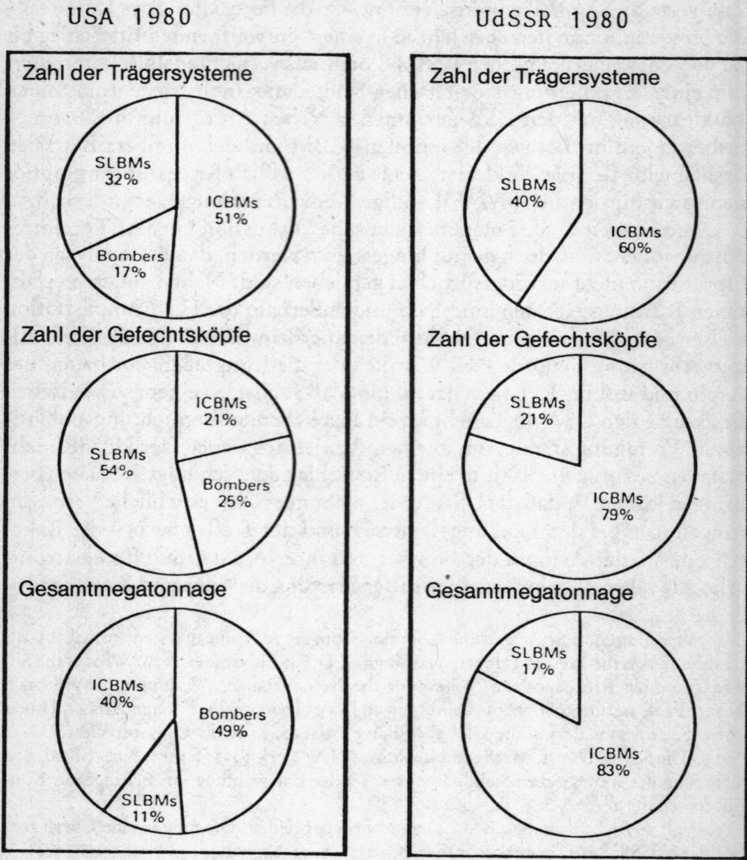

Quelle: Stockholm International Peace Research Institute (SIPRI), World Armamants and Disarmament, Yearbook 1980, London 1980, S. XXVI.

zentralen vorgenommen hätten[54], sondern sogar im Vergleich der Vernichtungswirkung (Letalität) ihrer Waffensysteme führte.[55]

Schaubild Nr. 2 und Tabelle Nr. 2, welche unter dem Aspekt der Verwundbarkeit die für die USA günstigere Verteilung des Nuklearpotentials aufzeigen bzw. den Vorsprung der Vereinigten Staaten in der Entwicklung

Tabelle Nr. 2: Wichtige rüstungstechnologische Neuerungen der USA und UdSSR seit 1945

Waffensysteme	Jahr USA	Jahr UdSSR
Atombombe (erste Zündung)	1945	1949
Wasserstoffbombe (erste Reaktion)	1951	1953
Langstreckenbomber	1948/53/55	1956
Interkontinentalraketen (ICBM) (Testflug)	1958	1957
Atom-U-Boote	1955/56	1962
U-Boot-Raketen, unterwasserabgeschossen (SLBM)	1959/60	1964/68
Anti-Raketen-Raketen (erster Abschuß)	1960	1961
ICBM mit Feststoffantrieb	1962	1969
Raketen mit Mehrfachsprengköpfen (MRV)	1964	1968/72
Raketen mit mehrfachen, einzeln programmierbaren Sprengköpfen (MIRV)	1970	1973/75
Neutronenwaffe (ER/RB)	1981	–
Marschflugkörper, neue Generation (Cruise Missile)	1983	–
Raketen mit mehrfachen, nachträglich noch einzeln steuerbaren Sprengköpfen (MARV)	1985	–
Mehrfachzielpunktsystem (MAP) (?)	1986 (?)	–

Quellen: Überarbeitete Fassung aus: Lutz, Dieter S., Sowjetische Nuklearrüstung und SALT, in: Lutz, Dieter S. (Hg.), Die Rüstung der Sowjetunion, Baden-Baden 1979, S. 143; zu den Daten vgl. u. a. die laufenden Jahrgänge «The Military Balance» des Londoner Instituts für Strategische Studien (IISS) und die Jahrbücher des Stockholmer Friedensforschungsinstituts (SIPRI) insbes. SIPRI Yearbook, London 1974, S. 97

Anmerkung: Die Tabelle kann nur einen ersten Überblick geben. Die Quellenlage ist nicht zuletzt wegen des Problems der Geheimhaltung, aber auch wegen der unterschiedlichen Definitionen der Einführung eines Waffensystems (z. B. offizieller Entwicklungsauftrag, erster – geglückter – Start, geglückter Zielflug, Auftrag zur Serienproduktion, Auftrag zur Einführung in die Streitkräfte, Ersteinsatz u. a. mehr) nicht einheitlich.

54 Vgl. u. a.: Aspin, Les, Wie stark sind die USA. Eindrucksvolle Militärtechnologie (Judge not by numbers alone. U.S. Military Posture), Bonn 1980, 39 S.

55 Vgl. Legett, Robert L., Prepared Statement, Hearings before the Subcommittee of International Security and Scientific Affairs of the Committee on International Relations, House of Representatives, Ninetyfourth Congress, First Session, 24. Juni und 8. Juli 1975, Washington 1975, S. 8–15 – anzumerken ist allerdings, daß die Prognosen von Legett in Details z. T. durch die Realität überholt sind; vgl. dazu auch: Krell, Gert, a. a. O. (Anm. 40), insbes. S. 122ff; zur Letalität vgl. auch noch im folgenden Kapitel 10.

und Einführung der wichtigsten technologischen Neuerungen über die Jahre hinweg skizzieren, scheinen die letztgenannten Analysen zu bestätigen. Gleichwohl kann es in unserem Untersuchungszusammenhang offen bleiben, welchen der angeführten unterschiedlichen Beurteilungen und Kräftevergleichen[56] zu folgen ist. Wichtiger ist es vielmehr festzuhalten, welche Bedeutung fundierten, umfassenden und kooperativ erarbeiteten Kräftevergleichen für den Erfolg der Rüstungssteuerungspolitik – sowohl innergesellschaftlich als auch zwischenstaatlich – zukommt. Ohne sie ist der Abschluß der Verträge – zumindest in Demokratien – in Frage gestellt; ohne sie sind die Vereinbarungen selbst, wie SALT zeigt, nicht imstande, die Zweifel an der gesicherten Garantie für eine strategische Stabilität auszuräumen und die Rüstungs- und Aufrüstungsdynamiken der Supermächte zu bremsen. Im Gegenteil: Rüstungsbegrenzungsverhandlungen nach dem Muster von SALT scheinen die Ausweitung und Modernisierung der bestehenden Waffensysteme eher noch zu beschleunigen und neue Instabilitäten und Risiken zu erzeugen.

1.2.2 Die konventionelle Rüstung und MBFR[57]

Anders als die SALT-Gespräche zwischen den USA und der UdSSR ist MBFR (Mutual Balanced Force Reductions), die zweite Praxisebene[58] der derzeitigen Rüstungssteuerungsversuche,
- auf Mitteleuropa konzentriert;
- schwerpunktmäßig auf den nichtnuklearen Bereich ausgerichtet;
- ein multilaterales Forum trotz bündnisorientierter Bilateralität.

Deutlicher noch als SALT stellen sich die MBFR-Gespräche methodisch als Versuch einer (multilateralen) Kräftevergleichsanalyse mit dem Ziel un-

---

56 Wie sehr mit Rüstungsdaten manipuliert werden kann, weisen u. a. nach: Bielfeldt, Carola/Krell, Gert/Tiedtke, Stephan, Aufrüstung durch Rüstungsvergleiche. Europäische Sicherheit: ein Rechenkunststück?, in: Bielfeldt, Carola, u. a., Frieden in Europa? Zur Koexistenz von Rüstung und Entspannung, Reinbek bei Hamburg 1973, S. 10ff; ferner: Lutz, Dieter S., Besitzt die Sowjetunion in der konventionellen Rüstung eine militärische Überlegenheit?, IFSH-Forschungsberichte 9/1979.

57 Vgl. zu folgendem ausführlicher: Baudissin, Wolf Graf von/Lutz, Dieter S., a. a. O. (Anm. 1), S. 30ff.

58 Zwischen SALT und MBFR besteht keine prozedurale Verbindung. Der steuerungspolitische Zusammenhang zwischen beiden ist allerdings nicht zu verkennen. Er wurde spätestens offenkundig, als im Rahmen des Treffens zwischen Breschnjew und Carter zur Ratifizierung von SALT II Mitte Juni 1979 neue Vorschläge zur Fortführung der stagnierenden MBFR-Gespräche unterbreitet wurden – vgl. dazu stellvertretend: Simonitsch, Pierre, Breschnjew bietet Truppenabbau an, in: Frankfurter Rundschau Nr. 138 vom 18. Juni 1980, S. 1f; Hauser, Erich, Sowjet-Vorstoß bei MBFR, in: Frankfurter Rundschau Nr. 148 vom 29. Juni 1979, S. 1f – Stabilität auf nuklearstrategischer Ebene scheint eine Voraussetzung, um auf konventioneller Ebene Verhandlungsergebnisse zu erzielen.

gefährer numerischer Parität dar; und zweifelsfrei sind die MBFR-Verhandlungen bislang auch an eben der «Datendiskussion» gescheitert.

Die östlichen Wurzeln[59] der MBFR-Gespräche lassen sich bereits in den 50er und zu Beginn der 60er Jahre finden, so etwa in den Vorschlägen «über die Gewährleistung der Sicherheit in Europa», welche die Sowjetunion zum erstenmal am 10. Februar 1954 auf der Berliner Konferenz der Außenminister vorlegte.[60] Am bekanntesten wurden die nach dem polnischen Außenminister benannten Rapacki-Pläne für ein System kollektiver Sicherheit in Europa.

Der Westen führt die MBFR-Gespräche auf das sogenannte «Signal von Reykjavik» zurück. In der isländischen Hauptstadt hatte 1968 die NATO im Rahmen ihrer Ministerratstagung die Möglichkeit einer «ausgewogenen Truppenverminderung zwischen Ost und West» erstmals artikuliert. Allerdings war die Erklärung zu diesem Zeitpunkt vor allem eine für die eigene Öffentlichkeit bestimmte Reaktion auf die Initiative der sozialistischen Staaten für eine Konferenz über europäische Sicherheit – der späteren KSZE.[61]

Das Verhandlungsangebot von Reykjavik fand in der WVO zunächst kein positives Echo. Die Interessenlage hatte sich gegenüber den Zeiten der

---

59 Zur Vorgeschichte vgl.: Rüstungskontrolle in Europa. MBFR. Militärpolitik Dokumentation 4–5/1977, S. 16ff, und dort insbes. den «Überblick über Disengagement-Vorschläge» 1954–1964 auf S. 16 und die «sowjetische Interpretation» zur Frage «Wer war der Initiator?» auf S. 26f; vgl. auch: Görtemaker, Manfred, Der gebändigte Kontinent. Verteidigung und Entspannung in Europa, Bonn 1979, S. 55ff; vgl. ferner: Tiedtke, Stephan, Rüstungskontrolle aus sowjetischer Sicht. Die Rahmenbedingungen der sowjetischen MBFR-Politik, HSFK-Report, Frankfurt a. M. 1979; vgl. jetzt auch: Mutz, Reinhard, Die Bundesrepublik und MBFR. Bedingungen und Wirkungen der Rolle Bonns bei den Wiener Verhandlungen über Truppen- und Rüstungsreduzierungen in Mitteleuropa, Occasional Papers 1/1981, FU Berlin 1981.

60 Zur Interpretation und Ablehnung dieser Vorschläge durch den Westen vgl.: Görtemaker, Manfred, Zur Vorgeschichte der KSZE, in: Woyke, Wichard/Nieder, Klaus/Görtemaker, Manfred, Sicherheit für Europa? Die Konferenz von Helsinki und Genf, Opladen 1974, S. 61–93.

61 Darüber hinaus diente das «Signal» vornehmlich bündnisinternen Zwecken. Der Vorschlag war ein Teilergebnis der sicherheitspolitischen Erwägungen, die nach dem Ausscheiden Frankreichs aus der militärischen Struktur auf Initiative des belgischen Außenministers Harmel unternommen wurde. Zweck des Angebotes war es, dem unabgestimmten Abbau einzelner nationalstaatlicher Kontingente – insbesondere dem Rückzug amerikanischer Truppen, auf den Senator Mansfield drängte – einen bündnispolitischen Riegel vorzuschieben und die Regierungen moralisch zu verpflichten, etwaige Reduktionen erst im Rahmen eines späteren Abkommens zwischen NATO und WVO vorzunehmen – vgl. Lutz, Dieter S., Die KSZE im Geflecht anderer internationaler Handlungssysteme und Organisationen, in: Grünbuch zu den Folgewirkungen der KSZE, hg. von Delbrück, Jost/Ropers, Norbert/Zellentin, Gerda, Köln 1977, S. 41; ferner: Senghaas, Dieter/Rittberger, Volker/Luber, Burkhard, MBFR: Aufrüstung durch Rüstungskontrolle?, in: Bielfeldt, Carola u. a., Frieden in Europa? Zur Koexistenz von Entspannung, Reinbek bei Hamburg 1973, S. 48–87.

Rapacki-Pläne offensichtlich gewandelt. Hatte der Osten seinerzeit auf der Vorrangigkeit von Rüstungsbeschränkungen bestanden, interessierte ihn nunmehr in erster Linie die Regelung der politischen Sicherheit und der ökonomischen Zusammenarbeit in Europa. Die Fronten hatten sich verkehrt.

Aus sachbezogenen wie taktischen Gründen drängte die NATO dagegen auf die Behandlung der unterschiedlichen Vorschläge aus Ost und West auf einer gemeinsamen Konferenz bzw. auf eine Art Junktim zwischen beiden Konferenzen; beides konnte die NATO allerdings nicht durchsetzen. Erst im Herbst 1973 begannen deshalb – parallel, doch ohne direkte Verbindung zu den Vorbereitungen der KSZE in Helsinki – die Wiener MBFR-Gespräche.[62]

Die vorbereitenden Konsultationen für MBFR fanden vom 31. Januar bis 28. Juni 1973 statt. Im Rahmen dieser vorbereitenden Sitzungen wurden am 14. Mai ein Protokoll und am 28. Juni ein Abschlußkommuniqué verabschiedet.[63]

Das Protokoll setzt fest:

- Die 19 Teilnehmerstaaten der Konferenz (12 Mitglieder der NATO[64] und 7 der WVO[65]),
- die 11 Signatarstaaten möglicher Abkommen[66],
- den besonderen Status der übrigen Teilnehmerstaaten[67],
- den Geltungsbereich künftiger Übereinkommen für Mitteleuropa,
- Verfahrensfragen über Sitzordnung, Vorsitz, Verhandlungssprache und Vertraulichkeit der Gespräche.

Das Abschlußkommuniqué weist aus:

- Als Verhandlungsgegenstand: die beiderseitige Verminderung von Streitkräften und Rüstungen und damit zusammenhängende Maßnahmen in Mitteleuropa;
- als Ziel: stabilere Beziehungen und die Festigung von Frieden und Sicherheit in Europa;

---

62 Baudissin, Wolf Graf von, Bemerkungen zu den Wiener Verhandlungen, hekt. Manuskript vom 24. 5. 1976 (13 Seiten), S. 1f; ders., MBFR, hekt. Manuskript vom 27. 9. 1976 (5 Seiten), S. 1.

63 Zum Protokoll vom 14. 5. 1973 und zum Abschlußkommuniqué vom 28. 6. 1973 vgl.: Siegler, Heinrich (Hg.), Dokumentation zur Abrüstung und Sicherheit, Bd. XI, 1973, Bonn–Wien–Zürich 1974, S. 98ff, 133f.

64 Belgien, Dänemark, Bundesrepublik Deutschland, Griechenland, Italien, Kanada, Luxemburg, Niederlande, Norwegen, Türkei, Großbritannien, USA.

65 Bulgarien, DDR, Polen, Rumänien, ČSSR, UdSSR, Ungarn.

66 Belgien, Bundesrepublik Deutschland, Großbritannien, Luxemburg, Niederlande, USA; DDR, Polen, ČSSR, Sowjetunion.

67 Bulgarien, Dänemark, Griechenland, Italien, Norwegen, Rumänien, Türkei, Ungarn.

- als Verhandlungsprinzip: die Beachtung des Grundsatzes der unverminderten Sicherheit;
- als Verhandlungsmethode: die angemessene Berücksichtigung der Komplexität des Verhandlungsgegenstandes.[68]

Die französische Regierung sah in den Gesprächen und ihren Folgen eine Bedrohung der westeuropäischen und nationalen Unabhängigkeit sowie in der geplanten Reduktionszone einen zusätzlichen Faktor der Trennung in dem ohnehin schon geteilten Europa.[69] Frankreich beteiligt sich deshalb nicht an MBFR.

Die eigentlichen Verhandlungen begannen am 31. Oktober 1973. Sie erbrachten trotz verschiedener Angebote und Vorschläge (vgl. auch Tabelle 3) beider Seiten in über 21 Verhandlungsrunden bis zur Sommerpause 1980 keine greifbaren Erfolge.[70] Die Möglichkeit des Scheiterns kristallisierte sich allerdings nicht erst im Zuge der nunmehr über siebenjährigen Verhandlungen heraus, sondern ist den Gesprächen seit Beginn strukturell verhaftet. Dies zeigte sich bereits in der Diskussion um bzw. in der Suche nach einer Bezeichnung für die Verhandlungsrunden. Obwohl in der westlichen Öffentlichkeit die Wiener Gespräche mehr oder weniger nur unter dem Begriff MBFR bekannt sind, lautet ihre offizielle Verhandlungsbezeichnung MUFRAAMCE – Mutual Force Reductions and Associated Measures in Central Europe. Dieser Terminus «beiderseitige Reduktionen von Streitkräften und Rüstung und damit zusammenhängende Maßnahmen in Mitteleuropa» schien zwar nach langem Hin und Her beiden Seiten akzeptabel, verschleiert jedoch den zentralen Streitpunkt, unter dem die Verhandlungen bislang leiden. Anders als der WVO geht es der NATO um das im Begriff «MBFR» noch enthaltene *balanced* im Sinne numerischer Parität.[71]

Die grundlegende Diskrepanz in den Positionen – und damit auch die Ursache für das Stagnieren der Verhandlungen – liegt also in der Frage des Kräftevergleichs:
- Die NATO strebt nach einer Änderung des aus westlicher Sicht ungünstigen numerischen Kräfteverhältnisses in Mitteleuropa durch Festlegung einer gemeinsamen Obergrenze (*common ceiling*). Sie will bzw. wollte deshalb durch asymmetrischen Abbau der Kräfte in der Reduk-

68 Vgl. auch: Ruth, Friedrich, Die Wiener Verhandlungen über beiderseitige ausgewogene Truppenverminderung, hekt. Manuskript o. D. (19 Seiten), S. 6.

69 Vgl. die Erklärung des französischen Außenministers Michel Jobert am 20. Juni 1973 vor der Nationalversammlung, abgedruckt in: Siegler, Heinrich, a. a. O. (Anm. 63), S. 120f.

70 Es werden drei Verhandlungsrunden pro Jahr durchgeführt.

71 Meinungsverschiedenheiten gibt es aber auch über den Charakter der «zusammenhängenden» Maßnahmen, welche im englischen Text als associated, im russischen als connected, also stärker an die Reduktionen gekoppelt, aufgeführt werden.

Tabelle Nr. 3: Die Vorschläge der NATO und der WVO zu MBFR

	NATO	WVO
I	22. 11. 1973	8. 11. 1973
	Bestandsangaben: NATO — WVO 770000 — 925000 (L) davon USA 198000 — SU 460000 Pz 6000 — 15000	– keine – «bestehendes Kräfteverhältnis»
	1. Phase NATO — WVO USA – 15% — SU – 15% = 29000 — = 69000 9500 Pz *2. Phase* Alle Reduzierungsländer bis zur kollektiven Höchstgrenze von 700000 Landstreitkräften *Zusatz:* Gesamter aktiver Peronalbestand beider Seiten bleibt im Reduzierungsraum zwischen den Phasen 1 u. 2 unverändert.	*1. Phase* Alle Reduzierungsländer (mit Schwerpunkt USA/SU) – 20000 *2. Phase* Alle Reduzierungsländer – 5% *3. Phase* Alle Reduzierungsländer – 10% *Ergänzungsvorschlag* am 31. 11. 1974: wie oben, aber in 1. Phase nur Abbau der Streitkräfte von USA und UdSSR
II	12. 12. 1975 (befristetes Zusatzangebot)	19. 2. 1976 (Zusatzvorschlag)
	1. Phase – Ziel: Parität und Kollektivität NATO — WVO – 29000 — – 1 sowj. Pz.-Armee – 1000 ASprK — (– 68000 – 54 F4 — – 1700 Pz) – 36 Pershing *2. Phase* (wie I)	*1. Phase* – Festschreibung Kräfteverhältnis – Einbeziehung Luftstreitkräfte – Reduzierung nach Einheiten – nationale Höchststärken USA – 3% = 20000 — SU – 3% = 20000 und als Gegenvorschlag zum Ausgleich der Reduzierung USA – 2 bis 3 sowj. PzRgt (200–300 Pz) – 54 Atombomber *2. Phase* Bis 1978 alle Reduzierungsländer – 15%
		Zahlenangaben Juni 1976 «Bestehender Gleichstand» 805000 (L) WVO

	NATO	WVO
III	Datendiskussion ab Februar 1977 (Zählkriterien)	
IV	19. 4. 1978	8. 6. 1978
	– ungefähre Parität – gemeinsame kollektive Höchstgrenzen	– Prinzip der gleichprozentigen Reduzierung – bereits bestehende annähernde Gleichheit
	1. Verbindliche Zusagen über die quantitative Ausdehnung und den zeitlichen Ablauf der 2. Phase	– innerhalb von 3–4 Jahren Reduzierungen von insges.: Westen 91 000 Osten 105 000 – alle Teilnehmer müssen sich beteiligen
	2. Sowjetische Reduzierung der 1. Phase: Abzug von 5 Divisionen aus dem Reduzierungsraum	*Phase I* (1. Jahr) USA – 7 % = 14 000 SU – 7 % = 30 000
	3. Amerikanische Reduzierung der 1. Phase: zwei Drittel Anteil in vollständigen Einheiten	SU zieht zurück – 1 Armee HQ u. Unterstützung u. Logistik-Truppen – 2 Divisionen in voller Stärke – Anzahl von einzelnen Pz.-Einh. u. Teil-Einh. in der Stärke einer Pz.-Div. – 1000 Pz. und 250 Schützenpanzer USA ziehen auf ihr Territorium zurück – 2 bis 3 Brig (Rest aus Reduktionsr.) – 1000 nukleare Gefechtsköpfe – 36 Pershing-Abschußrampen – 54 nuklearfähige F-4 – Verifikation durch Listenaustausch – Reduzierung der direkten Teilnehmer innerhalb von 2–3 Jahren nach Phase 1 – verbindliche Festlegung für jeden Teilnehmer – bei weitgehender einseitiger Reduzierung kein Ersatz über 50 % durch andere Staaten – keine Erhöhung durch Umbesetzung (Zivilpersonal) – Höchstgrenzen für USA: ASprK, Pershing, F4 für SU: nur bei Panzern

	NATO	WVO
		Phase II 1. Jahr – Reduzierung von 40 % des festgelegten Reduzierungsbeitrages 2./3. Jahr – Reduzierung um die verbleibenden 60 % USA/SU weitere Reduzierung bis auf die durchschnittliche Reduzierungsquote (%) der direkten Teilnehmer
V	12. 12. 1979	6. 10. 1980
	Ankündigung des (einseitigen) Abzugs von 1000 veralteten nuklearen Gefechtsköpfen im Rahmen der TNF-Modernisierung	Ankündigung des einseitigen Abzugs von SU: – 20 000 (L) – 1 000 (Pz) – andere Militärtechniken Zusatzvorschlag VBM: – Bereitschaft zu Manöverankündigung ab 20 000 – Bereitschaft zu Verbot von Manövern über 40 000
VI	20. 12. 1979	10. 7. 1980
	1. Phase USA UdSSR – ca. 13 000 – 30 000 + VBM-Vorschläge + Verifizierungsvorschläge	*1. Phase* USA UdSSR – 13 000 – 20 000 + (s. o.) (+ Gesprächsbereitschaft über TNF, allerdings als SALT)
	2. Phase Kollektive Verminderung auf 900 000, davon 700 000 (L)	*2. Phase* Begrenzung der nationalen Kontingente auf 50 % der Obergrenze (?)

tionszone einen beiderseitigen Plafond von 900 000 Soldaten als Gesamtstärke und von 700 000 Soldaten für die Landstreitkräfte – in späteren Vorschlägen auch unter Einbeziehung von Rüstung wie etwa Nuklearwaffen gegen Panzer – erreichen und damit erst die Ausgangsbasis für weitere substantiellere Truppenverminderungen schaffen.

– Die WVO dagegen ging von einem «historisch gewachsenen», also bereits bestehenden Gleichgewicht aus, das sich als friedenserhaltend bewährt habe und daher keiner weiteren Definition bedürfe. Symmetrische und lineare Reduzierungen bis zu 15 % sollten dieses Kräfteverhältnis auf niedrigerem Niveau festschreiben.

Neben dem Grundproblem der Symmetrie des Truppenabbaus bzw. der Plafonds war und ist auch strittig, welche Teilstreitkräfte in das Abkommen miteinbezogen werden und ebenfalls, ob nationale Kontingente direkt oder nur bündnisintern reduziert werden sollen:

- Die NATO propagiert den Abbau von Heeresverbänden, da hier einerseits die Asymmetrie besonders ausgeprägt sei, andererseits auch vertragswidrige Verstärkungen später schwieriger zu bewerkstelligen bzw. leichter zu verifizieren wären;
- die Staaten der WVO plädieren dagegen für den Abbau aller Arten von Verbänden aus den Land-, Luft-, See- und Raketen-Teilstreitkräften;
- die NATO wehrt sich gegen die Festlegung nationaler Plafonds, da sie die spätere Entwicklung westeuropäischer Strukturen bzw. den Kräfteausgleich im Bündnis belasten würden;
- die WVO hingegen möchte gerade eine bloße kollektive Kontingentierung vermeiden und vor allem eine direkte Reduzierung des Umfangs der Bundeswehr regeln.

Trotz dieser Gegensätze gibt es auch Anzeichen, die auf eine Kompromißbereitschaft beider Seiten schließen lassen könnten. Die Verhandlungspartner

- haben sich im Einklang mit der Breschnjew/Schmidt-Erklärung auf das Prinzip geeinigt, daß «annähernde Gleichheit und Parität zur Gewährleistung der Verteidigung ausreichen»[72];
- sind dem Postulat der kollektiven Höchststärke dadurch näher gekommen, daß zwar die vereinbarten Plafonds für die Bündnisse gelten, aber bei ihrer internen Umsetzung keine Erhöhung einzelner Kontingente über den jetzigen Stand hinaus eintreten darf;
- haben den von der NATO vertretenen Grundsatz der Selektivität beim Abbau von Waffen und Gerät akzeptiert (*mixed-package*, wie z. B. sowjetische Panzer gegen taktische Atomwaffen der USA);
- wollen die noch zu vereinbarenden Reduktionen in zwei festgelegten Phasen abwickeln und mit Landstreitkräften beginnen;
- versuchen jüngst auch durch die Ankündigung (und Durchführung) einseitiger Reduktionen vertrauensbildend zu wirken.[73]

---

72 Vgl.: EA 18/1978, S. D 513–D 515.

73 So hat Breschnjew in seiner Rede am 6. Oktober 1979 – vgl. EA 21/1979, S. D 555 ff, insbes. S. 559 – den Abzug von bis zu 20000 sowjetischen Militärangehörigen, 1000 Panzern sowie eine bestimmte Anzahl anderer Militärtechnik vom Territorium der DDR innerhalb von 12 Monaten angekündigt (der mittlerweile auch durchgeführt wurde). Die NATO hat am 12. 12. 1979 den Abzug von 1000 Nuklearsprengköpfen zugesichert und mittlerweile auch durchgeführt. Einschränkend muß allerdings erwähnt werden, daß beide Initiativen im Rahmen der TNF-Diskussion und -Modernisierung zu sehen sind – dazu noch Abschn. 1.2.3 – und zumindest bei den Nuklearsprengköpfen es sich vermutlich um veraltete Waffen handelt.

Größer als die in sieben Jahren herausgearbeiteten Gemeinsamkeiten scheinen allerdings nach wie vor die Differenzen zwischen Ost und West zu sein. Insbesondere in der Datendiskussion besitzen sie grundlegenden Charakter und stellen den Abschluß einer MBFR-Vereinbarung nach wie vor in Frage: Während die NATO nämlich bereits in ihrem ersten Verhandlungsangebot von einem Kräfteverhältnis von 925 000 zu 777 000 Mann zugunsten der WVO ausging, waren die osteuropäischen Verhandlungspartner vorerst nicht bereit, offizielle Daten für den vereinbarten Reduzierungsraum bekanntzugeben.[74] Erst nach langem Zögern bezifferte die WVO im Juni 1976 den Umfang ihrer Landstreitkräfte im gesamten Raum der DDR, Polens und der Tschechoslowakei mit «lediglich» 805 000 Mann.[75] Diese (eigenen) Angaben beider Seiten wurden nochmals bestätigt[76], als Mitte 1980 erneut ein Zahlenaustausch mit Stand per 1. Januar 1980 stattfand.[77] Entgegen den gleichgebliebenen WVO-Angaben soll nach Erkenntnissen der NATO allerdings der Bestand an Soldaten im östlichen Teil des Reduzierungsraums mittlerweile auf bis zu 962 000 Mann gestiegen sein.[78]

Welche der Bestandsdaten zutreffen, braucht in unserem Untersuchungszusammenhang nicht abschließend geklärt zu werden.[79] Wichtiger ist, zum einen als Tatsache festzuhalten, daß es den Gesprächspartnern

---

74 Vgl. u. a.: Vetschera, Heinz, Sicherheit und Truppenabbau. Die Konferenz Wien, Juli 1976, S. 90–106.

75 Vgl. stellvertretend: Simonitsch, Pierre, «Soldat» ist nun in Ost und West das gleiche, in: Frankfurter Rundschau vom 5. 11. 1977, S. 3.

76 Vgl.: Koschak, Joachim, NATO-Staaten müssen in Wien Farbe bekennen, in: Neues Deutschland vom 3. 7. 1980, S. 3.

77 Es ist deshalb sicherlich auch kein Zufall, daß nach der einseitigen Reduktion von 20000 Militärangehörigen – vgl. bereits Anm. 73 – die UdSSR jüngst, am 10. Juli 1980, einen Vorschlag unterbreitete, der mit einer Reduktion von 20000 sowjetischen Soldaten und 13 000 US-Soldaten die – aus östlicher Sicht – noch offene Diskrepanz abdeckte. Selbst wenn sich aber die NATO, um die einseitige Reduktion der UdSSR-Streitkräfte zu honorieren, auf den sowjetischen Vorschlag einlassen sollte, so ist kaum anzunehmen, daß sie die aus NATO-Sicht bestehende Diskrepanz im Kräftevergleich von über 100 000 Soldaten zugunsten der WVO auf Dauer tolerieren wird und kann – vgl. zu den neuen Vorschlägen u. a.: Moskau macht neuen Vorstoß in Wien, in: Frankfurter Rundschau vom 11. 7. 1980, S. 1f sowie S. 3; Neuer Vorschlag Moskaus bei Wiener Verhandlungen, in: FAZ vom 11. 7. 1980, S. 1; Ruehl, Lothar, Eine Division ist verschwunden. Neue sowjetische Vorschläge schockieren die NATO, in: Die Zeit Nr. 30 vom 18. 7. 1980, S. 7; Holtzendorff, Friedrich, Impuls für MBFR?, in: loyal 8/1980, S. 3f.

78 Vgl. z. B.; Moniac, Rüdiger, Sie zählen die Soldaten bis zum letzten Koch, in: Münchner Merkur vom 31. Juli 1980, S. 9; ami 3/1980, S. M 6.

79 Zur Frage «Besitzt die Sowjetunion in der konventionellen Rüstung eine militärische Überlegenheit?» vgl. die gleichnamige Datenvergleichsanalyse von Lutz, Dieter S., a. a. O. (Anm. 56), hier insbes. S. 24ff; ferner: Lutz, Dieter S., Die Rüstungsanstrengungen der Sowjetunion im konventionellen Bereich. Eine Datenvergleichs- und Bedrohungsanalyse, in: Militär, Rüstung, Sicherheit Bd. 1, a. a. O. (Anm. 12), S. 47–121.

auch nach siebenjährigen Verhandlungen noch immer nicht gelungen ist, zu einer Einigung in der Datendiskussion zu kommen. Dies ist u. a. auch deshalb zu betonen, weil die Personalbestandsaufnahme der Landstreitkräfte zwar grundlegend für den Fortgang von MBFR sein mag, aber eben doch nur einen relativ einfachen, numerischen Kräftevergleich darstellt. Überdies erstreckt sich der Vergleich auf lediglich einen einzigen Teilsektor der Gesamtstreitkräfte.

Wichtiger ist deshalb zum anderen, auch auf die europäischen, amerikanischen, aber auch chinesischen Veröffentlichungen und Stellungnahmen hinzuweisen, die zum Ende der 70er Jahre zu einer ganzen Flut von Bedrohungsanalysen und Prognosen angewachsen sind.[80] In diesen Analysen wird von einer gefährlichen militärischen Überlegenheit der Sowjetunion bzw. der WVO ausgegangen und ein Überraschungskrieg[81] mit konventionellen Mitteln für die 80er Jahre vorhergesagt bzw. nicht ausgeschlossen. Gleichwohl spielen in diesen Prognosen – entgegen der Gewichtung bei MBFR – die vermuteten oder tatsächlichen Differenzen im Personalumfang der Streitkräfte nur eine vermittelte, in jedem Fall aber keine zentrale Rolle. Gerechnet wird vielmehr in Panzerzahlen und Divisionseinheiten, in Beständen an Kampfflugzeugen und Kriegsschiffen etc.

Aber auch diese Bedrohungsanalysen und -vergleiche sind in der Mehrzahl noch allzu sehr einer Weltkrieg II-Mentalität verhaftet, als daß sie die Probleme des komplizierten militärischen Kräfteverhältnisses in Europa erfassen oder auch nur dem Parameterspektrum der fortschreitenden Rüstungstechnologie und Waffenvielfalt gerecht werden könnten. Zu diesen Problemen und Parametern gehören neben den Differenzen in den Strategien der Militärblöcke auch Fragen wie die sektoral erheblichen Unterschiede in der Ausrichtung des Waffenpotentials auf Angriffs- und/oder Abwehrsysteme oder wie die Variablen im Niveau der Rüstung(stechnologie), in der Qualität der Ausbildung der Streitkräfte und in den Standards ihrer Einsatzbereitschaft etc. (vgl. ausführlicher auch Abschn. 2).

Lassen sich aber in und mit MBFR selbst einfache Bestandsfragen nicht klären, so ist kaum zu erwarten, daß im Rahmen der derzeitigen Ausrichtung, Zielsetzung und Verhandlungsführung der Gespräche die Komplexität des europäischen Kräfteverhältnisses und ihre Probleme stabilitätsfördernd zu bewältigen sein werden. Der bisherige Verlauf der MBFR-Verhandlungen über die Jahre hinweg wie auch die Fortentwicklung der Rü-

80 Vgl. dazu stellvertretend die Literaturangaben in: Lutz, Dieter S., Die Rüstungsanstrengungen, ebd., S. 47–50.

81 Die bekanntesten Beispiele sind: Hackett, John, Der Dritte Weltkrieg. Hauptschauplatz Deutschland. Mit einem Vorwort von General a. D. Graf Kielmansegg, München 1978; Close, Robert, Europa ohne Verteidigung. 48 Stunden, die das Gesicht der Welt verändern, Bad Honnef/Erpel 1977; Françoise (Pseudonym für: Doly, Guy), Wenn die Russen angreifen ... Mit einem Vorwort von Paul Carell, Stuttgart-Degerloch 1980.

stung (im konventionellen Bereich) von Ost und West lehrt deshalb u. a. auch folgendes: Solange Rüstungssteuerung, Bedrohungsanalysen und die öffentliche Meinung durch lediglich schematische Darstellungen, selektive Vergleiche und numerische Spekulationen bestimmt (und manipuliert) werden, die große – bei komplexer Erfassung der Kräfteparameter u. U. nicht existierende – Disparitäten nachweisen, so lange resultieren Instabilität und Kriegsgefahr mehr aus Mißtrauen und Worst-Case-Denken in Verbindung mit der nahezu unvorstellbaren Zusammenballung von Destruktionspotential in Mitteleuropa als solchem denn aus der Überlegenheit oder den Absichten einer Seite.[82]

1.2.3 Die taktische Nuklearrüstung (TNW/TNF) und Kooperative Rüstungssteuerung

Anders als im Bereich der nuklear-strategischen Waffensysteme und (partiell) der konventionellen Rüstung existieren für die – in der Terminologie der sogenannten NATO-Triade als Mittelstück bezeichnete – Ebene der taktischen Nuklearwaffen bislang noch keine Rüstungssteuerungs- und -begrenzungsverhandlungen zwischen Ost und West. Allerdings sind einzelne Elemente des taktischen Nuklearpotentials (Tactical Nuclear Weapons – TNW / Theatre Nuclear Forces – TNF) bereits über MBFR und SALT in die KRSt-Diskussion einbezogen worden. So schränkt etwa das Protokoll zu SALT II die Produktion nuklearfähiger Cruise Missile (bis 1981) ein, ferner begrenzt ein dem Vertrag angeschlossenes Statement die Zuwachsrate des Mittelstreckenbombers BACKFIRE (vgl. oben Abschn. 1.2.1). Auf die sogenannte Option III, die im Rahmen von MBFR noch 1975 den Abzug von US-Nuklearmitteln im Tausch gegen den Abzug sowjetischer Panzer vorsah (vgl. auch bereits Tabelle 3), werden wir noch zu sprechen kommen.

Historisch[83] ist die hohe Zahl (vgl. dazu noch Abschn. 3) wie überhaupt die grundsätzliche Existenz taktischer Nuklearwaffen in Europa mit dem spezifischen Kräfteverhältnis in den 50er Jahren zu erklären: Die Sowjetunion besaß in den Nachkriegsjahren ein starkes konventionelles Potential, das die USA mit den weitaus weniger kostspieligen Atomwaffen zu kompensieren versuchten (zur Kompensationsfunktion der TNF vgl. auch noch Abschn. 4.3). Entsprechend wurde von US-Präsident Eisenhower für den Kriegsfall der massive Einsatz des Nuklearpotentials (*massive retaliation*) auf dem Territorium des Gegners zur Doktrin erhoben.

---

82 Die Schwierigkeiten von MBFR und der KRSt im konventionellen Bereich rücken die im Rahmen von MBFR bislang stiefmütterlich behandelten «vertrauensbildenden und begleitenden Maßnahmen» in den Vordergrund – vgl. dazu ausführlicher: Baudissin, Wolf Graf von/Lutz, Dieter S., a. a. O. (Anm. 1), S. 36ff.

83 Vgl. zu Folgendem auch noch die Literaturangaben in Abschn. 4.3.

Um die Reaktionszeit zu verkürzen – Rückhalt der amerikanischen Nuklearmacht waren damals noch die strategischen Bomber – wurden Waffen und Trägersysteme vor Ort, d. h. vorrangig in Europa disloziert. Mit dem Verlust des Atomwaffenmonopols der USA bzw. mit dem relativen Gleichziehen der UdSSR im Bereich taktischer und strategischer Nuklearwaffen verlor allerdings das amerikanische Potential nicht nur die ihm ursprünglich zugesprochene «Kompensationsfunktion», sondern weitete sich darüber hinaus die Einsatzmöglichkeit nuklearer Waffen auch auf westeuropäisches Gebiet und vor allem auf das bislang kaum bedrohte amerikanische Territorium aus. Konsequenterweise wurde in der Folgezeit die Doktrin der *flexible response* eingeführt und die konventionelle Komponente der Streitkräfte verstärkt – der hohe Bestand an TNW blieb jedoch als Relikt der *massive retaliation* in Europa erhalten.

Genesis und Umfang des NATO-Potentials an taktischen Nuklearwaffen kritisiert u. a. General a. D. Johannes Steinhoff wie folgt: «Daß aber, obwohl seit 1967 die Strategie der flexiblen Reaktion von der NATO angenommen worden ist, die nukleare Struktur des Bündnisses beinahe unverändert weiterbesteht und allein in Europa etwa 7000 nukleare Sprengköpfe lagern, gehört zu den Anachronismen der NATO-Verteidigung ...[84] Die über 7000 nuklearen Sprengköpfe sind numerisch mehr, als die NATO zur Durchführung ihrer Strategie benötigt.»[85] Wieviel an taktischem Nuklearpotential aber ist erforderlich und genug?[86] Alain Enthoven, langjähriger Leiter der Abteilung für Systemanalysen im Pentagon, hat diese Frage mit einer Gesamtzahl von 1000 taktischen Atomwaffen beantwortet. Der Rest von 6000 taktischen Nuklearwaffen sollte seiner Ansicht nach abgebaut und eingespart werden.[87] Andere Autoren setzen die Grenze noch niedriger an: «Wahrscheinlich würden 500 als Verbindung zur strategischen Abschreckungsmacht der USA genügen; eine solche Reduzierung würde auch die Sicherheitsprobleme und die Unterhaltungskosten erheblich vermindern. Der Abzug könnte phasenweise stattfinden (z. B. 1000 pro Jahr) und könnte dazu beitragen, die Sowjets zu ähnlichen Schritten zu veranlassen, da aus ihrer Sicht die Bedrohung abnehmen würde.»[88]

---

84 Steinhoff, Johannes, Wohin treibt die NATO? Probleme der Verteidigung Westeuropas, Hamburg 1976, S. 190.

85 Ebd., S. 198.

86 Vgl. bereits: Lutz, Dieter S., Sowjetische Nuklearrüstung und SALT, a. a. O. (Anm. 12), S. 151; zur Frage: Wieviel ist genug? Vgl. auch noch in folgendem Kapitel 9.

87 Enthoven, Alain, Hearings: Nuclear Weapons and Foreign Policy, U.S. Congress, Senate Committee on Foreign Relations, Subcommittee on U.S. Security Agreements and Commitments Abroad and Subcommittee on Arms Control, International Law and Organisations, Washington 1974, S. 72–76.

88 Schneider, Barry, 30000 U.S. Nuclear Weapons. 22000 Tactical and 8000 Strategic, in: The Defense Monitor 2/1975, abgedruckt in Auszügen in deutscher Übersetzung in: Krell, Gert/Schlotter, Peter, Zur Diskussion über die taktischen Nuklearwaffen in Europa. Analysen und Dokumentation, Frankfurt a. M. 1977, S. 81; vgl. auch den Vorschlag

Zu weitreichenden Schlüssen kommt auch das sogenannte NSM-92, ein Nationales Sicherheitsmemorandum (National Security Memorandum – NSM), das im Jahre 1970 vom Nationalen Sicherheitsrat (National Security Council – NSC) der USA in Auftrag gegeben und 1971 abgeschlossen worden war. Das NSM-92 führt aus, daß die Zahl der Gefechtsköpfe im TNW-Bestand der NATO um über 1000 reduziert werden könnte, ohne daß die nuklearen Einsatzpläne für Europa erheblich geändert werden müßten. Dem Memorandum folgend, wurde im Frühjahr 1973 der NATO ein KRSt-Vorschlag vorgelegt, der vorsah, im Austausch gegen den Abzug einer sowjetischen Panzerarmee innerhalb des Reduzierungsraumes MBFR 1000 nukleare Gefechtsköpfe sowie 36 PERSHING und 54 Jagdbomber F-4 abzuziehen. Am 1 Dezember 1975 legte die NATO diesen Vorschlag als Zusatzangebot, die sogenannte Option III, auf den MBFR-Verhandlungstisch in Wien.[89]

Obwohl sich also zumindest in der ersten Hälfte der 70er Jahre in den NATO-Staaten «Zweifel an der praktischen Brauchbarkeit»[90] des TNW/TNF-Potentials regten, wurde die Frage der «Reduzierung» der Zahl der Kernwaffen in Europa unter militärischen Effizienzgesichtspunkten doch nicht unkontrovers bzw. alternativlos diskutiert: Spätestens ab 1974[91] befaßten sich vielmehr NATO-Institutionen wie die Nukleare Planungsgruppe (NPG) regelmäßig auch mit dem Problem, wie und in welchem Umfang die TNF-Systeme «modernisiert» werden könnten.[92] Ähnlich ambivalent stellt sich das Problem der KRSt auch im Verhältnis von NATO und WVO dar: Obwohl die NATO selbst über die Option III das Nuklearwaffenproblem in MBFR eingebracht hatte, wandte sie sich doch umge-

---

der «Brookings Institution», der eine Reduzierung der 7000 Sprengköpfe in Europa auf 2000 vorsieht – dazu: ÖMZ 2/1975, S. 139; Borch, Herbert von, Besorgter Blick ins Arsenal der taktischen Atomwaffen, in: Süddeutsche Zeitung vom 17. 12. 1974, S. 3.

89 Vgl. ausführlicher: Nerlich, Uwe, Die Verbesserung der nuklearen Fähigkeiten der NATO: Verteidigungs- und verhandlungspolitische Probleme, SWP-AP 2159, Ebenhausen, Januar 1978, S. 22f.

90 So auch: Ruehl, Lothar, Der Beschluß der NATO zur Einführung nuklearer Mittelstreckenwaffen, in: EA 4/1980, S. 99.

91 Da gescheiterte Projektvorhaben wie das einer «multilateralen Atomstreitmacht» (Multilateral Force-MLF) in den 60er Jahren für die KRSt keine Bedeutung besitzen, kann auf die Behandlung in unserem Untersuchungszusammenhang verzichtet werden – zur MLF vgl. stellvertretend: Lauk, Kurt J., Die nuklearen Optionen der Bundesrepublik Deutschland, Berlin 1979, S. 38–64, und dort die Literaturangaben. Ähnliches gilt auch für die Diskussion um die Neutronenwaffe in der zweiten Hälfte der 70er Jahre – dazu: Guha, Anton-Andreas, Die Neutronenbombe oder Die Perversion menschlichen Denkens, Frankfurt a. M. 1977; Cohen, S. T., The Neutron Bomb: Political, Technological and Military Issues, Washington 1978.

92 Die Nukleare Planungsgruppe der NATO befaßt sich seit 1974 regelmäßig mit dieser Frage – vgl. z. B.: Kommuniqué der Nuklearen Planungsgruppe der NATO, in: NATO-Brief 4/1976, S. 29, und dort auch den Hinweis auf den Beginn der Diskussion im Jahre 1974.

kehrt stets gegen eine Behandlung entsprechender Vorschläge der UdSSR im Rahmen von SALT.

Anders als die NATO-Staaten ist die Sowjetunion, die selbst in den frühen 60er Jahren einen Schwerpunkt ihrer Nuklearrüstung auf Mittelstreckenraketen gegen Ziele in Westeuropa richtete (vgl. noch insbes. Abschn. 5.1.3.1), bereits seit Beginn der Rüstungssteuerungsverhandlungen bemüht, auch nichtstrategisches Nuklearwaffenpotential in die KRSt einzubeziehen.[93] Allerdings richtet sich das sowjetische Interesse auf Grund der spezifischen geopolitischen und strategischen Lage der UdSSR auf einen (mehr oder weniger einseitigen) Abzug der sogenannten vorgeschobenen Nuklearmittel der USA in Europa und der Türkei sowie in den angrenzenden Seegebieten (Forward Based Systems – FBS). Mit diesen FBS – so das Argument der UdSSR – könnten die USA Ziele in der Sowjetunion bedrohen, umgekehrt könnten sowjetische Mittelstreckenraketen zwar westeuropäisches, keinesfalls aber amerikanisches Gebiet erreichen (vgl. auch noch Abschn. 4.4).[94]

Bemerkenswert ist, daß im Zuge der Rüstungssteuerungsverhandlungen Forderungen der Sowjetunion nach Abzug der FBS nicht nur allein vom SALT-Verhandlungspartner USA zurückgewiesen wurden, sondern entsprechende Vorschläge – öffentlich wie NATO-intern – stets auch auf vehementen Widerstand bei den europäischen NATO-Partnern und insbes. bei der Bundesrepublik stießen.[95] Eine ähnlich dezidierte Haltung wie in der FBS-Frage nahm in den 70er Jahren ein Teil gerade der europäischen

---

93 Vgl. Semejko, Lew, Gibt es ein militärisches Ungleichgewicht in Europa?, in: Blätter für deutsche und internationale Politik 11/1979, S. 1339; Wettig, Gerhard, Nachrüstungsbeschluß und Verhandlungsangebot der NATO im sowjetischen Urteil, in: Europäische Wehrkunde 7/1980, S. 327; Rühle, Hans, Schmidt schob Amerika den Schwarzen Peter zu. Das Moskauer Verhandlungsergebnis hat die Nachrüstung mit großer Wahrscheinlichkeit unmöglich gemacht, in: Die Welt Nr. 171 vom 25. Juli 1980, S. 7; Ruehl, Lothar, Das Verhandlungsangebot der NATO an die Sowjetunion. Suche nach einem Gleichgewicht bei den «eurostrategischen» Waffen, in: EA 7/1980, S. 217; Mechtersheimer, Alfred, Hat SALT III noch eine Chance? Rüstungspolitik kontra Abrüstung, hektogr. Manuskript vom Juni 1980, 56 S., hier S. 10f.

94 Der Versuch der Sowjetunion, ihren geo-strategischen Nachteil durch Stationierung von Mittelstreckenraketen auf Kuba auszugleichen, war mit der «Kuba-Krise» von 1962 gescheitert. Allerdings zog US-Präsident Kennedy – angeblich einer geheimen Absprache mit Chruschtschow zufolge – in der Zeit nach der Krise auch die kurz zuvor dislozierten US-Mittelstreckenraketen JUPITER und THOR aus der Türkei, Italien und Großbritannien wieder ab.

95 Auch ohne ihre frühere (vorrangige) Kompensationsfunktion und allen Zweifeln an ihrer militärischen Effizienz zum Trotz bilden die TNW/TNF – und insbes. die FBS – für die europäischen NATO-Staaten offensichtlich ein wichtiges Verbindungsglied zur obersten Stufe der Abschreckungstriade, den nuklear-strategischen Systemen der USA (vgl. auch Abschn. 4.3). Mit anderen Worten: Für die europäischen NATO-Staaten scheint die Fortexistenz der TNW/TNF (auch) eine Garantiefunktion auf Teilhabe der europäischen NATO-Staaten am nuklear-strategischen «Schutzschirm» der USA zu beinhalten – vgl.

NATO-Partner – darunter wieder die Bundesrepublik – auch in der Streitfrage «Modernisierung und/oder Reduktion» ein. Dies wurde spätestens 1976 deutlich, als die LRCM-Option diskutiert wurde (Long-Range Cruise Missile – Langstreckenmarschflugkörper): «Die interessierten europäischen NATO-Partner (Großbritannien, Bundesrepublik Deutschland, Italien, Norwegen) suchten vor allem in der *kritischen* SALT-Verhandlungsphase die Option auf *cruise missiles* einer Reichweite über 600 km für ihre künftige Rüstung offenzuhalten.»[96]

Es ist deshalb auch kein Zufall, daß es mit Georg Leber ein bundesdeutscher Verteidigungsminister war, der sich im Dezember 1977 erstmals öffentlich gegen eine Verschüttung der Marschflugkörper-Technologie und ihrer Optionen durch SALT II aussprach und seine Bedenken überdies mit einer sowjetischen Überlegenheit im Bereich der «kontinentalen» Kernwaffensysteme begründete.[97] Vorausgegangen war allerdings schon am 28. Oktober 1977 die «Alastair Buchan Memorial Lecture» von Bundeskanzler Helmut Schmidt in London, in welcher der Kanzler ebenfalls öffentlich Besorgnis über ein zunehmendes Ungleichgewicht im taktisch-nuklearen Sektor geäußert hatte.[98] Anders als Leber hatte Schmidt jedoch die theoretische Möglichkeit einer Modernisierung des NATO-Potentials zwar erwähnt, sich aber nachdrücklich für die Alternative ausgesprochen: «Meine Präferenz hat die Reduktion.»[99]

Zu diesem Zeitpunkt waren die institutionellen Weichen für eine mögliche Modernisierung gleichwohl schon gestellt: Auf der 22. Ministerta-

---

auch noch Abschn. 4.3 und dort die Literaturangaben; ferner Mechtersheimer, Alfred, a. a. O. (Anm. 93), S. 10.

96 Ruehl, Lothar, a. a. O. (Anm. 90), S. 102 (Hervorheb. – D. S. L.); vgl. dazu u. a. auch: Moniac, Rüdiger, Sorgen um Raketen-Kompromiß in Europa, in: Die Welt vom 7. 6. 1977; ders., USA wollen bei SALT auf Europa hören, in: Die Welt vom 13. 6. 1977; NATO droht Moskau mit neuen Waffen, in: Süddeutsche Zeitung vom 10. 6. 1977.

97 ZDF-Interview von Bundesverteidigungsminister Georg Leber mit Lothar Ruehl anläßlich der Dezember-Tagung der NATO in Brüssel 1977 – Ruehl, Lothar, a. a. O. (Anm. 90), S. 102, 110.

98 «Durch SALT neutralisieren sich die strategischen Nuklearpotentiale der USA und der Sowjetunion. Damit wächst in Europa die Bedeutung der Disparitäten auf nukleartaktischem und konventionellem Gebiet zwischen Ost und West ... Wir Europäer haben zu Beginn der SALT-Gespräche die enge Verbindung zwischen der Parität auf dem strategisch-nuklearen Gebiet einerseits und dem taktisch-nuklearen Sektor andererseits nicht klar genug gesehen oder nicht klar genug artikuliert. Es gilt jetzt, die Verzahnung von SALT und MBFR klar zu erkennen und daraus die notwendigen praktischen Schlüsse zu ziehen ... Die MBFR-Verhandlungen in Wien haben bis heute keine formulierten Ergebnisse gebracht. Der Warschauer Pakt hat seit Beginn der Verhandlungen die Disparitäten militärischer Kräfte sowohl auf konventionellem als auch auf taktisch-nuklearem Gebiet eher noch vergrößert.» – Schmidt, Helmut, Politische und wirtschaftliche Aspekte der westdeutschen Sicherheit, Alastair Buchan Memorial Lecture, Bulletin des Presse- und Informationsamtes der Bundesregierung Nr. 112 vom 8. 11. 1977, S. 1014f.

99 Ebd., S. 1014.

gung der Nuklearen Planungsgruppe (NPG) der NATO in Bari am 11. und 12. Oktober 1977 – also kurz vor der Schmidt-Rede – war die Einsetzung einer Gruppe auf hoher Ebene (High Level Group – HLG) beschlossen worden, welche die langfristigen Erfordernisse der NATO im Bereich der TNF eingehend prüfen sollte.[100] Die HLG nahm ihre Tätigkeit im Dezember 1977 auf[101] und legte bereits auf der 23. Ministertagung der NPG im April 1978 ein erstes Gutachten vor. Ein umfassender Bericht folgte ein Jahr später auf der 25. Ministertagung im April 1979: In beiden Gutachten brachte die HLG übereinstimmend die Notwendigkeit einer größeren Mittelstreckenkapazität der NATO im TNF-Bereich zum Ausdruck.[102]

Auf der Basis der Vorlagen beschlossen die Minister im April 1979, spezifische Empfehlungen für ein langfristiges TNF-Modernisierungsprogramm durch die HLG ausarbeiten zu lassen. Diese Empfehlungen sollten bis zur Tagung der Nuklearen Planungsgruppe im Herbst 1979 zur Begutachtung vorliegen, um schnell entsprechende Entscheidungen treffen zu können. Im abschließenden Kommuniqué zur 25. Tagung der NPG gaben die Minister ihren Beschluß zur Ausarbeitung eines TNF-Modernisierungsprogramms zwar noch nicht bekannt, betonten aber bereits, «daß es notwendig sei, die europabezogenen Nuklearstreitkräfte zu erhalten und zu modernisieren»[103].

Relativ spät, nämlich ebenfalls erst im April 1979, beschlossen die ständigen Vertreter im Nordatlantikrat auf Anregung von Bundesaußenminister Genscher[104], eine zweite Studiengruppe parallel zur HLG zu bilden. Diese Spezialgruppe (Special Group on Arms Control and Related Matters – kurz: Special Group – SG) sollte gleichfalls auf der Ebene hoher Beamter[105] ein Gutachten «über Rüstungskontrollmaßnahmen im Bereich nuklearer Mittelstreckenraketen» erarbeiten, um so – wie NATO-Generalsekretär Luns hervorhob – die Doppelstrategie des Bündnisses zu betonen, nämlich

---

100 Vgl. den Vertreter der USA in der Stabsgruppe der Nuklearen Planungsgruppe, Hammer jr., Stephen R., Die nuklearen Mittelstreckensysteme der NATO. Modernisierung parallel mit Rüstungskontrolle, in: NATO-Brief 1/1980, S. 6. Im Kommuniqué über die Ministertagung – vgl. z. B. EA 7/1978, S. 195f – wird die HLG allerdings nicht erwähnt.

101 Den Vorsitz führte der Unterstaatssekretär für Internationale Sicherheitsfragen im US-Verteidigungsministerium David E. McGiffert.

102 Vgl. Hammer jr., Stephen R., a. a. O. (Anm. 100). S. 6f.

103 Kommuniqué der Nuklearen Planungsgruppe der NATO – 25. Ministertagung in Hennestead, USA, abgedruckt in: NATO-Brief 3/1979, S. 31; vgl. auch: Europäische Wehrkunde 6/1979, S. 311f.

104 Hammer jr., Stephen R., a. a. O. (Anm. 100), S. 7, nennt neben dem bundesdeutschen auch einen niederländischen Vorschlag.

105 Den Vorsitz führten ebenfalls die USA, zuerst mit Leslie Gelb, Direktor der Abteilung für politisch-militärische Angelegenheiten im US-Außenministerium, später mit Reginald Bartholomew als Nachfolger in dieser Abteilung. Leiter der deutschen Delegation war Botschafter Ruth. Frankreich schickte keinen Vertreter.

einerseits den Abschreckungscharakter aufrechtzuerhalten und andererseits die Entspannung voranzutreiben.[106]

SG und HLG erarbeiteten im Frühjahr und Sommer 1979 zwei getrennte Berichte bzw. Empfehlungen, welche die (amerikanischen) Vorsitzenden beider Gruppen im Herbst 1979 zu einem gemeinsamen Arbeitspapier integrierten. Beide Berichte wurden während der 26. Tagung der NPG am 13. und 14. November 1979 in Vorbereitung auf die NATO-Ratstagung im Dezember behandelt. Im abschließenden Kommuniqué der NPG betonten die Minister nicht nur abermals die wachsenden Disparitäten im taktisch-nuklearen Bereich, sondern gebrauchten erstmals auch in diesem Gremium die Termini «Lücke bei den TNF» und «Nachrüstung»[107].

Beide Reizworte stammten aus dem Sprachschatz einer zu diesem Zeitpunkt bereits öffentlichen Diskussion, in der sich neben Journalisten eine Großzahl prominenter Regierungs- und Oppositionspolitiker der NATO-Staaten sowie hochrangige Militärs und namhafte Wissenschaftler zu Wort meldeten.[108] Folgt man der Tendenz dieser Diskussion, so ist in den teilweise öffentlichkeitswirksamen Analysen und Prognosen die Annahme einer bereits vorhandenen oder zunehmenden Überlegenheit der Sowjetunion im taktisch-nuklearen Bereich bzw. im euronuklearen Bereich ebensowenig zu verkennen wie die Feststellung einer destabilisierenden Rüstungsdy-

106 Nach Europäische Wehrkunde 6/1979, S. 312; vgl. auch NATO-Brief 3/1979, S. 31.

107 Kommuniqué der Nuklearen Planungsgruppe – 26. Ministertagung in Den Haag, abgedruckt in: NATO-Brief 6/1979, S. 27f; vgl. auch: Europäische Wehrkunde 12/1979, S. 633f.

108 Vgl. aus der Flut der Diskussionsbeiträge und Meinungen im Vorfeld des NATO-Ratsbeschlusses stellvertretend: Nur Navy stärker als Russen. Kissinger: Sofort nachrüsten, in: Die Welt vom 3. 9. 1979, S. 1, 6; Kissingers Kehrtwendung, in: Die Zeit Nr. 37 vom 7. 9. 1979, S. 1; Moniac, Rüdiger, Die NATO blickt auf die SPD und auf den Kanzler, in: Die Welt Nr. 281 vom 1. 12. 1979, S. 3, und dort als Dokumentation den Meinungsstreit von Hans Apel, Harold Brown, Christoph Bertram, Carl Friedrich von Weizsäcker und Dieter S. Lutz; Verzicht bedeutet Existenzkrise der NATO (Interview mit Manfred Wörner), in: Die Welt Nr. 281 vom 1. Dezember 1979, S. 2; Konflikt Apel–Genscher macht Kanzler Sorgen, in: Die Welt vom 6./7. 10. 1979, S. 1; Pawelczyk, Alfons, Keiner kann den militärischen Sieg über den anderen erringen, in: Frankfurter Rundschau vom 7. 9. 1979, S. 14; Damm, Carl, Die NATO steht vor einer ihrer schwersten Entscheidungen, in: Frankfurter Rundschau vom 17. 9. 1979, S. 10; NATO-Chef: Wir wollen mit Moskau verhandeln, aber dann müssen wir stark sein, in: Die Welt Nr. 285 vom 6. 12. 1979, S. 1f; Wust, Harald, Das Angriffsrisiko wird für die Sowjetunion immer leichter kalkulierbar, in: Die Welt Nr. 283 vom 4. 12. 1979, S. 9; Potyka, Christian, Sicherheitsakrobaten mit und ohne Netz, in: Süddeutsche Zeitung vom 5. 12. 1979, S. 4; Schmidt, Wird das Gleichgewicht gestört, muß man es wieder herstellen, in: Europa und die Welt Nr. XI/1979 vom 6. 11. 1979, S. I; mit Moskau reden, aber vorher auf Waffen nicht verzichten (Interview mit General Haig), in: Die Welt vom 4. 9. 1979, S. 1; Sowjets haben NATO eingeholt – teilweise überrundet (Interview mit General Schmückle), in: VIP Nr. 401, S. 2f; Bertram, Christoph, Ringen um Raketen. Wie soll der Westen auf den sowjetischen Vorsprung antworten?, in: Die Zeit Nr. 50 vom 7. 12. 1979, S. 3.

namik, verbunden mit einer wachsenden Bedrohung des Westens, und schließlich – direkt oder implizit – die Forderung nach einem Beschluß der NATO zur nuklearen Aufrüstung Westeuropas, insbes. der Bundesrepublik, mit weit in die Sowjetunion hineinreichenden (landgestützten) Mittelstreckenwaffen. Ohne «Nachrüstung»[109] würde «Europas Raketenlücke»[110] immer gefährlicher, «das Angriffsrisiko für die Sowjetunion immer leichter kalkulierbar»[111] (vgl. zum Analysetrend im zeitlichen Umfeld des Nachrüstungsbeschlusses auch noch Abschn. 3.2).

Die Diskussion fand ihren vorläufigen Abschluß, als die Außen- und Verteidigungsminister der NATO-Staaten auf der Basis der Berichte der HLG und der SG (in Form eines integrierten Entscheidungspapiers) am 12. 12. 1979 ihren Doppelbeschluß fällten. Wie das Kommuniqué der NATO-Ratstagung ausweist, deckt sich der Beschluß sowohl in der Entscheidung als auch in seiner Begründung[112] weitgehend mit der Nachrüstungsforderung: Die NATO wird das LRTNF-Potential der NATO durch die Dislozierung von amerikanischen bodengestützten Systemen in Europa modernisieren. Diese Systeme sollen 108 Abschußvorrichtungen für PERSHING II, welche die derzeitigen amerikanischen PERSHING Ia ersetzen werden, und 464 bodengestützte Marschflugkörper (GLCM) umfassen. Sämtliche Systeme sollen jeweils nur mit einem Gefechtskopf ausgestattet werden (vgl. dazu ausführlicher noch Abschn. 6.2.1).

Ferner kamen die Minister überein, daß als integraler Bestandteil der TNF-Modernisierung so bald wie möglich 1000 amerikanische Gefechtsköpfe aus Europa abgezogen werden und darüber hinaus der Sowjetunion von den USA Verhandlungen über die LRTNF-Begrenzung vorgeschlagen werden sollten. Grundlage dieser Verhandlungen sollen innerhalb des Bündnisses erarbeitete Leitlinien sein. Zur Unterstützung der amerikani-

---

109 Vgl. stellvertretend zum Gebrauch des Begriffes «Nachrüstung»: Raven, Wolfram von, Gefahr aus der grauen Zone. Umrüstung und Nachrüstung der Kernwaffen, in: Beiträge zur Konfliktforschung 2/1979, S. 27–45; mit entgegengesetztem Zweck: Kade, Gerhard/Matthiesen, Gunnar (Hg.), «Nachrüsten», «Vorrüsten» oder Abrüsten. Die sowjetischen Vorschläge zur Rüstungsbegrenzung, Köln 1980².

110 Zum Gebrauch des Reizwortes «Lücke» vgl. z. B.: Raven, Wolfram von, Die Abschreckungslücke der NATO, in: loyal 3/1979, S. 6f; Dorn, Jürgen, Europas Raketenlücke, in: Rheinischer Merkur vom 17. 8. 1979, S. 20f; Schwartz, Rolf Dietrich, Bonn entdeckt Raketenlücke, in: Frankfurter Rundschau vom 31. 1. 1979, S. 2; Lücken in der NATO-Nuklearbewaffnung. Moskaus Friedensinitiative im Licht sowjetischer Überlegenheit, in: Neue Zürcher Zeitung Nr. 246 vom 24. 10. 1979, S. 5; und kritisch: Guha, Anton-Andreas, Das Gespenst des Kalten Krieges taucht wieder auf. Die Debatte über Grauzonenwaffen verengt sich zu einer Diskussion über Raketenlücken, in: Frankfurter Rundschau vom 19. 12. 1979, S. 3.

111 So die Überschrift eines Artikels des ehemaligen Generalinspekteurs der Bundeswehr Harald Wust, a. a. O. (Anm. 108), S. 9.

112 Allerdings ohne Gebrauch des Begriffes «Nachrüstung», aber unter Verwendung des «Lücken»-Arguments – dazu noch das Folgende.

schen Bemühungen soll ein besonderes, hochrangiges Konsultationsgremium innerhalb der NATO gebildet werden[113] (vgl. dazu auch noch Kapitel 12).

Begründet wurden die Beschlüsse der Außen- und Verteidigungsminister mit der Herausforderung, die der fortdauernde, intensive militärische Aufwuchs auf seiten des Warschauer Paktes darstelle: «Im Laufe der Jahre hat der Warschauer Pakt ein großes und ständig weiterwachsendes Potential von Nuklearsystemen entwickelt, das Westeuropa unmittelbar bedroht ... Insbesondere hat die Sowjetunion die SS-20-Rakete disloziert, die durch größere Treffgenauigkeit, Beweglichkeit und Reichweite sowie durch die Ausrüstung mit Mehrfachsprengköpfen eine bedeutende Verbesserung gegenüber früheren Systemen darstellt, und sie hat den BACKFIRE-Bomber eingeführt, der wesentlich leistungsfähiger ist als andere sowjetische Flugzeuge, die bisher für kontinental-strategische Aufgaben vorgesehen waren. Während die Sowjetunion in diesem Zeitraum ihre Überlegenheit bei den nuklearen Mittelstreckensystemen (LRTNF) sowohl qualitativ als quantitativ ausgebaut hat, ist das entsprechende Potential des Westens auf demselben Stand geblieben. Darüber hinaus veralten diese westlichen Systeme, werden zunehmend verwundbar und umfassen zudem keine landgestützten LRTNF-Raketensysteme ... Diese Entwicklungen haben im Bündnis ernsthafte Besorgnis hervorgerufen, da – falls sie fortdauern sollten – die sowjetische Überlegenheit bei den Mittelstreckenwaffen die bei den interkontinentalen strategischen Systemen erzielte Stabilität aushöhlen könnten. Durch diese Entwicklungen könnte auch die Glaubwürdigkeit der Abschreckungsstrategie des Bündnisses dadurch in Zweifel gezogen werden, daß die *Lücke* im Spektrum der dem Bündnis zur Verfügung stehenden nuklearen Reaktionen auf eine Aggression akzentuiert würde.»[114]

Die Minister wollen mit der geplanten Nachrüstung jedoch keineswegs nur eine «Lücke» beseitigen. Auch darf nach ihrer Ansicht die Modernisierungsentscheidung nicht als Schritt zu einem neuen Rüstungswettlauf – nunmehr auf der Ebene der euronuklearen Waffensysteme – mißverstanden werden. Im Gegenteil: Laut Kommuniqué der Außen- und Verteidigungsminister ist der Beschluß vielmehr der Versuch, gerade einen möglichen, «durch den sowjetischen TNF-Aufwuchs verursachten Rüstungswettlauf in Europa abzuwenden» und in glaubwürdiger Weise «das Fundament für ernsthafte Verhandlungen über TNF zu schaffen»[115]. Die Vorgehensweise

113 Kommuniqué über die Sondersitzung der Außen- und Verteidigungsminister der an der integrierten Verteidigungsstruktur beteiligten Mitgliedstaaten des Nordatlantikpaktes in Brüssel am 12. Dezember 1979, abgedruckt in: EA 2/1980, S. D 35–D 37, hier S. D 36f; ebenso: Blätter für deutsche und internationale Politik 1/1980, S. 108–110.

114 EA 2/1980, ebd., S. D 35f (Hervorheb. – D. S. L.).

115 Ebd., S. D 37.

des NATO-Rates kann also mit dem Motto charakterisiert werden «Rüsten, um zu verhandeln»[116] bzw. «Aufrüsten, um abzurüsten»[117]. Dieses Motto deckt sich mit Erfahrungen aus den SALT- und MBFR-Verhandlungen (vgl. oben Abschn. 1.2.1 und 1.2.2), die gezeigt haben, daß KRSt in jenen Teilbereichen die größte Aussicht auf Erfolg besitzt, in denen der Kräftevergleich weitgehende Ausgewogenheit signalisiert.

Einem weiteren Postulat aus den Rüstungssteuerungsgesprächen, nämlich neue Technologien möglichst in einem frühzeitigen Stadium der Erforschung, Entwicklung und Produktion «einzufangen», folgt der Doppelbeschluß dagegen nur halbherzig. Zwar bietet der NATO-Rat – soweit bekannt, erstmals in der Geschichte der KRSt – Verhandlungen über neue Waffensysteme «vor» ihrer Stationierung, hier: im Jahre 1983, an; Erfahrungen auch wiederum aus den vergangenen Rüstungssteuerungsgesprächen lassen jedoch eine wesentlich längere Verhandlungsperiode als drei Jahre ebenso erwarten wie unmittelbare Aufrüstungsmaßnahmen der Gegenseite, die systemimmanent vom *worst case* glaubt ausgehen zu müssen, d. h. sich in ihren Reaktionen gegen den Mißerfolg der Verhandlungen vorbeugend absichern wird.[118] Ob also der Doppelbeschluß des NATO-Rates tatsächlich optimale Voraussetzungen und eine «günstige Atmosphäre»[119]

---

116 Oder pointierter: «Rüsten, um aus der Position der Stärke zu verhandeln» bzw. «Erst rüsten, dann verhandeln».

117 So jetzt auch der allerdings mit Fragezeichen versehene Titel des Buches: Studiengruppe Militärpolitik, Aufrüsten, um abzurüsten? Informationen zur Lage, Reinbek bei Hamburg 1980; vgl. so auch die Zwischenüberschrift bei: Sommer, Theo, Weltuntergang als Notlösung? Das Bonner Raketen-Rätsel, in: Die Zeit Nr. 11 vom 9. 3. 1979, S. 1; vgl. aber auch das Motto in der Überschrift von: Harenberg, Karl-Heinz, Erst abrüsten, dann umrüsten?, in: Deutsches Allgemeines Sonntagsblatt vom 28. 1. 1979, S. 6; ferner bei: Ruehl, Lothar, Verhandeln, aber auch rüsten. Verteidigungsminister bereiten Raketen-Entscheidung für das Bündnis vor, in: Die Zeit vom 14. 5. 1979, S. 4; Dorner, Klaus, Abrüstung durch Nachrüstung? Hypothesen und Dokumente zu einer (über-)lebenswichtigen Frage, Aachen 1980.

118 In der Rede von Breschnjew zum 30. Jahrestag der Gründung der DDR am 6. Oktober 1979 in Berlin, abgedruckt in: Kade, Gerhard/Matthiesen, Gunnar (Hg.), a. a. O. (Anm. 109), S. 25–29 (Auszug), hier: S. 25 f, wird dies zweifelsfrei deutlich: «Ernste Besorgnis erregen die gefährlichen Pläne, auf dem Territorium Westeuropas, wie es die westliche Propaganda bereits hinausposaunt, amerikanische Raketen-Kernwaffen neuer Typen zu stationieren ... Die sozialistischen Länder würden natürlich den Anstrengungen der NATO-Militaristen nicht tatenlos zusehen. Wir müßten in diesem Fall die erforderlichen zusätzlichen Schritte zur Festigung unserer Sicherheit unternehmen. Einen anderen Ausweg gäbe es für uns nicht.» Ähnlich auch Verteidigungsminister Ustinow – vgl. dazu: Kreml droht mit Gegenmaßnahmen, in: Frankfurter Rundschau vom 26. 10. 1979, S. 1 f.

119 Vgl.: «Schmidt: Günstige Atmosphäre für Verhandlungen schaffen». Die Entscheidung der NATO über Nachrüstung, in: FAZ vom 16. 11. 1979, S. 2; dagegen aber auch wieder Breschnjew, a. a. O. (Anm. 118), S. 26: «Eines ist aber völlig klar: Die Ausführung der NATO-Pläne würde die Situation in Europa unweigerlich verschärfen und die internationale *Atmosphäre* als Ganzes weitgehend vergiften» (Hervorheb. – D. S. L.).

für die angestrebten Rüstungssteuerungsgespräche geschaffen hat bzw. schaffen konnte, muß bezweifelt werden.

Solche und ähnliche Zweifel sind allerdings nicht erst nach[120] der Entscheidung vom Dezember 1979 laut geworden. Kritik ist vielmehr bereits im zeitlichen Vorfeld des Nachrüstungsbeschlusses in vielfacher Form angemeldet worden. Insbesondere in der Bundesrepublik[121], in Belgien, in

---

120 Herausragendes Beispiel für eine Kritik «nach» dem Nachrüstungsbeschluß mit persönlich weitreichenden Konsequenzen inkl. Diffamierungen auch von offizieller Seite ist das Schreiben von Generalmajor Gerd Bastian «Warum ich die Nachrüstung ablehne» an Bundesverteidigungsminister Hans Apel vom 16. 1. 1980 – abgedruckt in: Argumente zur Zeit Nr. 253, Sonderdruck aus Blätter für deutsche und internationale Politik 2/1980, Köln 1980, 4. S., sowie in: Frankfurter Rundschau Nr. 21 vom 25. 1. 1980, S. 5; vgl. ferner zur nachträglichen Kritik auch: Müller, Erwin, «Nach»-Rüstung und Rüstungswettlauf. Zum NATO-Beschluß über neue eurostrategische Mittelstreckensysteme. Argumente Nr. 3, Tübingen, Februar 1980; vgl. auch den offenen Brief von Margarethe Mitscherlich u. a. an Bundeskanzler Schmidt «Nachrüstung neu überdenken», in: Frankfurter Rundschau vom 27. 5. 1980, S. 4; Dorner, Klaus, a. a. O. (Anm. 117).

121 Vgl. stellvertretend: Schwelien, Michael, Es gibt keine Sicherheitslücke bei der NATO. Ein Gespräch mit Generalleutnant a. D. Wolf Graf von Baudissin, in: Stuttgarter Zeitung Nr. 253 vom 31. 10. 1979, S. 3, und dort u. a. Graf von Baudissin: «Ein Produktionsbeschluß mag bündnispolitisch erforderlich sein, sicherheitspolitisch ist er es noch nicht. Vom Gesichtspunkt der Rüstungssteuerung würde es sich empfehlen, den endgültigen Produktionsbeschluß von den Gesprächen mit der Sowjetunion abhängig zu machen.» Vgl. ferner: Lutz, Dieter S., Das militärische Kräfteverhältnis im Bereich der euronuklearen Waffensysteme, IFSH-Forschungsberichte 12/1979; Mechtersheimer, Alfred, Offene Fragen zur Stationierung amerikanischer Mittelstreckensysteme in Westeuropa, Starnberg 3. 12. 1979 (hektogr. Manuskript), 5 S.; vgl. auch einzelne Aufsätze in: Studiengruppe Militärpolitik, a. a. O. (Anm. 117), die z. T. bereits vor dem Nachrüstungsbeschluß fertiggestellt und diskutiert wurden – z. B.: Mechtersheimer, Alfred, «Modernisierung» gegen Sicherheit. Zur Stationierung amerikanischer Mittelstreckensysteme in der Bundesrepublik Deutschland, ebd., S. 54–66; Lutz, Dieter S., Wieviel an Vernichtung(skapazität) ist genug? Ein Worst-Case-Szenario gegen West-Europa, ebd., S. 78–94; vgl. ebd. S. 73–77 auch den «Aktionsbericht zum internationalen Appell für ein nukleares Waffenmoratorium» von Hans Günter Brauch; zur Diskussion in der SPD vgl. u. a.: SPD bevorzugt Abrüstungsverhandlungen, in: Süddeutsche Zeitung Nr. 263 vom 14. 11. 1979, S. 7; Mörbitz, Eghard, Brandt warnt vor Falken, in: Frankfurter Rundschau Nr. 239 vom 13. 10. 1979, S. 1 f; Reifenrath, Roderich, Für die einen Nachrüstung, für die anderen Aufrüstung. Auf dem SPD-Parteitag wurde engagiert und kontrovers über die bevorstehenden NATO-Beschlüsse diskutiert, in: Frankfurter Rundschau vom 6. 12. 1979, S. 3; Moniac, Rüdiger, Apel warnt Genossen. Grenzen des Akzeptablen schon erreicht, in: Die Welt vom 5. 12. 1979, S. 4; Solidarität im Bündnis mit unseren Partnern ist Kern unserer Sicherheit, in: Die Welt vom 5. 12. 1979, S. 9; Bis zum Schluß Ringen um Raketen. Heftige Debatte bei SPD-Parteitag, in: Frankfurter Rundschau Nr. 284 vom 6. 12. 1979, S. 1; Goos, Diethart, Die Raketen-Schlacht mobilisierte alles, in: Die Welt Nr. 285 vom 6. 12. 1979, S. 5; zur FDP vgl.: Voss, Reinhard, Möllemann rügt FDP-Fachausschuß. Meinungsverschiedenheiten bei den Liberalen über Raketenbeschluß, in: Frankfurter Rundschau Nr. 286 vom 8. 12. 1979, S. 9; Conrad, Bernt, Bahr-Äußerungen zur NATO-Nachrüstung mißfallen der FDP, in: Die Welt vom 19. 12. 1979, S. 2.

den Niederlanden und in Dänemark gab es heftige Diskussionen um die Vorgehensweise des NATO-Rates sowie um die vorgetragenen Kräftevergleiche. Diese Auseinandersetzungen, die innerhalb wie außerhalb der Parlamente geführt wurden und in den kleineren NATO-Staaten bis an die Grenze der Regierungs- und Koalitionskrise bzw. des Regierungssturzes gingen[122], zogen die verschiedensten Reaktionen und Vorschläge nach sich:

- Washington versuchte (mit Hilfe Bonns), durch «Drängen»[123] der NATO-Partner eine Verzögerung des Beschlusses zu verhindern;
- die Bundesrepublik bekräftigte das «Singularitätsprinzip»[124], das besagt, daß auf deutschem Territorium nur dann neue Mittelstreckenwaffen stationiert werden, wenn auch andere NATO-Staaten mitziehen würden;
- Dänemark schlug vor, den Stationierungsbeschluß um 6 Monate zu verschieben, um in dieser Zeit, also vorab, den Willen der Sowjetunion zu Verhandlungen und ihre Bereitschaft zur Rüstungsbegrenzung im TNF-

---

122 In Belgien und den Niederlanden gingen die Auseinandersetzungen bis an den Rand der Koalitions- und Regierungskrise bzw. des Regierungssturzes – vgl. stellvertretend: Raketen-Streit bringt auch die belgische Regierung an den Rand einer Krise, in: Die Welt vom 11. 12. 1979, S. 2; Einwände der Holländer finden auch in Belgien Gehör, in: Die Welt vom 5. 11. 1979, S. 5; Kemna, Friedhelm, Gefahr aus Holland, in: Die Welt vom 3. 11. 1979, S. 6; Radke, Bodo, Krise in Holland: Nachrüstung total abgelehnt, in: Die Welt vom 8./9. 12. 1979, S. 1; Bleich, Hermann, Niederländer sagen nein zu Raketen. Parlament gegen Mittelstreckenwaffen, in: Frankfurter Rundschau vom 8. 12. 1979, S. 1f; Bleich, Hermann, Ohne die Kirche keine Rakete. Hollands Opposition und die «Nachrüstung», in: Frankfurter Rundschau Nr. 297 vom 21. 12. 1979, S. 13: Kernwaffendiskussion in den Niederlanden, in: Neue Zürcher Zeitung vom 14./15. 10. 1979, S. 3; vgl. auch: Kehrtwendung Dänemarks, in: Frankfurter Rundschau Nr. 275 vom 26. 11. 1979, S. 1f; Lavieren Dänemarks in der NATO-Umrüstungsfrage, in: Neue Zürcher Zeitung Nr. 266 vom 16. 11. 1979, S. 4.

123 Vgl. u. a.: Ruehl, Lothar, Ein Beschluß ohne Spitzfindigkeiten. Amerikaner fordern klare NATO-Entscheidungen über Mittelstreckenwaffen, in: Die Zeit Nr. 47 vom 16. 11. 1979, S. 12; Reifenberg, Jan, Diesmal sind die NATO-Partner gefragt. Carters Entschlossenheit, neue Waffen in Europa zu stationieren, wird zur Bewährungsprobe für die Allianz, in: FAZ vom 13. 10. 1979, S. 2; Schreitter-Schwarzenfeld, Horst, Washington drängt die NATO-Partner. Kampagne für eine Aufrüstung mit atomaren Mittelstreckenraketen, in: Frankfurter Rundschau vom 12. 10. 1979, S. 1f; Washington wirbt weiter für Modernisierung der Mittelstreckenraketen, in: Frankfurter Rundschau vom 13. 10. 1979, S. 2; Washington drängt zögernde Europäer: «Raketenbeschluß nicht verschieben», in: Frankfurter Rundschau Nr. 287 vom 10. 12. 1979, S. 1f; Goos, Diethart, Vance-Appell aus Berlin: Die NATO muß jetzt handeln, in: Die Welt vom 11. 12. 1979, S. 1; Mörbitz, Eghard, Beratungen bis zur letzten Minute. Bonn und USA versuchen, NATO-Partner von «Nachrüstung» zu überzeugen, in: Frankfurter Rundschau vom 11. 12. 1979, S. 1f.

124 Vgl. dazu u. a.: Ruehl, Lothar, Keine Rakete ohne Verhandlungen. Bonn lehnt einen deutsch-amerikanischen Alleingang ab, in: Die Zeit Nr. 10 vom 2. 3. 1979, S. 7; Hauser, Erich, NATO legt Marschroute für «zweigleisige Reaktion» fest. Beschluß für Stationierung neuer Atomwaffen vorbereitet, in: Frankfurter Rundschau vom 29. 9. 1979, S. 2; vgl. auch noch Abschn. 6.2.1 und dort die Literaturangaben.

Bereich zu prüfen, mit anderen Worten, um sofort mit Abrüstungsverhandlungen (für 6 Monate) zu beginnen[125];
- die Niederlande wollten über eine Stationierung der neuen Systeme erst in zwei Jahren und dann im Lichte der Ergebnisse der Rüstungsbegrenzungsverhandlungen mit der Sowjetunion entscheiden[126];
- Belgien schließlich wollte den Vorbehalt zugestanden wissen, den Beschluß nochmals nach 6 Monaten unter dem Aspekt eventueller Aussichten auf Rüstungssteuerungsverhandlungen zu überprüfen.[127]

Während Dänemark – trotz seines weitgehenden Moratoriumsvorschlags – den Nachrüstungsbeschluß letztlich doch mittrug, hielten Belgien und die Niederlande ihre Vorbehalte auch in der Dezember-Sitzung des NATO-Rates aufrecht.[128] Da eine formale Abstimmung[129] im NATO-Rat nicht üblich ist, konnte die Nachrüstungsentscheidung gleichwohl als «Beschluß der Außen- und Verteidigungsminister der NATO-Staaten» ausgegeben und überdies ohne die betreffenden Vorbehalte veröffentlicht werden[130] – ein Verfahren, das ein Beobachter vor Ort in Brüssel wie folgt kommentierte: «Wie man es auch drehen und wenden mag: zum erstenmal übergehen die Entscheidungsgremien der Allianz den erklärten Willen der Parlamentsmehrheit einiger kleiner Mitgliedstaaten. Und das bei einer Entscheidung, deren Wirkung für das Sicherheitsgefühl des sowjetischen Volkes von keinem verantwortungsbewußten Politiker bestritten wird.»[131]

---

125 Ruehl, Lothar, a. a. O. (Anm. 90), S. 107; Europäische Wehrkunde 1/1980, S. 41; Conrad, Bernt, Bonn sieht neue Taktik Moskaus zur Beeinflussung der NATO, in: Die Welt vom 8./9. 12. 1979, S. 2; Kielinger, Thomas, Amerika hält Vorbehalte im Bündnis für schädlich, in: Die Welt vom 8./9. 12. 1979, S. 8; Washington drängt zögernde Europäer, a. a. O. (Anm. 123).

126 Vgl. bereits die Quellenangaben in Anm. 122.

127 Ebd.; vgl. ferner zu den Diskussionen: Ritch, III, John B./Friendly jr., Alfred, SALT and the NATO Allies. A Staff Report to the Subcommittee of European Affairs of the Committee on Foreign Relations United States Senate, Washington 1979, S. 7; Ruehl, Lothar, a. a. O. (Anm. 90), S. 106f; Leitenberg, Milton, Die taktischen Nuklearwaffen großer Reichweite der NATO und der WVO, in: Studiengruppe Militärpolitik, a. a. O. (Anm. 117), S. 38f; vgl. auch den breiten Spiegel der Presse: «Zur NATO-Reaktion auf die Berliner Friedens- und Abrüstungsinitiative der Sowjetunion», in: IPW-Berichte 3/1980, S. 60–65.

128 Vgl. Europäische Wehrkunde 1/1980, S. 41.

129 Vgl. dazu: Conrad, Bernt, Die Minister werden die Rüstungs-Dokumente ohne Abstimmung annehmen, in: Die Welt vom 11. 12. 1979, S. 2.

130 Der niederländische Ministerpräsident bestritt dann auch in seinem Parlament die Mitverantwortung für den Stationierungsbeschluß – vgl. Bleich, Hermann, Niederländisches Parlament läßt Regierung nicht im Stich. Haltung in der NATO-Aufrüstung gebilligt/Van Agt bestreitet Mitverantwortung für Stationierungsbeschluß, in: Frankfurter Rundschau vom 21. 12. 1979, S. 2.

131 Hauser, Erich, Folgen für das Bündnis?, in: Frankfurter Rundschau vom 12. 12. 1979, S. 3.

Neben der Kritik am demokratischen Procedere des NATO-Rates kommt in diesem Kommentar gerade auch jener Aspekt zum Ausdruck, der dem Nachrüstungsbeschluß seine eigentliche historische Bedeutung verleiht: Sie liegt in der Reichweite der neuen Mittelstreckenraketen einerseits, die erstmals auch rasch Ziele tief auf dem Territorium der UdSSR vernichten können, und in der hieraus resultierenden militärischen, politischen und psychologischen Wirkung auf das Sicherheitsempfinden, besser: Bedrohtheitsgefühl in der Sowjetunion andererseits. Zu Recht stellt deshalb Zbigniew Brzezinski, Sicherheitsberater des US-Präsidenten, den Beschluß auch in eine Reihe mit der Entscheidung zur Schaffung des Strategischen Bomberkommandos (SAC) durch Präsident Truman und der Einführung der Interkontinentalraketen durch Präsident Kennedy.[132] Deutlicher noch als Brzezinski ist Erhard Eppler: Der Bundesminister a. D. sieht in der Entscheidung für weitreichende Mittelstreckensysteme in Europa eine «Provokation der UdSSR»[133], die nur wiederum mit dem in den 60er Jahren gescheiterten Versuch der Sowjetunion, Raketen auf Kuba zu stationieren, verglichen werden könne.

Obgleich die Bedeutung, die der NATO-Ratsbeschluß für die Sowjetunion besitzt, also durchaus erkannt wurde, reagierten die NATO und insbes. Bonner Regierungskreise mit deutlicher Ablehnung[134], als Breschnjew in seiner Rede zum 30. Jahrestag der Gründung der DDR am 6. Oktober 1979 in Berlin sowie in nachfolgenden Schreiben an Bundeskanzler Schmidt[135] und andere Regierungschefs europäischer NATO-Staaten eine Reduzierung sowjetischer Kernwaffenträger und eine Aufnahme von Verhandlungen von SALT III anbot[136]: «Wir sind bereit, die Anzahl von Kernwaffenträgern mittlerer Reichweite, die in den westlichen Gebieten der Sowjetunion stationiert sind, im Vergleich zum heutigen Stand zu reduzieren – selbstverständlich nur unter der Voraussetzung, daß in Westeuropa keine zusätzlichen Kernwaffenträger mittlerer Reichweite stationiert werden ... Bekanntlich stehen auch wichtige Verhandlungen zu SALT III be-

---

132 Vgl. Atlantic News vom 12. Oktober 1979, hier zit. nach: Mechtersheimer, Alfred, «Modernisierung» gegen Sicherheit, a. a. O. (Anm. 121), S. 55, 282.

133 Zit. nach Frankfurter Rundschau Nr. 275 vom 26. 11. 1979, S. 3.

134 In westlichen Medien wurden die Vorschläge Breschnjews als «Trick», «Gefahr», «Propaganda», «Störmanöver» usw. abqualifiziert und immer wieder unter der Schlagzeile «Zuckerbrot und Peitsche» behandelt – vgl. so u. a.: Raven, Wolfram von, Zuckerbrot und Peitsche, in: loyal 11/1979, S. 6–10; Brockdorf, Cay Graf, NATO sieht in Breschnjews Plan vor allem ein Störmanöver, in: Die Welt vom 8. 10. 1979, S. 2; ferner zusammenfassend: IPW-Berichte, a. a. O. (Anm. 127), S. 60f.

135 Vgl. stellvertretend: Mörbitz, Eghard, Breschnjew schreibt Brief an Kanzler. Vorschlag für Rüstungsabbau wiederholt, in: Frankfurter Rundschau Nr. 242 vom 17. 10. 1979, S. 1f; ferner: Möbitz, Eghard, Antwortbrief an Breschnjew fertig. Bonn stimmt sich mit NATO-Partnern ab, in: Frankfurter Rundschau Nr. 268 vom 16. 11. 1979, S. 1f.

136 Abgedruckt in: Kade, Gerhard/Matthiesen, Gunnar (Hg.), a. a. O. (Anm. 109), S. 27, 29.

vor. Wir sind dafür, diese Verhandlungen unmittelbar nach dem Inkrafttreten des SALT II-Vertrages aufzunehmen. Im Rahmen dieser Verhandlungen sind wir bereit, die Möglichkeiten nicht nur interkontinentaler, sondern auch anderer Waffen zu erörtern – selbstverständlich unter Berücksichtigung aller diesbezüglichen Faktoren und bei strikter Einhaltung des Prinzips der gleichen Sicherheit für alle Seiten.»[137]

Umgekehrt zeigten sich insbesondere wieder bundesdeutsche Regierungsvertreter überrascht und betroffen, als der sowjetische Außenminister Gromyko im Rahmen eines Besuches der Bundesrepublik im November 1979 erklärte, es könne keine Verhandlungen über die kontinental-strategischen Waffen geben, wenn die NATO Mitte Dezember 1979 den Ausbau der Mittelstreckensysteme beschließe.[138] Eine Meinungsänderung unter den NATO-Partnern hat diese Warnung Gromykos allerdings ebensowenig bewirkt wie die von der Sowjetunion nachdrücklich zurückgewiesenen Kräftevergleiche der NATO.[139] Selbst eine Gegendarstellung Breschnjews zum TNF-Kräfteverhältnis zwischen Ost und West, die er bereits im Rahmen seiner Rede am 6. Oktober gegeben hatte und die später mehrfach zitiert wurde, verhallte im Westen ungehört[140]: «Als Vorsitzender des Verteidigungsrates der UdSSR erkläre ich mit aller Bestimmtheit: in den letzten zehn Jahren ist auf dem Gebiet des europäischen Teils der Sowjetunion die Anzahl der Träger von Kernwaffen mittlerer Reichweite um keine einzige Rakete, um kein Flugzeug vergrößert worden. Im Gegenteil, die Zahl

---

137 Das Angebot Breschnjews, (erst) nach einer SALT II-Ratifizierung mit SALT III zu beginnen, könnte als Verzögerungstaktik interpretiert werden. Allerdings stand Breschnjews Rede im Oktober 1979 noch unter dem Eindruck einer baldigen Ratifizierung. Auch hätte das Angebot durch ein entsprechendes Gegenangebot der NATO «bereinigt» werden können – siehe dazu auch die Entwicklung im Jahre 1980 in Kapitel 12. Entsprechende Kommentare in der WVO-Presse fordern ohnehin unverzügliche Verhandlungen – vgl. u. a.: Verhandlungen müssen ohne Verzug aufgenommen werden. TASS zu den sowjetischen Friedensvorschlägen, in: Neues Deutschland vom 15. 11. 1979, S. 5.

138 Vgl. dazu: Gromyko läßt Bonn betroffen zurück, in: Frankfurter Rundschau Nr. 275 vom 26. 11. 1979, S. 1f; War die Drohung Gromykos dem Kanzler doch schon vor der Pressekonferenz bekannt?, in: Die Welt Nr. 282 vom 3. 12. 1979, S. 1f; Conrad, Bernt, Gromyko: Wenn NATO nachrüstet, Verhandlungsstopp, in: Die Welt vom 24./25. 11. 1979, S. 1; Mörbitz, Eghard, Sowjets: Vorher gewarnt, in: Frankfurter Rundschau vom 3. 12. 1979, S. 2; Mörbitz, Eghard, Was Andrej Gromyko meinte, als er in Bonn Njet sagte, in: Frankfurter Rundschau vom 3. 12. 1979, S. 3; Bednarz, Klaus, Das Angebot Breschnjews steht nun so nicht mehr, in: Frankfurter Rundschau Nr. 292 vom 15. 12. 1979, S. 3.

139 Vgl. dazu: Wettig, Gerhard, a. a. O. (Anm. 93), S. 328; ferner: «Wir wollen keinen Krieg mit Deutschland» (Interview mit General Resnitschenko), in: Stern Nr. 45 vom 31. 10. 1979, S. 21–28; «Unsere Raketen zielen nicht auf Bonn» (Interview mit Wadim Sagladin und Valentin Falin), in: Der Spiegel Nr. 45 vom 5. 11. 1979, S. 38–63; Falin, Valentin, Anfrage an den Westen, in: Vorwärts Nr. 44 vom 25. 10. 1979, S. 16f.

140 Abgedruckt in: Kade, Gerhard/Matthiessen, Gunnar (Hg.), a. a. O. (Anm. 109), S. 27.

der Abschußrampen für Mittelstreckenraketen sowie die Stärke der Kernladungen dieser Raketen sind sogar etwas zurückgegangen.»[141]

Fassen wir zusammen, so sprechen nicht nur die Vorbehalte einzelner NATO-Partner oder die Diskussionsbedürftigkeit möglicher Alternativen wie des dänischen Moratoriumsvorschlages oder des sowjetischen Reduzierungsangebotes gegen die offensichtliche Hektik, mit der noch vor Jahresende 1979 der Produktions- und Stationierungsbeschluß des NATO-Rates gefaßt wurde. Vielmehr hätte allein schon die skizzierte historische Bedeutung eine – im Sinne der (späteren) Rüstungssteuerungsverhandlungen – kooperationsbereite Prüfung der Folgen und Wirkungen des Beschlusses erwarten lassen. Aber selbst die Zweifel an den Grundlagen der «Nachrüstungs»-These, d. h. an der Beurteilung des Kräfteverhältnisses im TNW/TNF-Bereich, wie sie in innergesellschaftlichen Kritiken, aber auch in den sowjetischen Gegendarstellungen zum Ausdruck kommen, sind keineswegs den Erwartungen entsprechend «vor» Beschlußfassung ausgeräumt worden. Gerade valide Kräftevergleiche sind aber – unsere knappen Skizzen der Verhandlungen und Ergebnisse von SALT und MBFR in Abschn. 1.2.1 und 1.2.2 haben es gezeigt – eine entscheidende Voraussetzung für erfolgreiche Rüstungssteuerungsgespräche. Mit Blick auf die Möglichkeiten und Maßnahmen der Kooperativen Rüstungssteuerung in den kommenden Jahren (vgl. dazu Teil IV) soll deshalb im folgenden den Zweifeln an den Grundlagen der Nachrüstungsthese, der Beurteilung der Kräfteverhältnisse im Bereich der TNW/TNF, nachgegangen werden (dazu die Teile II und III). Leitfragen dieser Kräftevergleichsanalyse sind:

1. Besitzt die WVO im TNF-Bereich tatsächlich eine gefährliche militärische Überlegenheit, die einen Nachrüstungsbeschluß der NATO im Jahre 1979 ohne Verzögerung und insbesondere ohne vorherige Rüstungssteuerungsverhandlungen erforderlich machte?
2. Ist grundsätzlich noch zu Beginn der 80er Jahre – unabhängig auch von der Antwort auf die vorangegangene Frage – ein Mehr an nuklearen Mittelstreckenraketen in Westeuropa gleichzusetzen mit einem Mehr an strategischer Stabilität und Sicherheit?

Die Antworten auf beide Fragen werden die Möglichkeiten und Alternativen der Kriegsverhütung und Rüstungssteuerung in den 80er Jahren nachhaltig prägen.

---

141 Unterstellt, Breschnjews Aussage, die Zahl der sowjetischen Mittelstreckenraketen bzw. die Zahl der Abschußrampen sei in den letzten Jahren zurückgegangen, ist korrekt, so ist damit über die Veränderung des Kräfteverhältnisses, da Raketen Mehrfachsprengköpfe tragen können, allerdings noch keine abschließende Aussage getroffen.

2. Zur Methodologie militärischer Kräftevergleiche

Wie die nachfolgende Suche nach Antworten auf die beiden in Abschn. 1.2.3 gestellten Leitfragen zeigen wird, können Analysen militärischer Kräfteverhältnisse in vielfacher Form und Weise mit Imponderabilien durchsetzt sein. Diese Aussage gilt jedoch keineswegs nur für die im Mittelpunkt unserer Untersuchung stehende TNF-Ebene; vielmehr müssen – wie auch unsere knappen Skizzen der SALT- und MBFR-Verhandlungen in Abschn. 1.2.1 und 1.2.2 illustriert haben – militärische Kräftevergleiche generell als methodisch problematisch angesehen werden. Dennoch – oder gerade deshalb – können militärische Stärkevergleiche von Eklektikern in Ost und West und auf allen Rüstungsebenen auch als Mittel mißbraucht werden, um Gruppen- und Teilinteressen durchzusetzen – sei es gegenüber den außenpolitischen Bündnispartnern, sei es in der intra-administrativen oder innenpolitischen Diskussion.[1] Selbst die Rivalitäten innerhalb der jeweiligen Teilstreitkräfte spiegeln sich in Ost[2] wie in West[3] in den militärischen Kräftebeurteilungen und in den Forderungen nach spezifischen Rüstungsmaßnahmen wider. Entsprechend groß ist die Fülle an Beispielen, die als Versuche gewertet werden können, über Kräftevergleiche militär- und rüstungspolitische Entscheidungen oder das sicherheitspolitische Klima manipulativ zu beeinflussen.[4] Entsprechend breit und im Resultat oft divergierend[5] ist aber auch das Spektrum der vorgelegten Analysen, Urteile

---

1 Das mit Diffamierungen reichlich angereicherte Niveau solcher Diskussionen kann festgestellt werden an Aufsätzen wie: Klein, J. Kurt, Das Elend ideologiegebundener Friedensforschung, in: Beiträge zur Konfliktforschung 2/1980, S. 133f; Herrmann, René, Muß die Sowjetunion nachrüsten. Die Kritik einer Kritik, ebd., S. 135–158.

2 Stellvertretend seien Admiral Gorschkow und dessen Schriften genannt – vgl. Gorschkow, Sergej G., Seemacht Sowjetunion, Hamburg 1978; ders.: Die Flotten in Krieg und Frieden, Wehrforschung aktuell, München 1975; ferner: Lutz, Dieter S., Die Marinedoktrin der UdSSR. Theoretische Grundlagen der sowjetischen Rüstung zu See, in: ÖMZ 2/1979, S. 117–123.

3 Vgl. etwa die Schriften der Admirale und Generale, die genannt sind in: Lutz, Dieter S., Die Rüstungsanstrengungen der Sowjetunion im konventionellen Bereich – Eine Datenvergleichsanalyse, in: Lutz, Dieter S., Die Rüstung der Sowjetunion. Rüstungsdynamik und bürokratische Strukturen, Baden-Baden 1979, S. 47–50, und dort die Quellenangaben.

4 Dies betont auch nachdrücklich der vormalige Parlamentarische Staatssekretär des BMVg: Bülow, Andreas von, Problematik eines Kräftevergleichs zwischen NATO und Warschauer Pakt, in: Soldat und Technik 6/1979, S. 289.

5 Vgl. zu den divergierenden Meinungen stellvertretend: Stratmann, Karl-Peter, NATO-Strategie in der Krise? Militärische Optionen von NATO und Warschauer Pakt, Baden-Baden 1981, S. 45ff und dort die Quellenangaben.

und Meinungen. In den Analysen westlicher Autoren ist allerdings ein gemeinsamer Trend zur Annahme einer militärischen Überlegenheit der Sowjetunion bzw. der WVO (auf konventioneller Ebene sogar mit der Gefahr eines Überraschungsangriffs in den achtziger Jahren) unverkennbar.[6]

2.1 Der Maßstab: Die Äquivalenz der Fähigkeiten und Optionen[7]

Die Hauptursachen für die unzutreffenden und/oder divergierenden Lagebeurteilungen liegen zum einen in der Beschränkung der Vergleiche auf lediglich quantitative Daten, zum anderen in der bewußten oder unbewußten Vernachlässigung einzelner Faktoren des sicherheitspolitischen Bezugssystems selbst: Eine Verengung des Kräftevergleichs auf ausschließlich *numerische* Größenordnungen kann zu beeindruckenden und auf den ersten Blick objektiv und plausibel erscheinenden Ergebnissen führen. Ohne Berücksichtigung der völlig unterschiedlich strukturierten taktischen und strategischen *Konzepte* der beiden Militärblöcke – «Vorne-Verteidigung» bei der NATO, «Vorwärtsverteidigung» (Kontra-Aggression) bei der WVO – und der hieraus resultierenden Rüstungsspezifika sind Stück- und Personalzahlen für sich allein aber nicht ausreichend, möglicherweise sogar irreführend. Die Einbeziehung der genannten Konzepte wie auch jeglicher anderer neuer Faktoren in den Kräftevergleich verlangt aber wiederum die Berücksichtigung weiterer, ergänzender und klärender Elemente. So erhält etwa die Militärdoktrin und Offensivfähigkeit der WVO vor dem Hintergrund der verschiedenen historischen Traumata der Sowjetunion (Überfall, Verluste aus zwei Weltkriegen, Einkreisungsängste) einen völlig anderen Legitimationsgrad, als bloße numerische Vergleiche ihn vermitteln können. Dennoch sind sie eben auch ein «objektives» Problem für Kräftegleichgewicht und Rüstungssteuerungsverhandlungen.

Verlieren die Ergebnisse numerischer Kräftevergleiche also immer dann an Validität, wenn die Rüstungsspezifika der gegnerischen Seite zu stark divergieren oder grundlegende Komponenten der sicherheitspolitischen Bezugssysteme selbst auseinanderklaffen, so verdient diese Aussage gerade für die Ebene der TNF besondere Beachtung. Denn wie wir sehen werden, haben die einzelnen Waffenkategorien und -typen in Ost und West nicht nur seit Kriegsende partiell unterschiedliche Entwicklungen genommen

6 Vgl. dazu: Lutz, Dieter S., Besitzt die Sowjetunion in der konventionellen Rüstung eine militärische Überlegenheit?, IFSH-Forschungsberichte 9/1979, und dort Kap. 1., S. 1 ff, «Die Bedrohung durch die Sowjetunion? Ein Analysetrend».

7 Vgl. hierzu bereits den «Prolog» in: Lutz, Dieter S., How much is enough? – Wieviel an Vernichtung(skapazität) ist genug? Ein Worst-Case-Szenario gegen West-Europa, IFSH-Diskussionsbeiträge 17/1980, S. 2–9.

(vgl. die Bestandsaufnahme – Kapitel 5), sondern werden auch in Zukunft noch stärker voneinander abweichen (vgl. Kapitel 6). Vor allem aber sind die strategischen und taktischen Verhältnisse nicht ohne Berücksichtigung der besonderen wehrgeographischen Bedingungen Europas in den Griff zu bekommen: Zum einen lassen sich die NATO-Potentiale nicht «abgekoppelt» vom sogenannten strategischen Schutzschirm der USA und insbesondere ohne die dem Oberkommandierenden der NATO (SACEUR) assignierten SLBM quantifizieren und qualifizieren (vgl. Abschn. 4.0). Zum anderen handelt es sich bei den TNF-Systemen aus der Sicht der USA immer um taktisches Potential; aus der Perspektive der UdSSR jedoch können die gleichen Systeme – bei entsprechender Reichweite ihrer Trägermittel – durchaus strategischen Charakter besitzen (vgl. Abschn. 4.3). Die potentielle «First-Strike- und Counter-Force-Kapazität» der geplanten NATO-Mittelstreckensysteme, die sich u. a. gerade auch gegen «strategische» Raketenfelder der UdSSR richten kann (vgl. Abschn. 6.2.1), verleiht diesem Problem zukünftig noch in wachsendem Maße Brisanz. Aber auch aus der Sicht eines möglicherweise «betroffenen» westeuropäischen Staates wie der Bundesrepublik haben euronukleare Waffen nicht immer nur taktischen Charakter, sondern – im Sinne einer u. U. existenzvernichtenden Counter-Value-Wirkung – auch wiederum strategische Bedeutung (vgl. Abschn. 4.3).

Um angesichts dieser offensichtlichen Divergenzen in der Waffenentwicklung in Ost und West sowie der tiefgreifenden konzeptionellen, wehrgeographischen und strategischen Disparitäten etc. überhaupt noch vergleichbare Potentiale aussondern zu können, werden wir uns in Abschn. 4.5 einer Definition der TNF bedienen, die auf die mögliche «Zielplanung» als Spezifikationsmerkmal abstellt. Implizit bildet dieses definitorische Hilfsmittel bereits einen ersten Schritt, die «Nuklearkräfte in und für Europa» auf ihre «Äquivalenz» hin zu testen. Die eigentlichen Kräftevergleiche sind allerdings im nachfolgenden Kap. 7 (und auch in Kap. 8) noch im groben Raster bloßer numerischer Gegenüberstellung gefangen.

Divergieren die sicherheitspolitischen Bezugssysteme und -strukturen jedoch zu stark und weichen selbst die militärischen Vergleichsobjekte, d. h. die Waffensysteme, zu offensichtlich voneinander ab, so kann es dem Kräftevergleich konsequenterweise weder um eine kaum haltbare «numerische Parität» noch um eine oberflächliche Einschätzung der Absichten und Fähigkeiten als (je nach Perspektive) mehr oder weniger aggressiv oder offensiv gehen. Im Vordergrund stehen muß vielmehr als Komplementärprinzip zur strategischen Stabilität eine *Äquivalenz der Fähigkeiten und Optionen* (siehe bereits oben Abschn. 1.1).[8] Mit anderen Worten: Der Kräftevergleich prüft unter Berücksichtigung gegebener Disparitäten die

8 Auch das Theorem der «Symmetrie der Optionen» ist irrig; es geht noch immer zu stark von der Spiegelbildlichkeit der Fähigkeiten aus.

«Äquivalenz» vorhandener oder zukünftiger Fähigkeiten und alternativer Optionen, im Einzelfall (Szenario) eine benötigte Anzahl an Militär und spezifischen Waffensystemen mit der geeigneten Intensität an einem bestimmten Ort rechtzeitig einzusetzen. Das Ziel, die strategische Stabilität, ist – im Kräftevergleich am grünen Tisch wie in der Realität der Kräfteverhältnisse – dann erreicht, wenn eine «ausgewogene Leistungsbilanz» die Führung von Kriegen als beiderseitig «kalkuliert untragbares Risiko» verhütet. Die «Äquivalenz der Fähigkeiten und Optionen» als systemimmanenter Maßstab des militärischen Vergleichs schließt allerdings nicht aus, daß dieses Ziel auch durchaus über «partielle Unterlegenheit» erreicht werden kann (vgl. oben Abschn. 1.1).[9]

2.2 Numerische Imponderabilien, definitorische Restriktionen und funktionelle Flexibilität

Angesichts der im vorangegangenen Abschnitt herausgearbeiteten Mängel können rein numerische Berechnungen wie z. B. auch die in Kap. 7 durchgeführten Kräftevergleiche ihren Stellenwert und ihre Legitimation also lediglich in der systemimmanenten Überprüfung und gegebenfalls Widerlegung bestimmter Thesen: hier der sogenannten Nachrüstungsthese, mit dem herkömmlichen methodischen Handwerkszeug (vgl. noch Abschn. 3.3 u. 8) besitzen. Die Ablehnung der «numerischen» Gegenüberstellung als (alleinige) Methode der Kräftebeurteilung kann den Kräftevergleich allerdings nicht von der Bestandsaufnahme militarischer Werte und Daten, wie wir sie in Abschn. 5 und 6 durchführen werden, befreien. Auch ein so vergleichsweise abstrakter Maßstab wie derjenige der «Äquivalenz der Fähigkeiten und Optionen» ist unabdingbar auf möglichst gesicherte Basisdaten und numerische Bestandsgrößen angewiesen. Die Ergebnisse des Kräftevergleichs können deshalb – wie wir auch noch in Abschn. 3.3 sehen werden – nur in dem Maße verläßlich sein, wie es die (von offizieller Seite) vorgegebenen oder bestätigten Ausgangsdaten und Informationen sind.

In einer Vielzahl von Fällen geben jedoch nicht nur die Methode des Vergleichs, sondern gerade der Mangel an zuverlässigen Daten und die äußerst zurückhaltende Informationsbereitschaft der beiden Militärblöcke, insbes. der WVO[10], erste Anlässe zu Spekulationen bis hin zu grob fal-

9 Vgl. dazu das «Szenario», in: Lutz, Dieter S., a. a. O. (Anm. 7), S. 10ff, insbes. S. 32ff und im folgenden Kapitel 9.

10 Selbst im Rahmen der Wiener Verhandlungen über Truppenabbau in Europa (MBFR – Mutual Balanced Force Reductions) gab die Warschauer Vertragsorganisation erst nach langem Zögern im Juni 1976 offizielle Zahlen für den östlichen Teil der vereinbarten Reduzierungszone (DDR, Polen, Tschechoslowakei) bekannt. Daß auch diese

schen Wertungen (vgl. noch Abschn. 4.5.1). Aber selbst exakte Daten einer Seite wären nur dann hilfreich, wenn sie für vergleichbare Potentiale der anderen Allianz ebenfalls vorlägen. Informationen über Potentiale einer Seite, z. B. über die «Bestellungen nuklearfähiger Kampfflugzeuge der NATO-Staaten» (vgl. Tabelle Nr. 18 in Abschn. 6.2), können zur Bestätigung einer Tendenz, hier der Kontinuität der NATO-Modernisierungen über die Jahre hinweg, angeführt werden, lassen aber ohne komplementäre Informationen für die WVO zumindest den Rückschluß einer Überlegenheit der NATO auf diesem Teilsektor in Zukunft nicht zu.

Informationslücken oder Auslassungen in Datensammlungen können zwar wiederum über versteckte Hinweise – verstreut in einer Unzahl von Quellen – im Sinne eines Baukastensystems gefüllt und verknüpft bzw. Stein für Stein zu einem Mosaik geordnet werden: Ist z. B. die Existenz spezifischer Nuklearsprengköpfe bekannt, so kann – wenngleich nicht zwingend – auch von einem Bestand entsprechender nuklearfähiger Abschuß- oder Trägersysteme ausgegangen werden. Oder: Sind auch die Bestandsangaben der SACEUR assignierten SLBM in regierungsoffiziellen Dokumenten der USA gelöscht, so kann doch zumindest von der Korrektheit der Annahme ausgegangen werden, daß solche Systeme der NATO zugeordnet sind (vgl. z. B. Tabelle Nr. 12 in Kap. 5).

Angesichts der möglicherweise wiederum divergierenden Details und/oder Grundaussagen der aufgespürten Informationen sowie des hypothetischen Charakters der Kombinationen kann dennoch bereits die Bestandsaufnahme in der Regel nicht den Anspruch erheben, mit völlig zweifelsfreien und abgesicherten Daten aufzuwarten. So schwanken – um beim Beispiel zu bleiben – die Angaben zu den U-Boot-gestützten und SACEUR assignierten Nuklearsprengköpfen zwischen rund 2200 einerseits und überhaupt keinen andererseits. Beide Eckdaten sind so extrem, daß sich weitere Berechnungen erübrigen würden – im ersten Fall zugunsten der NATO, im zweiten Fall zum Vorteil der WVO (vgl. Abschn. 5.2.3.1). Die Wissenschaft – und insbesondere die Friedensforschung – ist also aufgefordert, auch auf dieser Ebene, d. h. im Vorfeld des eigentlichen Kräftevergleichs, bereits die *Grundlagen* für militärische Thesen und/oder politische Forderungen und Beschlüsse, hier: der Nachrüstungsthese und des NATO-Ratsbeschlusses, auf ihre Validität und Plausibilität hin zu prüfen.

Zum einen verlangt dies, wie wir noch in Abschn. 5.0 sehen werden, die Divergenzen in den Quellen (und ihre Ursachen) offenzulegen und transparent zu machen. Nur auf der Basis hoher *Transparenz* der Quellen können Berechnungen und Informationen (und ihre Deutungen) nachvollzogen, kontrolliert und (vom Autor selbst, vor allem aber von Dritten) revi-

---

Zahlen nachrichtendienstlichen Erkenntnissen zufolge im Westen als wesentlich zu niedrig angesetzt angesehen werden, sei nur am Rande erwähnt.

diert und u. U. widerlegt werden (vgl. dazu noch Abschn. 2.2.3). Nicht zuletzt aus diesem Grund werden wir in den Kapiteln 7 und 8 einerseits eine Fülle von *Alternativberechnungen* durchführen und andererseits die Ergebnisse zusammenfassend mehr als Tendenzaussage denn als exaktes Zahlenverhältnis formulieren. Aus demselben Grund werden wir schließlich auch die unterschiedlichen Meinungen und Analysen im folgenden Kapitel dieser Untersuchung in ungewöhnlich breiter Weise dokumentieren (und auch die entsprechenden Graphiken und Tabellen abdrucken). Wie Kapitel 3 zeigt, braucht dennoch die inhaltliche Analyse – die allerdings immer auch zugleich eine subjektive Meinung des Autors darstellt – hinter diesem methodischen Anspruch nicht zurücktreten; sie ist mit ihm vereinbar, weil nachvollziehbar und gegebenfalls auch revidierbar.

Zum anderen gehört es zu den Grundlagen und Voraussetzungen bereits der Bestandsaufnahme, definitorische Lücken aufzudecken und/oder zu schließen sowie mögliche kategoriale und analytische Fehlerquellen zu beheben (vgl. noch Abschn. 5.0 sowie auch Abschn. 4.5.1). Diese Forderung ist besonders für den TNF-Bereich zu betonen, da bislang weder von einer exakten Definition des euronuklearen Potentials noch von einer auch nur konsensualen Einteilung der Systeme mit vergleichbaren Funktionen in eine kategoriale Ordnung gesprochen werden kann (vgl. Kap. 3 und 4).

In Abschn. 4.5 wird dieses Defizit mit einer Ausdifferenzierung des Nuklearpotentials unter dem Abgrenzungsmerkmal «Zielplanung» zu beheben versucht. Definitionskriterien sind kumulativ die «Zieloption Europa», die Merkmale «Verfügbarkeit» und «Standort» wie «Reichweite» und «Transportfähigkeit» bzw. «Eigenmobilität». Die unter den genannten Kriterien subsumierten Systeme werden als «Nuklearkräfte in und für Europa» bezeichnet.

Aber auch diese Begriffsbildung ist letztlich doch wieder als ein arbeitshypothetischer und prämissengebundener Ansatz auszuweisen. Ausgangsdaten können sich nach wie vor durch einen neuen Informations- und Kenntnisstand verändern (s. o.), ferner können sich Bestände durch (unerwartet hohe) zukünftige Modernisierungen und Erweiterungen – die Ergänzungsrate der SS-20 hat z. B. seit dem NATO-Nachrüstungsbeschluß erheblich zugenommen (vgl. Abschn. 3.3 sowie auch 10.4.1) – vermehren oder sogar einfach durch «politischen Willensakt», wie er etwa in der Zuordnung interkontinental-strategischen Potentials zur eurostrategischen Zielplanung zum Ausdruck kommen kann, grundlegend wandeln, im Extremfall durch Rücknahme der Zuordnung sogar schlicht «auflösen»[11].

Gerade das letzte Beispiel der SACEUR zugeordneten SLBM verdeut-

---

11 Vgl. dazu auch: Lutz, Dieter S., Das militärische Kräfteverhältnis im Bereich der «Nuklearkräfte in und für Europa», in: Krell, Gert/Lutz, Dieter S., Nuklearrüstung im Ost-West-Konflikt. Potentiale, Doktrinen, Rüstungssteuerung, Baden-Baden 1980, S. 89, und dort auch Anm. 19–21.

licht besonders zum einen die Zeit-, Orts- und Situationsgebundenheit, d. h. die Szenarioabhängigkeit, militärpolitischer Definitionen (dazu noch Abschn. 2.2.4), zum anderen den unzulänglichen Charakter schematischer Kräftevergleiche. Vor allem aber hebt es die bereits mehrfach betonte Komplexität des Gesamtkräfteverhältnisses hervor: Der integrale Charakter der einzelnen Teilausschnitte des militärischen Kräfteververhältnisses zwischen Ost und West ist stets zu beachten – zumindest aber darf die Fragwürdigkeit isolierter Sektorenvergleiche, deren Ergebnisse nicht losgelöst von den übrigen Kräftesektoren gewichtet werden können (vgl. dazu u. a. Abschn. 4.0, 4.5.1), nicht verheimlicht werden. Diese Kritik trifft auch die Vergleiche in Kap. 7 und 8.

Können wir also festhalten, daß erst die Kombination der einzelnen Teilsektoren ein realistisches Bild der Kräfteverhältnisse beider Seiten bzw. ihrer Äquivalenz an militärischen Fähigkeiten und Optionen zeichnet, so eröffnet sich mit diesem Ergebnis das Dilemma der numerischen Bestandsaufnahme von neuem: Die Herauslösung einzelner Potentiale aus dem Gesamtbestand an Streitkräften bzw. die Formung einzelner Bestands- und Grunddaten zu einem spezifischen Kräfteteilgebiet ist in weiten Bereichen nur im Sinne eines Konstant-Summen-Verhältnisses der einzelnen Kräftesektoren möglich. Der Hinweis auf den integralen Charakter der Kräftesektoren ist also zwar zwingend erforderlich, die Kombination bzw. Addition der einzelnen Vergleichsergebnisse jedoch zwangsläufig irreführend und falsch: Beide Arbeitsschritte – Herauslösung einerseits und Kombination andererseits – stehen im Widerspruch zueinander.

Diese Aussage gilt insbesondere für die Ebene der euronuklearen Waffensysteme, da sich in diesem Bereich definitorischer Eingrenzung der politische Willensakt, die tatsächliche militärische Mission und die technologischen Möglichkeiten und Alternativen der jeweiligen Potentiale in besonders drastischer Weise im Sinne eines Konstant-Summen-Spiels sowohl miteinander wie auch mit anderen Teilkräftesektoren verbinden können oder umformulieren lassen: Haubitzen wie die M-109 und die M-110 oder auch Raketensysteme wie die FROG-Familie sind *«dual-einsatzfähig»*; sie können taktisch-nuklear, aber auch konventionell eingesetzt (und den jeweiligen Teilsektoren zugeschlagen) werden. Raketen wie die LANCE sind darüber hinaus auch *«bifunktional»*; ihr militärischer Einsatz kann sowohl im SRTNF-Bereich als auch im MRTNF-Bereich liegen. Das Beispiel der NIKE HERKULES wiederum zeigt, daß Systeme dual einsatzfähig und bifunktional sein können und zusätzlich noch eine *Doppelmission* erfüllen, vorrangig als Luftabwehrrakete, daneben aber auch als Boden-Boden-Rakete. Die größe Einsatzbreite (*flexibility*) besitzt aber zweifelsohne das System Flugzeug; es ist dual-einsatzfähig und *multifunktional* zugleich: Es kann in der Regel konventionell bestückt, aber auch nuklear einsatzfähig sein. Es kann der Erdkampfunterstützung dienen, aber auch auf allen drei TNF-Ebenen, inklusive des LRTNF-Bereichs, eingesetzt werden. Mehr noch: Es kann sogar wie entsprechende Raketensysteme sowohl interkontinentalstrategische als auch eurostrategische Funktionen besitzen. Schließlich können ihm auch – als *multirole-system* ausgelegt – verschiedene Missionen als Seekriegsführungssystem und/oder als landzielorientierte Trägerwaffe zugesprochen werden.

Wenn wir also – um beim letzten Beispiel zu bleiben – zur Seekriegsführung bestimmte Systeme wie einen Teil des Bomberbestandes BACKFIRE oder wie die Marschflugkörper SHADDOCK in der Bestandsaufnahme zwar angeben, im Kräftevergleich jedoch nicht oder nur teilweise berücksichtigen, so kann es sich doch nur um eine definitorische Abgrenzung und fiktive Arbeitshilfe handeln, die in der Realität des Ernstfalles ihre Gültigkeit durchaus verlieren mag (vgl. noch Abschn. 4.4, 5, 5.1.2, 6.1, 7.3.1). Gleichwohl ist zu betonen, daß («Verbrauchs»-)Waffen in der Regel nur einmal gezählt, d. h. im Gesamtkräftevergleich nur einem Teilsektor zugeschlagen werden können. Auf die Problematik der Nachladefähigkeit und des Mehrfacheinsatzes von Systemen werden wir im Rahmen der qualitativen Parameter noch zu sprechen kommen müssen (vgl. Abschn. 2.2.3).

Wir stehen also nicht erst beim Kräftevergleich, sondern bereits in der Datensammlung vor dem definitorischen und numerischen Dilemma, daß wir für die Bestandsaufnahme, definiert als Zuordnung von Potentialen zu Kräfteteilsektoren und ihren Sub-Kategorien, einerseits einen schematischen Maßstab brauchen, dieser aber andererseits dem funktionellen (und qualitativen) Charakter der Potentiale und der Szenarioabhängigkeit ihres Einsatzes im Ernstfall nicht zwingend entspricht bzw. entsprechen muß: Raketen wie die LANCE oder die PERSHING I gehören beispielsweise mit ihren Reichweiten zwischen 100 und 1000 km beide in der MRTNF-Kategorie und können beide auch unter funktionellen Gesichtspunkten gleiche Aufgaben übernehmen, nämlich eine (mögliche) erste Angriffswelle bekämpfen. Während aber die PERSHING I eben auch die zweite sowjetische Staffel bereits in ihren Bereitstellungsräumen treffen kann, ist dies für die LANCE nicht möglich. Mehr noch: Selbst Raketen mit einer nahezu identischen Reichweite wie die der LANCE und der PLUTON besitzen nicht notwendigerweise den gleichen funktionellen Charakter. Beide Systeme sind zwar mobil bzw. transportabel, könnten also die gleichen Aufgaben am gleichen Einsatzort übernehmen. Dennoch ist davon auszugehen, daß die LANCE der NATO als Mittel der Vorne-Verteidigung im Ernstfall vor allem in Grenzgebieten der Bundesrepublik eingesetzt wird (und dort auch den zivilen Schaden möglichst gering hält); die Pluton dagegen würde als Mittel der Vorwärtsverteidigung Frankreichs vorrangig im Herzen Süddeutschlands – mit entsprechenden Folgen für die Zivilbevölkerung – detonieren.

Handelt es sich bei den genannten Beispielen noch um funktionelle Imponderabilien innerhalb der einzelnen schematischen Kategorien der TNF, die sich aus der alternativen Festlegung von Dislozierungsort und Einsatzziel sowie aus der Reichweite der Waffen ergeben, so stellen sich für mobile und transportable Systeme großer Reichweiten die Probleme noch ausgeprägter. Wie noch in Abschn. 6.1 und 7.3.1 gezeigt wird, soll ca. ein Drittel der modernen SS-20 in Fernost und in Mittelasien disloziert und damit insbesondere gegen China ausgerichtet sein. Dennoch besitzen diese Raketen auf Grund ihrer großen Reichweiten (bis zu 7000 km) und ihrer Mobilität eine *funktionelle Einsatzbreite*; die sie zwar nicht unstrittig als TNF-Systeme für Europa ausweist, eine solche Funktion aber auch nicht (völlig) ausschließt. Ähnliches gilt auch für die Flugzeuge, auf deren *Multifunktionalität* wir bereits hingewiesen haben. Mehr noch als die erwähnte SS-20 oder die von westlicher Seite auf U-Booten stationierten SLBM weisen sie theoretisch auch eine *Multi-Flexibilität* auf. Sie können in relativ kurzer Zeit überführt werden und damit auch eine nicht von vornherein erkennbare Zuordnung zu einem bestimmten Schauplatz erhalten. Auf die Einsatzbreite der Flugzeuge über die drei TNF-Kategorien hinweg – durch Nutzung technischer Möglichkeiten wie Zwischenlandung, Zusatztanks und Luftbetankung – werden wir noch mehrfach hinweisen (vgl. dazu Abschn. 5.1.3.2 und 5.2.3.2).

Wenn aber der spezifische funktionelle Charakter von Waffensystemen von Fall zu Fall variiert bzw. nicht a priori und exakt festlegbar ist, im Gegenteil sich sogar einzelne Potentiale gerade durch ihre Einsatzbreite auszeichnen, kann es nicht Aufgabe der Bestandsaufnahme sein, über eine grobe und schematische Zuordnung, wie wir sie in Kapitel 5 durchführen werden, hinauszugehen. Dem Kräftevergleich selbst fällt es zu, nach der «Äquivalenz» der jeweiligen Qualitätsmerkmale zu fragen, in diesem Rahmen auch den Parameter Einsatzbreite entsprechend zu gewichten (dazu noch im folgenden Abschn. 2.3) und die Szenario-Abhängigkeit von «Fähigkeiten und Optionen» zu berücksichtigen (dazu noch Abschn. 2.4).

2.3 Die Komplexität qualitativer Parameter

Abschnitt 2.2 hat gezeigt, daß qualitative Parameter, wie sie u. a. in der Einsatzbreite von Waffensystemen zum Ausdruck kommen, eine entscheidende Rolle für Aufbau und Durchführung bereits der Bestandsaufnahme spielen. Eher als Banalität ist deshalb auch festzuhalten, daß sich das Ergebnis des Vergleichs selbst ebenfalls entsprechend ändert: Es kann keinem Zweifel unterliegen, daß ein hochmodernes System, das mehrfach und flexibel einsetzbar ist, einen gänzlich anderen Stellenwert besitzt als Waffen und Geräte, die – eingemottet – zwar noch existieren, aber kaum mehr als Schrottwert haben. Auch dieses Beispiel zeigt, daß es für den Kräftevergleich nicht allein auf numerische Parität ankommt, sondern auf die Äquivalenz von Qualitäten, in diesem Falle auf die Funktionsfähigkeit. Dennoch werden solch unterschiedliche Systeme in statischen Vergleichen in der Regel noch immer gegeneinander aufgerechnet.

Wie wir in Abschn. 8.2 noch ausführlicher darlegen werden, gehören zu den spezifischen Parametern, die bei der Gewichtung eurostrategischer Systeme berücksichtigt werden müssen, so unterschiedliche Kriterien wie die Zuverlässigkeit der Trägersysteme über große Entfernungen *(Treliability)*, die Breite der Einsatzmöglichkeiten (*reliability*), die Fähigkeit, die gegnerische Abwehr über längere Strecken zu durchbrechen (*penetration*), die Überlebensfähigkeit bei einem gegnerischen Erstschlag (*survivability*), die Treffgenauigkeit über größere Entfernungen (*accuracy*), die Fähigkeit zur Mobilität (*mobility*) in einem größeren Areal und damit verbunden die Frage der Dislozierung (*deployment*) etc.

Nicht vergessen werden dürfen ferner auch mehr grundsätzliche und allgemeingültige Qualitätsmerkmale wie die von der Reparaturanfälligkeit und Überholungsbedürftigkeit hochtechnologisierter Systeme abhängige Einsatzbereitschaft (*serviceability*), ihre Nachladbarkeit (*reload capability*) nach Beschädigung der empfindlichen Startgeräte oder die höheren Ansprüche an die elektronische Abwehrausstattung von Flugzeugen bei langer Einsatzdauer (*electronic counter measures*/ECM), ihre Allwetterfähigkeit, ihr Flugprofil, die Zahl ihrer Einsätze (*sortie rates*) und schließlich auch qualitative Kriterien auf der Basis numerischer Größenordnungen wie Wurflast und Tragfähigkeit (*throw weight*), Zuladung (*payload*) und Sprengkraft (*yield*) oder die Bestückung mit Mehrfachsprengköpfen etc.

Spezifische Kriterien eines qualifizierenden Kräftevergleichs für die beiden Bereiche unterhalb der eurostrategischen Ebene – teilweise allerdings in Überschneidungen mit ihr – sind neben der wesentlich geringeren Reichweite und Sprengkraft u. a. Parameter wie die Zuverlässigkeit der Systeme und die wesentlich höhere Treffgenauigkeit der Geschosse, insbes. der Raketen. Diese Kriterien wiederum ergeben sich aus den Qualitätsstandards der zugrunde gelegten Triebwerks- und Treibstoffarten bzw. ihrer Lagerbarkeit sowie aus den verschiedenen Lenkungs-, Steuerungs- und Stabilisierungsmethoden.

Für Systeme mit Gefechtsfeld- oder gefechtsfeldunterstützender Funktion von besonderer Bedeutung sind ferner Umfang und Zusammensetzung des erforderlichen Geräteparks und Bedienungspersonals und vor allem die sich zur Verwundbarkeit verdichtenden Faktoren wie Reaktionszeit (inkl. der Anzahl der Startraten) und Mobilität. Unter der Reaktionszeit wiederum ist der außerordentlich unterschiedliche Zeitbedarf vom Beziehen der Abschußstellung, dem Berechnen des Feuerkommandos, dem Laden und Einrichten des Waffensystems, dem Countdown und dem überlebenswichtigen Stellungswechsel zu verstehen; zur Mobilität gehören neben der letztgenannten Fähigkeit ferner Gelände- und Schwimmtüchtigkeit des Fahrzeugs, die verschiedenen Straßen- und Wasserhöchstgeschwindigkeiten und schließlich die Länge des Fahrbereichs bzw. die Luftverlastbarkeit des Systems.

Bleiben schließlich noch so unterschiedliche – mehr oder weniger den militärischen Gesamtkomplex oder den sicherheitspolitischen Bezugsrahmen berührende – Kriterien zu erwähnen wie der Grad der Waffenstandardisierung in den Pakten, die Führung (und Ausbildung) der Streitkräfte oder die politische und militärische Zuverlässigkeit und Vertragstreue der Bündnispartner. Wie aber sind – und damit kommen wir zur Problematisierung – die unterschiedlichen Faktoren und Teilergebnisse gegeneinander zu gewichten? Zwar wird – um bei den letzten Kriterien zu bleiben – die Rüstungskonkurrenz innerhalb der NATO gegenüber der fortgeschrittenen Standardisierung der WVO noch relativ mehrheitlich als «Nachteil» bezeichnet. Ebenso relativ mehrheitlich wird – umgekehrt – einzelnen NATO-Staaten wegen ihrer effizienteren Auftragstaktik ein «Pluspunkt» zugeschrieben. Aber sind die beiden Faktoren auch gegeneinander gewichtbar, d. h. überhaupt verrechnungsfähig?

Bereits die letzte Frage nach der Verrechnungsfähigkeit lediglich zweier Kriterien wie der Waffenstandardisierung einerseits und Ausbildung andererseits zeigt, wie außerordentlich schwierig sich der Versuch eines Kräftevergleichs unter Berücksichtigung qualitativer und struktureller Merkmale gestaltet. Durch die – sicherlich noch ergänzungsbedürftige – Vielzahl der oben genannten Parameter wird dieser Versuch zweifelsohne nicht erleichtert. Es ist deshalb auch kein Zufall, daß dem Londoner Institut für Strategische Studien (IISS), das 1979 erstmals in *The Military Balance* den Versuch eines qualitativen Vergleichs unternahm, sogar schon die Gewichtung der Werte im Übergang vom numerischen zum qualitativen Parameter größte Schwierigkeiten bereitete (vgl. dazu Kap. 8, insbes. Abschn. 8.2.2.1).

2.4 Plädoyer für Komplexitätsreduzierung durch Szenario-Analysen

Aber auch ein modifizierter Kräftevergleich, der versucht, den üblichen numerischen Rahmen durch qualitative Aspekte zu erweitern, muß doch – von wenigen Ausnahmen abgesehen – *statisch*[12] bleiben. Das Ergebnis, die numerische oder qualitative Parität oder Disparität von Sprengköpfen, Artillerie, Bombern, Raketen etc., mag zwar rechnerisch korrekt und psychologisch außerordentlich symbolhaft sein, unterliegt aber einem Denk-

12 Vgl. grundlegend auch: The Congress of the United States, Congressional Budget Office, Assessing the NATO/Warsaw Pact Military Balance, Washington 1977, hier insbes. S. 61 ff zur Frage statischer und dynamischer Analysen.

fehler: Der Vergleich unterstellt, daß es sich bei den aufgerechneten Systemen um «duellfähige» Waffen handelt. Dies trifft jedoch im seltensten Fall zu. Darüber hinaus kann es dem Kräftevergleich, soll er dem Ernstfall entsprechen, nicht nur um das gegenseitige Verhältnis der Einsatzmittel gehen, sondern auch um die Ziel-Mittel-Relation (dazu noch Abschn. 10.2.1 und 10.4.1). Zwei Beispiele zur Illustration: Ein POSEIDON-U-Boot kann über 160 Gefechtsköpfe tragen (vgl. Abschn. 5.2.3.1), kann jedoch selbst u. U. durch einen einzigen Gefechtskopf zerstört werden. Oder: Für den Gesamtbestand von ca. 100 SS-20 existierten 1980 lediglich 23 Stellungen, d. h. 23 Ziele für den Gegner.

Wie auch diese Beispiele zeigen, sind Analysen oder Vergleiche, die nach der Äquivalenz der Fähigkeiten und Optionen fragen, die also nicht einer abstrakten, rechnerischen, sondern der militärischen Logik des Ernstfalles folgen, in sehr starkem Maße kriegsbild- und *szenarioabhängig*. Die Möglichkeiten aber, Kriegsbilder zu variieren, sind außerordentlich vielfältig bzw. beliebig und entziehen sich somit einer umfassenden Analyse. Selbst wenn also die Korrektheit aller benutzten Daten und die Validität der durchgeführten Analysen unterstellt werden könnten, so müßten die Ergebnisse doch – je nach zugrunde gelegtem *Szenario* (und nicht zuletzt abhängig von der Multifunktionalität und den dualen Fähigkeiten vor allem der taktischen Waffensysteme) – stark differieren.

Mehr noch: Prämissen, die in das jeweilige Szenario – gewollt oder ungewollt – einfließen, sind nicht völlig frei vom Vorverständnis des Verfassers. Sowohl die Einschätzung der Fähigkeiten und Merkmale eines Waffensystems als auch die Gewichtung der einzelnen Meßkriterien untereinander sind vielmehr subjektive Wertungen, die es offenzulegen gilt. Wie bereits in Abschn. 2.2 erwähnt, ist letzteres nachdrücklich zu betonen, um Transparenz, Nachvollziehbarkeit, Kontrolle und somit auch die Revidierbarkeit von Berechnungen und Deutungen zu gewährleisten.[13] Die auf diese Weise gefundenen Ergebnisse sind zwar nur subjektive, wenngleich auch plausible Ausschnitte der Wirklichkeit; sie kommen der tatsächlichen Realität aber letztlich doch näher als bloße numerische Aufrechnungen.[14]

Szenarioabhängigkeit der Vergleiche und Subjektivität von Bewertungen und Prämissen lassen sich nach den bisherigen Ausführungen aber kaum vermeiden – und schon gar nicht bestreiten. Zur Illustration können nochmals bereits genannte Problemkreise durchleuchtet werden: In Abschn. 2.3 hatten wir den Aspekt der Zuverlässigkeit der Bündnispartner als qualitativen Parameter aufgeführt. Wie auch dieser Parameter zeigt, lassen sich

---

13 Zum Wissenschaftsverständnis vgl. auch: Lutz, Dieter S., Eurokommunismus als Faktor der Systemveränderung in Europa?, IFSH-Diskussionsbeiträge 2/1979, S. 20f.

14 A. A. Bertram, Christoph, Messen und Gemessen werden: Zur Problematik statistischer Definitionen des militärischen Kräfteverhältnisses, in: DGFK-Informationen 1/1980, S. 21–23, hier S. 22, der von «erdachter Wirklichkeit» spricht.

ohne Bildung eines konkreten Szenarios auf der Basis subjektiver Prämissen die Zweifel der Westeuropäer an der Bündnistreue der USA im Nuklearkrieg gegen die politische und militärische Zuverlässigkeit bzw. Unzuverlässigkeit der sogenannten sowjetischen Satellitenstaaten (bereits im konventionellen Kriegsfall) nur schwerlich aufrechnen. Im ersten Falle müßten Kräftevergleich und Rüstungsplanung für Mitteleuropa ohne Berücksichtigung der Weltmacht USA und vor allem ohne den sogenannten «nuklearen Schutzschirm» durchgeführt werden. Im zweiten Falle müßte die Weltmacht UdSSR im Kräftevergleich auch als Besatzungsmacht für Osteuropa gewichtet werden: In diesem Szenario entfielen u. U. nicht nur die nationalen osteuropäischen Streitkräfte im Kräftevergleich, vielmehr würden sie auch einen Großteil der sowjetischen Truppen absorbieren.

Gehen wir abschließend noch von dem eingangs erwähnten Trend in Analysen westlicher Autoren aus, welche die Möglichkeit eines «Überraschungsangriffs» der WVO beinhalten, so wird die entscheidende Rolle, welche entsprechende *Szenarien* für den Kräftevergleich spielen (können), noch deutlicher. Denn bei einem unterstellten Angriff mit konventionellen Mitteln, der erst nach der Mobilisierung und nach dem vollen Aufmarsch möglichst vieler – unter Berücksichtigung der Enge des Raumes – verfügbarer Kräfte der WVO erfolgt (optimales Raum-Zeit-Kräfte-Verhältnis), verbliebe der NATO eine entsprechend lange Vorwarnzeit. Ausschlaggebende Bedeutung für diesen Ernstfall – und für den Kräftevergleich – käme solchen Faktoren zu wie Kriegsbeginn und Kriegsdauer, Wirtschaftskraft und Bevölkerungszahl[15], ferner Ernährungs- und Versorgungslage, Rohstoffressourcen, Technologie, Planung und Management etc. Beim Überraschungsangriff gewinnen hingegen völlig andere Kategorien vorrangige Bedeutung: Der Angriff würde in diesem Falle vornehmlich von den nahe der Grenze (Vorfeld) dislozierten Streitkräften durchgeführt werden unter Verzicht auf einen vorherigen Aufmarsch und eine Verstärkung aus der Tiefe des (sowjetischen) Raumes. Entscheidend für Angriff und Abwehr der gegnerischen Seiten sind also u. a. Ausbildung, Disziplin, Dislozierung, Einsatzbereitschaft, Vorwarnzeit und Reaktionsschnelligkeit der Streitkräfte.[16]

So unterschiedlich die Szenarien auch sind – und die Diversifikationsmöglichkeiten durch den Einsatz nuklearer Mittel sind noch nicht einmal berücksichtigt –, so zeigen sie doch gemeinsam wiederum deutlich, wie sehr es dem Kräftevergleich auf die Äquivalenz der Fähigkeiten und Optio-

---

15 Laut Brown, Harold, Annual Report, Fiscal Year 1980, o. O. 1979, S. 94, beträgt das Bruttosozialprodukt der NATO 3773 Milliarden Dollar, das der WVO nur 1396 Milliarden. Die Bevölkerungszahl der NATO liegt bei 564 Millionen, die der WVO bei 368,2 Millionen.

16 Vgl. auch: Nunn, Sam/Bartlett, Dewey F., NATO and the New Soviet Threat, Report to the Committee on Armed Services United States Senate, Washington 1977.

nen ankommen muß: Entsprechende Überwachungssysteme, verstärkte «Überlebensfähigkeit» der Waffen und ihrer Träger durch Härtung oder Mobilität sowie erhöhte Abwehrbereitschaft und Einsatzschnelligkeit des Angegriffenen, einschließlich alternativer Operations- statt bloßer Reaktionsmöglichkeiten, können durchaus auch die Vorteile eines (numerisch überlegenen) auf Überraschung ausgerichteten Angriffes aus dem Stand kompensieren. Umgekehrt lassen lange Mobilisierungszeiten der Gegenseite – die Mobilisierungsfähigkeit vorausgesetzt – große Zusammenballungen von Militär im Frieden überflüssig, ja gefährlich erscheinen.

Fassen wir zusammen, so zeigt die Diskussion unserer keineswegs vollständigen Liste von recht unterschiedlichen Vergleichskriterien und -kategorien zumindest dreierlei: Einerseits lassen rein numerische Kräftevergleiche zu viele Faktoren unberücksichtigt, als daß sie tatsächlich als Bild der strategischen Realität oder auch nur als ein Ausschnitt der tatsächlichen Kräfteverhältnisse bezeichnet werden könnten. Andererseits sind die Variablen und Kriterien, die einbezogen werden müßten, um die hochkomplexe Rüstungsrealität abzubilden, zu vielfältig und zu unterschiedlich und die Imponderabilien zu groß, als daß es noch möglich wäre, sie beim Abwägen der Militärpotentiale in ihrer Gesamtheit zu berücksichtigen oder zu einem objektiven Urteil zu gelangen. Wenn aber die Dynamik der Rüstungstechnologie gerade in der Disaggregation liegt, d. h. in der Auffächerung in möglichst viele technische Unterscheidungen für ein breites Spektrum taktischer, strategischer und politischer Optionen, sowie in der Zunahme der Unvergleichbarkeit vieler Systemeigenschaften und ihrer Szenarioabhängigkeit, so kann es dem Kräftevergleich selbst nicht länger um nicht erreichbare Objektivität, sondern um bewußte *Komplexitätsreduzierung* gehen. Drittens ist deshalb die Forderung nach einer kasuistischen Betrachtungsweise in Szenario-Analysen auf der Grundlage ausgewiesener Daten, Kriterien und Prämissen unumgänglich. Gerade weil sich Szenario-Analysen darauf beschränken können, nur einen Ausschnitt der Realität abzubilden, ermöglichen sie, erkenntnisleitend aufgebaut, die Suche nach der Äquivalenz spezifischer Fähigkeiten und Optionen eines gegebenen oder geplanten Militärpotentials und können wichtige Hinweise erschließen zur Beantwortung von Fragen wie die der Erforderlichkeit und Dringlichkeit der Nachrüstung oder die der Kriegsgefahr mit und ohne eine Modernisierung des Nuklearpotentials in den 80er Jahren (siehe oben Abschn. 1.2.3).

Wenn wir also in den folgenden Kapiteln eine Literaturübersicht geben (Kap. 3), die Definitionsfrage zu klären versuchen (Kap. 4) sowie Bestand (Kap. 5) und Modernisierungsmaßnahmen (Kap. 6) im TNF-Bereich skizzieren, so geschieht dies, um problemorientiert unser Postulat nach Transparenz, Nachvollziehbarkeit und Kontrolle der angestrebten Vergleiche und ihrer Ergebnisse zu erfüllen. Wenn wir ferner in Teil III versuchen, numerische (Kap. 7) und qualitative Vergleiche (Kap. 8) anzuschließen, so legitimiert sich dieses Vorgehen aus der systemimmanenten Überprüfung der Nachrüstungsthese und ihrer Begründungen. Im Mittelpunkt unserer Untersuchung stehen aber die Kapitel 9 und 10, denen wir als Szenario einen nuklearen Entwaffnungsschlag zugrunde legen werden. Da es uns um Kooperative Rüstungssteuerung, also um Kriegsverhütung und nicht um die fragwürdige Effizienz von Kriegsführung geht, können wir das Szenario im wesentlichen auf zwei Aspekte beschränken: zum einen auf die strategische Stabilität, die auf einer gesicherten Zweitschlagsfähigkeit als äquivalente Option zum nuklearen Entwaffnungsschlag (Kap. 9) ruht; zum anderen auf die Instabilität und Kriegsgefahr aus der Dynamik der Rüstungstechnologie (Kap. 10). Die Komplexitätsreduzierung der Nachrüstungsproblematik auf diese Aspekte darf allerdings nicht mit einer Verkürzung oder Negierung der für die Analyse relevanten numerischen und qualitativen Parameter und Faktoren verwechselt werden. Ihre ausführliche und detaillierte Aufarbeitung und Berücksichtigung (vgl. insbes. Abschn. 10.2 und 10.3) gibt dem Szenario vielmehr erst seinen dynamischen Charakter als Abbild (eines Ausschnittes) der Wirklichkeit, verleiht den Ergebnissen ihren hohen Realitätsgehalt und ermöglicht ihrer Umsetzung in die Kooperative Rüstungssteuerung (dazu Teil IV) die Chance auf Erfolg.

Teil II:

Die Nuklearkräfte in und für Europa

3. Die Sowjetunion auf dem Wege von der Unterlegenheit zur Überlegenheit und Dominanz?

Im Vorfeld der NATO-Ratssitzung vom Dezember 1979 wurde die Diskussion um das Kräfteverhältnis im Bereich der taktischen Nuklearwaffen (Tactical Nuclear Weapons – TNW) und insbesondere der euronuklearen Systeme (Theatre Nuclear Forces – TNF) öffentlich unter Schlag- und Reizworten wie die «Abschreckungslücke der NATO», «Europas Raketenlücke» etc. geführt; entsprechend wurde der im Rahmen der Dezembersitzung gefaßte Produktions- und Stationierungsbeschluß über 572 neue, weit in die Sowjetunion hineinreichende Mittelstreckenwaffen als «Antwort» auf sowjetisches Überlegenheitsstreben und als «Nachrüstungsmaßnahme» deklariert und legitimiert. Im folgenden werden wir der ersten Leitfrage aus Abschn. 1.2.3 nachgehen, ob zum Dekadenwechsel von den 70er zu den 80er Jahren die WVO im TNF-Bereich tatsächlich eine gefährliche militärische Überlegenheit besitzt, die eine Nachrüstungsentscheidung der NATO unter Ausschluß vorheriger Rüstungskontrollverhandlungen zwischen Ost und West erforderlich machte.

3.1 Die Dislozierung der TNW in Europa und die Überlegenheit der NATO in den Analysen bis 1978 [1]

Die Nachrüstungsthese steht in deutlichem Widerspruch zu der bis vor kurzer Zeit noch vorherrschenden Auffassung über das taktisch-nukleare Kräfteverhältnis in Europa. Nach bisherigen Angaben u. a. des «Defense Information Center» in Washington [2] oder des Internationalen Instituts für Friedensforschung in Stockholm (Stockholm International Peace Research Institute – SIPRI) [3] lag die Gesamtzahl (allein) der amerikanischen taktischen Nuklearwaffen mit mehr als 22000 TNW wesentlich höher als die

1 Der nachfolgende Abriß kann naturgemäß nur einen ersten Überblick über die Tendenz geben, nicht jedoch den Anspruch auf Vollständigkeit erheben.

2 Vgl. Schneider, Barry, 30000 U.S. Nuclear Weapons. 22000 Tactical and 8000 Strategic, in: The Defense Monitor IV, Heft 2/1975.

3 Vgl. Leitenberg, Milton, Background materials in tactical nuclear weapons (primarily in the European context), in: Stockholm International Peace Research Institute (SIPRI), Tactical Nuclear Weapons: European Perspectives, London 1978, S. 7.

der Sowjetunion. Von diesem Gesamtbestand der US-TNW sollten – ebenfalls nach bislang allgemeiner Annahme[4] – ca. 7000 bis 7200 auf dem westeuropäischen Festland, insbes. in der Bundesrepublik lagern (vgl. zur Dislozierung auch Tabelle Nr. 4).

Tabelle Nr. 4: Dislozierung und Gesamtzahl der amerikanischen taktischen Nuklearwaffen (TNW)

Europa	7000
Atlantische Flotte	1000
Asien	1700
Pazifische Flotte	1500
Vereinigte Staaten	10800
Gesamt	22000

Quelle: Leitenberg, Milton, Background materials in tactical nuclear weapons (primarily in the European context), in: Stockholm International Peace Research Institute (SIPRI), Tactical Nuclear Weapons: European Perspectives, London 1978, S. 7.

Die Zahl der sowjetischen taktischen Nuklearwaffen wurde dagegen – zumindest bislang – allgemein auf «nur» 3500 geschätzt.[5] Dieses Zahlenverhältnis von 3500:7000 bzw. von 1:2 in Europa zugunsten der NATO soll derzeit allerdings nicht mehr gültig sein. Mit über 7000 Sprengköpfen,

4 Vgl. Brown, Harold, Department of Defense, Annual Report Fiscal Year 1979, o. O. 1978, S. 130; dass. Fiscal Year 1980, o. O. 1979, S. 82; Haltzendorff, Friedrich, Neue Kernwaffen für das alte Kräftespiel, in: loyal 1/1979, S. 8; World Armaments and Disarmament, SIPRI Yearbook 1978, London 1978, S. 429; IISS, The Military Balance 1979–1980 (MB), London 1979, S. 18; Steinhoff, Johannes, Wohin treibt die NATO? Probleme der Verteidigung Westeuropas, Hamburg 1976, S. 187, 190, 198; Miettinen, J., «Mininukes» and enhanced radiation weapons, in: SIPRI, Tactical Nuclear Weapons, a. a. O. (Anm. 3), S. 226; Wiener, Friedrich, Die Armeen der NATO-Staaten, Taschenbuch der Landstreitkräfte Bd. 1, München 1977[5], S. 259; Krell, Gert/Schlotter, Peter, Zur Diskussion über die taktischen Nuklearwaffen in Europa. Analysen und Dokumentation, Frankfurt a. M. 1977, S. 7; York, Herbert, The Nuclear Balance of Terror in Europe, in: AMBIO 5–6/1975 (Vol. IV), S. 230ff; Record, Jeffrey, U.S. Tactical Nuclear Weapons in Europa. 7000 Warheads in Search of a Rationale, in: Arms Control Today 4/1974 (Vol. 4), S. 4; ami 4/1977, S. III-62; ÖMZ 2/1975, S. 140.

5 Vgl. die Literaturangaben in Anm. 4; vgl. auch: Raketenpläne als Druckmittel, in: Frankfurter Rundschau vom 24. 1. 1979, S. 2; Rodejohann, Jo, Verpaßte Abrüstungschance? Vor einer neuen Rüstungsrunde mit «mininucs», in: Friedensanalysen Bd. 1/1975, S. 141.

berechnet für das Jahr 1979[6], soll die WVO auch numerisch gleichgezogen, wenn nicht sogar die NATO überrundet haben.[7]

Im Unterschied zu den relativ einheitlichen Angaben über die Gesamtsprengkopfzahlen der TNW/TNF beider Seiten bis 1978 wurde für die ca. 7000 in rund 100 europäischen Lagern[8] untergebrachten taktisch-nuklearen Sprengsätze schon bislang eine recht unterschiedliche Anzahl von «Trägersystemen» genannt. Nach Schätzungen etwa der *Österreichischen Militärischen Zeitschrift* (*ÖMZ*)[9] soll sich der Bestand im Jahre 1975 auf ca. 2200 Systeme belaufen haben, zu denen verschiedene Atomminen, rund 1400 Flugzeuge des Typs F-4 und STARFIGHTER, ferner 72 F-111 und 680 bzw. 330 Artilleriegeschütze der Kaliber 155 mm und 203 mm sowie Raketen der Typen HONEST JOHN, SERGEANT, PERSHING und LANCE[10] gehörten. In den Angaben der bundesrepublikanischen «Militärpolitik Dokumentation» für 1976 von Gert Krell und Peter Schlotter aus der Hessischen Stiftung Friedens- und Konfliktforschung (vgl. Tabelle Nr. 5) übersteigt dagegen bereits allein die Anzahl der Kampfflugzeuge (inkl. der auf Flugzeugträgern stationierten Systeme) die von der *ÖMZ* genannte Gesamtzahl. Auch die Summen von 3621 Systemen bei Jeffrey Record[11], Mitarbeiter der Brookings Institution in Washington, D. C., für 1974 (vgl. Tabelle Nr. 6) oder von 3493 bzw. von 3712 Trägermitteln (inkl. Frankreich) für 1976 bei Joseph Coffey[12], Direktor des «Center for Arms Control and International Studies» an der Universität Pittsburgh/USA (vgl. Tabelle Nr. 7), unterscheiden sich nicht nur untereinander, sondern gehen auch um mehr als 60 % über die erstgenannten Angaben hinaus. Diese teilweise erheblichen Divergenzen sind sicherlich nicht oder nicht allein auf etwaige negative oder positive Zuwachsraten zwischen den unterschiedlichen Bezugsjahren zurückzuführen. Ganz offensichtlich besteht bereits

---

6 Die Würzbach/Berger-Studie wendet sich gegen das bisher angenommene Verhältnis: «Bisher wurde die Zahl der verfügbaren Atomsprengladungen mit 7000 für die NATO und 3600 für den Warschauer Pakt angenommen. Diese Einteilung stimmt heute nicht mehr. Der Warschauer Pakt verfügt 1979 über fast 7000 Sprengladungen.» – Rüstung und Abrüstung im euronuklearen Bereich. Die Mitwirkungsmöglichkeiten der europäischen Staaten an den SALT III-Verhandlungen. Eine Kurzstudie von Hubertus Hoffmann und Rolf Steinrücke im Auftrag der Bundestagsabgeordneten Peter Kurt Würzbach und Markus Berger, Washington/Bonn, April–Mai 1979 (hektogr. Manuskript, Maschinenschrift ca. 180 S.), S. 32.

7 Allerdings sollen nach neuesten Angaben auch die euronuklearen Einsatzmittel der NATO mittlerweile auf über 10000 gestiegen sein – vgl. Frankfurter Rundschau, a. a. O. (Anm. 5), S. 2.

8 Wiener, Friedrich, Bd. 1, a. a. O. (Anm. 4), S. 259.

9 ÖMZ 2/1975, S. 140–142.

10 Vgl. zu den Daten auch: Wiener, Friedrich, Bd. 1, a. a. O. (Anm. 4), S. 258–260.

11 Record, Jeffrey, a. a. O. (Anm. 4), S. 4.

12 Coffey, J., Arms Control and tactical nuclear forces and European security, in: SIPRI, Tactical Nuclear Weapons, a. a. O. (Anm. 3), S. 178f, 182.

Tabelle Nr. 5: TNW-Bestand nach «Militärpolitische Dokumentation» (Krell/Schlotter)

Taktische nukleare Trägersysteme und taktische Nuklearwaffen – nur landgestützte Systeme (ohne Flugabwehr) und Flugzeuge, Stand 1976 (maximale Reichweiten in km = Kilometer; Sprengkraft der Nuklearwaffen in KT = Kilotonnen bzw. MT = Megatonnen)
Angaben in Klammern sind Schätzungen

	Vereinigte Staaten	übrige NATO, inkl. FR
1. Landgest. ball. Raketen mittl. Reichw. (IRBM)	–	18 SSBS S-2, 150 KT, 3000 km, FR
2. Landgest. ball. Raketen mittl. Reichw. (MRBM)	–	–
3. Landgest. ball. Raketen kurzer Reichw. (SRBM)	(500) Sergeant[1,3] bis 100 KT, 140 km (250) Pershing, bis 400 KT, 720 km ? Lance, bis 50 KT, 110 km ? Honest John[1,3], bis 100 KT, 40 km	20 Sergeant[1], BRD[2] 72 Pershing, BRD[2] 6 Lance, IT[2] (160) Honest John[1], versch. NATO-Länder[2] 24 Pluton, 15–25 KT, 120 km, FR
4. Landgest. weitreich. Marschflugkörper (LRCM)	–	–
5. Artillerie	NATO in Europa insgesamt (1000) Geschütze[1] mit (3000) Sprengköpfen[2] unter 20 KT, 16 km	
6. Atom-Minen (ADM)	(300) in Europa	–
7. Bomber mittl.[1,4] Reichweite	66 FB-111, 6000 km	50 Vulcan B 2, 6400 km, GB
8. Kampfflugzeuge[1,4] (einschl. Bomber geringer Reichw.)	(1400) nur Europa F-105, F-4, F-111, A-7 3400–6000 km	70 Buccaneer, 3200 km, GB 52 Mirage, 3200 km, FR 115 Jaguar, 1600 km, GB, FR ?[5] F-4, 2500 km, GB, BRD[2] ?[5] F-104, 2000 km, versch. NATO-Länder[2]
9. Kampfflugzeuge[1,4] auf Flugzeugträgern	(1400) nur Europa, A-4, A-6, A-7, F-4, 3200–5500 km	–

Anmerkungen:
1 Konventionell oder nuklear einsetzbar.

Sowjetunion	übrige WVO
100 SS-5, 1 MT, 3700 km	–
500 SS-4, 1 MT, 1900 km	–
(300) SS-1b[1], KT-Bereich, 80 km SS-1c[1], unter 20 KT, 300 km SS-12, KT bis MT-Bereich, 800 km (600) FROG 3–7[1], KT-Bereich, 15–70 km	(100) SS-1b[1] SS-1c[1] alle WVO-Lä.[2] (200) FROG 3–7[1], alle WVO-Lä.
(100) SS-N-3, KT-Bereich, 700 km	–
(100) Geschütze[1], KT-Bereich, 30 km (fraglich)	–
–	–
750 Tu-16, 6400 km 60 Backfire, 8800 km	–
2500 nur Europa, 7 Typen, 1500–4000 km	?[5] Il-28, Su-7, Su-20, 1500–4000 km, Polen[2], ČSSR[2]
–	–

2 Sprengköpfe unter amerikanischer bzw. sowjetischer Kontrolle.
3 Abgelöst durch Lance.
4 Mit Raketen und Bomben bis in den MT-Bereich.
5 Es ist nicht klar, wie viele dieser Flugzeuge, die nuklear eingesetzt werden können, tatsächlich für den nuklearen Einsatz vorgesehen sind.

Quellen: The Military Balance 1975/76 und 1976/77; J. Record, U.S. Nuclear Weapons in Europe, Washington 1974; J. Record, «U.S. Tactical Nuclear Weapons in Europe; 7000 Warheads in Search of a Rationale», Arms Control Today IV, 4 (April 1974), S. 1–2; Barry R. Schneider, «30000 U.S. Nuclear Weapons», The Defense Monitor IV, 2 (Februar 1975), S. 1–8.

Entnommen aus: Zur Problematik der taktischen Nuklearwaffen in Europa, in: Militärpolitik Dokumentation 1–77, S. 14.

Tabelle Nr. 6: TNF-Bestand der NATO nach Jeffrey Record

Taktische Nuklearwaffen der USA und der NATO in Europa

Typ der taktischen Nuklearwaffe	Zahl der Waffen/ Trägersysteme	Zahl der Waffen/ Gefechtsköpfe oder Bomben [1]	Maximale Reichweite der Waffen
Atomare Sperrmunition (ADM), Atomminen	300	300	entfällt
Artillerie, M-109 155 mm und M-110 203 mm	1010	3030	16–29 km
Boden-Boden-Raketen Honest John und Sergeant (durch Lance ersetzt)	175	175	40–136 km
Pershing	108	324 [2]	variabel, 96–720 km
Taktische Flugzeuge [3] US-Flugzeuge F-4 und F-111	316	1020	800–1600 km
andere NATO-Flugzeuge	612	1224	670– 960 km Einsatzradius
Boden-Luft-Raketen (SAM)	720	720	96 km
Landgestützte U-Boot-Abwehrflugzeuge (ASW)	380	380	2880 km Einsatzradius
Gesamt	3621	7173 [4]	

1 Alle Waffen liegen im unteren/oberen Kilotonnenbereich, mit Ausnahme einiger luftgestützter Bomben im unteren Megatonnenbreich.

2 Die USA halten ca. 216 dieser Sprengköpfe in Reserve.

3 Nicht eingeschlossen sind 98 nuklearfähige Kampfflugzeuge auf den beiden regelmäßig im Mittelmeer stationierten US-Flugzeugträgern.

4 Die Gesamtzahl gründet sich auf der Annahme, daß die maximale Vernichtungsfähigkeit jeder Waffe und ihrer Gefechtsköpfe genutzt wird. Einige Waffensysteme wie Flugzeuge sind flexibel in ihrer Waffenzuladung. Von der Summe taktischer Nuklearwaffen sind ungefähr 150 britisch und über 7000 amerikanisch. Frankreich unterhält ebenfalls rund 100 taktische Nuklearwaffensysteme in Europa, bestehend aus Flugzeugen und Boden-Boden-Raketen des Typs Pluton.

Quelle: Record, Jeffrey: U. S. Tactical Nuclear Weapons in Europe. 7000 Warheads in Search of a Rationale, in: Arms Control Today 4/1974 (Vol. 4), S. 4 (Original in englischer Sprache).

Tabelle Nr. 7: TNF-Bestand der NATO nach Joseph Coffey

Tabelle 4.1: Die taktischen nuklearen Trägersysteme der NATO in Europa, Mitte 1976 [a)]

	M-109 155-mm-Haubitze	M-110/ M-115 203-mm-Haubitze	Honest John [b)]	(P) Pluton (L) Lance (S) Sergeant	Pershing [h)]	Kampfflugzeuge [b)]
Belgien	41	24	8	–	–	36 F-1040 [c)]
Kanada	18	–	–	–	–	–
Dänemark	72	12	–	–	–	25 F-104G 15 CF-104G
Frankreich	–	–	–	24 (P)	–	75 Jaguar 120 Mirage III E
BR Deutschland	600 [d)]?	80	70	20 (S)	72	229 F-104G (einschließl. 85 der Marineflieger) 60 F-4
Griechenland	18	12	8	–	–	38 F-4 15 F-104G
Italien	126	12	8	6	–	18 F-104G 54 F-104S
Niederlande	36	12	8	–	–	36 F-104G
Norwegen	18	–	–	–	–	22 F-104G
Türkei	72	96	18	–	–	18 F-104S 36 F-104G 40 F-4

GB	40	12 (ME)	8 (ME)	–	–	28 Buccaneer (ME) 42 Buccaneer (WE einschließl. 14 auf Flugzeugträgern) 24 Jaguar (ME) 16 Jaguar (WE) 50 Vulcan (WE)
USA	306 (ME)	192 (ME)	–	36 (L) (ME)	108[e] (ME)	72 F-111 E (WE) 158 F-4 II (WE)[f] 232 F-4 II (ME)[f] 60 A6/A7 (SE)[g]
NATO insgesamt	1347	452	128	62	180	1324[b]
einschließlich Frankreich	(1347)	(452)	(128)	(86)	(180)	(1519)

(ME) = Mitteleuropa; (SE) = Südeuropa; (WE) = Westeuropa (GB, Frankreich, Spanien)

a) Nur die in The Military Balance, 1976–1977 (IISS, London) und/oder Cliffe, T., Military Technology and the European Balance, in: Adelphi Paper Nr. 89 (London, IISS, August 1972, S. 41 f) aufgeführten nuklearfähigen Waffensysteme zählen hier, selbst wenn es Systeme wie die 175-mm-Kanone oder Mystère IVA ausschließt, die andere Experten als nuklearfähig erachten.
b) Die Zahlen für Flugzeuge umfassen nur operative, in organisierten Einheiten zusammengefaßte Maschinen; ausgeschlossen sind Staffelreserven (3–7 Flugzeuge pro Staffel) und Kriegsreserven. Die Zahlen für Raketen führen nur Startvorrichtungen auf und lassen die in Batteriezügen mitgeführten oder in Kriegsreserven gehaltenen zusätzlichen Raketen unberücksichtigt.
c) Nur die Flugzeuge in Bomber- oder Kampfbomberstaffeln sind gezählt; folglich sind nuklearfähige Abfangjäger- oder Aufklärungsstaffeln ausgelassen.
d) Diese Zahl schließt alle 155-mm-Panzerhaubitzen der Bundeswehr ein, jedoch keine ihrer gezogenen 155-mm-Haubitzen.
e) The Military Balance, 1976–1977, S. 73 zählt nur 36. Da jedoch die USA letztes Jahr 108 Pershings dislozierten und in den Wiener Truppenverhandlungen den Abzug von 36 Pershings unter bestimmten Bedingungen anboten, scheint die alte Zahl plausibler als die neue.
f) Diese Zahlen basieren auf einer Staffelstärke von 24–25 Flugzeugen und nicht auf der von 18 Kampfbombern wie in The Military Balance, 1976–1977, S. VII. Letztere Staffelstärke stimmt jedoch nicht mit der Gesamtzahl der Flugzeuge auf S. 7 des gleichen Bandes überein, die als alles vorherige umstoßend angesehen worden ist.
g) Auf Flugzeugträgern.
h) Nicht alle davon sind für einen nuklearen Auftrag vorgesehen, deshalb mag diese Zahl die tatsächliche NATO-Fähigkeit – im Unterschied zur potentiellen – zu stark betonen.

Quelle: Coffey, Joseph: Arms Control and Tactical Nuclear Forces and European Security, in: SIPRI (Hg.), Tactical Nuclear Weapons: European Perspectives, London 1978, S. 178 f (Original in englischer Sprache).

Unkenntnis oder Unsicherheit über den konkreten Basisumfang und selbst über die Existenz einzelner TNW- und TNF-Trägersysteme. Insofern ist sicherlich die von Krell und Schlotter erstellte Datensammlung (vgl. Tabelle Nr. 5) trotz oder gerade wegen ihrer vielen «Fragezeichen» aus dem Erkenntnisstand von 1976 und unter wissenschaftlichen Gesichtspunkten eine der redlichsten.

Neben der genannten Unsicherheit scheint – wie die angeführten Tabellen zeigen – die Bestimmung des Gesamtbestandes an TNW der NATO bis 1978 vorrangig auch ein definitorisches und kategoriales Problem zu sein (zur Definitionsproblematik noch ausführlicher Kap. 4). Denn selbst Tabellen wie die von Record und Coffey, die numerisch relativ gleiche Gesamtergebnisse ausweisen, beruhen auf völlig unterschiedlichen Ausgangsdaten, d. h. Waffensystemen. Ähnliches gilt selbst noch für die wesentlich jüngeren Einschätzungen des TNW/TNF-Kräfteverhältnisses im Jahrbuch 1978 des Stockholmer Friedensforschungsinstituts (SIPRI)[13] und für eine Untersuchung von Robert Metzger und Paul Doty vom «Center for Science and International Affairs» an der Harvard University, die auf einer Konferenz des Aspen-Instituts in Berlin 1978 erstmals präsentiert wurde.[14] Während SIPRI seine Datensammlung (noch) nach Systemtypen einteilt (vgl. Tabelle Nr. 8), orientieren sich Metzger und Doty (bereits) an den Reichweiten der Trägermittel (vgl. Tabelle Nr. 9). Das Stockholmer Institut vernachlässigt allerdings den Bestand an Mittelstreckenraketen, also gerade diejenigen Trägersysteme mit der größten Reichweite; Metzger und Doty lassen – umgekehrt – die Ebene der Nuklearwaffen unterhalb einer Reichweite von 400 sm außer Betracht. Die Differenz wischen beiden Quellen ist mit ca. 4600 : 1608 nuklearfähigen Trägersystemen erheblich – wegen der unterschiedlichen Ausgangsdefinition ist ein Summenvergleich jedoch unzulässig.

Ähnliche Probleme wie bei den Schätzungen der NATO-Trägerwaffen stellen sich – durch die strikte Geheimhaltung der Sowjetunion noch verstärkt – bei den Angaben zu den WVO-Systemen. Entsprechend breit gefächert sind die Meinungen: Nach der *ÖMZ*[15] standen für die bislang festgestellten ca. 3500 TNW im Jahre 1975 insgesamt 800 Trägermittel zur Verfügung; darunter neben angeblichen Kanonenhaubitzen des Typs M-55 (203 mm) und einem 240-mm-Granatwerfer mit konventionellen und nuklearen Einsatzmöglichkeiten auch die sogenannte FROG-Familie und Raketen des Typs SS12 SCALEBOARD mit Reichweiten bis zu 800 km.[16] *The De-*

---

13 SIPRI Yearbook 1978, a. a. O. (Anm. 4), S. 426–429.

14 Metzger, Robert/Doty, Paul, Arms Control enters the gray area, in: International Security No. 3/1978/79, hier: S. 30f.

15 ÖMZ, a. a. O. (Anm. 9), S. 142.

16 Vgl. zu den Daten auch: Wiener, Friedrich (Hg.), Die Armeen der Warschauer Pakt-Staaten, Taschenbuch der Landstreitkräfte Bd. 2, München 1979⁷, insbes. S. 222ff; ferner im folgenden Abschn. 4.

Tabelle Nr. 8: TNF-Bestandsangaben nach SIPRI-Yearbook 1978

Tabelle 14B.2.: Nukleare Waffensysteme und deren Trägersysteme von NATO und WVO in Europa 1977[a)]

NATO						WVO				
Waffenkategorie	Stationierungsland/-region	Typ	Zahl der Trägersysteme	Zahl der Waffensysteme	Anmerkungen	Stationierungsland/-region	Typ	Zahl der Trägersysteme	Zahl der Waffensysteme	Anmerkungen
Atomare Sperrmunition*	USA	verschieden	–	~ 300		–	–	–	–	
Artillerie	Belgien	155-mm-Haubitzen	41	–[b)]		UdSSR	203-mm-Haubitzen	..	..	Nuklearfähigkeit zweifelhaft
		203-mm-Haubitzen	11	–						
	BR Deutschland	155-mm-Haubitzen	80	–						
		203-mm-Haubitzen	80	–						
	Niederlande	155-mm-Haubitzen	..	–						
		203-mm-Haubitzen	..	–						
	Mitteleuropa, europäische NATO-Länder	–	~ 250	–						
	Kanada	155-mm-Haubitzen	18	–						
	GB	..	..	..						
	USA	155-mm-Haubitzen	300	~ 2000						
		203-mm-Haubitzen	200	~ 1000						

	NATO					WVO				
Waffen-kategorie	Stationie-rungsland/-region	Typ	Zahl der Träger systeme	Zahl der Waffen-systeme	Anmerkungen	Stationie-rungsland/-region	Typ	Zahl der Träger-systeme	Zahl der Waffen-systeme	Anmerkungen
	Mitteleuropa insgesamt		~ 800	~ 3000						
	Dänemark	155-mm-Haubitzen	72	–						
		203-mm-Haubitzen	12	–						
	Italien	155-mm-Haubitzen	..	–						
	GB	155-mm-Haubitzen	50	–						
		203-mm-Haubitzen	16	–						
	NATO (ohne USA)	–	~ 450	–						
	NATO insgesamt	–	~ 1000	~ 3000						
SSM [c)]	Belgien	Lance	(12)		bestellt	Tschecho-slowakei	Scud A/B	27	–	
		Honest John	8	–			FROG 3/7	40	–	
	BR Deutsch-land	Lance	26	–	insgesamt 175 bestellt	DDR	Scud B	16	–	
		Sergeant	20	–			FROG 7	24	–	
		Honest John	70	–		Polen	Scud A/B	36	–	
		Pershing	72	–			FROG 3/7	46	–	

Niederlande	Lance	..	–	bestellt					
	Honest John	8							
Mitteleuropa, europäische NATO-Länder	–	~ 220	–		Mitteleuropa ohne UdSSR	–	~ 190	–	
USA	Lance	430	..	Gesamtzahl wird 645 sein	UdSSR	Scud A/B	(~ 60)	–	
						FROG 7	(~ 55)	–	
	Pershing	108	..	216 in USA in Reserve					
	Honest John	216	..	wird bald durch Lance ersetzt					
Mitteleuropa, europäische NATO-Länder	–	~ 950	~ 1000		Mitteleuropa insgesamt	–	(~ 305)	–	
Griechenland	Honest John	8	–		Bulgarien	Scud A/B	20	–	
						FROG 3/7	36	–	
Italien	Lance	(8)	–		Ungarn	Scud A/B	8	–	
Türkei	Honest John	18	–			FROG 3/7	22	–	
GB	Lance	..	–	bestellt	Rumänien	Scud A/B	20	–	
						FROG 3/7	30	–	
					UdSSR	Scud A/B	(~ 55)	–	In der westlichen UdSSR stationiert; Zahlen für Scaleboard hypothetisch
						FROG 7	(~ 50)		
						Scaleboard	(~ 32)		
						SS-20	(~ 20)		
						SS-4 [d]	(~ 500)		
						SS-5 [d]	(~ 100)		
NATO (ohne USA)	–	250	–		WVO ohne UdSSR	–	~ 326	..	

NATO						WVO				
Waffen-kategorie	Stationie-rungsland/-region	Typ	Zahl der Träger-systeme	Zahl der Waffen-systeme	Anmerkungen	Stationie-rungsland/-region	Typ	Zahl der Träger-systeme	Zahl der Waffen-systeme	Anmerkungen
	NATO insgesamt	–	~ 1000	~ 1000		WVO insgesamt	–	(~ 1000)	..	
	Frankreich	SSBS-S2	18	..						
		Pluton	24	..						
SAM	Belgien	Nike Hercules	21	–						
	BR Deutschland	Nike Hercules	216	–						
	Niederlande	Nike Hercules	16	–						
	Mitteleuropa, europäische NATO-Länder	–	253	–						
	USA	Nike Hercules	144	–						
	Mitteleuropa insgesamt	–	~ 400	~ 400						
	Dänemark	Nike Hercules	36	–						
	Griechenland	Nike Hercules	6	–						
	Italien	Nike Hercules	(48)	–	(8 SAM-Batterien)					
	Türkei	Nike Hercules	(48)	–	Einige Staffeln mit Nike Ajax ausgerüstet					

	NATO								
	ohne USA	–	~ 400	–					
	NATO								
	insgesamt	–	~ 550	~ 550					
Flug-	Belgien	F-104[f]	72	–		Tschecho-			
zeuge[e]						slowakei	Su-7[f]	80	–
	BR Deutsch-	F-4	120						
	land	F-104	240	–	einschl. 96 land-	DDR	Su-7	30	–
					gestützte		MiG-21	116	–
					Marineflieger	Polen	Il-28	16	–
	Niederlande	F-104	72	–			Su-7	30	–
							Su-20	28	–
							MiG-21	340	–
	Mitteleuropa,					Mitteleuropa			
	europäische					ohne UdSSR	–	934	–
	NATO-Länder	–	504	–					
	Kanada	F-104	48	–		UdSSR	..	..	..
	GB	Buccaneer	28	–					
		Jaguar	60	–					
	USA	..	(~ 250)	–	17. Luftwaffe				
					in BR				
					Deutschland und				
					den Niederlanden				
	Mitteleuropa					Mitteleuropa			
	insgesamt	–	(900)	–		insgesamt	–	..	..
	Dänemark	F-104	40	–		Bulgarien	MiG-27	..	–
	Griechenland	F-4	37	–			MiG-21	48	–
		F-104	15	–		Ungarn	Su-7	30	–
	Italien	F-104	144	–			MiG-21	116	–

	NATO					WVO				
Waffen-kategorie	Stationie-rungsland/-region	Typ	Zahl der Träger-systeme	Zahl der Waffen-systeme	Anmerkungen	Stationie-rungsland/-region	Typ	Zahl der Träger-systeme	Zahl der Waffen-systeme	Anmerkungen
	Norwegen	F-104	38	–		Rumänien	MiG-21	210	–	
	Türkei	F-104	74	–		UdSSR	Il-28 Su-7 Su-17/20 MiG-21 MiG-27 Tu-22	1000	..	
	GB	Buccaneer	42	–	einschl. 14 landgestützten Marineflugzeugen					
		Vulcan	50	–						
		Jaguar	12	–						
	USA	F-111 F-4 F-15	156 400 72	2500	Alle in Europa, einschl. Mitteleuropa					
NATO ohne USA	–	1122	–			WVO ohne UdSSR	–	1350		
	NATO insgesamt	–	1750	~ 2500		WVO insgesamt	–	~ 2350		
	Gesamtzahl nuklearer Gefechtsköpfe der NATO	–	–	~ 7350	~ 5000 in Mitteleuropa	Gesamtzahl nuklearer Gefechtsköpfe der WVO	–	..	..	Die Zahl 3500 für das sowjetische Arsenal ist hypo-

thetisch und basiert auf den erreichbaren Zahlen der nuklearen Trägersysteme

---

* Atomare Sperrmunition (ADM).

a) Alle Zahlen sind von Quelle zu Quelle sehr unterschiedlich und sollten deshalb nur als grobe Schätzungen verstanden werden.

b) Ein Teil der im Besitz von NATO-Ländern befindlichen nuklearen Gefechtsköpfe unterliegt dem sogenannten Zweischlüsselsystem, d. h., sie unterstehen der Kontrolle des Stationierungslandes als auch der US-Streitkräfte.

c) Die Zahlen für die SSM umfassen ballistische Kurzstreckenraketen (SRBM) als auch ballistische Mittelstreckenraketen (MRBM) gegen die WVO in Europa.

d) Es ist bekannt, daß ein wesentlicher Teil dieser Waffensysteme im fernöstlichen Teil der UdSSR stationiert ist.

e) Die Zahlen für Flugzeuge umfassen weder die auf Flugzeugträgern stationierten Maschinen noch Aufklärungsflugzeuge.

f) Nur das Grundmuster des Flugzeugs ist angegeben. Die Zahlen beziehen sich jedoch auf verschiedene Modelle mit unterschiedlichen Fähigkeiten; einige Modelle sind vielleicht nicht nuklearfähig, andere mit einer wahrscheinlichen, wenn auch nicht sicheren Nuklearfähigkeit fehlen eventuell.

Quelle: Stockholm International Peace Research Institute, World Armaments and Disarmament, SIPRI Yearbook 1978, London 1978, S. 426–429 (Original in englischer Sprache).

Tabelle Nr. 9: TNF-Bestandsangaben nach Metzger/Doty

NATO	Waffen pro Trägersystem	1978 Startvor-richtungen	1978 Gefechtsköpfe
Europäische TNF-Trägersysteme mit einer Reichweite/einem Radius über 1000 nautische Meilen (1 n. M. = 1,852 km)			
US SACEUR Poseidon	10 (MIRV)	48	480
US F-111E/F	2	156	312
US GLCM	1	0	–
US SLCM (Landangriff)	1	0	–
Frankreich SLBM (M-2/M-20)	1	64	64
Frankreich SLBM (M-4)	3 (MIRV)	0	–
Frankreich IRBM ((S-2/S-3)	1	18	18
Frankreich LRCM	1	0	–
GB SLBM (Polaris)	3 (MRV)	64	192
GB Vulcan B-2	2	48	96
GB LRCM	1	0	–
BR Deutschland GLCM (Zweischlüsselsystem)	1	0	–
Gesamtzahl:		398	1162

Europäische TNF-Trägersysteme mit einer Reichweite/einem Radius zwischen 400 und 1000 nautischen Meilen			
USA F-4/F-16	1	400	400
USA Pershing IIXR	1	0	–
USA Pershing IA SSM	1	108	108
USA A-6E/A-7E/A-18	1–2	72	100
Frankreich Mirage IV	1	37	37
Frankreich VF/2000	1	30	30
Frankreich Super Etentard	1	0	–
GB Buccaneer	1	50	50
GB F-4	1	14	14
GB Tornado	1	0	–
BR Deutschland Pershing IA (Zweischlüsselsystem)	1	72	72
BR Deutschland F-4 (Zweischlüsselsystem)	1	60	60
BR Deutschland F-104 (Zweischlüsselsystem)	1	144	144
BR Deutschland Tornado (Zweischlüsselsystem)	1–2	0	–
BR Deutschland F-18 L (Zweischlüsselsystem)	1	0	–
Belgien F-104 G	1	36	36

WVO	Waffen pro Trägersystem	1978 Startvor-richtungen	1978 Gefechtsköpfe
Europäische TNF-Trägersysteme mit einer Reichweite/einem Radius zwischen 400 und 1000 nautischen Meilen			
Belgien F-16	1	0	–
Dänemark F-16	1	0	–
Griechenland F-4	1	unbekannt	–
Italien F-104 G/S	1	72	72
Italien Tornado	1	0	–
Niederlande F-104 G	1	36	36
Niederlande F-16	1	0	–
Türkei F-4	1	49	49
Türkei F-104 S	1	30	30
Gesamtzahl:		1210	1238

Duale TNF-Trägersysteme mit einer Reichweite/einem Radius größer als 400 nautische Meilen (250 nautische Meilen bei SLBM/SLCM)

SS-20 IRBM	3	50	150
Tu-(26) BACKFIRE (LRAF)	4	80	320
GOLF-I SSB w/SS-N-4 SLBM	1	27	27
GOLF-II SSB w/SS-N-5	1	33	33
SS-N-3/12 SLCM	1	324	324
SS-12 SSM	1	72	72
SS-4 MRBM	1	500	500
SS-5 IRBM	1	90	90
Tu-16 BADGER (LRAF)	2	305	610
Tu-22 BLINDER (LRAF)	2	136	272
Gesamtzahl:		1617	2398

Europäische TNF-Trägersysteme mit einer Reichweite/einem Radius zwischen 400 und 1000 nautischen Meilen

Su-(19) FENCER A	2	190	380
Il-28 BEAGLE	1	100	100
MIG-27 FLOGGER B/D/F	1	200	200
Su-17/20 FITTER C	1	200	200
Gesamtzahl:		690	880

Quelle: Auszüge aus: Metzger, Robert/Doty, Paul, Arms Control enters the Gray Area, in: International Security No. 3/1978/79 (Vol. 3), S. 430f, 434f (Original in englischer Sprache).

fense Monitor[17] kommt dagegen im Juli 1975 für 1974 bereits ohne Angaben zu den nuklearen Sperrmitteln und Haubitzen, allerdings unter Einbeziehung der Kurz- und Mittelstreckenraketen, auf ca. 1500 und unter Einbeziehung der nuklearfähigen sowjetischen Flugzeuge auf ca. 2500 Systeme[18] (vgl. Tabelle Nr. 10). In den hiervon abweichenden Gesamtzahlen von 1750 bzw. 1799 Trägerwaffen, die wiederum C. Coffey 1976 ausweist, sind dagegen zwar die Artillerie, nicht aber die Mittelstreckenraketen der WVO einberechnet (vgl. Tabelle Nr. 11). Mehr noch: Coffey selbst gibt mit lediglich 909 Systemen in einer zweiten, ansonsten nahezu identischen Veröffentlichung, zwei völlig unterschiedliche Bestandsgrößen an.[19] Mit einer Differenz von ca. 3350 zu 2307 Trägersystemen zwischen den beiden jüngeren Angaben des SIPRI-Jahrbuches[20] (vgl. Tabelle Nr. 8) einerseits und der Studie von Metzger und Doty[21] (vgl. Tabelle Nr. 9) andererseits bestätigen auch diese beiden Zahlenbeispiele aus dem Jahre 1978 schließlich die bereits für die NATO-Angaben hervorgehobene Feststellung der mangelnden Zuverlässigkeit der Ausgangsdaten und/oder der Unvergleichbarkeit der Quellen.

3.2 Die Diskussion um eine Überlegenheit der WVO ab 1978/79

Wie sehr aber auch schon immer die einzelnen Angaben zu den Trägersystemen der NATO bzw. zu denjenigen der WVO differieren mochten, so lagen die Gesamtschätzungen für das TNF-Potential der WVO bislang doch in jedem Fall unter denen für die NATO. Erst die Jahre 1978/79 – konkret die Diskussionen um die Einführung der Neutronenwaffe[22] im Westen und um die sowjetischen Mittelstreckensysteme SS-20 und «BACKFIRE» im Osten – scheinen eine Wende in dieser Einschätzung zu

17 Hier entnommen aus: Miettinen, J., a. a. O. (Anm. 4), S. 231.

18 Die Angabe der Flugzeuge in der Anmerkung berechtigt zu der Annahme, daß es sich bei der Aufstellung um Trägersysteme und nicht um Sprengköpfe handelt.

19 Vgl. Tabelle Nr. 4.2, a. a. O. (Anm. 12), einerseits und Tabelle Nr. 2 in einem Aufsatz mit gleichlautendem Titel, veröffentlicht in den *occasional papers* des Center for Arms Control and International Security Studies, University Center for International Studies, University of Pittsburgh, Pittsburgh, Pennsylvania, o. J., Tabelle zwischen den Seiten 7 und 8; in der zusammenfassenden Tabelle 4.3, a. a. O. (Anm. 12), S. 182, verwendet Coffey wider Erwarten nicht die Daten aus Tabelle 4.2, sondern aus dem Aufsatz in den *occasional papers*.

20 SIPRI Yearbook 1979, a. a. O. (Anm. 4), S. 426–429.

21 Ebd., (Anm. 14), S. 34f.

22 Zur Diskussion um die «Neutronenbombe oder Die Perversion menschlichen Denkens» vgl. den gleichnamigen Band von Anton-Andreas Guha, Frankfurt a. M. 1977.

Tabelle Nr. 10: TNF-Bestand der WVO nach *The Defense Monitor*

Tabelle 7.5: Sowjetische taktische Nuklearwaffen in Europa und IRBM/MRBM in der westlichen UdSSR

System	Dislozierte Stückzahl (Juli 1974)
Artillerieraketen T5 (NATO Kode FROG 1–7)	(600)
Raketen kurzer Reichweiten (NATO Kode SCUD A) (NATO Kode SCUD B) (NATO Kode Scaleboard)	(300)
Marschflugkörper mittlerer Reichweite (NATO Kode Shaddock)	(100)
MRBM (US Kode SS-4 Sandal) 500* IRBM (US Kode SS-5 Skean) 100*	(500)*
Atomminen und Flächenvernichtungsbomben**	unbekannt
Artillerie M-55 203-mm-Geschütz/Haubitze	unbekannt

* Von der Gesamtzahl von 600 M/IRBM wurden rund 100 in der östlichen, 500 in der westlichen UdSSR vermutet, letztere mit Zielen in Westeuropa. Diese Waffensysteme sind überholt: Eine neue mobile oder verbunkerte SS-20-Rakete mit 3850 km Reichweite ist getestet worden und wird jene Raketen ersetzen. Sie hat drei MIRV-Gefechtsköpfe. Die Gesamtzahl dislozierter Systeme soll 1200 Raketen betragen, die Hälfte davon mobil.
** Die Gesamtzahl der nuklearfähigen sowjetischen Flugzeuge wird auf 1000 geschätzt.

Quelle: The Defense Monitor, No. 2/1975 (Vol. 4); hier entnommen aus: Miettinen, J., «Mini-nukes» and enhanced radiation weapons, in: SIPRI, Tactical Nuclear Weapons: European Perspectives, London 1978, S. 231 (Original in englischer Sprache).

markieren (vgl. aber bereits die Wurzeln im Jahr 1977 oben in Abschn. 1.2.3).

Waren die TNW/TNF bis dato zwar Gegenstand wissenschaftlicher Untersuchungen, aber kaum Thema offizieller und/oder offiziöser Kräftevergleiche, so betonen ab 1978 Verlautbarungen und Programme des Bündnisses, etwa das «Langfristige Verteidigungsprogramm (Long Term Defense Program – LTDP) der NATO[23] oder der Fünf-Jahres-Plan (Five Year Defense Program – FYDP) und USA[24] die Notwendigkeit von Maßnahmen gerade auf diesem Teilsektor der Rüstung. Auch das jüngste Weißbuch

23 Vgl. EA 17/1978, S. D486; ferner, Harenberg, Karl-Heinz, Erst abrüsten, dann umrüsten?, in: Deutsches Allgemeines Sonntagsblatt vom 28. 1. 1979, S. 6.
24 Brown, Harold, Fiscal Year 1979, a. a. O. (Anm. 4), S. 131.

Tabelle Nr. 11: TNF-Bestand der WVO nach Joseph Coffey

Tabelle 2: Taktische nukleare Trägersysteme der WVO in Europa, Mitte 1976[a)]

	203-mm-Haubitzen	FROG[b)]	Scud[b)]	Scale-board[b)]	Shad-dock[b)]	Kampf-flugzeuge[b), c)]
Bulgarien	–	40	20	–	–	–
Tschecho-slowakei	–	40	27	–	–	72 Su-7 36 MiG
DDR	–	24	12	–	–	–
Ungarn	–	24	9	–	–	–
Polen	–	45	32	–	–	23 Il-28 30 Su-7 10 Su-20
Rumänien	–	30	12	–	–	–
UdSSR	270[d)]	124[e)]	104[f)]	16[g)] ?	?	100 Il-28 und (Mitteleuropa)[h)] Yak-28 50 Il-28 und (Südeuropa)[i)] Yak-28 500 Jagdbomber)[j)] zur Bodenunterstützung[i)] (Mitteleuropa)[h)] 100 Jagdbomber)[j)] zur Bodenunterstützung[i)] (Südeuropa)[i)]
Gesamtzahl:	270	327	216	16	?	921

a) Nur in *The Military Balance 1976–1977* und/oder Trevor Cliffe, Military Technology and the European Balance aufgeführten Waffensysteme zählen hier, obwohl dies Waffensysteme ausschließt, die andere Experten als nuklearfähig erachten.

b) Die Zahlen für Flugzeuge umfassen nur operative, in organisierten Einheiten zusammengefaßte Maschinen; ausgeschlossen sind Staffelreserven (3–7 Flugzeuge pro Staffel) und Kriegsreserven. Die Zahlen für Flugkörper führen nur Startvorrichtungen auf und lassen die in Batteriezügen mitgeführten oder in Kriegsreserven gehaltenen zusätzlichen Flugkörper unberücksichtigt.

c) Nur die Flugzeuge in Bomber- oder Kampfbomberstaffeln sind gezählt; folglich sind nuklearfähige Abfangjäger- oder Aufklärungsstaffeln ausgelassen.

d) Dualfähig (d. h., zum Abwurf von konventionellen oder nuklearen Gefechtsköpfen fähig). Die Zahlen für Artillerie der UdSSR leiten sich aus der Annahme von 36 203-mm-Haubitzen für jede der fünf Feldarmeen in der DDR und die Feldarmeen in Ungarn und der Tschechoslowakei her sowie aus der Annahme von 18 203-mm-Panzerhaubitzen für die Feldarmee in Polen (in halber Stärke). Obwohl diese in der Tabelle aufgeführt sind, ist unklar, ob die Sowjetunion Nukleargranaten für ihre 203-mm-Haubitze besitzt.

e) Auf der Basis eines FROG-Bataillons mit vier Werfern pro Division, zitiert nach: Kenneth Hunt, The Alliance and Europe: Part II: Defense with Fewer Men, Adelphi Paper No. 98 (London: IISS, Summer 1973), S. 24.

f) Auf der Basis von einer Raketenbrigade in voller Stärke (16 Werfer) für jede der fünf sowjetischen Armeen in der DDR und von einer Brigade in halber Stärke für die drei sowjetischen Armeen in Polen, Ungarn und der Tschechoslowakei. Die so errechneten 104 sowjetischen SCUD machen über ein Fünftel der gesamten sowjetischen Stationierungen der SCUD aus und könnten deshalb recht hoch liegen.

g) Es wird angenommen, daß 12 Scaleboard-Werfer auch auf der Kola-Halbinsel stationiert sind.

h) Bei der Errechnung sowjetischer taktischer Flugzeuge in Osteuropa wird davon ausgegangen, daß in den sowjetischen Staffeln in Polen, der DDR und der Tschechoslowakei keine MiG-17 FGA sind (d. h., alle sowjetischen Angriffsbomber sind nuklearfähig). Weiterhin wird davon ausgegangen, daß der Prozentanteil der Jagdbomber zur Bodenunterstützung unter den 1300 nach den NATO-Gebietseinteilungen stationierten sowjetischen Maschinen (The Military Balance 1976–1977, S. 104) der gleiche ist wie der der in diesem Gebiet sofort operativ verfügbaren 2500 Maschinen (ebd., S. 102).

i) Die Zahlen für sowjetische Flugzeuge in der Südregion sind errechnet, indem die 1300 sowjetischen taktischen Maschinen in der NGA-Region (The Military Balance 1976–1977, S. 102) von den 1700 in Osteuropa stationierten Maschinen (ebd., S. 10) subtrahiert werden. Die Truppendifferenzierung dieser 400 Maschinen findet sich in: The Military Balance 1976–1977, S. 102. Darum werden die Zahlen hier genannt, obwohl sie suggerieren, daß kein Teil der sowjetischen taktischen Luftwaffe in den südwestlichen Militärbezirken der UdSSR stationiert ist.

j) Nuklearfähige Jagdbomber zur Bodenunterstützung umfassen die MiG-21 MJ, MiG-23 D, SU-7A, SU-17/20 C und die SU-19A. Leider lassen die verfügbaren Daten keine Differenzierung nach Ausführung und Modell zu.

Quelle: Coffey, Joseph: Arms Control, Tactical Nuclear Forces and European Security. Occasional Papers, Center for Arms Control and International Security Studies, University Center for International Studies, University of Pittsburgh, Penns., o. J., ohne Seitenangaben zwischen S. 7 und S. 8.

1979 der Bundesregierung[25] oder das zur gleichen Zeit erschienene Heft *The Military Balance 1979–1980* des Instituts für Strategische Studien in London[26] widmen – im Unterschied zu den vorangegangenen Jahresausgaben – diesen Waffensystemen erstmals eigene Kapitel. Selbst die CDU/CSU-Opposition legte im Frühjahr 1979 über ihre Abgeordneten Würzbach und Berger eine ungewöhnlich umfangreiche Studie zum Kräfteverhältnis im euronuklearen Bereich vor.[27]

Als Grund für dieses neuentdeckte Interesse an einem in offiziellen Verlautbarungen bislang kaum diskutierten Rüstungssektor wird die «strategische Bedrohung der Atlantischen Allianz in Europa» durch das sowjetische Mittelstreckenpotential[28] angegeben (siehe bereits oben Abschn. 1.2.3). Zwar sind laut Weißbuch die nuklearen Kräfte von NATO und WVO in Europa – mit Reichweiten unter 1000 km – für den Einsatz auf dem Gefechtsfeld, in die Tiefe des Kampfgebietes und zum taktischen Einsatz auf See auch 1979 noch immer annähernd ausgeglichen: Bei den nuklearfähigen taktischen Kampfflugzeugen existiere ein Verhältnis von je rund 1000 Maschinen auf jeder Seite und bei der nuklearfähigen Rohrartillerie habe die NATO sogar Vorteile. Doch bestehe Grund zur Annahme, daß auch bei den nuklearen Waffensystemen mit Reichweiten unter 1000 km das derzeitige Verhältnis sich zuungunsten der NATO verändere. Bei den taktischen Raketen habe die WVO schon heute einen eindeutigen Vorsprung. Ihren über 1000 SCALEBOARD-, SCUD- und FROG-Raketen und deren Nachfolgesystemen ständen nur rund 300 PERSHING-, LANCE- und HONEST JOHN-Raketen der NATO gegenüber. Überdies habe die WVO mit ihren taktischen Raketen einen Reichweitenvorteil vor denen der NATO.[29]

Nach dem Weißbuch 1979 stellt dieses sich abzeichnende bzw. in Teilbereichen schon existierende Ungleichgewicht im Sektor unter 1000 km für die Verteidigungsfähigkeit jedoch noch kein unlösbares Problem dar. Vielmehr habe die NATO im «Langfristigen Verteidigungsprogramm» (LTDP) grundsätzliche Beschlüsse zur Modernisierung gefaßt.[30] Dagegen habe die NATO der «Bedrohung» durch das sowjetische Mittelstreckenpotential «auf westlicher Seite nichts Vergleichbares» entgegenzusetzen. Diese Bedrohung rühre insbes. aus der Modernisierung und grundlegenden Neuerung des sowjetischen Mittelstreckenpotentials durch den

---

25 Weißbuch 1979. Zur Sicherheit der Bundesrepublik Deutschland und zur Entwicklung der Bundeswehr, hg. vom Bundesminister der Verteidigung im Auftrage der Bundesregierung, Bonn 1979, S. 105f, 126.

26 IISS, The Military Balance 1979–1980, Dorking 1979, S. 114–119.

27 Würzbach/Berger-Studie, a. a. O. (Anm. 6).

28 Weißbuch 1979, a. a. O. (Anm. 25), S. 106.

29 Ebd., S. 108.

30 Ebd.

Schwenkflügelbomber BACKFIRE und durch die mobile SS-20-Rakete her[31] (vgl. auch Schaubild 3).

Ähnlich – wenngleich auch wissenschaftlich redlicher, weil zumindest teilweise auf überprüfbaren Daten und transparenten Parametern basierend – argumentiert auch das IISS, in *The Military Balance 1979–1980*. In seinem Vergleich, der sich allerdings auf die euronuklearen Systeme großer und mittlerer Reichweite beschränkt, sieht das Londoner Institut ein numerisches Ungleichgewicht von 5364 und 2045 Systemen, d. h. ein Verhältnis von 2,6 : 1 zugunsten der WVO für 1979/80 als gegeben an. Unter Einbezug qualitativer Parameter wie Einsatzbereitschaft, Überlebensfähigkeit oder Flexibilität reduziert sich jedoch nach Ansicht des IISS diese Diskrepanz auf ein Verhältnis von lediglich 1,13 : 1 (vgl. Tabellen Nr. 12 und 13). Zur Zeit kann deshalb – nach Aussage des Instituts – fast noch von Parität (*very close to parity*) im Bereich der TNF gesprochen werden, wenngleich mit einer Tendenz zugunsten der WVO. Die Einführung weiterer neuer Systeme durch die Sowjetunion, u. a. die Beschaffung der SS-20 über den bloßen Ersatz der SS-4 und SS-5 hinaus, könne jedoch zu einem Verhältnis führen, das nach einer Antwort der NATO verlange.

In einer Presseerklärung vom 8. November 1979, die als «Gefälligkeit» in deutscher Sprache vom Bundesverteidigungsministerium versandt wurde, distanziert sich das IISS allerdings von seiner eigenen Gesamtanalyse. Zwar habe das Institut etwas Ähnliches wie eine derzeitige Parität zwischen den TNF-Potentialen der NATO und der WVO festgestellt, doch bestehe eine «partikuläre Disparität» zugunsten der WVO bei den Raketen mit einer Reichweite über 1000 Meilen von 10 : 1 – wenn man die SACEUR assignierten SLBM nicht berücksichtige. Die Schlußfolgerung, eine Nachrüstung der NATO sei nicht erforderlich, könne jedenfalls der Analyse des IISS – so die Presseerklärung – nicht entnommen werden. Neben der Problematik der politischen Einflußnahme und finanziellen Abhängigkeit[32] einer auf Politikberatung bedachten wissenschaftlichen Einrichtung illustriert diese über das BMVg verbreitete Stellungnahme deutlich, wie sehr –

---

31 Ebd., S. 106.

32 Es kann bei unserer Themenstellung dahingestellt bleiben, ob die Differenzen in den Aussagen mit Kritiken amtlicher Stellen der Bundesrepublik – schriftlich z. B.: WF II – 210/79 – am Jahresbericht MB 1979–1980 oder mit Rückfragen einer größeren «Foundation» bei verschiedenen wissenschaftlichen Einrichtungen zur weiteren «Förderungswürdigkeit» des IISS in Zusammenhang gebracht werden können. Die Differenz zwischen den alljährlich vom IISS herausgegebenen Berichten «The Military Balance» (MB), hier: The Military Balance 1979–1980, London 1979, S. 117, und den nachträglichen Äußerungen des IISS-Direktors Christoph Bertram in Pressekonferenzen ist offensichtlich. Im MB 1979–1980, S. 117, heißt es: «We therefore conclude that something very close to parity now exists between the Theatre Nuclear Forces of NATO and the Warsaw Pact, although it is moving in favour of the Warsaw Pact»; vgl. auch: Die Welt Nr. 280 vom 30. November 1979, S. 1; FAZ vom 29. November 1979, S. 3.

Schaubild Nr. 3: Nukleare Mittelstreckensysteme in und für Europa nach Weißbuch 1979

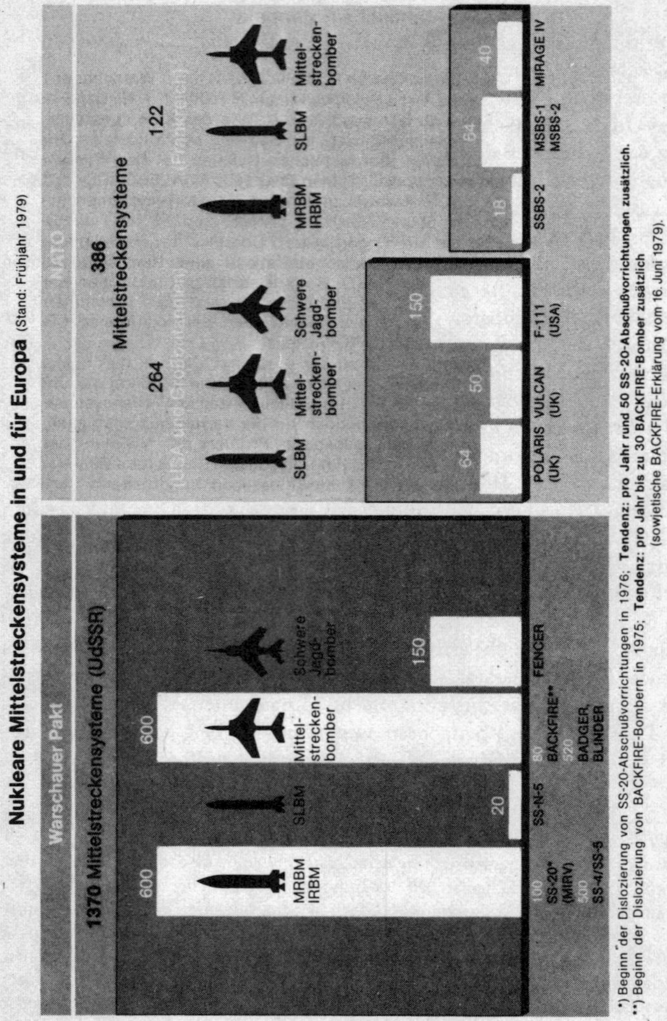

Quelle: Weißbuch 1979. Zur Sicherheit der Bundesrepublik Deutschland und zur Entwicklung der Bundeswehr, im Auftrag der Bundesregierung herausgegeben vom Bundesminister der Verteidigung, o. O. 1979, S. 107.

Tabelle Nr. 12: Die Nuklearkräfte in und für Europa der WVO mit großer und mittlerer Reichweite (nach IISS)

Kategorie und Typ	Reichweite (Seemeilen)	Bestand	Faktoren: Anteil mit Nuklearrolle für Europa	Faktoren: Einsatzbereitschaft	Faktoren: Zahl der Gefechtsköpfe	jederzeit verfügbare Gefechtsköpfe	Indices: Überlebensfähigkeit	Indices: Eindringfähigkeit	Indices: Einsatzbreite des Trägersystems	Qualitätsindex	Systemnutzungswert	Stationierungsländer und Anmerkungen
IRBM												
SS-5 Skean	2300	90	0,75	0,9	1	60	0,15	0,3	0,2	0,65	39	UdSSR
SS-20	3–4000	120	0,75	0,9	3	243	0,3	0,3	0,25	0,85	206	UdSSR, mobil, MIRV
MRBM												
SS-4 Sandal	1200	500	0,75	0,9	1	337	0,15	0,3	0,15	0,6	202	
SS-N-4 Sark	300	27	1,0	0,7	1	16	0,25	0,3	0,1	0,65	10	UdSSR, auf SSB G-I-Klasse, vermutlich nur im Ostseeraum stationiert
SLBM												
SS-N-5 Serb	700	54	1,0	0,7	1	33	0,25	0,3	0,1	0,65	21	UdSSR, auf SSB, SSBN G-II, H-II-Klasse; vermutlich nur im Ostseeraum stationiert
SS-N-8	4800	6	1,0	0,7	1	5	0,25	0,3	0,15	0,7	3	UdSSR, auf SSBN 1 H-III-Klasse im Ostseeraum und operativ
SRBM												
Scud B / SS-12	185 / 500	400	0,75	0,9	1	270	0,2	0,3	0,1	0,6	162	UdSSR
Scud B	185	16	1,0	0,9	1	14	0,2	0,3	0,1	0,6	8	Bulgarien, Tschechoslowakei, DDR, Ungarn und Rumänien haben SCUD; nur die DDR hat vermutlich SCUD B
Gesamtzahl ballistischer Raketen		1213				978					651	

Kategorie und Typ	Reichweite (Seemeilen)	Bestand	Faktoren: Anteil mit Nuklearrolle für Europa	Faktoren: Einsatzbereitschaft	Faktoren: Zahl der Gefechtsköpfe	jederzeit verfügbare Gefechtsköpfe	Indices: Überlebensfähigkeit	Indices: Eindringfähigkeit	Indices: Einsatzbreite des Trägersystems	Qualitätsindex	Systemnutzungswert	Stationierungsländer und Anmerkungen
Flugzeuge												
Tu-22M Backfire B	3000+	50	0,37	0,8	5	74	0,15	0,2	0,3	0,65	48	UdSSR; nur Langstreckenflugzeuge der Luftwaffe (Flugzeuge der Marineflieger ausgeschlossen)
Tu-16 Badger	1650	318	0,37	0,8	4	376	0,15	0,1	0,25	0,50	188	UdSSR
Tu-22 Blinder	1750	135	0,37	0,8	3	117	0,15	0,15	0,25	0,55	64	UdSSR
Su-19 Fencer	600	230	0,19	0,8	2	68	0,1	0,2	0,15	0,45	30	UdSSR
Su-17 Fitter C/D	325	640	0,19	0,8	2	194	0,1	0,1	0,12	0,32	62	UdSSR
MiG-23/-27 Flogger B/D	450	1400	0,19	0,8	1	212	0,1	0,2	0,15	0,45	95	UdSSR
MiG-21 Fishbed J/K/L/N	350	1000	0,19	0,8	1	152	0,1	0,1	0,12	0,32	48	UdSSR
Su-7 Fitter A	275	220	0,19	0,8	1	33	0,1	0,1	0,12	0,32	10	UdSSR
	275	115	0,25	0,8	1	23	0,1	0,1	0,12	0,32	7	Tschechslowakei, Polen
Su-20 Fitter C	325	35	0,25	0,8	2	14	0,1	0,1	0,12	0,32	4	Polen
Il-28 Beagle	1400	5	0,50	0,8	1	2	0,1	0,05	0,15	0,3	1	Polen
MiG-23 Flogger B	450	3	0,25	0,8	1	1	0,1	0,2	0,15	0,45	1	Tschechoslowakei
Gesamtzahl der Flugzeuge		4151				1266					558	
Summe aller Trägersysteme		5364				2244					1209	

Quelle: IISS, MB 1979–1980, London 1979, S. 118 (Original in englischer Sprache).

Tabelle Nr. 13: Die Nuklearkräfte in und für Europa der NATO mit großer und mittlerer Reichweite (nach IISS)

			Faktoren				Indices					
Kategorie und Typ	Reichweite (Seemeilen)	Bestand	Anteil mit Nuklearrolle in Europa	Einsatzbereitschaft	Zahl der Gefechtsköpfe	jederzeit verfügbare Gefechtsköpfe	Überlebensfähigkeit	Eindringfähigkeit	Einsatzbreite des Trägersystems	Qualitätsindex	Systemnutzungswert	Stationierungsländer und Anmerkungen
SLBM												
Polaris A-3	2880	64 [a]	1,0	0,45 [a]	1	28	0,25	0,3	0,1	0,65	18	GB, MRV als ein Gefechtskopf gezählt
M-20	3000	64 [a]	1,0	0,45 [a]	1	28	0,25	0,3	0,1	0,65	18	Frankreich
IRBM												
SSBS S-2	1875	18	1,0	0,9	1	14	0,15	0,3	0,2	0,65	9	Frankreich
SRBM												
Pershing	450	180	1,0	0,9	1	162	0,2	0,3	0,15	0,65	105	USA, BR Deutschl.; US-Bestand in Europa 108; deutscher Bestand 72 (unter amerikanisch-deutscher Doppelkontrolle)
Gesamtzahl ballistischer Raketen		326				232					150	
Landgestützte Flugzeuge												
Vulcan B2	2000	48	1,0	0,8	4	152	0,15	0,15	0,3	0,6	91	GB, Reichweite variiert mit Flugprofil
Buccaneer	500	50	0,5	0,8	2	40	0,15	0,15	0,3	0,6	24	GB
Mirage IVA	2000	33	1,0	0,8	3	78	0,15	0,15	0,3	0,6	46	Frankreich
F-4	1400	175	0,33	0,8	2	92	0,1	0,1	0,2	0,4	36	BR Deutschl., Griechenland, Türkei
F-111E/F	2925	156	0,5	0,8	3	186	0,15	0,2	0,3	0,65	120	156 amerikanische für Europa bekannt
FB-111A	3000	66	1,0	0,8	4	208	0,15	0,2	0,3	0,65	135	amerikanisch; in der Annahme, daß die Hälfte des Bestands nach Europa verlegt würde
F-4	1400	324	0,33	0,8	2	170	0,1	0,1	0,2	0,4	68	amerikan. in Europa und doppelt stationierte Flugzeuge
F-104	750	367	0,33	0,8	1	96	0,1	0,1	0,15	0,35	33	Belgien, BR Deutschl., Italien, Niederlande,

Kategorie und Typ	Reichweite (Seemeilen)	Bestand	Faktoren: Anteil mit Nuklearrolle in Europa	Faktoren: Einsatzbereitschaft	Faktoren: Zahl der Gefechtsköpfe	jederzeit verfügbare Gefechtsköpfe	Indices: Überlebensfähigkeit	Indices: Eindringfähigkeit	Indices: Einsatzbreite des Trägersystems	Qualitätsindex	Systemnutzungswert	Stationierungsländer und Anmerkungen
Jaguar	1000	177	0,33	0,8	1	48	0,1	0,1	0,15	0,35	16	Norwegen, Türkei GB, Frankreich
Mirage 5F	650	94	0,33	0,8	1	24	0,1	0,1	0,12	0,32	7	Belgien, Frankreich
Mirage IIIE	650	105	0,33	0,8	1	27	0,1	0,1	0,12	0,32	8	Frankreich
Flugzeugträgergestützte Flugzeuge												
A-6E	800	20	0,5	0,8	3	24	0,15	0,2	0,3	0,65	15	amerikanische; in der Annahme: zwei Flugzeugträger in Reichweite und die Hälfte der Angriffsjäger mit nuklearer Rolle
A-7E	1200	40	0,5	0,8	1	16	0,15	0,1	0,3	0,55	8	
Etendard IVM	350	24	0,5	0,8	2	18	0,15	0,1	0,2	0,45	8	1 von 2 Flugzeugträgern in Reichweite angenommen
Gesamtzahl der Flugzeuge		1679				1179					615	
Gesamtzahl ohne Poseidon		2005				1411					765	
US-System, Europa assigniert Poseidon	2800	(40)			(10)	400	0,3	0,3	0,15	0,75	300	in der Annahme von 400 dem SACEUR-Verteidigungsplan zugeordneten US-Poseidon-Gefechtsköpfen
Gesamtzahl mit Poseidon		2045				1811					1065	

a) Bestandzahl 64 zählt SLBM auf 4 SSBN. Wahrscheinlich sind nicht mehr als 2 SSBN auf See; ihren 32 SLBM wird ein Einsatzbereitschaftsfaktor von 0,9 zugemessen.

Quelle: IISS, MB 1979–1980, London 1979, S. 119 (Original in englischer Sprache).

durch relativ willkürliches Herausheben einzelner Teilbereiche eines Gesamtkomplexes – Ergebnisse verändert und öffentliche Meinungen beeinflußt werden können (bzw. sollen).[33]

Ein noch höheres Ungleichgewicht und zugleich auch eine noch stärkere Bedrohung als das Weißbuch oder das IISS registrieren die Autoren der Würzbach/Berger-Studie H. Hoffmann und R. Steinrücke. In ihren Aussagen orientieren sie sich an Paul H. Nitze, einem ehemaligen Mitglied der SALT-Delegation der USA. Nach dessen Schätzungen besitzt die Sowjetunion dreimal so viele Nuklear-Waffen in und für Europa mit der sechsfachen Vernichtungskraft, dem zehnfachen Wurfgewicht und der fünfundzwanzigfachen Megatonnage wie die NATO in Europa.[34]

In ihrem eigenen Kräftevergleich kommen die Autoren – nachdem sie in Einzelbereichen[35] wie den mittleren Bombern Disparitäten von 6 : 1, bei den Mittelstreckenraketen von 50 : 1 und bei den vermirvten Mittelstreckenraketen sogar von 106 : 1 festgestellt haben – zusammenfassend zu folgendem Ergebnis[36]:

«Die NATO hat nur eine Überlegenheit bei der nuklearen Artillerie von 3 : 1.

Die UdSSR hat die eindeutige Überlegenheit bei den Kurzstreckengeschossen von 5,4 : 1, bei allen Flugzeugen von 1,7 : 1 und allen IRBM/MRBM und SLBM von mindestens 4 : 1. Die Sowjetunion baut diese Überlegenheit in allen Bereichen weiter aus, ohne daß der Westen seine Gesamtkapazität wesentlich verändert.»

Die Studie folgert ferner, daß der Kreml in Europa die atomare Hegemonie anstrebe und der Trend von einer Überlegenheit zur Dominanz gehe. Mit dieser Entwicklung gefährde aber die sowjetische Rüstung die nationalen Interessen Westeuropas und die Abschreckung und somit den Frieden in diesem Erdteil. Es ständen folgerichtig nur drei politische Entscheidungen offen: «Anpassung an die sowjetische Hegemonie, Rüstungskontrolle und Nachrüsten.»[37] Noch deutlicher: «Verhandlungsfähigkeit setzt Verhandlungsmasse voraus. In der TNF müssen sich daher Waffensysteme befinden, die man zur Disposition stellen kann ... Hier bieten sich die technischen Neuentwicklungen einmal als Verhandlungs-Chip, zum anderen als Mittel zur Aufrechterhaltung unserer Sicherheit an. Eine Modernisierung der TNF kann im Hinblick auf SALT III somit die notwendige Grundlage zur Rüstungskontrolle sein und widerspricht nicht ihrem Wesen.»[38]

Bleibt nachzutragen, daß die genannten Vertreter der CDU/CSU ihre

---

33 Ebd.
34 Würzbach/Berger-Studie, a. a. O. (Anm. 6), S. VII.
35 Ebd., S. 38, 36.
36 Ebd., S. 40.
37 Ebd., S. 41.
38 Ebd., S. VI, ferner S. 9f.

Ansichten im Frühjahr 1979 auf nahezu 200 (Manuskript-)Seiten dargelegt haben, die wissenschaftlichen Ausführungen der SPD zum Thema sich dagegen zu diesem Zeitpunkt auf knapp 10 Seiten beschränken[39]: In Reaktion u. a. auf eine Veröffentlichung des Instituts für Friedensforschung und Sicherheitspolitik an der Universität Hamburg, IFSH[40], die im Ergebnis der mittlerweile vorherrschenden öffentlichen Diskussionsrichtung zum Herbst 1979 entgegentrat, ließ der Vorsitzende der Arbeitsgruppe Sicherheitsfragen der SPD-Fraktion im Deutschen Bundestag, Paul Neumann, «die Datenfrage an Hand veröffentlichten Materials» durch den Referenten für Verteidigungspolitik der SPD-Fraktion, Michael Forster, «klären»[41] – und widerlegen. Das noch gerade rechtzeitig vor dem Bundesparteitag der SPD Anfang Dezember 1979 verteilte Papier stellt in der Anlage – beschränkt allerdings auf Systeme großer Reichweiten – 2139 Sprengköpfen der UdSSR lediglich 959 Sprengköpfe der NATO gegenüber (vgl. Tabelle Nr. 14).[42]

Fassen wir zusammen, so ist im Gegensatz zu den Untersuchungen bis Mitte 1978 für den Zeitraum danach neben einer Verlagerung der Meinungsbildung auf amtliche und offiziöse Verlautbarungen deutlich auch ein Analysetrend hin zu einer erheblichen Überlegenheit der WVO im TNF-Bereich zu verzeichnen. Folgt man diesen Analysen, so scheint die eingangs angeführte Nachrüstungsthese nicht abwegig.

3.3 Tendenzabschwächung und Widersprüche in der unmittelbaren Zeit nach dem NATO-Ratsbeschluß? – Ein Nachtrag (zur demokratischen Sicherheitspolitik)

Unser Überblick über die TNW/TNF-Diskussion soll nicht abbrechen, ohne nicht wenigstens in Ansätzen die Tendenz der Aussagen im unmittel-

---

39 Vgl. in diesem Zusammenhang aber auch Abschn. 1.2.3 und Abschn. 12.1.

40 Die Reaktion erfolgte neben II SS, MB auf: Lutz, Dieter S., Das militärische Kräfteverhältnis im Bereich der euronuklearen Waffensysteme, IFSH-Forschungsberichte 12/1979 – Neumann bezieht sich hier auf die Wiedergabe der Veröffentlichungsergebnisse in: Stern Nr. 47 v. 15. 11. 1979, S. 230–234.

41 So das Anschreiben des Vorsitzenden der Arbeitsgruppe Sicherheitsfragen, Paul Neumann, an die ordentlichen und stellvertretenden Mitglieder der AGS vom 26. 11. 1979. Vgl. auch (ohne Namen) das Papier von Michael Forster: Zur Datendiskussion des Kräfteverhältnisses bei den Nuklearwaffen großer Reichweite in Europa (LRTNF), 10 S. (hektogr.).

42 Es fällt auf, daß in der Tabelle zum NATO-Bestand die 400 POSEIDON-Sprengköpfe der USA mitgezählt werden, obwohl sich Forster im Text selbst mehrfach dagegen ausspricht. Das Verhältnis zwischen NATO und WVO müßte sich konsequenterweise nach Forster selbst nicht auf 959 : 2139, sondern nur auf 559 : 2139 aufebeln.

Tabelle Nr. 14: TNF-Bestand nach Forster (SPD)

LRTNF der NATO für den Bereich der UdSSR *

Eigner	stationiert in	Waffensystem	Anzahl der Waffen-systeme	Anzahl/Typ der Waffen	Anzahl der einzeln richtbaren Sprengköpfe 1979
USA	GB	F 111, E, F, D	152	2 × B 43	304
USA	See	U-Boot, SSBN	2–3	32–48 Poseidon	ca. 400
USA	Türkei	F 4 u. a.	ca. 24	1 × B 43 (?)	ca. 24
GB	See	U-Boot, SSBN	4	64 Polaris	64
GB	GB	Vulcan	48	1 × Blue Steel	48
F	F	SSBS	18	S-2	18
F	See	U-Boot, SSBN	4	64 M-20	64
F	F	Mirage IV A	37	1 × ?	37
					ca. 959

LRTNF der UdSSR für den Bereich der NATO *

Waffensystem	Anzahl der Systeme	Anzahl/Typ der Waffen	Anzahl der einzeln richtbaren Sprengköpfe 1979
U-Boot, Golf-II	6 (Ostsee)	3 × SSN 5	18
U-Boot, Hotel II	7 (Atlantik)	3 × SSN 5	21
SS 4 [1]	300	600 (reload)	600
SS 5 [1]	90	90	90
SS 20	70	210 (reload)	630
Blinder	100	1 × AS 4	100
Badger	280	2 × AS 5	560
Backfire	60	2 × AS 6	120
			2139

* Die meisten Angaben sind als Annäherungswerte zu verstehen.

1 Sind die SS 4/5 in Silos stationiert, besteht keine Nachlademöglichkeit. Für die SS 4 ist Stationierung auf Abschußtischen angenommen (vgl. Erkennungsblatt 66, BMVg), für die SS 5 Silo-Stationierung, da keine differenzierten Angaben vorliegen.

Quelle: Forster, Michael, Zur Datendiskussion des Kräfteverhältnisses bei den Nuklearwaffen großer Reichweite in Europa (LRTNF), ohne Seitenangaben.

baren zeitlichen «Nachfeld» zum NATO-Ratsbeschluß zu skizzieren. Zu verzeichnen sind insbes. zwei Richtungen: Zum einen eine quasi-amtliche Schelte der Kritiker des Beschlusses; zum anderen eine Abschwächung der vor dem Beschluß öffentlich verbreiteten Bestands- und Qualitätsaussagen über die neuen Nuklearmittel der WVO.

Der sogenannte NATO-Nachrüstungsbeschluß erfolgte im Dezember 1979. Die Nachrüstungsentscheidung wurde u. a. mit der Bedrohung aus der bereits für das Frühjahr 1979 festgestellten Gesamtzahl der SS-20-Raketen von 100 bis 120 Exemplaren (vgl. Tabelle 12) begründet, ferner mit der auch weiterhin ungeschmälerten Zuwachsrate des Systems von 50

Startgeräten pro Jahr (vgl. Schaubild Nr. 3) und schließlich mit der herausragenden Qualität des Systems selbst. Unmittelbar nach der NATO-Entscheidung, nämlich bereits im Januar 1980, zeichneten sich jedoch mit dem Erscheinen des *Annual Report Fiscal Year 1981* des US-Verteidigungsministeriums[43] in der Datenfrage erste Positionsabschwächungen und Widersprüche auch amtlicher Stellen ab. Der Bericht des amerikanischen Verteidigungsministers Harold Brown wies für 1980, also unter Berücksichtigung der Zuwachsrate von einem Jahr, nicht etwa 150 bis 170 SS-20 aus, sondern lediglich 60 Systeme, also nur knapp die Hälfte bis ein Drittel dessen, was eine Hochrechnung der im Jahre 1979 verbreiteten Zahlen ergeben würde.[44] Konsequenterweise wurde auch die Zuwachsrate auf die Hälfte der (bundesdeutschen) Angaben aus 1979 reduziert: Wie die Fortschreibung des SS-20-Bestandes bis in die Mitte der 80er Jahre in Tabelle Nr. 14a zeigt, wäre sie weltweit lediglich mit 30 bis 40 Startgeräten pro Jahr zu veranschlagen. Und selbst von dieser reduzierten Zahl sollen wiederum nur zwei Drittel, d. h. 20 bis 27 SS-20 als europäische TNF-Systeme Verwendung finden. Als Begründung für diese erhebliche Divergenz in den Angaben zwischen 1979 und 1980 wurde die Unsicherheit der Satellitenbilder der US-Aufklärung angeführt, die «nicht immer eine präzise Unterscheidung von äußerlich ähnlichen Raketentransportern am Boden zulassen»[45]. Hält man dieser Begründung die hohe Präzision der Satellitenaufklärung entgegen (vgl. dazu noch Abschn. 10.3.4 und dort auch Schaubild Nr. 23), so kann der Verdacht auf Meinungsbildung durch Zweckpropaganda[46] nicht restlos ausgeräumt werden.

Mitte des Jahres 1980 veränderten sich die offiziellen Bestandsangaben zur SS-20 allerdings wieder in der Tendenz nach oben. In einer ansonsten in Aufbau und Daten mit der US-Tabelle von Brown nahezu deckungsgleichen Gegenüberstellung der Potentiale, die als Anhang zu einem im übrigen geheimen NATO-Bericht[47] zugänglich gemacht wurde, ist die Ge-

---

43 Brown, Harold, Department of Defense, Annual Report Fiscal Year 1981, o. O. 1980, S. 93.

44 Deutlicher noch: Mit 60 zu 100 bis 120 Systemen liegen auch ohne Berücksichtigung der Hochrechnung von einem Jahr die Daten für 1980 absolut unter denen für 1979.

45 So: Ruehl, Lothar, Moskau müßte seine Raketenrüstung stoppen. Wie man Verhandlungen zwischen Ost und West erleichtern könnte, in: Die Zeit Nr. 25 vom 13. Juni 1980, S. 6; siehe hier aber auch den Hinweis, daß der NATO bereits im Dezember 1979 die reduzierte Gesamtzahl an (69) SS-20-Startgeräten bekannt war. Inwieweit die Begründung einer mangelnden Präzision der Satellitenbilder zutrifft, mag an dieser Stelle dahingestellt bleiben – vgl. zum Problem der Aufklärung und Ortung noch im folgenden Abschn. 10.3.4.

46 Zum Problem der Zweckpropaganda vgl. bereits: Potyka, Christian, Strategiekritik als Sisyphusarbeit. Zur Kunst des Überlebens im Abschreckungszeitalter, in: B 13/77, S. 3–18, hier: S. 3.

47 US/NATO and Soviet Land-Based Long-Range Theatre Nuclear Forces (NATO Unclassified), Annex 1 to PO/80/58.

Tabelle Nr. 14a: Landgestützte TNF großer Reichweite der USA/NATO und der UdSSR[a] nach Harold Brown

Flugkörperreichweite/ Flugzeugradius (km)		Angriffsbestand 1980		Angriffsbestand Mitte der 80er Jahre (geschätzt)		
		Gesamtbestand weltweit	Bestand Europa[b]	Gesamtbestand weltweit	Bestand Europa[b]	Gefechtsköpfe pro Waffensystem[c]
UdSSR						
SS-20-Startgeräte	≥ 4400	100	60	250–300	[e]	3
Backfire-Bomber[d]	4200	60	40	100–150	[e]	4
Ältere Raketenstartgeräte	1900–4100	450	450	50–?[f]	50–?[f]	1
Ältere Bomber[d]	2800–3100	450	350	350	300	2
NATO						
GB Vulcan-Bomber	> 2000	56	56	0	0	?
US F-111 DCA	1800	365	170	254	166	2
US GLCM[g]	> 2000	0	0	464	464	1
US Pershing II[g]	> 1000	0	0	108	108	1

Anmerkungen

a) Systeme mit Flugkörperreichweiten oder Einsatzradien ohne Nachtanken, so daß a) sowjetische Systeme unzweifelhaft Ziele in Westeuropa von Stellungen in der UdSSR aus treffen können, und b) NATO-Systeme unzweifelhaft sowjetische Ziele von Stellungen in Westeuropa aus treffen können. Die Einsatzradien für Flugzeuge veranschaulichen die Reichweiten für europäische Einsätze.

b) Normalerweise in Europa oder in Angriffsreichweite zu Europa stationierter Bestand.

c) Veranschaulicht Waffenzuladung; die tatsächliche Ladung würde entsprechend des Einsatzes und Waffentyps (ASM oder Bomben) variieren.

d) Nur Angriffsbomberverbände und ASM-Träger; enthält nicht den sowjetischen Marinefliegern assignierte Bomber und ASM-Träger.

e) Zwei Drittel des weltweiten Gesamtbestandes könnte gegen die NATO stationiert werden.

f) Die Abnahme der aufgeführten Kräfte basiert auf laufenden Trends. Es ist jedoch möglich, daß die Sowjets einen größeren Teil der jetzigen Kräfte behalten möchten, um sie in zukünftigen Rüstungssteuerungsverhandlungen zum Verhandlungsgegenstand machen zu können.

g) Unterstellte Fertigstellung des von der NATO beschlossenen Programms.

Quelle: Brown, Harold, Department of Defense, Annual Report Fiscal Year 1981, o. O. 1980, S. 93 (Original in englischer Sprache).

samtzahl der SS-20 für 1980 mit 100 Startgeräten zwar modifiziert angegeben, liegt aber gleichwohl weit unter den Prognosen aus 1979. Bei gleichbleibender Gesamtsumme für Mitte der 80er Jahre (vgl. Tabelle Nr. 15) verändert sich dagegen sogar die Zuwachsrate (automatisch) nach unten. Sie bewegt sich jetzt bei zwei Dritteln von 20 bis 30 SS-20, d. h. bei lediglich 13 bis 20 TNF-Systemen pro Jahr.

Doch nicht nur die numerischen Bestandsangaben wurden nach dem «Nachrüstungsbeschluß» Modifikationen unterworfen; auch die Qualität insbes. der SS-20 wurde stark in Zweifel gezogen. In ambivalenter Haltung vermerkte etwa die *FAZ* im Juni 1980, «daß in Washington und bei der NATO Wirkung, Reichweite und Zuverlässigkeit der ‹SS-20› überschätzt wurden, einer Waffe, die im wesentlichen aus zwei mit flüssigem Treibstoff versehenen Stufen der laut ‹SALT II› abzubauenden Interkontinentalraketen des Musters ‹SS-16› bestehe. Die ‹SS-20›, so ist von Wissenschaftlern und aus dem Pentagon zu hören, habe weder die Reichweite noch die Treffgenauigkeit und Wirkung, die ihr zugeschrieben würden. Nicht zuletzt wegen der relativen Vergänglichkeit flüssiger Treibstoffe, aber auch wegen Schwächen bei den Führungsmechanismen und der Wartung ihrer Fernwaffen betreibe die Sowjetunion deren Modernisierung mit Hochdruck. Damit sei keineswegs gesagt, daß Moskau nicht über ein gewaltiges Arsenal schwerer Fernraketen verfüge, die mit 1400 die 1054 Raketen umfassende Fernwaffenmacht Amerikas zahlenmäßig übertreffe. Immerhin könne die ‹SS-20› nicht als neueste Waffe gelten.»[48]

Relativ unberührt von den Positionsveränderungen und Abschwächungen bleiben dagegen die Aussagen des bundesdeutschen Verteidigungsministeriums. Zwar gibt auch das BMVg in einer Broschüre[49] vom April 1980 für das Frühjahr 1980 mit 100 SS-20 (vgl. Tabelle Nr. 16) noch immer den gleichen Bestand an Startgeräten wie im Weißbuch 1979 für das Frühjahr 1979 an (vgl. Schaubild Nr. 3). Doch will es nunmehr die gleich hohen Angaben aus dem Weißbuch für das Vorjahr nicht mehr allein als «europäische» TNF-Systeme verstanden wissen. Das BMVg schlußfolgert: «Die Sowjetunion hat jetzt schon mehr als 100 SS-20-Abschußvorrichtungen im westlichen und mittleren Teil ihres Landes stationiert. Das bedeutet eine erhebliche Aufrüstung gegenüber 100 Abschußvorrichtungen in der gesamten Sowjetunion (Angabe im Weißbuch 1979)» (vgl. Tabelle Nr. 16, Anm. 5).

Auch in der Einschätzung der Zuwachsraten und der Qualität der SS-20 hat sich für das BMVg keine Veränderung ergeben: «Zur Zeit vergrößert die

48 Hinweis auf eine neue Folge strategischer Waffen der Sowjetunion?, in: FAZ vom 27. Juni 1980, S. 1 f.

49 Die nuklearen Mittelstreckenwaffen. Modernisierung und Rüstungskontrolle. Texte, Materialien und Argumente zum Beschluß der NATO vom 12. Dezember 1979, hg. vom Bundesminister der Verteidigung – Planungsstab, o. O. 1980, hier: S. 38.

Tabelle Nr. 15: Landgestützte TNF großer Reichweite[a] der USA/NATO und UdSSR nach NATO-Angaben

Flugkörperreichweite/ Flugradius (km)		Gefechts-köpfe pro Waffensystem[c]	Angriffsbestand 1980 Gesamt-bestand weltweit	Angriffsbestand 1980 Bestand Europa[b]	Angriffsbestand Mitte der 80er Jahre (geschätzt) Gesamt-bestand weltweit	Angriffsbestand Mitte der 80er Jahre (geschätzt) Bestand Europa[b]
UdSSR						
SS-20-Startgeräte	≥ 4400	3	150	100	250–300	[e]
Backfire-Bomber[d]	4200	4[c]	60	40	100–150	[e]
Ältere Raketenstartgeräte	1900–4100	1	450	450	50–450[f]	50–450[f]
Ältere Bomber[d]	2800–3100	2[c]	450	350	350	300
NATO						
GB Vulcan-Bomber	> 2000	?[c]	56	56	0	0
US F-111 DCA	1800	2[c]	365	170	254	166
US GLCM[g]	> 2000	1	0	0	464	464
US Pershing II[g]	> 1000	1	0	0	108	108

Anmerkungen

a) Systeme mit Flugkörperreichweiten oder Einsatzradien ohne Nachtanken, so daß a) sowjetische Systeme unzweifelhaft Ziele in Westeuropa von Stellungen der UdSSR aus treffen können, und b) NATO-Systeme unzweifelhaft sowjetische Ziele von Stellungen in Westeuropa aus treffen können. Die Einsatzradien für Flugzeuge veranschaulichen die Reichweiten für europäische Einsätze.
b) Normalerweise in Europa oder in Angriffsweite zu Europa stationierter Bestand.
c) Veranschaulicht Waffenzuladung; die tatsächliche Ladung würde entsprechend des Einsatzes und Waffentyps (ASM oder Bombern) variieren.
d) Nur Angriffsbomberverbände und ASM-Träger; enthält nicht den Bestand an Backfire und älteren Bombern der sowjetischen Marineflieger.
e) Zwei Drittel des weltweiten Gesamtbestandes könnte gegen die NATO stationiert sein.
f) Die Zahlen zeigen eine Ungewißheit über den zukünftigen Status älterer Raketenstartgeräte.
g) Nach Beendigung des von der NATO beschlossenen Programms.

Quelle: Annex 1 to PO/80/58 (NATO Unclassified) (Original in englischer Sprache).

Tabelle Nr. 16: Bestandsangaben und Qualitätsdaten nuklearer Mittelstreckenpotentiale der NATO und der WVO nach BMVg (Stand: Frühjahr 1980)

Qualitätssteigerungen sowjetischer Mittelstreckenwaffen

a) *Raketen*	SS-4	SS-5	SS-20
Reichweite (km)	1900	4100	4500–5000
Zahl der Sprengköpfe (MIRV)	1	1	3
Genauigkeit[1]	6	3	1
Stationierung	Silo	Silo	mobil
b) *Bomber*	BADGER	BLINDER	BACKFIRE
Einsatzreichweite (km)[2]	2800	3100	4200
Geschwindigkeit	Unterschall	Überschall in großen, Unterschall in geringen Höhen	Überschall in großen Höhen, annähernd Schallgeschwindigkeit in geringen Höhen

1 Die SS-20 ist dreimal zielgenauer als die SS-5 und sechsmal zielgenauer als die SS-4.
2 Für BADGER und BLINDER ist die Reichweite für ein Überschall-High-High-High-Flugprofil, für BACKFIRE ein Unterschall-High-Low-Low-High-Flugprofil angegeben.

Die nuklearen Mittelstreckenpotentiale von NATO und Warschauer Pakt in Europa

(Stand Frühjahr 1980[1])

NATO			Warschauer Pakt		
Kategorie	Typ	Zahl	Zahl	Typ	Kategorie
MRBM/IRBM	(SSBS-2[2])	(18[2])	450[4] > 100[5]	SS-4 SS-5 SS-20	MRBM/IRBM
	Summe	(18[3])	> 550	Summe	
SLBM	POLARIS (MSBS-1/2[2])	64 (64[2])	20	SS-N-5	SLBM
	Summe	64 (128[3])	20	Summe	
Mittelstrecken-Bomber	VULCAN (MIRAGE IV[2])	50 (40[2])	520[6] 80[6]	BADGER BLINDER BACKFIRE	Mittelstrecken-Bomber
	Summe	50 (90[3])	600[6]	Summe	

NATO			Warschauer Pakt		
schwere Jagdbomber	F-111	150	>150	FENCER	schwere Jagdbomber
	Summe	150	> 150	Summe	
Gesamtsumme		264 (386[3])	>1320[6]		Gesamtsumme

1 Änderungen gegenüber Stand Frühjahr 1979 (Darstellung im Weißbuch der Bundesregierung 1979):
- Die Sowjetunion baut parallel mit Ausbau des SS-20-Potentials alte Raketen vom Typ SS-4 und SS-5 ab, allerdings nicht im Verhältnis 1:1; der SS-20-Aufbau geht rascher voran als der SS-4/SS-5-Abbau;
- die Sowjetunion erhöht die Zahl der schweren Jagdbomber FENCER.

2 Die französischen Systeme unterliegen nicht der NATO-Planung und rechnen nicht zum NATO-Potential. Sie sind daher gesondert ausgewiesen.
3 Summe der Mittelstreckensysteme einschließlich Frankreich.
4 Rund 80 Prozent dieser Raketen sind vom Typ SS-4.
5 Die Sowjetunion hat jetzt schon mehr als 100 SS-20-Abschußvorrichtungen im westlichen und mittleren Teil ihres Landes stationiert. Das bedeutet eine erhebliche Aufrüstung gegenüber 100 Abschußvorrichtungen in der gesamten Sowjetunion (Angabe im Weißbuch 1979).
6 Einschließlich der Bomber der sowjetischen Marinefliegerkräfte.

Quelle: Die nuklearen Mittelstreckenwaffen. Modernisierung und Rüstungskontrolle. Texte, Materialien und Argumente zum Beschluß der NATO vom 12. Dezember 1979, hg. vom Bundesminister der Verteidigung – Planungsstab, o. O. 1980, S. 37f.

Sowjetunion den Bestand an modernen Waffensystemen jährlich um bis zu 30 BACKFIRE-Bomber und rund 50 SS-20-Abschußvorrichtungen ... Die Reichweiten von SS-20 und BACKFIRE erlauben eine Stationierung dieser Waffe weit östlich des Urals für die Einsätze gegen die NATO in Europa. Die Treffgenauigkeit der SS-20 macht selektive Einsätze gegen Punktziele in Europa möglich. Die Mobilität der Rakete macht das System nahezu unverwundbar.»[50]

Mit diesen Feststellungen des BMVg kann der Überblick über die Diskussion um das TNW/TNF-Kräfteverhältnis (vorläufig) abgeschlossen werden. Aus dem Spektrum der in den Abschnitten 3.1.1 und 3.1.2 skizzierten Analysen und Ansichten aus der Zeit vor dem Nachrüstungsbeschluß hat sich eine Reihe von Problemen und Fragen ergeben. Auch in den wenigen genannten Daten und Einschätzungen aus der Zeit nach dem NATO-Ratsbeschluß spiegeln sie sich bereits wider: Welcher der unterschiedlichen Stimmen ist zu folgen? Wie sind die Widersprüche zu erklären?

50 Ebd., S. 35, 36.

Kann die Dezember-Entscheidung der NATO als «Antwort» und als «Nachrüstung» bezeichnet und legitimiert werden? Zeichnete sich Ende des Jahres 1979 eine gefährliche militärische Überlegenheit der WVO im TNW/TNF-Bereich ab, die eine Nachrüstungsentscheidung der NATO unter Ausschluß vorheriger Rüstungskontrollverhandlungen zwischen Ost und West dringend erforderlich machte? Und schließlich: Werden Frieden und Sicherheit mit Einführung der neuen Nuklearsysteme in Ost und West tatsächlich stabiler? (Vgl. auch die Leitfragen in Abschn. 1.2.3.)

Einen Teil dieser und ähnlicher kritischer Fragen beantwortet das Verteidungsministerium – soweit sie sich für das BMVg nicht ohnehin durch die Tatsache des Nachrüstungsbeschlusses selbst erledigt haben – in der bereits genannten Broschüre vom April 1980: «Die sachgerechte Zuordnung der nuklearen Waffensysteme von NATO und Warschauer Pakt nach den beschriebenen Kriterien zum nuklearstrategischen Potential in Europa setzt Kenntnisse voraus, die im allgemeinen der *Geheimhaltung* unterliegen. Das betrifft u. a. die Dislozierung der Systeme und eine Vielzahl technischer Daten. Hieraus ergeben sich zwischen den Angaben *nichtamtlicher* Stellen, die auf Schätzungen und Annahmen angewiesen sind, und Angaben von *offizieller* Seite, die auf der Basis gesicherter Zahleninformationen gemacht werden, für einzelne Systeme zum Teil *extreme Divergenzen.*» (Hervorheb.-D.S.L.)[51]

Auch wenn man unterstellt, daß nichtoffiziellen Untersuchungen und Kritiken der sogenannte «Amtsbonus» fehlt, so läßt die Aussage des BMVg doch ungeklärt, wieso es zu unterschiedlichen Einschätzungen bis hin zu Widersprüchen in der Datenfrage selbst zwischen einzelnen «Amtsstellen» kommen kann, etwa zwischen BMVg, Pentagon oder NATO (s. o.). Vor dieser Frage wird auch deutlich, daß die Untersuchungen «nichtamtlicher Stellen» selbstverständlich nur in dem Maße valide sein können, wie es die vorgegebenen Daten und Informationen von «offizieller Seite» sind. Zumindest insofern ist die Informiertheit der Kritiker offizieller Sicherheitspolitik immer auch ein Gradmesser für die Offenheit und Dialogfähigkeit der Demokratie.

Schließlich scheint das BMVg auch zu verkennen, daß es im Zeitalter nuklearer Vernichtungswaffen nur um strategische Stabilität, also um Kriegsverhütungs- und nicht um geheime Kriegsführungsmaßnahmen gehen kann. «Nichtamtliche Stellen» können deshalb – wie wir im folgenden

51 Ebd., S. 32. Das Verständnis von Transparenz und Information, von Partizipation und Kontrolle, das dieser Aussage zugrunde liegt, muß befremden. Entspräche die Stellungnahme der Realität, so wäre eine demokratische Sicherheitspolitik auch im Westen nicht existent. Nicht die Öffentlichkeit oder das Parlament bestimmten und/oder kontrollierten die Militär- und Sicherheitspolitik, vielmehr entschieden wenige, unter Umständen nicht demokratisch legitimierte Amtsstellen unter Geheimhaltung der Gründe über Militär und Rüstung und damit auch über Krieg und Frieden. Im Zweifelsfalle würde sogar die gegnerische Seite mit Hilfe ihrer Spionage- und Aufklärungsmittel über Kräfteverhältnis und Kriegsgefahr eher und besser Bescheid wissen als die eigene Bevölkerung.

sehen werden notfalls auch ohne Kenntnis letzter technischer Details – auf allzu offensichtliche Unterlassungen offizieller Kräftevergleiche oder auf Mängel in Plausibilität, Logik und Methodik bestimmter Schlußfolgerungen oder Forderungen hinweisen.

Mit dieser Aussage kommen wir zum nächsten Schritt unserer Untersuchung, der Definition von TNW/TNF – obwohl Grundlage und Voraussetzung des Kräftevergleichs, gehört gerade auch das Definitionsproblem zu eben jenen Mängeln und Unterlassungen, auf die es hinzuweisen und die es zu beheben gilt.

4. Eine Definition von TNW/TNF als Voraussetzung des Kräftevergleichs

Wie das vorangegangene Kap. 3 (insbes. Abschn. 3.1 und 3.2) gezeigt hat, kann weder in den Analysen vor noch in denen nach 1978 von einer gemeinsamen Datenbasis, einer exakten Definitionsgrundlage oder einer schlüssigen kategorialen Einteilung und Typologie der taktisch-nuklearen Waffen gesprochen werden. Zumindest insofern werden die TNW und insbesondere die uns hier interessierenden euronuklearen Potentiale (TNF) in der öffentlichen Diskussion zu Recht – wenngleich auch nicht in diesem kritischen Sinne – als «Grauzonenwaffen»[1] bezeichnet.

Mehr als eine Kennzeichnung für den Mangel einer präzisen Definition kann der Terminus «Grauzonenwaffen» jedoch nicht sein. Gerade unter definitorischen Gesichtspunkten ist der Terminus vielmehr grundsätzlich falsch und gefährlich: Falsch deshalb, weil er unterstellt, daß es sich bei den TNW/TNF ausschließlich um Systeme aus der «Grauzone» zwischen SALT und MBFR handelt, also von der Rüstungssteuerung nicht erfaßtes Potential. Das trifft jedoch für die SACEUR assignierten SLBM eindeutig nicht zu. Gefährlich ferner deshalb, weil der Begriff suggeriert, die euronuklearen Systeme ließen sich «abgekoppelt» vom strategischen Potential der USA quantifizieren und qualifizieren und schließlich auch unabhängig von den gesamtstrategischen Sicherheitsbedürfnissen der Sowjetunion nahezu beliebig erweitern. Die eine Gefahr beinhaltet zugleich die Abkoppelung der strategischen Sicherheitsinteressen der Westeuropäer von denen der USA; die andere läßt außer acht, daß euronukleare Systeme größerer Reichweite aus der Sicht der USA immer taktische, aus der Sicht der UdSSR aber durchaus strategische Waffen sein können. Wenn wir also dem nachfolgenden Definitionsversuch relativ isolierte Kräftevergleiche auf der Ebene der TNW/TNF anschließen lassen (Kap. 7–10), so muß vorab betont werden, daß es sich nur um die Bestimmung eines Teilausschnittes des militärischen Kräfteverhältnisses zwischen Ost und West handeln kann; das Ergebnis darf nicht losgelöst von den übrigen Kräftesektoren betrachtet werden (– die Kräftesektoren dürfen aber allerdings auch nicht schlicht addiert werden – vgl. bereits oben Abschn. 2.2).

---

1 Vgl. stellvertretend: Berndt, Helmut, Grauzonenwaffen bedrohen Europa, in: Zivilverteidigung 2/1979, S. 30–32; Raven, Wolfram, Gefahr aus der grauen Zone, in: Beiträge zur Konfliktforschung 2/1979, S. 27–45.

4.1 Herkömmliche Definition

Wie bereits der vorangegangene kurze Problemaufriß zeigt, ist eine exakte Definition von taktischen Nuklearwaffen (TNW) – die für unseren Kräftevergleich, nicht zuletzt aber auch für die Rüstungskontrollverhandlungen Bedeutung besitzt – schwer zu treffen. Die Zahl der unterschiedlichen situations- und zeitgebundenen oder vom Vorverständnis der jeweiligen Autoren geprägten Definitionen ist dementsprechend hoch.

Herkömmlich bezog sich der Begriff «strategisch» auf Systeme, die es ermöglichten, durch Zerstörung oder Beschädigung bedeutender politischer, industrieller und militärischer Knotenpunkte oder Bevölkerungszentren Widerstandsfähigkeit und -willen des Gegners zu brechen. Die gegnerischen Streitkräfte konnten, mußten jedoch nicht in jedem Fall zur Erfüllung dieses Zieles außer Gefecht gesetzt werden.[2] Als «taktisch» wurden dagegen herkömmlicherweise Waffen angesehen, die das Erreichen eines (Einzel-)Kriegszieles durch die Zerstörung und Neutralisierung der Kampffähigkeit des potentiellen Gegners erreichen sollten – und zwar unter weitgehender Schonung der Zivilbevölkerung.[3]

Mit Einführung der Nuklearwaffen ist diese Unterscheidung jedoch nahezu akademisch geworden. Die Trennungslinien zwischen taktischen und strategischen Waffen sind heute verschwommen, und von zwei strikt unterschiedlichen Kategorien kann nicht mehr die Rede sein.[4] «Die nukleare Verwüstung einer mittleren Stadt als Nebeneffekt bei der Zerstörung eines taktischen Zieles, beim Abwurf einer ‹taktischen› Bombe hat vermutlich für die betroffenen Gegner weit größere strategische als taktische Bedeutung.»[5] Bezeichnenderweise nimmt auch die schon immer feststellbare Tendenz zum synonymen Gebrauch der Begriffe «Taktik» und «Strategie» im Sinne von «Verfahren» in jüngster Zeit verstärkt zu.

---

2 Vgl. auch: Jablonsky, Walter, Taktische Nuklearwaffen der Marinen in der Konfrontation NATO/Warschauer Pakt, München 1979, S. 16.

3 Vgl. Steinhoff, Johannes, Wohin treibt die NATO? Probleme der Verteidigung Westeuropas, Hamburg 1976, S. 183.

4 Vgl. auch das Stichwort «Strategie» in: Lutz, Ernst, Lexikon zur Sicherheitspolitik, München 1980, S. 249.

5 So: Steinhoff, Johannes, Wohin treibt die NATO? Probleme der Verteidigung Westeuropas, Hamburg 1976, S. 183f: «Rückblickend» erscheinen (deshalb) eine Anzahl von Übungen und Planspielen der NATO-Kommando-Bereiche in den 60er Jahren in makabrem Licht. Gemäß der Strategie der «massiven Vergeltung» beantwortete die NATO eine relativ geringfügige Aggression mit einem einzigen großen Schlag gegen das Potential des Gegners. Dieser wiederum hatte – so sah es das Szenario der Übungen vor – gewöhnlich seinerseits begonnen, einzelne nukleare Waffen bzw. ein gesamtes nukleares Potential gegen Europa einzusetzen. Der nukleare «Schlagabtausch» erfolgte. Obgleich die Zerstörung und Verwüstung unvorstellbare, rechnerisch kaum erfaßbare Ausmaße annahm, glaubten die Militärs an ein Überleben der NATO-Streitkräfte, und der Krieg mit den «Restbeständen» wurde bis zum endgültigen Sieg fortgesetzt.

4.2 Der wahlweise Gebrauch von Kriterien

In der Literatur[6] lassen sich derzeit zur Abgrenzung der taktischen von den strategischen Waffensystemen – teilweise in Abkehr von der traditionellen Definition – fünf wahlweise gebrauchte Kriterien auffinden, die jedoch sämtlich Überlappungen nicht ausschließen:

– die Zerstörungskraft (*weapon yield*),
– die Reichweite (*weapon range*),
– die Dislozierung bzw. Stationierung (*location of delivery system*),
– das Einsatzziel (*location of target*),
– die Einsatzbereitschaft (*«alert» or readiness status*).

Gewöhnlich werden vor allem die beiden erstgenannten Definitionsverfahren verwendet: die Unterscheidung nach der Zerstörungskraft der Nuklearwaffen und die Unterscheidung nach der Reichweite der Trägersysteme. Nach dem einen Abgrenzungsmerkmal reicht die Sprengkraft der TNW allerdings von einigen Tonnen TNT bis zu mehr als einer Million Tonnen; nach dem zweiten dürften alle jene – bislang noch als taktisch deklarierten – Nuklearwaffen nicht berücksichtigt werden, die für ein militärisches Operationsfeld – konkret: Europa – zwar vorgesehen sind, jedoch auch gegen die Sowjetunion, im Sinne der SALT-Verhandlungen als strategisch eingesetzt werden könnten. Auf die Sichtweise der Sowjetunion hatten wir bereits hingewiesen (s. o. Abschn. 1.2.3 und 4 sowie im folgenden noch Abschn. 4.4).

Auch die Dislozierung als weiteres Definitionsmerkmal besitzt allein kaum Aussagekraft. Wie Tabelle 4 zeigt, sind TNW weltweit gestreut; zugleich sind ihre jeweiligen Dislozierungen, insbesondere durch Flottenbewegungen, ständigen Veränderungen unterworfen. Sinnvoll käme deshalb nur ein weltweiter Gesamt-TNW-Vergleich in Frage – gerade dieser aber würde im Widerspruch zur Dislozierung als Definitionsspezifikum stehen.

Die Einsatzbereitschaft und das Einsatzziel schließlich sind zwei Kriterien, die sowohl durch Langstreckensysteme vom Territorium der Supermächte aus, also durch strategische Trägerwaffen erfüllt werden (können) als auch durch grenznah in Mitteleuropa stationierte TNW. Zusammenfassend muß somit festgestellt werden, daß keines der fünf genannten Merkmale – jedes für sich betrachtet – scharfe Grenzlinien zwischen strategischen und taktischen Nuklearwaffen herbeiführt; ihre Eignung zu Definitionszwecken ist umstritten, ihre Anwendung in Kräftevergleichen muß zwangsläufig zu widersprüchlichen Ergebnissen führen.

6 Vgl. stellvertretend: Leitenberg, Milton, Background materials in tactical nuclear weapons (primarily in the European context), in: Stockholm International Peace Research Institute (SIPRI), Tactical Nuclear Weapons: European Perspectives, London 1978, S. 4.

4.3 Die «Funktion» der TNW als Definitionsmerkmal

Als Ausweg und weitere Möglichkeit zur Bestimmung der TNW bieten sich ihre Funktionen an, insbesondere die Funktion zur Kompensation konventioneller Unterlegenheit, und die Eskalationsfunktion der TNW als Mittelstück zwischen konventionellen und strategischen Waffensystemen. Die «Kompensationsfunktion»[7] resultiert(e) – wie wir bereits in Abschn. 1.2.3 gesehen haben – historisch[8] aus der spezifischen Situation der 50er Jahre, als die europäischen TNW noch durch drei Faktoren bestimmt waren: außerordentliche konventionelle Überlegenheit der WVO in Europa, eindeutiger nuklear-technologischer Vorsprung der NATO und Abschreckung durch massive Vergeltung. Nach Wegfall dieser Faktoren kann von einer – zumindest mit den 50er Jahren vergleichbaren – Kompensationsfunktion nicht mehr gesprochen werden.[9] Nicht zufällig wird deshalb auch in der «Nachrüstungsdiskussion»[10] das entsprechende Waffenpotential vorrangig mit der Existenz gegnerischer TNW und somit aus dem (im übrigen strategischen) Ziel einer Äquivalenz der Fähigkeiten auch auf taktisch-nuklearer Ebene sowie mit der Eskalationsfunktion vor dem Einsatz strategischer Waffen legitimiert: «Die nuklear-taktische Komponente soll als Mittelstück der Triade» zwischen strategischer und konventioneller Rüstung – laut Weißbuch 1975/76 – alle Elemente der Abschreckung[11] «zu

7 Vgl. stellvertretend: Rüstung und Abrüstung im euronuklearen Bereich. Die Mitwirkungsmöglichkeiten der europäischen Staaten an den SALT III-Verhandlungen. Eine Kurzstudie von Hubertus Hoffmann und Rolf Steinrücke im Auftrage der Bundestagsabgeordneten Peter Kurt Würzbach und Markus Berger, Washington–Bonn, April/Mai 1979 (hektogr. Manuskript, S. 3): «Das konventionelle Kräfteverhältnis ist entscheidend für die Notwendigkeit von TNF zum Ausgleich einer Unterlegenheit auf der subnuklearen Ebene der Verteidigung durch Androhung von Eskalation. Es entscheidet über den Umfang und die Art benötigter Atomwaffen für den Einsatz auf dem Gefechtsfeld.»

8 Vgl. u. a. den Bericht von Leweck, Albert, in: Norddeutscher Rundfunk, Kritische Chronik/Streitkräfte und Strategien, 1. Programm, vom 18. Mai 1979, Manuskript, S. 2ff; ferner: ami 4/1977, S. III–63; Pordzik, Wolfgang, Zur Frühgeschichte taktischer Atomwaffen, in: Europäische Wehrkunde 11/1979, S. 533–536; Lutz, Dieter S., Das militärische Kräfteverhältnis im Bereich der «Nuklearkräfte in und für Europa», in: Krell, Gert/Lutz, Dieter S., Nuklearrüstung im Ost-West-Konflikt. Potentiale, Doktrinen, Rüstungssteuerung, Baden-Baden 1980, S. 27ff.

9 Vgl. ausführlicher: Lutz, Dieter S., Die Rüstungsanstrengungen der Sowjetunion im konventionellen Bereich. Eine Datenvergleichs- und Bedrohungsanalyse, in: Ders. (Hg.), Militär, Rüstung, Sicherheit Bd. 1: Die Rüstung der Sowjetunion. Rüstungsdynamik und bürokratische Strukturen, Baden-Baden 1979, S. 47–121; Lutz, Dieter S., Besitzt die Sowjetunion in der konventionellen Rüstung eine militärische Überlegenheit? Eine Datenvergleichsanalyse, IFSH-Forschungsberichte 9/1979; Lutz, Dieter S./Pott, Andreas, Seemacht Sowjetunion? Ein Beitrag zu Entwicklung und Stand der sowjetischen Seerüstung, IFSH-Diskussionsbeiträge 12/1979.

10 Vgl. bereits oben die Literaturangaben in Abschn. 1.2.3 und 3.

11 Die Abschreckungsdoktrin der NATO besitzt ihr Fundament in der Strategie der *flexible response*. Zielsetzung der «angemessenen Reaktion» soll es sein, einen Angriff mit

dem Gesamtspektrum, das als ein Ganzes erst den vollen Abschreckungseffekt erzielt»[12], verbinden.[13]

Angemerkt sei bereits an dieser Stelle, daß das Ziel der Komplettierung der «Abschreckung» durch die TNW als Mittelstück der Triade Kriegsführungsoptionen offensichtlich keineswegs ausschließt. Zu diesen Optionen gehören im Zuge eines nuklearen Ersteinsatzes oder eines nuklearen Folgeeinsatzes Varianten wie *limited defense use, restricted battle area use, extended battle area use* oder *theatrewide use*[14]. Ob aber – wie die Strategie der Flexiblen Reaktion annimmt – in einem Nuklearkrieg bestimmte Abstufungen oder rationale Pausen zwischen den einzelnen Einsätzen tatsächlich möglich sind und auch eingehalten werden, mag dahingestellt bleiben. Wichtiger für unseren Definitionsversuch ist, daß auch ein sogenannter taktischer Nuklearkrieg in Europa – geführt lediglich mit dem Mittelstück der Triade und ohne daß es zu einem strategischen, d. h. interkontinentalen Schlagabtausch zwischen den beiden Supermächten kommen würde – für die Bundesrepublik aller Wahrscheinlichkeit nach von «strategischer» im Sinne von existenzvernichtender Bedeutung wäre.[15] Die Frage, ob die eingesetzten TNW nun taktischen oder strategischen Charakter besitzen, bleibt somit auch unter Eskalationsaspekten offen.

4.4 Versuch einer Abgrenzung nicht gegen, sondern ausgehend von den strategischen Nuklearwaffen

Muß die Bestimmung der TNW über ihre Funktion somit ebenfalls als gescheitert angesehen werden, so legt die Einordnung dieser Systeme als Mittelstück der Triade doch die Vermutung nahe, daß die relativ sauberste

militärischen Mitteln abzuwehren, zugleich aber die Abschreckung durch eine erkennbare und glaubhafte «Eskalationsbereitschaft» sicherzustellen. Die taktischen Nuklearwaffen sollen insbesondere diesem letzteren Fall dienen – vgl. stellvertretend: Birnstiel, Fritz, Die Verteidigung Mitteleuropas nach dem NATO-Konzept der Flexible Response, Starnberg 1978 (hektogr.), S. 62.

12 Weißbuch 1975/76. Zur Sicherheit der Bundesrepublik Deutschland und zur Entwicklung der Bundeswehr, im Auftrage der Bundesregierung herausgegeben vom Bundesminister der Verteidigung, o. J., S. 22.

13 Vgl. auch die Rede von Bundesverteidigungsminister Hans Apel auf der «Sicherheitspolitischen Fachtagung» der Fraktion am 22. April 1978 in Buchholz bei Hamburg, abgedruckt in: Thema der Woche, Bundeshaus, Bonn 1978 (hektogr.), S. 5.

14 Zu diesen Optionen vgl.: Stratmann, Karl-Peter, Die Sicherheit des NATO-Abschnitts Mitteleuropa als strategisches Problem. Untersuchung zur Glaubwürdigkeit der gegenwärtigen NATO-«Posture», Diss. phil. Ebenhausen 1978, S. 68f, dort auch Anm. 1; vgl. auch: Brown, Harold, Department of Defense, Annual Report, Fiscal Year 1980, o. O. 1979, S. 85.

15 Krell, Gert/Schlotter, Peter, Zur Diskussion über die taktischen Nuklearwaffen in

Definition der taktischen Nuklearwaffen in einer einfachen Abgrenzung nicht gegen, sondern ausgehend von den beiden übrigen Triadeteilen und insbesondere von den formal zwischen Ost und West festgesetzten strategischen Nuklearwaffen liegen könnte. Denn zu den strategischen Waffensystemen werden gewöhnlich abschließend gezählt:

- die Interkontinentalraketen (Intercontinental Ballistic Missiles – ICBM),
- die U-Boot-gestützten ballistischen Raketen (Submarine Launched Ballistic Missiles – SLBM),
- die schweren Langstreckenbomber (Long-Range Heavy Bombers),
- die Waffensysteme auf Erdumlaufbahn (Fractional Orbital Bombardment Systems – FOBS),
- die Anti-Raketen-Waffensysteme (Anti-Ballistic Missiles – ABM)
- und die Marschflugkörper großer Eigenreichweite (Cruise Missiles).

Durch diese abschließende Auflistung der strategischen Nuklearwaffen gehören zu den taktischen Nuklearwaffen, oder besser: zu den nichtstrategischen Nuklearwaffen [16]:

- freifallende Bomben und Gleitbomben (Airdropped Free Fall Bombs and Glide Bombs) und nuklearfähige Flugzeuge,
- Luft-Boden-Raketen (Air-to-Surface Missiles/Air-to-Surface Stand-off Missiles),
- Luft-Luft-Raketen (Air-to-Air-Missiles),
- Marschflugkörper der neuen Generation,
- Boden-Luft-Raketen für Kurz- und Mittelstrecken (Shorter-Range Surface-to-Surface Missiles),
- Artillerie mit nuklearen Geschossen,
- Wasserbomben (Depth Charges),
- Seeminen,
- atomare Sperrmittel und Landminen (Atomic Demolition Munitions/Nuclear Landmines).

Diese Aufzählung grenzt die in Frage kommenden Sprengmittel zwar ein, sie löst jedoch weder das Problem der Überschneidungen mit konventionellen oder nuklear-strategischen Trägersystemen noch die Bifunktionalität von Waffensystemen. Rohrartillerie etwa kann taktisch-nuklear, aber auch konventionell eingesetzt werden. Umgekehrt sind atomare Bomben oder Marschflugkörper etc. nur so lange taktische Waffen, wie ihre Trägersysteme – in diesem Fall: Flugzeuge oder U-Boote – eine strategische Funktion nicht besitzen, nicht zulassen bzw. sie ihnen nicht zugesprochen, besser noch: nicht abgesprochen wird. Letzteres gilt insbesondere auch für die Forward Based Systems (FBS) und die SACEUR assignierten POSEI-

---

Europa. Analyse und Dokumentation, Frankfurt a. M. 1977, S. 6.

16 Vgl. auch Leitenberg, Milton, a. a. O. (Anm. 6), S. 4.

DON-U-Boote sowie für die Mittelstreckenraketen (vgl. bereits ausführlich Abschn. 2.2).

In der Logik dieser Grundaussage liegt es, wenn die Sowjetunion alle nuklearen Waffensysteme, die das Gebiet der UdSSR – gleichgültig von welchem Standort aus – erreichen können, als strategisch betrachtet: Denn taktisch – so die sowjetische Ansicht – seien die in Mitteleuropa stationierten TNW nur für das Land, auf dessen Gebiet diese Waffensysteme nicht eingesetzt werden (können). Im Verhältnis USA – UdSSR gelte dies allenfalls für die Vereinigten Staaten, nicht aber für die Sowjetunion. Deshalb sei der Begriff «taktisch» insofern einseitig, als er sich nur auf die USA beziehe[17] (siehe auch oben Abschn. 1.2.3 und 2.1). Wenn aber nukleare Waffen nur aus der Sicht desjenigen Landes taktisch sind, auf dessen Gebiet sie nicht eingesetzt werden können, so liegt es in der – von der UdSSR allerdings nicht nachvollzogenen – Konsequenz für die europäischen NATO-Staaten, daß nach dieser sowjetischen Definition zwar in Europa stationierte Mittelstreckenraketen der NATO zu den strategischen gerechnet werden (müßten), aber eben auch ihre sowjetischen, auf Westeuropa gerichteten Pendants auf östlicher Seite. Dieses Beispiel zeigt nochmals, daß nicht nur selbst die Großmächte ein unterschiedliches Verständnis von strategisch und taktisch besitzen; es offenbart vielmehr auch, daß das bloße taktische Interesse der Großmächte, sowohl der USA als auch der UdSSR, für die (West-)Europäer bereits unmittelbaren strategischen Stellenwert beinhaltet. Die Abgrenzung zwischen strategischen und taktischen Waffen mag deshalb zwar (noch) einen gewissen akademischen Reiz besitzen; weitaus wichtiger und für einen präzisen Vergleich der Nuklearkräfte in Europa unter dem Motto der «Nachrüstung» unerläßlich ist dagegen die Differenzierung zwischen nuklearen und euronuklearen Waffensystemen.

4.5 Zielplanung als Definitionskriterium

Gehen wir also von einer TNW-orientierten Definitionsbasis des Kräftevergleichs über zu einer auf «Europa» bezogenen Ausdifferenzierung des Nuklearpotentials, so muß das vorrangige Merkmal einer solchen Abgrenzung die Zielplanung, d. h. die Zuordnung von Zielen und verfügbaren Waffen sein. Definitionskriterien sind nunmehr – nicht wahlweise, sondern kumulativ – die prioritäre «Zieloption Europa» (*location of target*) und die zum Merkmal Verfügbarkeit verschmelzenden Faktoren Standort/Dislo-

---

17 Vgl. so: Milshtein, Michael, Tactical nuclear weapons: problems of definition and application, in: SIPRI, Tactical Nuclear Weapons, ebd., S. 173 – der Autor schlägt deshalb vor, den Begriff taktische Nuklearwaffen für Mitteleuropa durch *theatre nuclear weapons* zu ersetzen; vgl. auch: Freistetter, Franz, Die Frage der Mittelstreckenraketen, in: ÖMZ 2/1980, S. 103, 108 und dort die Literatur in Anm. 7.

zierung (*location of delivery system*) und Reichweite (*weapon range*) der Waffensysteme und eventuell ihre – insbesondere für Reservepotentiale wichtige – Transportfähigkeit oder Eigenmobilität.

4.5.1 Eine Europa-bezogene und landzielorientierte Definition

Im folgenden werden wir das im Rückgriff auf die Zielplanung bzw. auf die genannten Definitionskriterien gefundene Potential unter dem Begriff der Nuklearkräfte in und für Europa zusammenfassen. Dieser Terminus, der 1979 erstmals u. a. auch im Weißbuch[18] verwendet wird, weist zum einen deutlicher als der englische Ausdruck «Theatre Nuclear Forces (TNF)» auf den Kriegsschauplatz Europa und die Landzielorientierung[19] hin. Zum anderen illustriert die gelungene Begriffsbildung «in und für Europa» nachdrücklich, daß diesen Nuklearkräften eben nicht nur «in Europa» disloziertes Potential zugehört. Zuzurechnen sind vielmehr sowohl taktische (Reserve-)Kräfte außerhalb Europas als auch im interkontinentalen Sinne strategische Waffensysteme.

Gerade letzteres ist deshalb zu betonen, weil zwar bestimmte, technologisch hochqualifizierte Nuklearkräfte in und für Europa wie die SACEUR assignierten SLBM bereits in die SALT-Gespräche miteinbezogen worden sind. Dennoch dürfen sie unter dem Gesichtspunkt der Zielplanung und vor allem unter dem Aspekt einer behaupteten Abschreckungslücke mit der Konsequenz einer «Nachrüstung» keinesfalls im Kräftevergleich weggelassen werden. Aus eben diesen Gründen darf das TNF-Potential auch nicht lediglich mit den sogenannten vorgelagerten Mitteln der NATO (Forward Based Systems / FBS) gleichgesetzt werden. Am Rande sei vermerkt, daß auch die Staaten der WVO[20] die LRTNF-Trägermittel keinesfalls nur mit den FBS identifizieren[21] (vgl. dazu auch Schaubild Nr. 4). Das

18 Weißbuch 1979. Zur Sicherheit der Bundesrepublik Deutschland und zur Entwicklung der Bundeswehr, hg. vom Bundesminister der Verteidigung im Auftrage der Bundesregierung, Bonn 1979, S. 105f, 126.

19 Wenn wir im folgenden das Merkmal «Landzielorientierung» in einem engeren Sinne verstehen, also Systeme zur nuklearen Seekriegsführung aus dem Vergleich ausschließen, so entspricht dieses Verfahren der Logik der Definition; auf die militärische Komplexität insbes. multifunktionaler Waffen ist gleichwohl hinzuweisen – zu den nuklearen Seekriegsführungsmitteln liegt vor: Jablonsky, Walter, Taktische Nuklearwaffen der Marinen in der Konfrontation NATO/Warschauer Pakt, München 1979.

20 Vgl. stellvertretend: Gegenwärtige und geplante NATO-Kernwaffenträger strategischer Bestimmung in Westeuropa, in: Volksarmee 47/1979, S. 6.

21 Forster, Michael, Zur Datendiskussion des Kräfteverhältnisses bei den Nuklearwaffen großer Reichweite in Europa (LRTNF), (hektogr. Manuskript, 10 S.), S. 3, ist deshalb keinesfalls zu folgen, wenn er ausführt: «Entgegen den Ausführungen der MB 79, der Lutz-Studie u. ä. werden von sowjetischer Seite die LRTNF richtig klassifiziert als vorgelagerte Mittel der USA ... Die zwei bis drei SACEUR unterstellten POSEIDON-U-

Problem der doppelten Verrechnung[22] von Waffensystemen ist deshalb in den Rüstungssteuerungsverhandlungen zu lösen, besitzt für den regionalen Kräftevergleich selbst jedoch nur insofern Bedeutung, als es abermals auf die Komplexität des Gesamtkräfteverhältnisses und auf den arbeitshypothetischen Charakter der Triadeneinteilung hinweist (s. o. Kapitel 2 und 4).

Die genannten Kriterien: «Einsatzziel», «Dislozierung», «Reichweite» und «Mobilität», wie sie sich im Begriff der Nuklearkräfte in und für Europa widerspiegeln, sind, wegen der mangelnden Transparenz sowjetischer Zielplanung, insbes. zur Charakterisierung des Nuklearpotentials der UdSSR von Bedeutung. Aus ihnen kann – wenngleich in relativ grober Weise und sicherlich eher am *worst case* orientiert – auf die Bestandsgrößen geschlossen werden.

Vergleichsweise einfacher, aber auch nicht völlig unproblematisch (dazu bereits Kap. 2) können dagegen die Daten der amerikanischen Systeme eruiert werden, da die Zuordnung von Zielen und verfügbaren Waffen der USA in verschiedenen Ziellisten festgehalten ist: zum einen in der Nationalen Strategischen Zielliste (National Strategic Target List – NSTL) und dem Einheitlichen Operationsplan (Single Integrated Operational Plan – SIOP) der USA; zum anderen in der Zielliste für den Bereich des Oberkommandierenden in Europa (Allied Command Europe – ACE) und dem Nuklearen Operationsplan (Nuclear Operations Plan – NOP).

Das britische Nuklearpotential ist – mit Ausnahme nationaler Notfälle – dem NOP eingegliedert; die französischen Nuklearwaffen werden in nationaler Verfügungsgewalt gehalten. Unter dem Gesichtspunkt der Zielplanung für Europa können wir somit unterscheiden zwischen:

– den sowjetischen, gegen die europäischen Partner der NATO gerichteten (taktischen) Nuklearwaffen der WVO;
– den europäischen, der NATO unterstellten (taktischen) Nuklearwaffen Großbritanniens;
– den europäischen und im nationalen Verfügungsbereich gehaltenen (taktischen) Nuklearwaffen Frankreichs;
– dem nationalen (taktischen) Nuklearpotential der USA im Kommandobereich SACEUR zur Abdeckung von Zielen im Rahmen der Zielpla-

---

Boote werden also entgegen der bei uns geübten Praxis in sowjetischen Rechnungen nicht zu den FBS hinzugerechnet.»

22 Wenn die Frage im regionalen «Kräftevergleich» überhaupt zu problematisieren ist, so allenfalls mit der Schlußfolgerung, daß die SACEUR assignierten SLBM nicht hätten bei SALT einbezogen werden dürfen. Angesichts des derzeit erheblichen Vorsprungs der USA in der Anzahl der Sprengköpfe – vgl. dazu: Lutz, Dieter S., Sowjetische Nuklearrüstung und SALT, in: ders. (Hg.), Militär, Rüstung, Sicherheit Bd. 1, a. a. O. (Anm. 9), S. 145; ferner: Krell, Gert, Das militärische Kräfteverhältnis bei den nuklearstrategischen Waffen, in: Krell, Gert/ Lutz, Dieter S., Nuklearrüstung im Ost-West-Konflikt. Potentiale, Doktrinen, Rüstungssteuerung. Baden-Baden 1980, S. 91ff – spielt diese Konsequenz kaum eine Rolle für das Ergebnis von SALT II.

Schaubild Nr. 4: Die nukleare Bedrohung durch die NATO aus der Sicht der WVO

Quelle: Volksarmee (DDR), Nr. 47/1979, S. 6.

nung von SHAPE, dem Obersten Hauptquartier der Alliierten Mächte in Europa.

4.5.2 Die kategoriale Feineinteilung

Bei der kategorialen Feineinteilung der Nuklearkräfte in und für Europa werden wir uns im folgenden an der formalen Dreiteilung offizieller amerikanischer Dokumente[23], mittlerweile aber auch des Weißbuches 1979 orientieren.[24] Unter Rückgriff auf die Reichweite der jeweiligen Systeme unterscheidet z. B. das Weißbuch folgende Kategorien:

- TNF kurzer Reichweite (Short Range TNF – SRTNF), d. h. Systeme bis 100 km Reichweite: nukleare Sperrmittel, nukleare Rohr- und Raketenartillerie;
- TNF mittlerer Reichweite (Medium Range TNF – MRTNF), d. h. Systeme mit 100 bis 1000 km Reichweite: nuklearfähige land- und seegestützte taktische Flugzeuge, Raketen;
- TNF großer Reichweite (Long Range TNF – LRTNF), d. h. Systeme mit Reichweiten über 1000 km: Mittelstreckenbomber, schwere Jagdbomber, Mittelstreckenraketen (MRBM/IRBM)[25] und seegestützte ballistische Raketen (SLBM).[26]

Eine Erklärung für diese Dreiteilung des Potentials gibt das Weißbuch selbst nicht. Auf den ersten Blick scheint sich die Einteilung auch nicht an militärischen Gesichtspunkten, sondern relativ willkürlich an der Basiszahl 10 und wachsenden Exponenten zu orientieren. In der Tat entsprechen die angegebenen Reichweiten jedoch in etwa den militärisch-operativen Einsatzoptionen des *restricted battle area use*, des *extended battle area use* und des *theatrewide use*[27] (zu den Relativierungen der Schwellenwerte bei den Flugzeugen durch Zwischenlandungen etc. vgl. auch noch Abschn. 5.1.3.2 und 5.2.3.2).

Zu beachten ist allerdings, daß die im Sinne des Weißbuches 1979 korrekt definierten Begriffe «kurz», «mittel» und «lang» bzw. «groß» nicht in je-

---

23 Vgl. u. a.: United States Military Posture for FY 1980. An Overview by General David C. Jones, USAF, Chairman of the Joint Chiefs of Staff with Supplement prepared by The Organization of the Joint Chiefs of Staff, Washington o. J. (1979), S. 31f; SALT and the NATO Allies. A Staff Report to the Subcommittee on European Affairs of the Committee on Foreign Relations, United States Senate, Washington, Oktober 1979, S. 38f.

24 Weißbuch 1979, a. a. O. (Anm. 18), S. 105.

25 MRBM/IRBM – Medium Range Ballistic Missile/Intermediate Range Ballistic Missile.

26 SLBM – Submarine Launched Ballistic Missile.

27 Vgl. auch Anm. 14 – Brown, Harold, ebd., spricht von: limited nuclear options, regional nuclear options, theatrewide nuclear options.

dem Falle mit dem – umgekehrt – relativ willkürlichen, aber mittlerweile eingebürgerten Gebrauch dieser Termini in der Bezeichnung von Kurz- oder Mittelstreckenraketen übereinstimmen. Dieses ist deshalb vorab zu betonen, weil – wie wir gesehen haben – neben dem Mangel an zuverlässigen Daten und Informationen die jeweilige kategoriale Einteilung der TNW/TNF und die hieraus resultierenden unterschiedlichen Kompensationsmöglichkeiten mit eine Ursache für die stark differierenden Ergebnisse der bislang durchgeführten Kräftevergleiche sind (s. o. Kapitel 3).

Fassen wir unsere Diskussion zusammen, so zeigt die gewonnene Definition der TNW/TNF als Nuklearkräfte in und für Europa, daß die im ehemaligen Sinne militärisch-operative Definition des taktischen Einsatzes mittlerweile überlagert wird durch politisch-geographisch-technologische Kriterien mit – je nach Perspektive – auch strategischer Bedeutung. Die vorläufig abschließende Einteilung des Nuklearpotentials in drei Ziel- und Einsatzkategorien zeigt allerdings auch, daß Kriegs*führung*soptionen – orientiert am Ablauf des Kriegsgeschehens und an der Aufgabe der Zerstörung von Zielen militärischer Bedeutung – nach wie vor auch im Kriegs*verhütung*ssystem, das auf der «Strategie der Abschreckung» basiert, Gültigkeit besitzen (dazu noch Kap. 10 und 11).

5. Die Nuklearkräfte in und für Europa – Eine Bestandsaufnahme

5.0 Vorbemerkung

Die Definition der TNW/TNF als Nuklearkräfte in und für Europa klärt das Hauptproblem der differierenden Ausgangsdaten, wie sie sich bei der Bestimmung des Waffenpotentials aus dem bislang recht willkürlichen Gebrauch der Nomenklatur ergaben. Doch auch die vorgeschlagene Eingrenzung kann nicht alle Fragen lösen. Ein völlig zweifelsfreier Kräftevergleich ließe sich nur durch bzw. nach Beseitigung des Problems der Geheimhaltung erzielen. Transparenz ist nicht zuletzt aus diesem Grunde zugleich eine Bedingung und ein Ziel der Kooperativen Rüstungssteuerung.

Bislang fehl(t)en jedoch für die Seite der Warschauer Vertragsorganisation zuverlässige offizielle Daten und Angaben, so daß vielfach nur Schätzungen möglich waren und sind (vgl. bereits Kap. 3). Mangelnde Transparenz ist allerdings nicht nur ein östliches Phänomen. Auch die westlichen Waffensysteme unterliegen kaum minderer Geheimhaltung: Offizielle Dokumente sind zwar zugänglich und werden veröffentlicht. Doch sind entscheidende Aussagen, in unserem Fall: Bestandsangaben, oftmals gelöscht. Zur Illustration sei auf einen *Staff Report to the Subcommittee on European Affairs of the Committee on Foreign Relations United States Senate*[1] vom Oktober 1979 hingewiesen, dessen Veröffentlichung zwar zeitlich in die «Nachrüstungsdiskussion» fiel, der aber wegen seiner vielen gelöschten Angaben nur in wenigen Punkten für die Argumentation und Diskussion genutzt werden konnte. Dennoch können, wie bereits oben in Abschn. 2.2 vermerkt, Berichte wie der genannte in ihrer Gesamtheit – im Sinne eines Baukastensystems – ausschlaggebende Bedeutung besitzen: So bestätigt der angeführte *Staff Report* u. a. die kategoriale Dreiteilung der Nuklearkräfte in Europa in Systeme mit entsprechenden Reichweiten sowie – wichtiger noch – die Korrektheit des Verfahrens, auch strategische SLBM POSEIDON dem euronuklearen Potential zuzurechnen (vgl. Tabelle Nr. 17).

Generell muß dennoch hervorgehoben werden, daß im Unterschied zu den detaillierten Angaben über die strategischen Waffensysteme ein umfassender und/oder zweifelsfreier Überblick über das Kräfteverhältnis im euronuklearen Bereich bislang fast völlig fehlt bzw. entsprechende Tabellen und Statistiken heute noch ergänzungsbedürftig sind (vgl. z. B. Tabelle Nr.

1 SALT and the NATO Allies. A Staff Report to the Subcommittee on European Affairs of the Committee on Foreign Relations United States Senate, Washington 1979, S. 38f.

Tabelle Nr. 17: TNF-Bestand nach Ritel/Friendly (Senate Report)

USA/Alliierte	Besitzer	Stationierung in Europa		andere US/NATO Verstärkungen		Stationierungsgebiet	Maximalradius (km)
		Flugzeuge oder Startvorrichtungen	Gefechtsköpfe (ohne Nachladen)	Flugzeuge oder Startvorrichtungen	Gefechtsköpfe (ohne Nachladen)		
Große Reichweite (> 1000 km):							
Poseidon SLBM	USA	45	400			verschieden	[1]
Polaris SLBM	GB	64	64			verschieden	[1]
franz. SLMB	Frankreich	64	64			verschieden	[1]
franz. IRBM	Frankreich	18	18			Frankreich	[1]
Vulcan-Bomber	GB	54	108			GB	[1]
F-111-Kampfbomber	USA	156	312	[1]	[1]	GB	[1]
A-6-Kampfbomber	USA	[1]	[1]	[1]	[1]	Flugzeugträger	[1]
A-7-Kampfbomber	USA	[1]	[1]	[1]	[1]	Flugzeugträger	[1]
Mirage IV-Bomber	Frankreich	36	36			Frankreich	[1]
Mittlere Reichweite (100 bis 1000 km):							
Pershing Ia SSM	USA, BR Deutschland	[1]	[1]	[1]	[1]	BR Deutschland	[1]
Lance SSM	GB, BR Deutschland, USA, Belgien, Italien	[1]	[1]	[1]	[1]	BR Deutschland, Italien	[1]
Pluton SSM	Frankreich	[1]	[1]			Frankreich	[1]
Buccaneer-Kampfbomber	GB	[1]	[1]			GB	[1]
F-104-Kampfbomber	Belgien, Griechenland, Italien, Niederlande, Türkei,	[1]	[1]			Belgien, Griechenland, Italien, Niederlande, Türkei,	[1])

USA/Alliierte	Besitzer	Stationierung in Europa		andere US/NATO Verstärkungen		Stationierungs-gebiet	Maximal-radius (km)
		Flugzeuge oder Startvor-richtungen	Gefechts-köpfe (ohne Nachladen)	Flugzeuge oder Startvor-richtungen	Gefechts-köpfe (ohne Nachladen)		
	BR Deutschland					BR Deutschland	
F-4-Kampfbomber	USA	[1]	[1]	[1]	[1]	verschieden	[1]
Jaguar-Kampfbomber	GB, Frankreich	[1]	[1]				
Mirage III-Kampfbomber	Frankreich	[1]	[1]			Frankreich	[1]
Kurze Reichweite (< 100 km):							
155-mm- und 203-mm-Haubitze	BR Deutschland, Italien, Niederlande, Belgien, GB, USA, Griechenland, Türkei	786	786	200	200	Griechenland, Türkei, BR Deutschland, Niederlande	[1]

1 gelöscht

UdSSR/WVO	Besitzer	Stationierung in Europa: Flugzeuge oder Startvorrichtungen	Stationierung in Europa: Gefechtsköpfe (ohne Nachladen)	Stationierung in westl. UdSSR[2]: Flugzeuge oder Startvorrichtungen	Stationierung in westl. UdSSR[2]: Gefechtsköpfe (ohne Nachladen)	Stationierungsgebiet	Maximalradius (km)
Große Reichweite (> 1000 km):							
SS-20 IRBM	UdSSR			[3]	[3]	UdSSR	[3]
SS-5 IRBM	UdSSR			[3]	[3]	UdSSR	[3]
SS-4 MRBM	UdSSR			[3]	[3]	UdSSR	[3]
SS-N-5 SLBM	UdSSR	[3]	[3]			Ostsee, Nordsee	[3]
BACKFIRE-Bomber	UdSSR			[3]	[3]	UdSSR	[3]
BADGER-Bomber	UdSSR			[3]	[3]	UdSSR	[3]
BLINDER-Bomber	UdSSR			[3]	[3]	UdSSR	[3]
Mittlere Reichweite (100 bis 1000 km):							
Scaleboard SS-12 SSM	UdSSR			[1]	[1]	UdSSR	[3]
Scud SS-1c SSM	UdSSR, DDR, Rumänien, Polen, Tschechoslowakei, Ungarn, Bulgarien	[3]	[3]	[3]	[3]	alle	[3]
SS-N-4 SLBM	UdSSR	[3]	[3]			Ostsee	[3]
FENCER Su-24-Kampfbomber	UdSSR			[3]	[3]	UdSSR	[3]
FOXBAT B-MiG 25-Kampfbomber	UdSSR	[3]	[3]	[3]	[3]	DDR, UdSSR, Polen	[3]
FITTER C/D Su-17/20-	UdSSR, Polen	[3]	[3]	[3]	[3]	Polen, UdSSR	[3]

UdSSR/WVO	Besitzer	Stationierung in Europa		Stationierung in westl. UdSSR[2]		Stationierungsgebiet	Maximalradius (km)
		Flugzeuge oder Startvorrichtungen	Gefechtsköpfe (ohne Nachladen)	Flugzeuge oder Startvorrichtungen	Gefechtsköpfe (ohne Nachladen)		
Kampfbomber	UdSSR	[3]	[3]	[3]	[3]	DDR, UdSSR, Polen	[3]
FITTER C/D Su-17/20-Kampfbomber	UdSSR, Polen	[3]	[3]	[3]	[3]	Polen, UdSSR	[3]
FITTER A Su-7-Kampfbomber	UdSSR, Polen	[3]	[3]	[3]	[3]	UdSSR, Polen, Tschechoslowakei, DDR	[3]
FLOGGER B/D/F MiG 23/27-Kampfbomber	UdSSR	[3]	[3]	[3]	[3]	UdSSR, Polen, DDR	[3]
BREWER 5/C-Bomber	UdSSR	[3]	[3]	[3]	[3]	Ungarn, UdSSR	[3]
FISHBED MiG 21-Kampfbomber	UdSSR	[3]	[3]	[3]	[3]	UdSSR, DDR, Polen, Ungarn, Tschechoslowakei	[3]
Kurze Reichweite (< 100 km:)							
Frog-7-Rakete	UdSSR, DDR, Polen, Rumänien, Tschechoslowakei, Ungarn, Bulgarien	[3]	[3]	[3]	[3]	alle	[3]
203-mm-Haubitze, 240-mm-Mörser	UdSSR			[3]	[3]	UdSSR	[3]

1 Enthält auch die in Nichtmitgliedsländern der WVO und angrenzenden Gewässern stationierten Systeme in Friedenszeiten.
2 Enthält Stationierungen in den Militärbezirken Leningrad, Baltikum, Weißrußland, Karpaten, Odessa, Kiew, Nord- und Transkaukasus, Moskau und Wolga.
3 Gelöscht.

Quelle: John B. Ritel III/Alfred Friendly jr., SALT and the NATO Allies. A Staff Report to the Subcommittee on European Affairs of the Committee on Foreign Relations United States Senate, Washington, Oktober 1979, S. 38f (Original in englischer Sprache).

5). Wo scheinbar eindeutige Ergebnisse vorgestellt werden, müssen sie als zumindest nicht frei von subjektiver Färbung betrachtet werden. Dies ist um so stärker zu betonen, wie die duale Einsatzfähigkeit von Kampfflugzeugen, Artillerie und Kurzstreckenraketen als konventionelle und/oder nukleare sowie diejenige der Langstreckenmittel als interkontinentale und/oder euronukleare Waffensysteme eine genaue (numerische) Bestimmung auch zukünftig kaum zulassen werden.

Wenn wir deshalb im folgenden in einem ersten Schritt selbst nochmals die Potentiale der beiden Pakte skizzieren, um in einem zweiten Schritt einen eigenen Kräftevergleich durchzuführen, so kann es sich – angesichts der genannten Imponderabilien – nicht um den Versuch handeln, selbst mit neuen, völlig zweifelsfreien – oder gar geheimen – Daten und Ergebnissen aufzuwarten. Vielmehr kann es nur darum gehen, die Zuverlässigkeit und Plausibilität der zur Stützung der Nachrüstungsthese bzw. des NATO-Ratsbeschlusses angeführten Grundlagen zu überprüfen; dies aber verlangt u. a., die differierenden Daten und Informationen (und ihre Ursachen) transparent zu machen, Lücken aufzudecken und/oder zu schließen sowie eventuell kategoriale und analytische Fehlerquellen zu beheben (zur Methodologie militärischer Kräftevergleiche siehe bereits ausführlich Kap. 2).

5.1 Das euronukleare Potential der WVO

Teilen wir die Nuklearkräfte in und für Europa in Systeme kurzer (SRTNF), mittlerer (MRTNF) und großer (LRTNF) Reichweiten ein, so ergibt sich für das euronukleare Potential der WVO folgendes Bild[2] (siehe Tabelle 17)

5.1.1 SRTNF

Zu den nuklearen und nuklearfähigen Gefechtsfeldwaffen mit einer Reichweite unter 100 km (SRTNF) können gezählt werden: die nuklearen Sperrmittel (ADM), die Artillerie und gegebenenfalls Kurzstreckenraketen (SRBM). Zu letzteren gehören auch die nuklearen Flugabwehrkörper (SAM).

2 Soweit nicht spezifische Literaturangaben genannt werden vgl. zu folgendem auch die zu den Tabellen Nr. 24–29 angeführten Quellen; vgl. ferner: Taylor, Michael J. H./Taylor, John W. R., Die Raketenwaffen und Flugkörper der Welt, Stuttgart 1975; World Missile Directory, in: Flight International, Juni 1979, S. 1820–1866; Cook, Chris/Stevenson, John, The Atlas of Modern Warfare, London 1978; Dorman, James E., Die Strategische Raketentruppe, in: Die sowjetische Militärmacht. Geschichte, Technik, Strategie,

Nach nahezu einhelliger Meinung scheint die WVO keine ADM und keine nuklearfähigen SAM[3] zu besitzen. Zumindest zweifelhaft ist gleichfalls, ob der Artilleriebestand der WVO nuklearfähige Haubitzen enthält. Während SIPRI Yearbook 1978 die Nuklearfähigkeit der sowjetischen 203-mm-Haubitzen M-115 und M-55 als «ungewiß»[4] und «zweifelhaft»[5] bezeichnet und *The Military Balance (MB) 1979–1980* nur die M-55 203 mm für die Sowjetunion als «möglicherweise dualfähig»[6] ansieht, werden Haubitzen zumindest in den Bestandslisten für die übrigen WVO-Staaten nicht angeführt.[7] Auch der Generalberichterstatter für das Militärkomitee der Nordatlantischen Versammlung, K. G. de Vries, läßt diese Waffen sowohl bei der Sowjetunion als auch auf seiten der WVO in seinem *General Report on the Security of the Alliance* 1978 außer Betracht.[8] Der *Staff Report* für den US-Senat vom Oktober 1979 schließlich nennt neben der 203-mm-Haubitze zwar noch einen 240-mm-Mörser der Sowjetunion (vgl. Tabelle 17), die Bestandsangaben sind jedoch gelöscht, können also im Bereich einer hohen oder einer zu vernachlässigenden Größenordnung liegen. Denkbar ist auch, daß zwar nuklearfähige Artillerie, nicht aber verwendungsfähige Munition existiert. Ähnlich argumentiert auch Joseph Coffey (vgl. Tabelle 11), der einen Bestand von 270 Haubitzen des Kalibers 203 mm für die WVO «vermutet», die Existenz von Nukleargranaten aber als «ungewiß» bezeichnet.[9]

Bayreuth 1979, S. 200–211; Gatland, Kenneth W., Sowjetische Flugkörper, in: ebd., S. 212–231; Pretty, R. T. (Ed.). Jane's Weapon Systems 1979–80, London 1979; The Royal United Services Institute for Defence Studies, R. U. S. I. and Brassey's Defence Yearbook 1980, London 1979, insbes. S. 313; Owen, John (Ed.), Brassey's Infantry Weapons of the Warsaw Pact Armies, London 1979²; Owen, John (Ed.), Brassey's Infantry Weapons of the World 1979, London/New York 1979²; Bidwell, Shelford, Brassey's Artillery of the World, London 1977.

3 A. A.: Gatland, Kenneth W., Sowjetische Flugkörper, in: Die sowjetische Militärmacht, a. a. O. (Anm. 2), S. 212–231, hier: S. 214, 227: «... es ist möglich, daß einige SA-5 mit Nuklear-Gefechtsköpfen dazu bestimmt sind, amerikanische und/oder chinesische Internkontinental-Raketen-Gefechtsköpfe durch Hochenergie-Neutronenstrahlen unbeweglich zu machen.»

4 World Armaments and Disarmament, SIPRI Yearbook 1978, London 1978, S. 423.

5 Ebd., S. 426.

6 IISS, The Military Balance (MB) 1979–1980, London 1979, S. 89; vgl. auch: MB 1978–1979, S. 83.

7 Ebd., S. 91; vgl. auch: IISS, MB 1979, S. 85.

8 North Atlantic Assembly, Military Committee, General Report on the Security of the Alliance, presented by de Vries, Klaas G. (Netherlands), General Rapporteur, November 1978, S. 50.

9 Coffey, Joseph, Arms Control, Tactical Nuclear Forces and European Security, Occasional Papers, Center for Arms Control and International Security Studies, University Center for International Studies, University of Pittsburgh, Pittsburgh, Penns., o. J., ohne Seitenangaben zwischen S. 7 und 8; vgl. aber jüngst auch ÖMZ 4/1980, S. 350, die Atomgranaten für die 203 mm M-55 von 0,2 KT bis 2,5 KT annimmt, aber keine Zahl nennt und

Erstaunlicherweise – und im Gegensatz zur genannten Literatur – machen die Autoren der Würzbach/Berger-Studie sowohl über die Quantität (Stückzahl) als auch über die Qualität (Kaliberbereich) der sowjetischen Nuklearartillerie anderslautende bzw. exakte Angaben: «Zu den sowjetischen Gefechtsfeldwaffen, die nukleare Geschosse abfeuern können, gehören seit kurzem auch über 150 Haubitzen-Kanonen 180 mm, die dual einsetzbar sind.» [10] Unbeschadet der Glaubwürdigkeit der letztgenannten (geringen) Anzahl möglicherweise nuklearfähiger Haubitzen liegt der Schwerpunkt der sowjetischen Rüstung im SRTNF-Bereich nach einhelliger Meinung bei den dualen Kurzstreckenraketen (SRBM) mit dem NATO-Codenamen FROG. [11] Eine FROG-Batterie besteht aus einem Werferfahrzeug und etwa 20 LKw verschiedener Art, darunter Raketentransport-, Prüf- und Instandsetzungsfahrzeuge. [12] Die FROG selbst ist eine einfache, relativ veraltete Rakete mit Feststoffantrieb und ohne Steuerung. Die Reichweite der sogenannten FROG-Familie differiert nicht nur zwischen den einzelnen Raketen FROG 1–7 [13], sondern wird auch – je nach Quelle – mit einem Maximum zwischen 65 und 90 km unterschiedlich angegeben. [14] Ihre Sprengkraft liegt – bei nuklearer Bestückung – im Bereich unter einer Kilotonne TNT. Die Bestandsangaben zu diesem System weisen unterschiedlich eine Stückzahl zwischen ca. 300 und 650 aus und müssen je nach Berechnungsweise im Kräftevergleich auch unterschiedlich berücksichtigt werden (vgl. dazu noch Abschn. 7.1).

5.1.2. MRTNF

Gleichfalls zu den Kurzstreckenraketen (SRBM), auf Grund ihrer Reichweite über 100 km aber nicht mehr zu den SRTNF, gehören die Raketen SCUD-A/B (SS-1B/C) und SCALEBOARD (SS-12). Allerdings ist die SCUD in der UdSSR noch wie die FROG der Waffengattung der Artillerie

---

die Annahme auch ausschließlich als Rückrechnungen aus Daten vergleichbarer westlicher Waffen bezeichnet.

10 Rüstung und Abrüstung im euronuklearen Bereich. Die Mitwirkungsmöglichkeiten der europäischen Staaten an den SALT III-Verhandlungen. Eine Kurzstudie von Hubertus Hoffmann und Rolf Steinrücke, im Auftrage der Bundestagsabgeordneten Peter Kurt Würzbach und Markus Berger, Washington–Bonn, April/Mai 1979 (hektogr. Manuskript), S. 12.

11 FROG = Free Rocket Over Ground (ungelenkte Boden-Boden-Rakete).

12 Wiener, Friedrich (Hg.), Die Armeen der Warschauer-Pakt-Staaten, Taschenbuch der Landstreitkräfte Bd. 2, München 1979[7], S. 222.

13 In der Literatur werden in der Regel nur noch die Raketen FROG 3 bis 7 erwähnt.

14 Vgl. etwa: 72 km: Würzbach/Berger-Studie, a. a. O. (Anm. 10), S. 12; 65 km: Wiener, Friedrich, a. a. O. (Anm. 12), S. 222; 90 km: SIPRI Yearbook 1978, a. a. O. (Anm. 4), S. 424; 81 km: IISS, MB 1979–1980, S. 87, 91.

und nicht wie die 700 bis 900 km weit reichende SCALEBOARD den Raketentruppen zugeordnet. Die Reichweite von ca. 100 bis ca. 280 km für die SCUD rechtfertigt es jedoch, diesen Raketentyp ohne Bedenken zu den MRTNF zu zählen. Auch im Sprachgebrauch der WVO wird bereits zwischen «taktischen Raketen» (FROG) und «operativ-taktischen Raketen» (SCUD) unterschieden.[15]

Beide Raketentypen – SCUD und SCALEBOARD – sind mobil; die duale SCUD kann einen nuklearen Sprengkopf bis 100 KT tragen, die Sprengkraft der nuklearen SCALEBOARD geht bis zu 1 MT. Der Gesamtbestand an sowjetischen FROG, SCUD und SCALEBOARD wird vom IISS pauschal mit insgesamt 1300 beziffert, läßt sich jedoch an Hand der spezifischeren Länderangaben für die übrigen WVO-Staaten sowie nach Daten von SIPRI exakter auf einen WVO-Bestand von vermutlich 311 FROG, 246 SCUD und auf 32 SCALEBOARD «in und für Europa» bestimmen[16] (vgl. noch Abschn. 7.1 und 7.2).

Neben SCUD und SCALEBOARD gehört zu den MRTNF auch der landgestützte Marschflugkörper SHADDOCK (SS-N-3). Diese stark veraltete Cruise Missile aus dem Jahre 1962 besitzt nach de Vries eine Sprengkraft von 100 bis 500 KT; ihre Stückzahl wird mit 100 und ihre Reichweite unterschiedlich mit 300 bis 800 km angegeben.[17] Weitere 324 seegestützte SHADDOCKS – wie sie von *The Military Balance* und der Würzbach/Berger-Studie angegeben werden[18] – können (ebenso wie ihre übrigens in der Literatur nicht genannten Pendants auf westlicher Seite) nicht den TNF zugerechnet werden; als Seekriegsführungssysteme[19] zur Seeziel- und U-Boot-Bekämpfung fehlt ihnen formal der Funktions- und Dislozierungsbezug, der sie als Nuklearkräfte in und für Europa legitimieren könnte.[20] Überdies weist die einschlägige Marineliteratur keine 324 SHADDOCKS, sondern für die Ostsee ohnehin lediglich 2 U-Boote der veralteten, langsamen und lautstarken «LON-BIN-Klasse» mit je 4SS-N-3c aus.[21]

---

15 Vgl. Wiener, Friedrich, Bd. 2, a. a. O. (Anm. 12), S. 222f.

16 IISS, MB 1979–1980, S. 10, 81; SIPRI Yearbook 1978, S. 427.

17 Vgl. IISS, MB 1979–1980, S. 87; Wiener, Friedrich, a. a. O. (Anm. 12), S. 222.

18 Würzbach/Berger-Studie, a. a. O. (Anm. 10), S. 15, 34, 40; ferner auch: IISS, MB 1979–1980, S. 87; ebenso: Holtzendorff, Friedrich, Neue Kernwaffen für das alte Kräftespiel, in: loyal 1/1979, S. 8.

19 Vgl. auch: Jablonsky, Walter, Taktische Nuklearwaffen der Marinen in der Konfrontation NATO/Warschauer Pakt, München 1979, S. 91.

20 So aber in ihrem Kräftevergleich die Autoren der Würzbach/Berger-Studie, a. a. O. (Anm. 10), S. 15, 40.

21 So: Schulz-Torge, Ulrich, Die sowjetische Kriegsmarine Bd. 1, Bonn 1976, S. 250, 265, vgl. auch S. 242f; ferner auch: John E. Moore (Ed.), Jane's Fighting Ships 1978–79, London 1978, S. 492–494.

5.1.3 LRTNF

5.1.3.1 Land- und seegestützte Raketen

Ein Atompotential besonderer Art – weil ohne direktes Pendant in der NATO[22] – stellen die schon seit 1959 bzw. 1961 im Westen der Sowjetunion lozierten und gegen Westeuropa gerichteten Mittelstreckenraketen SS-4 SANDAL und SS-5 SKEAN dar. Ihre Zahl wird seit Jahren unverändert mit 500 bis 600 angegeben. Diese Mittelstreckenraketen mit Sprengköpfen von jeweils 1 MT erreichen eine Flugweite von ca. 1000 bis 4000 km.[23] Beide Raketentypen werden seit 1977 ergänzt und ersetzt durch die mit vermutlich drei MIRV im KT-Bereich versehene SS-20. Ihre Reichweite soll zwischen 4500 bis 7000 km und ihre Stückzahl derzeit bei 100 liegen[24] (vgl. bereits die Tabellen 14–16 sowie im folgenden noch Abschn. 6.1).

Mit einer Reichweite von 1350 km gehört die U-Boot-gestützte SLBM SS-N-5 SERB aus dem Jahre 1964 noch nicht zu den strategischen, wegen ihrer Mobilität aber auch nicht mehr zu den taktischen Raketenwaffen in einem engen Sinne. Ihren Bezug zu den LRTNF «in und für Europa» stellen 18 dieser Systeme[25] mit Sprengköpfen von 1–2 MT durch die Dislozierung von 6 U-Booten der GOLF-Klasse in der Ostsee her. Anders als die bereits erwähnten SLCM SHADDOCK sind sie somit im Kräftevergleich zu berücksichtigen.

5.1.3.2 Flugzeuge[26]

Am schwierigsten zu quantifizieren und zu qualifizieren sind die nuklearfähigen Flugzeuge. Neben einer ganzen Reihe unterschiedlicher Jagdbomber gehören insbesondere die sowjetischen Mittelstreckenbomber TU-16 BADGER und TU-22M BACKFIRE zu diesen Waffensystemen. Mit maximalen Reichweiten zwischen 7000 km und 10000 km bewegen letztere sich sogar bereits an der Grenze zu den strategischen Trägersystemen.

---

22 Eine Ausnahme bildet die allerdings nicht dem Kommandobereich der NATO unterstellte französische SSBS S-2 – siehe auch Abschn. 5.2.3.

23 Vgl. zu den Daten auch: Wiener, Friedrich Bd. 2, a. a. O. (Anm. 12), S. 222ff; IISS, MB 1979–1980, S. 87.

24 Vgl. Annex to PO/80/85 (NATO Unclassified) – hier: Tabelle Nr. 15; ferner: Die nuklearen Mittelstreckenwaffen. Modernisierung und Rüstungskontrolle. Texte, Materialien und Argumente zum Beschluß der NATO vom 12. Dezember 1979, hg. vom Bundesminister der Verteidigung – Planungsstab, o. O. 1980, S. 37f; IISS, MB 1979–1980, S. 87.

25 Pro U-Boot sind drei Raketen vorgesehen. Dennoch gibt das Weißbuch 1979 insgesamt 20 Raketen an – Weißbuch 1979. Zur Sicherheit der Bundesrepublik Deutschland und zur Entwicklung der Bundeswehr, im Auftrage der Bundesregierung herausgegeben vom Bundesminister der Verteidigung, Bonn 1979, S. 107.

26 Neben den im folgenden genannten spezifischen Literaturhinweisen vgl. auch: Nowarra, Heinz J., Die sowjetischen Flugzeuge 1941–1966, München 1967; Higham, Ro-

Jagdbomber wie die SU-17/20 FITTER C/D, MIG-23/-27 FLOGGER B/D, MIG-21 FISHBED J/K/L/N oder die SU-7 FITTER A überschreiten dagegen nur bei optimaler Höhe und Geschwindigkeit sowie bei geringer Waffenzuladung das für LRTNF gesetzte untere Limit von 1000 km.[27] Dies ist deshalb zu betonen, weil die kategoriale Einteilung der verschiedenen Flugzeugmuster nach den Einsatzradien (*combat range*) und nicht nach den optimalen Weiten erfolgen muß, wie sie z. B. bei einer Überführung des Flugzeugs (ohne Rückflug) und unter günstigen Flugbedingungen (Flugprofil), d. h. bei treibstoffsparender Zuladung, Höhe und Geschwindigkeit erreicht werden. Der Einsatzradius berechnet sich dagegen – wegen der Flugabwehr des Gegners – aus einem Flugprofil mit hoher Geschwindigkeit in geringerer Flughöhe und einer nicht immer geraden Fluglinie, also einem hohen Treibstoffverbrauch unter Berücksichtigung des Rückfluges.

Neben den genannten BADGER und BACKFIRE können deshalb als vermutlich sicheres LRTNF-System nur noch der Jagdbomber TU-22 BLINDER sowie als «Grenzfall» die SU-19/24 FENCER, die MIG-25 FOXBAT und die IL-28 BEAGLE angesehen werden (vgl. auch Tabelle 18). Gleichwohl müssen alle genannten nuklearfähigen Flugzeuge im LRTNF-Kräftevergleich berücksichtigt werden. Denn die Möglichkeiten der Luftbetankung und der Installierung von Außentanks relativieren das Problem des Treibstoffverbrauchs und damit der Reichweite sehr stark. Vor allem aber können Flugzeuge in kurzer Zeit ihre Ausgangsposition durch Zwischenlandungen verändern.[28] Eine SU-7 FITTER A etwa mit einem Einsatzradius unterhalb 500 km könnte nach einer Zwischenlandung in der DDR oder einem anderen nichtsowjetischen WVO-Staat sehr wohl eine – gemessen an ihren ursprünglichen Standort – Aufgabe im Bereich des *theatrewide use* bzw. der *deep interdiction* übernehmen. Ganz offensichtlich muß also – ausgerichtet auf Flugzeuge – an die Stelle der formalen, reichweitenorientierten Definition der LRTNF mit ihrem Schwellenwert von 1000 km (vgl. oben Abschn. 4.5.2) ein funktions- und zielbezogenes Verständnis treten. Mit der Indienststellung luftgestützter Cruise Missiles,

---

bin/Kipp, Jacob W. (Ed.), Soviet Aviation and Air Power. A historical View, London/ Boulder 1977/78; Berman, Robert P., Soviet Air Power in Transition, Washington 1978; Petersen, Phillip A., Soviet Air Power and the Persuit of New Military Options. Studies in Communist Affairs. Vol. 3, Washington o. J.: Aviation Week & Space Technology, 12/ 1979, S. 97/99; Menaul, S. W. B., Die sowjetischen Luftstreitkräfte, in: Die sowjetische Militärmacht, a. a. O. (Anm. 2), S. 65–85; Gunston, Bill, Sowjetische Flugzeuge, in: ebd., S. 86–111.

27 Hieraus erklären sich auch die unterschiedlichen Reichweitenangaben bei: IISS, MB 1979–1980, S. 89 und 119; vgl. dort auch S. 92, Anm. i.

28 Die Fähigkeit, ihren Standort zu ändern, besitzen zwar auch die U-Boote, allerdings nicht in entsprechend kurzen Zeiten. Da die Reichweiten der U-Boot-gestützten SLBM darüber hinaus weit über dem unteren Limit von 1000 km liegen, stellt sich die Frage ohnehin nicht in dieser ausschlaggebenden Form.

Tabelle Nr. 18: Die nuklearfähigen Flugzeuge der WVO, eingeteilt nach Einsatzradien (in km)

Flugzeugtyp	US-Senate		Weißbuch		Krivinyi		Jane's		IISS	
	MR	LR	MR	LR	MR	LR	MR	LR	MR	LR
TU-22M BACKFIRE B		×		×		2500		5745		5400
TU-16 BADGER		×		×		4800		(4800)		2970
TU-22 BLINDER		×		×		1120		(2250)		3150
SU-19/24 FENCER	×			×	250–400		322			1080
SU-7 FITTER A	×		–	–	320–460		320–480		495	
SU-17/20 FITTER C/D	×		–	–	420–460		360–630		585	
MiG-21 FISHBED J/K/L/N	×		–	–	600			(1100)	630	
MiG-23/-27 FLOGGER B/D/F	×		–	–	250–400		960		810	
MiG-25 FOXBAT B	×		–	–		1125		(1130–1300)	–	–
JAK-28 BREWER B/C	×		–	–	370–500/885		925		–	–
IL-28 BEAGLE	–	–	–	–	950			(1335–2180)		2520

Quellen: SALT and the NATO Allies. A Staff Report to the Subcommittee on European Affairs of the Committee on Foreign Relations United States Senate, Washington, Oktober 1979, S. 39; Weißbuch 1979. Zur Sicherheit der Bundesrepublik Deutschland und zur Entwicklung der Bundeswehr, o. O. 1979, S. 107; Krivinyi, Nikolaus, Taschenbuch der Luftflotten 1976, München 1976, S. 351, 357, 364, 366, 367, 376, 379, 380, 381, 384, 387; Taylor, John W. R. (Ed.), Jane's All the World's Aircraft 1978–1979, London 1978, S. 29, 183, 184, 186, 194, 196, 197, 198, 201, 202, 209; The International Institute for Strategic Studies (IISS), The Military Balance 1979–1980, London 1979, S. 118.

Anmerkungen: × = zugeordnet / – = keine Angaben / ( ) = kein Einsatzradius/*combat range* angegeben.

die selbst wiederum eine große Eigenreichweite besitzen, wird diese Aussage zukünftig noch stärkeres Gewicht erhalten.[29] Folgt man dennoch der formalen Definition, so ist zu beachten, daß diejenigen nuklearfähigen Flugzeuge, die wegen ihres begrenzten Einsatzradius nicht als LRTNF-Systeme betrachtet werden können, in jedem Fall auf den beiden Ebenen unterhalb einer Reichweite von 1000 km berücksichtigt werden müssen.

Die Breite der Bestandsschätzungen entspricht den Imponderabilien aus der Flexibilität von Flugzeugen, aber auch der tatsächlichen Unkenntnis über die landziel- und seezielorientierte Rolle, über die Nuklearfähigkeit und über die vorgesehene konventionelle und/oder atomare Mission der Bomber. So gibt de Vries redlicherweise in seinem Generalbericht 1978 die Zahl der Flugzeuge mit nuklearer Rolle als «unbekannt» an, das Weißbuch 1979 weist dagegen einen Bestand von 150 schweren Bombern aus (vgl. Schaubild Nr. 3), SIPRI 1978 führt (schon) 2350 Systeme an, und die Bestandsdaten der nuklearfähigen Flugzeuge nach IISS 1979–1980 ergeben – je nach Berechnungsart (vgl. Tabellen Nr. 12 und 19) – eine Gesamtzahl von 4151 oder 5993 Flugzeugen. Berechnungen nach Angaben von Interavia 1/1979 führen schließlich sogar zu einer Summe von 6235 nuklearfähigen Kampfflugzeugen (vgl. Tabelle Nr. 19).

Die Bestandsaufnahme auf der Grundlage der vorliegenden, besser: der mangelnden oder widersprüchlichen Daten wird schließlich völlig unübersichtlich, geht man statt von der bloßen numerischen Gesamtsumme der Flugzeuge von der möglichen Zahl ihrer Einsätze (*sortie rates*) aus: Die Höhe der Einsatzrate hängt neben qualitativen Parametern (dazu bereits Abschn. 2.2) wie der Ausbildung der Piloten sowie den jeweiligen Standards der Technologie, Avionik und Elektronik eben auch vom Gesamtbestand der – wiederum unbekannten – Anzahl nuklearer Flugzeugbomben und -raketen ab. Bereits die Zahl der von den einzelnen Flugzeugtypen mitgeführten Nuklearwaffen ist aber wiederum ungewiß oder in der Breite der Bestandsangaben inakzeptabel. Der Stellenwert von Flugzeugen wie der TU-16 BADGER und der TU-22 M BACKFIRE ist jedoch ein völlig anderer, wenn – je nach Quelle – statt lediglich zwei[30] die doppelte Anzahl oder sogar fünf[31] Nuklearwaffen mitgeführt (und abgeworfen) werden können. *Bereits an dieser Stelle muß deshalb auf den stark hypothetischen Charakter eines Kräftevergleiches für den Teilbereich der Flugzeuge hingewiesen werden.*

---

29 Aber auch heute schon ist zu beachten, daß Luft-Boden-Raketen wie die SRAM, die von der FB-111 mitgeführt wird und von der die USA ca. 1500 Exemplare besitzen, ca. 160 km weit eigenständig und treffgenau fliegen können – vgl. Pretty, R. T. (Ed.), Jane's Weapon Systems 1979–80, a. a. O. (Anm. 2), S. 144; Taylor, Michael J. H./Taylor, John W. R., a. a. O. (Anm. 2), S. 209.

30 So: Krivinyi, Nikolaus, Taschenbuch der Luftflotten 1976, München 1976, S. 381, 387.

31 So: IISS, MB 1979–1980, S. 118.

Tabelle Nr. 19: Nuklearfähige Kampfflugzeuge der WVO-Staaten 1979/80 – Bestandsangaben

Flugzeugtyp / Staat	Sowjetunion		Bulgarien		ČSSR		DDR		Ungarn		Polen		Rumänien		Gesamt	
	IISS	Interavia	IISS	Interavia	IISS	Interavia	IISS	Interavia	IISS	Interavia	IISS	Interavia	IISS	Interavia	IISS	Interavia
TU-22M BACKFIRE	80	100													80	100
TU-16 BADGER	613	800													613	800
TU-22 BLINDER	175	250													175	250
SU-19/24 FENCER	230	200													230	200
SU-7 FITTER A	220	500			80	70		80		30	35	200		25	335	905
SU-17/20 FITTER C/D	640	500				K. A.					35	50			675	550
MiG-21 FISHBED J/K/L/N	1000	130	60	70	294	220	300	280	150	80	378	300	240	80	2422	2330
MiG-23/-27 FLOGGER B/D/F	1400	1000			3	K. A.									1403	1000
MiG-25 FOXBAT B		100														100
YAK-28 BREWER B/C	60														60	
Gesamt:	4418	4750	60	70	377	290	300	360	150	110	448	550	240	105	5993	6235

Berechnungen nach Daten aus: The International Institute for Strategic Studies (IISS), The Military Balance 1979–1980, London 1979, S. 9–11, 14–16, 89; Die Luftstreitkräfte der Welt – 1979, in: Interavia 1/1979, S. 51, 54, 56.

Anmerkungen:
- Die IISS-Angaben beziehen sich auf Juli 1979, die Interavia-Daten auf September 1978.
- K. A. = keine ausgewiesenen Bestandsangaben.
- Die Bestandsangaben beinhalten alle nuklearfähigen Kampfflugzeuge, inklusive Abfangjäger und Systeme mit maritimer Funktion. Hieraus erklärt sich u. a. auch die Differenz zu den Angaben von IISS, MB 1979–1980, S. 118, Tabelle VII bzw. in diesem Band Tabelle 12.
- Aufklärungsflugzeuge, U-Jagd- und Seeaufklärungssysteme sind nicht aufgenommen. In der jeweiligen Defintion liegt zum Teil vermutlich wieder die Differenz zwischen IISS und Interavia.

5.2 Das euronukleare Potential der NATO[32]

5.2.1 SRTNF

Im Gegensatz zur WVO unterhält die NATO in Europa auch nukleare Sperrmittel (ADM) und nuklearfähige Flugabwehrraketen (SAM). Die ADM, deren Zahl auf ca. 300 verschiedene Systeme geschätzt wird, sind Sprengsätze, die von Pioniereinheiten verlegt, auf Kommando oder durch Zeitschaltmechanismen gezündet werden. Die Sperrwirkung der Waffe wird in erster Linie durch Kraterbildung erzielt; der als Nebeneffekt entstehende *fall out* ist trotz der geringen Sprengkraft unter 1 KT erheblich.[33] Die Flugabwehrrakete NIKE HERCULES[34], deren Stückzahl mit 709 angegeben wird, soll der Bekämpfung massiver Flugzeugeinsätze der WVO dienen. Die Reichweite dieser Rakete mit einer Sprengkraft von 2 bis 5 KT liegt bei 150 km; ihre Flughöhe beträgt 45 km.[35]

Neben der SAM NIKE HERCULES enthält der SRBM-Bestand der NATO die Boden-Boden-Rakete (SSM) HONEST JOHN. Die Stückzahl dieser relativ veralteten Rakete aus dem Jahre 1953 kann noch auf ca. 320 geschätzt werden[36] (vgl. auch noch Kap. 6). Ihre Reichweite liegt bei 50 km, ihre Sprengkraft zwischen 1 bis 100 KT. Die Dislozierungsschwerpunkte der HONEST JOHN liegen – wie auch bei der NIKE HERCULES – offensichtlich in den sogenannten «Frontstaaten» Bundesrepublik und Türkei.

Den Hauptbestand der nuklearen Gefechtsfeldwaffen der NATO bildet jedoch eine in der Literatur teilweise als «unbekannt» bezeichnete Anzahl[37] von Artilleriehaubitzen M-109 (155 mm) und M-110 (203 mm) mit nuklearer Funktion. Interessanterweise sind im *Staff Report* für den US-Senat gerade diese Daten nicht gelöscht (vgl. Tabelle 17). Die Angabe des Berichts von insges. 986 Haubitzen deckt sich mit den Schätzungen von 1000 Waf-

---

32 Vgl. neben den im folgenden genannten Quellen auch die bereits in Anm. 2 aufgeführte Literatur, soweit sie sich auf die NATO-Staaten bezieht; fernen: Owen, John (Ed.), Brassey's Infantry Weapons of the NATO Armies, London 1979².

33 Die Autoren der Würzbach/Berger-Studie bezeichnen ihn als «taktisch untragbar» – a. a. O. (Anm. 10), S. 21.

34 Die NIKE-HERCULES soll durch das voraussichtlich nichtnukleare Waffensystem PATRIOT ersetzt werden – vgl. Brown, Harold, Annual Report Fiscal Year 1980, o. O. 1979, S. 152f; Poetsch, Klaus, Das FLaRak-Waffensystem Patriot, in: Jahrbuch der Luftwaffe 13/1976, S. 64–73.

35 Vgl. stellvertretend: SIPRI Yearbook 1978, a. a. O. (Anm. 4), S. 424, 427f.

36 IISS, MB 1979–1980, S. 90, gibt in seiner zusammenfassenden Gegenüberstellung lediglich 91 Systeme an; auf der Basis der einzelnen Länderangaben – ebd., S. 20ff – sowie der SIPRI-Daten – a. a. O. (Anm. 4), S. 426f – ergibt sich jedoch (noch) ein Gesamtbestand von ca. 340.

37 Als «unbekannt» weisen aus: IISS, MB 1979–1980, S. 90; Vries, Klaas G. de, a. a. O. (Anm. 8), S. 51.

fen bei SIPRI.[38] Die tatsächliche Stückzahl an nuklearfähigen, wenn auch nicht notwendigerweise nukleargenutzten bzw. – vorgesehenen Systemen ist allerdings wesentlich höher. Sie beläuft sich auf ca. 2000 M-109 bzw. ca. 340 M-110.[39] Die Sprengkraft der über 3000 in Europa gelagerten Artilleriegranaten geht bis zu 1 KT. Die Schußweite der Haubitzen reicht von 15 bis 18 km.

5.2.2 MRTNF

Neben den bereits erwähnten Raketen HONEST JOHN und NIKE HERCULES besitzt die NATO mit den Boden-Boden-Raketen (SSM) SERGEANT, LANCE, PERSHING und PLUTON vier weitere Typen von Kurzstreckenraketen, die allerdings auf Grund ihrer Reichweite über 100 km nicht mehr zu den SRTNF, sondern zu den MRTNF gerechnet werden müssen. Die SERGEANT ist – ebenso wie die HONEST JOHN – ein veraltetes System und wird zukünftig durch die LANCE ersetzt werden. Ein Bestand von 20 Raketen lagerte bis 1978 nur noch in der Bundesrepublik[40] und befand sich in der Zeit danach in Auflösung. Die erst 1976 eingeführte LANCE besitzt mit ca. 140 km fast die gleiche Reichweite wie die SERGEANT (150 km); ihre Sprengkraft reicht von 1 bis 50 KT. Ihr Bestand hat mittlerweile eine Zahl von 92 Systemen erreicht.[41]

Die Werte der 1972 eingeführten PERSHING liegen mit einer Sprengkraft bis zu 400 KT und einer Reichweite von ca. 800 km nicht nur wesentlich höher als die der LANCE und SERGEANT, sondern bewegen sich bereits knapp an der Grenze zu den LRTNF. Es ist deshalb kein Zufall, daß ein verbessertes Modell der PERSHING nach NATO-Plänen der sowjetischen Mittelstreckenrakete des LRTNF-Bereiches SS-20 entgegengesetzt werden soll (dazu noch Abschn. 6.2). Die Gesamtzahl der PERSHING wird derzeit einhellig mit 180 angegeben.

Die PLUTON ist, anders als die vorgenannten Raketen, ein französisches System. Zwar gehört Frankreich der militärischen Integration der NATO nicht an. Als politisches Mitglied bildet das Land jedoch einen «Risikofaktor» für die WVO; das französische Nuklearpotential wird deshalb – in der östlichen wie in der westlichen Literatur (vgl. stellvertretend die vorangegangenen Tabellen und Schaubilder) – in den Kräftevergleich einbezogen: Die 1974 eingeführte PLUTON-Rakete besitzt eine Sprengkraft

---

38 SIPRI Yearbook 1978, a. a. O. (Anm. 4), S. 427.

39 Vgl. die Einzelangaben bei IISS, MB 1979–1980, S. 20–30.

40 So SIPRI Yearbook 1978, a. a. O. (Anm. 4), S. 427; IISS, MB 1979–1980 führt dagegen die SERGEANT nicht mehr an.

41 Ausführlicher zu den Systemen: Handel, Günter, Das Waffensystem LANCE. Eine Artillerierakete mittlerer Reichweite, in: Soldat und Technik 11/1979, S. 604–609, insbes. auch die Tabellen auf S. 607 und 609; Paulsen, Andreas, Die Raketenartillerie und ihre Waffensysteme. Zur Geschichte der Raketentechnik und der Raumfahrt, in: Soldat und Technik 11/1979, S. 600 und 602 und dort insbes. die Tabelle III.

bis zu 25 KT und eine Reichweite von ca. 130 km. Ihr Bestand hat nach Angaben für 1980 eine Gesamtzahl von 32 Systemen erreicht.[42]

5.2.3 LRTNF

5.2.3.1 Land- und seegestützte Raketen

Neben der Kurzstreckenrakete PLUTON besitzt Frankreich zwei weitere Raketensysteme, die allerdings den LRTNF zuberechnet werden müssen: Die 18 SSBS S-2 sind landgestützte Mittelstreckenraketen mit einer Sprengkraft von je 150 KT und einer Reichweite bis 3400 km. Die MSBS M-2 und MSBS M-20 sind seegestützte Langstreckenraketen (SLBM) auf vormals 4 U-Booten (ab Frühjahr 1980 80 M-20 auf 5 U-Booten). Ihre nicht vermirvten Sprengköpfe können eine Sprengkraft von 500 KT bis 1 MT aufweisen. Die Reichweiten dieser SLBM liegen bei 3400 km bis 5400 km.

Das Definitionsproblem, das sich aus der Mobilität der U-Boote ergibt, hatten wir bereits mit der sowjetischen SS-N-5 SERB in Abschn. 5.1.3 angesprochen. Im Unterschied zur sowjetischen SLBM mit 1350 km besitzt allerdings die französische M-20 bereits strategische Reichweite. Dennoch sind auch die weitreichenden, modernen M-20 Frankreichs wegen ihrer Zielfunktion eindeutig Nuklearwaffen in und für Europa, d. h. Systeme mit LRTNF-Funktion. Dies gilt gleichfalls für die strategischen POLARIS A-3 Großbritanniens, aber auch für die SACEUR unterstellten amerikanischen POSEIDON C-3. Letztere bildeten ursprünglich einen Ersatz insbesondere für die im Dezember 1957 in Italien, Großbritannien und der Türkei stationierten und nach der Kuba-Krise wieder abgezogenen JUPITER- und THOR-Mittelstreckenraketen (s. o. Abschn. 1.2.3).

Die britische POLARIS A-3 ist eine 1967 eingeführte Rakete mit 3 Sprengköpfen (MRV) zu 200 KT, die allerdings anders als MIRV nicht einzeln programmierbar sind. Der Bestand von 64 britischen SLBM entspricht somit einer Zahl von 192 MRV-Sprengköpfen, gestützt auf 4 U-Boote à 16 Raketen. Die Reichweite der POLARIS A-3 beträgt 5200 km.

Die moderne, 1971 eingeführte POSEIDON C-3 besitzt zwar gleichfalls nur eine Reichweite von 5200 km, trägt jedoch 10 bis 14 Sprengköpfe à 50 KT. Wie viele dieser amerikanischen Raketen SACEUR assigniert sind, läßt u. a. der Bericht des amerikanischen Verteidigungsministers für das Jahr 1980 offen Die Anzahl wird lediglich als *significant* bezeichnet.[43] In

42 So IISS, MB 1979–1980, S. 90; zur Position Frankreichs im Bündnis vgl. den damaligen französischen Staatspräsidenten Giscard d'Estaing in einem Interview mit der *Frankfurter Rundschau* vom 7. 7. 1980, S. 2: «Frankreich läßt keinen Zweifel daran, zu welchem Lager es gehört. Es ist weder neutral noch neutralistisch. Im gegebenen Fall würde es seinen Verpflichtungen ohne Schwäche nachkommen.»

43 Brown, Harold, Department of Defense, Annual Report Fiscal Year 1980, a. a. O. (Anm. 34), S. 82; dass.: Fiscal Year 1979, o. O. 1978, S. 130.

den Stellungnahmen der Vereinigten US-Stabschefs für das Finanzjahr 1979 (General G. Brown)[44] und für 1980[45] (General D. C. Jones) werden sie mit *substantial* angegeben. Nach jüngsten Angaben von *The Military Balance 1979–1980*[46] sollen es 40 POSEIDON C-3 bzw. 400 MIRV sein. Dies entspricht der Raketenzahl von 2 bis 3 U-Booten. Eine Anzahl von 10 POSEIDON-U-Booten[47] gibt dagegen die Würzbach/Berger-Studie an.[48] Ebenfalls 10 U-Boote, aber irrtümlicherweise mit POLARIS-Raketen[49] bestückt, führt de Vries in seinem Generalbericht 1978 für das Militärkomitee der Nordatlantischen Versammlung auf.[50] Die NATO selbst gibt über ihre Informationsabteilung – zumindest für 1976 – wiederum eine wesentlich geringere Anzahl als de Vries, nämlich nur 3 POLARIS-U-Boote, an.[51] Sie bezieht sich dabei jedoch nur auf den Ersatz für den Abzug der JUPITER-Mittelstreckenraketen aus Italien und der Türkei. Das Weißbuch 1979 schließlich nimmt in seinem Kräftevergleich zwar die sowjetischen, französischen, britischen, nicht aber die SACEUR assignierten amerikanischen SLBM auf. Zusammenfassend muß die Diskrepanz im Ergebnis somit als ganz erheblich bezeichnet werden: Je nach Quellen kann der LRTNF-Bereich der NATO keine oder bis zu 2240 (10 × 16 × 14) U-Boot-gestützte amerikanische Nuklearsprengköpfe enthalten.

5.2.3.2 Flugzeuge[52]

Bleiben noch die nuklearfähigen Flugzeuge zu quantifizieren. Auf die Schwierigkeiten bei ihrer Bestimmung – resultierend aus differierenden Informationen einerseits und Faktoren wie Flughöhe, Geschwindigkeit und Zuladung andererseits – wurde hingewiesen (vgl. Abschn. 5.1.3). Anders

---

44 Statement by General George S. Brown, USAF, Chairman, Joint Chiefs of Staff, to the Congress on the Defense Posture of the United States for FY 1979, prepared 20. Januar 1978, 124 S., hier S. 88.

45 United States Military Posture for FY 1980. An Overview by General David C. Jones, USAF, Chairman of the Joint Chiefs of Staff, with supplement prepared by the Organization of the Joint Chiefs of Staff, Washington 1979, S. 32.

46 IISS, MB 1979–1980, S. 3, 115.

47 Ohne sie allerdings im Kräftevergleich zu berücksichtigen.

48 A. a. O. (Anm. 10), S. 20.

49 Der Gesamtbestand von 41 US-U-Booten enthält 1979/80 nur 10 POLARIS-U-Boote. Da 10 U-Boote dieses Typs aber im Pazifik operieren – vgl. Brown, Harold, Annual Report Fiscal Year 1980, a. a. O. (Anm. 34), S. 121 –, kann es sich bei den SACEUR assignierten U-Booten nur um POSEIDON-Systeme handeln.

50 A. a. O. (Anm. 8), S. 21.

51 NATO Informationsabteilung Brüssel, NATO, Tatsachen und Dokumente, Brüssel, Januar 1976, S. 58, 121.

52 Neben den im folgenden genannten spezifischen Literaturhinweisen vgl. auch: Brown, Harold, Annual Report Fiscal Year 1980, a. a. O. (Anm. 34), S. 178ff; The Congress of the United States, Congressional Budget Office, U.S. Air and Ground Conventional Forces for NATO: Fire power issues, Washington 1978; ferner: Aviation Week &

als bei den Systemen der WVO fällt aber selbst unter ungünstigen Parametern von den landgestützten nuklearfähigen Flugzeugen der NATO lediglich die britische BUCCANEER von ca. 900 km Reichweite auf knapp unter den LRTNF-Bereich ab. Mit Maximalflugweiten von ca. 7000 km liegt der britische Mittelstreckenbomber VULCAN B 2 dagegen weit über diesem Limit, und mit 10 800 km grenzt der US-Mittelstreckenbomber FB-111 A an die Reichweite strategischer Waffensysteme.[53] Auch die Weiten der nuklearfähigen Jagdbomber der NATO, der F-4, F-111 E/F, F-104 und der französisch-britischen JAGUAR sowie der französischen MIRAGE III E und IV A variieren je nach Flugprofil zwar stark, liegen aber dennoch über dem unteren Limit[54] (vgl. auch Tabelle 20).

Gehen wir ferner – wie auch bei den Flugzeugen der WVO – von einer funktionsbezogenen Definition der LRTNF aus (vgl. oben Abschn. 5.1.3.2), so relativieren die Möglichkeiten der Luftbetankung und der Zwischenlandung das Problem des Einsatzradius ohnehin weitgehend. Zwar besitzen Grenzfälle wie die aus dem Anfang der 60er Jahre stammende F-104[55] noch keine Luftbetankungsvorrichtungen, doch können auch sie bei einem Nuklearbombentransport ihren internen Kraftstoffvorrat von ca. 6000 lbs (ca. 3500 l) über zwei Tip- und zwei Pylon-Tanks und durch Zusatztanks im Waffen-, Leerhülsen- und Gurtkastenraum auf insgesamt ca. 11 000 lbs (6500 l), also fast auf das Doppelte steigern. Die Betankung selbst kann in ca. fünf Minuten durchgeführt werden. Dieser kurze Zeitraum ermöglicht es dem System, auf grenznahen Flugplätzen, sogar auf grenznahen Autobahnen[56] relativ ungefährdet zwischenzulanden und zu tanken.

Nicht vergessen werden darf auch, daß NATO-Flugzeuge im Zweifelsfalle – ähnlich den WVO-Systemen – die Alternativoption besitzen, LRTNF-Einsätze von Stützpunkten der Bündnispartner aus zu fliegen, in diesem Falle vom Territorium der Länder Norwegen, Dänemark, Grie-

---

Space Technology 11/1979, S. 88–137; Schlotter, Peter, Rüstungspolitik in der Bundesrepublik. Die Beispiele Starfighter und Phantom, Frankfurt a. M./New York 1975; Braun, Axel, B-1 Projekt und die Modernisierung der strategischen Bomberflotte der USA, Frankfurt a. M. 1978; Laumann, Manfred, Die Flugzeuge und Hubschrauber der Luftwaffe, in: Jahrbuch der Luftwaffe 13/1976, S. 164–172.

53 Da die FB-111 in den USA stationiert und – soweit bekannt – auch nicht der NATO direkt assigniert sind, ist allerdings Zweifel angebracht, ob das System der TNF zugerechnet werden kann. Andererseits wird es in den Jahresberichten des US-Verteidiungsministers nicht als «strategische Waffe» geführt bzw. sogar ausdrücklich in Gegenüberstellung zum sowjetischen BACKFIRE ausgeklammert – vgl. z. B.: Brown, Harold, Annual Report Fiscal Year 1980, a. a. O. (Anm. 34), S. 68; den TNF zugeschlagen wird die Hälfte des Bestandes auch bei: IISS, MB 1979–1980, S. 119.

54 IISS, MB 1979–1980, S. 119; die Würzbach/Berger-Studie schließt dagegen die F-104 wegen ihrer Reichweite von 1300 km aus – a. a. O. (Anm. 10), S. 20, 90, Anm. 7.

55 Zur Frage F-104 vgl.: Krivinyi, Nikolaus, a. a. O. (Anm. 30), S. 458.

56 Vgl. hierzu die Karte in: Menaul, S. W. B., a. a. O. (Anm. 26), S. 73.

Tabelle Nr. 20: Die nuklearfähigen Flugzeuge der NATO, eingeteilt nach Einsatzradien (in km)

Flugzeugtyp	US-Senate		Weißbuch		Krivinyi		Jane's		IISS	
	MR	LR	MR	LR	MR	LR	MR	LR	MR	LR
VULCAN B 2		×		×		2750–3750	–	–		3600
MIRAGE IV A		×		×		1250	–	–		3600
A-6E		×	–	–		595–1810		4382*		1280
A-7E		×	–	–	850			(4604)*		2160
F-111 E/F		×		×		2415		(4707)		5265
FB-111 A	–	–	–	–		1930	–	–		5400
BUCCANEER	×		–	–	805–965			(3700)	900	
F-4	×		–	–		650–1450		795–1266		2520
F-104	×		–	–		1100–1300		1247		1350
JAGUAR	×		–	–		725–1140	–			1800
MIRAGE 5F	–	–	–	–		650–1200		(650–1300)		1117
MIRAGE III E	×		–	–	290–770			1200		1117
ENTENTARD IV M	–	–	–	–	300–700		650		630	

Quellen: SALT and the NATO Allies, A Staff Report to the Subcommittee on European Affairs of the Committee on Foreign Relations United States Senate, Washington, Oktober 1979, S. 38; Weißbuch 1979. Zur Sicherheit der Bundesrepublik Deutschland und zur Entwicklung der Bundeswehr, o. O. 1979, S. 107; Krivinyi, Nikolaus, Taschenbuch der Luftflotten 1976, München 1976, S. 248, 250, 252, 253, 262, 279, 285, 438, 439, 440, 458, 468, 497; Taylor, John W. R. (Ed.), Jane's All the World's Aircraft 1978–1979, London 1978, S. 47, 50, 99, 228, 334, 340, 375, 448; The International Institute for Strategic Studies (IISS), The Military Balance 1979–1980, London 1978, S. 119.

Anmerkungen: × = zugeordnet / – = keine Angabe / ( ) = Einsatzradius/*combat range* angegeben / * = mit Außentanks

Tabelle Nr. 21: Entfernungen von Luftwaffenstützpunkten der NATO zum Territorium der WVO und der Sowjetunion

Luftwaffen-stützpunkte	Entfernung zum nächsten WVO-Staat – in km	Entfernung zur Sowjetunion in km	Entfernung zur nächsten größeren Stadt in der Sowjetunion in km
Tromsø, Norwegen	540	540	720 (Murmansk)
Karup, Dänemark	315	675	720 (Kaliningrad)
Bentwaters, Großbrit.	675	1260	1305 (Kaliningrad)
Soesterberg, Niederld.	315	990	1035 (Kaliningrad)
Beauvechain, Belgien	315	1170	1260 (L'Vov)
Ahlhorn, BRD	135	720	765 (Kaliningrad)
Rhein/Main, BRD	135	900	990 (L'Vov)
Fürstenfeldbruck, BRD	180	810	900 (L'Vov)
Aviano, Italien	315	810	990 (Chernoutsy)
Brindisi, Italien	108	945	1170 (Odessa)
Thessaloniki, Griechenld.	135	540	855 (Odessa)
Eskisehir, Türkei	495	495	585 (Sewastopol)
Merzifon, Türkei	360	360	405 (Sewastopol)

Angaben nach: Record, Jeffrey/Anderson, Thomas J., U.S. Nuclear Weapons in Europe. Issues and Alternatives, Washington 1974, S. 25.

Anmerkung: Die kürzeste Entfernung von der Grenze der Bundesrepublik zur Grenze der Sowjetunion beträgt ca. 600 km.

chenland und der Türkei aus gegen die Sowjetunion (zu den Entfernungen vgl. auch Tabelle 21 und bereits oben Schaubild 4). Auf die spezifische Eigenschaft des Systems Flugzeug, seinen Standort in kurzer Zeit verändern zu können, hatten wir bereits hingewiesen. Die Überführung selbst ist wegen der veränderten Höhe und einer optimalen Geschwindigkeit treibstoffsparender als ein direkter Einsatz im Tiefflug; es können also auch größere Entfernungen überwunden werden.

Bleibt ein Potential besonderer Art nachzutragen, nämlich die auf Flugzeugträger gestützten amerikanischen und französischen Flugsysteme. Für einen TNF-Einsatz in und für Europa in Frage kommen die beiden mittleren Flugzeugträger der französischen CLEMENCEAU-Klasse sowie die beiden Angriffsträger der 6. und 7. U.S.-Flotte im Mittelmeer und die fünf Träger der 2. U.S.-Flotte im Atlantik. Da das Einsatzgebiet der 2. U.S.-Flotte sehr weit gespannt ist, kann allerdings kaum davon ausgegangen werden, daß mehr als höchstens zwei, tatsächlich aber nur einer der fünf Träger, aktuell in TNF-Position disloziert ist.[57]

---

57 Diese Aussage orientiert sich an den beiden Basen der 2. US-Flotte: Keflavik (Island) und Holy Loch (Schottland). Neben diesen beiden Stützpunkten besitzt die Flotte Basen in: Norfolk, Maypart, Roosevelt Roads (Puerto Rico), Charleston, Philadelphia,

Die beiden CLEMENTEAU-Träger, mit je 40 Flugzeugen bestückt, besitzen insgesamt zwei und eine halbe Staffel nuklearfähiger Flugzeuge: eine Staffel mit 12 ETENDARD IV M und ein und eine halbe Staffel mit 20 SUPER ETENDARD.[58] Die US-Träger haben in der Regel ein Luftgeschwader (*airwing*) von 70 bis 95 Flugzeugen. Davon sind zwei Jagdstaffeln, drei Jagdbomberstaffeln und eine Allwetterbomberstaffel mit insgesamt 50 bis 70 nuklearfähigen Flugzeugen der Typen F-4J, F-14A, A-6E, A-7E ausgestattet.[59]

Die Reichweite dieser Systeme hängt weitgehend vom Standort der Flugzeugträger und von der Luftbetankungsmöglichkeit der einzelnen Flugzeuge ab. Der Operationsradius der französischen ETENDARD wird allerdings relativ einhellig mit einer Weite unterhalb 1000 km angegeben (vgl. Tabelle 20). Ungenauer noch als die Kenntnis der exakten Reichweiten ist die Information über den Anteil der nuklearfähigen Flugzeuge mit tatsächlicher nuklearer Mission.[60] Diese Aussage gilt sowohl für die land- als auch für die seegestützten Systeme. Ungewiß ist ferner die Höhe der Einsatzraten, die Anzahl der zur Verfügung stehenden Flugzeugbomben und -raketen mit nuklearen Sprengköpfen usw. (vgl. Abschn. 5.1.3.2).

Die Angaben zum Gesamtbestand der Flugzeuge mit nuklearer Rolle schwanken entsprechend. Abhängig vom Einsatzspektrum und je nach Berechnungsart sind sie mit einer Spannbreite von 240[61] über 860[62] bis ca. 1750[63] Systemen stark unterschiedlich.[64] Zum Vergleich sei erwähnt, daß allein der Bestand der sechs genannten Flugzeugträger mit potentieller TNF-Funktion sich – günstig gerechnet – bereits auf ca. 300 nuklearfähige Flugzeuge beläuft. Auch der Gesamtbestand aller nuklearfähigen Flugzeuge der NATO – ohne Berücksichtigung der ihnen tatsächlich zugewiesenen Rolle – ist wesentlich höher zu veranschlagen. Nach Angaben des MB 1979–1980 läßt er sich auf 3684 und nach Daten von Interavia 1/1979 sogar auf 6210 Kampfflugzeuge berechnen (vgl. Tabelle 22).

Brooklyn, New London, Newport, Boston, Guantánamo Bay (Kuba), Argentia (Neufundland) – IISS, MB 1979–1980, S. 8.

58 Vgl.: IISS, MB 1979–1980, S. 24; Moore, John E. (Ed.), Jane's Fighting Ships 1978–1979, a. a. O. (Anm. 21), S. 152f.

59 Vgl. zu den Daten sowie zu den einzelnen Systemen: Polmar, Norman, The Ships and Aircraft of the U.S. Fleet, London 1978, S. 260f, 262f, 265, 266f; Terzibaschitsch, Stefan, Flugzeugträger der U.S. Navy Bd. 1: Flottenflugzeugträger, München 1978, S. 148, 358f; ders., Die Luftwaffe der U.S. Navy und des Marine Corps, München 1974, S. 20, 24, 82–85; Moore, John E. (Ed.), Jane's Fighting Ships, a. a. O. (Anm. 21), S. 644ff; IISS, MB 1979–1980, S. 7.

60 Vgl. aber die Angaben in: IISS, MB 1979–1980, S. 119.

61 Weißbuch 1979, a. a. O. (Anm. 25), S. 107.

62 Würzbach/Berger-Studie, a. a. O. (Anm. 10), S. 37.

63 SIPRI Yearbook 1978, a. a. O. (Anm. 4), S. 429.

64 Die IISS-Angabe – MB 1979–1980, S. 119 – von 1679 Flugzeugen kommt im Ergebnis den SIPRI-Daten, ebd., nahe.

Tabelle Nr. 22: Nuklearfähige Kampfflugzeuge der NATO-Staaten 1979/80 – Bestandsangaben

Staat	USA		Belgien		Groß-britannien		Kanada		Dänemark		Frankreich		Bundes-republik		Griechen-land	
Flugzeugtyp	IISS	Inter-avia	IISS	Inter-avia	IISS	Inter-avia	IISS	Inter-avia	IISS	Inter-avia	IISS	Inter-avia	IISS	Inter-avia	IISS	Inter-avia
VULCAN B 2					48	50										
MIRAGE IV A												50				
A-6E	110	400														
A-7E	372	800													56	
F-111 E/F	282	370														
FB-111 A	66															
BUCCANEER					50	120										
F-4	1292	2500			85	145							120	180	45	55
F-104			72	75					39	34			227	455	31	20
JAGUAR					72	165					105	160				
MIRAGE 5 F			54								40					
MIRAGE III E											105					
ETENTARD IV M											32	121				
Gesamt	2122	4070	126	75	255	480			39	34	282	331	347	635	132	75

Staat / Flugzeugtyp	Italien IISS	Italien Interavia	Luxemburg IISS	Luxemburg Interavia	Niederlande IISS	Niederlande Interavia	Norwegen IISS	Norwegen Interavia	Portugal IISS	Portugal Interavia	Türkei IISS	Türkei Interavia	Gesamt IISS	Gesamt Interavia
VULCAN B 2													48	50
MIRAGE IV A													–	50
A-6E													110	400
A-7E													428	800
F-III E/F													282	370
FB-111 A													66	
BUCCANEER													50	120
F-4											65	72	1607	2952
F-104	144	255			72	80	34	33			66	100	685	1022
JAGUAR													177	325
MIRAGE 5 F													94	–
MIRAGE III E													105	100
ETENTARD IV M													32	121
Gesamt	144	225			72	80	34	33			131	172	3684	6210

Berechnungen nach Daten aus: The International Institute for Strategic Studies (IISS), The Military Balance 1979–1980, London 1979, S. 5–9, 20–30, 89; Die Luftstreitkräfte der Welt – 1979, in: Interavia 1/1979, S. 51–56.

Anmerkungen:

- Die IISS-Angaben beziehen sich auf Juli 1979, die Interavia-Daten auf September 1978.
- Die Bestandsangaben beinhalten alle nuklearfähigen Kampfflugzeuge, inklusive Abfangjäger und Systeme mit maritimer Funktion. Hieraus erklärt sich u. a. auch die Differenz zu den Angaben von IISS, MB 1979–1980, S. 118, Tabelle Nr. VIII, bzw. in diesem Band Tabelle Nr. 13.
- Aufklärungsflugzeuge, U-Jagd- und Seeaufklärungssysteme sind nicht aufgenommen. In der jeweiligen Definition liegt zum Teil vermutlich wieder die Differenz zwischen IISS und Interavia.

6. Die Modernisierungsmaßnahmen

Bevor wir nach der vorgelegten Bestandsaufnahme zur Gewichtung des Kräfteverhältnisses selbst kommen, sind noch in einem nächsten Schritt die Modernisierungsmaßnahmen beider Seiten zu skizzieren.

6.1 Überlegenheit der WVO durch Modernisierung?

Die Modernisierungsmaßnahmen der WVO erstrecken sich insbesondere auf vier Bereiche, auf den Ersatz

- der FROG- und SCUD-Systeme durch die SS-21,
- der SCALEBOARD durch die SS-22[1],
- der SANDAL und SKEAN durch die SS-20

und auf die Erweiterung des Bestandes an nuklearfähigen Flugzeugen durch den BACKFIRE-Bomber TU-22 M.

An die Stelle der einfachen Raketen FROG 3 bis 7 aus den Jahren 1957 bis 1965 ohne Steuerung wird die SS-21 treten. Diese moderne Rakete soll eine Reichweite von ca. 120 km, eine Trägheitssteuerung und einen höheren Sprengwert besitzen. Erste Exemplare dieses Systems sollen sich bereits in der DDR befinden.[2]

Weniger Daten noch als über die SS-21 liegen über die SS-22 vor. Von dieser Rakete ist bislang lediglich bekannt, daß sie an die Stelle der SCALEBOARD treten soll. Vermutlich ist sie wie die SCALEBOARD mobil und besitzt wie die SS-21 eine verbesserte Trägheitssteuerung und eine größere Reichweite.[3] Bei beiden Raketen – SS-21 wie SS-22 – kann jedoch mit Sicherheit davon ausgegangen werden, daß sie noch in der Anfangsphase ihrer Einführung, wenn nicht sogar noch in ihrer Entwicklung stehen.

---

1 In diese Kategorie müßte auch der – bislang allerdings weder erkennbare noch diskutierte – Ersatz der SS-N-3 SHADDOCK fallen (vorausgesetzt, dieses System befindet sich zur Zeit überhaupt noch in aktivem Dienst).

2 Vgl. ÖMZ 4/1979, S. 342; VIP Nr. 407 vom 16. 8. 1979, S. 7; Moniac, Rüdiger, Sowjetwaffe «beeindruckend». Experten: Balance in Gefahr, in: Die Welt vom 5. 9. 1979, S. 1; Sowjets stationieren neue Kurzstreckenraketen in der DDR, in: Die Welt vom 25. 4. 1979, S. 2.

3 Vgl. Moniac, Rüdiger, ebd.; Rüstung und Abrüstung im euronuklearen Bereich. Die Mitwirkungsmöglichkeiten der europäischen Staaten an den SALT III-Verhandlungen. Eine Kurzstudie von Hoffmann, Hubertus, und Steinrücke, Rolf, im Auftrage der Bundestagsabgeordneten Würzbach, Peter Kurt, und Berger, Markus, Washington/Bonn, April/Mai 1979 (hektogr. Manuskript, Maschinenschrift ca. 180 S.), S. 13.

Die beiden Mittelstreckensysteme, die TU-22 M BACKFIRE und die Mittelstreckenrakete SS-20, haben dagegen bereits seit 1974 bzw. 1977 das Stadium der Entwicklung verlassen und werden in ihrem Bestand seitdem kontinuierlich ergänzt. Insbesondere diese beiden Systeme stehen auch im Mittelpunkt der am Ende der 70er Jahre geführten «Nachrüstungs»-Diskussion im Westen (vgl. oben Abschn. 1.2.3 und 3).

Im Vergleich mit den älteren Raketen der Typen SS-4 und SS-5 aus den Jahren 1959 und 1964 weist die SS-20[4], deren Bestand im Jahre 1980 auf ca. 100 Systeme angewachsen[5] ist, alle Merkmale einer neuen sowjetischen Raketengeneration auf (vgl. auch noch Abschn. 10.4.2).

Die älteren SANDAL und SKEAN

- waren ortsfest eingebaut, also durch Satellitenaufklärung erfaßbar,
- verbrauchten flüssige Treibstoffe, mußten also vor dem Einsatz zeitraubend betankt werden,
- besaßen nur einen Sprengkopf, konnten also nur gegen ein Ziel eingesetzt werden,
- wiesen nur eine geringe Treffgenauigkeit auf, entsprechend hoch lag die Sprengkraft im Megatonnenbereich,
- hatten Reichweiten von 2400 bzw. ca. 4000 km.

Die neue Rakete SS-20 dagegen

- ist mobil[6], also schlechter ortbar,
- besitzt einen Feststoffantrieb und somit hohe Einsatzbereitschaft[7],
- trägt einen vermirvten Gefechtskopf mit drei[8] unabhängig voneinander auf drei Zielpunkte programmierbare Sprengladungen,
- besitzt eine höhere Treffgenauigkeit (CEP)[9], die ihr trotz einer entspre-

---

4 Zur SS-20 vgl. u. a.: The International Institute for Strategic Studies (IISS), The Military Balance (MB) 1979–1980, London 1979, S. 87; Krause, Christian, Die sowjetischen Mittelstreckenwaffen, in: Europäische Wehrkunde 10/78, S. 502f; Berndt, Helmut, Grauzonenwaffen bedrohen Europa, in: Zivilverteidigung 2/1979, S. 30f.

5 Die Zuwachsrate der SS-20 wurde mit ca. 50 Raketen pro Jahr angegeben – vgl. stellvertretend: IISS, MB 1979–1980, S. 117; vgl. auch die Daten in Anm. 101 in Kapitel 10.

6 Auf die Rochademöglichkeiten des Systems in den Fernen Osten sei im vorliegenden Zusammenhang hingewiesen.

7 Vgl. aber oben Abschn. 1.3 bereits zweifelnd: FAZ vom 27. Juni 1980, S. 1f, die neuerdings wieder einen flüssigen Treibstoff annimmt.

8 Die Frage, ob die SS-20 tatsächlich «drei» Sprengköpfe trägt bzw. ob sie überhaupt vermirvt ist, ist bislang nicht unumstritten – vgl. stellvertretend die Literaturübersicht bei: Reich, Friedhelm (Pseudonym), SS-20. Eine Datenanalyse, in: WT 8/1979, S. 14.

9 CEP – Circle of Error Probability; eine Abweichung von 100 m bis 200 m geben z. B. an: Potyka, Christian, Geschoß mit politischem Sprengsatz. Sicherheitsexperten sehen in der sowjetischen Mittelstreckenrakete SS-20 eine empfindliche Störung des strategischen Gleichgewichts in Europa, in: Süddeutsche Zeitung vom 13. 2. 1979, S. 3; Forndran, Erhard, Technologie und Stabilität – Das Beispiel der Grauzonenwaffen, in: Deutsche Gesellschaft für Friedens- und Konfliktforschung (Hg.), Zur Entspannungspolitik in Europa, DGFK-Jahrbuch 1979/1980, Baden-Baden 1980, S. 482; eine Abweichung von 550 m

chend niedrigeren Sprengkraft im Kilotonnenbereich[10] die technische Fähigkeit zum «Counterforce» und «First-Strike» verleihen soll,
- besitzt eine Reichweite von – je nach Bestückung – 4500 bis 7000 km, kann also ganz Europa und die angrenzenden Seegebiete abdecken[11] (zu den Reichweiten vgl. auch Schaubild 5).

Durch den Anbau einer weiteren Raketenstufe kann die SS-20 in die strategische Interkontinentalrakete SS-16 umgewandelt werden. Im Rahmen der Verifikationsmaßnahmen von SALT II hat die Sowjetunion allerdings einem generellen Verbot der weiteren Produktion, Erprobung und Dislozierung der SS-16 einschließlich von Teilen dieses Raketentyps zugestimmt[12] (vgl. bereits oben Abschn. 1.2.1).

Das zweite neue Mittelstreckensystem der UdSSR, die TU-22 M BACKFIRE[13], ist zugleich auch als Seekriegsflugzeug[14] vorgesehen. Es löst in dieser Mission ca. 295 für den Seekrieg gebaute Bomber[15] des Typs BADGER[16] aus dem Jahre 1955 ab. Die Rolle der restlichen ca. 320 BADGER als System der Luftkriegsführung über Land haben bereits zunehmend die modernen Jagdbomber FITTER und FENCER übernommen. «Eine direkte Ablösung von BADGER durch BACKFIRE in der europäischen Luftkriegsrolle dürfte daher nicht vorgesehen sein.»[17]

---

gibt dagegen an: Forster, Michael, Zur Datendiskussion des Kräfteverhältnisses bei den Nuklearwaffen größerer Reichweite in Europa (LRTNF), hier: Anhang: «Daten ausgewählter LRTNF» (hektogr. Manuskript), ohne Seitenangabe: vgl. auch im folgenden Kapitel 10, Anm. 90.

10 Gleichfalls offen ist die Frage der Sprengkraft. Die Höhe der Werte geht von 50 KT bis insges. 1 MT – vgl. stellvertretend: Reich, Friedhelm, a. a. O. (Anm. 8), S. 14.

11 «Abgedeckt» sind damit auch der potentielle NATO-Partner Spanien sowie alle für die Verstärkungen aus den USA in Betracht kommenden Anlaufhäfen.

12 SALT II ist abgedruckt u. a. in: EA 15/1979, S. D 367ff; Krell, Gert/Lutz, Dieter S., Nuklearrüstung im Ost-West-Konflikt. Potentiale, Doktrinen, Rüstungssteuerung, Baden-Baden 1980, Kapitel III.

13 Zum System TU-22 M BACKFIRE vgl.: Taylor, John W. R. (Ed.), Jane's All the World's Aircraft 1978–1979, London 1978, S. 201 (dort noch unter der Bezeichnung TU-26); Berman, Robert P./Baker, John C., Backfire Plagues SALT, in: Arms Control Today 1/1979, S. 1, 4, 5; Backfire im Visier. Ein neues Bild bestätigt starke Ähnlichkeit mit FB-111 A, in: Soldat und Technik 1/1979, S. 24; O'Neil, William D., Backfire: Long Shadow on the Sea-Lanes, in: USNI Proceedings 3/1977, S. 26–35; Robinson, Clarence A., Jr., Soviets Developing Two Bombers, in: Aviation Week & Space Technology v. 19. 2. 1979, S. 14–18.

14 Zu den sowjetischen Marinefliegern vgl.: Pott, Andreas, Zur Rolle der Marineflieger im System maritimer Sicherheit, IFSH-Forschungsberichte 13/1979, insbes. S. 6–23; Die sowjetischen Marineflieger, in: ÖMZ 1/1979, S. 62–66.

15 Vgl. IISS, MB 1979–1980, S. 89 und 92, Anm. 1.

16 Zu diesen Kampfflugzeugen vgl. auch: TU-88, TU-16, BADGER. 25 Jahre im Dienst der sowjetischen Luftwaffe und Marine, in: Soldat und Technik 7/1979, S. 374f.

17 Krause, Christian, Das Problem der sowjetischen Mittelstreckenwaffen in Europa, hektogr. Manuskript vom 14. Mai 1979, S. 8.

Schaubild 5: Die Reichweiten der Systeme SS-4, SS-5, SS-20, PERSHING I und II sowie der Cruise Missile

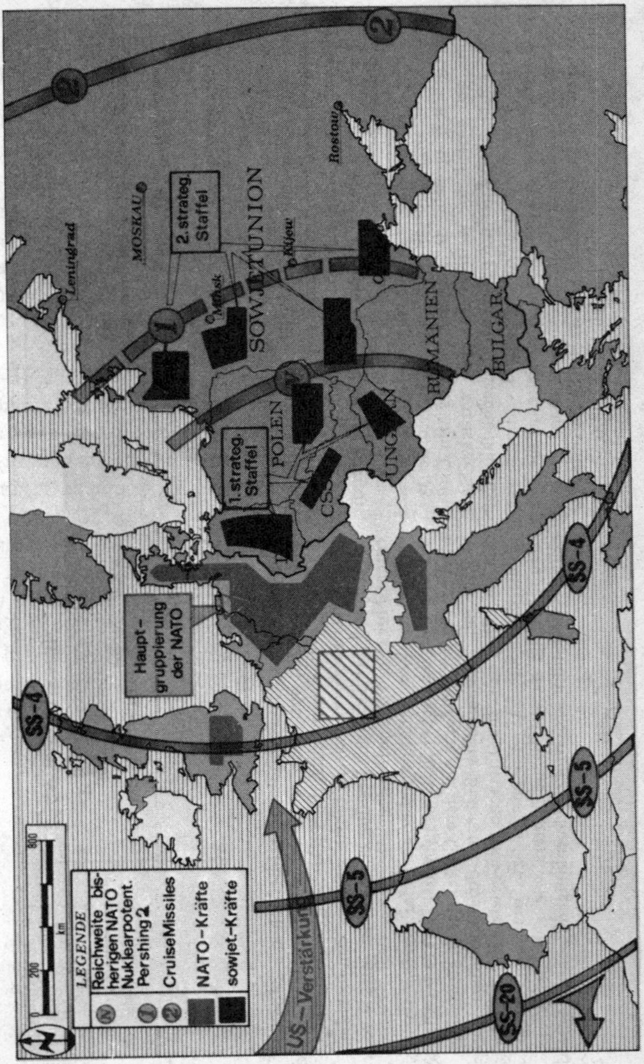

Quelle: Freistetter, Franz, Die Frage der Mittelstreckenraketen, in: ÖMZ 2/1980, S. 103.

Der Bestand an BACKFIRE-Bombern ist 1979 auf ca. 80 Maschinen angewachsen, von denen 30 mit Seekriegs- und 50 mit Luftkriegsaufgaben betraut sein sollen.[18] Die jährliche Produktionsrate beläuft sich auf 25 Systeme[19]; in einer Anlage zum SALT-Vertrag übernimmt die Sowjetunion die Verpflichtung, die Produktionsrate von BACKFIRE nicht über eine Jahresstückzahl von maximal 30 Systemen zu erhöhen[20] (siehe oben Abschn. 1.2.1).

In der gleichen Anlage verpflichtet sie sich ferner, keine Verbesserungen vorzunehmen, die den Operationsradius des Mittelstreckenbombers auf interkontinentale Reichweite ausdehnen.[21] Trotz dieser letzten Auflage liegt mit ca. 10.000 km (unter günstigen Flugbedingungen) die Reichweite des BACKFIRE derzeit schon ca. 2500 km über der des BADGER. Mit 2,5 Mach ist die maximale Fluggeschwindigkeit des BACKFIRE ebenfalls erheblich höher als die lediglich 0,8 Mach betragende Geschwindigkeit des älteren Bombers. Die Waffenzuladung ist mit 17500 zu 20000 lb allerdings geringer.[22]

Fassen wir die Entwicklungsmaßnahmen der WVO im TNF-Bereich zusammen, so ist dreierlei besonders bemerkenswert: Zum einen hat die Sowjetunion schon sehr frühzeitig, nämlich Ende der 50er und zu Beginn der 60er Jahre, nukleare Mittelstreckenraketen in ihr Arsenal aufgenommen. Zum anderen besitzt die Sowjetunion seit Mitte der 70er Jahre mit dem Bomber TU-22 M und der Rakete SS-20 zweifellos hochmoderne Mittelstreckensysteme. Drittens haben jedoch im Zeitraum zwischen der Dislozierung von SS-4/5 und SS-20, abgesehen von Modifikationen der mittlerweile wieder veralteten FROG-Familie in den Jahren 1957 bis 1965, offensichtlich keine tiefgreifenden Modernisierungen der WVO-TNF stattgefunden. Letzteres ist vorerst festzuhalten, wenn wir im folgenden die Kontinuität in der Fortentwicklung der NATO-Systeme betrachten.[23] Auf die vermutete technische Fähigkeit der SS-20 zum (präemptiven) Erstschlag werden wir noch in Kap. 10 eingehen.

---

18 Angaben und Aufteilung bei: IISS, MB 1979–1980, S. 89 und 92, Anm. 1.

19 IISS, MB 1979–1980, S. 4.

20 Vgl. die Angaben in Anm. 12.

21 Ebd.

22 Zu den Daten vgl. IISS, MB 1979–1980, S. 89.

23 Allerdings ist auch zu sehen, daß Waffensysteme von der Entwicklung bis zur Einführung in der Regel 6 bis 10 Jahre Zeit benötigen – so sind wohl die Ende der 60er und Anfang der 70er Jahre in geringer Anzahl entwickelten bzw. erprobten mobilen IRBM mit der NATO-Bezeichnung SS-XZ SCROOGE und SS-14 SCAPEGOAT als Vorläufer hin zur SS-20 anzusehen. Da jedoch Modernisierungszeiträume konsequenterweise von Einführung zu Einführung oder alternativ von Entwicklung zu Entwicklung gemessen werden müssen, liegt die Modernisierungszeit von der SS-4/5 hin zur SS-20 in jedem Fall doppelt so hoch wie die Regel.

6.2 Die stetigen Modernisierungsmaßnahmen der NATO

Die Staaten der NATO haben erste Modernisierungsmaßnahmen formal auf der Tagung des Nordatlantikrates in Washington am 31. Mai 1978 beschlossen. Im Rahmen eines auf 15 Jahre angelegten «Langfristigen Verteidigungsprogramms» (Long Term Defense Program – LTDP) stimmten die Staats- und Regierungschefs der an der integrierten Verteidigungsstruktur des Bündnisses beteiligten Staaten auch der Modernisierung der taktischen Nuklearwaffen zu. Punkt 15 des LTDP lautet allerdings nur sehr allgemein: «Es werden Maßnahmen entwickelt, um sicherzustellen, daß die taktischen Nuklearwaffen der NATO weiterhin ihre wesentliche Rolle im Abschreckungs- und Verteidigungspotential der NATO spielen.»[24]

Konkreter als das LTDP der NATO ist der Fünf-Jahres-Plan (Five Year Defense Plan – FYDP) der USA. Er umfaßt für die Jahre 1979 bis 1983:

- die Verbesserung der Überlebensfähigkeit der TNF durch größere Mobilität, durch Härtungsmaßnahmen und durch eine stärker gestreute Dislozierung;
- die Verbesserung der «Command, Control und Communication Systems»;
- die Verbesserung der Genauigkeit und Schnelligkeit nachrichtendienstlicher Informationen und Signale;
- die Modernisierung veralteter TNF durch neue Systeme mit verbesserter militärischer, aber dennoch begrenzter Einsatzfähigkeit.[25]

Nach dem *Annual Report Fiscal Year 1980* des US-Verteidigungsministers schließen die NATO-Verbesserungs- und Modernisierungsmaßnahmen der nächsten Jahre folgende Waffensysteme ein[26]:

- die Boden-Boden-Rakete PERSHING II (eine modernisierte Version der gegenwärtig dislozierten PERSHING I-A);
- bodengestützte Marschflugkörper (Ground-Launched-Cruise Missile [GLCM] – luftatmende, langsam fliegende Systeme);
- schiffgestützte Marschflugkörper (Sea-Launched Cruise Missile [SLCM] – ein System, das von Schiffen und U-Booten gestartet werden kann). Geplant ist die Produktion einer Version mit nichtnuklearem Gefechtskopf zur Bekämpfung von Seezielen; das Programm könnte jedoch um eine nukleare Version zur Bekämpfung von Landzielen erweitert werden;

---

24 Vgl. EA 11/1978, S. D 486; ferner: Harenberg, Karl-Heinz, Erst abrüsten dann umrüsten?, in: Deutsches Allgemeines Sonntagsblatt vom 28. 1. 1979, S. 6.

25 Brown, Harold, Department of Defense, Annual Report Fiscal Year 1979, o. O. 1978, S. 131.

26 Brown, Harold, Department of Defense, Annual Report Fiscal Year 1980, o. O. 1979, S. 137f.

- luftgestützte Marschflugkörper (Air-Launched Cruise Missile [ALCM] – eine gegenwärtig als strategisches System angesehene Waffe, die auch eine Vielzahl taktischer Anwendungsmöglichkeiten haben könnte);
- Flugzeuge, inkl. einer Verbesserung der gegenwärtig eingesetzten F-111 bzw. den Ersatz der F-4 (die nuklear einsatzfähige F-16 wird statt der F-4 der USA in Europa stationiert. Die F-18 soll planmäßig 1983/84 auf den Flugzeugträgern stationiert werden).

Verbesserungen, Modernisierungen und Ergänzungen des TNF-Potentials der NATO werden jedoch nicht erst in Reaktion auf bzw. erst seit den genannten Programmen und formal festgelegten Plänen in Angriff genommen; vielmehr werden sie bereits seit Jahren zügig durchgeführt. So sind die veralteten amerikanischen SERGEANT-Bestände seit ca. 1975 aufgelöst[27], und die Dislozierung der modernen Boden-Boden-Rakete LANCE ist von den USA seit 1978 komplettiert worden[28]; für die Finanzjahre 1980 bis 1982 ist lediglich noch die Produktion von Sprengköpfen – in einer Höhe von 340 Exemplaren – geplant.[29] Die Gestaltung insbes. der LANCE als sogenannte «Neutronenwaffe» (Reduced Blast/Enhanced Radiation Weapon – RB/ER-Waffe) hing bislang noch von der Entscheidung des US-Präsidenten ab; die Zustimmung zum Bau einzelner Teile war bereits gegeben.[30] (Die endgültige Genehmigung erfolgte jüngst im August 1981.)

Aber auch in den anderen NATO-Staaten sind die Modernisierungsmaßnahmen im Bereich der Kurzstreckenraketen bereits seit längerem im vollen Gange: Die SSM HONEST JOHN wird zunehmend abgelöst, und die letzten SERGEANT-Verbände standen (1979 in der Bundesrepublik) unmittelbar vor der endgültigen Auflösung. Der LANCE-Bestand allein in der Bundesrepublik soll ferner von 26 Systemen auf 175 Raketen anwachsen. Der Bestand französischer PLUTON schließlich ist seit ihrer Einführung im Jahre 1974 mittlerweile auf 32 Systeme gestiegen, und erste Versuche mit einer französischen Neutronenwaffe haben bereits stattgefunden.[31]

Neben den Modernisierungen der Raketen im Kurzstreckenbereich wird die Zahl der nuklearfähigen Artilleriehaubitzen ständig erweitert. Derzeit

---

27 IISS, MB 1974–1975, S. 6, führt das SERGEANT-System noch an.

28 Brown, Harold, a. a. O. (Anm. 25), S. 133.

29 Ebd., (Anm. 26), S. 137.

30 Nach offiziell nicht bestätigten Informationen hätte der Zusammenbau in 5 Stunden erfolgen können. Im Kriegsfall hätte der Zusammenbau also noch während der Zeit des Transports von den USA nach Mitteleuropa vorgenommen werden können.

31 Vgl. die Literaturhinweise zu Tabelle 27 in Abschn. 7.1; ferner: Schmid, Klaus-Peter, Neue Waffen, neue Strategie. Das Interesse für die Neutronenbombe bringt die Abschreckung ins Wanken, in: Die Zeit Nr. 29 vom 11. 7. 1980, S. 6; Scheuer, Georg, Neutronenbombe aus dem Elysée. Frankreich plant seine nukleare Macht der Zukunft, in: Vorwärts, Nr. 27 vom 6. 6. 1980, S. 12.

sind 260 M 109-Haubitzen für Griechenland, Großbritannien und die USA in Auftrag sowie eine unbekannte Zahl für Italien. Für beide Haubitzentypen sind neue Geschosse in Entwicklung, und für die bislang konventionell bestückte 175-mm-Kanone sind Umwandlungsmaßnahmen zum Abschuß auch nuklearer Projektile erörtert.[32] Die neuen Geschosse selbst sollen nach General G. Brown eine größere Reichweite besitzen, die Reaktionszeit verkürzen und die Effektivität der Panzerabwehr deutlich verbessern.[33]

Schließlich sind über die Jahre hinweg auch Bestand und Qualität der Waffen- und Trägersysteme mittlerer und großer Reichweite kontinuierlich verbessert worden. Erwähnt werden können die Abfolge der Modifikationen PERSHING I und I-A der 1962 eingeführten PERSHING MGM-31 A, ferner die in den letzten Jahren durchgeführte Dislozierung einer zusätzlichen Staffel von F-111-Jagdbombern in Großbritannien[34], der Ausbau der F-16 zu einem voll nuklearfähigen System, die Ersetzung der F-4 durch die verbesserte F-16 oder (bei europäischen NATO-Partnern wie der Bundesrepublik, Großbritannien und Italien) durch das MRCA-TORNADO-System[35] (vgl. zu den festgelegten Neubeschaffungen an Flugzeugen auch Tabelle 23), die Modernisierungen der französischen MIRAGE III-E und IV-A sowie die JAGUAR-Flugzeuge mit der nuklearen 60 KT-Bombe AN 52 und schließlich die fortlaufende Ersetzung

---

32 Brown, Harold, a. a. O. (Anm. 25), S. 132, 135.

33 Vgl. Statement by General George S. Brown, USAF, Chairman, Joint Chiefs of Staff, to the Congress on the Defense Posture of the United States for FY 1979, prepared 20. Januar 1978, 124 S., hier: S. 8.

34 «Die 48th Tactical Fighter Wing der USAF mit 99 F-111 F ist auf der RAF-Basis Lakenheath und die 20th Tactical Fighter Wing mit 86 F-111 E in Upper Heyford stationiert. Sie sind voll in den europäischen NATO-Betrieb integriert ...» – Soldat und Technik 3/1979, S. 136; ebenso: Kreker, Hans-Justus, F-111 ein vielseitiges Flugzeug. Das Problem der beweglichen Tragflächen wurde erstmals gelöst, in: Soldat und Technik 1/1979, S. 23; nach diesen Angaben wäre der Bestand bei IISS, MB 1979–1980, S. 119, mit lediglich 156 F-111 E/F also zu niedrig angenommen.

35 Zum MRCA TORNADO vgl.: Mechtersheimer, Alfred, Rüstung und Politik in der Bundesrepublik. MRCA TORNADO. Geschichte und Funktion des größten westeuropäischen Rüstungsprogramms, Bad Honnef 1977, hier insbes. S. 106–108; Bohn, Werner, Erfahrungen aus der Entwicklung neuer Flugzeugwaffensysteme, in: Jahrbuch der Wehrtechnik 8/1974, S. 26–31; Eichhorn, Werner, Tornado in Serie, in: Jahrbuch der Luftwaffe 13/1976, S. 26–29; Klapperich, Hans-Joachim, Tornado – Wirtschaftliche Bedeutung eines Flugzeugprogramms, in: Jahrbuch der Luftwaffe 13/1976, S. 74–83; Vogl, Walter, Tornado-Avionik in der Erprobung, in: Jahrbuch der Luftwaffe 13/1976, S. 104–112; Lewandowski, Klaus, Wertbarkeit beim Tornado groß geschrieben, in: Jahrbuch der Luftwaffe 13/1976, S. 114–121; Dronsek, Max G./Miese, Manfred, Vorbereitung der Tornado-Serienproduktion, in: Jahrbuch der Wehrtechnik 10/1976, S. 106–115; Hansen, Karl-Heinz, ... tendenziell chaotische Strukturen, in: Vorwärts Nr. 51/52 vom 22. Dezember 1977, S. 26f.

Tabelle Nr. 23: Bestellungen nuklearfähiger Kampfflugzeuge der NATO-Staaten – Stand September 1978

Land	F-16 A/B	MRCA/ Tornado	Mirage 2000	F-18	Gesamt
Belgien	116	–	–	–	116
Dänemark	58	–	–	–	58
Bundesrepublik	–	324	–	–	324
Frankreich	–	–	200	–	200
Griechenland	–	–	–	–	–
Großbritannien	–	385	–	–	385
Italien	–	100	–	–	100
Niederlande	102	–	–	–	102
Norwegen	72	–	–	–	72
Portugal	–	–	–	–	–
Türkei	–	–	–	–	–
USA	650	–	–	811	1461
Gesamt	998	809	200	811	2818

Berechnungen nach Daten aus: Die Luftstreitkräfte der Welt, 1979, Interavia 1/1979, S. 51–66.

der älteren US-Nuklearbomben[36] durch verbesserte Modelle der B-61-Bombe.[37]

Vor allem aber bildet der derzeitige Bestand an LRTNF-Raketen – durch Umrüstung und Ausweitung über die Jahre hinweg erneuert – ein quantitativ und qualitativ forgeschrittenes Potential, das kaum noch ernsthaft mit den 90 bis 100, Ende der 50er Jahre in Großbritannien, Italien und der Türkei aufgestellten JUPITER- und THOR-Mittelstreckenraketen verglichen werden kann: Großbritannien hat seine (rund 100) POLARIS A-3-Raketen bereits im Rahmen des Nassauer Abkommens von 1962 in den USA beschafft[38]; seit 1967/69 befinden sich 64 britische Raketen mit 192

36 Zu den älteren Nuklearbomben gehören die B-28-Bombe mit über 1 MT Sprengkraft, die B-43 im Megatonnenbereich, die B-57-Bombe mit 10 bis 20 KT; die Sprengkraft der B-61 liegt zwischen 100 bis 500 KT – vgl. Leitenberg, Milton, Background information on tactical nuclear weapons (primarily in the European context), in: SIPRI, Tactical Nuclear Weapons: European Perspectives, London 1978, hier: Appendix 1, S. 119.

37 Ebd.; ferner: United States Military Posture for FY 1980, An Overview by General David C. Jones, USAF, Chairman of the Joint Chiefs of Staff, with Supplement prepard by the Organization of the Joint Chiefs of Staff, Washington 1979, S. 31.

38 Vgl. Nukleare Optionen Großbritanniens und der NATO für die achtziger Jahre, in: Internationale Wehrrevue 9/1979, S. 1488; ausführlich auch Lauk, Kurt J., Die nuklearen Optionen der Bundesrepublik Deutschland, Berlin 1979, S. 248ff; Besnault, René, Genèse, vie et survie du S. N. L. E., in: Stratégique 2/1979, S. 83–127, insbes. Tabelle II, S. 108f.

MRV-Sprengköpfen à 200 KT auf derzeit 4 U-Booten in See.[39] Die USA haben die ersten 3 bis 5 US-U-Boote mit je 16 POLARIS-Raketen à 0,8 MT bis 1 MT nuklearer Sprengkraft im Jahre 1963[40] der NATO unterstellt[41] und in der Folgezeit (1964 bis 1970) auf 3 Sprengköpfe (MRV) à 200 KT pro Rakete umgerüstet. Der derzeitige Bestand von (vermutlich) 400 MIRV[42] des modernen Typs POSEIDON C-3 wurde Mitte der 70er Jahre[43] SACEUR assigniert. Frankreich schließlich erweiterte seinen Bestand an nuklearbestückten U-Booten seit 1971 auf derzeit 5 U-Boote mit je 16 Raketen; die Raketen des Typs M-1 mit 0,5 bis 0,6 MT selbst wiederum wurden 1974 durch die M-2 mit der größeren Reichweite von über 5000 km und 1977 durch die M-20 mit der stärkeren Sprengkraft von 1 MT ersetzt.[44]

Zweifel an der Korrektheit der «Nachrüstungsthese» im Sinne eines «Aktions-Reaktions-Schemas» sind vor diesem Hintergrund der sich stetig erneuernden NATO-Waffensysteme nicht von der Hand zu weisen. Diese Zweifel erlangen um so mehr an Geltungskraft, als auch entscheidende zukünftige Ergänzungen und Erneuerungen im Bereich der TNF-Trägermittel großer Reichweite ganz offensichtlich auf Wurzeln ruhen, die weder in Großbritannien noch in Frankreich, noch in den USA auch nur irgendwelche konkreten Bezüge zu den skizzierten Modernisierungen im Lager der WVO (s. o. Abschn. 6.1) erkennen lassen. Zumindest insofern – aber auch nur unter diesem Gesichtspunkt – zu Recht werden sie auch nicht in der öffentlichen Diskussion um das TNF-Kräfteverhältnis erwähnt oder in den sogenannten Nachrüstungsbeschlüssen berücksichtigt. Gleichwohl besitzen sie für das zukünftige TNF-Kräfteverhältnis erhebliches Gewicht (dazu auch noch Kap. 10).

Dies ist deshalb zu betonen, weil Sprengköpfe und Trägermittel selbst im Rahmen des normalen Veraltungsprozesses nicht lediglich erneuert werden. Systeme wie die bisherigen britischen POLARIS-Raketen(triebwerke) werden in den nächsten Jahren nicht nur ausgesondert bzw. durch neue Raketen (und Triebwerke) des gleichen Typs ersetzt; vielmehr wird das Gesamtsystem U-Boot inklusive Rakete plus Gefechtskopf verbessert und der Gesamtbestand voraussichtlich sogar ausgeweitet: Mitte Juli 1980 gab die Regierung Thatcher den Entschluß bekannt, die britischen Nuklearstreitkräfte (1982 bis 1993) auf TRIDENT-Raketen und vier neue U-Boote umzurüsten. Während die neuen Raketen in den USA gekauft werden sollen, werden sowohl die U-Boote als auch die nuklearen Gefechtsköpfe in

39 Vgl. Leitenberg, Milton, a. a. O. (Anm. 36), S. 115.

40 Präsident John F. Kennedy soll bereits am 17. Mai 1961 die NATO-Zuweisung angekündigt haben – vgl. Leitenberg, Milton, ebd.

41 Vgl. bereits oben Abschn. 5.2.3.1 und dort die Literaturangaben.

42 Zu den Daten vgl. ebd.

43 Leitenberg, Milton, gibt das Jahr 1975 an – a. a. O. (Anm. 36).

44 Vgl. stellvertretend: Besnault, R., Genèse, vie et suvie du S. N. L. E., in: Stratégique 2/1979, S. 108.

Großbritannien selbst produziert. Jedes der U-Boote kann 16 Raketen tragen, jede der TRIDENT-Raketen soll mit 8 MIRV bestückt werden. Die Entscheidung über den Bau eines fünften U-Bootes soll in zwei bis drei Jahren gefällt werden.[45]

Läßt sich ein Bezug dieser britischen Maßnahmen zu konkreten TNF-Modernisierungen nur schwerlich in der Form einer «Reaktion» konstruieren, so gilt dies um so mehr für die entsprechenden französischen Neuerungen.[46] Mehr noch als Großbritannien räumt Frankreich, das sich selbst gern öffentlich als «Dritte Nuklearmacht» bezeichnet, in seinen Verteidigungshaushalten den hervorragendsten Platz traditionell der nationalen Atomstreitkraft ein[47]: Auf die Modernisierung u. a. der MIRAGE IV-A-Flugzeuge, die ihre Beibehaltung bis ca. 1985 ermöglichen soll, hatten wir bereits hingewiesen. Ab Mitte der 80er Jahre wird dann das vorrangige Kampfflugzeug Frankreichs die MIRAGE 2000 sein.[48] Der Flugzeugträger CLEMENCEAU sowie nach der Modernisierung die FOCH sollen dagegen bereits 1980 mit dem Flugzeug des verbesserten Typs SUPER-ETENDARD ausgerüstet worden sein. Im Frühjahr 1980 wurde ferner bereits ein fünftes U-Boot in Dienst gestellt; 1985 wird ihm noch ein sechstes folgen. Das fünfte U-Boot besitzt noch die – allerdings ebenfalls schon verbesserte und seit 1977 auch bei den ersten vier U-Booten eingeführte – SLBM MSBS M-20. Das sechste U-Boot soll nicht nur über ein neues Navigationssystem verfügen, sondern auch mit Raketen des Typs M-4, bestückt mit 3 bis 7 Mehrfachsprengköpfen à 150 KT, ausgerüstet werden[49]; seine fünf Vor-

---

45 Vgl. London entscheidet sich für amerikanische TRIDENT-Raketen. Ersatz für POLARIS/Vier neue Träger-U-Boote/Sparen bei konventioneller Rüstung?, in: FAZ vom 17. 7. 1980, S. 1f; Teure Abschreckung, in: Der Spiegel Nr. 30 vom 21. Juli 1980, S. 85f; Britische Pressekommentare zur Modernisierung der britischen Nuklearwaffen, in: NZZ Nr. 164 vom 18. Juli 1980, S. 4; Wocker, Karl-Heinz, Sparen am falschen Ort. TRIDENT statt POLARIS, in: Die Zeit Nr. 30 vom 18. Juli 1980, S. 7; Nukleare Optionen Großbritanniens und der NATO für die achtziger Jahre, a. a. O. (Anm. 38), S. 1488; siehe auch den Hinweis auf «die politische Grundsatzentscheidung des Kabinetts Thatcher für eine Umrüstung der SLBM-Flottille auf moderne amerikanische MIRV-SLBM» bei Ruehl, Lothar, Der Beschluß der NATO zur Einführung nuklearer Mittelstreckenwaffen, in: EA 4/1980, S. 102, 110 und dort den Literaturhinweis in Anm. 14; zum Briefwechsel zwischen Carter und Thatcher im Juli 1980; vgl. auch: Wireless Bulletin form Washington No. 131 vom 16. Juli 1980, S. 9–11.

46 Vgl. «Bericht über das französische Verteidigungsprogramm, dem Parlament im Namen der Regierung am 11. September 1979 vorgelegt von Premierminister Raymond Barre und Verteidigungsminister Yvon Bourges» (Auszüge), in: EA 1/1980, S. D 11-D 22, hier insbes. S. D 13f, D 19f.

47 Vgl. u. a.: Lutz, Dieter S./Pott, Andreas, Südeuropa, Eurokommunistisches Problemfeld der NATO?, in: Lutz, Dieter S. (Hg.), Eurokommunismus und NATO. Zukunftsprobleme europäischer Sicherheit, Bonn 1979, S. 19, und dort die Literaturangaben.

48 John W. R. Taylor, a. a. O. (Anm. 13).

49 Vgl. Zimmer, Ernst-Heinrich, Frankreichs Streitkräfte, in: Europäische Wehrkun-

gänger werden bis zu diesem Zeitpunkt gleichfalls entsprechend umgerüstet. Die 18 strategischen Mittelstreckenraketen SSBS Frankreichs auf dem Plateau d'Albion, Haute-Provence, schließlich werden zur Zeit in ihrer Reichweite verbessert und sollen künftig eine von 150 KT auf 1 MT erhöhte Sprengkraft besitzen.[50]

Verändern bereits die skizzierten britischen und französischen Neuerungen das TNF-Kräfteverhältnis in den 80er Jahren grundlegend, so muß der für die nächsten Jahre zu erwartende bzw. geplante Ersatz der amerikanischen POSEIDON C-3 durch die hochmoderne TRIDENT I und II, ausgestattet zum Teil mit MARV-Sprengköpfen, als ein weiterer qualitativer Sprung der Waffentechnologie bezeichnet werden. Die Reichweite der Raketen wird sich von ca. 5000 auf über 10000 km verdoppeln, die Raketenzahl pro U-Boot von 16 auf 24 erhöhen, die Sprengkraft voraussichtlich verdreifachen und als wichtigste Komponente: die Treffgenauigkeit unter Umständen verzehnfachen.[51] Diese Modernisierung im strategischen Bereich hat zum einen selbstverständlich über die der NATO bzw. SACEUR unterstellen Kontingente erhebliche Auswirkungen auf das zukünftige TNF-Kräfteverhältnis. Es zeigt zum anderen aber auch zum wiederholten Male, daß das euronukleare Kräfteverhältnis nicht losgelöst von der Entwicklung im strategischen Bereich betrachtet und beurteilt werden kann. Der *arbeitshypothetische* und zum Teil auch fiktive Charakter der Unterscheidung ist deshalb auch an dieser Stelle nochmals zu betonen.

6.2.1 Der NATO-Ratsbeschluß: PERSHING II und Cruise Missile

Über die bereits skizzierten Ausweitungs- und Modernisierungsmaßnahmen des westlichen Bündnisses noch hinaus geht der NATO-Ratsbeschluß vom 12. Dezember 1979.[52] In seinem Mittelpunkt stehen insbesondere das

---

de 11/1979, S. 544; ferner: ÖMZ 2/1979, S. 159; VIP Nr. 362 vom 6. 10. 1977, S. 1f; Yost, David S., French Defense Budgeting: Executive Dominance and Resource Restraints, in: Orbis 3/1979 (Vol. 23), S. 588–590; Kageneck, August Graf, Paris setzt auf totale Abschreckung, in: Die Welt vom 3. 3. 1980, S. 3.

50 Vgl. Chambost, G., Frankreichs Verhältnis zur NATO ist gekennzeichnet durch Widersprüchlichkeit, in: Internationale Wehrrevue 4/1979, S. 526.

51 Zu den TRIDENT-Systemen vgl. stellvertretend: Korkisch, Friedrich, SLBM-Waffen. Die U-Boot-Raketen-Entwicklung, Einsatzkriterien und technische Aspekte, in: ÖMZ 1/1978, S. 30–39; Burke, Gerard Keith, The Need for Trident, in: United States Naval Institute. Proceedings 11/1978 (Vol. 104), S. 33–41; zu den Einführungsjahren und Bestandsdaten vgl. insbes. Brown, Harold, a. a. O. (Anm. 26), S. 66ff, 115ff, 121f, 174.

52 Der Beschluß ist als «Kommuniqué über eine Sondersitzung der Außen- und Verteidigungsminister der an der integrierten Verteidigungsstruktur beteiligten Mitgliedstaaten des Nordatlantikpaktes in Brüssel am 12. Dezember 1979» abgedruckt in: EA 2/1980, S. D 35–37; ferner in: Blätter für deutsche und internationale Politik 1/1980, S. 108–110.

Nachfolgemodell der PERSHING-Rakete sowie die Marschflugkörper der neuen Generation.[53] Als ihr Hauptstationierungsgebiet ist die Bundesrepublik vorgesehen. Allerdings hatte die Bundesregierung bereits vor der Brüsseler Tagung zu erkennen gegeben[54], daß eine Dislozierung auf dem Gebiet der Bundesrepublik nur in Frage kommen könne, wenn die Stationierung der neuen Waffen auch auf dem Territorium mindestens eines anderen europäischen NATO-Partners gesichert sei.[55] Die formale Vereinbarung des NATO-Rates vom 12. Dezember 1979 folgt deshalb auch einer bereits im Rahmen der Nuklearen Planunsgruppe Mitte November ausgearbeiteten Linie (vgl. auch bereits oben Abschn. 1.2.3), die folgende Verteilung der modernen Systeme vorsieht: Insgesamt sollen 572 Raketen neu eingeführt werden, davon 108 PERSHING II und 464 Marschflugkörper. Von den 464 Cruise Missiles sollen zu je 4 auf einem Startfahrzeug – in Belgien 48 disloziert werden, in Italien und Holland 112 bzw. 48 und in der Bundesrepublik und Großbritannien 96 bzw. 160. Die 108 verbesserten PERSHING-Raketen sollen ausschließlich in der Bundesrepublik stationiert werden.[56]

Die «europäischen» PERSHING II sollen ab 1983 einsatzbereit sein. Da die Produktion der für die US-Streitkräfte vorgesehenen ersten 28 PERSHING II bereits im Februar 1979, also lange vor dem NATO-Ratsbeschluß, in Auftrag gegeben worden ist[57], kann voraussichtlich mit einer frühzeitigen Dislozierung der amerikanischen Systeme gerechnet werden.

Die wichtigsten Neuerungen[58] der PERSHING II liegen zum einen in der Endphasenlenkung des Systems, deren außerordentliche Treffgenauig-

---

53 Die bis 1981 anfallenden Entwicklungskosten, die von den europäischen NATO-Partnern getragen werden müssen, werden auf 1,6 Milliarden Dollar veranschlagt – vgl. Simonitsch, Pierre, Im Hintergrund: Um welche Waffen es geht, in: Frankfurter Rundschau vom 8. 12. 1979, S. 2.

54 Vgl. stellvertretend: Hauser, Erich, NATO legt Marschroute für «zweigleisige Reaktion» fest. Beschluß für Stationierung neuer Atomwaffen vorbereitet, in: Frankfurter Rundschau vom 29. 9. 1979, S. 2.

55 Das Argument «keine Singularität der Bundesrepublik als Dislozierungsgebiet» ist allerdings nicht stichhaltig, wenn man berücksichtigt, daß bereits bislang schon Kampfflugzeuge von bundesrepublikanischem Boden aus die Sowjetunion erreichen können. Ferner waren schon einmal US-Cruise Missiles der Typen MACE und MATADOR in der Bundesrepublik stationiert gewesen. In ihrer «Quick-Reaction-Alert»-Rolle wurden sie von der PERSHING abgelöst – vgl. auch IISS, MB 1969–1970, S. 5; Ruehl, Lothar, a. a. O. (Anm. 45), S. 103, 110 und dort auch den Manuskripthinweis in Anm. 17.

56 Vgl. Plädoyers für die Modernisierung der Mittelstreckenwaffen. Sitzung der nuklearen Planungsgruppe in Den Haag eröffnet / Die Holländer unter Druck, in: FAZ vom 14. 11. 1979, S. 1f.

57 Vgl. Neue Zürcher Zeitung vom 26. 2. 1979, S. 2 – Der Auftrag in Höhe von 360 Millionen Dollar ging an die Firma Martin Marietta.

58 Vgl. ausführlicher auch: Hoffmann, Hubertus/Steinrücke, Rolf, Von der PERSHING zur MMIRBM. Neue Mittelstreckenraketen der NATO, in: loyal 6/1979, S. 26.

keit (mit lediglich 30 m CEP[59] und weniger) auch sehr kleine Detonationswerte für einen begrenzten Einsatz zuläßt. Zum anderen wird die PERSHING II eine Reichweite[60] von mindestens 1600 km[61] besitzen, also Ziele weit innerhalb des sowjetischen Territoriums treffen können. Daneben ist die Waffe allwetter- und nachteinsatztauglich und besitzt vor allem auch über ihre Mobilität einerseits und ihre Fähigkeit zu Flug- und Umwegkorrekturen andererseits erhöhte Überlebensfähigkeit. Ausgerüstet mit einem verbesserten Gefechtskopfmodell, u. a. auch mit einem «Earth-Penetration (EP)»-Gefechtskopf[62], eignet sich die Rakete zur Zerstörung von militärischen Anlagen wie Flugplätzen, «Command- und Control»-Zentren, Lagern von Atomsprengköpfen, Verkehrsknotenpunkten etc. Zu betonen ist, daß die Eigenschaft der Rakete, relativ schnell verfügungsbereit zu sein, dem PERSHING II-System zusammen mit den genannten Merkmalen auch die technische Fähigkeit zum präemptiven Erstschlag verleiht.

Die Technologie[63] der neben der PERSHING II für Europa vorgesehenen Cruise Missile TOMAHAWK ist ebenfalls weitgehend ausgereift; der Marschflugkörper kann deshalb wie die PERSHING II ab 1983[64] zur Verfügung stehen. Am Rande sei vermerkt, daß die USA selbst planen, ca. 3000 bis 4000 Marschflugkörper in den nächsten Jahren in Dienst zu stel-

---

59 Circle of Error Prohability/CEP.

60 Daß auch schon bislang eine größere Reichweite für die PERSHING I möglich gewesen wäre, wird in der Literatur immer wieder erwähnt. Aufschlußreich ist der Hinweis bei Freistetter, Franz, Die Frage der Mittelstreckenraketen, in: ÖMZ 2/1980, S. 103, der auf die Konkurrenz zwischen Army und Airforce im Rahmen zugeteilter Mittel und Einsatzkompetenzen hinweist: «Ein Kompromiß wurde dahingehend geschlossen, daß die Landstreitkräfte Waffensysteme besitzen durften, die bis 800 km Reichweite eingesetzt werden konnten, darüber hinaus aber die Luftwaffe Zuständigkeit erhielt. Dies mag auch ein Grund dafür gewesen sein, daß nicht von Haus aus Waffensysteme wie Pershing eine größere Reichweite aufwiesen als eben ca. 750 km und nicht sogleich jene, wie nunmehr die Pershing 2, angestrebt wurden.»

61 Die Reichweitenangaben in der Literatur liegen zum Teil höher. So gibt Ruehl, Lothar, Der Beschluß der NATO zur Einführung nuklearer Mittelstreckenwaffen, in: EA 4/1980, S. 99, eine Weite von 1800 km an; 1880 km finden sich in: NATO beschließt Produktion und Stationierung neuer Kernwaffen, in: IPW-Berichte 2/1980, S. 38.

62 Der EP-Gefechtskopf wurde zur Bekämpfung harter Ziele entwickelt. Der Eindringmantel besteht aus Stahl, der mit dem gesamten Gefechtskopf tief ins Ziel vordringt, um dort mit Verzögerung zu zünden.

63 Cruise Missiles sind keine neue Erfindung. Sie sind bekanntlich auf die deutsche V-1 des Zweiten Weltkrieges zurückzuführen und finden in einer Reihe von Systemen wie MATADOR, REGULUS, NAVAHO, MACE, HOUND DOG u. a. auf seiten der USA und in Systemen wie die SS-N-3 SHADDOCK, AS-4 KITCHEN, AS-6 KINGFISH u. a. auf seiten der Sowjetunion ihre Vorgänger. Dennoch sind die geplanten CM wegen ihrer qualitativen Ausstattung an Elektronik (Minicomputer, Mikroprozessoren) mit diesen Vorläufern kaum noch vergleichbar.

64 Tomahawk erhält Varianten? Weitere Einsatzmöglichkeiten für amerikanische Marschflugkörper, in: Soldat und Technik 3/1980, S. 132.

len.[65] Marschflugkörper können zur See, zu Lande und in der Luft disloziert werden. Im vorliegenden Fall sollen sie zu Lande von Fahrzeugen aus gestartet werden.[66] Marschflugkörper sind nicht nur vergleichsweise kosteneffektiv[67], sondern besitzen mit einer Vorbereitungszeit von lediglich 12 Minuten auch eine hohe Einsatzbereitschaft. Ihre Flugroute ist als Landkarte computergespeichert und wird während des Fluges mit der Topographie der überflogenen Gegend verglichen. Ihre Angriffsfähigkeit erstreckt sich jedoch nicht nur auf vorprogrammierte feste Ziele. Marschflugkörper wie die TOMAHAWK können im Gegenteil sogar über den Horizont hinweg bewegliche Ziele selbst suchen, als eigene oder feindliche Systeme identifizieren und gegebenenfalls mit der Suche fortfahren oder angreifen[68] (vgl. zur Illustration Schaubild 6). Wegen ihrer extrem niedrigen Flughöhe von ca. 100 m und ihrer Fähigkeit, Ausweichmanöver durchzuführen, sind sie selbst kaum verwundbar. Im FY-Report 1980 erklärt z. B. US-Verteidigungsminister Brown: «Die Sowjets haben das Problem, daß Bomber und Cruise Missiles ihre Verteidigungsgürtel in sehr geringer Höhe durchbrechen können, noch nicht gelöst.»[69]

Weitere Qualitätsmerkmale der Marschflugkörper sind ihre Treffgenauigkeit und ihre Reichweite. Ihre Zielgenauigkeit liegt wie bei der PERSHING II ebenfalls unter 30 m CEP[70]; und ihre Reichweite kann bis zu 10000 km reichen – im Falle der TOMAHAWK kann sie bis zu 3700 km[71] gehen, vorgesehen ist allerdings nur eine Reichweite von 2500 km. Anzumerken ist ferner noch, daß die Reichweiten- und Dislozierungsbegrenzung für die Marschflugkörper aus SALT II 1981 endet, also noch bevor die Waffe zur Einführung bereitsteht.[72]

---

65 Dorner, Klaus, Abrüstung durch Nachrüstung? Hypothesen und Dokumente zu einer (über-)lebenswichtigen Frage, Aachen 1980 (hektogr.), S. 14, gibt 3418 Marschflugkörper an; Berry, Jr., F. Clifton, Entwicklung von Marschflugkörpern nach dem SALT II-Abkommen, in: Interavia 8/1979, S. 761, nennt sogar 4635 Exemplare. Diese teilen sich auf in: 3418 ALCM, 696 GLCM und 251 SLCM.

66 Plädoyers für die Modernisierung der Mittelstreckenwaffen, a. a. O. (Anm. 56).

67 Vgl. auch die kontroverse Diskussion von Ball, Desmond, The Costs of the Cruise Missile, in: Survival 6/1978 (Vol. XX), S. 242–247.

68 Tomahawk erhält Varianten?, a. a. O. (Anm. 64), S. 131.

69 So: Brown, Harold, a. a. O. (Anm. 26), S. 73; wegen der geringen Flughöhe ist die Ortung der CM durch Bodenradar praktisch unmöglich gemacht. Denkbar ist allerdings, daß sie von Abfangjägern «aufs Korn» genommen wird. Da sie «wehrlos» ist und relativ langsam fliegt, könnte sie ein feindlicher Jäger sogar durch Antippen mit der Tragfläche zum Absturz bringen – vgl. auch: Simonitsch, Pierre, a. a. O. (Anm. 53).

70 So z. B. ÖMZ 1/1979, S. 49; Der Spiegel Nr. 32 vom 6. 8. 1979, S. 24; Süddeutsche Zeitung vom 9. 8. 1979, S. 2.

71 Vgl. auch den Tabellenvergleich in: SIPRI, World Armaments and Disarmament, Yearbook 1978, Stockholm 1978, S. 448.

72 Zu SALT II vgl.: Lutz, Dieter S., Sowjetische Nuklearrüstung und SALT, in: Lutz, Dieter S. (Hg.), Militär, Rüstung, Sicherheit Bd. 1: Die Rüstung der Sowjetunion. Rü-

Schaubild Nr. 6: Bekämpfung über dem Horizont am Beispiel einer seegestützten Cruise Missile TOMAHAWK

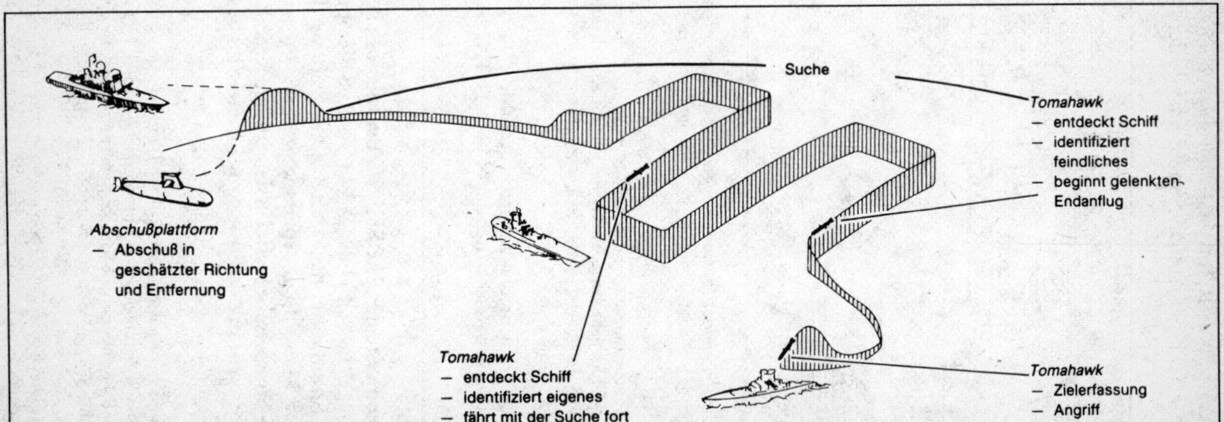

Seezielbekämpfung über den Horizont.

Quelle: Tomahawk erhält Variante? Weitere Einsatzmöglichkeit für amerikanische Marschflugkörper, in: Soldat und Technik 3/1980, S. 131.

Schaubilder Nr. 7 bis 9: ICBM-Stationierungsgebiete, Raketenfelder und Raketenversuchsgelände der UdSSR

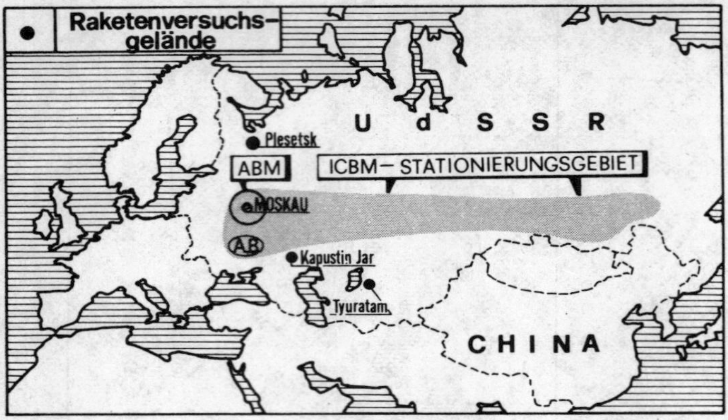

Schaubild Nr. 7 Allgemeiner Stationierungsraum der sowjetrussischen, landgestützten Raketen (ICBM).

Anmerkung: Im Stationierungsraum auf Schaubild 7 sind die Raketenfelder nicht gleichmäßig verteilt. Gegenüber China befinden sich in erster Linie Mittelstreckenraketen. – Auf den Schaubildern 8/9 sind die Raketenfelder schematisch eingezeichnet und entsprechen nicht unbedingt der Lage im Gelände.

Quelle: SALT-II-Vertrag und Folgerungen, in: ÖMZ 5/1979, S. 417.
Anmerkung: Vgl. zu den Reichweiten der NATO-LRTNF auch Schaubild Nr. 25.

War die Reichweite der PERSHING bislang vor allem ausgerichtet auf die Erste Strategische Staffel der WVO, so muß die operative Planung der sowjetischen Streitkräfte nach einer Dislozierung der Systeme PERSHING II und Marschflugkörper auch mit der Einwirkungsmöglichkeit auf die Zweite Strategische Staffel in den entlegeneren Bezirken der UdSSR rechnen. Mehr noch: In den Einsatzreichweiten der beiden neuen Waffen-

stungsdynamik und bürokratische Strukturen, Baden-Baden 1979, S. 123–160, insbes. S. 132ff; Lutz, Dieter S., Strategic Arms Limitation Talks (SALT), in: Baudissin, Wolf Graf von/Lutz, Dieter S., Kooperative Rüstungssteuerung in Theorie und Wirklichkeit, IFSH-Forschungsberichte 6/1979, S. 29ff; Schwarz, Günter/Lutz, Dieter S., Sicherheit und Zusammenarbeit. Eine Bibliographie zu SALT, MBFR und KSZE, Baden-Baden 1980; Krell, Gert/Lutz, Dieter S., Rüstungskontrolle: Von SALT I zu SALT III, in: Osteuropa 12/1979, S. 1008–1020.

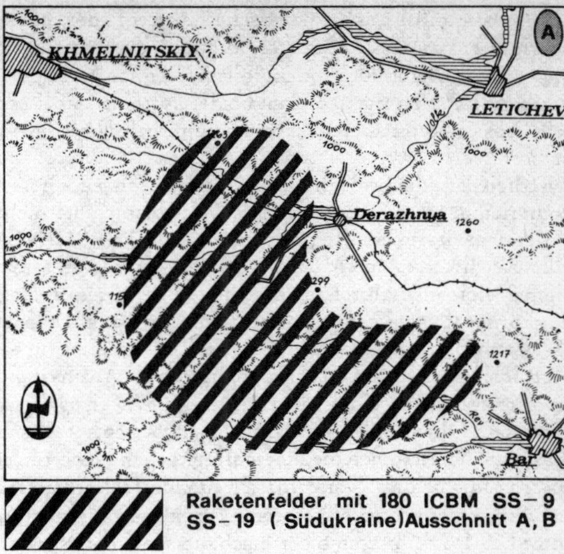

Schaubilder Nr. 8 (A), 9 (B) 2 Raketenfelder in der Südwestukraine: Derazhnya und Perwomaysk (etwa 800 km nordostwärts von Österreich gelegen).

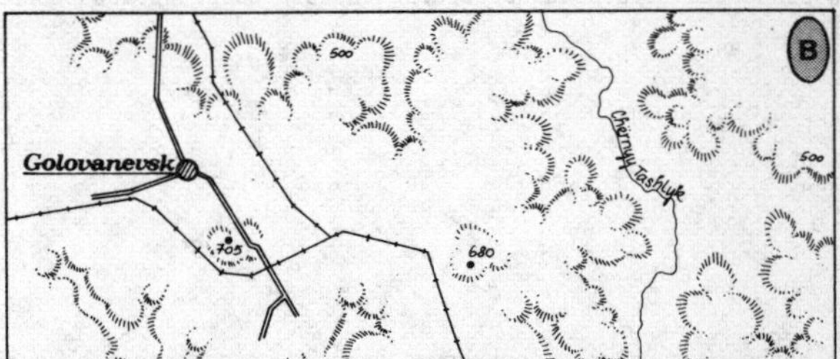

systeme liegen zukünftig auch strategische Raketenfelder, etwa im Raum Derazhnya und Pervomaysk in der Südukraine[73] (vgl. Schaubilder 7, 8, 9 sowie bereits oben Schaubild 4 und im folgenden noch Nr. 25). Die bereits hervorgehobene hohe Treffgenauigkeit beider Systeme legt aber gerade die erfolgreiche Bekämpfung auch gehärteter, unterirdischer Ziele wie Raketensilos nahe.

Die Sicherheitslage der Sowjetunion verändert sich jedoch nicht nur unter den Kriterien der Reichweite und der Treffgenauigkeit; auch der Maßstab der Vorwarnzeit ist betroffen. Systeme wie die PERSHING II benötigen für ihre Reichweite von 1600 bis 1800 km nur wenige Minuten Flugzeit[74], eignen sich also durchaus für den Überraschungsangriff. Der Marschflugkörper fliegt allerdings wesentlich langsamer. Da er ca. 3 Stunden von Westeuropa bis zum Ural braucht, soll seine Funktion – verglichen mit der PERSHING II – eher im Einsatzbereich von Aufmarsch- und Versorgungszentren sowie in seiner Abschreckung als Zweitschlagwaffe gegen feste militärische Objekte denn im «First Strike» liegen. Aber selbst mit diesen Missionen übernähmen die Marschflugkörper wiederum eine Entlastungsfunktion für die durch eine fortschreitende Technologie sich immer deutlicher und immer schneller als eine Erstschlagswaffe qualifizierenden ICBM und SLBM. Im übrigen bleibt nachzutragen, daß die Entwicklung von Marschflugkörpern im Überschallbereich bereits voll im Gange ist[75], ferner die Marschflugkörper wegen ihres geringen Querschnitts und ihrer geringen Flughöhe kaum ortbar sind, also trotz ihrer langsamen Fluggeschwindigkeit durchaus auch als Erstschlagswaffe eingesetzt werden könnten.[76]

---

73 Vgl. ÖMZ 5/1979, S. 417; Freistetter, Franz, a. a. O. (Anm. 60), S. 105; vgl. auch Dorman, Jr. / James E., Die strategische Raketentruppe, in: Die sowjetische Militärmacht, Geschichte, Technik, Strategie, Bayreuth 1979, S. 202f.

74 Nach Ruehl, Lothar, soll die Flugzeit 20 Minuten betragen – a. a. O. (Anm. 45), S. 108; nach anderen Angaben soll sie sogar bei 4 Minuten liegen – vgl. stellvertretend: Sommer, Theo, Der Kreml glaubt den Worten nicht. Noch zeichnet sich ein gangbarer Ausweg aus der Afghanistan-Krise nicht ab, in: Die Zeit Nr. 15 vom 4. 4. 1980, S. 3.

75 So Freistetter, Franz, a. a. O. (Anm. 60), S. 106.

76 Auf Radarschirmen sollen Cruise Missiles z. B. nicht von einem Schwarm Möwen zu unterscheiden sein – vgl. auch die neuesten Nachrichten, denen zufolge die USA mittlerweile die Fähigkeiten haben, für Radar «unsichtbare» Flugzeuge zu bauen: vgl. z. B.: Amerikaner wollen das «unsichtbare» Flugzeug bauen, in: Frankfurter Rundschau Nr. 195 vom 23. 8. 1980, S. 1; Die US-Luftwaffe fliegt «unsichtbar», in: Die Welt vom 25. 8. 1980, S. 5.

Teil III:

Das Kräfteverhältnis im Bereich der Nuklearkräfte in und für Europa

7. Der numerische Kräftevergleich

7.0 Vorbemerkung

Nach der Bestandsaufnahme (vgl. Kap. 5) und der Skizze der Modernisierungsmaßnahmen (vgl. Kap. 6) können wir nunmehr zum Kräftevergleich selbst kommen. In der Regel werden militärische Kräftevergleiche bislang noch als bloße Gegenüberstellungen quantitaiv-numerischer Größenordnungen verstanden: Flugzeuge werden gegen Flugzeuge, Raketen gegen Raketen aufgerechnet etc. Seltener werden qualitative Aspekte, etwa eine größere Zuverlässigkeit, eine größere Einsatzbreite usw. der jeweiligen Systeme gewichtet. Im folgenden werden wir versuchen, die auf der Basis lediglich numerischer Daten gewonnenen Ergebnisse (7.1 bis 7.3.1) in einem weiteren Schritt um qualitative Aspekte des Kräfteverhältnisses zu ergänzen und zu erweitern (dazu noch Kap. 8). Gleichwohl *muß vorab betont werden*, daß die beiden dem vorliegenden Kap. 7 und dem nachfolgenden Kap. 8 zugrunde gelegten Vergleichsverfahren lediglich eine *immanente* Validität im Sinne einer Überprüfung der «Nachrüstung»sthese mit den *gleichen* – auch der These zugrunde gelegten – methodischen Mitteln besitzen. Auch den Aussagen der Kräftevergleiche selbst kommt primär eine systemimmanente Klarstellungs- und gegebenenfalls Widerlegungsfunktion zu. Die eigentlichen Ergebnisse der Kap. 7 und 8 sind deshalb *methodologische Folgerungen* (dazu bereits ausführlich Abschn. 2, insbes. 2.4), die wir aus den Vergleichsverfahren ziehen werden und die erst in den Kap. 9ff Gestalt in Form von Aussagen über das TNF-Kräfteverhältnis und damit auch über die Erforderlichkeit der «Nachrüstung» annehmen werden.

7.1 SRTNF

Die NATO besitzt ca. 300 nukleare Sperrmittel (Atomic Demolition Munition – ADM), ca. 2340 M-109-und M-110-Haubitzen und vermutlich 3000 nukleare Artilleriegranaten, ferner ca. 320 Boden-Boden-Raketen HONEST JOHN sowie ca. 700 nuklearfähige Flugabwehrraketen NIKE HERCULES (vgl. auch Tabelle 24).

Die WVO hat an Nuklearwaffen mit einer Reichweite unter 100 km lediglich die sogenannte FROG-Familie in einer Stückzahl von 311 Systemen in Europa stationiert (vgl. Tabelle Nr. 25). Ob die Sowjetunion nukleare Artillerie besitzt, ist nicht erwiesen (vgl. ausführlicher Abschn. 5.1.1).

Berechnen wir in einem ersten Schritt nur die gesicherten Bestandsangaben, so stehen an nuklearfähigen Gefechtsfeldwaffen in Europa ca. 3650 unterschiedlichen Systemen der NATO lediglich 311 Raketen der FROG-

Tabelle Nr. 24: Die nuklearen und nuklearfähigen Träger- und Abschußsysteme kurzer Reichweite (SRTNF) der NATO in und für Europa – 1979/80

Kategorie	Typ/ Bezeichnung (Jahr d. Einf.)	Sprengkraft KT	Reichweite km	stationiert von/in	Anzahl der Systeme
Nukleare Sperrmittel (ADM)	verschieden/ SM-50	0,5–1	–	USA	ca. 300
	D-444	0,05–0,1	–		
Artillerie*	155-mm-Haubitze:				
	M-109 (1964)	0,5–0,8	15	Belgien	41
	M–109A1	0,8–2	18	Bundesrep.	586
	M-109A2/3			Dänemark	(72)
				Frankreich	185
				Griechenland	(11 best)
				Großbritannien	50 (+18 best)
				Italien	200(u.A.b.)
				Kanada	24 (von 50)
				Niederlande	80
				Norwegen	(130)
				USA	300 (+232 best)
	203-mm-Haubitze:				
	M-110 (1962)	1	17	Belgien	11
	M-110E-2	1	17	Bundesrep.	77
				Dänemark	(12) (?)
				Griechenland	u. A. v.
				Großbritannien	16
				Niederlande	u. A. v.
				USA	215
		NATO insgesamt 986 (von ca.			2340)*
Kurzstreckenraketen (SRBM)	Boden-Boden-Raketen (SSM):				
	Honest John			Belgien	8
	(MGR-1B)	1–100	50	Bundesrep.	65–70
	(1953)			Griechenland	8

Kategorie	Typ/ Bezeichnung (Jahr d. Einf.)	Sprengkraft KT	Reichweite km	stationiert von/in	Anzahl der Systeme
				Niederlande	(8) (?)
				Türkei	18
				USA	216
				NATO insg. ca.	320
	Flugabwehrraketen (SAM) Nike Hercules/ (B-34) (1961)	2–5	45 (Höhe)	Belgien	21
				Bundesrep.	216
				Dänemark	(36)
				Griechenland	6
				Italien	96
				Niederlande	16
				Norwegen	(4)
				Türkei	170
				USA	144
				NATO insg. ca.	700
SRTNF insgesamt in und für Europa:				NATO über	2300*

Angaben und Berechnungen nach Daten aus: IISS, MB 1979–1980, London 1979, S. 5–9, 20–30; IISS, MB 1978–1979, London 1978, S. 5–8, 19–28, 80, 84; SIPRI Yearbook 1978, London 1978, S. 423–429; North Atlantic Assembly, Military Committee, General Report on the Security of the Alliance, presented by Klaas G. de Vries (Netherlands), General Rapporteur, Nov. 1978, S. 51 sowie nach den vorangegangenen Tabellen und Schaubildern.

Anmerkungen: In Dänemark und Norwegen lagern in Friedenszeiten keine Atomwaffen
– best. = bestellt
– u.A.b. = unbekannte Anzahl bestellt
– u.A.v. = unbekannte Anzahl vorhanden
– (?) = fraglich, ob nicht bereits ausgesondert
– * = von den ca. 2340 nuklearfähigen Haubitzen sind tatsächlich nur 786 Haubitzen (+ 200 US-Verstärkung) für den nuklearen Einsatz vorgesehen und verwendbar; vgl.: SALT and the NATO Allies. A Staff Report to the Subcommittee on European Affairs of the Committee on Foreign Relations United States Senate, U.S. Government Printing Office, Washington 1979, S. 38.

Tabelle Nr. 25: Die nuklearen Träger- und Abschußsysteme kurzer Reichweite (SRTNF) der WVO in Europa – 1979/80

Kategorie	Typ/ Bezeichnung (Jahr d. Einf.)	Sprengkraft KT	Reichweite km	stationiert von/in	Anzahl der Systeme
Nukleare Sperrmittel (ADM)	–	–	–	–	keine
Artillerie	180-mm-Haubitzen-Kanone	1 (v)	15	UdSSR	150 (v)
Kurzstrecken raketen (SRBM)	Boden-Boden-Raketen (SSM) Frog 3–7 (1957–65)	1	40–60	Bulgarien	36
				ČSSR	40
				DDR	24
				Polen	52
				Rumänien	30
				Ungarn	24
				UdSSR/ Europa	105 v. ca. 450
				WVO insg.	311 v. ca. 650
	SS-21	ersetzt Frog		–	–
	Flugabwehr-rakete (SAM)	–	–	–	keine
SRTNF	ingesamt in und für Europa			WVO	461–800

Angaben und Berechnungen nach Daten aus: IISS, MB 1979–1980, London 1979, S. 14–16; SIPRI Yearbook 1978, London 1978, S. 426f; North Atlantic Assembly, Military Committee, General Report on the Security of the Alliance, presented by Klaas G. de Vries (Netherlands), General Rapporteur, November 1978, S. 51; Friedrich Wiener (Hg.), Die Armeen der Warschauer-Pakt-Staaten, Taschenbuch der Landstreitkräfte Bd. 2, München 1979, S. 222; Hoffmann, Hubertus/Steinrücke, Rolf, Rüstung und Abrüstung im euronuklearen Bereich. Eine Kurzstudie im Auftrage der Bundestagsabgeordneten Peter Kurt Würzbach und Markus Berger, Washington/Bonn 1979, S. 12, 35 sowie nach den vorangegangenen Tabellen und Schaubildern.
Anmerkung: v = vermutet

Familie der WVO gegenüber – ein Verhältnis von 11,7:1 zugunsten der NATO. Allerdings sollen nur 986 der genannten NATO-Haubitzen zur nuklearen Verwendung vorgesehen sein; das Verhältnis reduziert sich also auf ein Niveau von 7,4:1.

Eine numerische Überlegenheit der NATO bleibt auch dann bestehen, wenn wir die nur in der Würzbach/Berger-Studie genannten 150 Exemplare der angeblichen nuklearen sowjetischen 180-mm-Haubitzen hinzuzählen, ferner sogar das Gesamtpotential inklusive auch der im Osten der UdSSR stationierten sowjetischen FROG-Kurzstreckenraketen, also 650 Systeme, einbeziehen. Durch diese Berechnungsweise reduziert sich der Vorsprung des Westens zwar auf ein Verhältnis von 2300 Systemen zu 800 Systemen, das Ungleichgewicht liegt aber nach wie vor auf dem erheblichen Niveau von 2,9:1 zugunsten der NATO.

Gehen wir schließlich noch – im Rahmen einer Worst-Case-Betrachtung zum Nachteil der NATO – von dem Fall aus, daß die ADM der NATO wegen des erheblichen «Fall-Out» nicht genutzt würden und ferner auch die dualen Flugabwehrraketen konventionell gebraucht und verbraucht würden bzw. nicht zu den landzielorientierten Systemen gerechnet werden dürfen; auch bei dieser Betrachtung verbleibt immer noch ein Verhältnis von 1300 Systemen der NATO zu 461 bis 800 der WVO. Der Vorsprung der NATO liegt also bei einem Verhältnis von 2,8:1 bzw. 1,6:1.

7.2 MRTNF

Lassen sich also aus dem Kräftevergleich der Systeme mit einer Reichweite unter 100 km als «Nachrüstung» verbrämte Modernisierungsmaßnahmen keinesfalls legitimieren, so stellt sich die Frage, ob im MRTNF-Bereich eine numerische Überlegenheit der WVO besteht. Der Datenvergleich gestaltet sich hier allerdings wegen der wesentlich stärker differierenden und teilweise pauschalierten Angaben noch komplizierter: Nach IISS verfügt die WVO (ohne die Sowjetunion) über 131 SCUD A/B.[1] Detaillierte Zahlen vom IISS über die sowjetischen Systeme dieses Typs fehlen dagegen ebenso wie Angaben für die Kurzstreckenraketen SCALEBOARD und FROG. Alle drei Systeme werden vielmehr – die Kategorien SRTNF und MRTNF übergreifend – pauschal mit einem Gesamtbestand von 1.300 angegeben. Das Stockholmer Institut (SIPRI) führt dagegen 115 sowjetische SCUD und 32 SCALEBOARD für Europa auf, weist allerdings die letztgenannte Zahl nachdrücklich als Vermutung aus.[2]

Neben SCUD und SCALEBOARD zählen zu den Systemen der WVO mit einer Reichweite zwischen 100 und 1000 km auch die sowjetischen landgestützten Marschflugkörper SHADDOCK mit ca. 100 Flugkörpern. Nicht zu diesem Bestand an Marschflugkörpern gehören – allenfalls mit Ausnahme von 8 CM in der Ostsee – weitere 324 seegestützte SHADDOCK. Ihnen fehlt – wie bereits in Abschn. 5.1.2 betont – der Dislozie-

---

1 Diese Summe addiert sich aus den einzelnen Länderangaben – IISS, The Military Balance (MB) 1979–1980, London 1979, S. 14–16; vgl. aber auch ebd. S. 91 die Angaben, die um ein System höher liegen.

2 World Armaments and Disarmament, SIPRI Yearbook 1978, London 1978, S. 427.

rungs- und Funktionsbezug, der sie als Nuklearkräfte in und für Europa ausweist.[3] Dennoch wird von den Autoren der Würzbach/Berger-Studie ein – in der Anzahl überdies unbelegter Gesamtbestand von 275 SHADDOCK[4] – in den Kräftevergleich einbezogen.

Fassen wir die einzelnen Bestände vorerst einmal auf der Grundlage der detaillierten, allerdings aber auch *niedrigeren* SIPRI-Daten zusammen, so ergibt sich ein Bild von ca. 378 Systemen: 246 SCUD A/B, 32 SCALEBOARD, ca. 100 SHADDOCK (vgl. Tabelle 26). Diesem Potential stehen auf seiten der NATO (inkl. Frankreich) gegenüber: 91 LANCE, 180 PERSHING, 32 PLUTON und unter Umständen ein Restbestand von 20 SERGEANT (vgl. Tabelle 27). Somit ergibt sich ein Verhältnis von ca. 378 Systemen der WVO zu 303 Systemen der NATO (ohne SERGEANT), d. h. eine relative numerische Ausgewogenheit von 1,2:1 mit leichtem Vorteil zugunsten der WVO.

Kommen wir aber nochmals auf die bereits genannte *höhere* Gesamtzahl von 1300 Systemen[5] in *The Military Balance* für die Raketen FROG, SCUD und SCALEBOARD zurück. Diese Angabe des Londoner Instituts kann als Beispiel dafür gelten, wie sehr im Kräftevergleich stets auf die kategoriale und funktionale Vergleichbarkeit und Vollständigkeit der Daten zu achten ist. Im Beispiel geht durch die Pauschalierung der Kurzstreckenraketen nicht nur die kategoriale Einteilung verloren, sondern mit ihr auch die gegenseitige Verrechenbarkeit von verschiedenartigen Systemen innerhalb einer Kategorie, in diesem Falle der Kurzstreckenrakete mit der Artillerie; letztere kann im Kräftevergleich überhaupt nicht mehr berücksichtigt werden. Der Aufbau des Kräftevergleichs und sein Ergebnis sind somit vorab determiniert.

Mehr noch: Anders als die Angaben zum amerikanischen Potential bezieht sich die sowjetische Gesamtzahl «1300» nicht allein auf die Kurzstreckenraketen in und für Europa, sondern umfaßt alle, auch fernab im Osten der UdSSR dislozierten Systeme. Gerade die Information über das vergleichbare «Gesamt»-Potential der USA fehlt aber in *The Military Balance*.

Auf der Datengrundlage des IISS bleibt somit lediglich folgender – irreführender – Vergleich möglich: Dem Gesamtpotential der WVO von 1737 SRM (1300 FROG, SCUD und SCALEBOARD sowie 100 SHADDOCK

---

3 Vgl. bereits oben Abschn. 5.1.2; dazu: Schulz-Torge, Ulrich, Die sowjetische Kriegsmarine Bd. 1, Bonn 1976, S. 250, 165, vgl. auch S. 242f; ferner: Jane's Fighting Ships 1978–79, edited by John E. Moore, London 1978, S. 492–494.

4 Rüstung und Abrüstung im euronuklearen Bereich. Die Mitwirkungsmöglichkeiten der europäischen Staaten an den SALT III-Verhandlungen. Eine Kurzstudie von Hubertus Hoffmann und Rolf Steinbrücke, im Auftrage der Bundestagsabgeordneten Peter Kurt Würzbach und Markus Berger, Washington–Bonn, April/Mai 1979 (hektogr. Manuskript), S. 34, ferner S. 15, 40; vgl. auch: IISS, MB 1979–1980, S. 87.

5 Vgl. IISS, MB 1979–1980, S. 87.

Tabelle Nr. 26 Die nuklearen Trägersysteme mittlerer Reichweite (MRTNF) der WVO in Europa – 1979/80

Kategorie	Typ (Jahr der Einf.)	Sprengkraft KT	Reichweite km	stationiert von/in	Anzahl der Systeme
Kurz-strecken-raketen (SRBM)	Scud A/B (SS-1B/C) (1957/65)	1–100 (v)	100–280	Bulgarien	20
				ČSSR	27
				DDR	16
				Polen	36
				Rumänien	20
				Ungarn	12
				UdSSR/Europa	115
				WVO	246
	Scaleboard (SS-12) (1969)	bis MT-Bereich (v)	900	UdSSR/Europa	32 (v)
	SS-22	ersetzt Scaleboard			
Land-gestützte Marsch-flugkörper (LRCM)	Shaddock (SS-N 3) (1962)	100–500	800	UdSSR	100 (v) (+ 8)
MRTNF	insgesamt in und für Europa			WVO	ca. 378

Quelle: IISS, MB 1979–1980, London 1979, S. 14–16, 86–92; SIPRI Yearbook 1978, London 1978, S. 426f; North Atlantic Assembly, Military Committee, General Report on the Security of the Alliance, presented by Klaas G. de Vries (Netherlands), General Rapporteur, November 1978, S. 50; Wiener, Friedrich (Hg.), Die Armeen der Warschauer-Pakt-Staaten, Taschenbuch der Landstreitkräfte Bd. 2, München 1979, S. 222; Schulz-Torge, Ulrich, Die sowjetische Kriegsmarine Bd. 1, Bonn 1976, S. 250, 265, 242f; Jane's Fighting Ships 1978–79, edited by John E. Moore, London 1978, S. 492–494; ferner die vorangegangenen Tabellen und Schaubilder.

Anmerkungen: Neben den landgestützten 100 CM existieren weitere 8 seegestützte Marschflugkörper.
v = vermutet

der UdSSR, ferner 206 FROG und 131 SCUD der übrigen WVO-Staaten) steht auf seiten der NATO lediglich ein «Teil»-Potential von 623 Systemen (320 HONEST JOHN, 91 LANCE, 180 PERSHING, 32 PLUTON) gegenüber – ein Verhältnis von 2,8:1 zum Vorteil der WVO (und zur Rechtfertigung des «Nachrüstens» der NATO?).

Daß Aufbau und Logik unseres skizzierten Beispiels nicht als abwegig angesehen werden kann, beweist die Studie der Abgeordneten Würzbach

Tabelle Nr. 27: Die nuklearen Trägersysteme mittlerer Reichweite (MRTNF) der NATO in und für Europa – 1979/80

Kategorie	Typ (Jahr d. Einf.)	Sprengkraft KT	Reichweite km	stationiert von/in	Anzahl der Systeme
Kurzstreckenraketen (SRBM)	Boden-Boden-Raketen (SSM):				
	Lance (MGM-520) (1972/76)	1–50	140	Belgien	5
				Bundesrep.	26 (v. 175 best.)
				Großbritann.	12
				Italien	6
				Niederlande	6
				USA	36 (von 430)
				NATO insg.	91
	Pershing (MGM-31A) (1962)	60–400	ca. 800	Bundesrep.	72
				USA	108 (von 324)
				NATO insg.	180
	Pluton (1974)	10–15	135	Frankreich	32
	Sergeant (MGM-29A) (1962)	10–100	150	Bundesrep.	20 (in Auflösung)
MRTNF insgesamt in und für Europa				NATO	303

Quelle: IISS, MB 1979–1980, London 1979, S. 5–9, 20–30, 86–92; IISS, MB 1978–1979, London 1978, S. 423–429; North Atlantic Assembly, Military Committee, General Report on the Security of the Alliance, presented by Klaas G. de Vries (Netherlands), General Rapporteur, November 1978, S. 50; ferner die vorangegangenen Tabellen und Schaubilder.

und Berger: Die Parlamentarier bzw. deren Referenten vollziehen genau diesen Vergleich[6] – ohne dessen Unkorrektheit zu erkennen. Unter Zugrundelegung noch niedrigerer Bestandsangaben für die NATO kommen sie sogar noch auf ein erheblich höheres Ungleichgewicht: «Somit haben

6 Würzbach/Berger-Studie, a. a. O. (Anm. 4), S. 34.

die Sowjets gegenüber der NATO im Bereich der Kurzstreckengeschosse eine Überlegenheit von 4,5:1.»[7]

Wie müßte nun der Versuch eines numerisch korrekten Kräftevergleiches auf der Grundinformation «1300 Systeme» aussehen? Er müßte zum einen die Verrechenbarkeit der verschiedenen Waffentypen innerhalb einer TNF-Kategorie wahren, d. h. im vorliegenden Fall den Bestand aller Waffen inklusive der Artillerie innerhalb der beiden Bereiche SRTNF und MRTNF quantifizieren. Er müßte zum anderen den «Gesamt»-Bestand der USA dem angegebenen Gesamtbestand der UdSSR gegenüberstellen.

Im Unterschied zu IISS gibt SIPRI auch Daten zum US-Gesamtbestand an. Gehen wir also nach SIPRI-Angaben[8] davon aus, daß die USA insgesamt 430 LANCE und 324 PERSHING besitzen, so ergibt sich bei den Kurzstreckenraketen ein Gesamtbestand von 1622 (430 US-LANCE, 55 europäische LANCE, 324 US-PERSHING, 72 bundesrepublikanische PERSHING, 32 französische PLUTON, 709 NATO NIKE HERCULES[9]) der NATO gegenüber den schon genannten 1737 Waffen der WVO, also numerische Ausgewogenheit von 1:1,07. Im Gegensatz zu den 1737 Waffen der WVO enthält der genannte Bestand von 1622 für die NATO jedoch nur MRTNF-Raketen. Rechnen wir auch die SRTNF-Raketen der NATO (ohne US-Reserve), nämlich 320 HONEST JOHN mit ein, so schlägt das Ergebnis des Kräftevergleichs in ein Verhältnis von 1737:1942 bzw. 1:1,1 zugunsten der NATO um. Zählen wir alternativ lediglich die bereits bezifferten 1267 bzw. 150 nuklearen Sperrmittel und Haubitzen in Europa auf beiden Seiten hinzu, so ergibt sich eine deutliche Überlegenheit der NATO von 2889:1887 oder 1,6:1. Beide Alternativen kumuliert, steigert sich diese Überlegenheit noch auf ein Verhältnis von 1,7:1 zugunsten der NATO. Reduzieren wir schließlich noch den Gesamtbestand der US-MRTNF LANCE und PERSHING auf 36 bzw. 108 Waffen, so liegt das Verhältnis bei 2599:1887 oder 1,4:1 zugunsten der NATO. Zusammenfassend muß also betont werden, daß auf der Grundlage der vorfindbaren Daten sowohl der nach SRNTF und MRTNF aufgeschlüsselte als auch der beide Kategorien übergreifende Vergleich – korrekt durchgeführt – keinesfalls einen Vorsprung zugunsten der WVO ausweist.

7.3 LRTNF

Komplizierter noch als für die beiden vorangegangenen Ebenen gestaltet sich die Gewichtung des numerischen Potentials im LRTNF-Bereich. Die

---

7 Ebd., S. 35.

8 SIPRI Yearbook 1978, a. a. O. (Anm. 2), S. 424ff.

9 Bei einer Ausrichtung nicht auf Flughöhe, sondern auf Flugweite ist die NIKE HERCULES mit einer Reichweite von ca. 120 bis 150 km den MRTNF zuzurechnen.

Probleme resultieren vor allem aus der bifunktionalen Einsatzmöglichkeit der nuklearen Langstreckenwaffen, insbesondere der SLBM, als strategische und taktische Systeme sowie aus dem stark differierenden Flugprofil der nuklearfähigen Bomber.

7.3.1 Land- und seegestützte Raketen

Auf sowjetischer Seite stehen 1979/80 an Mittelstreckenraketen ca. 500 SS-4 SANDAL, 90 SS-5 SKEAN und 100 SS-20, letztere mit je 3 MIRV. Dem LRTNF-Bereich hinzugerechnet werden müssen nach Angaben des Weißbuches 6 in der Ostsee stationierte U-Boote der GOLF-Klasse mit je 3, also insgesamt 18 einfachen SLBM[10] des Typs SS-N-5 SERB.[11] Es muß davon ausgegangen werden, daß ein Drittel[12] der landgestützten Mittelstreckenraketen SANDAL und SKEAN an den Grenzen zu China stationiert sind. Somit ergibt sich für die nuklearen Systeme großer Reichweite der WVO in Europa (ohne Flugzeuge) ein Bestand von ca. 518 Raketen oder 718 Sprengköpfen (vgl. Tabelle 28). Da die SS-20 als «Ersatz» für die SS-4 und SS-5 gedacht ist, muß vermutlich sogar mit weit niedrigeren Zahlen, nämlich mit 418 Raketen bzw. 618 Sprengköpfen gerechnet werden.[13]

Dem LRTNF-Bereich der NATO inklusive Frankreich sind demgegenüber zuzurechnen: 4 britische U-Boote mit 192 MRV auf 64 POLARIS A 3,

---

10 Vgl. bereits Anm. 25 in Kapitel 5.

11 IISS, MB 1979–1980, S. 118, gibt sogar 54 SS-N 5 SERB an, ferner noch 6 SS-N-8.

12 Vgl. z. B.: Sommer, Theo, Weltuntergang als Notlösung? Das Bonner Raketen-Rätsel, in: Die Zeit vom 9. 3. 1979, S. 1 – Sommer geht davon aus, daß von den neuen SS-20 sogar zwei Drittel der bislang dislozierten 120 Raketen in Fernost und Mittelasien stehen; IISS, MB 1979–1980 geht davon aus, daß ein Viertel der sowjetischen Flugzeuge und ballistischen Raketen (ohne SLBM) an der Ostgrenze disloziert sind und bei den gegenwärtigen sino-sowjetischen Beziehungen es auch im Kriegsfall sehr unwahrscheinlich ist, daß sie westwärts nach Europa verlagert werden – IISS, MB 1979–1980, S. 115.

13 Diese Vermutung bestätigte jüngst auch Breschnjew im Rahmen seiner Rede anläßlich des 30. Gründungstages der DDR: «Als Vorsitzender des Verteidigungsrates der UdSSR erkläre ich mit aller Bestimmtheit: in den letzten zehn Jahren ist auf dem Gebiet des europäischen Teils der Sowjetunion die Anzahl der Träger von Kernwaffen mittlerer Reichweite *um keine einzige Rakete*, um kein Flugzeug vergrößert worden. Im Gegenteil, die Zahl der Abschußrampen für Mittelstreckenraketen sowie die Stärke der Kernladungen dieser Raketen sind sogar etwas zurückgegangen.» – Abgedruckt u. a. in: Frankfurter Rundschau vom 8. 10. 1979, S. 2 (Hervorheb. – D. S. L.). Vor diesem Hintergrund ist allerdings die Annahme von Forster zu sehen, das SS-20-System besitze nicht nur eine dreifache Vermirvung, sondern auch eine dreifache «Nachladungsfähigkeit» (*reload, refire capability*); es müsse also von einer *dreifachen Raketenzahl* mit einer neunfachen Sprengkopfzahl ausgegangen werden: «Dies würde allein für das System SS-20 ein Volumen von 2700 unabhängig richtbaren Nuklearsprengköpfen (MIRV) bedeuten» – so: Forster, Michael, Zur Datendiskussion des Kräfteverhältnisses bei den Nuklearwaffen großer Reichweite in Europa (LRTNF), S. 6, 2 (hektogr. Manuskript).

Tabelle Nr. 28: Die nuklearen Trägersysteme großer Reichweite (LRTNF) der WVO in Europa – 1979/80 (ohne Flugzeuge)

Kategorie	Typ (Jahr der Einführung)	Spreng-kraft MT	Reich-weite km	statio-niert von/in	Anzahl der Systeme
Seegestützte Langstrecken-raketen (SLBM) auf 6 U-Booten der Golf-Klasse	SS-N-5 (Serb) (1964)	1–2	1350	UdSSR/ Ostsee	18
Landgestützte Mittelstrecken-raketen (I/MRBM)	SS-4 (Sandal) (1959)	1	ca. 2400	UdSSR	340 (von 500)[a)]
	SS-5 (Skean) (1961)	1	ca. 4000	UdSSR	60 (von 90)[a)]
	SS-20 (MIRV) (1977)	3 ×(?) KT	ca. 4500 – 7000	UdSSR	100 × 3
Gesamt					ca. 518 Raketen = 718 Spreng-köpfe

Berechnungen und Angaben nach IISS, MB 1979–1980, London 1979, S. 5–30, 86–92, 118f; SIPRI Yearbook 1978, London 1978, S. 424, 427; Weißbuch 1979, Zur Sicherheit der Bundesrepublik Deutschland und zur Entwicklung der Bundeswehr. Im Auftrag der Bundesregierung hg. vom Bundesministerium der Verteidigung, o. O. 1979, S. 107; North Atlantic Assembly, Military Committee, General Report on the Security of the Alliance, presented by Klaas G. de Vries (Netherlands), General Rapporteur, November 1978, S. 50f; Brown, Harold, Department of Defense, Annual Report Fiscal Year 1981, o. O. 1980; vgl. auch oben Tabellen Nr. 12–14.

Anmerkung: a) = Mit fortschreitendem Einführen der SS-20 vermutlich außer Dienst gestellt.

4 französische U-Boote mit 64 MSBS M-2/20 und 18 ebenfalls französische Mittelstreckenraketen SSBS-2S. Ab 1980 ist ein fünftes französisches U-Boot mit weiteren 16 MSBS M-20 in den Kräftevergleich einzubeziehen. Nach *The Military Balance 1979–1980* sind SACEUR ferner noch 400 amerikanische POSEIDON C 3-Sprengköpfe assigniert. Somit steht auf der Ebene der LRTNF-Systeme (ohne Flugzeuge) ca. 718 bzw. 618 Sprengköpfe der Sowjetunion ein Bestand von 690 Nuklearsprengsätzen der NATO (vgl. Tabelle 29) gegenüber – ein relativ ausgewogenes Verhältnis: im

Tabelle Nr. 29: Die nuklearen Trägersysteme großer Reichweite (LRTNF) der NATO in und für Europa – 1979/80 (ohne Flugzeuge)

Kategorie	Typ (Jahr der Einführung)	Spreng-kraft	Reich-weite km	statio-niert von/in	Anzahl der Systeme
U-Boot gestützte Langstrecken-raketen (SLBM)	Poseidon C3 (16 Raketen à 10–14 MIRV) (1971)	(10–14) × 50 KT	5200	USA	2–3 U-Boote = 40 SLBM = ca. 400 MIRV
	Polaris A3 (16 Raketen à 3 MRV) (1967)	3 × 200 KT	5200	Groß-bri-tannien	4 U-Boote = 64 SLBM = 192 MRV
	MSBS M-2* (1974)	1 × 500 KT	3400	Frank-reich	5 U-Boote mit 16 M-2 und 64 M-20 = 80 SLBM
	MSBS M-20 à 16 Raketen (1977)	1 × 1 MT	5400		
Landgestützte Mittelstrecken-raketen (I/MRBM)	SSBS S-2 (1971)	1 × 150 KT	3400	Frank-reich	18
Gesamt					ca. 215 Raketen ca. 690 Spreng-köpfe

Berechnungen und Angaben nach IISS, MB 1979–1980, London 1979, S. 5–30, 86–92, 118f; SIPRI Yearbook 1978, London 1978, S. 424, 427; Weißbuch 1979, Zur Sicherheit der Bundesrepublik Deutschland und zur Entwicklung der Bundeswehr. Im Auftrag der Bundesregierung hg. vom Bundesministerium der Verteidigung, o. O. 1979, S. 107; North Atlantic Assembly, Military Committee, General Report on the Security of the Alliance, presented by Klaas G. de Vries (Netherlands), General Rapporteur, November 1978, S. 50f; Zimmer, Ernst Heinrich, Frankreichs Streitkräfte, in: Europäische Wehrkunde 11/1979, S. 544.

Anmerkung: * = Im Frühjahr 1980 wurde die M-2 durch die M-20 ersetzt.

ersten Falle von 1,04:1 mit leichtem Vorteil zugunsten der WVO, im zweiten Falle von 1,12:1 mit leichtem Vorteil zugunsten der NATO. Selbst wenn wir die 192 britischen MRV als lediglich 64 Gefechtsköpfe zählen, verändert sich das Verhältnis doch nur auf ein Niveau von 1:1,28 bzw. 1:1,1.

7.3.2 Flugzeuge

Das genannte relativ ausgewogene Verhältnis schlägt jedoch in ein eindeutiges numerisches Ungleichgewicht zum Nachteil der NATO um, weist man statt Sprengkopfzahlen Raketen aus und zieht man die nuklearfähigen Flugzeuge in den Kräftevergleich mit ein. Gehen wir vorerst pauschal vom Gesamtbestand der nuklearfähigen Flugzeuge beider Seiten aus, so stehen nach den Daten von *The Military Balance 1979–1980* (vgl. oben Tabellen 12 und 13) 4151 Flugzeugen der WVO nur 1679 Flugzeuge der NATO gegenüber, ein Verhältnis von rund 2,5:1 zugunsten der WVO. Das numerische Gesamtverhältnis im LRTNF-Bereich verändert sich ebenso eindeutig: Unter Einbezug der Flugzeuge ergibt sich ein Bestand der WVO von 4669 Systemen (518 Raketen, 4151 Flugzeuge) gegenüber 1878 Systemen (199 Raketen, 1679 Flugzeuge) der NATO, also gleichfalls ein Verhältnis von 2,5:1.

Obwohl wir im folgenden vorerst von diesem Ungleichgewicht zum Nachteil der NATO und den ihm zugrunde liegenden Bestandsdaten ausgehen werden, so darf doch nicht unerwähnt bleiben, daß die Basisdaten nicht als völlig zweifelsfrei angesehen werden können. Im Gegenteil: Die vom IISS in den Tabellen 12 und 13 eingesetzten Verhältniswerte von 1679:4151 Flugzeugen liegen wesentlich unter den Ergebnissen, wie sie sich aus den Einzelangaben des Instituts berechnen lassen. Nach diesen Daten beläuft sich die Differenz nicht auf ein Ungleichgewicht von 1:2,5, sondern von lediglich 1:1,6. Auf der Basis von Interavia-Angaben besteht mit einem Verhältnis von 6210:6235 Flugzeugen sogar numerische Parität (vgl. oben Tabellen 19 und 22).

Aber selbst die Korrektheit der vom IISS zum Nachteil der NATO gewählten niedrigeren Daten unterstellt, illustriert gerade das Ungleichgewicht von 1:2,5 mit deutlichem Vorteil für die WVO besonders eindrucksvoll, wie wenig aussagekräftig, negativer noch: wie manipulativ und täuschend Zahlenrelationen unter Umständen sein können. Denn im Beispiel wird u. a. die Vermirvung gerade der amerikanischen Raketen ebensowenig berücksichtigt wie die qualitative und letztlich auch numerische Problematik, die sich aus den stark differierenden Leistungs-Standards der nuklearfähigen Flugzeuge ergibt. Ein Kräftevergleich unter Einbeziehung auch qualitativer Parameter scheint unumgänglich.

8. Der Kräftevergleich auf der Basis qualitativer Parameter – Ein Versuch

8.1 SRTNF und MRTNF

Die Forderung nach Berücksichtigung qualitativer Parameter gilt grundsätzlich für alle TNF-Bereiche. Wenn wir uns im folgenden dennoch ausführlicher nur mit der Ebene der Nuklearwaffen in und für Europa mit größeren Reichweiten beschäftigen, so nicht deshalb, weil die numerischen Ergebnisse in den Bereichen SRTNF und MRTNF eindeutig zugunsten einer Seite, hier: der NATO, sprechen. Ausschlaggebend sind vielmehr drei weitere Aspekte, die – jeder für sich – ausreichend Gewicht haben. Zum einen besitzen qualitative Kräftevergleiche, wie wir sie für den LRTNF-Bereich auf der Basis von Vorgaben eines Versuchs des Strategischen Instituts in London (IISS) in Abschn. 8.2 nachvollziehen, nur eine relative Validität. Dies sei unter Verweis auf Kap. 2 und im Vorgriff auf Abschn. 8.3 nochmals an dieser Stelle betont. Zum anderen resultieren, wie wir noch in Kap. 10 sehen werden, die Gefahren und Risiken eines Nuklearkrieges in erster Linie aus der neuen Qualität der LRTNF-Systeme, nämlich ihrer Tendenz zur Erstschlagsfähigkeit, und weniger aus dem wie auch immer gearteten Qualitätsstandard im SRTNF- und MRTNF-Bereich. Schließlich und drittens aber kann ein möglicher qualitativer Vergleich auf diesen beiden TNF-Ebenen das Ergebnis aus dem numerischen Vergleich nur graduell beeinflussen, nicht aber grundlegend verändern. Anhaltspunkte für eine andere Annahme lassen sich auch unter qualitativen Kriterien, wie wir sie teilweise in der Bestandsaufnahme (vgl. Kapitel 5) und vor allem im Überblick über die Modernisierungsmaßnahmen (vgl. Kapitel 6) bereits skizziert haben, zu offensichtlich nicht finden.

Im Gegenteil: Die NATO-Systeme der dritten Generation wie die LANCE und die PERSHING werden bereits seit 1972 bzw. 1962 hohen Leistungsanforderungen mehr oder weniger gerecht (zu den Parametern vgl. auch bereits Abschn. 2.3). In der Zwischenzeit wurden diese Waffen sogar bereits mehrfach modernisiert und modifiziert (vgl. Abschn. 6.2). Der derzeitige Bestand der WVO an Raketen der ersten und zweiten Generation (FROG, SCUD, SCALEBOARD) entspricht dagegen unter Gesichtspunkten wie Lenkung[1] oder Reaktionszeit[2] – etwas überspitzt for-

1 Während die FROG-Familie ungelenkt ist, besitzt nur die SCALEBOARD eine Trägheits-Fernlenkung. Die SCUD A ist funkgesteuert und die SCUD B hat eine vereinfachte Trägheits-Fernlenkung – vgl. stellvertretend: Gatland, Kenneth W., Sowjetische Flugkörper, in: Die sowjetische Militärmacht. Geschichte, Technik, Strategie, Bayreuth 1979, S. 214; vgl. auch oben Kapitel 5 und dort die Literaturangaben.

2 Zum Vergleich: Der Zeitbedarf der LANCE liegt bei ca. 20 Minuten, derjenige der

muliert – eher noch den Nachfolgeprojekten der deutschen V-2 aus dem Zweiten Weltkrieg[3] als dem derzeit möglichen technologischen Niveau. Den NATO-Systemen entsprechende Pendants auf seiten der WVO beginnen sich zwar mit der SS-21 und der SS-22 abzuzeichnen (vgl. Abschn. 6.1). Systemimmanent betrachtet sind diese Modernisierungen der WVO jedoch schon längst überfällig.

Streifen wir schließlich noch kurz die Verbesserungs- und Umrüstungsmaßnahmen im Bereich der Geschosse und Gefechtsköpfe selbst, so scheint auch auf dieser Vergleichsebene ein technologischer Vorsprung der NATO vorzuliegen. Zumindest hat die WVO einen vergleichbaren Entwicklungsstand, wie er zur Produktion von Neutronenwaffen oder für leistungsfähige Haubitzengeschosse neuerer Art (oder für «Earth Penetrators» im Mittelstreckenbereich) erforderlich ist, noch nicht erreicht[4] (u. U. auch nicht angestrebt).

Fassen wir zusammen, so ist ein Vorsprung der NATO in der Qualität der SRTNF- und MRTNF-Waffensysteme zu vermuten oder, zurückhaltender ausgedrückt: Indizien für einen etwaigen Vorsprung der WVO sind nicht erkennbar. Unter unserer Fragestellung nach einer eventuellen Überlegenheit der WVO als Legitimation einer «Nachrüstung» der NATO bzw. nach dem Grad einer solchen Überlegenheit können wir uns mit diesen zwar wenig detaillierten, aber doch relativ zweifelsfreien Ergebnissen begnügen. Auf die Szenarioabhängigkeit dieses Urteils hatten wir bereits in Abschn. 2.4 hingewiesen.

8.2 LRTNF

Weitaus komplizierter stellt sich das Problem des qualitativen Kräftevergleichs für die dritte Ebene dar, d. h. für die Systeme großer Reichweite: Zum einen nehmen auf euronuklearer Ebene Transparenz und Überschaubarkeit der Kräfteverhältnisse mit der Ausrichtung der Waffensysteme auf größere Reichweiten ganz offensichtlich ab. Bereits genannte Parameter

SCUD A wird mit mehr als eine Stunde angegeben – vgl. Handel, Günter, Das Waffensystem LANCE. Eine Artillerierakete mittlerer Reichweite, in: Soldat und Technik 11/1979, S. 607; Taylor, Michael J. H./Taylor, John W. R., Die Raketenwaffen und Flugkörper der Welt, Stuttgart 1975, S. 177.

3 Diese Aussage trifft im übrigen auch für Systeme der LRTNF-Ebene wie die SS-4 SANDAL und SS-5 SKEAN zu – vgl. Taylor, Michael J. H./Taylor, John W. R., ebd., S. 162f, 199.

4 Vgl. so z. B. auch: Reich, Friedhelm (Pseudonym), Für den Nuklear-Sieg? Zur zweiten Generation taktischer Nuklearwaffen, in: WT 5/1978, S. 88f: «Eine der zentralen Fragen ist, wann die Sowjetunion ihr nukleares Potential entsprechend den amerikanischen Entwicklungen modernisiert. Viele Anzeichen deuten darauf hin, daß sie technolo-

wie Vermirvung und Flugprofil, die wir in Abschn. 7.3.2 als Anlaß unserer Forderungen nach einem qualitativen Kräftevergleich genommen haben, spielen in den unteren TNF-Bereichen noch keine oder nur eine geringe Rolle. Auch Kriterien wie die Zuverlässigkeit der Trägersysteme über große Entfernungen, die Fähigkeit, die gegnerische Abwehr über längere Strecken zu durchbrechen, die Treffgenauigkeit über größere Entfernungen, die Fähigkeit zur Mobilität in einem größeren Areal und damit verbunden die Frage der Dislozierung etc. sind Parameter, die erst mit Zunahme der Reichweiten der Waffensysteme eine ausschlaggebende Bedeutung – sowohl in der Realität des Ernstfalles als auch in der Kräftevergleichsanalyse – gewinnen bzw. entsprechend berücksichtigt werden müssen (vgl. zu den Parametern noch Abschnitt 8.2.1 und bereits Abschn. 2.3).

Zum anderen sind die Modernisierungsmaßnahmen auf der Ebene der euronuklearen Trägermittel größerer Reichweiten mehr noch als im SRTNF- und MRTNF-Bereich von einer deutlichen Diskontinuität – zumindest auf seiten der WVO – geprägt (vgl. Abschn. 6.1). Gleichwohl besitzt gerade die Sowjetunion mit der SS-20 die derzeit zweifelsohne modernste landgestützte Mittelstreckenrakete – eine Aussage allerdings, die in ihrem Kräftevergleichswert wiederum vor dem Hintergrund der Verlagerung der NATO-LRTNF auf und in die See gewichtet werden muß.

8.2.1 Parameter und Berechnungsweise (des IISS)

Bereits der Hinweis auf diese Aspekte zeigt, wie außerordentlich schwierig sich ein umfassender Kräftevergleich unter Berücksichtigung qualitativer und struktureller Merkmale gestaltet: Die zwangsläufige Subjektivität eines solchen Vergleichs hatten wir bereits mehrfach vermerkt (vgl. u. a. Abschn. 2.4). Soweit bekannt, ist der Versuch, das nukleare TNF-Potential (mittlerer und) größerer Reichweiten unter qualitativen Kriterien zu bewerten, bislang nur und erstmals vom Londoner Institut für Strategische Studien (IISS) und zwar in seiner Ausgabe *The Military Balance 1979–1980* unternommen worden (vgl. Tabellen 12 und 13): Das IISS[5] gibt in einem ersten Schritt zum Kräftevergleich den Gesamtbestand (*inventory*) der jeweiligen Trägersysteme an, ordnet ihnen die entsprechende Zahl von Sprengsystemen (*warheads*) zu, um dann in einem zweiten und dritten Schritt den Anteil mit nuklearer Rolle für Europa (*utilization*) zu bestim-

gisch dazu nicht in der Lage ist. An Hand der Neutronenbombe läßt sich dies ablesen ... Bei den sowjetischen Trägermitteln für taktische Nuklearwaffen ist eine Modernisierung längst überfällig, wegen der technologischen Schwäche der UdSSR bisher aber nicht erfolgt.»

5 Vgl. zu Folgendem: The International Institute for Strategic Studies (IISS), The Military Balance (MB) 1979–1980, S. 114–119.

men, der ferner auch einsatzbereit ist (*serviceability*). Nach Schätzung des Instituts erreicht die Einsatzbereitschaft der Schiffe 70 %, die der Flugzeuge 80 % und die der ballistischen Raketen 90 %. Der Anteil der Raketen in und für Europa wird bei SS-5 SKEAN, SS-20, SS-4 SANDAL und SCUD mit 75 % des Gesamtbestandes angegeben. Bei den nuklearfähigen Flugzeugen unterliegt er je nach Typ starken Schwankungen. Die SACEUR assignierten POSEIDON-Raketen werden mit 40 vermirvten Systemen beziffert. Werden die einzelnen Faktoren multipliziert, ergibt sich der Bestand vorhandener und einsatzbereiter Nuklearsprengsätze mit einer Mission in und für Europa.

Das Ergebnis wird nunmehr in den nächsten Schritten nach den Kriterien Überlebensfähigkeit (*survivability*), Durchsetzungsfähigkeit (*penetration*) und Einsatzbandbreite (*flexibility*) gewichtet. Für jeden der drei Indiaktoren besteht ein theoretisches Bewertungsmaximum von 0,33; die drei Indikatoren zusammengezählt ergeben also einen Faktor mit dem theoretischen Maximum von 1,0[6]. Entsprechend werden im rechnerischen Prozeß des IISS die jeweiligen Bewertungen nicht einzeln mit dem Ergebnis des vorhergehenden Durchgangs mulipliziert. Die drei Indikatoren werden vielmehr zu einem «Qualitätsindex» (*quality index*) aufaddiert, um dann erst als Gesamtzahl mit dem Bestand an vorhandenen und einsatzbereiten Nuklearsprengsätzen multipliziert zu werden. Das jeweilige Einzelergebnis wird als «Systemnutzungszahl» (*system utility figure*) bezeichnet.

Nach Ansicht des IISS ist bei gegnerischem Angriff die Überlebensfähigkeit der nuklearen U-Boot-Raketen SSBM und der mobilen MRBM mit 0,3 der Raketen auf dieselgetriebenen U-Booten (SSB) mit 0,25 der SRBM mit 0,2 der Langstreckenflugzeuge, der trägergestützten Flugzeuge und der fest installierten IRBM mit 0,15 der taktischen Flugzeuge mit gehärteten Hangars mit 0,1 und schließlich der taktischen Flugzeuge ohne gehärtete Hangars mit 0,05 zu bewerten. Der zweite Faktor, die «Fähigkeit, die gegnerische Abwehr zu durchbrechen und das vorgesehene Ziel zu zerstören», wird bei den ballistischen Raketen mit 0,3 und bei den Kampfflugzeugen je nach Alter, Leistung und Ausstattung für elektronische Abwehrmaßnahmen mit 0,2, 0,1 oder 0,05 abgestuft. Der letzte der Indikatoren, die «Breite der Einsatzmöglichkeiten», erstreckt sich auf eine Bewertung der IISS von 0,15 bis 0,3 für moderne Kampfflugzeuge, von 0,25 für moderne MRBM und (abhängig von der Reichweite) von 0,1 bis 0,2 für andere MRBM, IRBM und SRBM sowie auf 0,10 bis 0,15 für SLBM.

---

6 Dies scheint Forster, Michael, Zur Datendiskussion des Kräfteverhältnisses bei den Nuklearwaffen großer Reichweite in Europa (LRTNF), hektogr. Manuskript, S. 2f, in seiner Kritik zu verkennen: «Die qualitativen Kriterien der MB 79, die wesentlichen Anteil am Endergebnis der Londoner Studie haben, sind relativ willkürlich. So ist z. B. die Gewichtung *penetration* (Durchdringung der Abwehr) zwischen Raketen (0,3) und Flugzeugen (0,1 bis 0,2) *völlig unsinnig*; für Raketen müßte eindeutig der *Faktor 1* gerechnet werden, für Flugzeuge wäre der Faktor 0,1 bis 0,3 richtig» (Hervorheb. D. S. L.).

8.2.2 Eine Re-Interpretation des IISS-Vergleichs

Das Ergebnis des Kräftevergleichs ist erstaunlich: Das IISS geht von einem Gesamtbestand von 5364:2045 Systemen zugunsten der WVO aus – ein Verhältnis von 2,6:1. Nach Berücksichtigung des Anteils mit nuklearer Rolle für Europa und des Faktors Einsatzbereitschaft ergibt sich ein Verhältnis von 2244:1811 Gefechtsköpfen, d. h. eine Verringerung des Ungleichgewichts auf ein Verhältnis von 1,2:1. Nach Gewichtung der Indikatoren Überlebensfähigkeit, Durchdringungsfähigkeit und Einsatzbandbreite schließlich reduzieren sich die Werte auf 1209:1065 bzw. auf ein Verhältnis von 1,1:1 also relative Ausgewogenheit mit nur noch geringem Vorteil für die WVO.

Gehen wir noch einen Schritt weiter als das IISS: Das Londoner Institut beschränkt sich in seinem Kräftevergleich nicht auf den LRTNF-Bereich, sondern faßt die Nuklearsysteme großer und mittlerer Reichweiten zusammen (vgl. Tabellen 12 und 13). Allerdings führt es nicht alle Trägerwaffen mit einer Reichweite über 100 km auf; insbesondere fehlen die Systeme SHADDOCK SS-N-3, LANCE und PLUTON. Andererseits werden Systeme – wie die SS-N-8 oder SS-N-5 SERB – berücksichtigt, deren Dislozierungs- und Funktionsbezug als Nuklearkräfte in und für Europa nicht oder jedenfalls nicht in der angeführten Größenordnung erkennbar ist (vgl. oben die Bestandsaufnahme – Kapitel 5). Und schließlich werden auch – unter der Zusammenfassung der Kategorien LRTNF und MRTNF zu Recht – eine Reihe von Systemen genannt, deren Reichweite unter 1000 km liegt.

Zur Feststellung des Kräfteverhältnisses in dem uns besonders interessierenden LRTNF-Bereich bieten sich auf der Basis der Angaben und Gewichtungen des IISS und auf der Grundlage unserer eigenen, in den vorangegangenen Kapiteln herausgearbeiteten Daten verschiedene Alternativen an. Knüpfen wir an das Ergebnis aus Abschn. 7.3.1 an, so hatten wir auf der Ebene der LRTNF-Systeme (ohne Flugzeuge) eine relative numerische Ausgewogenheit mit – je nach Berechnungsart – leichtem Vorteil zugunsten der WVO bzw. der NATO festgestellt. Unter Einbezug der Flugzeuge auf der Basis der IISS-Angaben hatte sich dieses Verhältnis rapide auf 2,5:1 zuungunsten der NATO gesteigert. Gewichten wir also in einem ersten Schritt die offensichtlich ausschlaggebenden Flugzeuge auch qualitativ:

Unter Berücksichtigung des Anteils mit nuklearer Rolle für Europa und des Faktors Einsatzbereitschaft verändern sich die Bestandsverhältnisse bereits von 4151:2005 auf 1266:1179 oder umgerechnet von 2,5:1 auf lediglich 1,07:1 zugunsten der WVO. Nach Gewichtung der drei vom IISS angegebenen qualitativen Indices kehrt sich das Verhältnis sogar in sein Gegenteil um: Es liegt nunmehr bei 558:615 oder 0,91:1, mit anderen Worten bei 1,10:1 zugunsten der NATO (vgl. Tabellen 12, 13, 28, 29).

Dieses für die NATO vorteilhafte Ergebnis berücksichtigt jedoch noch immer Flugzeuge, die bei günstigem Flugprofil zwar eine Reichweite über

1000 km besitzen, deren Einsatzradien unter Gefechtsbedingungen aber darunter liegen (können) (vgl. auch Tabellen 18 und 20). Bereinigen wir die Auflistung des IISS um diese Systeme, so entfallen bei der NATO die Flugzeuge BUCCANEER und ETENDARD IV M sowie bei der WVO die Bomber SU-17 FITTER D/C, MIG-23/-27, FLOGGER B/D, MIG-21 FISHBED J/K/L/N, SU-7 FITTER A, SU-20 FITTER C und MIG-23 FLOGGER B.[7] Die Kräfteverhältnisse verändern sich entsprechend. Mit einem Bestand von 1605:738 Flugzeugen und von 1121:637 Sprengmitteln liegt der Anteil der NATO erstmals deutlich höher. Die Relationswerte belaufen sich auf 2,2:1 bzw. 1,8:1. Auch noch nach qualitativer Gewichtung mit Hilfe der angegebenen Kriterien bleibt der deutliche Vorsprung der NATO mit 583:331 bzw. ebenfalls 1,8:1 erhalten. Und selbst wenn wir – als «Grenzfälle» – und nur auf seiten der NATO Flugzeuge wie die F-4 und F-104 aus der Auflistung ausschließen, so reduziert sich das qualitative Verhältnis auf ein Niveau von 446:331, d. h. von immer noch 1,3:1 zugunsten der NATO. Ähnliches gilt auch für die französischen und belgischen MIRAGE 5 F, die zwar von MB 1979 bis 1980, nicht aber von Interavia als nuklearfähige Systeme angeführt werden (vgl. Tabelle 22). Da die Systemnutzungszahl dieser Flugzeuge vom IISS jedoch nur mit 7 angegeben wird, ändert ihr Ausschluß aus dem Vergleich das Ergebnis nur unwesentlich.

Machen wir abschließend noch einen scharfen Schnitt und gehen von der auch im Rahmen der «Nachrüstungs»diskussion vorgetragenen These aus, «daß als LRTNF nur solche Systeme gelten können, die die Reichweitenkategorie von ‹über 1000 km› in dem Sinne erfüllen, daß die Aufgabe der nuklearen Gefechtsfeldabriegelung in der Tiefe (*deep interdiction*) in der mittleren Reichweite von 1500 bis 2000 km übernommen werden kann»[8]. Die Berechtigung dieser Annahme mag in unserem Zusammenhang zugunsten der rechnerischen Illustration dahingestellt bleiben – auf die Problematik der Flugweiten und ihre Relativierung durch Kriterien wie Flugprofil, Zusatztanks, Luftbetankung, Zwischenlandung etc. hatten wir bereits mehrfach hingewiesen (vgl. insbes. Abschn. 5.1.3.2 und 5.2.3.2). Gehen wir vielmehr noch einen Schritt weiter und unterstellen die Berechtigung der These nur für die westliche Seite. Eine solche Annahme entspräche im Zweifelsfalle auch einem «Worst-Case-Szenario», in dem – nach einem Erstschlag (*first strike*) der WVO – alle seegestützten Flugzeuge der NATO sowie alle landgestützten Flugzeuge in den grenznäheren Ländern (Bundesrepublik, Griechenland, Türkei, Norwegen, Dänemark) entweder vernichtet oder ihnen zumindest die Lande- und Startmöglichkeiten genommen sind (vgl. dazu auch Kapitel 9). In diesem Szenario stehen auf seiten

7 Die Möglichkeiten der Reichweitenverlängerung durch Luftbetankung, Zusatztanks und Zwischenlandungen (s. o. Abschn. 5.1.3.2 und 5.2.3.2) relativieren allerdings – ebenso wie der Mangel an Kenntnis über *sortie rates*, Bomben- und Raketenbestand etc. – die nachfolgenden Berechnungen – siehe aber auch noch Anm. 9.

8 So z. B. Forster, Michael, a. a. O. (Anm. 6), S. 1.

der WVO also nach wie vor alle Flugzeuge mit einem Einsatzradius ab 1000 km zur Verfügung, auf seiten der NATO dagegen nur jene Flugzeuge mit einem Radius von 2000 km und darüber. Der numerische Bestand beläuft sich entsprechend auf ein Ungleichgewicht von 738:303 Flugzeugen, d. h. von 2,4:1 eindeutig zugunsten der WVO. Dennoch schlägt das Verhältnis nach qualitativer Gewichtung mit Hilfe der genannten Parameter in einen Vorteil von 331:392, also von 1:1,8, zugunsten der NATO um. Besitzt die NATO also einen technologisch-qualitativen Standard im Bereich der nuklearen Flugzeuge, der zum Übergang in die 80er Jahre bereits um das Zweieinhalbfache höher liegt als derjenige der WVO?[9]

---

9 Wenngleich wir auch im folgenden (Abschn. 8.3) diese Fragen wegen methodologischer Bedenken nicht bejahen können, so sei an dieser Stelle doch darauf hingewiesen, daß eine Reihe von Einzelaussagen und -vergleichen westlicher Experten einen solchen Schluß nahelegen. So wurde die MIG-25 FOXBAT noch 1976 als die «sowjetische Wunder- und Superwaffe» bezeichnet – vgl. stellvertretend: Feldmeyer, Karl, Moskaus schnellstes Flugzeug schafft Unruhe, in: FAZ vom 20. 4. 1976; Entwicklungstendenzen der sowjetischen Rüstung, in: NZZ vom 7. 1. 1972. Nach der Flucht des sowjetischen Oberleutnants Belenko in einer Maschine dieses Typs (nach Japan) ergab die Untersuchung in den Worten des amerikanischen Kongreßabgeordneten Robert Carr, Mitglied im Verteidigungsausschuß des Repräsentantenhauses, u. a.: «Tatsächlich ist die ‹Foxbat› kaum der mittlerweile [im Jahre 1976 – D. S. L.] 15 Jahre alten US-Maschine F-4 Phantom ebenbürtig, und von den US-Flugzeugen der neuen Generation, der McDonnell F-15 und der General Dynamics F-16 wird die MIG-25 geradezu deklassiert.» – Vgl. ausführlicher: Lutz, Dieter S., Die Rüstungsanstrengungen der Sowjetunion im konventionellen Bereich. Eine Datenvergleichs- und Bedrohungsanalyse, in: Lutz, Dieter S. (Hg.), Militär, Rüstung, Sicherheit Bd. 1: Die Rüstung der Sowjetunion. Rüstungsdynamik und bürokratische Strukturen, Baden-Baden 1979, S. 93ff, und dort die Quellenhinweise. Auch der bis vor kurzem in den westlichen Medien bestaunte und «gefürchtete» Bomber TU-22 M BACKFIRE wird mittlerweile von Fachleuten eher negativ bewertet. Die F-111-Familie wird als weitaus besser angesehen als der sowjetische BACKFIRE: «Wären die FB-111 A und die F-111 der Preis für den BACKFIRE, so würden die USA kein gutes Geschäft machen» – so General Richard Ellies, zit. nach: Wireless Bulletin from Washington No. 177 vom 20. 9. 1979, S. 23. Schließlich sei noch darauf hingewiesen, daß auch in den kommenden Jahren die Kampfkraft der (taktischen) NATO-Luftstreitkräfte trotz der wachsenden Kapazitäten der WVO im Vergleich stärker zunimmt. Nach General David C. Jones, dem Stabschef der US-Luftwaffe, soll die Kampfkraftsteigerung in den Jahren 1976 bis 1982 ca. 150% betragen, gemessen an den zerstörten Panzerfahrzeugen der WVO, und ca. 250%, gemessen am Bestand der NATO-Kampfjäger – jeweils nach 10 Tagen seit Kriegsbeginn – vgl. Prepared Statement of Gen. David C. Jones, Chief of Staff, A.U. Air Force, in: Hearings before the Committee on Armed Services United States Senate. Ninety-Fifth Congress, First Session, Part 2, January 27, February 1, 3, 8, 10, 1979, S. 1436 – für diesen letzteren Quellenhinweis bin ich Gert Krell verbunden; vgl. ferner auch: Lutz, Dieter S., Das militärische Kräfteverhältnis im Bereich der konventionellen Streitkräfte (ohne Marine), in: Deutsche Gesellschaft für Friedens- und Konfliktforschung (Hg.), Zur Entspannungspolitik in Europa, Jahrbuch der DGFK 1979/80, Baden-Baden 1980, S. 414ff; schließlich können auch technologische Fähigkeiten der USA angeführt werden wie die, Flugzeuge «unsichtbar» zu machen – vgl. Anm. 75 in Kap. 6 oder wie sie in der Flugzeugbewaffnung in Form von SRAM – dazu die folgende Anmerkung 10 – oder auch der Cruise Missile zum Ausdruck kommen.

Bevor wir auf diese Frage eingehen (vgl. dazu Abschn. 8.3), wollen wir in einem letzten Schritt den qualitativen Kräftevergleich auf den gesamten LRTNF-Bereich erweitern. Als Gewichtungswerte dienen abermals die Schätzungen des IISS in den Tabellen 12 und 13; als Datenbasis die Angaben der Tabellen 28 und 29. Mit anderen Worten: Die Auflistungen des IISS werden neben den bereits genannten Flugzeugen um die Systeme SS-N-4 SARK, SS-N-8, SS-12 SANDAL, SCUD B und PERSHING bereinigt. An die Stelle der von *The Military Balance* eingesetzten 54 SS-N-5 SERB treten ferner die vom Weißbuch 1979 genannten lediglich 18 bzw. 20 Systeme. Nach dieser Berichtigung auf der Grundlage der genannten Tabellen ergibt sich folgendes Kräfteverhältnis: Dem Gesamtbestand von 1791 Trägersystemen der NATO stehen lediglich 1466 Systeme der WVO gegenüber – ein leichter numerischer Vorteil zugunsten der NATO von 1,2:1. Den «für und in Europa» sofort einsetzbaren Nuklearmitteln der NATO in Höhe von 1591 entsprechen ferner 1288 Sprengsätze der WVO – ein relativ ausgewogenes Verhältnis von 1,2:1 gleichfalls mit leichtem Vorteil der NATO. Berücksichtigen wir schließlich die genannten qualitativen Kriterien, so bleibt das Verhältnis mit Werten von 928:785 bzw. 1,2:1 nach wie vor ausgewogen mit leichtem Vorsprung für die NATO. Das fünfte, für 1980 vorgesehene U-Boot Frankreichs ist mit 16 M-20 in dieser Aufrechnung noch nicht einmal berücksichtigt, umgekehrt dagegen geht der vom IISS für 1979 zugrunde gelegte Bestand von 120 SS-20 weit über den tatsächlichen Bestand sogar für 1980 hinaus (vgl. Abschn. 3.3 und dort die Tabellen 14 bis 16).[10]

Und selbst wenn wir von der Zuverlässigkeit der Angaben des IISS zu den Systemen SS-N-8 und SS-N-5 ausgehen, sie also im Kräftevergleich belassen, und ferner auch den vom Institut vorgegebenen Bestand an Flugzeugen akzeptieren, so ändert sich die Ausgewogenheit der Kräfte doch nur unwesentlich. Unter Berücksichtigung der vorgegebenen Kriterien ergibt sich ein Relationswert von 1029:950 bzw. von 1,08:1 mit sehr geringem Vorteil zugunsten der WVO. In keinem der durchgespielten Fälle – und dies ist zu betonen – kann also von einer gefährlichen Überlegenheit oder einer «atomaren Lücke» zum Nachteil der NATO gesprochen werden.

8.3 Zwischenergebnis und Kritik

Fassen wir die bisherigen Vergleiche aus Kap. 7 und 8 zusammen, so kristallisiert sich aus den Einzelergebnissen ein Gesamtbild des TNF-Kräfteverhältnisses heraus, das für 1979/80 die sogenannte «Nachrüstungsthese»

10 Nicht unerwähnt bleiben soll auch, daß das IISS, MB 1979–1980, S. 118, die Anzahl

keinesfalls bestätigt: Weder läßt sich – als Schlußfolgerung – aus den durchgeführten Vergleichen jene gefährliche militärische Überlegenheit der WVO ableiten, mit der die «Nachrüstung» offiziell legitimiert (wurde und) wird, noch die Dringlichkeit, mit der die Beschlüsse am 12. Dezember 1979 (ohne vorherige Rüstungssteuerungsverhandlungen) von der NATO gefaßt wurden (vgl. Leitfrage 1 in Abschn. 1.2.3). Im Gegenteil ist – als Vermutung – nicht auszuschließen, daß die WVO selbst bislang glaubt(e), dem in Abschn. 6.2 skizzierten kontinuierlichen Modernisierungsprozeß der NATO mit Umrüstungsmaßnahmen begegnen zu müssen.

Mehr noch: Schlußfolgerung und Vermutung lassen sich in der Frage zusammenführen, ob die NATO zu Beginn der 80er Jahre bereits einen technologisch-qualitativen Vorsprung im TNF-Bereich besitzt, der das Ungleichgewicht, wie es aus einem numerischen Kräftevergleich resultieren kann, weitestgehend kompensiert? Die Ausführungen in Kap. 6 und insbesondere die im Abschn. 8.2.2 durchgespielten Alternativen und ihre Ergebnisse scheinen – zumindest auf den ersten Blick – diese Frage zu bejahen. Tatsächlich ist jedoch die erhebliche Niveau-Reduktion durch die Ausgangswerte des Kräftevergleichs in den Tabellen Nr. 12 und 13 numerisch determiniert: Denn als Ausgangsbasis gibt das IISS für die NATO einen erheblich geringeren Bestand an nuklearfähigen Flugzeugen an als für die WVO. Der relative Anteil der spezifisch für den «Nuklearkrieg» vorge-

---

der nuklearen Flugzeugbomben teilweise zwar zu hoch angesetzt hat – so etwa bei dem britischen Bomber VULCAN B 2 oder bei den sowjetischen Flugzeugen BADGER und BACKFIRE – vgl. Forster, Michael, a. a. O. (Anm. 6), Anhang ohne Seitenzahl. Da aber andererseits die FB-111 A nicht nur 4, sondern bis zu 6 Lenkwaffen Boeing AGM-69 A SRAM tragen kann – vgl. Krivinyi, Nikolaus, Taschenbuch der Luftflotten 1976, München 1976, S. 439; Pretty R. T. (Ed.), Jane's Weapon Systems, London 1979, S. 144 – vermag die numerische Korrektur das festgestellte ausgewogene Verhältnis kaum wesentlich, und wenn, vermutlich nur zugunsten der NATO, zu beeinflussen. Diese Vermutung zugunsten der NATO wird mit der Einbeziehung eines Qualitätsvergleiches der Abwurf- und Lenkwaffen, insbes. unter Berücksichtigung der bereits genannten SRAM (Short Range Attack Missile) noch verstärkt: «Die Lenkwaffe ist in der Lage, scharfe Kurven zu fliegen, um der gegnerischen Abwehr zu entgehen, ist unempfindlich gegen feindliche elektronische Gegenmaßnahmen und erscheint nicht größer als ein Maschinengewehrgeschoß auf dem Radarschirm. Der Reichweitenbereich soll von 160 km in großen Höhen bis 55 km in Bodennähe variieren» – so: Taylor, Michael J. H./Taylor, John W. R., Die Raketenwaffen und Flugkörper der Welt, Stuttgart 1975, S. 209. Nach dem Jahresbericht 1980 des Vorsitzenden der Vereinigten Stabschefs, General David C. Jones, USAF, «kann die SRAM alle bekannten oder projektierten Verteidigungssysteme durchbrechen» – United States Military Posture for FY 1980. An Overview by General David C. Jones, USAF, Chairman of the Joint Chiefs of Staff. With Supplement prepared by The Organization of the Joint Chiefs of Staff, Washington o. J. (1979), S. 29. Schließlich sei auch nochmals die hier nicht behandelte Frage der «Einsatzraten» der Flugzeuge angesprochen: Es ist einleuchtend, daß mit der höheren technologischen Qualität der NATO-Systeme auch deren Penetrationsfähigkeit wächst bzw. umgekehrt ihre Verwundbarkeit abnimmt und somit auch mit wesentlich höheren «Einsatzraten» auf westlicher Seite zu rechnen ist.

sehenen und/oder auch einsetzbaren Systeme wird jedoch für die NATO wesentlich höher als für die WVO veranschlagt. Primär ist also der Kräfteausgleich auf den Faktor *utilization*, d. h. auf *numerische* Bestandsgrößen zurückzuführen und erst sekundär und in einem wesentlich geringeren Umfang auf *qualitative* Indikatoren wie Überlebensfähigkeit, Durchdringungsfähigkeit und Einsatzbandbreite.

Bereitet dem IISS schon die Auflistung numerischer Bestandsgrößen Schwierigkeiten, so gilt diese Aussage um so mehr für Werte im Übergang vom numerischen zum qualitativen Parameter. Zu diesen Werten gehört etwa der vom IISS vorgegebene Faktor «Gefechtskopfzahl» – eine, für sich betrachtet, numerische Größe, auf das jeweilige Trägersystem bezogen jedoch ein qualitativer Indikator. Im IISS-Vergleich fehlt diesem Faktor, ähnlich dem Parameter *utilization* oder den abweichenden Bestandsangaben zu den Flugzeugen (vgl. Tabellen 19 und 22) die dringend erforderliche Transparenz. Ohne Kenntnis der zugrunde liegenden Leistungsanforderungen bzw. Szenarien (dazu noch Kap. 9 und 10) muß jedoch die Anzahl der vom IISS Trägersystemen wie VULCAN B2, BADGER, BACKFIRE oder auch FB-111 zugeordneten Nuklearmittel, bezogen auf die verschiedenen Flugzeuge, als teilweise zu hoch, teilweise aber auch als zu niedrig bezeichnet werden.[11] Erst die in Kap. 2 mehrfach geforderte breite Transparenz ließe Daten und Entscheidungen nachvollziehbar und überprüfbar werden, würde das Ergebnis objektivieren.

Probleme, die sich wiederum aus dem Vergleich der zwar unter dem Sammelbegriff Gefechtsköpfe zusammengefaßten, aber recht unterschiedlichen Nuklearmittel ergeben, sind in diese Kritik noch nicht einmal eingeschlossen. Festgehalten werden muß dennoch, daß die herkömmliche Nuklearbombe der Flugzeuge nicht ohne weiteres mit der treffgenauen und weitreichenden Flugzeuglenkrakete (etwa der Short-Range Attack Missile – SRAM der FB-111) verglichen werden kann.

Noch nicht berücksichtigt sind ferner Fragen nach den Leistungsparametern eines günstigen Flugprofils (z. B. über Luftbetankung und Zusatztanks) als unmittelbare Voraussetzung nicht nur größerer Reichweiten oder geringerer Verwundbarkeit, sondern auch höherer Einsatzraten. Es steht aber außer Zweifel, daß die qualitative Fähigkeit von Trägersystemen, nachladefähig oder mehrfach verwendbar zu sein – die entsprechende Anzahl von Nuklearmitteln vorausgesetzt – ein numerisches Kräfteverhältnis radikal verändern, u. U. sogar in Frage stellen kann.

Kritik ist jedoch nicht nur an den vom IISS vorgegebenen Faktoren angebracht, sondern auch an der Auswahl und Gewichtung der Indizes im engeren qualitativen Sinne, letztendlich sogar am Aufbau und an der Bandbreite des Kräfteverhältnisses insgesamt. Zwar umfassen die vom Londo-

---

11 Ebd.

ner Institut gewichteten Kriterien neben der Einsatzbandbreite auch die zweifelsohne wichtigen Parameter Überlebensfähigkeit und Durchdringungsfähigkeit. Vernachlässigt werden jedoch so entscheidende Qualitätsparameter wie Reichweite, Sprengkraft, Treffgenauigkeit usw. Die Teilergebnisse des Kräftevergleiches entsprechen diesem Versäumnis: Einerseits bleiben typische Charakteristika wie die potentielle Erstschlagsfähigkeit der SS-20 im Vergleich gänzlich unberücksichtigt. Andererseits erhalten in ihrer qualitativen Auslegung so völlig unterschiedliche Raketen wie die sowjetische SCUD (Sprengkraft 1 bis 100 KT/Reichweite: 100 bis 200 km) und die sowjetische SS-4 (Sprengkraft 1 MT/Reichweite: ca. 2400 km) in der Bewertung des IISS den gleichen Qualitätsindex von 0,6. Ähnliches gilt auch für die Systeme der NATO, etwa für die PERSHING I und die POLARIS A-3, die beide vom IISS mit einem Qualitätsindex von 0,65 veranschlagt werden. Weder kann aber bündnisintern innerhalb der NATO die PERSHING I eine POLARIS A-3 generell aufwiegen bzw. ersetzen noch in der WVO die SCUD eine SS-4 – es sei denn in einem konkreten Szenario mit entsprechenden, vorab dargelegten Prämissen.

Aber auch im Vergleich zwischen NATO- und WVO-Systemen signalisieren die aggregierten Werte des IISS Eigenschaften bzw. Verhältnisse, die nicht existieren und auch kaum herbeigeführt werden können. Im Gegenteil: Die vom IISS mit einem Wert von 0,65 gewichtete PERSHING I kann die mit 0,6 schlechter bewertete SS-4 schon aus Gründen mangelnder Reichweite nicht zerstören. Umgekehrt könnte jedoch – und hier werden die Ergebnisse auf den Kopf gestellt – die minder bewertete SS-4 jederzeit die PERSHING-Rakete treffen. Aber auch diese Aussage ist wiederum nur in einem konkreten Szenario haltbar. Denn in der Realität der Kräfteverhältnisse werden Raketen wie die SS-4 oder SS-5 zumindest bislang noch vorrangig als Countervalue-Systeme betrachtet (vgl. aber noch Abschn. 10.4.3).

Auch Kräftevergleiche wie der des IISS oder wie die von uns in Abschn. 8.2 auf der Basis der IISS-Vorgaben modifizierten Analysen, die versuchen, den üblichen numerischen Rahmen durch qualitative Aspekte zu erweitern, unterliegen also noch immer Denk- und Strukturfehlern «statischer» Vergleiche. Insbesondere unterstellen sie, daß es sich bei den aufgerechneten Systemen um «duellfähige» Waffen handelt. Dies trifft jedoch auch im TNF-Bereich nicht oder nur unter Bedingungen konkreter «dynamischer Szenarien» zu.

Im folgenden wollen wir deshalb den Versuch unternehmen, unseren beiden Leitfragen aus Abschn. 1.2.3 auch in Form einer Szenario-Analyse nachzugehen. Da es uns um Schlußfolgerungen für die Kooperative Rüstungssteuerung, also um Kriegsverhütung und nicht um die fragwürdige Effizienz von Kriegsführung geht, können wir das Szenario in seiner erkenntnisleitenden Plausibilität im wesentlichen an zwei Problemkreisen orientieren (vgl. bereits oben Abschn. 2.4): in Kap. 9 am Ziel der strategischen Stabilität, resultierend aus einer gesicherten Zweitschlagsfähigkeit als – systemimmanent betrachtet – äquivalenter Option zum nuklearen Erstschlag; in Kap. 10 an der strategischen Instabilität und Kriegsgefahr, resultierend aus der Dynamik der Nuklear- und Raketentechnologie.[12]

12 Als Nachtrag zur Kritik am IISS in diesem Abschnitt sei darauf hingewiesen, daß «The Military Balance 1980–1981», London 1980, S. 118f, das in der vorliegenden Arbeit wegen der zeitlichen Überschneidung nicht ausführlicher berücksichtigt werden konnte, einen veränderten TNF-Vergleich ausweist: Die Parameterbandbreite hat sich durch die Aufnahme des Indizes Zuverlässigkeit erweitert; die «Einsatzbreite» ist dagegen weggelassen. Die Daten, Bewertungen und Ergebnisse weichen stark zum Nachteil der NATO von denen des Vorjahres ab. Gründe für diese Änderungen werden nicht genannt. Zur Glaubwürdigkeit und Transparenz vgl. noch im folgenden Anm. 33, in Abschn. 11.1 und bereits oben Abschn. 3.2.

9. Szenario-Analyse Teil I: Ein Counterforce/Countervalue-Vergleich oder: How much is enough? – Wieviel an Vernichtung(skapazität) ist genug?

Wie bereits in Abschn. 8.2.2.1 betont, läßt das statische Verfahren außer acht, daß es sich bei den im Streitkräftevergleich gegenübergestellten Systemen nicht oder nur im Ausnahmefall um *duellfähige* Systeme handelt. In der Regel der Vergleiche bleiben sogar gerade die entsprechenden *Abwehrmittel* unberücksichtigt. Der Vergleich prüft also nicht die *Äquivalenz der Fähigkeiten* (s. o. Abschn. 2.1), sondern folgt einem schematischen, unter funktionellen Gesichtspunkten letztlich kaum aussagekräftigen Maßstab.

Vernachlässigt werden in statischen Vergleichen ferner die militärischen Zieloptionen und ihre Alternativen. Dieser methodische Mangel ist für das TNF-Potential um so untragbarer, als sich gerade die Nuklearkräfte in und für Europa spezifisch durch ihre Zielplanung definieren (vgl. Abschn. 4.5).

Streitkräfte und Waffensysteme müssen sich aber – sind sie nicht lediglich politisch bestimmt oder innengeleitet verursacht – auf eine militärische Beziehung zwischen alternativen Zieloptionen einerseits und den vorhandenen Fähigkeiten zu drohen oder zu zerstören andererseits zurückführen lassen. Konsequenterweise kann durch eine Gegenüberstellung von (bereits) gegebenem Potential, gegnerischen Erstschlags- und/oder Abwehrmöglichkeiten sowie alternativen Zieloptionen der Frage nach der Erforderlichkeit von «Nachrüstungs»maßnahmen nachgegangen werden. Konkretisiert auf den «Nachrüstungs»beschluß der NATO im TNF-Bereich lautet diese Frage: Entsteht ohne das geplante Mehr an eurostrategischen Systemen für die NATO die Situation einer atomaren Abschreckungs«lükke» und umgekehrt für die WVO die Chance eines nuklearen Angriffskrieges mit kalkulierbarem Risiko und tragbaren Folgen?

9.1 Annahmen und Faktoren

9.1.1 Der schlimmste Fall («Worst-Case»-Prämisse)

Um diese Fragestellung zu operationalisieren, gehen wir im folgenden von einer hypothetischen Situation aus, der nachstehende – am *worst case* zum Nachteil der NATO orientierte – Annahmen zugrunde liegen:

1. Die NATO führt als Verteidigungsorganisation keinen eurostrategischen Erstschlag aus; die Prämie des *first strike* fällt also nicht ihr, sondern der WVO zu.
2. Die eurostrategischen Mittelstreckenraketen der Sowjetunion können bei einem *first strike* von der NATO nicht im Sinne eines Duells «abgedeckt» werden; eine *counterforce*-Option der NATO, d. h. eine Maßnahme gegen militärische Einrichtungen scheidet insofern aus.
3. Der gegnerische Angriff zerstört alle land-, luft- und überwassergestützten Nuklearsysteme (inkl. Flugzeugträger) sowie alle im Hafen liegenden U-Boote der NATO in Westeuropa.[1]

9.1.2 Die Einsatzbereitschaft der U-Boote («On-Patrol»-Koeffizient)

In diesem – in seinen Folgen an einem extremen *worst case* zum Nachteil der NATO orientierten – Szenario beruht die Abschreckungswirkung der Nuklearkräfte in und für Europa also lediglich auf der Vergeltungsfunktion der auf hoher See *on patrol* dislozierten SLBM. In der Literatur wird davon ausgegangen, daß sich unter normalen Friedensbedingungen nur ca. 50 % der U-Boote auf Tauchfahrt (*on patrol*) befinden, die andere Hälfte der verfügbaren U-Boote zum Austausch der Mannschaft und zur Überholung der Systeme in Häfen und Docks liegt. Wird keine Strategie des frühzeitigen Starts bereits im Alarmfall (*launch-on-warning*) betrieben, so beträgt der Koeffizient für die Überlebensfähigkeit der U-Boote und ihrer Raketen bei einem nuklearen Präemptivschlag also 0,5 (On-Patrol-Koeffizient). Im Krisenfall und bei längeren Vorwarnzeiten erhöht sich die Seedislozierung allerdings auf ca. 80 % bis 90 %, somit die Überlebenswahrscheinlichkeit auf 0,8 bis 0,9.[2]

---

1 Realistischerweise kann allerdings davon ausgegangen werden, daß der große Vorteil der see- und landgestützten NATO-Bomber, nämlich sehr frühzeitig starten zu können (*launch-on-warning*) und gegebenenfalls auch wieder zurückgerufen zu werden, auch genutzt wird. Ferner könnten auch die selbst in westeuropäischen Häfen liegenden U-Boote nahezu alle Ziele westlich des Ural – vor ihrer eigenen Zerstörung – treffen. In länger andauernden Krisenfällen werden sie ohnehin die Häfen verlassen. Zu Recht betont deshalb der ehemalige Staatssekretär im Verteidigungsministerium von Bülow vor dem Deutschen Bundestag: «Selbst ein Einsatz aller sowjetischen Nukleargefechtsköpfe würde das westliche Verteidigungspotential nicht völlig ausschalten ... Mit Sicherheit würden die französischen, englischen und der NATO unterstellten amerikanischen U-Boote mit ballistischen Flugkörpern überleben und allein schon zu einem für die Sowjetunion nicht tragbaren Gegenschlag führen» – Deutscher Bundestag, Stenogr. Bericht, 113. Sitzung v. 8. 11. 1978, S. 8877 D.

2 Zum Verhältnis der Hafen- und Seezeiten von U-Booten vgl. stellvertretend: Kemp, Geoffrey, Nuclear Forces for Medium Powers: Part I: Targets and Weapons Systems, Adelphi Papers Nr. 106, London 1974, S. 20, 21, 22; IISS, The Military Balance (MB)

Gehen wir auch hier vom *worst case*, d. h. von dem niedrigen Koeffizienten von 0,5 zum Nachteil der NATO aus, so reduziert sich nach einem angenommenen Erstschlag der Sowjetunion der Bestand der 4 britischen POLARIS A-3 auf 2 U-Boote und der 5 französischen MSBS M-2/20-U-Boote auf einen mathematischen Bestand von 2 bis 3 U-Booten. Diesem Bestand muß die volle Zahl der 2 bis 3 der NATO assignierten US-U-Boote POSEIDON C-3 mit ca. 40 SLBM bzw. ca. 400 MIRV hinzugezählt werden (vgl. Tabelle 29). Anders als bei den nationalen britischen und französischen U-Booten ist für das amerikanische und der NATO assignierte Potential eine ständige Seedislozierung durch Austausch bzw. Zuweisung (*allocation*) in der genannten Höhe anzunehmen. Aus dieser ständigen Seebereitschaft erklären sich vermutlich auch die unterschiedlichen, aber meist erheblich über einer Zahl von 2 bis 3 U-Booten liegenden Bestandsangaben in der Literatur (vgl. dazu bereits Abschn. 5.2.3). Zu Recht führt deshalb auch *MB 1979–1980* – allerdings ohne Begründung – in seinem Kräftevergleich der MRTNF und LRTNF (vgl. Tabelle 13) bei den SACEUR assignierten POSEIDON C-3 keine Reduktion unter den Gesichtspunkten TNF-Mission und Einsatzbereitschaft durch.[3] Zusammenfassend können wir also – auch nach einem nuklearen «Counterforce»-Schlag der WVO von einem relativ gesicherten mathematischen Bestand mit einer Sprengkopfmindestzahl in Höhe von 400 MIRV auf 2 bis 3 U-Booten POSEIDON C-3, von 96 MRV auf 2 britischen POLARIS A-3 und von 40 MSBS M-2/20 auf 2 bis 3 französischen U-Booten ausgehen.

9.1.3 Die U-Boot-Abwehr (ASW-Faktor)

Neben der Verwundbarkeit der U-Boote durch einen nuklearen Erstschlag gegen die Häfen und Basen werden die «Überlebensfähigkeit» der SSBN durch eine zweite Kategorie: die Anti-U-Boot-Kriegführungsmittel (*antisubmarine warfare* – ASW) bestimmt. Der Erfolg von ASW-Maßnahmen der Sowjetunion ist bei dem derzeitigen Stand der Technologie vor allem

---

1979–1980, London 1979, S. 114; Congressional Budget Office (CBO), Counterforce Issues for the U.S. Strategic Nuclear Forces, Washington 1978, S. 26; für die TRIDENT-U-Boote wird eine Seerate in Friedenszeiten von 66% erwartet – vgl. CBO, ebd; wesentlich schlechter ist das Verhältnis bei den sowjetischen U-Booten: Nach Stockholm International Peace Research Institute (SIPRI), World Armaments and Disarmament, Yearbook 1979, London 1979, S. 447, 445, sollen mehr als vier Fünftel der sowjetischen SLBM-Streitkräfte in Häfen liegen; nur 12% bis 15% *on patrol* geben für die Sowjetunion sogar an: Moore, K. J./Flanigan, Mark/Helsel, Robert D., Development in Submarine Systems 1956–76, in: McGwire, Michael/McDonnell, John (Ed.), Soviet Naval Influence: Domestic and Foreign Dimensions, New York 1977, S. 159; Clawson, Carl H., The Wartime Role of Soviet SLBMs – Round Two, in: USNI Proceedings March 1980, S. 68.

3 IISS, MB 1979–1980, S. 119.

von zwei Komponenten abhängig: der Größe der gegnerischen U-Boot-Flotte und der Größe des Operationsgebietes. Mit anderen Worten: Je kleiner der Gesamtbestand der U-Boote der NATO «in und für Europa» ist und je geringer die Reichweite der SLBM, desto größer sind die Chancen einer konzentrierten ASW. Es wird angenommen, daß der Überlebensfaktor bei einer SLBM-Reichweite von 2500 nm und einem Bestand von 1 bis 10 U-Booten mit 0,8 und derjenige einer Flotte von 11 bis 20 U-Booten und einer Raketen-Reichweite von 4000 nm mit 0,95 zu veranschlagen ist.[4] Da wir im folgenden die Ziel-Planung – ungünstig – auf eine solche Reichweite in das sowjetische Territorium hinein beschränken, die sich insbesondere von den schottischen Basen aus berechnet, können wir umgekehrt von einem optimalen Operationsgebiet der U-Boote und damit relativ geringen ASW-Chancen der Sowjetunion ausgehen. Der im folgenden veranschlagte Überlebensfaktor von lediglich 0,8 ist somit – zumal der LRTNF-Gesamtbestand vor dem Nuklearschlag die Untergrenze von 10 U-Booten überschreitet – sicherlich eher zu niedrig gegriffen.

9.1.4 Zuverlässigkeitsfaktor und Durchdringungsfähigkeit

Neben den genannten Faktoren muß in die Kalkulation eines erforderlichen Zweitschlagspotentials ferner auch die Zuverlässigkeit bzw. das Versagen der Waffensysteme sowie ihre Fähigkeit, die gegnerische Abwehr zu durchdringen, einbezogen werden. Die Zuverlässigkeit von Startgeräten und Trägersystemen ist nach amerikanischen Erfahrungen mit 90 % und die des Sprengkopfes ebenfalls mit 90 % zu veranschlagen.[5] Das Gesamtsystem besitzt somit einen Zuverlässigkeitsfaktor von 0,81 (vgl. auch noch ausführlicher Abschn. 10.3.2). Die Durchdringungsfähigkeit schließlich liegt für ICBM und SLBM – sind keine ABM-Systeme gegeben – bei 100 %.

9.1.5 Mathematischer Bestand nach «Counterforce»-Schlag

Berechnen wir nunmehr das für die Zielplanung – auch nach Abzug aller Negativfaktoren – zur Verfügung stehende LRTNF-Potential, so ergibt sich folgender mathematischer[6] Bestand an SLBM-Sprengköpfen:

---

4 Vgl. Kemp, Geoffrey, a. a. O. (Anm. 2), S. 9; vgl. ähnlich: IISS, MB 1979–1980, S. 119, bei allerdings einer anderen Werteinteilung.

5 Kemp, Geoffrey, ebd., S. 6; zu den UdSSR-Systemen vgl. die Literatur in Abschn. 10.3.2.

6 Der rein rechnerische Charakter der Ergebnisse braucht nicht betont zu werden: Es gibt keine «Ein-Fünftel-U-Boot», «Ein-Viertel-Raketen» etc.

– Britische Systeme: 4 × 0,5 × 0,8 × 16 × 0,9 × 3 × 0,9
= 62,21 MRV à 200 KT
= 21,28/14,75 MTE[7]

– Französische[8] Systeme: 5 × 0,5 × 0,8 × 16 × 0,9 × 0,9
= 25,92 RV à 1 MT
= 25,92 MTE

– SACEUR assignierte
US-Systeme: 2,5 × 0,8 × 16 × 0,9 × 10 × 0,9
= 259,2 MIRV à 50 KT
= 35,18 MTE

9.2 Ziel-Option?

Diesem LRTNF-Potential von ca. 347 Sprengköpfen mit einem Sprengkraftäquivalent von umgerechnet rund 82 MTE stehen alternative «Ziel-Optionen» gegenüber. Im Rahmen eines «Countervalue»-Schlages gegen «weiche», nichtmilitärische Ziele ergeben sich aus der *Reichweite* und der einzelnen *Sprengkraft* der Raketen einerseits und der spezifischen *Bevölkerungs- und Industriestruktur* der Sowjetunion andererseits. Im Falle eines Angriffes auf Moskau muß noch das ABM-System um dieses Gebiet in die Kalkulation[9] mit einbezogen werden.

9.2.1 Sprengkraft

Die *Sprengkraft* der genannten Raketen liegt je nach Vermirvung bei 10(−14) × 50 KT, 3 × 200 KT und 1 × 1 MT. Bereits bei einem Überdruck von 5 psi[10] und höher kann davon ausgegangen werden[11], daß in städti-

---

7 Das Megatonnenäquivalent MTE berechnet sich nach der Formel: $MTE = n \cdot y^{2/3}$ (siehe auch noch Anm. 17). Die drei Einzel-(MRV-)Sprengköpfe als nur ein Gesamtsprengkopf berechnet, ergibt 14,75 MTE.

8 Der Berechnung wurden 5 MSBS M-20 mit je 16 Raketen à 1 MT zugrunde gelegt.

9 Das ABM-System von 60 bis 100 Startgeräten kann mit 60 bis 100 angreifenden Sprengköpfen «erschöpft» werden. Die nachfolgenden RVs treffen dann Moskau. Vermutlich kann jedoch von einer wesentlich niedrigeren Zahl ausgegangen werden, da auch die Trefferwahrscheinlichkeit des ABM-Systems mit 80 % veranschlagt werden muß, also theoretisch jeder fünfte anfliegende Sprengkopf «durchdringt».

10 In psi (*pounds per square inch*) wird der atmosphärische Druck gemessen. Der Normaldruck beträgt 14,7 pounds pro Quadrat inch auf Meereshöhe. Ein Überdruck von 5 psi bedeutet n+5, wobei n der Normaldruck ist.

11 Vgl.: Congress of the United States, Office of Technology Assessment (OTA), The Effects of Nuclear War, Washington 1979, S. 19; Kemp, Geoffrey, a. a. O. (Anm. 2), S. 19.

schen Gebieten der größte Teil der Anlagen und Gebäude vernichtet und über 50% der Bevölkerung sofort getötet werden (vgl. Schaubild Nr. 10). Die direkten und indirekten Schäden und Folgeschäden durch Hitze, Feuer, radioaktive Strahlung, Hunger, Wassermangel, Seuchen etc. sind hierbei noch gar nicht berücksichtigt.

Ein einzelner POSEIDON C-3-Sprengkopf von 50 KT erzeugt einen Überdruck von 5 psi und höher auf 8 Quadratmeilen. Ein Gefechtskopf der MSBS M-20 mit 1 MT erzeugt 5 psi und höher auf einer Fläche von 60 Quadratmeilen. Die jeweilige Flächengröße mit einem Druck von 5 psi steigt allerdings nicht proportional zur Vergrößerung der Sprengkraft. Bei einer Verdoppelung der Sprengkraft von 1 auf 2 MT steigt die Größe des mit 5 psi abgedeckten Gebietes lediglich von 60 auf 95 Quadratmeilen.[12] Ein Teil der vermehrten Sprengkraft «verpufft» also. Darüber hinaus ist zu beachten, daß die Großzahl der Städte eine Fläche unter 60 Quadratmeilen besitzt. Die Stadtfläche entspricht überdies in der Regel nicht derjenigen eines runden Kreises, wie sie die optimale Ausnutzung von sich ausbreitenden Druckwellen voraussetzt. Generell muß deshalb Raketen mit zwar geringerer Sprengkraft, aber vermirvten Gefechtsköpfen eine größere militärische Bedeutung zugemessen werden (vgl. zur Illustration die Placierung von Luftexplosionen und ihre Auswirkungen für Leningrad in den Schaubildern Nr. 11–13).

9.2.2 Reichweite/Operationsradius

Die *Reichweiten* der POSEIDON C-3, der POLARIS A-3 und der MSBS M-20 liegen zwischen 5200 km und 5400 km. Selbst also – im ungünstigsten Fall – von den schottischen Stützpunkten Holy Loch (USA) und Feslane Base (GB) abgeschossen, würden diese Raketen noch Ziele östlich des Ural zwischen Omsk und Nowosibirsk treffen können. Die Reichweite der U-Boot-Raketen der USA von La Maddalena in Sardinien aus deckt ferner nicht nur den Südwesten der UdSSR ab, sondern geht sogar noch über die genannten sowjetischen Städte hinaus (siehe Schaubild Nr. 14).[13] Mit der Einführung der TRIDENT soll sich die Reichweite U-Boot-gestützter Raketen zukünftig sogar auf über 10000 km vergrößern.

---

12 Zu den Daten vgl.: Kemp, Geoffrey, Nuclear Forces for Medium Powers: Part II and III: Strategic Requirements and Options, Adelphi Papers No. 107, S. 5f, 27; OTA, ebd., S. 18.

13 Die übrigen – uns hier nicht interessierenden – Gebiete der Sowjetunion werden von der Tokio Bay her abgedeckt.

Schaubild Nr. 10: Die Auswirkungen des Überdrucks einer Nuklearexplosion auf die Bevölkerung, eingeteilt nach Zonen

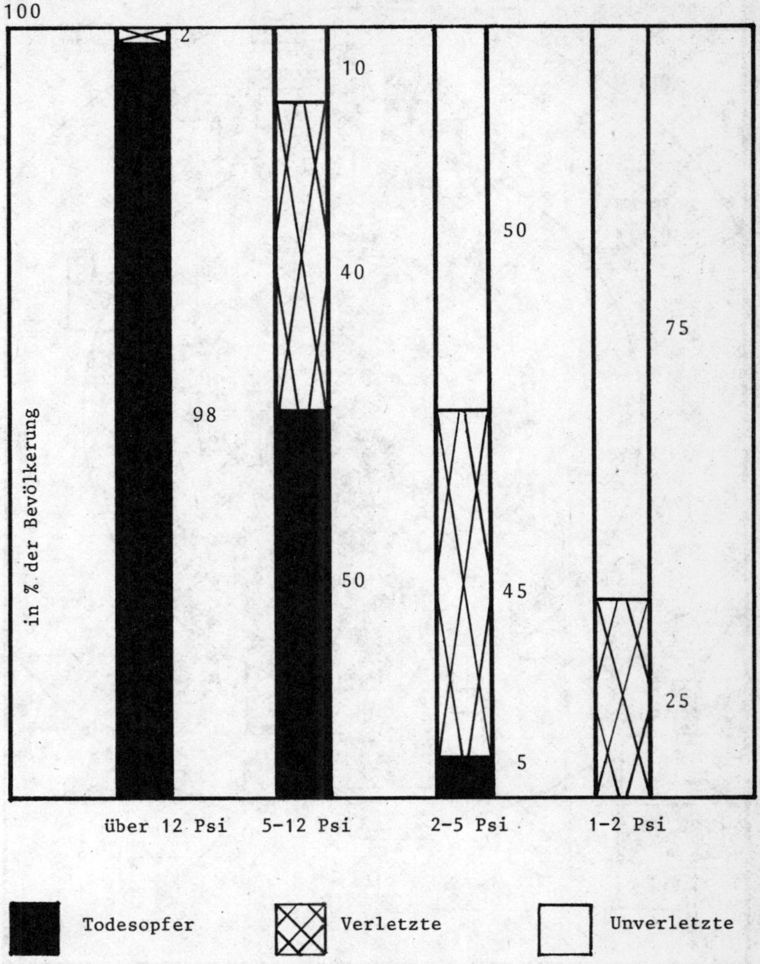

Daten nach: Congress of the United States, Office of Technology Assessment, The Effects of Nuclear War, Washington 1979, S. 19.

Schaubild Nr. 11: Luftexplosion mit 1 MT über Leningrad

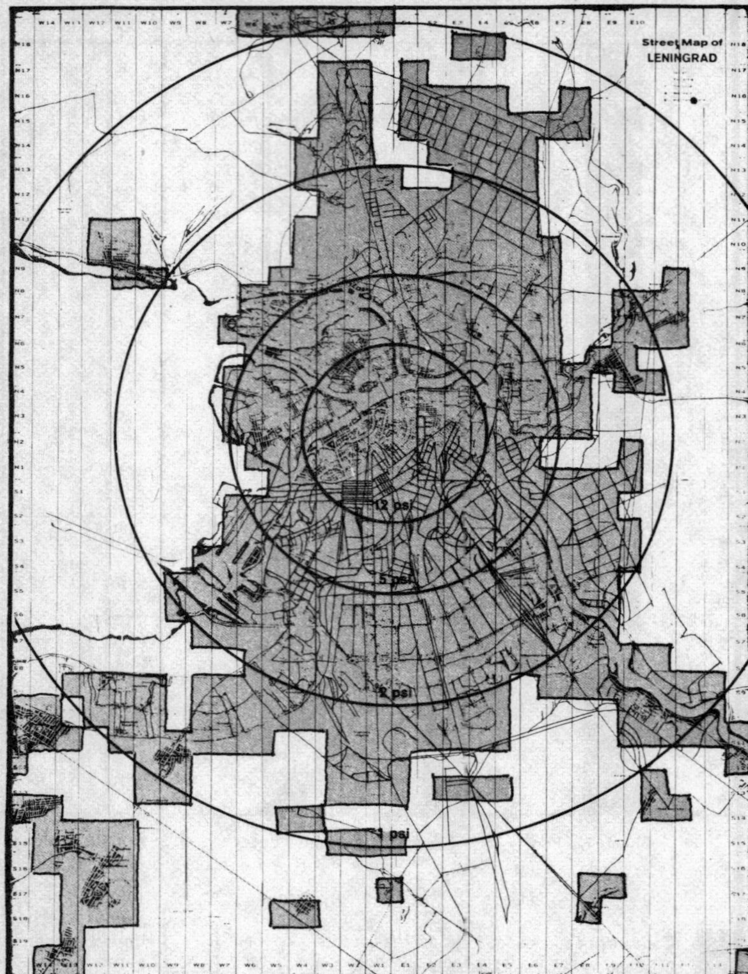

Schaubild nach: Congress of the United States, Office of Technology Assessment, The Effects of Nuclear War, Washington 1979, S. 42.

Schaubild Nr. 12: Luftexplosion mit 9 MT über Leningrad

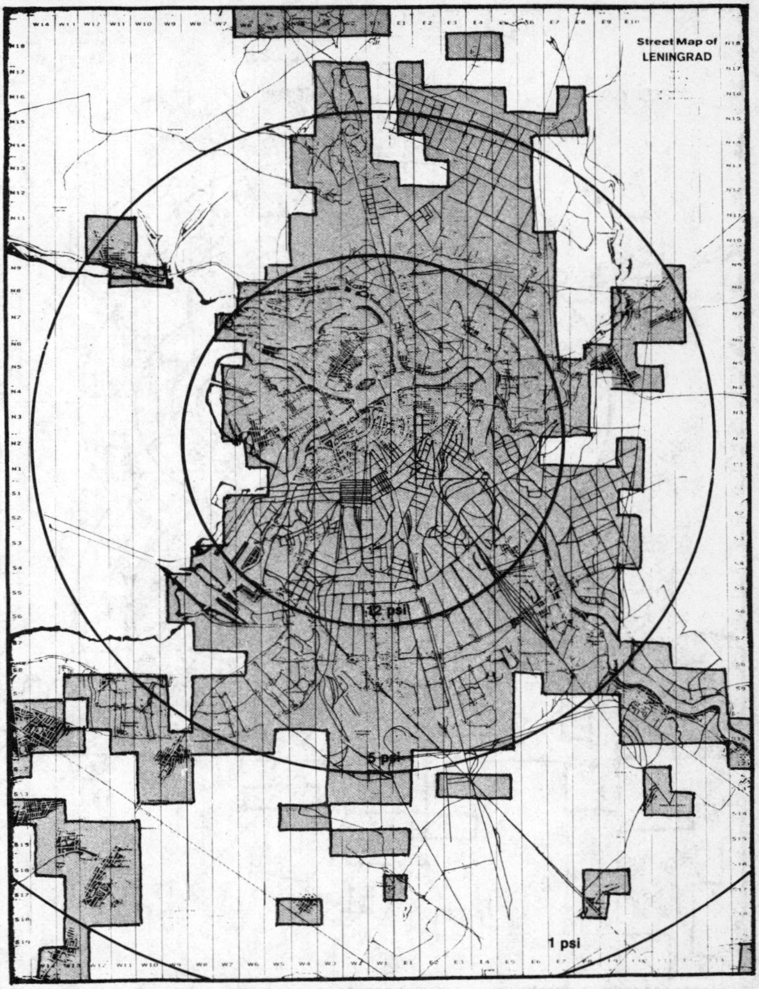

Schaubild nach: Congress of the United States, Office of Technology Assessment, The Effects of Nuclear War, Washington 1979, S. 43.

Schaubild Nr. 13: Luftexplosion von 10 Sprengköpfen à 40 KT über Leningrad

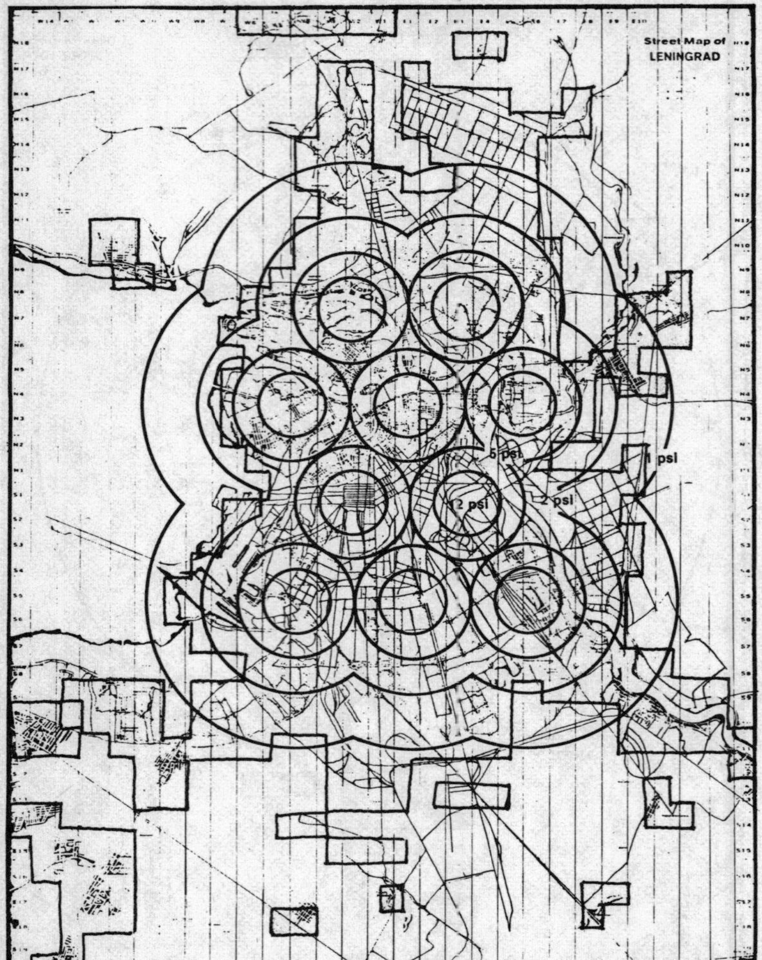

Schaubild nach: Congress of the United States, Office of Technology Assessment, The Effects of Nuclear War, Washington 1979, S. 44.

9.2.3 Verwundbarkeit der Sowjetunion

Die Sowjetunion[14] besitzt mit rund 22,4 Millionen km² Fläche, was rund einem Sechstel des bewohnten Festlandes entspricht, das größte zusammenhängende Staatsgebiet der Erde. Trotz dieser riesigen geographischen Ausmaße ist der Staat gegen Countervalue-Optionen, d. h. für Vernichtungsschläge gegen Bevölkerungszentren und Industrieansiedlungen außerordentlich verwundbar. Der Nachweis für diese Aussage kann an den fünf wichtigsten Kategorien für eine Countervalue-Strategie erbracht werden (vgl. auch Schaubild Nr. 14). Diese fünf Kategorien sind:

1. die Bevölkerungsverteilungsstruktur und -dichte,
2. die Industriestruktur,
3. die Rohstoff- und Energieproduktion,
4. die Transport- und Verkehrsstruktur,
5. die Landwirtschaft.

9.2.3.1 Exkurs

a) Bevölkerungsverteilungsstruktur und -dichte
Die Bevölkerungszahl der Sowjetunion lag nach dem Zensus vom 15. Januar 1970 bei 241,7 Millionen Einwohnern; die vorläufigen Ergebnisse der im Januar 1979 durchgeführten Volkszählung belaufen sich auf 262,442 Millionen Einwohner. Rund drei Fünftel der Bevölkerung leben im europäischen Teil der UdSSR, also in Reichweite der Nuklearkräfte in und für Europa der NATO. 62 % der Gesamtbevölkerung lebte zu Anfang 1977 in Städten; für 1979 wurden 163,6 Millionen städtische Einwohner ausgewiesen. Die stärksten Zusammenballungen sind in den Industrierevieren um die Großstädte im europäischen Teil der Sowjetunion, zu einem geringeren Teil allerdings auch in den Oasengebieten Zentralasiens zu finden. Hohe Verdichtungswerte treten auch in den Landwirtschaftszonen der Ukraine, Mittelrußlands und des Nordkaukasus auf. Die Ebenen und Hochgebirge Innerasiens, das nordöstliche europäische Rußland und der größte Teil Sibiriens und des fernen Ostens sind mit unter 1 bis höchstens 10 Einwohnern pro km² sehr dünn besiedelt, die Eismeerküste ist zum Teil völlig menschenleer.

b) Industriestruktur
Die Hauptstandorte der Industrieproduktion liegen – mit Ausnahme der sogenannten dritten metallurgischen Basis zwischen Irkutsk und Krasno-

14 Zu Folgendem: Statistisches Bundesamt Wiesbaden, Statistik des Auslands, Länderkurzbericht Sowjetunion 1978, Stuttgart und Mainz 1978, S. 8f; Knabe, Bernd, Erste Ergebnisse der Volkszählung 1979 in der UdSSR, in: Osteuropa 9/1979, S. 744ff.

Schaubild Nr. 14: Vegetationszonen, Industrie- und Bevölkerungszentren der Sowjetunion in Reichweite der LRTNF der NATO

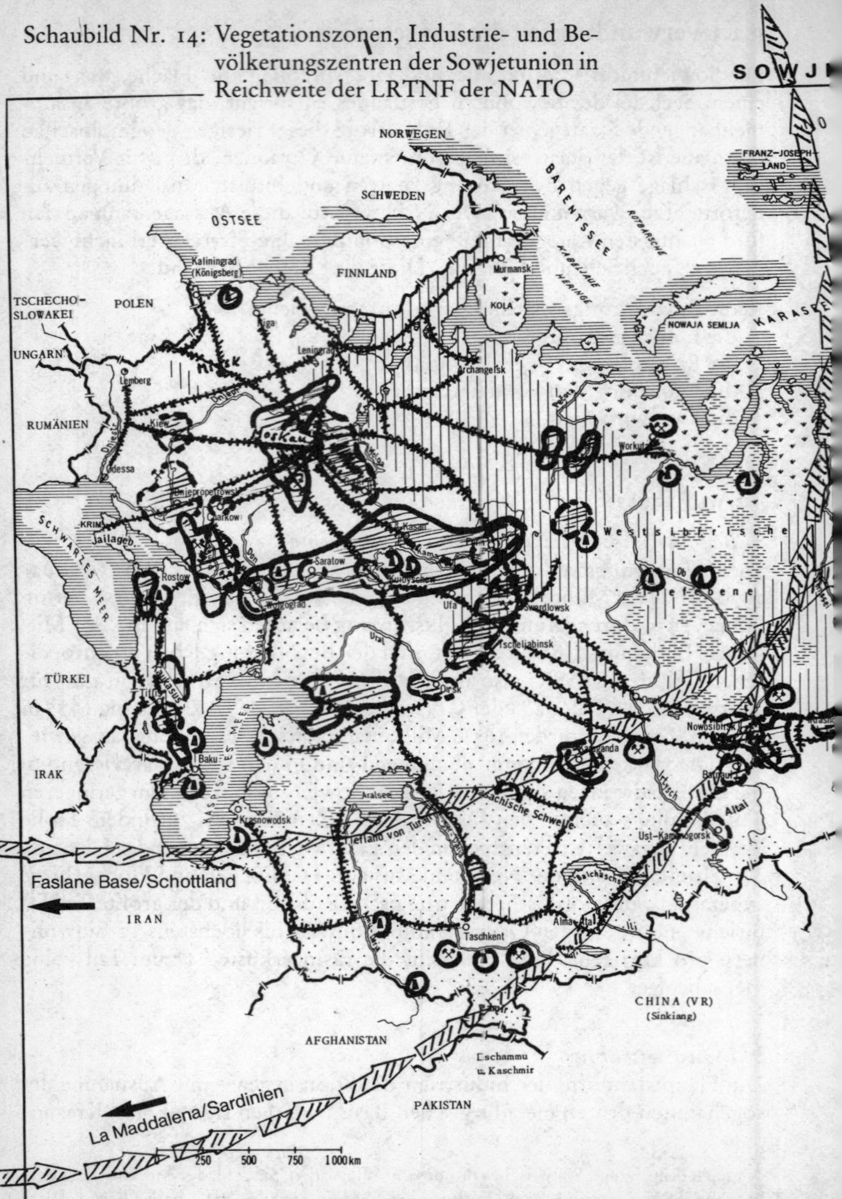

UNION

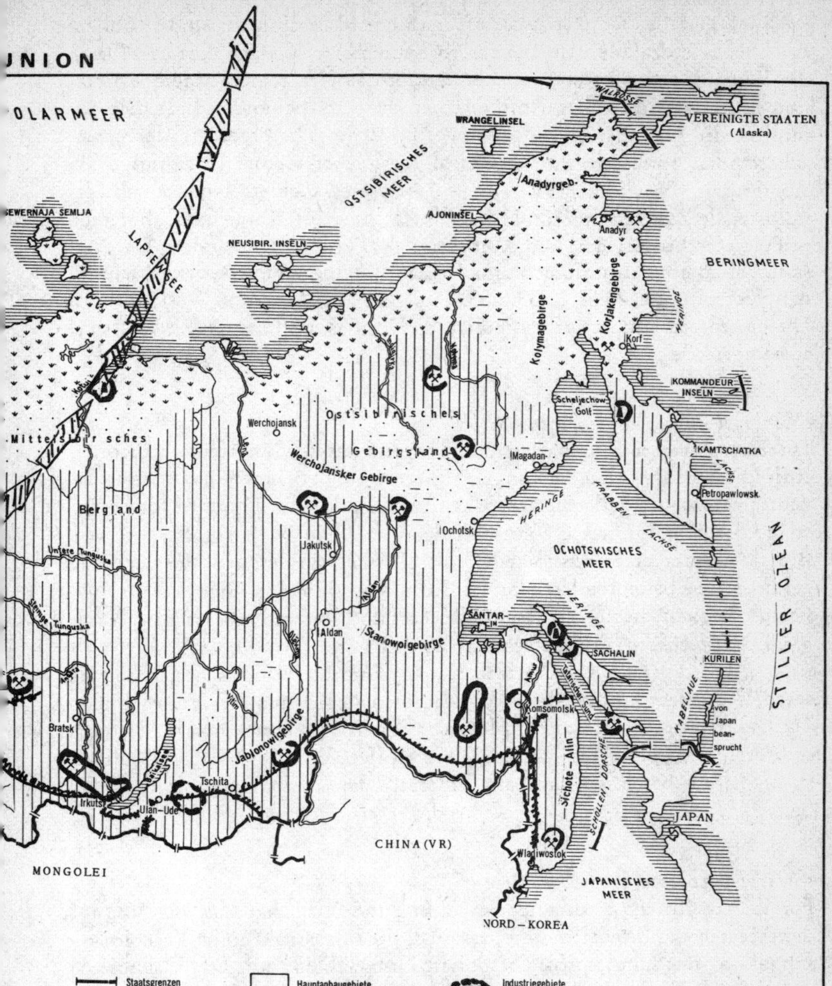

POLARMEER
WRANGELINSEL
WALROSSE
VEREINIGTE STAATEN
(Alaska)
OSTSIBIRISCHES MEER
Anadyrgeb.
AJONINSEL
Anadyr
SEWERNAJA SEMLJA
LAPTEWSEE
NEUSIBIR. INSELN
BERINGMEER
HERINGE
Korjakengebirge
Kolymagebirge
Korf
KOMMANDEUR-INSELN
Scheljechow-Golf
Ostsibirisches
Gebirgsland
Mittelsibirisches
Bergland
Werchojansk
Werchojansker Gebirge
Magadan
KAMTSCHATKA
LACHSE
Petropawlowsk
KRABBEN
Ochotsk
Jakutsk
Lena
Untere Tunguska
Steinige Tunguska
OCHOTSKISCHES MEER
STILLER OZEAN
Aldan
Stanowoigebirge
SANTAR-IN
SACHALIN
KURILEN
Angara
Witim
Amur
Komsomolsk
Tatarischer Sund
von Japan beansprucht
KABELJAUE
Bratsk
Jablonowigebirge
Sichote-Alin
SCHOLLEN, DORSCHE
Baikalsee
Tschita
Irkutsk
Ulan-Ude
JAPAN
CHINA (VR)
Wladiwostok
MONGOLEI
JAPANISCHES MEER
NORD-KOREA
Staatsgrenzen
Hauptstadt
Wichtige Städte
Hauptanbaugebiete
Wald
Tundra
Wüstensteppe
Unland
Sümpfe
Flüsse
Industriegebiete
Bergbaugebiete
Kohle
Erdöl, -gas
Eisenbahn
Operationsradius
Polaris A-3/Poseidon C-3
MSBS M-20

jarsk – ebenfalls im europäischen Teil der Sowjetunion. Es sind vor allem das ältere Zentrale Industriegebiet (besonders zwischen Wolga und Oka), die Bereiche um Moskau und Leningrad, das Uralgebiet (Magnitogorsk) und das Ural-Kusnezker-Kombinat. In der verarbeitenden Industrie dominiert die Grundstoff- und Schwerindustrie. Hauptgebiete der eisenschaffenden Industrie sind das Ural-Kusnezker-Gebiet (Magnitogorsk, Kemerowo, Nowokusnezk) sowie das Donez-Gebiet. Neuere schwerindustrielle Zentren sind um Nowosibirsk, Barnaul, Karaganda, aber auch in Fergana (Mittelasien) und Komsomolsk (Fernost) entstanden. Der Maschinenbau konzentriert sich um Moskau, Leningrad und Gorki sowie auf den Süden der europäischen UdSSR, auf Teile des Ural und Westsibiriens. Die chemische Industrie ist vor allem in Donbas, im Ural und in Westsibirien angesiedelt.

c) Energie- und Rohstoffproduktion

Die Energieversorgung basiert überwiegend auf der Nutzung von Kohle, Erdöl und Erdgas. Die leistungsfähigsten Energiebezirke sind wieder das zentrale Industriegebiet um Moskau und Gorki, das Dnjepr-Donez-System, das Leningrader Gebiet und der Ural. Die Wasserkraftwerke von Bratsk/Angara und Krasnojarsk/Jenissei sollen zu den größten der Erde gehören. Die bedeutendsten (Stein-)Kohlevorkommen finden sich im Kusnezker Becken, ferner im Donez-Becken und in den Revieren von Karaganda (Kasachstan) und Petschora (Workuta und Intrabecken). Die traditionellen Erdölreviere sind Baku, Grosny und Maikop am Kaukasus. Sie werden mittlerweile von den Vorkommen des Emba-Reviers zwischen Uralgebirge und Kaspischem Meer sowie von westsibirischen Feldern am mittleren und oberen Ob (Tjumen) übertroffen. Erdgas wird hauptsächlich in Buchara (Mittelasien) und am Unterlauf des Ob in Westsibirien gefördert.

d) Transport- und Verkehrsstruktur

Parallel zur Konzentration der Besiedlung und Wirtschaftsentwicklung auf den Westen der Sowjetunion weist auch die infrastrukturelle Verkehrserschließung des Landes große regionale Unterschiede auf. Das Eisenbahnnetz besitzt die größte Dichte im Südwesten sowie im mittleren europäischen Rußland und in Teilen des Ural. Die Transsibirische Eisenbahn ist bislang noch immer die einzige Bahnverbindung vom europäischen Teil der Sowjetunion zum Fernen Osten. Gut ausgebaute Straßen gibt es ebenfalls vor allem im europäischen Teil des Landes. Durchgehend ausgebaute Fernstraßen zwischen dem europäischen und dem asiatischen Landesteil fehlen noch. Die Erdgasleitungen liegen wie die Verkehrsverbindungen nahezu alle im TNF-Bereich der NATO. Die wichtigste Erdölleitung ist die mit ihren Abzweigungen insgesamt 4300 km lange Fernleitung «Druschba» des

Rates für gegenseitige Wirtschaftshilfe (RGW), die durch Polen in die DDR führt. Dem Öltransport nach Osten dient die rund 3800 km lange transsibirische Ölleitung über Omsk und Irkutsk. An weiteren Erdöl- und Erdgasleitungen wird gebaut. Die Binnenschiffahrt schließlich ist ebenfalls besonders für den europäischen Landesteil von Bedeutung, wird jedoch insgesamt durch die klimatischen Bedingungen eingeschränkt. Der größte Teil der Transportleistung wird auf der Wolga und auf ihren Nebenflüssen Oka und Kama erbracht. Die größten Binnenhäfen sind Astrachan, Archangelsk und Leningrad im europäischen Teil der UdSSR.

e) Landwirtschaft

Die Landwirtschaft – die letzte der fünf für eine Countervalue-Option strategisch bedeutsamen Kategorien – weist ähnlich große regionale Unterschiede mit Schwerpunktbildung im europäischen Raum auf wie die bereits genannten Bereiche. Vom sowjetischen Staatsgebiet werden rund 27% landwirtschaftlich genutzt. Davon entfallen 87% auf den Wolgaraum und auf die Ukraine; lediglich 2% der landwirtschaftlichen Nutzfläche liegen im östlichen Sibirien. Nach Angaben von 1976 entfielen von der Gesamtfläche rund 10% auf Ackerland, 16,6% auf Wiesen und Weiden sowie 41% auf Wälder. Die wichtigste Anbauzone liegt im sogenannten Schwarzerdegebiet (Tschernosjom). Sie umfaßt den größten Teil der Ukraine, das nördliche Kaukasusvorland, Bereiche der mittleren Wolga und setzt sich jenseits des Ural bis nach Mittelsibirien fort. Der Waldbestand der Sowjetunion schließlich bedeckt zwei Fünftel des Landes: 55% entfallen davon auf Sibirien und hiervon wieder 75% auf wenig erschlossene Gebiete. Die Nutzholzverarbeitung erfolgt allerdings wieder zu ca. drei Vierteln im europäischen Teil der Sowjetunion (vgl. Schaubild Nr. 14).

9.3 Untragbarer Schaden?

Fassen wir zusammen, so ist die außerordentliche Verwundbarkeit der Sowjetunion gegen Countervalue-Maßnahmen trotz der geographischen Größe des Staates nicht zu leugnen: Im europäischen Teil der UdSSR und seinen unmittelbar angrenzenden Gebieten siedelt nicht nur die Hauptmasse der Bevölkerung; auch der entscheidende Teil des städtischen, industriellen, landwirtschaftlichen und infrastrukturellen Lebens wickelt sich – mit nur wenigen Ausnahmen – innerhalb des Operationsbereichs der LRTNF der NATO ab. Im Operationsradius selbst wiederum konzentriert sich – für die Sowjetunion typisch – die städtische Bevölkerung einerseits und die landwirtschaftliche und industrielle Produktion andererseits auf nur wenige Zentren – unter militärischen Gesichtspunkten eine optimale Ausgangs-

Schaubild Nr. 15: Industriebezirke

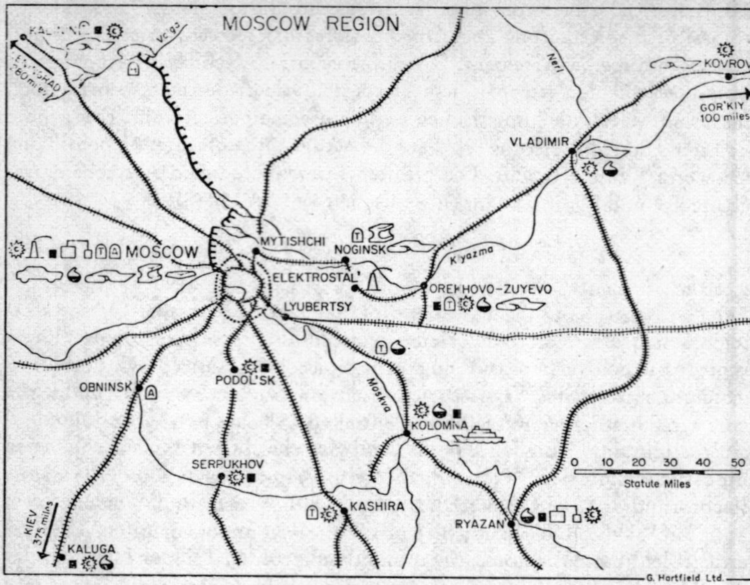

Schaubild Nr. 16: Industriebezirke

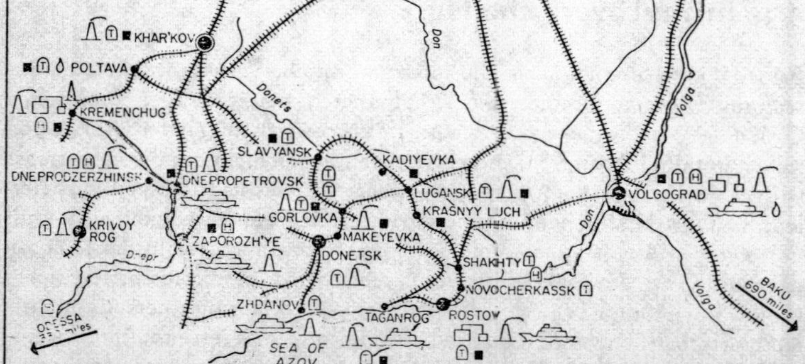

Bevölkerung unter 500.000
Bevölkerung 500.000 oder mehr
Bevölkerung 1.000.000 oder mehr
Eisenbahnschienen
Kanäle
Atomkraftwerke
Wasserkraftwerke

3*

Wärmekraftwerke
Gas Pipeline Knotenpunkte
Gasförderung
Eisen- und Stahlwerke
Ölförderung
Ölraffinerien
zentrale Pipeline Knotenpunkte
Schiffsbau
Automobilindustrie

Gebiet um Moskau (zusätzl. Symbole)
Maschinenbau
Chemische Industrie
Textilindustrie
Eisenverarbeitung
sonstige Metallverarbeitung

Quelle: Kemp, Geoffrey, Nuclear Forces for Medium Powers: Part I: Targets and Weapons Systems, Adelphi Papers No. 106, London 1974, S. 10, 11.

---

basis des Gegners für eine Countervalue-Strategie. Mehr noch: Industriebezirke wie Donezk, Dnjepropretowsk oder die Moskauregion (vgl. Schaubild Nr. 15 und Nr. 16) bestehen neben den eigentlichen Stadtgebieten aus einer ganzen Reihe weiterer mittlerer und größerer Städte. Da sie innerhalb eines Radius einiger Meilen liegen, sind sie von bereits wenigen Trägerraketen mit 10 (bis 14) MIRV zerstörbar. Wenn wir im folgenden nach der Verwundbarkeit der 30 größten Städte der Sowjetunion fragen, ist diese Lage, die eine Optimierung der Countervalue-Strategie gegen die Sowjetunion zuläßt, noch gar nicht berücksichtigt.

Wieviel an LRTNF-Potential ist also angesichts der dargelegten spezifischen Bevölkerungs- und Industriestruktur der UdSSR genug, um die Sowjetunion – durch Drohung eines Zweitschlages – von einem nuklearen Angriff abzuhalten? Eckpfeiler der offiziellen nuklearen Abschreckungsstrategie der USA ist seit McNamara die Doktrin der «gesicherten Zerstörung» (*assured destruction*). Diese Doktrin verlangt die Aufrechterhaltung eines Nuklearpotentials, das auch noch nach einem nuklearen Überraschungsangriff in der Lage und fähig ist, dem Gegner einen «untragbaren Schaden» (*unacceptable damage*) zuzufügen. Ein derartiger Schaden soll nach einem vom ehemaligen US-Verteidigungsminister McNamara geprägten Theorem im Falle der UdSSR bei der Vernichtung eines Fünftels bis eines Viertels der sowjetischen Bevölkerung und bei der Zerstörung der Hälfte ihrer Industriekapazität erreicht sein.[15] Nach Ansicht der sogenannten Weizsäcker-Studie ‹*Kriegsfolgen und Kriegsverhütung*› für die Bundesrepublik hört eine solchermaßen zerstörte Industrienation nicht so sehr wegen der genannten quantitativen Verluste auf, als lebensfähige Industriegesellschaft zu existieren – außer in gewissen Schlüsselindustrien –, sondern primär wegen des Zusammenbruches des Organisationsnetzes. Gerade die hohe Dichte der Organisations- und Infrastruktur ist aber – wie wir

15 McNamara, Robert S., The Essence of Security, New York 1968, S. 52f, 76.

gesehen haben – neben den Bevölkerungszusammenballungen für weite Teile des westlichen Gebietes der Sowjetunion typisch. Ähnlich wie für die Bundesrepublik gilt deshalb auch für die Sowjetunion: «Eine so schwer getroffene Gesellschaft wird nicht mehr mit unverletzten Gesellschaften konkurrieren können und sich ohne deren aktive Hilfe auch nicht selbst wieder herstellen können.»[16]

Nach einem Krieg, der sich auf Westeuropa als Gegner beschränkt, wird aber die «Konkurrenzfähigkeit» der Sowjetunion mit der unverletzten Nuklearmacht USA (und auch mit China) eine erhebliche Rolle spielen. Allerdings hängt die Unversehrtheit der USA wiederum davon ab, ob die UdSSR bereit ist, zwischen dem interkontinentalen US-Nuklearpotential und den SACEUR assignierten LRTNF-Systemen der USA zu unterscheiden. Vermutlich wird die UdSSR eine solche Unterscheidung nicht (nach-) vollziehen und auch nicht vollziehen können. Ein europäischer Nuklearkrieg wird sich so mit einer gewissen Zwangsläufigkeit auch auf die USA ausweiten. Zu betonen ist, daß sich dieses Problem auch mit der Einführung neuer, landgestützter PERSHING II und Cruise Missile in Westeuropa nicht grundsätzlich ändert bzw. löst, da die Einsatzentscheidung auch dieser Systeme beim Präsidenten der USA verbleibt bzw. verbleiben soll.

In jedem Falle dürfen beide alternativen Konsequenzen – die Unversehrtheit der USA einerseits wie auch die Einbeziehung der USA in den Nuklearkrieg und seine Folgen andererseits – bei der Festlegung des zur Abschreckung eines Kernwaffenkrieges zwischen der Sowjetunion und Westeuropa erforderlichen Potentials keinesfalls unberücksichtigt bleiben. Da sie sich jedoch beide als eindeutig nachteilig für die UdSSR auswirken würden, müssen die von McNamara vorgegebenen Kriterien als Maßstab, allein auf die europäischen NATO-Partner bezogen, als wesentlich zu hoch angesetzt betrachtet werden. Mehr noch: McNamara bewegt sich mit seinen hohen Schadensvorstellungen – auch unabhängig von einem konkreten europäischen Szenario – grundsätzlich in einer «unrealen» Welt. Es gibt für eine Nuklearmacht, gleichgültig ob in Ost oder West, kein rationales Ziel, das auch nur die Hälfte der von McNamara genannten Zerstörung im eigenen Land «akzeptabel» erscheinen lassen könnte. Entsprechend muß deshalb auch das in der Literatur zur militärischen Abschreckung der Sowjetunion vorausgesetzte Nuklearpotential bewertet werden. Nach Alain Enthoven und K. Smith (vgl. Tabelle Nr. 30) wären – orientiert an den Kriterien McNamaras – 200 bis 400 MTE[17] zur *assured destruction*

16 Weizsäcker, Carl Friedrich von, Einleitung, in: Ders. (Hrsg.), Kriegsfolgen und Kriegsverhütung, München 1970, S. 7 – Weizsäcker fährt fort: «Sie wird ebensowenig in eine moderne, konkurrenzfähige Agrargesellschaft überführt werden können. Wenn sie in einen Zustand bloßer Subsistenzwirtschaft zurücksinkt, so wird sie vermutlich nicht einmal alle Überlebenden ernähren können.»

17 Zu beachten ist, daß MTE (*megaton-equivalents*) nicht lediglich die Gesamttonnage

Tabelle Nr. 30: Auswirkungen eines Nuklearschlags auf Bevölkerung und Industriepotential der Sowjetunion (Stand 1972 mit 247 Millionen Gesamtbevölkerung und 116 Millionen städtischen Einwohnern)

Anzahl der Sprengköpfe mit 1 MTE	Anzahl der Toten in Mio.	in % der Bevölkerung	Zerstörtes Industriepotential in %
100	37	15	59
200	52	21	72
400	74	30	76
800	96	39	77
1200	109	44	77
1600	116	47	77

Quelle: Enthoven, Alain C./Smith, K. Wayne, How much is enough? Shaping the Defense Program, 1961–1969, New York u. a. 1972, S. 207.

Anmerkung: Wie die Tabelle zeigt, erhöht sich die Vernichtungswirkung trotz Verdoppelung von 200 MTE auf 400 MTE nur um 9 % bzw. 10 %. Ganz offensichtlich ist der Zuwachs an nuklearer Abschreckung ab einem bestimmten Niveau nur noch sehr gering.

erforderlich. Für die Sowjetunion würde aber selbst ein auf die Hälfte reduziertes «McNamara-Limit» noch immer neben der Zerstörung von 25 % der Industriekapazität auch die Vernichtung eines Achtels der eigenen Bevölkerung, d. h. ca. 33 Millionen Tote, bedeuten.

Stellen wir vor diesem Hintergrund unsere Leitfrage also nochmals spezifischer: Wieviel an LRTNF-Potential ist angesichts der dargelegten Komponenten einer Ziel-Option einerseits und der Beschränkung des McNamara-Limits auf ein «europäisches Niveau» andererseits genug (und auch vorhanden), um die Sowjetunion – durch Androhung eines Zweitschlages – von einem nuklearen Angriff abzuhalten?

Setzen wir zur Beantworung dieser Frage die Bevölkerungs- und Industriestruktur der UdSSR in Beziehung zur Reichweite des LRTNF-Potentials der NATO, so ist festzustellen, daß u. a. die 30 größten Städte der Sowjetunion im Operationsradius der NATO-SLBM liegen (vgl. Schaubild Nr. 14). Spielen wir nunmehr die Optimierung von Bevölkerungsdichte und Produktionskapazität einerseits und zugeordnetem Zerstörungspotential andererseits durch, so ergibt sich, daß bei einem Gesamtareal von ca. 3400 Quadratmeilen, bezogen auf einen Überdruck von 5 psi und

ist. MTE versucht, der Redundanz von Gefechtsköpfen mit hoher Sprengkraft bzw. der Vermirvung von Raketen gerecht zu werden. MTE berechnet sich nach der Formel $n \cdot y^{2/3}$ (siehe bereits Anm. 7).

Tabelle Nr. 31: Zielliste und Zuordnung nuklearer Sprengköpfe für die 30 größten Städte der Sowjetunion

Reihenfolge nach Bevölkerungszahl	Stadt	Bevölkerungszahl in 1000	Fläche in Quadratmeilen	Sprengkopfzahl bei 5 psi und alternativ 50 KT	200 KT	1 MT
1.	Moskau (Stadt)	8011	346	43	17	6
2.	Leningrad (Stadt)	4588	250	31	13	4
3.	Kiew	2144	297	37	15	5
4.	Taschkent	1779	87	11	4	2
5.	Baku	1550	77	10	4	2
6.	Charkow	1444	105	13	5	2
7.	Gorki	1344	128	16	6	2
8.	Nowosibirsk	1312	182	23	9	3
9.	Minsk	1276	55	7	3	1
10.	Kuibyschew	1216	134	17	7	2
11.	Swerdlowsk	1211	150	19	8	3
12.	Dnjepropetrowsk	1066	94	12	5	2
13.	Tiflis	1066	103	13	5	2
14.	Odessa	1046	90	11	5	2
15.	Tscheljabinsk	1031	96	12	5	2
16.	Donezk	1021	96	12	5	2
17.	Jerewan	1019	90	11	5	2
18.	Omsk	1014	90	11	5	2
19.	Perm	972	92	11	5	2
20.	Kasan	970	95	12	5	2
21.	Ufa	942	81	10	4	2
22.	Wolgograd	931	86	11	4	2
23.	Rostow	921	87	11	4	2
24.	Alma-Ata	871	63	8	3	1
25.	Saratow	856	83	10	4	2
26.	Riga	816	99	12	5	2
27.	Woronesch	655	70	9	3	1
28.	Saporoschje	638	67	8	3	1
29.	Krasnojarsk	618	66	8	3	1
30.	Kriwoi-Rog	553	60	7	3	1
Summe:		42025	3418	432	172	65

Berechnungen nach Daten aus: Statistisches Bundesamt Wiesbaden, Statistik des Auslands, Länderkurzbericht Sowjetunion 1978, Stuttgart und Mainz 1978, S. 16; Knabe, Bernd, Erste Ergebnisse der Volkszählung in der UdSSR, in: Osteuropa 9/1979, S. 748; Kemp, Geoffrey, Nuclear Forces for Medium Powers: Part I: Targets and Weapon Systems, Adelphi Papers No. 106, S. 6; ders., Nuclear Forces for Medium Powers: Part II and III: Strategic Requirements and Options, S. 23ff. Die Daten für die POLARIS A-3 à 3 × 200 KT sind berechnet nach dem Nuclear Bomb Effects Computer, developed by E. Royce Fletcher of the Lovelace Biomedical and Environmental Research Institute Inc., Albuquerque, for the Division of Biomedical and Environmental Research, Energy and Development Administration Under Contract No. E (29–2)–1013.

Anmerkungen:

- Die Bevölkerungszahlen für die 20 größten Städte beruhen auf ersten Ergebnissen des Zensus 1979. Die Flächenangaben sowie die Bevölkerungszahlen der Städte 21 bis 30 beruhen auf dem Zensus von 1970.
- Die Bevölkerungszahlen der Städte Moskau und Leningrad geben nur das eigentliche Stadtgebiet wieder. Die Bevölkerungszahlen für die städtische Agglomeration müssen jeweils als mindestens doppelt so hoch wie oben aufgeführt angegeben werden.
- Die Zuordnung der Sprengkopfzahl für Moskau berücksichtigt nicht den ABM-Gürtel.
- Streng von den Basen aus gerechnet liegt die Stadt Nr. 29, Krasnojarsk, außerhalb der SLBM-Reichweite. An ihre Stelle müßte Stadt Nr. 31, L'vov, treten. Die Gesamtrechnung verändert sich auch dann jedoch nur unwesentlich.
- 432 Sprengköpfe à 50 KT entsprechen einer Gesamtkraft von 21,6 MT bzw. 26,65 MTE.
- 65 Sprengköpfe à 1 MT entsprechen 65 MT bzw. 65 MTE.
- 172 Sprengköpfe à 200 KT entsprechen einer Gesamtsprengkraft von 40,5 MT bzw. 58,8 MTE. Werden die drei MRV à 200 KT der POLARIS A-3 als ein Gefechtskopf à 600 KT gerechnet, so sind statt 57 Raketen 77 POLARIS A-3 zu veranschlagen. Die Gesamtsprengkraft beträgt dann 54,8 MTE.

---

höher, 432 MIRV à 50 KT *oder* 172 MRV à 200 KT *oder* alternativ 65 Sprengköpfe à 1 MT ausreichen, um diese 30 sowjetischen Städte zu zerstören (vgl. Tabelle Nr. 31). Der NATO aber stehen – wie wir gesehen haben – selbst nach einem Erstschlag der WVO und unter Worst-Case-Bedingungen – mit hoher Wahrscheinlichkeit noch immer 259 MIRV à 50 KT *und* 62 MRV à 200 KT *und* 26 Sprengköpfe à 1 MT zur Verfügung. Dieses «Restpotential» genügt bei weitem, um die 30 größten Städte der UdSSR mit einer Einwohnerzahl von 42 Millionen und einer Industriekapazität von 40 %[18] vernichtend zu treffen.[19] Für jede Nuklearmacht aber, ob in Ost oder West, muß eine solche ungeheure Zerstörung im eigenen Land als «untragbar» erscheinen – auch ohne weitere Aufrüstung oder «Nachrüstung» des Gegners.

---

18 Vgl. zur Industriekapazität: Kemp, Geoffrey, a. a. O. (Anm. 2), S. 5, Tabelle 1 und dort die Quellenangaben.

19 Das makabre Szenario könnte wie folgt aussehen: 26 französische RV à 1 MT für Stadt 1 bis 8, 158 US-MIRV à 50 KT für Stadt 9 bis 21 und ca. 60 bis 100 US-MIRV für das ABM-System um Moskau. Der «Rest» an US-MIRV und die 62 britischen MRV à 200 KT reichen zur Zerstörung der Städte 22 bis 30 bei weitem aus.

10. Szenario-Analyse Teil II: Ein Counterforce/Counterforce-Vergleich oder: Der nukleare Entwaffnungsschlag?

10.1 Militärstrategien, Optionen und Motive eines nuklearen (Erst-)Schlages

Wie wir im vorangegangenen Szenario gesehen haben, besitzen die NATO-Staaten schon derzeit ein Nuklearpotential, das es ermöglicht, auch *nach* einem erlittenen Erstschlag – und selbst unter Worst-Case-Bedingungen – noch einen «untragbaren Schaden» beim Gegner zu verursachen. Kann der sogenannten «Nachrüstung» (oder allgemein einer zukünftigen Nuklearrüstung) vor diesem Hintergrund also überhaupt noch eine weitergehende strategische Funktion zufallen? Wird mit dem Ergebnis aus Kap. 9 nicht vielmehr ein Nuklearkrieg und insbesondere ein nuklearer Angriffskrieg – gleichgültig, ob mit oder ohne «Nachrüstung» – politisch und militärisch *irrational* und damit *unwahrscheinlich*?

Die Zweifel, die in beiden Fragen zum Ausdruck kommen, vernachlässigen allerdings vier wesentliche Aspekte: Zum einen gehen sie vom derzeitigen Status quo aus; sie lassen also die zukünftige Entwicklung der Counterforce-Potentiale oder exakter ausgedrückt: die Dynamik der Nuklearwaffentechnologie unberücksichtigt. Zum anderen ruhen sie auf einem Bewertungsmaßstab, welcher versucht, der in Abschn. 1.1 und 2.1 aufgestellten Forderung nach einer «Äquivalenz der Optionen» gerecht zu werden; diese Forderung steht aber derzeit nicht oder nicht zwingend in Einklang mit der Realität der Militärstrategien und Doktrinen von NATO und WVO. Drittens implizieren Fragen und Zweifel eine *moralische* und *humane Rationalität*, die kaum in Übereinstimmung mit dem Grunddilemma bisheriger militärischer Abschreckung gebracht werden kann, nämlich durch die Orientierung gerade an Kriegs*führungs*optionen und ihren Mitteln kriegs*verhütend* zu wirken bzw. wirken zu wollen. Viertens schließlich sind wir in unserem Szenario aus Kapitel 9 vom Worst-Case ausgegangen, d. h. sowohl im unterstellten Angriff (Entwaffnungsversuch) als auch in der Reaktion (Vergeltung) von einem Extremfall. Dieses Vorgehen unter der doppelt quantifizierenden Fragestellung «Wieviel an Vernichtung und wieviel an Vernichtungskapazität ist genug?» legitimiert sich einerseits durch den Versuch einer Korrektur bloßer statischer Zählweisen über den dynamischen Charakter eines Szenario-Vergleichs und andererseits durch das Ziel von Sicherheitspolitik und KRSt, der Kriegsverhütung, hier: der kriegsverhütenden Abschreckungswirkung des Schadenseffekts. Gleichwohl darf nicht verkannt werden, daß der Worst-Case erst am Ende der theoretischen Eskalationsleiter der offiziellen Militärstrategie steht. Die *flexible response* der NATO[1] zeichnet sich sogar (gerade auch für den Nuklearwaffenbereich) durch zwei Annahmen[2] aus:

1. Ein Krieg in Europa kann begrenzt werden, auch wenn Nuklearwaffen zum Einsatz kommen.
2. Ein längerandauernder Krieg kann auf dem Verhandlungswege politisch beendet werden.

Diesen Prämissen der *flexible response* entsprechen die «militärischen Aufträge der nuklear-taktischen Streitkräfte». Nach den Jahresberichten des ehemaligen US-Verteidigungsministers Brown[3] lassen sie sich generell einteilen in:

– begrenzte nukleare Optionen, die eine selektive Zerstörung ortsfester militärischer und industrieller Ziele des Feindes ermöglichen,

---

1 Zur Militärstrategie der NATO vgl. stellvertretend: Birnstiel, Fritz, Die Verteidigung Mitteleuropas nach dem NATO-Konzept der Flexible Response, Starnberg 1978, S. 55ff/ Krell, Gert, Das militärische Kräfteverhältnis bei den nuklearstrategischen Waffen, in: Krell, Gert/Lutz, Dieter S., Nuklearrüstung im Ost-West-Konflikt. Potentiale, Doktrinen, Rüstungssteuerung, Baden-Baden 1980, S. 160ff; Schwarz, Klaus-Dieter, Amerikanische Militärstrategie 1945–1978. Eine Analyse von außen- und innenpolitischen Problemen strategischer Politik, in: Schwarz, Klaus-Dieter (Hg.), Sicherheitspolitik. Analysen zur politischen und militärischen Sicherheit, Bad Honnef-Erpel 1978³, S. 345–372; Lauk, Kurt J., Die nuklearen Optionen der Bundesrepublik Deutschland, Berlin 1979, S. 169ff; Schubert, Klaus von, Bedingungen des Überlebens. Sicherheitspolitik und politische Moral zwischen Militärstrategie und Waffentechnik, B 10/1980, S. 12–17; Davis, Lynn Etheridge, Limited Nuclear Options. Deterrence and the New American Doctrine, Adelphi Papers No. 121/1975/6; Schlesinger, James R., Secretary of Defense, The Theatre Nuclear Force Posture in Europe. A Report to the United States Congress in Compliance with Public Law 93–365, o. O., o. J. (Washington 1975, 30 S.); Rauschning, Dietrich, Der Wandel der amerikanischen Konzeption, in: Abschreckung und Entspannung. Fünfundzwanzig Jahre Sicherheitspolitik zwischen bipolarer Konfrontation und begrenzter Kooperation, Berlin 1977, S. 230–292; Autorenkollektiv, NATO. Strategie und Streitkräfte. Die Rolle der Militärorganisation des Nordatlantikpaktes in der aggressiven Politik des Imperialimus 1949–1975 – Militärhistorischer Abriß, Berlin (DDR) 1976.

2 Eine dritte Annahme für die konventionelle Kriegsführung richtet sich auf die «Vorneverteidigung» aus, die besagt, daß die Verteidigung so nahe wie möglich den Systemgrenzen durchgeführt werden soll, um das eigene Territorium zu schonen – vgl. dazu auch: Tiedtke, Stephan, Rüstungskontrolle aus sowjetischer Sicht. Die Rahmenbedingungen der sowjetischen MBFR-Politik, HSFK-Report, Frankfurt a. M. 1979, S. 3; vgl. auch noch Anm. 16.

3 Vgl. gleichlautend: Brown, Harold, Department of Defense, Annual Report Fiscal Year 1980, o. O. 1979, S. 85; ders., Annual Report Fiscal Year 1981, o. O. 1980, S. 94 – im FY 1981 ist in der dritten Option die «erste Staffel» allerdings nicht mehr erwähnt; beide Jahresberichte sind in Auszügen in Deutsch abgedruckt in: EA 16/1979, S. D413–D440, hier: S. D431, und EA 16/1980, S. D445–475, hier: S. D452.

– regionale nukleare Optionen, die u. a. dazu dienen, die Angriffsspitzen angreifender Feindkräfte zu vernichten und
– nukleare Optionen im gesamten Operationsgebiet gegen Flugplätze, Flugkörperstellungen und Verbindungswege sowie gegen Truppenkonzentrationen der ersten Staffel und der weiteren Staffel eines feindlichen Angriffs.

Auch die Optionen eines «nuklearen Erstschlags» schließen die Jahresberichte des US-Verteidigungsministers nicht aus. Im Gegenteil: «Die Strategie der Vereinigten Staaten und der NATO sieht potentiell die Möglichkeit zum Ersteinsatz von Nuklearwaffen durch die NATO vor, falls sich dies als unerläßlich erweisen sollte.»[4] Um aber diese Möglichkeit und die breite Palette der zitierten Optionen zukünftig (noch) wahrnehmen zu können, müssen – laut Brown – die in Europa stationierten NATO-TNF größerer Reichweiten modernisiert und verstärkt werden[5]: Die Streitkräfte müßten «die Einsatzmittel, mit denen präzise und differenzierte Angriffe gegen Ziele auf dem Gefechtsfeld und in der Tiefe geführt werden können»[6], besitzen.

Optionen und Einsatzmittel der USA bzw. der NATO haben sich also bislang – wenngleich auch mehr implizit – zu einer Doktrin zusammenführen lassen, die zwar den in Kapitel 9 zugrundegelegten Worst-Case nicht ausschließt, die sich aber keineswegs «einfach und einzig auf reflexhafte, massive Angriffe gegen sowjetische Städte gründet(e)».[7] Eine von Präsident Carter Ende Juli 1980 erlassene Durchführungsdirektive[8] – die Präsiden-

---

4 Brown, Harold, FY 1980, ebd., S. 86.

5 Brown, Harold, FY 1981, a. a. O. (Anm. 3), S. 94; ders., FY 1980, ebd., S. 85.

6 Brown, Harold, FY 1980, ebd., S. 86.

7 Vgl. Brown, Harold, Strategische Waffen schrecken vor Atomkrieg ab. Rede des US-Verteidigungsministers vor dem Naval War College, Amerika-Dienst, Dokumentation vom 27. 8. 1980, S. 11.

8 Im Sommer 1977 ordnete Präsident Carter eine grundlegende Überprüfung der US-Zielpolitik an. Im Verlauf der folgenden 18 Monate wurde eine Studie von militärischen und zivilen Experten erarbeitet, welche die US-Streitkräfte, Pläne, Probleme und Kapazitäten sowie die Perspektiven, die Stärke und die Verwundbarkeit der Sowjetunion in Rechnung stellte. Die NATO-Verbündeten wurden (erst) im Juni 1980 auf einem Treffen der Nuklearen Planungsgruppe (NPG) von den Ergebnissen unterrichtet. Außenminister Muskie soll – lt. Presseberichten – nicht vom Inkrafttreten der Direktive Kenntnis gehabt haben – vgl. Brown, Harold, ebd., S. 8; ders., USA wollen keinen Atomkrieg. Schreiben an die NATO-Verteidigungsminister, Amerika-Dienst, Dokumentation vom 20. 8. 1980, S. 1–4; dass. abgedruckt in: EA 16/1980, S. D475f; vgl. ferner: Reifenberg, Jan, Carters «Direktive 59». Erweitert die neue Atomstrategie wirklich Amerikas Entscheidungsspielraum?, in: FAZ vom 5. 8. 1980, S. 10; Schreitter-Schwarzenfeld, Horst, Abschied von der «massiven Vergeltung», in: Frankfurter Rundschau Nr. 181 vom 7. 8. 1980, S. 1f; Becker, Kurt, Außer Moskau auch Reagan im Visier. Die revidierte Atomstrategie entspricht dem Wunsch nach einem stärkeren Amerika, in: Die Zeit Nr. 35 vom 22. 8. 1980, S. 10; Carter stimmt einer neuen Atomstrategie zu. Abschreckung durch die Benennung von Hauptzielen für einen amerikanischen Gegenschlag, in: FAZ Nr. 181 vom 7. 8. 1980, S. 1.

tendirektive Nr. 59 – bestätigt diese Interpretation der westlichen Militärstrategie erstmals expressis verbis. Unter starker Betonung des «evolutionären Charakters»[9] der US-Doktrin formuliert die Direktive eine «Strategie des Gegenzuges»/«Gegengewichts-Strategie» (*countervailing strategy*), die in den Worten des US-Verteidigungsministers «keine grundlegende Abkehr von der amerikanischen Strategiepolitik während des vergangenen Jahrzehnts» sein soll: «Sie ist vielmehr eine Verfeinerung, eine Kodifizierung vorhergehender Erklärungen zu unserer Strategiepolitik ... Die Abschreckung bleibt unser grundlegendes strategisches Ziel, so, wie es dies bisher in der Geschichte der Fall gewesen ist. Aber Abschreckung muß eine weit größere Bandbreite von Bedrohungen im Zaum halten als nur einen massiven Angriff auf amerikanische Städte. Wir wollen jeden Gegner von jeder Art Kurs abschrecken, der zu einem allgemeinen Atomkrieg führen könnte. Unsere strategischen Streitkräfte müssen auch vom Nuklearangriff auf kleinere Ziele in den Vereinigten Staaten oder auf amerikanische Streitkräfte abschrecken sowie ein Schutzwall gegen nuklearen Zwang oder nuklearen Angriff auf unsere Freunde und Verbündeten sein ... Operativ erfordert unsere Strategie des Gegenzugs, daß unsere Pläne und Kapazitäten so strukturiert werden, daß sie mehr Gewicht auf die Fähigkeit legen, strategische Kernwaffen selektiv genauso wie bei einer umfassenden Vergeltung als Antwort auf massive Angriffe auf die Vereinigten Staaten einzusetzen. Es ist unsere Politik – und wir haben im zunehmenden Maß die Mittel und die detaillierten Pläne, um diese Politik durchzuführen –, sicherzustellen, daß die sowjetische Führung weiß, daß wir – sollte sie irgendein mittleres Aggressionsniveau wählen – durch selektive, umfangreiche (aber noch immer nicht maximale) Angriffe einen unannehmbar hohen Preis in Gestalt von Dingen erzwingen können, die die sowjetischen Führer am höchsten einzuschätzen scheinen, nämlich die politische und militärische Kontrolle, die militärische Macht sowohl nuklearer als auch konventioneller Art sowie die industrielle Kapazität, einen Krieg durchzustehen.»[10]

Nach Ansicht der US-Regierung soll demnach die *countervailing strategy* die «Abschreckung erhöhen und die Wahrscheinlichkeit eines Atomkrieges vermindern».[11] Erfolg und Wirkung einer Militärstrategie hängen

9 «Auch frühere Regierungen bis weit in die sechziger Jahre hinein erkannten die Unangemessenheit einer strategischen Doktrin, die uns einen zu engen Operationsspielraum gab. Die grundlegenden Prämissen der Strategie des Gegenzugs sind eine natürliche Entwicklung aus den theoretischen Grundlagen, die sich im Verlauf einer Generation herausgebildet haben – etwa unter den Verteidigungsministern McNamara und Schlesinger ...» – Brown, Harold, a. a. O. (Anm. 7), S. 11f; vgl. auch: Hughes, Peter/Rühle, Hans, Zur gegenwärtigen Debatte über eine neue amerikanische Nuklearstrategie. Geschichte, Hintergründe, Fakten, in: Europäische Wehrkunde 5/1979, S. 228–235.

10 Ebd., S. 9–11; ferner: Brown, Harold, Schreiben an die NATO-Verteidigungsminister, a. a. O. (Anm. 8), insbes. S. 2.

11 Brown, Harold, a. a. O. (Anm. 7), S. 12.

allerdings nicht nur von der Selbsteinschätzung ab, sondern auch von der Beurteilung[12] durch den potentiellen Gegner und insbes. von dessen eigenen Militärdoktrin.[13] Gerade die Unterschiede in Aussage und Struktur der beiden «Pendants» – der Militärstrategie der USA einerseits und der Militärdoktrin der UdSSR andererseits – sind aber erheblich: Zwar hält auch die Sowjetunion spätestens seit dem Rechenschaftsbericht Chruschtschows auf dem XX. Parteitag der KPdSU 1956 Kriege mit den kapitalistischen Staaten nicht länger für unvermeidbar. Vielmehr gelte es – angesichts der Existenz von Nuklearwaffen – zukünftig zu wählen, «... entweder die friedliche Koexistenz oder den furchtbarsten Krieg der Geschichte. Einen dritten Weg gibt es nicht»[14].

Die Möglichkeit eines nuklearen Weltkrieges als Folge eines Überraschungsangriffes des «imperialistischen Lagers» wird in der kommunistischen Literatur gleichwohl nicht ausgeschlossen. So heißt es in dem noch immer gültigen Standardwerk des «Marschalls der Sowjetunion» W. D. Sokolowski zur Militärstrategie der UdSSR: «Obwohl das sozialistische Lager konsequent eine Politik der friedlichen Koexistenz verfolgt, kann

---

12 «Erwartungsgemäß» wurde von den Kommentatoren aus den WVO-Staaten die *countervailing strategy* als aggressiv und provokatorisch qualifiziert: Die USA treibe die Welt dadurch in einen nuklearen Konflikt, daß mit der Doktrin die Illusion hervorgerufen werde, die Führung begrenzter Kriege sei möglich; ferner sei die neue Militärstrategie nichts anderes als das passende Konzept für einen geplanten eurostrategischen Krieg der USA gegen die UdSSR mit Hilfe der zukünftig in Europa stationierten Mittelstreckenraketen – vgl. stellvertretend: Neumaier, Eduard, Moskau droht Europäern mit Carters «Direktive 59». Da ein begrenzter Krieg nur in Westeuropa vorstellbar sei, müsse der Nachrüstungsbeschluß fallen, in: Süddeutsche Zeitung vom 18. 8. 1980, S. 4.

13 Vgl. zur Militärdoktrin der UdSSR stellvertretend: Birnstiel, Fritz, a. a. O. (Anm. 1), S. 27ff; Krell, Gert, a. a. O. (Anm. 1), S. 158ff; Schwarz, Klaus-Dieter, Sowjetische Militärstrategie von 1945–1978, in: ders. (Hg.), a. a. O. (Anm. 1), S. 373–396; Douglass Jr., Joseph D., Soviet Military Strategy in Europe, New York 1980; Douglass Jr., Joseph D./Hoeber, Amoretta M., Soviet Strategy for Nuclear War, Stanford 1979; MacGwire, Michael, Soviet Military Doctrine: Contingency Planning and the Reality of World War, in: Survival 5–6/1980, S. 107–113; Arnett, Robert L., Soviet Attitudes Towards Nuclear War: Do they really think they can win?, in: Journal of Strategic Studies 2/1979, S. 172–191; Schubert, Klaus von, a. a. O. (Anm. 1), S. 17–19; Ipsen, Knut, Die sowjetische Militärdoktrin, in: Abschreckung und Entspannung, a. a. O. (Anm. 1), S. 348–375; Garthoff, Raymond L., Soviet Military Policy. A Historical Analysis, London 1966; Das philosophische Erbe W. I. Lenins und Probleme des modernen Krieges. Unter Redaktion von A. S. Milowidow und W. G. Koslow, Berlin (DDR) 1974; Jukes, Geoffrey, The Development of Soviet Strategic Thinking Since 1945, Canberra 1972; Dahm, Helmut, Abschrekkung oder Volkskrieg. Strategische Machtplanung der Sowjetunion und Chinas im internationalen Kräfteverhältnis, Olten u. Freiburg i. Br. 1968; ders., Neuere Entwicklungstendenzen in der Militärdoktrin der Sowjetunion und der Volksrepublik China, in: Meissner, Boris/Rhode, Gotthold (Hg.), Grundfragen sowjetischer Außenpolitik, Stuttgart u. a. 1970, S. 117–170; vgl. auch noch im folgenden Abschn. 11.2.2.

14 Chruschtschow, Nikita S., Rechenschaftsbericht an den Parteitag, Berlin (DDR) 1956, S. 41ff.

der imperialistische Block den abenteuerlichen Versuch unternehmen, seine aggressiven Ziele mit Waffengewalt durchzusetzen, d. h. durch Krieg ... Entsprechend der imperialistischen Politik der Westmächte arbeiten die Führer ihrer Streitkräfte und ihre Generalstäbe detaillierte Pläne für einen militärischen Überfall auf die UdSSR und die anderen Länder des sozialistischen Lagers aus. Ihrer Zielsetzung und ihrem Wesen nach besitzen diese Pläne einen klar ausgeprägten aggressiven Charakter. Dies zeigt, daß die Gefahr eines militärischen Überfalls auf die UdSSR durchaus fortbesteht ... Ein wichtiger Grundsatz der sowjetischen Militärdoktrin besteht darin, daß der Weltkrieg, falls er von den Imperialisten entfesselt wird, *zwangsläufig* zu einem *Raketen- und Kernwaffenkrieg* wird, d. h. zu einer Auseinandersetzung, in der Kernwaffen das Hauptkampfmittel und Raketen das wichtigste Mittel zu ihrer Beförderung ins Ziel sind. Der Masseneinsatz von Atom- und Wasserstoffwaffen mit der unbegrenzten Möglichkeit, sie in wenigen Minuten mit Hilfe von Raketen in jedes Ziel zu bringen, ermöglicht es, innerhalb kürzester Zeit durchschlagende militärische Erfolge auf jede Entfernung und auf einem gewaltigen Gebiet zu erzielen ... Es erhebt sich die Frage, worin unter diesen Bedingungen das militärische *Hauptziel* eines Krieges bestehen kann ...? Die Lösung der Frage beruht auf zwei wichtigen Umständen:

1. auf der Notwendigkeit, den Aggressor innerhalb *kürzester Zeit entscheidend zu schlagen*, wobei ihm gleichzeitig sowohl die militärischen als auch die politischen und wirtschaftlichen Möglichkeiten zur Kriegsführung genommen werden müssen;
2. auf der sich uns bietenden realen Möglichkeit, diese Ziele gleichzeitig durch den Einsatz der verfügbaren Kampfmittel zu erreichen ...

Der Krieg zwischem dem Lager des Imperialismus und dem Lager des Sozialismus, der, wenn er nicht verhütet wird, seiner politischen Bedeutung nach zum *entscheidenden* bewaffneten Zusammenstoß der beiden gegensätzlichen Gesellschaftssysteme wird, dieser Krieg wäre ein aggressiver, ungerechter Eroberungskrieg von seiten des Imperialismus und ein *gerechter* revolutionärer Befreiungskrieg von seiten der Staaten der sozialistischen Völkergemeinschaft. Seinem Ausmaß nach wäre er ein *Weltkrieg* zwischen zwei großen Koalitionen ... Seinem politischen und gesellschaftlichen Charakter nach wird der neue Weltkrieg die *entscheidende* militärische Auseinandersetzung der beiden gegensätzlichen sozialen Weltsysteme sein. Dieser Krieg wird gesetzmäßig mit dem *Sieg* des fortschrittlichen kommunistischen Gesellschafts- und Wirtschaftssystems über das reaktionäre kapitalistische System enden, das historisch dem Untergang geweiht ist»[15] (Hervorheb. – D.S.L.).

---

15 Militär-Strategie, hg. unter der Redaktion vom Marschall der Sowjetunion W. D. Sokolowski, Deutsche Übersetzung aus dem Russischen der dritten, verbesserten und ergänzten Auflage, Köln 1969, S. 266, 267, 277, 286, 262f, 294.

Im Vergleich mit den Prämissen der *flexibe response* der NATO (s. o.) wird die sowjetische Militärdoktrin also durch insbesondere zwei der NATO-Strategie völlig entgegengesetzte, Annahmen [16] geprägt:

1. Ein Krieg in Europa läßt sich nicht begrenzen; er wird zum Auslöser des allgemeinen Nuklearkrieges.
2. Der Krieg wird auf kurze Dauer angelegt sein und mit dem Sieg der sozialistischen Staatengemeinschaft enden.

Unbestreitbar divergieren [17] die Militärdoktrinen der beiden Supermächte also in wichtigen Grundannahmen wie der Begrenzung, Führung und Dauer eines Nuklearkrieges sowie der Siegoption. Dennoch lassen sich – trotz aller Unterschiede – beide Militärstrategien auch auf zwei gemeinsame Nenner bringen:

1. Die Möglichkeit eines Nuklearkrieges wird nicht für völlig ausgeschlossen gehalten.
2. Ein solcher Nuklearkrieg richtet sich auch gegen militärische Ziele des Gegners.

In diesen beiden Annahmen finden nicht nur die Optionen der amerikanischen *countervailing strategy* ihre Begründung; vielmehr lassen sich aus ihnen auch Szenarien ableiten, die von einem nuklearen Erstschlag (*first strike*) der Sowjetunion gegen militärische Einrichtungen (*counterforce*) der USA und der NATO ausgehen. Als Beispiele solcher Nuklearschläge werden in der westlichen Literatur [18] u. a. genannt:

- der Angriff, um die gegnerischen Optionen in einem begrenzten Nuklearkrieg zu reduzieren;
- der Angriff, um das Gleichgewicht der Nuklearkräfte deutlich zugunsten der eigenen Seite zu verändern;
- der Angriff, um in einem totalen Nuklearkrieg den Schaden für die eigene Seite zu begrenzen.

Die beiden erstgenannten Angriffsstrategien können als Varianten eines «Teilentwaffnungs-Szenarios» bezeichnet werden: Im Modell des begrenzten Nuklearkrieges beschränkt die Sowjetunion ihren Erstschlag auf einen

16 Eine dritte Annahme für die konventionelle Kriegsführung – vgl. auch die Parallele zur NATO-Strategie oben in Anm. 2 – richtet sich auf die «Vorwärtsverteidigung» aus, die besagt, daß das Kriegsgeschehen so schnell wie möglich auf das Territorium des Gegners verlagert werden soll – vgl. auch Tiedtke, Stephan, a. a. O. (Anm. 2), S. 2.

17 Vermerkt werden kann deshalb auch die Frage, ob Kriegsgefahren und Mißerfolge der bisherigen Rüstungssteuerung nicht auch durch das Auseinanderklaffen der Doktrinen miterklärt werden können.

18 Vgl. stellvertretend: Congressional Budget Office (CBO) (Verf. Soule, Robert R.), Counterforce Issues for the U.S. Strategic Nuclear Forces, Washington 1978, S. 5; vgl. auch in deutscher Sprache die Szenarienhinweise und die Literatur bei: Krell, Gert, Das amerikanische Kräfteverhältnis bei den nuklearstrategischen Waffen, in: Krell, Gert/Lutz, Dieter S., Nuklearrüstung im Ost-West-Konflikt. Potentiale, Doktrinen, Rüstungssteuerung. Militär, Rüstung, Sicherheit Bd. 5, Baden-Baden 1980, S. 142ff.

Die Bücher kosten nur noch
ein Fünftel ihres früheren Preises …

... schrieb der Bischof von Aleria 1467 an Papst Paul II. Das war Gutenberg zu verdanken.

Heute, 500 Jahre später, kosten Taschenbücher nur etwa ein Fünftel bis ein Zehntel des Preises, der für gebundene Ausgaben zu zahlen ist. Das ist der Rotationsmaschine zu verdanken und zu einem Teil auch – der Werbung: Der Werbung für das Taschenbuch und der Werbung im Taschenbuch, wie zum Beispiel dieser Anzeige, die Ihre Aufmerksamkeit auf eine vorteilhafte Sparform lenken möchte.

bestimmten Schauplatz, z. B. Europa, und stellt zugleich den USA das Ultimatum, sich aus dem Geschehen herauszuhalten, wenn der Krieg nicht auf amerikanisches Territorium übergreifen solle. Im zweiten Szenario zerstört die Sowjetunion in einem Überraschungsangriff einen Teil des US- und NATO-Nuklearpotentials, verschiebt also das Gleichgewicht zu ihren Gunsten und droht in einem Ultimatum, ihre restlichen Nuklearwaffen gegen die Industrie- und Bevölkerungszentren der USA bzw. der NATO einzusetzen.

Die politische und militärische Rationalität beider Varianten ist allerdings mehr als fragwürdig. In beiden Szenarien wird davon ausgegangen, daß die UdSSR das Risiko eines Zweitschlages mit den Folgen der «gesicherten Zerstörung» auf sich nimmt, die Beweggründe und Motive [19] für ein solches Vorgehen werden jedoch nicht genannt. [20] Beide Varianten unterstellen ferner, daß sich USA und NATO durch Ultimaten erpressen lassen, ohne selbst frühzeitig Gegenultimaten zu stellen, verbunden etwa mit «begrenzten» Vergeltungsmaßnahmen oder gleichfalls «teilentwaffnenden» Gegenschlägen. Beide Szenarien gehen schließlich davon aus, daß USA und NATO erkennen können (oder der UdSSR glauben), daß es sich lediglich um einen begrenzten Nuklearkrieg gegen Counterforce-Ziele handelt, selbst also nicht sofort (und u. U. irrational) Maßnahmen ergreifen, die zu einem totalen Nuklearkrieg führen. Die Rationalität der Akteure und Entscheidungsträger im Kriegsfall wird aber kaum höher sein als im Frieden. Im Gegenteil: Gerade wenn bereits im Frieden absurde Kalküls [21] an die Stelle politischer Rationalität treten, so wird im Konflikt- und Krisenfall die Abschreckung als Kriegsverhütungsstrategie nur noch geringe Chancen zur Bewährung finden.

«Rationalität», wenngleich auch in einer spezifischen Form, läßt sich deshalb eher der dritten Variante: dem Angriff, um den Schaden für die eigene Seite zu begrenzen, unterstellen. Diesem Szenario liegt – vor dem Hintergrund der in Kapitel 9 beschriebenen Konsequenzen eines nuklearen Erstschlages der Sowjetunion für das eigene Territorium – die vermutlich

---

19 Szenarios wie die von Paul Nitze (Committee on the Present Danger), die Sowjetunion komme zum Schluß, ein Angriff auf die USA «lohne sich», wenn die UdSSR nur möglichst unauffällig ihre Städte evakuiere, entsprechen wohl kaum den realen Möglichkeiten, lassen vor allem aber die mit einem Angriff verfolgten Kriegsziele und Werte offen – vgl. U.S. Congress, House Committee on International Relations, Subcommittee on International Political and Military Affairs, Hearings, U.S. – U.S.S.R., Relations and Strategic Balance, Washington 1976, S. 41 ff.

20 Das Argument, die Sowjetunion habe schon einmal, nämlich im Zweiten Weltkrieg, Millionen von Toten um ihrer Kriegsziele willen in Kauf genommen – vgl. Brodie, Bernard, The Development of Nuclear Strategy, in: International Security 4/1978, S. 65–74 – stellt in makabrer Weise Ursache und Leiden auf den Kopf.

21 Vgl. auch General W. F. Evans, The Impact of Technology on U.S. Deterrent Forces, in: Strategic Review 3/1976, S. 40–47.

einzige Kriegsursache zugrunde, die zumindest mit mathematisch-rational kalkulierbaren Risiken und betriebseffizient tragbareren Folgen denkbar ist: die Furcht, durch *versäumte Präemption* in einer instabilen Situation einen noch größeren Schaden auf das eigene Land zu ziehen, als er infolge eines Zweitschlages in Reaktion auf einen eigenen Überraschungsangriff entstehen würde (vgl. dazu auch noch Abschn. 11.2). Erst im Rahmen eines solchen «Präemptions»- oder «Schadensbegrenzungs-Szenarios» gewinnen auch die beiden Varianten des «Teilentwaffnungs-Szenarios» an Plausibilität.

Wie aber auch die Rationalität der einzelnen Szenarien und Modelle bzw. der ihnen zugrundeliegenden Annahmen zu bewerten sein mag, in jedem Fall müssen wir festhalten, daß offensichtlich auch die «gegenseitige gesicherte Zerstörungsfähigkeit» die Gefahr eines Nuklearkrieges nicht völlig bannen kann und daß ferner die Militärdoktrinen und -strategien der beiden Supermächte Kriegsführungsoptionen (auch) gegen militärische Einrichtungen nicht ausschließen. Zumindest systemimmanent betrachtet, erfordert die Überprüfung der Nachrüstungsthese deshalb auch die Beantwortung der Frage nach dem Kräfteverhältnis im Counterforce-Bereich, d. h. den Vergleich der Counterforce-Potentiale und -Fähigkeiten.

Auf den ersten Blick scheint diese Forderung allerdings im Widerspruch zu unserem implizit wie expressis verbis verfolgten Ansatz zu stehen, das Problem der Rüstung, hier: der «Nachrüstung» als Frage der Kriegs*verhütung* zu verstehen und nicht als Suche nach einer wie auch immer gearteten Effizienz von Kriegsführung (s. o. Abschn. 1 sowie 2.4 und 8.2.2.1). Wenn wir dennoch im folgenden den Counterforce/Countervalue-Vergleich aus Kapitel 9 um einen Counterforce/Counterforce-Vergleich ergänzen, so geschieht dies erkenntnisleitend als Frage nach den Grenzen aus dem bereits genannten Grunddilemma, durch Rüstung kriegsverhütend wirken zu wollen, und insbes. als Analyse einer möglichen Kriegsgefahr, wie sie das skizzierte Präemptions-Modell signalisiert. In dieser Weise problematisiert, entspricht der Counterforce/Counterforce-Vergleich auch unserer zweiten, bereits in Abschn. 1.2.3 gestellten Leitfrage, ob in den 80er Jahren ein Mehr an nuklearer Rüstung noch gleichzusetzen ist mit einem Mehr an strategischer Stabilität und Sicherheit für Europa.

10.2 Kriterien und Parameter eines nuklearen Counterforce-Szenarios

Anders als eine Countervalue-Strategie im Rahmen eines Zweitschlages setzt ein nuklearer Angriffskrieg gegen militärische Einrichtungen – und damit gehen wir zum Ausgangspunkt unseres Szenarios in Kapitel 9, dem Erstschlag der Sowjetunion, zurück – neben einer entsprechenden Anzahl von Sprengköpfen vor allem eine hohe «Treffgenauigkeit» der Waffensysteme voraus. Ferner sind Faktoren von Bedeutung wie die Sprengkraft der Waffen und die Härtung der Ziele oder Kriterien wie die Interferenz etc. Mitentscheidend sind schließlich auch Fragen und Probleme aus der Zuordnung und dem Verhältnis von möglichen Zielen einerseits zu Art und Anzahl der Vernichtungsmittel andererseits.

10.2.1 Das Problem der «Selbstentwaffnung» oder das numerische Verhältnis von Zielen und Sprengköpfen

Die vorrangigen *Mittel* eines nuklearen Counterforce-Schlages sind ballistische Raketen; diese Waffensysteme haben eine sehr kurze Flugzeit ins Ziel, besitzen eine hohe, zukünftig noch rapide wachsende Treffgenauigkeit, und die Abwehrmöglichkeiten gegen sie sind außerordentlich gering. Konsequenterweise sind umgekehrt die gegnerischen Raketen und Raketenstellungen bzw. bei beweglichen Trägersystemen die Fahrzeuge oder U-Boote das vorrangige *Ziel* des Angriffs.

Wenn wir also im folgenden den Counterforce/Counterforce-Vergleich auf eine dynamische Gegenüberstellung[22] des Systems Rakete als zugleich Mittel und Ziel eines Nuklearangriffs ausrichten, so entspricht diese «Optionsbeschränkung» zum einen unserer Leitfrage in den Abschn. 1.2.3 und 10.1, zum anderen aber auch dem Stellenwert dieses Waffensystems für den Erstschlag. Hingewiesen werden muß allerdings darauf, daß die amerikanische Zielplanung – anders als unser Szenario – im SIOP 5 aus dem Jahre 1975 über 40000 Zielobjekte in der Sowjetunion zur Auswahl stellt – von den sowjetischen Raketensilofeldern, Unterseeboot-Bunkern und gehärteten Flugzeughangars über (Nuklear-)Waffendepots, Flugplätze, Kriegshäfen, Fernmelde- und Radaranlagen, Kasernen, Werften, Lagerhallen, Werkstätten, Eisenbahnanlagen, Brücken, Rollbahnen etc. oder Industrie- und Bevölkerungszentren bis hin zu den Bunkern der politischen Führung, des militärischen Oberkommandos und anderer Befehlsorgane in der UdSSR. Bereits diese – keineswegs vollständige – Auflistung zeigt zum einen nochmals, wie wichtig es ist, den Kräftevergleich in seiner Komplexi-

---

22 Auf eine Prämisse dieser Gegenüberstellung ist vorab hinzuweisen: Im Unterschied etwa zur SS-20 beläuft sich die Reichweite der geplanten PERSHING II und der Cruise Missile lediglich auf 1800–2500 km. Im nachfolgenden Vergleich wird davon ausgegangen, daß auch ohne eine technisch mögliche Reichweitenverlängerung der beiden neuen NATO-Systeme – vgl. dazu oben Abschn. 6.2.1 – das breitere NATO-Waffenspektrum inkl. SLBM im proportionalen Gesamtbestand der großen Reichweiten den unterschiedlichen Entfernungen zu den Dislozierungsstandorten bzw. -räumen der potentiellen Ziele entspricht. Zu vermerken ist ferner auch nochmals, daß die neuen Systeme der NATO sogar sowjetische ICBM-Stellungen erreichen können – vgl. oben Anm. 73 in Abschn. 6 sowie Schaubilder 7–9 und im folgenden noch Schaubild 25.

tät auf Kernfragen mit erkenntnisleitender Plausibilität zu beschränken (vgl. oben Abschn. 2.4). Zum anderen verdeutlicht die Liste, spätestens aber das letztgenannte Zielbeispiel – die Befehlsbunker der politisch-militärischen Führung – die besondere psychologische Komponente, unter der die Definition von Rationalität und Effizienz bei Kriegsführungsoptionen steht: «Ein Angriff auf den Bunker der politischen Führung, auf die Bunker des militärischen Oberkommandos und anderer Befehlsorgane würde von der kollektiven Sowjetführung als eine totale Bedrohung des politischen Lebensnervs angesehen werden. Sie könnte in Moskau kaum noch mit ‹begrenzter› Kriegsführung Amerikas gleichgesetzt werden. Sie könnte deshalb einen massiven Vergeltungsschlag geradezu provozieren – nicht nur auf Nordamerika.»[23]

Wichtiger noch: Die Versuchung, der Bedrohung durch *Präemption*, d. h. durch einen vorbeugenden und entwaffnenden Erstschlag zuvorzukommen, ist nicht nur außerordentlich groß, sondern entspricht wiederum der systemimmanenten Definition von Rationalität und Effizienz.

Vorrangige Mittel und Ziele gerade der Präemption sind aber – wie bereits betont – ballistische Raketen (und zukünftig auch die Marschflugkörper). Wenden wir uns also nach dieser Problematisierung den Kriterien und Parametern bzw. dem Aufbau des Kräftevergleichs selbst zu: Bis in die 60er Jahre hinein wurde – trotz der seinerzeit geringen Härtung und höheren Ortbarkeit zumindest der landgestützten Raketen – ein nuklearer Counterforce-Schlag als unwahrscheinlich und das Nuklearpotential als kaum verwundbar angesehen. Um nämlich eine gegnerische Rakete in einem Erstschlag zu treffen, mußte der Angreifer zu dieser Zeit selbst noch eine eigene Rakete opfern. Da er aber nicht ausschließen konnte, daß ein Teil der eigenen Waffen versagen oder das Ziel verfehlen würde, hätte er in der Praxis mehr Raketen starten (und auch besitzen) müssen, als er möglicherweise Ziele hätte zerstören können[24]; der Status quo hätte sich also für den Angreifer in jedem Falle zu seinem Nachteil verändert. Aus dieser Konstellation ergab sich zwar ein Zwang zur numerischen Parität von Zielen und Mitteln, und damit lag in ihr sicherlich auch eine der Ursachen des nuklearen Wettrüstens. Andererseits verhinderte sie – bei einem ungefähren Gleichstand der Kräfte – gerade wegen der Gefahr der Selbstentwaffnung den nuklearen Angriff.

Mit der Einführung der Mehrfachsprengköpfe (MRV) Mitte der 60er Jahre und der einzeln programmierbaren Wiedereintrittskörper (MIRV) zu

---

23 Ruehl, Lothar, Absage an die alte Abschreckung. Präsident Carters Richtlinien, in: Die Zeit Nr. 34 vom 15. 8. 1980, S. 4; vgl. auch oben US-Verteidigungsminister Brown, der auf die politische und militärische Kontrolle und Macht der sowjetischen Führer abstellt – dazu Anm. 10.

24 Vgl. Soule, Robert R., a. a. O. (Anm. 18).

Beginn der 70er Jahre[25] (vgl. auch oben Tabelle 2) änderte sich die strategische Szene jedoch in dramatischer Weise: Raketen und Sprengköpfe funktionieren zuverlässiger (vgl. bereits oben Abschn. 9.1.4 und noch Abschn. 10.3.2) und sind treffgenauer (dazu noch Abschn. 10.2.2 und 10.2.4). Vor allem aber können die Raketen ungleich mehr Sprengköpfe tragen als bisher – die POSEIDON C-3 z. B. besitzt bis zu 14 MIRV. Der potentielle Angreifer kann also zukünftig mit lediglich einer Rakete mehrere gegnerische Stellungen und Systeme vernichten. Die Gefahr der «Selbstentwaffnung» besteht somit nicht mehr in jedem Fall, die strategische Stabilität aufgrund der Parität von Zielen und Mitteln ist aufgehoben.

Der Frage, ob diese Aussage auch für den LRTNF-Bereich gilt, werden wir in Abschn. 10.4.1 durch eine Gegenüberstellung der in den Tabellen Nr. 23 und 24 (vgl. Abschn. 7.3.1) festgehaltenen nuklearen Trägersysteme der WVO und der NATO «in und für Europa» als rechnerische Ziele und zugleich Mittel eines nuklearen Erstschlages nachgehen. Betont werden muß allerdings, daß die Gegenüberstellung von Nuklearmitteln und Zielen zwar das Problem der «Selbstentwaffnung» klären kann, jedoch noch nichts über die Counterforce-Kapazität der gegnerischen Seite im Sinne einer tatsächlichen Vernichtungsfähigkeit ihrer Waffe aussagt. Fragen wir also zunächst noch nach den Faktoren, die einer Nuklearstreitkraft die Fähigkeit zum entwaffnenden «Counterforce»-Schlag, d. h. zur Zerstörung von (gehärteten) Objekten und Punktzielen verleihen.

10.2.2. Die Letalität als Funktion aus Sprengkraft und Zielgenauigkeit[26]

Die Fähigkeit zu Counterforce-Maßnahmen inkl. der zum entwaffnenden Erstschlag ist abhängig von der Vernichtsungswirkung des gegebenen Nuklearpotentials bzw. einer Nuklearwaffe. Die Vernichtungswirkung einer Waffe auf ein Ziel wird als Letalität (*lethality*) oder *kill capability* bezeich-

25 Vgl. Lutz, Dieter S., Sowjetische Nuklearrüstung und SALT, in: Lutz, Dieter S. (Hg.), Die Rüstung der Sowjetunion. Rüstungsdynamik und bürokratische Strukturen, Baden-Baden 1979, S. 143, und dort Tabelle 1.

26 Grundlegend für das Folgende: Tsipis, Kosta, Offensive Missiles, Stockholm Paper 5, Uppsala 1974; Davis, Lynn Etheridge/Schilling, Warner R., All you ever wanted to know about MIRV and ICBM calculations but were not cleared to ask, in: Journal of Conflict Resolution 2/1973 (Vol. 17), S. 207–242; Brown, Thomas A., Missile Accuracy and Strategic Lethality, in: Survival 2/1976 (Vol. XVIII), S. 52–59; Aldridge, Robert C., The Counterforce Syndrome: A Guide to U.S. Nuclear Weapons and Strategic Doctrine, Santa Clara, California 1979²; Holloway, David, Military Technology, in: Amann, Ronald/Cooper, Julian/Danes, R.W. (Eds.), Technological Level of Soviet Industry, London 1977, S. 407–489, hier: S. 480ff; The International Institute for Strategic Studies (IISS), Strategic Survey 1969, London 1970, S. 30–33; Legett, Robert L., Prepared State-

net und mit dem Buchstaben «K» symbolisiert. «K» ist die Funktion aus zwei Faktoren: Der Treff- und Zielgenauigkeit (*accuracy*) der Waffe einerseits und ihrer Sprengkraft (*yield*) andererseits. Die Zielgenauigkeit wird als Streukreishalbmesser oder «Circular Error Probability» (CEP) wiedergegeben, eine statistische Meßgröße, die den Radius des Kreises um einen Zielpunkt (*target*) in Seemeilen bezeichnet, in dem der Sprengkopf bzw. die Waffe mit einer Wahrscheinlichkeit von 50 % auftrifft. Die Sprengkraft wird in Megatonnen (MT) TNT gemessen und mit dem Symbol «y» gekennzeichnet.

Anders als eine Countervalue-Strategie, die in der Regel eine bestimmte Zerstörungsenergie für eine möglichst große Fläche anstrebt (vgl. oben Abschn. 10.2.1), erfordert eine Counterforce-Fähigkeit die Ausrichtung einer möglichst hohen Energie gegen ein sehr kleines Ziel. Da der Überdruck einer Nuklearexplosion aber mit der Entfernung vom Explosionspunkt rapide abfällt, verlangt eine Punktziel- oder Silovernichtungsfähigkeit eine hohe Treffgenauigkeit. Entsprechendes Gewicht besitzt der Faktor CEP für die Berechnung der Zerstörungskraft.

Bei der Aggregation der drei Parameter Sprengkopfzahl, Sprengkraft und Zielgenauigkeit ist nach den Ergebnissen von Atomwaffentests davon auszugehen, daß die Letalität einer Waffe in direkter Proportion zur Kubikwurzel aus dem Quadrat der Sprengkraft umd umgekehrt proportional zum Quadrat der Zielgenauigkeit steigt. Die Formel zur Berechnung der Letalität eines einzelnen Raketensprengkopfes lautet also $K = \frac{y^{2/3}}{(CEP)^2}$

Wird K mit der Zahl (*number* = n) der einzelnen Sprengköpfe multipliziert, so ergibt K · n die Letalität der Trägerrakete entsprechend der Gesamtzahl der Gefechtsköpfe. Wird das Ergebnis schließlich noch mit der Gesamtzahl der gegebenen Trägerraketen (*missile* = m) multipliziert, so bildet K · n · m, oder kurz: K · N, den Aggregatwert für die Counterforce-Kapazität einer Raketenstreitkraft.

Die Formel K · N ist also darauf ausgerichtet, zum ersten einen Maßstab zur Gewichtung des Gesamtpotentials an nuklearer Vernichtungskraft in Ost und West zu besitzen und zweitens die stark unterschiedlichen Qualitätsmerkmale wie Vermirvung, Zielgenauigkeit und Sprengkraft in eine Wertrelation zu bringen, d. h. der zunehmenden Ausstattung der Trägersysteme mit Mehrfachsprengköpfen und ihrer Bedeutung für das Kräfteverhältnis Rechnung zu tragen.

---

ment, Hearings before the Subcommittee of International Security and Scientific Affairs of the Committee of International Relations, House of Representatives, Ninety-fourth Congress, First Session, June 24 and July 8, Washington 1975, S. 8–15; vgl. bereits auch: Lutz, Dieter S., a. a. O. (Anm. 25), S. 137ff; Lutz, Dieter S., Will a Third World War Occur in the Eighties?, in: Gandhi Marq 1/1979 (Vol. 1), S. 13–20.

10.2.2.1 Funktion und Grenzen der Letalitätsformel[27]

Allerdings sind – wie die folgenden Beispiele zeigen – der Aussagekraft der Letalitätsformel auch Grenzen gezogen: Unter dem Gesichtspunkt einer hohen Sprengkraft bildete z. B. die sowjetische SS-9 Scarp aus dem Jahre 1965 mit umgerechnet 20 Megatonnen TNT und einer Zielgenauigkeit von optimal 900 m[28] lange Zeit die größte Bedrohung für verbunkerte gegnerische Raketenstellungen. Legt man die Letalitätsformal an die Daten der SS-9, so ergibt sich ein K-Wert von 29. Rechnerisch würde sich dieser Wert bei einer Verdoppelung der Sprengkraft von 20 MT auf 40 MT auf 47 erhöhen. Der geringe Letalitätsunterschied illustriert nochmals am Beispiel, daß Raketen mit einem Sprengkopf von 20 MT oder gar 40 MT in erster Linie Flächenwaffen sind, die für den Einsatz gegen Städte und Industriezentren gebaut wurden. Werden sie dennoch gegen verbunkerte Einzelziele wie Raketensilos eingesetzt, so verpufft ab einer bestimmten Megatonnage der größte Teil ihrer Sprengkraft in Form von Hitze- und Druckwellen mit fürchterlichen Konsequenzen für die Bevölkerung zwar, aber ohne oder mit nur geringen Schäden für die anvisierten Raketensilos. Die Explosion eines nuklearen Sprengkopfes von 1 MT wird zwar noch über 14 km Entfernung genügend Hitze entwickeln, um Papier zu entzünden oder auf einer Fläche von 160 km² Gebäude zu zerstören. Der Überdruck von 5 psi in einer Entfernung von 7 km vom Explosionspunkt[29] reicht aber bei weitem nicht aus, einen gehärteten Bunker aufzubrechen. Trotz der hohen Sprengkraft werden also bei Flächenwaffen je nach Dislozierung eine oder nur wenige der gegnerischen Waffensystemstellungen getroffen. Aus diesem Grunde liegt der Formelwert in dem angeführten Beispiel der SS-9 trotz der hohen Megatonnage von 20 MT nur bei etwa 29 und steigt auch bei einer Verdoppelung auf 40 MT nur auf einen Wert von ca. 47.

Ein völlig anderes Bild ergibt sich dagegen, wenn wir eine technologische Neuerung, wie z. B. die Vermirvung von Raketen, in die Rechnung aufnehmen. Versehen wir – hypothetisch – ein Trägersystem statt mit einem Sprengkopf von 20 MT mit 10 Sprengköpfen à 2 MT, lassen also die rechnerische Gesamtsprengkraft gleich, so steigt dennoch der Zerstörungswert K von bloßen 29 auf mehr als das Doppelte, nämlich auf einen Wert von 63. Zu Recht: denn mehrere einzeln programmierbare Nuklearsprengköpfe treffen wahrscheinlicher und vor allem auch eine größere Anzahl gegnerischer Raketenstellungen als ein einziger, wenngleich auch besonders starker Sprengkopf. Selbst wenn wir die Sprengkraft von 20 MT auf 8 × 2 MT, also 16 MT, oder 8 × 1,5 MT, also 12 MT verringern, so liegt wegen der

---

27 Dazu bereits Lutz, Dieter S., a. a. O. (Anm. 25), S. 154–158.

28 Daten nach: World Armaments and Disarmament, SIPRI Yearbook 1978, London 1978, S. 439, 442f.

29 Vgl. auch: Tsipis, Kosta, a. a. O. (Anm. 26), S. 11; vgl. im folgenden auch Tabelle Nr. 33.

qualitativ besseren Ausstattung mit MIRV der Letalitätswert mit 51 bzw. 42 noch weit über dem für einen Sprengkopf mit 20 MT berechneten Wert von 29.

Daß auch sowjetische Politiker mittlerweile die Qualität vermirvter Waffensysteme erkannt haben, verdeutlicht das gewählte Beispiel der SS-9 selbst. Nachfolger der SS-9 ist die Interkontinentalrakete SS-18. Diese Rakete, die von der Sowjetunion 1975 eingeführt wurde, existiert in zwei Versionen: Modell 1 besitzt einen Sprengkopf von 10 MT; Modell 2 aber ist von der Sowjetunion inzwischen mit Mehrfachsprengköpfen von 8 × 0,6 MT bestückt worden.[30]

Ihre volle Bedeutung entfaltet die Letalitätsformel jedoch, wenn wir über die Vermirvung hinaus als weiteren qualitativen Parameter die Verbesserung der Zielgenauigkeit in die Berechnung aufnehmen. Greifen wir zur Illustration nochmals auf die SS-9 und SS-18 zurück:

Eine traditionell *quantitative* Aufrüstung verlangt für einen Letalitätswert von ca. 47 eine Verdoppelunq der Sprengkraft von 20 MT auf 40 MT. Eine *qualitative* Umrüstung auf MIRV dagegen erfordert keine Verdoppelung, nicht einmal eine Erhöhung, sondern kann sich sogar mit der Hälfte von 20 MT, nämlich mit 10 × 1 MT, begnügen, um einen Letalitätswert von ca. 51 zu erreichen. Eine Erhöhung der Treffgenauigkeit schließlich von 900 m CEP auf 450 m, also auf das Doppelte, wie sie auch im Übergang von der SS-9 zur SS-18 vorliegt, kann sich für einen Letalitätswert von 47 sogar mit einer Sprengkraft von 1 × 5 MT begnügen. Umgekehrt würde bei einer fiktiven Trägerwaffe mit 40 MT, aufgeteilt auf 40 Sprengköpfe à 1 MT, und einem Streukreishalbmesser von 900 m der Letalitätswert auf 160 steigen und bei 450 m sogar auf einen Wert von 640. Mehr noch: Schließen wir die denkbare Verbesserung der Zielgenauigkeit von 900 m CEP um das Zehnfache auf 90 m in unsere Berechnungen mit ein, so springt der Letalitätswert drastisch um das 100fache von 160 auf 16000. Wie die Beispiele illustrieren, verläuft die Dynamik nukleartechnologischer Neuerungen bzw. rüstungstechnologischer Forschung und Entwicklung ganz offensichtlich nicht länger geradlinig, sondern in Exponentialkurven, d. h. sprunghaft. Auf die Kriegsgefahr, die gerade aus dieser Sprunghaftigkeit der Entwicklung resultiert, werden wir noch zurückkommen müssen (vgl. dazu noch Abschn. 10.4.2 und 11.2.1).

Es wäre nun allerdings eine an der Aussagefähigkeit der Formel und auch an der Realität vorbeigehende Schlußfolgerung, anzunehmen, 40 Sprengköpfe könnten allein durch Erhöhung der Zielgenauigkeit um das 10fache

30 Vgl.: The International Institute for Strategic Studies (IISS), The Military Balance (MB), 1979–1980, London 1979, S. 87; World Armaments and Disarmament, SIPRI Yearbook 1980, London 1980, S. XXVII, XXXf; die früheren Daten lagen teilweise erheblich höher – vgl. IISS, MB 1978–1979, S. 81; SIPRI, Yearbook 1978, a. a. O. (Anm. 28), S. 439, 443; SIPRI Yearbook 1977, ebd., S. 25.

plötzlich das 100fache an gegnerischen Stellungen vernichten. Ist der Grenzwert einmal überschritten, so ist es gleichgültig, ob die Zerstörung bei 900 m CEP oder bei 90 m CEP erfolgt. Das Grenzwertproblem stellt sich hier nicht anders dar als bei der Erhöhung der Sprengkraft: Die Verdoppelung von 20 MT auf 40 MT bedeutet nicht automatisch, daß statt ein Silo bzw. Punktziel zwei oder noch mehr zerstört werden können. Sicher ist in beiden Fällen vielmehr nur die «Über-Zerstörung» ein und desselben Zieles. Der K · N-Wert einer Nuklearstreitmacht sagt also mehr über ihren technologischen Standard und ihre theoretische Kapazität für einen Erstschlag aus als über die tatsächlichen Erfolgschancen dieses Schlages.

Und dennoch liegt ein Körnchen Wahrheit auch in der oben genannten Schlußfolgerung. Die angegebenen Letalitätswerte können nämlich als Maßstab zur Beantwortung der Frage gelten, in welchem Verhältnis die Gesamtsprengkraft abnehmen oder besser: die Anzahl der Sprengköpfe je Rakete steigen kann, wenn sich die Treffgenauigkeit verbessert. Mit anderen Worten: Eine erhöhte Treffgenauigkeit kann über die Verkleinerung der Sprengköpfe bei gleichbleibender Traglast der Rakete zu einer Vermehrung der Anzahl der Gefechtsköpfe und über diesen Umweg zu einer Erhöhung der Bedrohung für eine größere Anzahl gegnerischer Raketensilos führen.

Die letztendliche Frage allerdings, ob ein Gefechtskopf mit einer bestimmten Sprengkraft und einem bestimmten CEP-Wert auch die Fähigkeit besitzt, ein Silo aufzubrechen oder ein Punktziel zu vernichten, kann die Formel $K = \frac{Y^{2/3}}{(CEP)^2}$ noch nicht beantworten. Eine solche Fragestellung verlangt eine mathematische Berechnungsgrundlage, die neben den genannten Parameterwerten Faktoren wie die technische Zuverlässigkeit der Waffensysteme (dazu noch Abschn. 10.3.2), ihre Explosionshöhe und ihren Letalitätsradius einbezieht und ferner die Verbunkerung der Raketensilos bzw. die Härtung der Punktziele berücksichtigt, also auf die dynamische Erfassung von Vernichtungswirkung (vgl. Abschn. 10.2.3) und Vernichtungswahrscheinlichkeit (vgl. Abschn. 10.2.4) abzielt.

10.2.3 Die Vernichtungswirkung als Funktion aus Sprengkraft, Härtung und Explosionshöhe

Die Vernichtungswirkung einer Nuklearwaffe bei der Zerstörung von Raketensilos oder gehärteten Punktzielen beruht vor allem auf der Druckwirkung der Nuklearexplosion. Zu unterscheiden ist zwischen zwei Arten von Druckwellen einer Explosion: dem Überdruck (*overpressure*) mit einem als Überdruckspitze (*peak overpressure*) bezeichneten Höchstwert, der durch die Luftdruckwelle (*blast wave*) bzw. Stoßwelle (*shock wave*) erzeugt wird, und dem dynamischen Überdruck (*dynamic overpressure*), der durch den Wind entsteht, welcher wiederum durch die Stoßwelle erzeugt wird. Verglichen mit der vorausgehenden Luftdruckwelle, kann die Wirkung des nachfolgenden dynamischen Druckes auf das Ziel in der Regel vernachlässigt werden.[31]

Die Vernichtungswirkung des Überdruckes, den eine Nuklearexplosion erzeugt, hängt wiederum von zwei Parametern ab: der Explosionshöhe und der Härtung des Ziels. Die Zielhärtung wird in atü oder psi ausgedrückt[32] und ist bei den Silos in Ost und West derzeit vermutlich auf max. 2000 bis 2500 psi[33] gestiegen. Der tatsächliche exakte Wert der jeweiligen

---

31 *Überdruck* ist der vorübergehende Druck – gewöhnlich in kg/cm^2 = atü oder pounds per square inch = psi ausgedrückt –, der den umgebenden Druck übersteigt, welcher in der Stoß- (oder Luftdruck-)Welle einer Explosion festgestellt wird. Die Veränderung des Überdrucks mit der Zeit hängt vom Explosionswert, von der Entfernung vom Explosionspunkt und dem Medium ab, in welchem der Sprengkörper explodiert. Die *Überdruckspitze* ist der Höchstwert des Überdruckes an einem bestimmten Punkt; er tritt im allgemeinen in dem Augenblick auf, wenn die Stoß- (oder Luftdruck-)Welle diesen Punkt erreicht hat. Die *Stoßwelle* ist ein sich ununterbrochen fortpflanzender Druckimpuls (oder Druckwelle) im umgebenden Medium, das sowohl Luft als auch Wasser oder Erde sein kann; dieser Druckimpuls entsteht durch die Ausdehnung der bei der Explosion erzeugten heißen Gase. Ein Stoßwelle in der Luft wird im allgemeinen als Luftdruckwelle bezeichnet, da sie starken, vorübergehenden Winden ähnlich ist (und von diesen begleitet wird). Die Dauer der Stoß- (oder Luftdruck-)Welle besteht aus zwei Phasen; die erste ist die positive Phase (oder Druckphase), in welcher der Druck sehr scharf auf einen Wert ansteigt, der höher ist als der umgebende Druckwert, und dann rasch wieder auf den normalen Druck abfällt. Die Dauer der positiven Phase erhöht sich, und der maximale Druck (Druckspitze) verringert sich mit zunehmender Entfernung von einer Explosion bestimmten Explosionswertes. In der zweiten Phase, der negativen (oder Sog-)Phase, fällt der Druck unter den umgebenden und kehrt dann wieder auf den umgebenden Druckwert zurück. Die Dauer der negativen Phase ist während der ganzen Entwicklung der Luftdruckwelle ungefähr gleichbleibend und kann das Mehrfache der Dauer der positiven Phase betragen. Die Abweichungen vom umgebenden Druck während der negativen Phase sind niemals groß und verringern sich mit zunehmender Entfernung. Der *Dynamische Druck* schließlich ist der Luftdruck, der sich aus dem Massenluftstrom (oder Wind) hinter der Stoßfront einer Luftdruckwelle ergibt. Er ist gleich dem Produkt der halben Dichte der Luft, durch die sich die Luftdruckwelle bewegt, und dem Quadrat der Teilchen-(oder Wind-)Geschwindigkeit, in der auf das Objekt oder Bauwerk auftreffenden Welle – Glasstone, Samuel (Hg.), Die Wirkungen der Kernwaffen. Atomenergiekommission der Vereinigten Staaten von Amerika, ausgearbeitet vom Verteidigungsministerium der Vereinigten Staaten, veröffentlicht von der Atomenergiekommission der Vereinigten Staaten, Köln u. a. 1960, S. 526, 525, 517; Glasstone, Samuel/Dolan, Philip J., The Effects of Nuclear Weapons, prepared and published by the United States Department of Defense and the United States Department of Energy, U.S. Government Printing Office, Washington 1977, S. 637, 639, 633.

32 Vgl. ebd. sowie bereits oben Kapitel 10 in Kapitel 9.

33 Tsipis, Kosta, a. a. O. (Anm. 26), S. 23f, geht 1974 noch von einer Härtung von

Silohärtung ist jedoch nur von kurz- oder mittelfristigem Interesse. Es kann davon ausgegangen werden, daß es definitive physikalische Grenzen der Härtung gibt, der mögliche Vorsprung einer Seite also nicht auf die Dauer durch weitere Verbesserungen aufrechterhalten werden kann.[34] Als definitive Grenze gilt ein Wert von 3000 bis 3500 psi, der allerdings auch nur in bestimmten geologischen Formationen erreicht zu werden vermag.[35] Im Zweifelsfalle (bzw. langfristig) kann somit – vom Worst-Case ausgehend – mit diesen Grenzdaten gerechnet werden.

In unserem Untersuchungszusammenhang besäße die Aussage allerdings nur für die Frage der Zerstörung sowjetischer ICBM-Silos etwa in der Ukraine oder für die Vernichtung von gehärteten Flugzeughangars, Kommandozentralen, Nuklearlagern etc. auf beiden Seiten Bedeutung. In der Aufrechnung der neuen TNF-Systeme stellt sich das Problem dagegen grundsätzlich anders: Raketen wie die SS-20 der WVO oder die geplanten PERSHING II und die Marschflugkörper der NATO sind mobil, d. h. über die Eigenhärte hinaus nicht geschützt. Auf das Problem der Ortbarkeit werden wir noch zu sprechen kommen (vgl. auch Abschn. 10.3.4).

Die Eigenhärtung von Raketensystemen ist – soweit ersichtlich – nicht bekannt. Doch ist davon auszugehen, daß *soft sites* eine Härtung von ca. 5 psi besitzen. Dieser auch in der Literatur genannte Wert[36] wird bestätigt durch die Vernichtungswirkung von vergleichbaren Objekten im Rahmen der Nuklearexplosionen in Japan während des Krieges und später bei Erprobungen auf dem Versuchsgelände von Bikini und Nevada: Kraftfahrzeuge wurden bei einer Überdruckspitze von 0,35 atü (5 psi) stark mitgenommen, Rettungsfahrzeuge bei einem Standort von 2,1 atü (30 psi) vollkommen zerstört; Schienenfahrzeuge (Güterwagen) wurden bei einer Überdruckspitze von 0,42 atü (6 psi) zerstört und bei 0,63 atü (9 psi) völlig zertrümmert; abgestellte Transportflugzeuge wurden bei 0,07 bis 0,14 atü (1 bis 2 psi) beschädigt und bei 0,28 bis 0,42 atü (4 bis 6 psi) völlig zerstört.[37]

1000 psi für die MINUTEMAN III-Silos und von 300 psi für die MINUTEMAN II- und die TITAN-Silos der USA sowie von verschiedenen Härtungsgraden zwischen 100 psi und 300 psi für die sowjetischen Silos aus; ähnlich auch World Armaments and Disarmament, SIPRI Yearbook 1974, Uppsala 1974, S. 110f; mit 500 psi und 750 psi rechnet: Luttwak, Edward, The U.S.–U.S.S.R. Nuclear Weapons Balance, The Washington Papers Vol. II, No. 13, Beverly Hills/London 1974, S. 30, 36; CBO, a. a. O., (Anm. 18) vermutet 1977/78 eine Härtung von 2000 psi der MINUTEMAN und von 550 psi der TITAN; nach Presseverlautbarungen des Kongreßabgeordneten Les Aspin könnte die Drucksicherheit sowjetischer Silos mittlerweile bei maximal 2500 psi liegen – vgl. den Hinweis bei: Krell, Gert, a. a. O. (Anm. 18), S. 129.

34 Vgl. Brown, Thomas, a. a. O. (Anm. 26), S. 56.

35 Diese Daten finden sich bei: Krell, Gert, a. a. O. (Anm. 18), S. 130.

36 SIPRI Yearbook 1974, a. a. O. (Anm. 33), S. 111; Holloway, David, a. a. O. (Anm. 26), S. 480.

37 So: Glasstone, Samuel, a. a. O. (Anm. 31), S. 160–193; Glasstone, Samuel/Dolan, Philip J., a. a. O. (Anm. 31), S. 189–194.

Schiffe aller Art, inkl. Flugzeugträger, sollen im Rahmen einer Luftexplosion mit Überdruckspitzen von ca. 0,7 bis 0,85 atü (10 bis 12 psi) schwer beschädigt und versenkt worden sein.[38]

Für die Bemessung der Schadenswirkung ist jedoch nicht nur die Wirkung der Explosionen auf die Außenhülle der Schiffe bzw. der mobilen Fahrzeuge und Geräte von Bedeutung, sondern auch der Effekt auf die leichten Konstruktionen und stoßempfindlichen Geräte im Innern. Diese Geräte sind auch durch Schließen aller äußeren Öffnungen bei einer Kernexplosion nicht vor schweren Schäden gesichert.[39] Elektronik, Feuerleitzentrale, Lenkraketenausstattung usw. werden voraussichtlich durch die Stoßwirkung stark in Mitleidenschaft gezogen.[40] Hinzu kommen schließlich noch die Auswirkungen des elektromagnetischen Impulses (vgl. dazu noch Abschn. 10.3.3) und der Hitzestrahlung auf Waffensysteme und elektrische und elektronische Einrichtungen bzw. auf Bordbesatzung und Bedienungspersonal[41] (vgl. auch Schaubild Nr. 17).

Fassen wir zusammen, so können wir vor allem festhalten, daß ein Überdruck zwischen 5 und 30 psi ausreicht, um mobile Raketen- und Abschußsysteme zu zerstören. Diese Feststellung ist nicht nur für die erforderliche zum geringe Sprengkraft, sondern auch für die effektive Zündungshöhe der Nuklearexplosion von besonderer Bedeutung: Wie bereits betont, muß, um ein gehärtetes Silo zu zerstören, eine große Menge Energie auf einen kleinen Zielpunkt konzentriert werden. Dies wird in der Regel durch eine Bodenexplosion (*surface burst*) erreicht. Ist jedoch nur ein relativ geringer Überdruck zur Zerstörung erforderlich, so kann die Fläche der Vernichtungswirkung durch eine Luftexplosion (*air burst*) bzw. durch die Wahl einer optimalen Explosionshöhe (*optimum burst height*) erheblich vergrößert werden (vgl. Tabellen Nr. 32 und 33).

Die optimale Höhe der Luftexplosion bestimmt sich aus der gewünschten Schadenswirkung einerseits und dem sog. Machschen Effekt andererseits. Während bei einer Bodenexplosion die Front einer Druckwelle in der Luft halbkugelförmig verläuft (vgl. Schaubild Nr. 18), bildet sie bei einer Luftexplosion eine kugelförmige Stoßwelle (vgl. Schaubild Nr. 19), die abhängig von der Stärke der Einfallswelle und ihrem Einfallswinkel von der Erdoberfläche reflektiert wird (vgl. Schaubild Nr. 20 und 21). Die reflektierte Welle vereinigt sich mit der einfallenden Stoßwelle zu einer gemeinsamen Stoßfront, dem sogenannten Machschen V, die das Schadensgebiet mit einem niedrigeren Druck weiter ausdehnt.[42]

---

38 Glasstone, Samuel, ebd., S. 167, vgl. aber auch S. 194; Clawson Jr., Carl H., The Wartime Role of Soviet SSBNs – Round Two, in: USNI Proceedings, March 1980, S. 67.

39 Ebd., S. 169

40 Glasstone, Samuel/Dolan, Philip J., a. a. O. (Anm. 31), S. 251

41 Vgl. auch Clawson jr., Carl H., a. a. O. (Anm. 38), S. 67.

42 «Die Entfernung vom Nullpunkt, in welcher das Machsche V beginnt und der

Schaubild Nr. 17: Beispiele für die Zerstörungswirkung im Verhältnis zum Radius einer Nuklearexplosion mit 1 MT

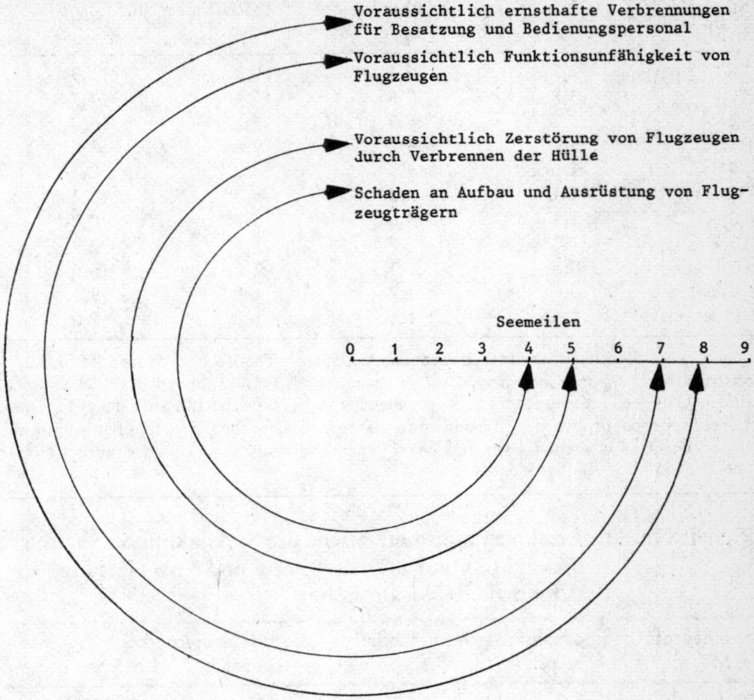

Quelle: Daten entnommen aus: Clawson Jr., Carl H., The Wartime Role of Soviet SSBNs – Round Two, in: United States Naval Institute, Proceedings, March 1980, S. 69.

Durch die Wahl einer optimalen Explosionshöhe im Einsatz gegen nicht gehärtete mobile Raketen lassen sich also zwei Probleme wenn schon nicht lösen, so doch relativieren: Zum einen vergrößert sich mit der Ausweitung

Machsche Stamm sich bildet, hängt von dem Explosionswert und der Explosionshöhe über dem Erdboden ab. Bei Luftexplosion eines 1-Megatonnen-Atomsprengkörpers beginnt der Machsche Stamm etwa 2 km vom Nullpunkt an sich zu bilden. Nähert sich der Explosionspunkt dem Erdboden, so verringert sich die Entfernung. Explodiert der Sprengkörper in großer Höhe, so beginnt das Machsche V weiter entfernt vom Nullpunkt» – Glasstone, Samual, a. a. O. (Anm. 31), S. 78, 74–80.

Tabelle Nr. 32: Letalitätsradius und -fläche pro Sprengkopf bei variabler Sprengkraft und alternativ 30 psi bzw. 5 psi Härtung (Bodenexplosion)

Sprengkraft in MT	Letalitätsradius in km bei 30 psi	5 psi	Fläche in km² bei 30 psi	5 psi
20	4,7	12,3	69,9	475,3
10	3,8	9,8	45,4	301,7
2	2,2	5,8	15,2	105,7
1	1,7	4,5	9,1	63,6
0,75	1,6	4,0	8,0	50,3
0,6	1,4	3,8	6,2	45,4
0,5	1,4	3,6	6,2	40,7
0,2	1,0	2,7	3,1	22,9
0,1	0,8	2,3	2,0	16,6
0,05	0,6	1,7	1,1	9,1
0,04	0,6	1,5	1,1	7,0

Anmerkung: Berechnet mit dem Vulnerability Calculator, The Boeing Aerospace Company, a Divison of the Boeing Company, Seattle, Washington 98 124 (1973), und dem «Nuclear Bomb Effects Computer, developed by E. Royce Fletcher of the Lovelace Biomedical and Environmental Research Institute Inc., Albuquerque, New Mexiko, for the Division of Biomedical and Environmental Research, Energy and Development Administration Under Contract No. E (29–2)–1013».

Tabelle Nr. 33: Letalitätsradius und -fläche pro Sprengkopf bei variabler Sprengkraft und alternativ 30 psi und 5 psi Härtung (Optimale Explosionshöhe)

Sprengkraft in MT	Letalitätsradius in km bei 30 psi	5 psi	Fläche in km² bei 30 psi	5 psi
20	5,9	19,2	110,1	1158,1
10	4,7	15,2	69,9	725,8
2	2,8	8,8	24,2	242,4
1	2,2	7,2	15,2	163,6
0,75	1,9	6,4	11,9	128,6
0,6	1,8	5,4	10,5	91,3
0,5	1,7	5,2	9,3	84,9
0,2	1,3	4,2	5,0	54,4
0,1	1,0	3,3	3,3	33,8
0,05	0,8	2,6	2,1	21,4
0,04	0,8	2,4	1,8	18,3

Anmerkung: Berechnet mit dem Vulnerability Calculator, The Boeing Aerospace Company, a Division of the Boeing Company, Seattle, Washington 98 124 (1973), und dem Nuclear Bomb Effects Computer, developed by E. Royce Fletcher of the Lovelace Biomedical and Environmental Research Institute Inc., Albuquerque, New Mexico, for The Division of Biomedical and Environmental Research, Energy and Development Administration Under Contract No. E (29–2)–1013.

Schaubild Nr. 18: Luftdruckwelle einer Bodenexplosion; die einfallende und reflektierte Welle decken sich

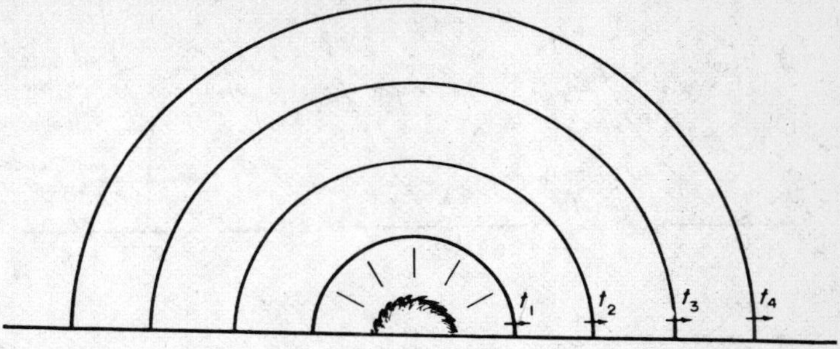

Schaubild Nr. 19: Reflexion der Luftdruckwelle an der Erdoberfläche bei einer Luftexplosion; t_1 bis t_4 stellen die aufeinanderfolgenden Zeiten dar

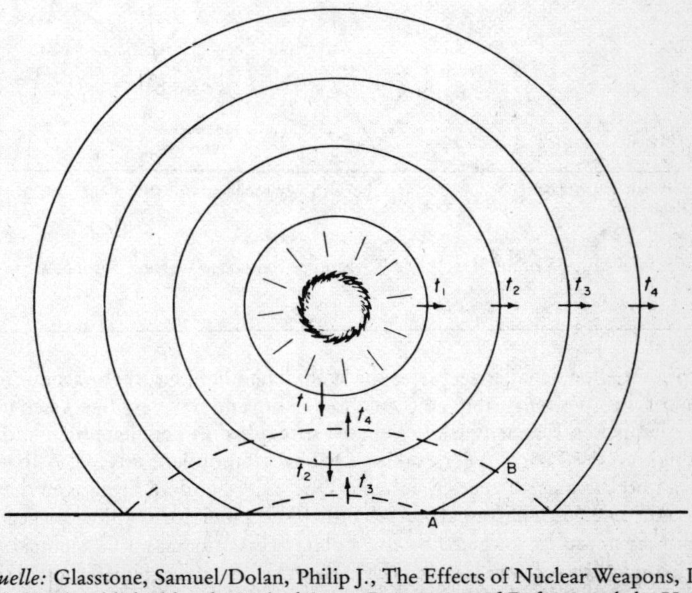

Quelle: Glasstone, Samuel/Dolan, Philip J., The Effects of Nuclear Weapons, Prepared and published by the United States Department of Defense and the United States Department of Energy, U.S. Government Printing Office 1977[3], S. 87, 92.

Schaubild Nr. 20: Die Vereinigung der einfallenden und der reflektierten Welle des Machschen Stammes

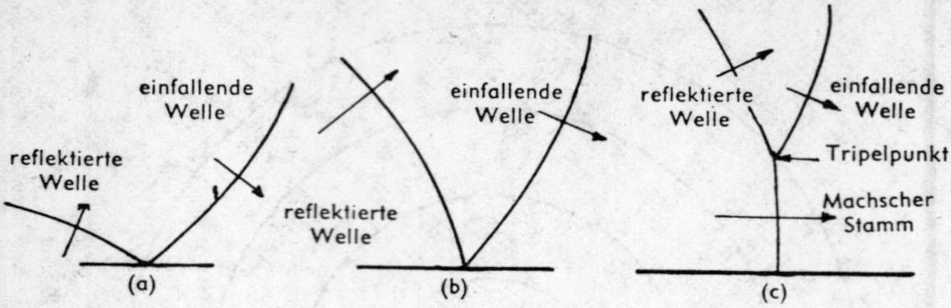

Schaubild Nr. 21: Die Aufwärtsbewegung der Luftdruckwelle in der Nähe der Erdoberfläche im Machschen Bereich

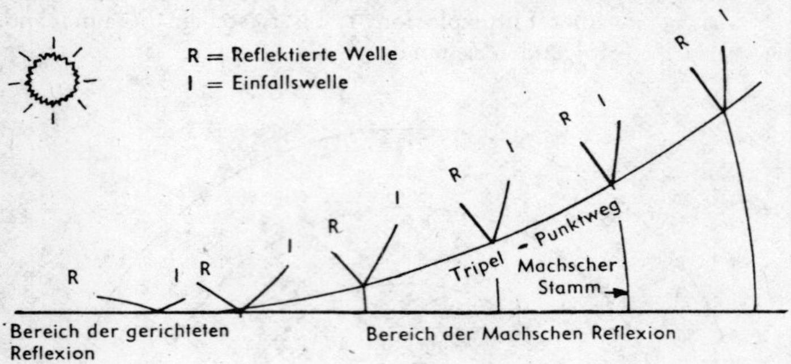

Quelle: Glasstone, Samuel (Hg.), Die Wirkungen der Kern-Waffen, Köln u. a. 1960, S. 77f

---

des potentiellen Schadensgebietes die Wahrscheinlichkeit, mehr als nur ein gegnerisches Waffensystem zu vernichten. Zum anderen verringert sich mit der erheblichen Flächenwirkung einer Luftexplosion bei gleichbleibender Sprengkraft das Problem der exakten Ortbarkeit mobiler Systeme. Anhang Nr. 1 und die nachfolgenden Tabellen Nr. 34, 35 und 36 bestätigen diese Aussage: Die Vernichtungswahrscheinlichkeit einer Luftexplosion gegen mobile Systeme ist vergleichsweise hoch. Selbst für einen Gefechtskopf von lediglich 50 KT und 0,5 nm CEP beläuft sie sich bei einem Ziel mit 5 psi noch auf über 99% (zur Vernichtungswahrscheinlichkeit vgl. auch noch Abschn. 10.2.4).

Tabelle Nr. 34: Die Vernichtungswahrscheinlichkeit (PK) eines Zieles durch einen Sprengkopf bei einer Härtung von 30 psi in % (Bodenexplosion)

CEP in nm / Sprengkraft in MT	2	1,5	1	0,8	0,6	0,5	0,4	0,3	0,2	0,1	0,05
10	52	73	95	99	99,9	99,9	99,9	99,9	99,9	99,9	99,9
2	22	36	63	79	94	98	99,7	99,9	99,9	99,9	99,9
1	15	24	46	62	82	92	98	99,9	99,9	99,9	99,9
0,8	13	21	42	57	78	88	97	99,7	99,9	99,9	99,9
0,7	12	20	39	53	74	86	95	99,5	99,9	99,9	99,9
0,6	11	18	35	49	70	83	93	99,2	99,9	99,9	99,9
0,5	10	16	33	46	67	80	92	99	99,9	99,9	99,9
0,4	8	14	29	41	61	74	88	98	99,9	99,9	99,9
0,3	7	12	24	35	54	67	82	95	99,9	99,9	99,9
0,2	5	9	19	28	44	56	73	90	99,4	99,9	99,9
0,1	3	6	13	19	31	42	57	78	96	99,9	99,9
0,05	2	4	8	12	21	29	41	61	88	99,9	99,9
0,04	2	3	7	11	18	25	37	56	84	99,9	99,9

Anmerkung: Berechnet mit dem Vulnerability Assessment Calculator, The Boeing Aerospace Company, a Division of the Boeing Company, Seattle, Washington 98 124 (1973).

Tabelle Nr. 35: Die Vernichtungswahrscheinlichkeit (PK) eines Zieles durch einen Sprengkopf bei einer Härtung von 5 psi in % (Bodenexplosion)

CEP in nm / Sprengkraft in MT	1	0,5	0,2	0,1	0,05
1	99,0	99,9	99,9	99,9	99,9
0,6	96	99,9	99,9	99,9	99,9
0,5	94	99,9	99,9	99,9	99,9
0,4	92	99,9	99,9	99,9	99,9
0,2	78	99,8	99,9	99,9	99,9
0,1	63	98	99,9	99,9	99,9
0,05	45	91	99,9	99,9	99,9

Anmerkung: Berechnet mit dem Vulnerability Calculator, The Boeing Aerospace Company, a Division of the Boeing Company, Seattle, Washington 98 124 (1973), und dem «Nuclear Bomb Effects Computer, developed by E. Royce Fletcher of the Lovelace Biomedical and Environmental Research Institute Inc., Albuquerque, New Mexico, for The Division of Biomedical and Environmental Research, Energy and Development Administration Under Contract No. E (29–2)–1013». Durch die

Übertragung der Werte von dem «Computer» auf den «Calculator» sind leichte Abweichungen nicht auszuschließen.

Tabelle Nr. 36: Die Vernichtungswahrscheinlichkeit (PK) eines Zieles pro Sprengkopf bei einer Härtung von 5 psi in % (Optimale Explosionshöhe)

MT \ CEP in nm	2	1,5	1	0,8	0,6	0,5	0,4	0,3	0,2	0,1	0,05
10	99,9	99,9	99,9	99,9	99,9	99,9	99,9	99,9	99,9	99,9	99,9
2	99,9	99,9	99,9	99,9	99,9	99,9	99,9	99,9	99,9	99,9	99,9
1	91	98,7	99,9	99,9	99,9	99,9	99,9	99,9	99,9	99,9	99,9
0,8	90	98	99,9	99,9	99,9	99,9	99,9	99,9	99,9	99,9	99,9
0,7	89	98	99,9	99,9	99,9	99,9	99,9	99,9	99,9	99,9	99,9
0,6	85	96	99,9	99,9	99,9	99,9	99,9	99,9	99,9	99,9	99,9
0,5	81	95	99,9	99,9	99,9	99,9	99,9	99,9	99,9	99,9	99,9
0,4	74	91	99,5	99,8	99,9	99,9	99,9	99,9	99,9	99,9	99,9
0,3	70	88	99,1	99,9	99,9	99,9	99,9	99,9	99,9	99,9	99,9
0,2	61	81	98	99,8	99,9	99,9	99,9	99,9	99,9	99,9	99,9
0,1	43	64	90	97	99,7	99,9	99,9	99,9	99,9	99,9	99,9
0,05	28	43	72	86	97	99,4	99,9	99,9	99,9	99,9	99,9

Anmerkung: Berechnet mit dem Vulnerability Calculator, The Boeing Aerospace Company, a Division of the Boeing Company, Seattle, Washington 98 124 (1973), und dem «Nuclear Bomb Effects Computer, developed by E. Royce Fletcher of the Lovelace Biomedical and Environmental Research Institute Inc., Albuquerque, New Mexico, for The Division of Biomedical and Environmental Research, Energy and Development Administration Under Contract Nr. E (29–2)–1013». Durch die Übertragung der Werte von dem «Computer» auf den «Calculator» sind leichte Abweichungen nicht auszuschließen.

10.2.4 Die Vernichtungswahrscheinlichkeit (PK) als Funktion aus Letalitätsradius (LR) und Treffgenauigkeit (CEP)

In Abschn. 10.2.2 hatten wir die Letalität aus Sprengkraft und Zielgenauigkeit und in Abschn. 10.2.3 die Vernichtungswirkung aus Sprengkraft und Explosionshöhe der Waffe (Gefechtskopf) sowie aus der Härtung des Ziels definiert. Versuchen wir nunmehr abschließend die unterschiedlichen Parameter in einem gemeinsamen Bewertungsmaßstab für die Chance eines entwaffnenden Erstschlages, die Vernichtungswahrscheinlichkeit, zusammenzuführen: Die Vernichtungswirkung eines Sprengkopfes kann nach den Ergebnissen aus Versuchen und Tests auch als Reichweite der Druckwelle angegeben werden, innerhalb der sie Ziele (oder ein Gebiet) mit einer bestimmten Härtung zerstört. Die Entfernung, innerhalb welcher der erforderliche Überdruck, vom Explosionspunkt aus gemessen, vernichtend auftritt, wird dann als Letalitätsradius (*lethal radius*/LR) bezeichnet. Ist der Letalitätsradius bekannt, so kann die Wahrscheinlichkeit, mit der ein einzelner Gefechtskopf – seine technische Zuverlässigkeit vorausgesetzt – ein vorgegebenes Ziel zerstören kann (*probability of kill*/PK oder *single shot kill probability*/SSKP), berechnet werden: Die Vernichtungswahrscheinlichkeit PK ist abhängig von der Vernichtungswirkung des Sprengkopfes einerseits und seiner Treffgenauigkeit andererseits, d. h. PK ist eine Funktion von LR und CEP.

Um ein einfaches Beispiel anzuführen: Die Treffgenauigkeit CEP haben wir als eine Meßgröße definiert, die den Radius des Kreises um einen Zielpunkt bezeichnet, in dem der Gefechtskopf mit einer Wahrscheinlichkeit von 50 % auftrifft (vgl. Abschn. 10.2.2). Entsprechen sich nun der Radius der Vernichtungswirkung einerseits und der Streukreishalbmesser andererseits, d. h. sind LR und CEP deckungsgleich (LR = CEP), so muß die Vernichtungswahrscheinlichkeit PK bzw. SSKP gleichfalls bei 50 % liegen. Die mathematische Berechnungsgrundlage für dieses einfache Beispiel lautet[43]:

$$PK = 1 - 0{,}5^{\left(\frac{LR}{CEP}\right)^2}$$

Sie ist zurückzuführen[44] auf die Formel[45]: $PK = 1 - e^{-0{,}69315\left(\frac{LR}{CEP}\right)^2}$

Die Berechnungsformel für den Letalitätsradius LR selbst resultiert aus empirischen Tests, ist kompliziert und wird von den verschiedenen Autoren[46] mit Variationen und in unterschiedlicher Kalibrierung wiedergegeben. Da sie im Ergebnis aber nur leichte, unwesentliche Änderungen bzw. Verschiebungen erbringen,[47] kann in unserem Untersuchungszusammen-

43 Vgl. so: Davis, Lynn Etheridge/Schilling, Warner R., a. a. O. (Anm. 26), S. 211.

44 so bei: Davis, Lynn Etheridge/Schilling, Warner R., a. a. O. (Anm. 26), S. 211; vgl. auch die folgende Formel bei: Tsipis, Kosta, a. a. O. (Anm. 26), S. 211, in der Form:

$$Ps = e^{-\frac{1}{2}\left(\frac{r \quad s}{CEP}\right)^2};$$

45 Brown, Thomas A., a. a. O. (Anm. 26), S. 56, weist darauf hin, daß der Irrtum bei Tsipis aus dem Gebrauch der Ziffer ½ statt korrekt von ln 2, also von 0,69315, folgt.

46 Vgl. Davis, Lynn Etheridge/Schilling, Warner R., ebd., S. 213 – vgl. auch dort S. 212–214 die Berechnungsformeln von Samuel Galsstone bzw. der Atomic Energy Commission (AEC), der RAND Corporation und von Harold Brode; siehe dort ebenfalls die Literaturangaben.

47 Da es uns um die Frage *damage limiting* und nicht um die absolut exakte Entwaffnung des Gegners geht, sind sie tragbar.

Tabelle Nr. 37: Die Vernichtungswahrscheinlichkeit (PK) in % bei 5 psi Härtung, Luftexplosion (OBH), variabler Sprengkraft (y), Streukreishalbmesser (CEP) und Sprengkopfanzahl (RV) pro Ziel, berechnet nach dem Vulnerability Calculator, The Boeing Aerospace Company, a Division of the Boeing Company, Seattle, Washington 98 124 (1973)» und dem «Nuclear Bomb Effects Computer, developed by E. Royce Fletcher of the Lovelace Biomedical and Environmental Research Institute Inc., Albuquerque, New Mexico, for the Division and Environmental Research, Energy and Development Administration Under Contract No. E (29–2)–1013»

Sprengkraft in MT	LR in nm bei 5 psi	CEP in nm	Anzahl der Sprengköpfe				
			1	2	3	5	10
10	8,2	1	99,9	99,9	99,9	99,9	99,9
		0,5	99,9	99,9	99,9	99,9	99,9
		0,2	99,9	99,9	99,9	99,9	99,9
		0,1	99,9	99,9	99,9	99,9	99,9
		0,05	99,9	99,9	99,9	99,9	99,9
1	3,7	1	99,9	99,9	99,9	99,9	99,9
		0,5	99,9	99,9	99,9	99,9	99,9
		0,2	99,9	99,9	99,9	99,9	99,9
		0,1	99,9	99,9	99,9	99,9	99,9
		0,05	99,9	99,9	99,9	99,9	99,9
0,6	3,2	1	99,9	99,9	99,9	99,9	99,9
		0,5	99,9	99,9	99,9	99,9	99,9
		0,2	99,9	99,9	99,9	99,9	99,9
		0,1	99,9	99,9	99,9	99,9	99,9
		0,05	99,9	99,9	99,9	99,9	99,9
0,5	3,0	1	99,8	99,9	99,9	99,9	99,9
		0,5	99,9	99,9	99,9	99,9	99,9
		0,2	99,9	99,9	99,9	99,9	99,9
		0,1	99,9	99,9	99,9	99,9	99,9
		0,05	99,9	99,9	99,9	99,9	99,9
0,2	2,3	1	98	99,9	99,9	99,9	99,9
		0,5	99,9	99,9	99,9	99,9	99,9
		0,2	99,9	99,9	99,9	99,9	99,9
		0,1	99,9	99,9	99,9	99,9	99,9
		0,05	99,9	99,9	99,9	99,9	99,9
0,1	1,8	1	90	98,9	99,9	99,9	99,9
		0,5	9,99	99,9	99,9	99,9	99,9
		0,2	99,9	99,9	99,9	99,9	99,9
		0,1	99,9	99,9	99,9	99,9	99,9
		0,05	99,9	99,9	99,9	99,9	99,9

Sprengkraft in MT	LR in nm bei psi	CEP in nm	Anzahl der Sprengköpfe 1	2	3	5	10
0,05	1,4	1	75	94	98	99,9	99,9
		0,5	99,5	99,9	99,9	99,9	99,9
		0,2	99,9	99,9	99,9	99,9	99,9
		0,1	99,9	99,9	99,9	99,9	99,9
		0,05	99,9	99,9	99,9	99,9	99,9
0,04	1,3	1	70	91	97	99,7	99,9
		0,5	99,1	99,9	99,9	99,9	99,9
		0,2	99,9	99,9	99,9	99,9	99,9
		0,1	99,9	99,9	99,9	99,9	99,9
		0,05	99,9	99,9	99,9	99,9	99,9
0,02	1,04	1	59	79	90	98	99,9
		0,5	95	99,6	99,9	99,9	99,9
		0,2	99,9	99,9	99,9	99,9	99,9
		0,1	99,9	99,9	99,9	99,9	99,9
		0,05	99,9	99,9	99,9	99,9	99,9
0,01	0,83	1	38	62	77	91	99,2
		0,5	86	98	99,7	99,9	99,9
		0,2	99,9	99,9	99,9	99,9	99,9
		0,1	99,9	99,9	99,9	99,9	99,9
		0,05	99,9	99,9	99,9	99,9	99,9
0,005 (= 5 KT)	0,59	1	22	38	52	70	92
		0,5	62	86	95	99,2	99,9
		0,2	99,7	99,9	99,9	99,9	99,9
		0,1	99,9	99,9	99,9	99,9	99,9
		0,05	99,9	99,9	99,9	99,9	99,9
0,001 (= 1 KT)	0,37	1	9	17	25	38	62
		0,5	32	53	68	85	98
		0,2	91	99,1	99,9	99,9	99,9
		0,1	99,9	99,9	99,9	99,9	99,9
		0,05	99,9	99,9	99,9	99,9	99,9

Anmerkung: Durch die Übertragung der Daten von dem «Computer» auf den «Calculator» sind geringfügige Abweichungen nicht auszuschließen.
Faktoren wie die Zuverlässigkeit das Waffensystems oder das Problem des *fratricide* sind nicht berücksichtigt.

hang auf ihre Wiedergabe bzw. Diskussion verzichtet werden. Zu erwähnen ist dagegen, daß aus den Tests und ihren Ergebnissen technische Hilfsmittel in Form von Tabellen, Graphiken, Apparaten bzw. Skalenscheiben entwickelt wurden. Die entsprechenden Berechnungen in diesem Kapitel wurden mit Hilfe des *vulnerability assessment calculator* der Boeing Aero-

Tabelle Nr. 38: Vernichtungswahrscheinlichkeit (PK) in % bei 5 psi Härtung (Luftexplosion) für einen Gefechtskopf (PK_1) und alternativ zwei Gefechtsköpfe (PK_2) mit einer Sprengkraft von 1 KT und weniger

Sprengkraft in KT	LR in nm bei 5 psi	CEP in nm	PK_1	PK_2
1 KT	0,37	0,2	90,9	99,1
	0,37	0,1	99,9	99,9
	0,37	0,05	99,9	99,9
unter 1 KT	0,2	0,2	50	75
	0,2	0,1	94	99,6
	0,2	0,05	99,9	99,9
	0,1	0,2	16	29
	0,1	0,1	50	75
	0,1	0,05	94	99,6
	0,05	0,2	4	8
	0,05	0,1	16	30
	0,05	0,05	50	75

Anmerkung: Berechnet mit dem «Vulnerability Calculatur, The Boeing Aerospace Company. A Division of the Boeing Company, Seattle, Washington 98 124 (1973)».

space Company und/oder des *nuclear bomb effects computer* des Lovelace Biomedical and Environmental Research Institute durchgeführt.[48]

Eine Erhöhung der Vernichtungswahrscheinlichkeit PK kann durch eine Erhöhung der Vernichtungswirkung bzw. des Letalitätsradius über eine größere Sprengkraft und/oder durch eine Verringerung des Streukreishalbmessers CEP über eine größere Treffgenauigkeit erreicht werden, aber auch durch eine Verdoppelung oder Vermehrfachung der für ein Ziel vorgesehenen Sprengkopfanzahl (vgl. dazu die Relationswerte in Anhang 1). Mit anderen Worten: Ein größerer Letalitätsradius und/oder besserer CEP-Wert, also eine höhere *Qualität* kann bis zu einem gewissen Grad auch durch eine größere *Quantität* aufgewogen werden (einschränkend dazu Abschn. 10.3.3). Ist allerdings nur ein niedriger Überdruck erforderlich, etwa weil die vorgesehenen Ziele mobil und nicht gehärtet sind, so relativiert sich diese Aussage sehr stark. Wie Tabelle Nr. 37 zeigt, wird für ein solches Ziel selbst ein Gefechtskopf – ein CEP-Wert von 0,2 nm angenommen – mit einer so relativ geringen Sprengkraft wie 5 KT noch eine Vernich-

48 Zu betonen ist allerdings bereits an dieser Stelle, daß die Feinabstimmung der beiden Hilfsmittel und teilweise auch die Übertragung der Daten vom einen auf das andere eine geringfügige Unsicherheitsmarge bei den angestellten Berechnungen nicht ausschließt.

tungswahrscheinlichkeit von über 99 % erbringen. Bei zwei Sprengköpfen pro Ziel kann die Sprengkraft sogar auf 1 KT reduziert werden, um einen PK-Wert von über 0,99 zu erhalten. Selbst bei Verwendung von Gefechtsköpfen von weniger als 0,5 KT Sprengkraft (LR = 0,1) kann noch ein SSKP-Wert von 0,94 erreicht werden. Bei Verwendung von zwei Gefechtsköpfen wird sogar eine Vernichtungswahrscheinlichkeit von annähernd 100 % erreicht. In beiden Fällen allerdings bei einem höheren, aber in Zukunft nicht auszuschließenden CEP-Wert von 0,05 (vgl. Tabelle Nr. 38).

10.3 Restriktive Bedingungen?

Zu Beginn der 80er Jahre ist diese im vorangegangenen Abschnitt skizzierte hohe Vernichtungswahrscheinlichkeit von 99 % und mehr in greifbare Nähe gerückt; gleichwohl muß der mögliche Erfolg eines nuklearen Erstschlags gegen militärische Einrichtungen auch z. Zt. noch immer als ein lediglich mathematisch-theoretisches Rechenwerk angesehen werden, dem in der Realität eine Reihe restriktiver Bedingungen entgegenstehen:

10.3.1 Der Mangel an Tests und Erprobungen[49]

Eine erste Unsicherheit ergibt sich bereits aus der geringen Anzahl von Tests der Waffensysteme. Um eine relativ zweifelsfreie Aussage über die technische Zuverlässigkeit (vgl. noch Abschn. 10.3.2) des Gesamtwaffensystems und vor allem über die Treffgenauigkeit der Raketen als dem wichtigsten Indikator einer erfolgreichen Bekämpfung von Punktzielen machen zu können, sind Raketenstarts erforderlich, die zum einen in einer großen Anzahl (sowie möglichst gleichzeitig) und zum anderen in verschiedene Richtungen erfolgen müssen. Raketen und Testanlagen sind aber so teuer, daß in den USA nur einige wenige Systeme, etwa des Typs MINUTEMAN, verschossen wurden bzw. werden, und zwar immer nur eine in eine einzige Richtung.[50] Die Sowjetunion testet ihre Raketen zwar häufiger und verschießt sie auch in mehr als nur eine Richtung[51], doch erbringt die bloße

49 Zu Folgendem vgl.: Brown, Thomas A., a. a. O. (Anm. 26), S. 52f; Cockburn, Andrew/Cockburn, Alexander, The Myth of Missile Accuracy, in: The New York Review of Books, November 20, 1980, S. 40–44.

50 Gewöhnlich werden die amerikanischen Raketen von der Kwajalein Island der Marshallinseln über den Pazifik abgefeuert – vgl. CBO, Counterforce Issues, a. a. O. (Anm. 18), S. 11, Anm. 2.

51 Nach ÖMZ 4/1980, S. 348, soll die Sowjetunion über drei große Erprobungszentren, nämlich Plesetsk im arktischen Gebiet nördlich von Moskau, Tyuratam, ostwärts des Aralsees, und Kapustin Yar an der unteren Wolga verfügen.

Beobachtung solcher Tests keinen zuverlässigen Aufschluß über die Zielgenauigkeit. Selbst die unmittelbare Beobachtung[52] des Aufschlaggebietes der Rekatengefechtsköpfe läßt nur dann exakte Schlußfolgerungen zu, wenn die Punktziele vorweg bekannt sind.

Für die Beurteilung der Zielgenauigkeit sowohl der amerikanischen als auch der sowjetischen Raketen besteht somit eine kaum vermeidbare Unsicherheit. Entsprechend groß sind deshalb auch die Abweichungen bei den Angaben zu diesem Qualitätsparameter, die sich in der Literatur finden lassen – und die im innenpolitischen Poker[53] um die jeweilige Rüstungspolitik auch entsprechend instrumentalisiert werden (können).

Inwieweit diese Zielunsicherheit im Bereich der Interkontinentalraketen auch für die Mittelstreckenwaffen gilt, ist bislang unbekannt. Festzuhalten ist allerdings, daß Waffensysteme wie die PERSHING II und die Marschflugkörper relativ billig sind und weitaus weniger kostspielige Testanlagen benötigen. Die Versuchsraten können somit höher angesetzt[54] und die Starteinrichtungen breiter ausgewählt werden (vgl. aber auch Schaubild Nr. 22). Sollten Rüstungssteuerungsverhandlungen nicht rechtzeitig Startbeschränkungen mit sich bringen, so ist deshalb zu erwarten, daß die Restriktionen im TNF-Bereich aus einem Mangel an Tests und Erfahrungen zumindest in absehbarer Zeit erheblich vermindert werden können. Was bleibt, ist eine Rest-Unsicherheit aufgrund der Diskrepanz zwischen Testbedingungen und Realität: Jede Flugroute besitzt ihre spezifischen geodätischen, magnetischen und/oder atmosphärischen Unregelmäßigkeiten und Anomalien, die allein im Ernstfall – den gerade es zu vermeiden gilt – getestet werden könnten.

10.3.2 Die technische Zuverlässigkeit als qualitatives und quantitatives Problem

Neben dem Parameter Treffgenauigkeit bzw. dem restriktiven Faktor «Ziel(un)sicherheit» wird der Erfolg eines nuklearen Erstschlags und der Grad der Vernichtungswahrscheinlichkeit (PK) von Raketenstreitkräften

52 Von den Raketenerprobungen zu unterscheiden sind die Kernwaffenversuche selbst. Diese sind – obgleich sie seit dem «Partial Test Ban Treaty» (PTBT) aus dem Jahre 1963 von den beiden Supermächten nur noch unterirdisch durchgeführt werden – einfacher festzustellen und einzuschätzen. Zu den Kernexplosionen seit 1945 vgl.: World Armaments and Disarmament, SIPRI, Yearbook 1980, London 1980, S. 359f.

53 So auch Krell, Gert, a. a. O. (Anm. 18), S. 119, der fortfährt: «Im allgemeinen jedoch wird damit gerechnet, daß die amerikanischen Steuerungssysteme den sowjetischen jeweils um eine Generation voraus sind.» – Vgl. dort auch S. 120 die verschiedenen CEP-Werte für die ICBM und SLBM der USA und der UdSSR.

54 Vgl. aber Mackensen, Ulrich, Wie die «Pershing» funktioniert, in: Frankfurter Rundschau Nr. 177 vom 2. 8. 1980, S. 2, der 28 ab April 1982 vorgesehene Flugerprobungen angibt; diese Zahl beinhaltet sicherlich nicht die Versuche in der Entwicklungsphase.

Schaubild Nr. 22: Marschflugkörper-Entwicklungsprogramm

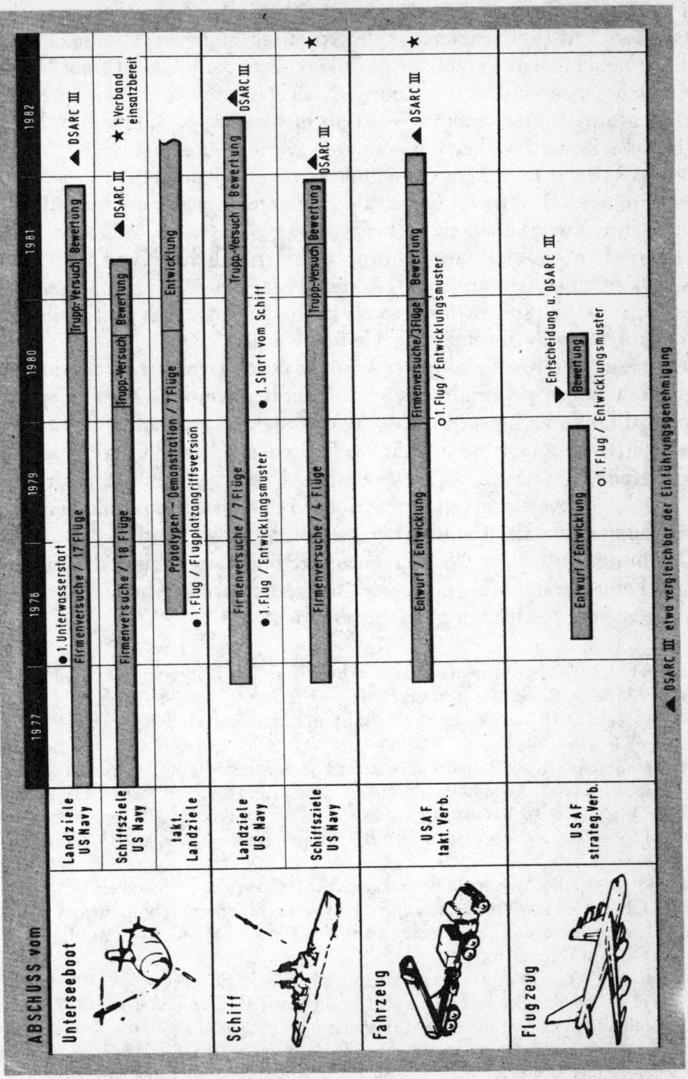

Quelle: Soldat und Technik 3/1980, S. 132

entscheidend durch das technische Funktionieren und die Zuverlässigkeit der Waffensysteme mitbestimmt. Bereits eine einfache Gegenüberstellung der relevanten Daten kann diese Aussage bzw. die Bedeutung des Faktors Zuverlässigkeit (g) illustrieren[55]: Im vorausgegangenen Abschn. 10.2 hatten wir verschiedene Parameter vor allem unter dem Aspekt einer Vernichtungswahrscheinlichkeit von über 99 % durch einen einzelnen Sprengkopf pro Ziel (SSKP) betrachtet. Wie bereits in Abschn. 9.1.4 erwähnt, liegt die technische Zuverlässigkeit des gesamten Waffensystems (Overall Reliability – OAR)[56] der amerikanischen Nuklearraketen jedoch bei ca. 80 %.[57] Die sowjetischen Raketen werden im allgemeinen sogar noch schlechter beurteilt[58]; ihre Zuverlässigkeit soll nur 70–75 % betragen.[59] Halten wir am rechnerischen Ziel einer Vernichtungswahrscheinlichkeit von 99 % als Voraussetzung eines erfolgreichen Nuklearschlages fest, so muß diese Differenz von 19–30 Prozentpunkten als zu hoch und damit das Risiko eines Nuklearkrieges als untragbar bezeichnet werden.

Differenz und Risiko können allerdings durch zwei theoretisch mögliche Gegentendenzen vermindert bzw. aufgehoben werden. Zum einen durch eine qualitative Verbesserung der Zuverlässigkeit, zum anderen durch eine quantitative Vermehrung der für ein Ziel vorgesehenen Gefechtskopfzahl (vgl. bereits Abschn. 10.2.4). Der ersten Alternative, der Verbesserung der technischen Zuverlässigkeit strategischer Nuklearwaffen, scheinen jedoch Grenzen gesetzt. Zumindest gehen die einschlägigen Studien des Congressional Budgt Office der USA davon aus, daß sich sogar bis in die 90er Jahre hinein keine Veränderung im Zuverlässigkeitsfaktor für die nuklearen Waffensysteme der beiden Supermächte ergeben wird.[60]

55 Im Folgenden bezeichnen wir den Faktor Zuverlässigkeit mit dem Symbol (g) – vgl. ebenso: Aldridge, Robert C., a. a. O. (Anm. 26), S. 24f.

56 Vgl. zum OAR ausführlicher: Davis, Lynn Etheridge/Schilling, Warner R., a. a. O. (Anm. 26), S. 217.

57 Vgl. bereits: Kemp, Geoffrey, Nuclear Forces for Medium Powers: Part I: Targets and Weapon Systems, Adelphi Papers No. 106, London 1974, S. 6; ferner: Congressional Budget Office (CBO), Retaliatory Issues for the U.S. Strategic Nuclear Forces, Background Paper, Washington 1978, S. 6; CBO, Counterforce Issues, a. a. O. (Anm. 18), S. 18f.

58 «Soviet missiles are generally considered to be less reliable than their U.S. counterparts» – CBO, Counterforce Issues, ebd., S. 17, Anm. d; oder: «It boils down to Russia's best and newest being only as reliable as America's worst and oldest» – Aldridge, Robert C., a. a. O. (Anm. 26), S. 22.

59 Vgl. ebd., Tabelle 1, S. 16; vgl. aber auch Luttwak, Edward, a. a. O. (Anm. 33), S. 57f, der eine ungefähr gleiche Zuverlässigkeit auf seiten der USA und der UdSSR annimmt und lediglich in der Phase des Sprengkopfausstoßes (*warhead seperation*) eine Differenz von 0,9 : 0,8 zugunsten der USA sieht; Aldridge, Robert C., a. a. O. (Anm. 26), S. 22, gibt eine Zuverlässigkeit von 75 bis 80 % für die US-Systeme und von 65 bis 75 % für die sowjetischen Systeme an.

60 Vgl. CBO, Retaliatory Issues, a. a. O. (Anm. 57), S. 8 und insbes. S. 9; CBO, Counterforce Issues, a. a. O. (Anm. 18), S. 16f.

Gegen diese Prognosen muß einschränkend vermerkt werden, daß sie sich auf strategische Nuklearwaffen beziehen. Wie bereits in Abschn. 10.3.1 betont, sind Schlußfolgerungen aus dem Bereich der Interkontinentalsysteme aber nicht ohne weiteres bzw. nicht zweifelsfrei auf die Nuklearkräfte in und für Europa übertragbar. Diese Aussage gilt auch für den Faktor g bzw. OAR. Denn Interkontinentalraketen mit größeren Reichweiten und höheren Flugzeiten, mehreren Brennstufen und einem vermirvten Sprengkopf durchlaufen vom Start des Trägersystems bis zur Abtrennung der Einzelgefechtsköpfe und ihrer Explosion teilweise völlig andersgeartete und vor allem eine größere Anzahl an Beanspruchungs- und Zuverlässigkeitsphasen als eine Mittelstreckenrakete mit z. B. nur einer Brennstufe und einem einzelnen Gefechtskopf. Gleichwohl erreichen auch gerade die letztgenannten Systeme ihre hohe Treffgenauigkeit als Voraussetzung einer großen Vernichtungswahrscheinlichkeit bei relativ geringer Sprengkraft wiederum nur über eine hochkomplizierte Technologie, deren Anfälligkeit sich ebenfalls (in bislang unbekannten) Fehlerquoten niederschlagen kann bzw. wird.

Beim derzeitigen technologischen Entwicklungs- und Erkenntnisstand muß deshalb zur Verminderung des Risikos bzw. zur Erhöhung der Vernichtungswahrscheinlichkeit auf die zweite der genannten Alternativen: die Vermehrung der Gefechtsköpfe pro Ziel zurückgegriffen werden. Gerade im Rahmen einer solchen Einsatzoption erhalten der Faktor Zuverlässigkeit und mit ihm die unterschiedliche Zuverlässigkeit der amerikanischen und der sowjetischen Raketensysteme aber ihr eigentliches Gewicht.

Denn bei einem Zuverlässigkeitsfaktor von $g = 0{,}7$ belaufen sich die Werte $PK_2(g)$ auf 0,91 und $PK_3(g)$ auf 0,973. Erst $PK_4(g)$ steigt auf 0,9919 an. Bei einem Ausgangspunkt von 0,8 beträgt dagegen schon $PK_2(g)$ 0,96, und $PK_3(g)$ erreicht bereits das gewünschte Niveau von 0,992. Mit anderen Worten: Um eine Vernichtungswahrscheinlichkeit von 99 % zu erreichen, muß das numerische Verhältnis von Gefechtsköpfen zu Zielen (vgl. hierzu bereits Abschn. 10.2.1) auf seiten der Sowjetunion 4 : 1, auf seiten der USA dagegen lediglich 3 : 1 betragen. Eine gleiche Anzahl von Zielen auf beiden Seiten vorausgesetzt, bedeutet dies, daß – bezogen auf den Faktor Zuverlässigkeit – die Sowjetunion ca. 33 % mehr Gefechtsköpfe benötigt als die USA, um ein Gleichgewicht, definiert als gleich hohe Vernichtungswahrscheinlichkeit, herzustellen.

10.3.3 «Fratricide» oder «Interferenz»

Die Chancen, mangelnde technische Zuverlässigkeit durch eine höhere Anzahl von Sprengköpfen pro Ziel auszugleichen, werden allerdings selbst wieder durch eine «bekannte Unbekannte» – das Phänomen des *fratricide* –

Zweifeln ausgesetzt. Der Effekt des *fratricide* (Geschwistermord), auch *interference* (Überlagerung/Interferenz) genannt[61], entsteht:

- durch den elektromagnetischen Impuls (*electromaqnetic pulse*) (EMP)[62] einer Nuklearexplosion, der die Atome der Atmosphäre ionisiert,
- durch die gewaltigen Luftturbulenzen nahe der Explosion,
- durch die große Menge der in die obere Atmosphäre gewirbelten Trümmer
- und durch den fortdauernden hohen Grad an Radioaktivität und Hitze des sich ausbreitenden Feuerballs.

Jeder zweite bzw. jeder weitere der einer nuklearen Explosion nachfolgenden Sprengköpfe ist also einer ganzen Reihe von Gefahren ausgesetzt: Er kann sowohl durch den EMP-Effekt als auch durch die radioaktive Strahlung zerstört werden; sein Schutzschild kann durch die hohe Reibungsdichte des aufgewirbelten Staubs oder wegen der Hitze des Feuerballs vorzeitig verbrennen, und er kann schließlich durch die starken Turbulenzen vom Ziel abgelenkt werden.[63] Wegen dieser Restriktionen wird in der Literatur bezweifelt, ob in der unmittelbaren Nähe eines gegnerischen Ziels mehr als zwei[64] – u. U. sogar mehr als nur ein[65] – Raketengefechtskopf gezielt zur Explosion gebracht werden kann.

Dennoch schließen die verschiedenen Counterforce-Taktiken den Einsatz von mehr als einem Gefechtskopf pro Ziel nicht aus, wenngleich sie auch versuchen, den Faktor *fratricide* weitgehend zu berücksichtigen. Zu diesen Taktiken gehören:

- der Angriff, der versucht, bereits im Rahmen der ersten Einsatzwelle mehr als nur einen Gefechtskopf pro Ziel gleichzeitig als Bodenexplosion zu plazieren[66];
- der Angriff, der versucht, in zwei (oder mehreren) Einsatzwellen eine Luft- und eine Bodenexplosion pro Ziel herbeizuführen;[67]
- der Angriff, der versucht, die während der verschiedenen Flugphasen ausfallenden Raketen durch Um- oder Neuprogrammierung zusätzlicher Raketen zu ersetzen;[68]

---

61 Vgl. die Beschreibung bei: Tsipis, Kosta, a. a. O. (Anm. 26), S. 13f.

62 Vgl. dazu auch: «Zwanzig Minuten am Rand eines Atomkrieges», in: Der Spiegel Nr. 26 vom 23. Juni 1980, S. 113: «Seit zwei Jahrzehnten rätseln die Nachrichtentechniker an einem Phänomen, das die Amerikaner bei einem H-Bombentest über Johnston-Island im Südpazifik 1962 erstmals studierten: Explodiert eine Wasserstoffbombe von etwa 10 Megatonnen in 300 Kilometer Höhe, so kommt es im Umkreis von einigen 1000 Kilometern zu einem nachrichtentechnischen Black-out.»

63 Tsipis, Kosta, a. a. O. (Anm. 26), S. 13.

64 So: CBO, Counterforce Issues, a. a. O. (Anm. 18), S. 11f.

65 Vgl. Brown, Thomas A., a. a. O. (Anm. 26), S. 57.

66 Vgl. CBO, Counterforce Issues, a. a. O. (Anm. 18), S. 12f.

67 Ebd.

68 Ausführlich: Davis, Lynn Etheridge/Schilling, Warner R., a. a. O. (Anm. 26), S. 218ff; ferner: CBO, ebd., S. 13; Lauk, Kurt J., a. a. O. (Anm. 1), S. 194.

– der Angriff, der versucht, sich den nach der ersten Einsatzwelle auftretenden sog. «Pin-Down-Effekt» zunutze machen.[69]

Insbesondere dieser, in der letztgenannten Counterforce-Taktik erwähnte, «Pin-Down-Effekt» relativiert die Bedeutung der Interferenz sehr stark. Denn ein Teil der physikalischen Effekte einer Nuklearexplosion, die sich als *fratricide* negativ auf die Erfolgschancen des Angreifers auswirken, verhindern als Nebenerscheinung zugleich einen schnellen Start der nach einer ersten Angriffswelle noch übrigen, unbeschädigten Raketen des Angegriffenen.

In dieser Situation, in der sich für beide Seiten die Frage stellt, wann der «Pin-Down-Effekt» seine Wirkung verliert und wer als erster – nicht zu früh und nicht zu spät – diesen Zeitpunkt für sich nutzt, kommt erstmals das vergleichsweise veraltete System Bomber ins Spiel. Flugzeuge sind (trotz der außerordentlich hohen Treffgenauigkeit ihrer Nuklearbomben und -raketen mit einer Abweichung von nur wenigen Metern) keine Erstschlag-/Counterforce-Systeme; ihre Flugdauer und damit ihre Vorwarnzeit ist zu groß, und ihre Verwundbarkeit liegt weit über der der ballistischen Raketen. Während der Dauer des «Pin-Down-Effekts» können Nuklearflugzeuge jedoch – anders als Raketen – in das gegnerische Gebiet vordringen und relativ unbehelligt von der feindlichen Abwehr zeitig Bomben großer Sprengkraft zielgenau abwerfen.[70]

Zusammenfassend betrachtet, schließt also das Problem der Interferenz einen nuklearen Erstschlag gegen militärische Einrichtungen nicht aus; es begünstigt aber deutlich jene Nuklearstreitmacht, deren Zuverlässigkeitsfaktor bereits für die erste Angriffswelle einen höheren Erfolg aufweist und deren Waffenpotential ferner eine genügende Anzahl von Systemen für eine zweite Welle, darunter auch nuklearfähige Flugzeuge, umfaßt, und die schließlich den Wettlauf um qualitative Verbesserungen, z. B. eine Härtung der Gefechtskopfplattformen gegen radioaktive Strahlung, Hitze etc. gewinnen wird. Während ersteres zugunsten der USA spricht (vgl. Abschn. 10.3.2), kann das Zweite für beide Supermächte angenommen werden[71] (vgl. dazu bereits oben Abschn. 5.1.3.2 und 5.2.3.2); die als Drittes genannte Möglichkeit einer Härtung der Gefechtskopfplattformen ist dagegen eine jener Imponderabilien, die bereits heute die strategische Stabilität in Frage zu stellen beginnen (dazu noch Abschn. 10.4).

---

69 Vgl. dazu: Tsipis, Kosta, a. a. O. (Anm. 26), S. 13, 21.

70 Ebd., S. 13.

71 Diese Aussage bezieht sich lediglich auf die «Nuklearkräfte in und für Europa». Im strategischen Bereich besitzen die USA ebenfalls eindeutig einen Vorsprung von 2:1 – vgl. World Armaments and Disarmament, SIPRI, Yearbook 1980, London 1980, S. XXVII, XXVIII; IISS, MB 1979–1980, S. 88 f.

10.3.4 Die Ortbarkeit als Problem aus der Mobilität von Waffensystemen

Zu diesen Imponderabilien gehört sicherlich auch die «Ortbarkeit» mobiler Systeme, etwa der landgestützten SS-20 und der PERSHING II oder der U-Boot-gestützten SSLBM. Allerdings darf das Problem der Ortbarkeit mobiler Systeme auch nicht überbewertet werden: «Die begrenzten infrastrukturellen Voraussetzungen, die relative Enge des westeuropäischen Territoriums und dessen meistens sehr dichte Besiedelung lassen es fraglich erscheinen, ob das Merkmal der Mobilität einen hinreichenden Schutz darstellt.»[72] Dieser Zweifel am Schutz der westlichen PERSHING II und der neuen Marschflugkörper aufgrund ihrer Mobilität findet seine Ergänzung in der Verwundbarkeit der östlichen SS-20: «Auch das Argument, die SS-20, auf einem Abschußfahrzeug aufgebaut, sei mobil und könne daher nur schwer bekämpft werden, was wiederum die Bedrohung für Westeuropa steigere, stimmt nur zur Hälfte. Richtig ist, daß die SS-20 mobil ist, falsch ist jedoch nach Erkenntnissen westlicher Geheimdienste die Annahme, sie könne von jedem x-beliebigen Standort aus abgeschossen werden. Vielmehr muß der Abschußort zuvor genau nach geographischer Länge und Breite vermessen, und er muß in einer bestimmten Weise betoniert und befestigt werden – alle diese Stellen sind den westlichen Nachrichtendiensten längst bekannt.»[73]

Hinzu kommt schließlich noch, wie wir bereits in Abschn. 10.2.3 betont haben, daß das Problem der Treffgenauigkeit und damit die Frage der punktgenauen Ortung bei nicht gehärteten Zielen ohnehin über die erhebliche Flächenwirkung von Luftexplosionen relativiert wird: Tabelle Nr. 33 ist z. B. zu entnehmen, daß sich die Vernichtungswirkung von 5 psi bei einer Nuklearexplosion mit 1 MT auf eine Gesamtfläche von ca. 164 km^2 erstreckt; nach Angaben des Stockholmer Instituts für Friedensforschung (SIPRI) soll der Überdruck einer Nuklearexplosion im Megatonnenbereich sogar ausreichen, um U-Boote auf einer Fläche von 350 km^2 zu zerstören.[74] Doch darf nicht übersehen werden, daß die Vernichtungswahrscheinlichkeit (vgl. Abschn. 10.2.4) bei geringerer Sprengkraft und/oder einem schlechteren CEP-Wert rapide unter das Risiko-Limit eines nuklearen Erstschlags von 99% (vgl. Tabelle Nr. 37 und 38) fällt. Sollen also flächendeckende Zerstörungen vermieden und/oder das Interferenzproblem einer zweiten Salve (vgl. Abschn. 10.3.3.) umgangen werden, so setzt

---

72 Wettig, Gerhard, Nachrüstungsbeschluß und Verhandlungsangebot der NATO im sowjetischen Urteil, in: Europäische Wehrkunde 7/1980, S. 329.

73 Perdelwitz, Wolfgang, Wollen die Russen Krieg? Ein Portrait der Roten Armee, Hamburg 1980, S. 273f; der Autor bestätigte auf Nachfrage die Seriosität seiner Quellen, gleichwohl ist anzunehmen, daß es möglich ist, die SS-20 auch von Plätzen mit festem Untergrund abzuschießen, die erst *nach* Beziehen der Stellungen vermessen werden.

74 World Armaments and Disarmament, SIPRI, Yearbook 1979, London 1979, S. 447.

eine gleichbleibend hohe Vernichtungswahrscheinlichkeit eine große Treffgenauigkeit, damit aber auch eine möglichst exakte Aufklärung und Ortung voraus.

Dieser Anforderung wird heute in zunehmendem Maße versucht mit Raumflugkörpern (RFK) nachzukommen. Mehr noch: Seit der überraschenden Entsendung des ersten Erdsatelliten durch die Sowjetunion im Jahre 1957 («Sputnik-Schock»)[75] sind mittlerweile militärische und sicherheitspolitische Lagebeurteilungen ohne das Aufkommen von Informationen aus der Aufklärungstätigkeit mit RFK nahezu undenkbar geworden. Es ist deshalb auch kein Zufall, daß der Westen von der Erprobung der mobilen SS-20 erstmals im Jahre 1975 durch einen Aufklärungssatelliten, den amerikanischen Raumflugkörper BIG BIRD, erfuhr (vgl. dazu noch Abschn. 11.1).

Gegenüber der Aufklärung mit Flugzeugen bildet die Aufklärung mit Hilfe von RFK gerade bei der Ortung mobiler Systeme erhebliche Vorteile. Zum einen lassen sich aus einer Umlaufbahn hoch über der Erde Veränderungen auf einem sehr großen Beobachtungsgebiet in relativ kurzer Zeit[76] feststellen (*area surveillance*). Das Beobachtungsgebiet kann durch die Wahl entsprechender orbitaler Parameter und der hieraus resultierenden allmählichen Verschiebung der RFK-Bahn «über Grund» nach Osten oder Westen sogar noch vergrößert werden.[77] (Vgl. zur Illustration die Bahnen von Satelliten der beiden Supermächte über Zypern, Zaire und Südafrika zu Krisen- und Konfliktzeiten in Schaubild 23.) Zum anderen können – je nach Interessenlage: alternativ oder ergänzend – aus einer erdnahen Umlaufbahn heraus exakte Beobachtunqen mit hohem Auflösungsvermögen bei allerdings geringer Flächenabdeckung (*close look*) und einer qeringeren Funktionsdauer des Raumflugkörpers gemacht werden. Schließlich kann auch eine erdsynchrone (geostationäre) Umlaufbahn gewählt werden. RFK in einer so großen Höhe von ca. 36000 km kommen jedoch weniger Aufklärungs- als Frühwarnfunktionen zu.[78]

---

75 «Die Vereinigten Staaten holten jedoch nicht nur bald auf, sondern überrundeten in der Folgezeit die Sowjetunion» – so u. a.: Wolf, Dieter O. A./Hoose, Hubertus, Die militärische Nutzung des Weltraumes – Teil I, In: Europäische Wehrkunde 4/1980, S. 184.

76 Die Zeit, die ein RFK für einen vollen Umlauf um die Erde benötigt (orbitale Periode), liegt bei erdnahen Umlaufbahnen (280 bis 500 km) bei 80 bis 100 Minuten. Bei 9000 km (kreisförmige) Höhe beträgt sie z. B. 6 Stunden, bei rund 36000 km Höhe 24 Stunden – vgl. Wolf, Dieter O. A./Hoose, Hubertus/Dauses, Manfred A., Gefahr aus dem Weltraum. Politische, militärische und rechtliche Aspekte der Weltraumnutzung, Bonn 1979, S. 33f, und zu Folgendem insbes. S. 33–51.

77 Vgl. dazu etwa die Satellitenbahnen in den Schaubildern Nr. 4.2–4.4 in: SIPRI, Yearbook 1978, S. 77–79. Sie zeigen die Bahnen von BIG BIRD- und COSMOS-Satelliten zur Beobachtung von Testgebieten in Zaire und Südafrika; vgl. ebenfalls die Satellitenbahnen zur Beobachtung von Zypern im August 1974 in: Die Satellitenaufklärung, ÖMZ 3/1978, S. 236; im vorliegenden Band abgedruckt auch als Schaubild Nr. 23.

78 Aber auch die Funktionsdauer hat sich in den letzten Jahren erhöht: 1972 besaß BIG

Schaubild Nr. 23: Beispiel der Überwachung eines Krisenherdes durch Satelliten der USA und der UdSSR

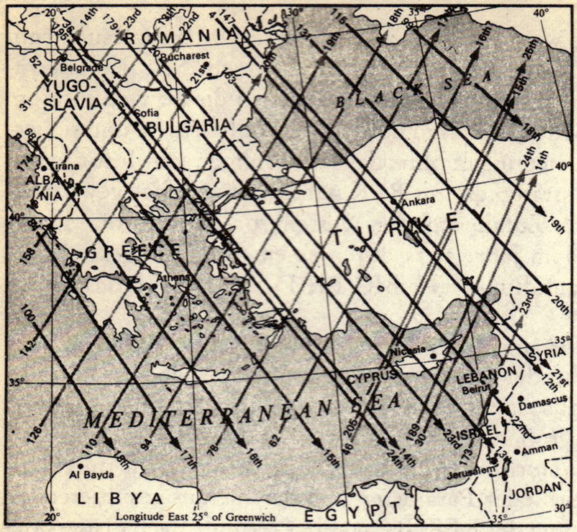

Cosmos über Zypern (August 1974)

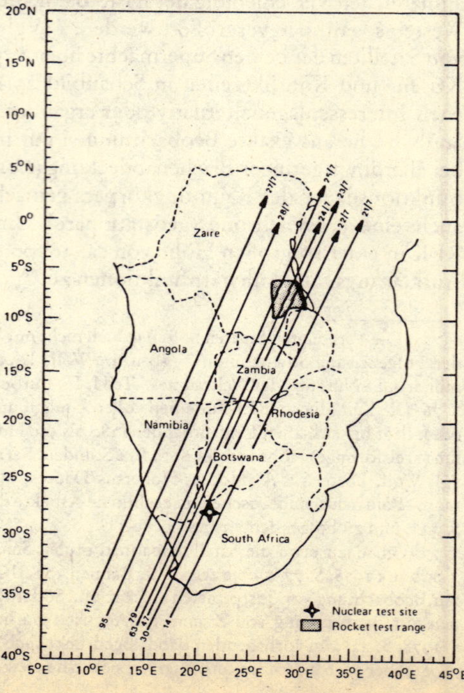

Cosmos 932 über Südafrika und Zaire (Juli 1977)

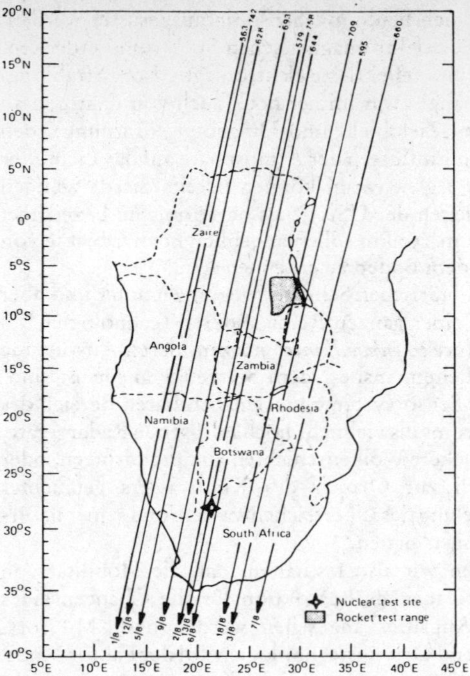

US-Satellit 1974-20A über Zypern (August 1974)

US-Satellit 1977-56A über Südafrika und Zaire (August 1977)

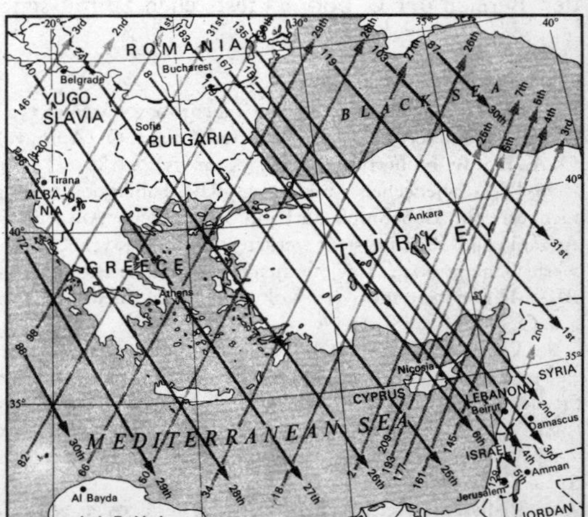

Quellen: Die Satellitenaufklärung, ÖMZ 3/1978, S. 235; Stockholm International Peace Research Institute (SIPRI), World Armaments and Disarmament, Yearbook 1978, London 1978, S. 77, 79.

Die Raumflugkörper können heute mit Sensoren ausgerüstet werden, die den gesamten Bereich des elektromagnetischen Spektrums abdecken. Empfangen wird emittierte und reflektierte elektromagnetische Strahlung. Ihre Informationsqualität hängt zwar immer noch auch von Faktoren ab wie dem Kontrast zwischen Zielobjekt und Umgebung (Tarnung), den Wetterbedingungen und den Einflüssen der Atmosphäre auf das Licht, der Höhe der Umlaufbahn etc.; gleichwohl können bereits die derzeitigen Standards (zumindest auf seiten der USA)[79] als hervorragend bezeichnet werden: Selbst aus Höhen um 150 km sollen anqeblich noch Objekte von der Größe bis zu 10 cm auf dem Boden zu erkennen sein.[80]

Zur Überwachung der militärischen Schiffsbewegungen unter und über Wasser lassen sich – neben einer ganzen Reihe anderer Technologien[81] – ebenfalls Raumflugkörper (*ocean surveillance*) nutzen, deren Ausrüstung den spezifischen Gegebenheiten, insbes. dem Seewetter angepaßt sind. Eingesetzt werden weniger Sensorsysteme für den sichtbaren Bereich des elektromagnetischen Spektrums als vielmehr hochauflösende Radargeräte, die auch in der Lage sind, dickere Wolkenschichten zu durchdringen, oder Infrarot-Sensoren, die sich zur Ortung des Kühlwassers getauchter U-Boote bzw. der Verwirbelung des Oberflächenwassers und seiner natürlichen Temperaturschichtungen eignen.[82]

Zusammenfassend müssen wir also festhalten, daß die Mobilität von Waffensystemen nicht auf Dauer als Restriktion für die Chancen eines First-Strike/Counterforce-Angriffes angesehen werden darf. Mit fortschreitender Aufklärungs- und Ortungstechnologie wird der Faktor Mobilität vielmehr seinen restriktiven Charakter einbüßen – wenn er ihn nicht derzeit schon verloren hat. Bereits für 1979 glaubte SIPRI zumindest für den Bereich der U-Boote[83] feststellen zu müssen: «Ein Erstschlag gegen

---

BIRD eine Funktionsdauer von 52 Tagen; 1977 waren es 350 Tage – vgl. Wolf, Dieter O. A./Hoose, Hubertus/Dauses, Manfred A., a. a. O. (Anm. 76), S. 45; ferner: Wolf, Dieter O. A./Hoose, Hubertus, a. a. O., (Anm. 75), S. 186.

79 Die sowjetischen Aufklärungs-RFK haben den technischen Stand der USA noch nicht erreicht. Daher muß zur Erfüllung ähnlicher Ansprüche und Aufgaben eine größere Anzahl von RFK eingesetzt werden» – ebd., S. 185; auch «ist darauf hinzuweisen, daß die vierte Generation der sowjetischen RFK in den Leistungsdaten nicht dem amerikanischen BIG BIRD entspricht» – so: Wolf, Dieter A. O./Hoose, Hubertus/Dauses, Manfred A., a. a. O. (Anm. 76), S. 45.

80 Vgl. Wolf, Dieter O. A./Hoose, Hubertus/Dauses, Manfred A., ebd., S. 35, 39 und insbes. S. 41 und dort auch ausführlich die Qualität in Infrarot, Ultrarot, bei Mond- und Sternenlicht etc.

81 Vgl. dazu ausführlicher: SIPRI, Yearbook 1979, a. a. O. (Anm. 74), S. 427ff.

82 Vgl. Wolf, Dieter O. A./Hoose, Hubertus/Dauses, Manfred A., a. a. O. (Anm. 76), S. 50.

83 In diesem Bereich ist der Vorsprung der USA gegenüber der UdSSR nicht zu leugnen – vgl. stellvertretend: SIPRI, Yearbook 1979, a. a. O. (Anm. 74), S. 427f; CBO, Counter-

sowjetische U-Boote könnte (derzeit) sogar attraktiver sein als ein schadenbegrenzender Schlag während des Verlaufs eines Nuklearkrieges ...»[84]

10.4 Der Counterforce/Counterforce-Vergleich als nukleares First-Strike-Szenario

Nehmen wir diese Feststellung von SIPRI über die «Attraktivität» eines Nuklearschlages zum Anlaß, zu unserem Problembereich: der Gefahr eines Nuklearkrieges – mit und ohne Nachrüstung – zurückzukehren. Aufbauend auf den in den vorangegangenen Abschnitten 10.1–10.3.4 dargelegten Kriterien, Parametern und restriktiven Bedingungen, können wir nunmehr abschließend auch nach den Kräfteverhältnissen im LRTNF-Counterforce-Bereich fragen:

10.4.1 Instabilität aus der Disparität von Zielen und Mitteln?

Wie wir bereits in Abschn. 10.2.1 festgehalten haben, hat sich die Gefahr der Selbstentwaffnung seit Einführung der Mehrfachsprengköpfe verändert, ist die strategische Stabilität, resultierend aus der Parität von Ziel und Trägermittel, aufgehoben. Daß diese Aussage auch für den Nuklearbereich in und für Europa gilt, wird deutlich, wenn wir – vorerst unter Ausblendung aller weiteren Faktoren eines Counterforce-Angriffes wie Treffgenauigkeit, Vernichtungswirkung usw. – die in den Tabellen Nr. 28 und 29 (vgl. Abschn. 7.3.1) festgehaltenen LRTNF-Systeme der WVO und der NATO rechnerisch als Ziele und Mittel eines nuklearen Erstschlages gegenüberstellen: Gehen wir von einem Gesamtbestand von 60 SS-20 für 1979 aus (vgl. Tabellen Nr. 14–14a), so besitzt die WVO in diesem Jahr 466 Raketen und 598 Sprengköpfe. Zählen wir die SS-20 als «Ersatz» für die SS-4 und SS-5, so muß vermutlich mit 406 Raketen und 538 Sprengköpfen gerechnet werden. Die NATO besitzt demgegenüber ca. 200 Raketen und 674 Sprengköpfe. Zu beachten ist, daß lediglich 18 sowjetische Raketen auf 6 U-Booten, aber umgekehrt aus der Gesamtzahl der NATO-Raketen nur 18 französische Raketen in Silos landgestützt untergebracht sind. Der Rest der NATO-Raketen und Sprengköpfe befindet sich auf ca. 12 U-Booten.[85]

---

force Issues, a. a. O. (Anm. 18), S. 24ff; ebenso: Brown, Harold, Department of Defense, Annual Report: Fiscal Year 1980, o. O., S. 73.

84 SIPRI, ebd., S. 445.

85 Diese Aussage berücksichtigt nicht, daß die 400 assignierten US-MIRV bzw. 40 SLBM vermutlich nicht von 2–3 U-Booten getragen werden, sondern aus der Gesamt-U-Boot-Flotte der USA der NATO zugewiesen sind.

Ein Unterseeboot bildet aber, gleichgültig, ob es nun mit lediglich 3 SS-N-5 oder 16 M-20 oder 48 POLARIS A-3 oder sogar mit 160 POSEIDON C-3-Gefechtsköpfen bestückt ist, immer nur ein einziges Ziel, das u. U. eben von bereits einer einzigen Waffe zerstört werden kann. Ähnliches gilt auch für die Stellungen der SS-20. Nach amerikanischen Beobachtungen sollen Ende 1979 23 Stellungen für ca. 69 SS-20-Startgeräte einsatzbereit oder im Bau gewesen sein.[86]

Die rechnerische Gegenüberstellung von Nuklearmitteln und möglichen Zielen ergibt somit ein mathematisches Bild, in dem zwar relative numerische Parität im Verhältnis der Sprengköpfe der beiden Militärblöcke existiert, dennoch aber für ca. 30 NATO-Ziele 538 bis 598 Sprengköpfe der WVO zur Verfügung stehen und für das 12- bis 16fache, nämlich 369–466 WVO-Ziele, (nur) 674 Sprengköpfe der NATO (vgl. Tabelle Nr. 39).

Die Veränderungen für 1980 ergeben sich aus dem Zuwachs von 40 sowjetischen SS-20 einerseits und der Indienststellung eines fünften französischen U-Bootes andererseits: Das Verhältnis von 618–718 (WVO) zu 690 (NATO) ist zwar auf der Ebene der Anzahl der Sprengköpfe nach wie vor numerisch relativ ausgeglichen. In der Relation von Nuklearmitteln zu möglichen Zielen hat sich dagegen die rechnerische WVO-Überlegenheit auf das 20- bis 23fache gesteigert, während die Relation auf seiten der NATO vom 1,4- bis 1,8fachen aus dem Vorjahr lediglich auf das 1,3- bis 2,1fache angewachsen ist.

Sollten bis 1983 Rüstungssteuerungsverhandlungen nicht erfolgreich sein, so wird sich bis zu diesem Zeitpunkt das Verhältnis wie folgt ändern: Bei einer gleichbleibenden Modernisierungsrate der SS-20 von ca. 20 Exemplaren à 3 Sprengköpfe pro Jahr[87] würde die WVO bei einer ungewissen Ablösung der SS-4 und SS-5 sowie einer unteren Grenze von 23 Stellungen Ende 1983 zwischen 329 und 506 Ziele bieten, selbst aber auch mehr Nuklearmittel, nämlich zwischen 738 bis 898 Gefechtsköpfe besitzen. Nehmen wir eine Zuwachsrate von 50 SS-20 pro Jahr an und gehen davon aus, daß keines der älteren Systeme, was allerdings unwahrscheinlich ist, ausgesondert wird, so liegen die Gesamtzahlen bei über 700 Zielen sowie mehr als 1300 Sprengköpfen. Demgegenüber plant die NATO die Dislozierung von 572 neuen Raketen: 108 PERSHING II und 464 Marschflugkörper, letztere zu je 4 auf einem Startfahrzeug (vgl. bereits Abschn. 6.2.1). Die Zahl der Ziele erhöht sich also um 224 (108 PERSHING und 116 CM-Startfahrzeuge) von 31 auf 255, die Gesamtzahl der Sprengköpfe – ohne Aussonderung – auf 1262 (vgl. Tabelle 39).

86 So: Ruehl, Lothar, Das Verhandlungsangebot der NATO an die Sowjetunion. Suche nach einem Gleichgewicht bei den «eurostrategischen» Waffen, in: EA 7/1980, S. 220; die Angabe von Ruehl für den Bestand an SS-20 ist etwas höher als die von US-Verteidigungsminister Brown vorgelegte Zahl – vgl. Tabelle Nr 14 a.

87 Vgl. oben Abschn. 1.2.3 sowie Abschn. 6, Anm. 5.

Tabelle Nr. 39: Gegenüberstellung von WVO- und NATO-LRTNF-Gefechtsköpfe als Mittel und Ziel eines Counterforce-Schlages

Jahr	WVO-Sprengköpfe	(für) NATO-Ziele	NATO-Sprengköpfe	(für) WVO-Ziele
1979	18-SS-N-5 340–400 SS-4/5 180 SS-20	12 UB 18 RS	400 C-3 (64) 192 A-3 48 M-20 16 M-2 18 S-2	6 UB 340–400 RS 23 St/69 SG
	538–598 ges.	30 ges.	(546) 674 ges.	369–466 ges.
1980	18 SS-N-5 300–400 SS-4/5 300 SS-20	13 UB 18 RS	400 C-3 (64) 192 A-3 80 M-20 18 S-2	6 UB 300–400 RS 23 St/100 SG
	618–718 ges.	31 ges.	(562) 690 ges.	329–506 ges.
(möglich ab) 1983	18 SS-N-5 240–400 SS-4/5 480 SS-20	13 UB 18 RS 108 MR 116 SF	400 C-3 (64) 192 A-3 80 M-20 18 S-2 108 P-II 464 CM	6 UB 240–400 RS 23 (?) St/160 SG
	738–898 ges.	255 ges.	(1134) 1262 ges.	269–566 ges.
1985	18 SS-N-5 200–400 SS-4/5 600 SS-20	14 UB 18 RS 108 MR 116 SF	400 C-3 (64) 192 A-3 288–672 M-4 18 S-2 108 P-II 464 CM	6 UB 200–400 RS 23 (?) St/200 SG
	818–1018 ges.	256 ges.	1470–1854 ges.	226–606 ges.
Beginn 90er	900 SS-20 ? SS-X	14– 15 UB 18 RS 108 MR 116 SF	400 C-4 512–640 BM 288–672 M-4 18 S-2 108 P-II 464 CM	(?) St/300 SG
	900– ? ges.	256/257 ges.	1790–2302 ges.	? –300–? ges.

Abk.:
A-3 = POLARIS A-3
BM = Britische MIRV
C-3 = POSEIDON C-3
P-II = PERSHING II
RS = Raketenstellungen
S-2 = SSBS S-2

C-4	=	TRIDENT C-4	SF	=	Startfahrzeuge
CM	=	Cruise Missile	SG	=	Startgeräte
MR	=	mobile Raketen	St	=	Stellungen
M-4	=	MSBS M-4	UB	=	U-Boote
M-20	=	MSBS M-20			

Anmerkung: Es ist davon auszugehen, daß sich die 400 MIRV POSEIDON C-3, die der NATO assigniert sind, in der Realität nicht wie in der Literatur angegeben und wie hier übernommen auf lediglich 2 bis 3 U-Booten befinden. Ferner ist anzumerken, daß Ende 1979 für die SS-20-Trägersysteme ca. 60 Startgeräte in 23 Stellungen zur Verfügung standen. Die Zahl der Ziele variiert also je nach zugrundegelegter Zieleinheit in Form von Stellungen, Startgeräten bzw. Trägersystemen. Die Zahl der Stellungen für 1983 ff. ist unbekannt; die Gesamtzahl der angegebenen WVO-Ziele müßte also noch entsprechend reduziert werden. Unbekannt sind ferner die möglichen Nachfolgesysteme der SS-20. Die britische TRIDENT-Rakete wird mit 8 MIRV berechnet; es wurden alternativ 4 und 5 U-Boote zugrunde gelegt. Für die französischen M-4 wurden ebenfalls alternativ 3 bis 7 MIRV angenommen. Vermutlich wird zu Beginn der 90er Jahre an die Stelle der US POSEIDON C-3 die C-4 treten. Die Gesamtzahl der assignierten MIRV wurde beibehalten. Bei einer Zuwachsrate von 50 statt 20 SS-20-Startgeräten pro Jahr würde die Sprengkopfanzahl für 1983 bei ca. 1100 bis 1300 liegen. Unbekannt ist schließlich auch die Aussonderungsrate der veralteten SS-4/5. Nach US-Verteidigungsminister Brown beläuft sich der Bestand Mitte der 80er Jahre nur noch auf ca. 50 Exemplare (vgl. Tabelle 14a); die Bestandszahlen auf seiten der WVO wie auch die Ziele auf seiten der NATO müßten also für 1985 entsprechend um 150 reduziert werden.

Quelle: Daten aus: Lutz, Dieter S., Das militärische Kräfteverhältnis im Bereich der «Nuklearkräfte in und für Europa», in: Krell, Gert/Lutz, Dieter S., Nuklearrüstung im Ost–West-Konflikt. Potentiale, Doktrinen, Rüstungssteuerung, Baden–Baden, 1980, S. 67f; vgl. ferner oben Abschn. 1.3, 4 und 5.3 sowie die dort angegebenen Tabellen, Schaubilder und Literatur, insbes. die Tabellen 12–16, 28 und 29.

Berücksichtigen wir, daß die geplanten 572 NATO-Systeme nicht «im» Jahr 1983, sondern «ab» 1983, also mit einer gewissen Verzögerung, eingeführt werden sollen, macht die Gegenüberstellung von 738 bis 898 (WVO) zu 1262 (NATO) Gefechtsköpfen bzw. von 269 bis 566 (WVO) zu 255 (NATO-) Zielen dennoch deutlich, daß mit der Dislozierung der im NATO-Ratsbeschluß genannten Raketen erstmals die Disparität zugunsten der WVO überwunden und zumindest relative numerische Ausgewogenheit hergestellt wird. Wie auch Tabelle Nr. 39 zeigt, gilt diese Feststellung sowohl für den Vergleich der beiden Gesamtgefechtskopfbestände als auch für den Vergleich der Summen der möglichen Ziele auf beiden Seiten; sie trifft aber ebenso auch auf das Verhältnis von Nuklearmitteln zu gegnerischen Zielen zu, das sich sowohl für die NATO als auch für die WVO auf ca. 2 bis 4 Gefechtsköpfe pro Ziel beläuft.

War also in der Tat der «Nachrüstungs»-Beschluß der NATO von 1979 nicht nur gerechtfertigt, sondern auch dringend erforderlich? Die Frage läßt sich nach Tabelle Nr. 39 mit dem Kräfteverhältnis Mitte der 80er Jahre illustrativ beantworten: 1985 wird die Indienststellung eines sechsten französischen U-Bootes und die Bestückung der gesamten U-Boot-Flotte Frankreichs mit 3 bis 7 Mehrfachsprengköpfen pro SLBM den Gefechtskopfbestand der NATO auf 1470 bis 1854 Nuklearmittel drastisch anwachsen lassen. Ein weiterer qualitativer Sprung mit erheblichen quantitativen Auswirkungen für den Bestand der NATO-LRTNF, nämlich die Umstellung der britischen POLARIS A-3 auf vermirvte TRIDENT-Raketen, ist bereits heute für Beginn der 90er Jahre angekündigt. Soweit 1979 bekannt, sollte dagegen der Bestand der WVO bis Mitte der 80er Jahre auch weiterhin graduell auf 818 bis 1018 Gefechtsköpfe steigen, d. h. auf ein Niveau, das die NATO 1985 auch ohne den Nachrüstungsbeschluß erreicht hätte.

Nicht auszuschließen ist allerdings, daß die WVO als Folge des NATO-Ratsbeschlusses selbst wieder versucht, dem numerischen Sprung der NATO mit einer höheren Zuwachsrate ihrer SS-20 oder durch die forcierte Produktion eines neuen (Nachfolge-)Systems zu begegnen. Erste Indizien bestätigen bereits diese Vermutung: Während zur Zeit die Ablösung der alten SS-4 langsamer und in geringerem Umfang vor sich gehen soll, als es die NATO noch bei Jahresende 1979/Anfang 1980 angenommen hatte, soll sich der Dislozierungsrhythmus der SS-20 Ende Juni 1980 gegenüber Dezember 1979 um 100% gesteigert haben.[88] Aus dieser Dynamik erklären sich sicherlich auch die unterschiedlichen Bestandsangaben für die SS-20 in den ansonsten nahezu identischen Tabellen Nr. 14 und 15 (vgl. bereits oben Kapitel 3). Die sich auch am vorliegenden Beispiel zeigende Tendenz der Rüstungsdynamik zur *selffulfilling-prophecy* sei als ein vermutlich wesentliches Merkmal der künftigen Entwicklung im LRTNF-Bereich der 80er Jahre hervorgehoben.

Können wir also für den «Gefechtskopfvergleich» mit einer gewissen Wahrscheinlichkeit einen numerischen Vorsprung der NATO in den 80er Jahren festhalten, der die Bezeichnung Nachrüstung kaum rechtfertigen dürfte, so gilt diese Aussage nicht – oder zumindest nicht ohne weiteres – für das Verhältnis von möglichen Zielen pro gegebenen bzw. geplanten Nuklearmitteln: Mit den französischen und britischen Neuerungen wird sich zwar der Bestand der nuklearen RV beträchtlich erhöhen; ohne die Waffensysteme aus dem Nachrüstungsbeschluß wird sich gleichwohl die Zahl der von der WVO in einem Counterforce-Strike abzudeckenden Ziele 1985 nicht auf 256, sondern lediglich um ein neues französisches U-Boot von 31 auf 32 Ziele erhöhen. Die Zuordnung von Mitteln pro Ziel würde ohne «Nachrüstung» Mitte der 80er Jahre also wie folgt aussehen:

88 Ruehl, Lothar, So schlecht steht die NATO gar nicht da. Bei den eurostrategischen Waffen ließe sich eine Balance erreichen, in: Die Zeit Nr. 29 vom 11. Juni 1980, S. 3.

WVO-Sprengköpfe	(für) NATO-Ziele	NATO-Sprengköpfe	(für) WVO-Ziele
818–1018	32	898–1282	226–606

Mit anderen Worten: Der WVO stehen für 32 NATO-Ziele 818 bis 1018 Gefechtsköpfe zur Verfügung; das sind 26 bis 32 pro Ziel. Die NATO besitzt dagegen ohne «Nachrüstung» 898 bis 1282 Gefechtsköpfe für 226 bis 606 Ziele. Günstig gerechnet, stehen ihr also ca. 6 Nuklearsprengköpfe pro Ziel zur Verfügung – vom *worst case* ausgehend dagegen nur 1 bis 2 Gefechtsköpfe.

Gehen wir abschließend mit dem vormaligen US-Verteidigungsminister Brown (vgl. Tabelle Nr. 14a) davon aus, daß die Sowjetunion im Jahre 1985 ihre alten SS-4/5 bis auf ca. 50 Systeme ausgesondert hat, so ergibt sich auch in dieser Variante bei günstiger Berechnungsweise zum Vorteil der NATO (noch immer) ein Verhältnis von 21 Gefechtsköpfen pro Ziel auf seiten der WVO und von 17 Gefechtsköpfen bei der NATO. Durch «Nachrüstung» verändert sich das Niveau dagegen radikal. Das Verhältnis bewegt sich dann bei 2 : 1 auf seiten der WVO und bei 2 bis 4 : 1 auf seiten der NATO. Fassen wir zusammen, so zeigt bereits das stark vereinfachte Modell eines Counterforce-Schlages in der dargelegten Form der bloßen Gegenüberstellung potentieller Mittel und Ziele zweierlei:

1. Auch ohne Dislozierung der im «Nachrüstungsbeschluß» genannten Waffensysteme wird – bei gleichbleibender Zuwachsrate der SS-20 – in den 80er Jahren auf der Ebene der LRTNF numerische Parität an nuklearen Gefechtsköpfen (mit tendenziellem Vorsprung der NATO) bestehen. Gleichwohl bringt die numerische Parität an Nuklearmitteln allein weder automatisch strategische Stabilität mit sich noch darf sie mit ihr verwechselt oder gleichgesetzt werden.
2. Ohne Dislozierung der im «Nachrüstungsbeschluß» genannten Waffensysteme wird sich in der Zuordnung von Gefechtsköpfen pro potentiellen Zielen die numerische Disparität zum Nachteil der NATO noch verstärken. Gleichwohl muß betont werden, daß ein Ungleichgewicht in der Zuordnung von Nuklearmitteln zu Zielen und damit die Kriegsgefahr für beide Militärblöcke gleichzeitig bestehen kann. Denn Instabilitäten heben sich – auch wenn sie von beiden antagonistischen Seiten ausgehen – keineswegs gegenseitig auf, sondern stellen jeweils einzeln das System insgesamt in Frage (vgl. bereits Abschn. 1.2.1). *Die Durchführung der Nachrüstungsentscheidung* vom Dezember 1979 mit ihrem im günstigsten Fall scheinbar «ausgewogenen» Ergebnis von 2 bis 4 Gefechtsköpfen pro möglichem Ziel für beide Seiten *führt deshalb zwar zu einer «Parität der Disparität», nicht jedoch zu strategischer Stabilität.*

Auf die Instabilität auf Grund der «Parität der Disparität» von Mitteln und Zielen werden wir im folgenden nochmals zurückkommen müssen.

Denn, wie bereits betont, ergibt die bloße Gegenüberstellung von Zielen und Mitteln ein stark vereinfachtes Bild, das der Komplexität der Wirkungsfaktoren eines Counterforce-Erstschlages noch nicht gerecht wird. Vernachlässigt werden u. a. Faktoren wie die Treffgenauigkeit und Sprengkraft der Raketen oder wie die Ortbarkeit der möglichen Ziele sowie ihre unterschiedlichen qualitativen Niveaus. Weitergehende Schlußfolgerungen über die beiden genannten Aspekte hinaus, etwa hinsichtlich der Differenzen in der für beide Militärblöcke festgestellten Disparität von Mitteln und Zielen, können deshalb erst nach Verfeinerung des Modells gezogen werden (dazu die folgenden Abschnitte).

10.4.2 Instabilität aus der Dynamik der Letalität?

Hatten wir im vorangegangenen Abschnitt lediglich nach Stand und Entwicklung des «numerischen» Verhältnisses von Mitteln und Zielen gefragt, so wollen wir im folgenden den Kräftevergleich um zwei qualitative Parameter, die Sprengkraft der Waffensysteme einerseits und ihre Treffgenauigkeit andererseits, erweitern. Wie bereits in Abschn. 10.2.2 ausgeführt, lassen sich diese beiden Parameter sowie die Gefechtskopfzahl in der Formel

$K = \frac{ny^{2/3}}{(CEP)^2}$ als Letalitätswert eines einzelnen Waffensystems oder einer Nuklearstreitkraft zusammenführen (vgl. zu den Grenzen der Formel aber auch Abschn. 10.2.2.1).

Voraussetzung der Berechnung sind allerdings zuverlässige Parameterwerte. Gerade für die sowjetische SS-20, die als Auslöser der NATO-Nachrüstungsbeschlüsse gelten kann bzw. zu ihrer Legitimation angeführt wurde, sind aber weder die Zahl ihrer Sprengköpfe noch die Stärke ihrer Sprengkraft noch ihre exakte Treffgenauigkeit zweifelsfrei ausgewiesen. Insbesondere vor dem Nachrüstungsbeschluß schwankten[89] die in der Öffentlichkeit verbreiteten Angaben außerordentlich stark: Die Zahl der Wiedereintrittskörper wurde von einem RV über 3 MRV bis 3 MIRV angegeben, ihre Sprengkraft mit 50 KT bis 1 MT geschätzt und der für einen Counterforce-Schlag wichtigste Faktor, die Treffgenauigkeit, mit mehr als 700 m bis lediglich 100 m (und besser) stark abweichend beurteilt. Eher zutreffend sind vermutlich die Daten, die das BMVg im April 1980, also nach dem NATO-Ratsbeschluß, veröffentlichte: Wie Tabelle Nr. 14a ausweist, soll die SS-20 danach 3 MIRV mit dem Sechsfachen der Treffgenauig-

89 Vgl. stellvertretend: Reich, Friedrich (Pseudonym), SS-20. Eine Datenanalyse, in: WT 8/1979, S. 14, und dort die Tabelle zu den verschiedenen Angaben; vgl. auch oben Abschn. 6.1 und dort die Literaturangaben.

keit der SS-4 und dem Dreifachen des CEP-Wertes der SS-5[90] besitzen[91]. Die vom BMVg offiziell nicht genannte Sprengkraft soll pro Wiedereintrittskörper das Zwei- bis Dreifache der Hiroshima-Bombe[92] betragen.

Den unterschiedlichen Angaben entsprechen die Ergebnisse, die sich mit Hilfe der Letalitätsformel $K = \frac{ny^{2/3}}{(CEP)^2}$ auf der Basis alternativer Daten (vgl. dazu Tabelle Nr. 40 sowie Nr. 28 und 29) berechnen lassen: Bis zur Einführung der SS-20 im Jahre 1977 bewegte sich das Letalitätsniveau relativ konstant[93] auf einem Wert[94] von ca. 150. Dieser setzte sich wie folgt zusammen:

System	N	n	y	CEP	K
SS-4	340	1	1 MT	2 nm	85
SS-5	60	1	1 MT	1 nm	60
SS-N-5	18	1	1–2 MT	2 nm	4–7

Wie die niedrigen Letalitätswerte der einzelnen Systeme zeigen, konnten die LRTNF-Raketen der WVO zumindest bis 1977 kaum als vorrangiges Counterforce-Potential bezeichnet werden. Nach Einführung der SS-20 beginnen sich dagegen Funktion und Letalitätsniveau erheblich zu verändern. Der Kräftevergleichswert springt bis 1980 bei 100 Raketen à 3 MIRV und je nach zugrunde gelegten Daten

90 Die CEP-Werte der SS-4 und SS-5 liegen vermutlich bei ca. 2 nm und 1 nm – vgl. aber auch Forster, Michael, Zur Datendiskussion des Kräfteverhältnisses bei den Nuklearwaffen großer Reichweite in Europa (LRTNF), (hektogr. Manuskript), hier: Anhang «Daten ausgewählter LRTNF», o. S., der 3300 m bzw. 1650 m angibt, also von Landmeilen ausgeht.

91 Es fällt auf, daß das BMVg keine exakten CEP-Werte, sondern lediglich Relationen nennt, überdies ohne die Werte für die SS-5 auszuweisen. Die genannte Steigerungsrate beeindruckt auf den ersten Blick, verschleiert jedoch letztlich, daß es sich bei dem 6-fachen des CEP-Wertes der SS-4 immer noch um eine vergleichsweise große Abweichung von 0,3 nm, d. h. von über 500 m handelt.

92 So z. B. Bundesverteidigungsminister Apel im Rahmen einer Diskussionsveranstaltung am 29. 2. 1980 in der Neuen Gesellschaft, Hamburg; ebenso Vertreter des Auswärtigen Amtes im persönlichen Gespräch. Zum Vergleich: Die Hiroshima-Bombe besaß eine Sprengkraft von 12–20 KT; d. h. die SS-20 besitzt 3 MIRV à ca. 50 KT.

93 Es fiel sogar über die Jahre hinweg leicht – vgl. zur Verringerung des Bestandes die Hefte «The Military Balance» des IISS, London, jeweils seit Einführung der entsprechenden Systeme bis heute.

94 CEP-Werte der SS-N-5 nach Stockholm International Peace Research Institute (SIPRI), World Armaments and Disarmament, SIPRI Yearbook 1978, London 1978, S. 442; vgl. auch Anm. 90.

Tabelle Nr. 40: Letalitätswerte bei variabler Sprengkraft und Treffgenauigkeit

KT / CEP in nm (m)	50	100	150	200	300	400	500	600	1 000	2 000
2 (3 704)	0,0339	0,0539	0,0706	0,0855	0,1120	0,1357	0,1575	0,1778	0,2500	0,3969
1 (1 852)	0,1357	0,2154	0,2823	0,3420	0,4481	0,5429	0,6300	0,7114	1,0000	1,5874
0,5 (926)	0,5429	0,8618	1,1292	1,3680	1,7926	2,1715	2,5198	2,8455	4,0000	6,3496
0,33 (617)	1,2462	1,9784	2,5924	3,1405	4,1152	4,9852	5,7848	6,5324	9,1827	14,577
0,3 (556)	1,5080	2,3938	3,1368	3,7999	4,9793	6,0320	7,0000	7,9042	11,111	17,638
0,27 (500)	1,8617	2,9553	3,8726	4,6913	6,1473	7,4470	8,6414	9,7583	13,717	21,775
0,25 (463)	2,1715	3,4471	4,5170	5,4719	7,1702	8,6861	10,079	11,382	16,000	25,398
0,2 (370)	3,3930	5,3861	7,0578	8,5499	11,204	13,572	15,749	17,784	25,000	39,685
0,1 (185)	13,572	21,544	28,231	34,200	44,814	54,288	62,996	71,138	100,00	158,74
0,05 (93)	54,288	86,177	112,92	136,80	179,26	217,15	251,98	284,55	400,00	634,96
0,025 (46)	217,15	344,71	451,70	547,19	717,02	868,61	1 007,9	1 138,2	1 600,0	2 539,8
0,015 (28)	603,20	957,53	1 254,7	1 520,0	1 991,7	2 412,8	2 799,8	3 161,7	4 444,4	7 055,1
0,01 (18)	1 357,2	2 154,4	2 823,1	3 420,0	4 481,4	5 428,8	6 299,6	7 113,8	10 000	15 874
0,005 (9)	5 428,8	8 617,7	11 292	13 679	17 925	21 715	25 198	28 455	40 000	63 496

Berechnungen nach der Formel $\frac{y^{2/3}}{(CEP)^2}$

– bei 50 KT und 0,3 nm (556 m) CEP um ca. 450 auf 600,
– bei 150 KT und 0,3 nm CEP um ca. 940 auf 1090,
– bei 200 KT und 0,3 nm CEP um ca. 1140 auf 1290,
– bei 50 KT und 0,05 nm (93 m) CEP bereits um ca. 16290 auf 16440,
– bei 150 KT und 0,05 nm CEP um ca. 33880 auf 34030 und
– bei 200 KT und 0,05 nm CEP sogar um ca. 41040 auf 41190.

Der Kräftevergleichswert der NATO beläuft sich demgegenüber 1980 auf ein Niveau von ca. 1350.[95] Nachdem er sich – im Unterschied zum WVO-Potential – bereits in den vorangegangenen Jahren mit der Unterstellung von amerikanischen POLARIS-U-Booten unter SACEUR in den 60er Jahren und von POSEIDoN-Raketen Mitte der 70er Jahre sowie durch die Einführung der britischen POLARIS A-3 ab 1967 und mit den verschiedenen Modernisierungen der französischen SLBM von der M-1 über die M-2 bis zur M-20 (ab 1977) mehrfach quantitativ verändert hatte, setzt er sich wie folgt zusammen[96]:

System	N	n	y	CEP	K
POSEIDON C-3	400	10	50 KT	500 m	745
POLARIS A-3	192	3	200 KT	900 m	263
	(64)	(1)	(600 KT)		(182)
MSBS M-20	80	1	1 MT	900 m	320
SSBS S-2	18	1	150 KT	900 m	20

Selbst wenn wir für die französischen Systeme alternativ einen ungünstigeren CEP-Wert von lediglich 1 nm unterstellen, so liegt das NATO-Gesamt-K doch immer noch bei ca. 1100, also ebenso hoch bzw. höher als das nach BMVg-Daten (vgl. Tabelle Nr. 16) zu errechnende Vergleichsniveau von 600 (bis 1090) der WVO (s. o.). Von der Erforderlichkeit einer «Nachrüstung» der NATO – ohne vorherige Rüstungssteuerungsverhandlungen – kann also zumindest aus der Perspektive dieser Daten des Jahres 1980 nicht gesprochen werden. Im Gegenteil müßte – der systemimmanenten Logik folgend – die Indienststellung der SS-20 als Versuch der Sowjetunion interpretiert werden, seit 1976 die Disparität des Verhältnisses von 150 (WVO) zu bis ca. 1350 (NATO) auffangen zu wollen.

Welches der (insbes. für die SS-20) stark divergierenden Einzelergebnisse dem Kräftevergleich tatsächlich zugrunde gelegt werden muß, kann und

95 Die CEP-Werte für die französischen Systeme sind allerdings Schätzwerte. Sie orientieren sich am technischen Standart der britischen POLARIS A-3.

96 Zu den CEP-Werten der POSEIDON C-3 und der POLARIS A-3 vgl. SIPRI Yearbook 1980, a. a. O. (Anm. 30), S. XXX.

soll beim derzeitigen Kenntnisstand der Waffenqualität nicht entschieden werden – im Zweifelsfalle werden beide Seiten ohnehin vom Worst Case ausgehen. Weitaus wichtiger als die aktuelle Gewißheit – und dies muß nachdrücklich betont werden – ist vielmehr die Feststellung, daß selbst eine eindeutige Antwort auf der Basis gesicherter Daten nur eine kurze Gültigkeitsdauer besitzen würde. Denn wie die durchgespielten Beispiele illustrieren, scheint sich die nukleartechnologische Rüstungsdynamik nicht länger linear, sondern exponentiell fortzuentwickeln. Gerade diese exponentiellen Sprünge aber werden immer größer: Bis 1985 wird die SS-20 – günstig berechnet – die Letalität des sowjetischen LRTNF-Bestandes auf einen Wert von ca. 82000 hochschnellen lassen. Mit den auf der NATO-Ratstagung im Dezember 1979 beschlossenen 572 PERSHING II und Cruise Missile wird die NATO wieder – Parameter von 50 bis 400 KT und 30 m CEP zugrundegelegt – die WVO nicht nur überholen, sondern auch einen ungeheuren Relationswert zwischen 300000 und über 1 Million erreichen.[97] Einen ähnlich hohen Wert werden nochmals die – unabhängig vom sogenannten Nachrüstungsbeschluß geplanten bzw. für Mitte der 80er und zu Beginn der 90er Jahre zu erwartenden – Modernisierungen der britischen, französischen und amerikanischen U-Boote der NATO erbringen.

Zusammenfassend spricht also die Vermutung für einen Qualitätsvorsprung der NATO im LRTNF-Bereich der 80er Jahre. Doch kann, wie auch Schaubild 24 zeigt, ein heute noch gültiges Kräfteverhältnis schon morgen durch die (Eigen-)Dynamik der Waffentechnologie überholt sein. Das vorrangige Ergebnis unseres Letalitätsvergleichs kann deshalb auch nicht in der exakten Berechnung des aktuellen Niveaus liegen. Wichtig ist es vielmehr, *gerade das Gegenteil festzuhalten: die rapide Abnahme einer exakten Berechenbarkeit und gesicherten Einschätzung der nuklear- und raketentechnologischen Entwicklung, ferner der zukünftig ständig mögliche Wechsel der Kräfteverhältnisse und die sprunghafte Dynamik der Rüstungstechnologie zu* first-strike- *und* counterforce-*Systemen.*

97 Die alternativen Werte sehen exakt wie folgt aus:

n	y	CEP	K
572	400 KT	0,015 nm	1380000
572	300 KT	0,015 nm	1139000
572	200 KT	0,015 nm	869000
572	100 KT	0,015 nm	548000
572	50 KT	0,015 nm	344000
572	50 KT	0,01 nm	776000

Schaubild Nr. 24: Die Letalität der LRTNF-Raketen von WVO und NATO – Entwicklung und alternative Tendenzen 1965–1995

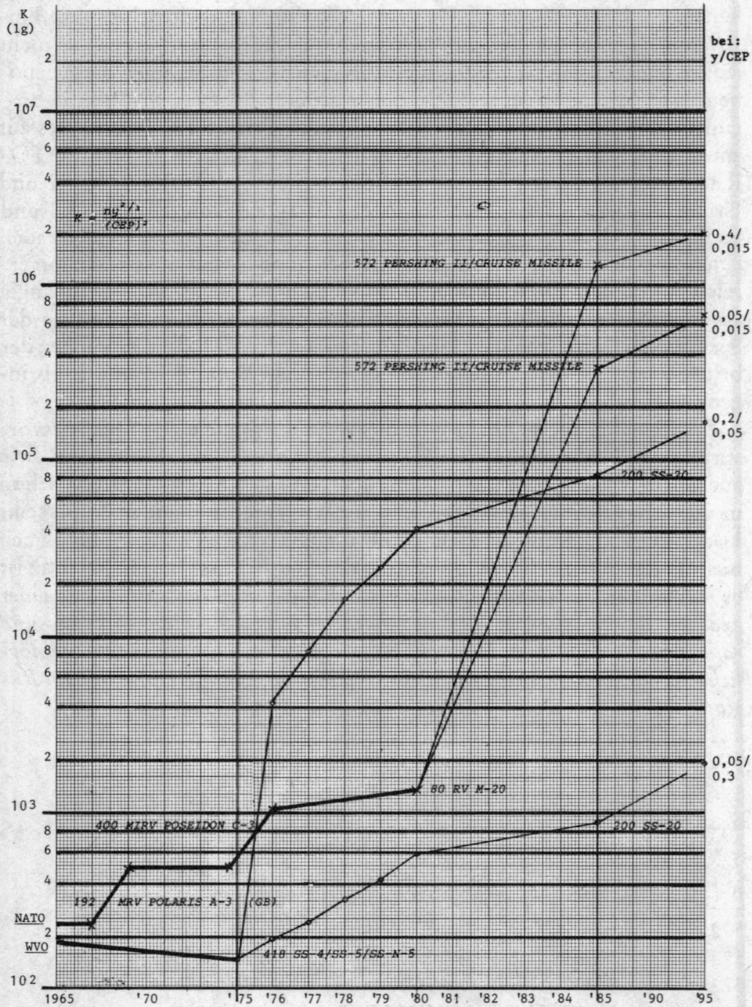

Der NATO-Ratsbeschluß vom 12. Dezember 1979 ist – wie Schaubild 24 illustriert – Teil dieser Entwicklung. Ist die sogenannte Nachrüstung also eher ein Beitrag zur strategischen Instabilität denn zur Herstellung eines Kräftegleichgewichts? Allein aus der Dynamik der Rüstungstechnologie läßt sich diese Frage nicht beantworten. Wie bereits in Abschn. 10.2.2.1 betont, birgt der Letalitätsvergleich immer auch die Tendenz zur Über-Zerstörung einzelner Ziele in sich. Führen wir also abschließend noch die Ergebnisse des Letalitätsvergleichs mit den Ergebnissen aus Abschn. 10.4.1 unter dem Aspekt der Vernichtungswahrscheinlichkeit bzw. unter der Frage nach Chancen und Erfolg (d. h. der Gefahr) eines entwaffnenden Erstschlags zusammen.

10.4.3 Instabilität aus der Zunahme der Vernichtungswahrscheinlichkeit?

In Abschn. 10.2.3 hatten wir bereits betont, daß ein Überdruck zwischen 5 und 30 psi ausreicht, um mobile Raketen und Abschußsysteme zu zerstören. Durch die Wahl einer optimalen Explosionshöhe gegen nicht gehärtete Ziele kann ferner die Flächenwirkung einer Explosion erheblich vergrößert, zugleich das Problem der exakten Ortbarkeit mobiler Systeme relativiert werden. Wie bereits in Abschn. 10.3.4 dargelegt, bildet die Frage der Aufklärung landgestützter mobiler Systeme zumindest in absehbarer Zeit, wenn nicht schon heute, ohnehin kein unlösbares Problem mehr. Auf die Frage der Ortung von U-Booten werden wir allerdings noch einmal zu sprechen kommen müssen. In Abschn. 10.2.4 schließlich hatten wir herausgearbeitet, daß die Vernichtungswahrscheinlichkeit (SSKP/PK) einer Explosion theoretisch durch drei Optionen gesteigert werden kann, und zwar:

- durch die Verringerung des Streukreishalbmessers CEP,
- durch die Erhöhung der Sprengkraft y und
- durch den Einsatz von mehr als nur einem Gefechtskopf pro Ziel.

Insbesondere mit der letztgenannten Alternative kann auch den Restriktionen eines entwaffnenden Erstschlags aus dem Faktor g begegnet werden: Dies ist deshalb hervorzuheben, weil die technische Zuverlässigkeit eines Waffensystems – wie wir in Abschn. 10.3.2 gesehen haben – auf absehbare Zeit durch qualitative Verbesserungen allein offensichtlich nicht über ein Niveau von 0,8 hinaus gesteigert werden kann.

Kommen wir nach dieser Zusammenfassung einiger Feststellungen aus den vorangegangenen Abschnitten zu unserem LRTNF-Vergleich zurück und knüpfen unmittelbar an die Aussage zum Faktor g an: Wie auch Tabelle Nr. 41 zeigt, sind die Auswirkungen selbst einer Differenz von lediglich 0,1 in der Zuverlässigkeit der Waffensysteme erheblich. Bei einer angestrebten Vernichtungswahrscheinlichkeit von 99 % eines mit 5 psi gehärteten Zieles muß die Sowjetunion mindestens 4 ihrer Gefechtsköpfe ansetzen; die NATO-Staaten benötigen dagegen für die Zerstörung des gleichen Zieles lediglich drei Gefechtsköpfe. Mit abnehmendem Risiko-Limit bzw. höherer Risikobereitschaft des potentiellen Angreifers steigert sich das Ungleichgewicht sogar noch: Beläuft es sich bei einer vorausgesetzten Vernichtungswahrscheinlichkeit von 99 % auf ein Verhältnis von 3 : 4 zugunsten der NATO-Staaten, so liegt es bei einem PK-Wert von 0,95 bei 2 : 3 und fällt bei einer angestrebten Wahrscheinlichkeit von 75 % sogar auf ein Verhältnis von 1 : 2 zu Lasten der Sowjetunion.

Anders als der Faktor g schlagen dagegen die Unterschiede in den Werten der Parameter y und CEP kaum zu Buche. Bei einer Härtung von lediglich 5 psi tragen offensichtlich höhere Qualitätsmerkmale – mit Ausnahme der Zuverlässigkeit – lediglich zu einer Über-Zerstörung des Zieles, nicht dagegen zu einer Erhöhung der Vernichtungswahrscheinlichkeit bei; insbes. ist auch eine Kompensation von g durch bessere y- und/oder CEP-Werte ausgeschlossen. Für unsere Kräfteanalyse kann gleichwohl ein positiver Effekt verzeichnet werden: Hatten wir in Abschn. 10.4.2 noch ungeklärt lassen müssen, welche der divergierenden Dateninformationen und Qualitätsmerkmale insbes. für die sowjetische SS-20, aber auch für die PERSHING II und die neuen Marschflugkörper zutreffen (bzw. hatten wir deshalb Alternativberechnungen anstellen müssen – vgl. auch Schaubild Nr. 24), so scheint sich nunmehr dieses Problem von selbst zu erlediqen. Die Vernichtungswahrscheinlichkeit der LRTNF-Raketen in Ost und West liegt – mit Ausnahme der sowjetischen SS-4 (vgl. Tabelle Nr. 41) – stets bei 99,9 %, gleichgültig ob bei den Zweifelsfällen die Treffgenauigkeit 0,5 nm oder 0,05 nm und die Sprengkraft 500 KT oder nur 50 KT betragen (vgl. auch Tabelle Nr. 36).[98]

Folgen wir den Ergebnissen aus Tabelle Nr. 41, so benötigt die UdSSR 1980 zur gesicherten Vernichtung der in Tabelle Nr. 39 festgehaltenen 31 NATO-Ziele – eine Härtung von 5 psi angenommen – lediglich 124 ihrer 618 bis 718 Gefechtsköpfe. Mit anderen Worten: Das LRTNF-Raketen-Potential der UdSSR ist 1980 in der Lage, bis zu 177 mit 5 psi gehärtete gegnerische Ziele abzudecken. Demgegenüber benötigt die NATO zur gesicherten Vernichtung von 329 bis 506 WVO-Zielen (vgl. Tabelle Nr. 39) ca. 987 bis 1518 Gefechtsköpfe. Tatsächlich besitzt die NATO derzeit jedoch nur 562–690 Raketensprengköpfe (vgl. Tabelle Nr. 29), die bis zu 230 Ziele treffen können (vgl. Tabelle Nr. 41).

Auch wenn also die NATO mit einer Summe von 230 gegenüber der WVO mit lediglich 124 wesentlich mehr Ziele abdecken kann, so steht sie doch in der Ziel-Mittel-Relation erheblich schlechter da als die WVO: Während die UdSSR das Sechsfache der Zielvernichtungskapazität besitzt,

98 Eine Ausnahme bildet lediglich die Konstellation y = 0,05 MT/CEP = 0,5 nm; PK beträgt dann aber immer noch 99,4 %.

Tabelle Nr. 41: Die Vernichtungswahrscheinlichkeit einer Luftexplosion (OBH) bei einer Härtung von 5 psi, bezogen auf die LRTNF-Raketen von WVO und NATO

System	n	N	y in MT	CEP in nm	g	SSKP in %	SSKP (g) in %	PK_2 (g) in %	PK_3 (g) in %	PK_4 (g) in %	PK_5 (g) in %	Z_{99}	Z_{95}	Z_{75}
SS-4	1	60	1	2	0,7	91	63,7	89,823	96,306	98,659	99,513	12	20	30
SS-5	1	340	1	1	0,7	99,9	69,93	90,979	97,294	99,188	–	85	113	170
SS-N-5	1	18	2	2	0,7	99,9	69,93	90,979	97,294	99,188	–	5	6	9
SS-20	3	300	0,05	0,05	0,7	99,9	69,93	90,979	97,294	99,188	–	75	100	150
POSEIDON C-3	10	400	0,05	0,27	0,8	99,9	79,92	95,98	99,193	–	–	133	200	400
POLARIS A-3	(1)3	(64) 192	(0,6) 0,2	0,5	0,8	99,9	79,92	95,98	99,193	–	–	(21) 64	(32) 96	(64) 192
MSBS M-20	1	80	1	0,5	0,8	99,9	79,92	95,98	99,193	–	–	27	40	80
SSBS S-2	1	18	0,15	0,5	0,8	99,9	79,92	95,98	99,193	–	–	6	9	18
MSBS M-4	3–7	288–672	0,15	0,5	0,8	99,9	79,92	95,98	99,193	–	–	96–224	144–336	288–672
PERSHING II	1	108	0,05	0,015	0,8	99,9	79,92	95,98	99,193	–	–	36	54	108
Cruise Missile	1	464	0,05	0,015	0,8	99,9	79,92	95,98	99,193	–	–	155	123	464

Tabelle Nr. 42: Soll und Haben an Zielabdeckungskapazität bei einer Vernichtungswahrscheinlichkeit von 99 % im LRTNF-Vergleich für WVO/NATO 1980/85

Jahr	Härtung in psi	WVO N Soll	WVO N Haben	WVO Z_{99} Soll	WVO Z_{99} Haben	NATO N Soll	NATO N Haben	NATO Z_{99} Soll	NATO Z_{99} Haben
1980	5 (OHB)	124	618–718	31	177	987–1518	(562–)690	329–506	(187–)230
	30 (SB)	124 SS-20 (oder 372 SS-5)			103	1316–2024 M-20 (oder 2306–3542 C-3)			(91–)105
1985	5 (OHB)	1024	818–1018	256	252	678–1818	1470–1854	226–606	447–618
	30 (SB)	1024 SS-20 (oder 3072 SS-5)			(150–)178	1582–4242 C-3 (oder 678–1818 P II/CM)			286–332

Abk.: C-3 = POSEIDON C-3; CM = Cruise Missile; N = Gesamtsprengkopfzahl; OHB = *optimum burst height*; P II = PERSHING II; SB = *surface burst*; Z_{99} = Zerstörte Ziele bei einer Vernichtungswahrscheinlichkeit von 99 %

die sie tatsächlich benötigt, fehlen den NATO-Staaten ca. 43 bis 120% zum Soll (vgl. auch Tabelle Nr. 42). Ist also eine Nachrüstung der NATO erforderlich und war somit der NATO-Ratsbeschluß vom Dezember 1979 legitimiert?

Mit der im NATO-Ratsbeschluß getroffenen «Nachrüstung» sowie mit den vorgesehenen Modernisierungsmaßnahmen Frankreichs wird sich (bis 1985) die Gefechtskopfzahl der NATO auf 1470 bis 1854 erhöhen bei einer Abdeckung von 447 bis 618 möglichen Zielen. Die Sowjetunion wird zu diesem Zeitpunkt 818 bis 1018 Sprengköpfe besitzen mit einer Zielabdekkungskapazität von maximal 252. Die Systeme der NATO werden umgerechnet 256 Ziele ergeben, während das WVO-Potential 226 bis 606 Ziele bildet (vgl. Tabellen Nr. 39, 41 und 42). Mitte der 80er Jahre wird sich also nicht nur die Zielvernichtungskapazität der WVO vom Sechsfachen des Erforderlichen auf ein nur noch knapp ausreichendes Niveau reduzieren; erstmals wird vielmehr auch die NATO die rechnerische Kapazität zum entwaffnenden Erstschlag besitzen.

Gehen wir davon aus, daß die UdSSR die veralteten SS-4 und SS-5 zu diesem Zeitpunkt aussondern muß (bzw. das Potential nicht mehr funktioniert), so verändert sich die Situation sogar noch drastischer: Da die Zahl der potentiellen Ziele sich verringert, wird die Zielabdeckungskapazität der NATO-Staaten größer. Umgekehrt fällt die Sowjetunion mit einem dann geringeren Bestand an Mitteln unter das Risiko-Limit von 99%, verliert selbst also ihre gesicherte Counterforce-Kapazität.

Unterstellen wir, daß die UdSSR die letztgenannte Alternative durch eine höhere Zuwachsrate der SS-20 ausgleichen wird und kann, so scheint Mitte der 80er Jahre tatsächlich erstmals eine Parität[99] der nuklearen Counterforce-Kapazitäten hergestellt und somit auch eine NATO-Nachrüstung berechtigt. Allerdings darf die bloße Zielvernichtungs-*Kapazität* auf beiden Seiten nicht mit einer tatsächlichen Zielvernichtungs-*Fähigkeit* verwechselt werden. Gerade aber der Zielvernichtungsfähigkeit und damit der Fähigkeit zum Counterforce-First-Strike stehen bislang noch zwei restriktive Bedingungen gegenüber: die Frage der Ortung von U-Booten *on patrol* und das Problem des *fratricide*.

Beide Faktoren benachteiligen jedoch eindeutig die Sowjetunion: Bereits in Abschn. 10.3.3 hatten wir betont, daß die Interferenz den Erfolg eines nuklearen Erstschlags zwar nicht völlig ausschließt, aber doch die Seite begünstigt, die bereits mit ein bis zwei Nuklearexplosionen einen möglichst großen Effekt erzielt. Der Vorteil der NATO aus dieser Einschränkung liegt – wie Tabelle Nr. 41 zu entnehmen ist – bei 5 bis 10%.

Gewichtiger noch ist das Problem der Ortung von U-Booten, da der

---

99 Anzumerken ist, daß zumindest die Differenz (zum Ausgleich der Aussonderung) auf seiten der NATO zu hoch angesetzt ist, also nicht als «Nachrüstung» bezeichnet werden kann.

Hauptbestand der NATO-LRTNF im Unterschied zur WVO unter Wasser disloziert ist. Hat sich diese Schwerpunktbildung auf die See im Rahmen der vorangegangenen Kalkulation – als Frage der Ziel-Mittel-Relation – rechnerisch eindeutig nachteilig für die NATO ausgewirkt (siehe bereits auch oben Abschn. 10.4.1), so ändern sich unter Berücksichtigung des Faktors «Aufklärung» Kräftevergleich und -ergebnis grundlegend. Denn bislang können allein den USA bereits weitergehende Fähigkeiten auch zur U-Boot-Ortung zugesprochen werden. Daß sie diese Fähigkeit für den LRTNF-Bereich der NATO nicht benötigen, liegt an der Orientierung der UdSSR auf landgestützte Raketen. Die wenigen veralteten SS-N-5 SERB der Sowjetunion können im übrigen – nicht zuletzt wegen ihrer eingeschränkten Operationsmöglichkeiten (vgl. oben Abschn. 5.1.3.1) – auch bei weitaus geringerer ASW-Qualität bekämpft werden. Ähnlich hohe Fähigkeiten sind dagegen auf seiten der UdSSR noch nicht zu erkennen und auf absehbare Zeit wohl auch nicht zu erwarten.[100]

Die Konsequenzen aus dieser Konstellation für das Kräftegleichgewicht, ferner für die Frage der Nachrüstung sowie für die Gefahr eines entwaffnenden Nuklearschlages sind offensichtlich und bereits in den ersten Teil unseres Szenarios in Abschn. 9 eingegangen: Auch unter Worst-Case-Gesichtspunkten werden ca. 50% der NATO-U-Boote den Versuch eines sowjetischen Counterforce-First-Strike überleben und ggf. für einen Second-Strike der NATO zur Verfügung stehen. Hinzukommen wird u. U. noch ein «Interferenz-Potential» von 9%, d. h. von ca. 2 Trägersystemen. Dieses «Rest-Potential» der NATO ist aber – wie Abschn. 9 illustriert – um nichts geringer einzuschätzen als der Rest der WVO-Systeme, der bei einer Zielabdeckung von 230 und einem Ausfall von ggf. 3% Interferenz einen Nuklearschlag durch die NATO überleben würde.

Die «Nachrüstung» der NATO ist mit der Einführung der SS-20 also nicht zu begründen. Im Gegenteil ist die «Nachrüstung» sogar militärstrategisch destabilisierend. Denn anders als bei der SS-20 sind die geplanten Nachrüstungsmaßnahmen nicht lediglich als Modernisierungen zu betrachten, die das Kräftegleichgewicht im wesentlichen unberührt lassen. Wie wir gesehen haben, wird die NATO vielmehr nach der Einführung der 572 neuen Mittelstreckenraketen Mitte der 80er Jahre erstmals ebenfalls eine rechnerisch ausreichende Zielvernichtungskapazität besitzen. Anders als bei der WVO ist für die NATO das Problem der U-Boot-Ortung jedoch nicht gegeben, trennt sie von der Zielvernichtungsfähigkeit – zumindest aus der Sicht der WVO – lediglich ein Risiko von ca. 3% Interferenz.

Fassen wir zusammen, so muß betont werden, daß – gemessen an der Zielvernichtungsfähigkeit, exakter noch: am jeweiligen Überlebenspo-

---

100 Vgl. bereits oben Abschn. 10.3.4, insbes. die Quellen in Anm. 83; zur Eigenart der Rüstung und ihrer Dynamik gehört es allerdings, entsprechende Ortungsfähigkeiten zukünftig auch nicht völlig auszuschließen bzw. ausschließen zu können.

tential beider Seiten – weder der WVO noch der NATO für 1980 ein Kräftevorteil zugesprochen werden kann. Keine der beiden Seiten besitzt die Möglichkeit zum risikofreien Entwaffnungsschlag. An dieser Situation hat auch die Einführung der SS-20 nichts geändert. Die verbesserte Qualität dieses neuen Systems – wie hoch auch immer sie einzuschätzen sein mag – kann lediglich zu einer Über-Zerstörung von Punktzielen führen, nicht dagegen entscheidende Parameter wie den Faktor g verbessern, die Interferenz kompensieren oder das Problem der Ortbarkeit U-Boot-gestützter Rageten lösen. Unter dem Aspekt der Fähigkeit zum Counterforce-First-Strike kann deshalb die Einführung als – systemimmanent gesehen – längst überfällige Modernisierung und Ersatz der veralteten SS-4 und SS-5 eingeschätzt werden.

Bevor wir in Abschn. 11 auf die Auswirkungen und Gefahren dieser Entwicklung zu sprechen kommen, muß zuvor noch auf eine Berechnungsalternative hingewiesen werden: Grundlage unserer Ergebnisse ist die Annahme einer Zielhärtung von lediglich 5 psi. In Abschn. 10.2.3 hatten wir jedoch gesehen, daß im Einzelfall eine Überdruckspitze bis zu 30 psi erforderlich sein kann, ein Fahrzeug zu zerstören. Spielen wir unsere Berechnungen also nochmals auf der Basis dieses höheren Wertes durch.

Die Auswirkungen der Erhöhung des Härtegrades scheinen – zumindest auf den ersten Blick – erheblich: In Tabelle Nr. 41 konnten wir noch eine Vernichtungswahrscheinlichkeit von 99% für alle WVO-Systeme (mit Ausnahme der SS-4) bei $PK_4(g)$ und für alle NATO-Raketen bei $PK_3(g)$ feststellen. In Tabelle Nr. 43 besitzen dagegen – auf der Basis von 30 psi durch eine Bodenexplosion – lediglich die MSBS M-20 und die SS-20 einen Vernichtungswert von über 99%, jeweils bei $PK_4(g)$. Anders als bei der Variante von 5 psi spielen bei einer Härtung von 30 psi also ganz offensichtlich qualitative Parameter eine entscheidende Rolle – im Falle der M-20 die höhere Sprengkraft von 1 MT und im Falle der SS-20 die verbesserte Treffgenauigkeit von 0,05 nm CEP. Bezogen auf Ziele mit einer Härtung von 30 psi und höher, kann die SS-20 somit nicht nur lediglich als Modernisierung bzw. Ersatz für die veralteten Systeme SS-4 und SS-5 begriffen werden; ihre Einführung verleiht dem LRTNF-Potential der WVO vielmehr eine neue Qualität.

Allerdings muß einschränkend betont werden, daß wir für Tabelle Nr. 43 nicht – wie noch für Tabelle Nr. 41 – jeden Wert aus dem Spektrum der divergierenden Informationen zur Qualität der SS-20 (s. o.) zwischen 0,5–0,05 nm CEP und/oder 0,5–0,05 MT hätten wählen können, um in jedem Fall eine Vernichtungswahrscheinlichkeit (SSKP) von über 99% zu erhalten: Bei einer Härtung von 30 psi sowie angenommenen 0,5 nm CEP und 0,5 MT beläuft sich der SSKP-Wert vielmehr nur auf 80%; bei 0,5 nm CEP und 0,05 MT sogar nur auf 29% (vgl. Tabelle Nr. 34).

Wie Tabelle Nr. 43 zeigt, schneidet die SS-20 ferner auch im Vergleich mit den neuen NATO-Systemen PERSHING II und Cruise Missile

Tabelle Nr. 43: Die Vernichtungswahrscheinlichkeit einer Bodenexplosion bei einer Härtung von 30 psi, bezogen auf die LRTNF-Raketen von WVO und NATO

System	n	N	y in MT	CEP in nm	g	SSKP in %	SSKP (g) in %	PK_2 (g) in %	PK_3 (g) in %	PK_4 (g) in %	PK_5 (g) in %	Z_{99}	Z_{95}	Z_{75}
SS-4	1	60	1	2	0,7	15	10,5	19,898	28,309	35,837	42,574	1	2	5
SS-5	1	340	1	1	0,7	46	32,2	54,032	68,834	78,870	85,67	27	42	85
SS-N-5	1	18	2	2	0,7	22	15,4	28,428	39,450	48,775	56,666	–	1	2
SS-20	3	300	0,05	0,05	0,7	99,9	69,93	90,979	97,294	99,188	–	75	100	150
POSEIDON C-3	10	400	0,05	0,3	0,8	61	48,8	73,786	86,579	93,129	96,482	57	100	133
POLARIS A-3	(1)3	(64)	(0,6)	0,5	0,8	(83)	(66,4)	(88,710)	(96,206)	(98,725)	(99,572)	(13)	(21)	(32)
		192	0,2			62	49,6	74,598	87,197	93,547	96,748	27	38	64
MSBS M-20	1	80	1	0,5	0,8	92	73,6	93,030	98,160	99,515	–	20	27	40
SSBS S-2	1	18	0,1	0,5	0,8	42	33,6	55,910	70,724	80,561	87,093	1	2	5
MSBS M-4	3–7	288–672	0,1	0,5	0,8	42	33,6	55,910	70,724	80,561	87,093	24–56	36–84	72–168
PERSHING II	1	108	0,05	0,05	0,8	99,9	79,92	95,98	99,193	–	–	36	54	108
Cruise Missile	1	464	0,05	0,05	0,8	99,9	79,92	95,98	99,193	–	–	155	123	464

schlechter ab: Zwar ist die Vernichtungswahrscheinlichkeit bei einer Bodenexplosion der SS-20, bezogen auf die Rakete als Bewertungseinheit, deutlich höher als die der geplanten NATO-Systeme. Anders jedoch als die SS-20 erreichen die NATO-Raketen eine Vernichtungswahrscheinlichkeit von 99% bereits bei einem Einsatz von drei Gefechtsköpfen, die SS-20 dagegen erst bei vier Gefechtsköpfen. Konsequenterweise beeinflußt die Änderung des Härtungswertes die Ergebnisse aus unserer ersten Berechnungsalternative nicht strukturell: Nach wie vor ist für 1980 – wenn auch auf reduziertem Niveau – ein rechnerischer Vorsprung der WVO in der Zielabdeckungskapazität zu verzeichnen, der 1985 in eine gegenteilige Tendenz zugunsten der NATO umschlägt (vgl. Tabelle Nr. 42). Da schließlich auch die bereits behandelten restriktiven Faktoren Interferenz, Zuverlässigkeit und Ortbarkeit unverändert sowohl für Ziele mit 5 psi als auch für solche mit 30 psi Härtung gelten, können wir nochmals zusammenfassen: *Eine militärische Notwendigkeit zur Nachrüstung der NATO kann mit der SS-20, insbesondere mit einer Fähigkeit des neuen WVO-Systems zum entwaffnenden Erstschlag, nicht begründet werden.* Im Gegenteil wird erst mit dem Nachrüstungsbeschluß eine Dynamik eingeleitet, die zu einem Wettlauf um die Counterforce-Fähigkeit im LRTNF-Bereich führen kann. Zumindest zeichnen sich bereits heute mit den schon mehrfach erwähnten (vgl. u. a. Abschn. 6.2) britischen und amerikanischen Modernisierungen für die Zeit auch nach 1985 und zu Beginn der 90er Jahre neue qualitative Sprünge und numerische Erweiterungen für die NATO-LRTNF ab (vgl. auch Tabelle Nr. 39). Offen ist, wie die Sowjetunion reagieren wird. Um allein den für die WVO ohnehin schon ungünstigen (und aus ihrer Sicht bedrohlichen) Zustand nach der sogenannten Nachrüstung nicht zu Beginn der 90er Jahre noch zu verschlechtern, wird die UdSSR glauben, ihre Zuwachsrate an SS-20 (u. U. auch eines neues Systems) in den kommenden Jahren um das Zwei- bis Dreifache erhöhen zu müssen.[101] Wie aber wird wiederum die NATO auf eine weitaus höhere Zuwachsrate als erwartet reagieren? Über diese und ähnliche Fragen darf ebensowenig hinweggegangen werden wie über die Auswirkungen der derzeitigen Dynamik im LRTNF-Bereich auf die strategische Stabilität (dazu im folgenden Kapitel 11).

101 Diese Prognose war bei Abschluß der vorliegenden Arbeit schon von der Realität eingeholt: Während die jährliche Zuwachsrate an SS-20 im Jahre 1979 bei 20 bis 27 lag – vgl. oben Tabelle Nr. 14a – soll sie, nach allerdings unbestätigten Berichten, im Jahre 1980 bei ca. 50 Exemplaren gelegen haben – vgl. auch bereits oben Abschn. 10.4.1 und dort Anm. 88. Nach Angaben, die im Rahmen eines sicherheitspolitischen Kolloquiums des Planungsstabes des Auswärtigen Amtes genannt wurden, sollen mit Stand 20. 5. 1981 ca. 160 SS-20 zu je 3 Gefechtsköpfen existieren; die Zuwachsrate soll 8 SS-20 pro Monat betragen, wovon 4 implementiert werden und 4 als Nachladebestand gehalten werden.

Teil IV:

«Weltkrieg wider Willen?» oder: Die Kooperative Rüstungssteuerung der 80er Jahre

11. Der Nuklearkrieg in und für Europa?

Bevor wir im folgenden die Ergebnisse unserer Kräftevergleichsanalysen zusammenfassen und Schlußfolgerungen in der Frage der Kriegsgefahr einerseits und für die Möglichkeiten zur Kriegsverhütung und Kooperativen Rüstungssteuerung in den 80er Jahren andererseits ziehen, seien nochmals die Leitfragen wiederholt, die wir unserer Untersuchung in Abschnitt 1. 2. 3. zugrunde gelegt hatten:

1. Besitzt die WVO im TNF-Bereich tatsächlich eine gefährliche militärische Überlegenheit, die einen Nachrüstungsbeschluß der NATO im Jahre 1979 ohne Verzögerung und insbesondere ohne vorherige Rüstungssteuerungsverhandlungen erforderlich machte?
2. Ist grundsätzlich noch zu Beginn der 80er Jahre – unabhängig auch von der Antwort auf die vorangegangene Frage – ein Mehr an nuklearen Mittelstreckenraketen in Westeuropa gleichzusetzen mit einem Mehr an strategischer Stabilität und Sicherheit?

11.1 Nachrüstung oder Überlegenheitsstreben?

11.1.1 Das Kräfteverhältnis: Fünf Teilergebnisse

Rekapitulieren wir unsere bisherigen Ausführungen zum militärischen Kräfteverhältnis der «Nuklearwaffen in und für Europa», so kann – selbst wenn man sich von für die NATO ungünstigen Annahmen leiten läßt – folgendes festgehalten werden:

1. Die numerischen Kräftevergleiche (in Abschnitt 7. 1 und 7. 2) weisen zum Zeitpunkt des Nachrüstungsbeschlusses keinen Vorteil zugunsten der WVO in den Bereichen der SRTNF und MRTNF aus.
2. Auf der Ebene der LRTNF-Systeme besteht (nach Abschnitt 7. 3) 1979/80 nach der Zahl der land- und seegestützten Raketengefechtsköpfe und nach der Gesamtzahl der nuklearfähigen Flugzeuge numerische Ausgewogenheit zwischen den Pakten.
3. Die kontinuierlichen Erneuerungsmaßnahmen der NATO und das – systemimmanent betrachtet – auch Anfang der 80er Jahre noch bestehende Modernisierungsdefizit der WVO geben (nach Kapitel 6 und 8, aber auch nach Kapitel 10) keinen Hinweis auf einen qualitativen Vorsprung der TNF-Systeme der WVO zum Zeitpunkt des Nachrüstungsbeschlusses der NATO.

4. Der Counterforce/Countervalue-Vergleich läßt (nach Kapitel 9) selbst unter Worst-Case-Bedingungen zum Nachteil der NATO kein kalkuliert tragbares Risiko der Sowjetunion im Angriffsfalle erkennen. Die beidseitige gesicherte Zerstörungsfähigkeit besteht auch zum Dekadenwechsel unverändert fort.
5. Der Counterforce/Counterforce-Vergleich zeigt (nach Kapitel 10), daß die Sowjetunion über ausreichende nukleare Erstschlagskapazitäten, bislang aber nicht über die technologische Fähigkeit zum Entwaffnungsschlag verfügt.

Fassen wir die einzelnen Vergleichsebenen zusammen, so kristallisiert sich aus den genannten fünf Einzelergebnissen ein Gesamtbild des TNF-Kräfteverhältnisses heraus, das für 1979/80 die sogenannte «Nachrüstungsthese» und ihre Prämissen keinesfalls bestätigt: Weder läßt sich aus den Ergebnissen die Annahme jener gefährlichen militärischen Unterlegenheit der NATO ableiten, mit der die «Nachrüstung» offiziell legitimiert wurde, noch die Dringlichkeit rechtfertigen, mit der die Beschlüsse am 12. Dezember 1979 (ohne vorherige Rüstungssteuerungsverhandlungen und ohne Berücksichtigung des dänischen Moratoriumsvorschlages von 6 Monaten) gefaßt wurden. Entfallen aber diese beiden Prämissen für die Nachrüstung, so entbehrt auch die dritte jeglicher Grundlage: Die Entscheidung von Dezember 1979 ist, anders als das Kommuniqué der Außen- und Verteidigungsminister glauben machen will (vgl. bereits Abschnitt 1. 2. 3), weder geeignet noch erforderlich, einen *«Rüstungswettlauf* in Europa *abzuwenden»*[1]. Ohnehin unterstellt diese Aussage des Kommuniqués ein Aktions-Reaktions-Schema, das nur schwer mit den realen Rüstungsbeschaffungsabläufen, den Meinungen und Äußerungen hochrangiger Militärs und Politiker der USA und der offiziellen NATO-Doktrin der *flexible response* in Einklang zu bringen ist. Die nachfolgende Skizze soll dieses illustrieren; sie bestätigt zugleich nochmals die Ergebnisse der durchgeführten Kräftevergleiche.

11.1.2 Lücke oder Dominanz?

In der Öffentlichkeit wurde und wird die Debatte um die Modernisierungsmaßnahmen der NATO, insbesondere um die Stationierung von Marschflugkörpern und PERSHING II-Raketen in Europa als Diskussion über eine «Antwort»[2], also über eine «Reaktion» auf die sowjetischen

---

1 Kommuniqué über die Sondersitzung der Außen- und Verteidigungsminister der an der integrierten Verteidigungsstruktur beteiligten Mitgliedstaaten des Nordatlantikpaktes in Brüssel am 12. Dezember 1980, abgedruckt in: EA 2/1980, S. D 35–D 37, hier: S. D 37 (Hervorheb. – D.S.L.); vgl. auch bereits oben Abschnitt 1.2.3 und dort Anm. 193ff.

2 Vgl. stellvertretend: Brown erläutert den Verteidigungshaushalt der USA. Erklärung

Neuerungen im Mittelstreckenbereich geführt. Die Genesis beider Waffensysteme läßt jedoch eine Legitimation mit der sowjetischen SS-20 nicht oder nur eingeschränkt zu: Von der Erprobung der SS-20 erfuhr der Westen erstmals im Jahre 1975 durch den amerikanischen Aufklärungssatelliten BIG BIRD.[3] Die Entwicklung einer modifizierten PERSHING-Rakete hatte jedoch bereits im Jahre vorher, nämlich 1974[4], begonnen. Die ersten erfolgreichen Flugtests mit der amerikanischen Cruise Missile TOMAHAWK liegen bereits im Jahr 1976[5]; die Entwicklungs- und Forschungsarbeiten haben somit lange vor diesem Zeitpunkt, nämlich bereits 1972 begonnen[6] (vgl. auch oben Schaubild Nr. 22). Ein den amerikanischen Marschflugkörpern neuer Generation vergleichbares System[7] der UdSSR zeichnet sich darüber hinaus nicht ab. Wenn überhaupt, so wird die Sowjetunion mit hoher Wahrscheinlichkeit einen ähnlich hohen technologischen Standard nicht vor Ablauf von sieben bis zehn Jahren erreichen können. Von einem «Nachrüsten»[8] des Westens im Sinne eines Aktions-Reaktions-Schemas kann also nicht gesprochen werden.

---

vor dem Außenpolitischen Ausschuß des Senats, Amerika-Dienst, Dokumentation, vom 26. 9. 1979, S. 1–28, hier S. 16; vgl. ferner oben insbesondere Abschnitt 1.2.3 und 3.3.

3 Vgl. Berndt, Helmut, Grauzonenwaffen bedrohen Europa, in: Zivilverteidigung 2/1979, S. 30.

4 So: Rüstung und Abrüstung im euronuklearen Bereich. Die Mitwirkungsmöglichkeiten der europäischen Staaten an den SALT III-Verhandlungen. Eine Kurzstudie von Hubertus Hoffmann und Rolf Steinrücke im Auftrage der Bundestagsabgeordneten Peter Kurt Würzbach und Markus Berger, Washington/Bonn, April/Mai 1979 (hektogr. Manuskript), S. 26; die Initiative zum Programm der heutigen PERSHING II wurde dann im Fiskaljahr 1975 gegeben – 97th Congress, 1st Session, Fiscal Year 1982 Arms Control Impact Statements. Statements Submitted to the Congress by the President Persuant to Section 36 of the Arms Control and Disarmament Act, Printed for the use of the Committees on Foreign Affairs and Foreign Relations of the House of Representatives and Senate respectively, U. S. Government Printing Office, Washington, February 1981, S. 205.

5 Stockholm International Peace Research Institute (SIPRI), World Armaments and Disarmament, SIPRI Yearbook 1978, London 1978, S. 448; Freistetter, Franz, Die Frage der Mittelstreckenraketen, in: ÖMZ 2/1980, S. 104.

6 Vgl. Fiscal Year 1982 Arms Control Impact Statements, a. a. O. (Anm. 4), S. 206–216, insbesondere S. 210; so auch: Berry jr., F. Clifton, Entwicklung von Marschflugkörpern nach dem SALT II-Abkommen, in: Interavia 8/1979, S. 761.

7 A. A.: Hoffmann, Hubertus/Steinrücke, Rolf, a. a. O. (Anm. 4), S. 28 – die Autoren übersehen allerdings, daß es sich bei der TOMAHAWK um eine völlig neue Generation von Cruise Missile mit einer hochqualifizierten Technologie handelt. Ihre Schlußfolgerung lautet: «Da die UdSSR bereits über eine eigene konventionelle und atomare Cruise Missile in Europa verfügt, sind die Cruise Missile der Amerikaner in diesem Sinne auch kein neues Ausrüstungsprogramm.»

8 Vgl. die in Abschnitt 1.2.3 und 3.3 genannte Literatur; vgl. auch als sowjetische Stimme: Semejko, Lew, Strategie des Gleichgewichts und «Eurostrategie» der Überlegenheit, in: Europäische Rundschau 4/1980, S. 67–74, insbesondere S. 69: «... der Beschluß über die Vorbereitung zur Entwicklung neuer Mittelstreckenraketen in der NATO (wurde)

Wenn dennoch öffentlich der Umbau der PERSHING I zu einer weitreichenden eurostrategischen Waffe und die Entwicklung und Einführung eines gänzlich neuen, hochtechnologischen Marschflugkörpers mit der Dislozierung neuer Mittelstreckenwaffen der UdSSR legitimiert wird, so handelt es sich um eine Ex-Post-Facto-Rationalisierung.[9] Diese Erklärung muß jedoch nicht auf ein bewußtes Überlegenheitsstreben des rüstungsproduzierenden Staates oder Paktes – in diesem Fall der NATO – hinweisen: In der militärisch-industriellen Rüstungsrealität werden neue Waffensysteme u. a. vielmehr auch deshalb entwickelt und produziert, weil Forschungs- und Produktionskapazitäten brachliegen oder einfach weil entsprechende wissenschaftliche und technologische Standards erreicht sind. Ihre militärische Funktionsbestimmung erfolgt nachträglich. Zur Legitimation gegenüber der Öffentlichkeit bedient man sich in der Regel des «Lückenarguments»[10] – so auch in diesem Fall: Die gegenwärtige Diskussion wurde bzw. wird in den entsprechenden Medien unter Schlagzeilen geführt[11] wie: «Die Abschreckungs*lücke* der NATO[12], «Europas Raketen*lücke*»[13] etc.[14]

Vermutungen, daß es den USA und der NATO mit den skizzierten Modernisierungsmaßnahmen nicht um Parität und Ausgleich geht bzw. rein rechnerisch nicht gehen kann und auch nicht um eine Auslastung von Entwicklungs- und Produktionskapazitäten, sind allerdings nicht ohne weiteres von der Hand zu weisen. Sie werden durch Äußerungen hoher militärischer «Insider» wie dem seinerzeitigen Vorsitzenden der Vereinigten Stabschefs der USA, General George S. Brown, auch relativ unverhüllt bestätigt. In seiner Stellungnahme an den Kongreß «On the Defense Posture of the United States for FY 1979» betonte der General u. a., daß

- durch die wachsende Veralterung der nuklearen Gefechtsfeldsprengköpfe der gesamte *US-Vorsprung* bedroht sei[15];

---

gefaßt, noch bevor (ich betone – bevor) die ersten sowjetischen SS-20-Raketen entwickelt wurden.»

9 Zur «Innenleitung» vgl.: Senghaas, Dieter, Aufrüstung durch Rüstungskontrolle, Stuttgart u. a. 1972, S. 48ff, 56.

10 Senghaas, Dieter, Rüstung und Militarismus, Frankfurt a. M. 1972, S. 243; vgl. auch: Lutz, Dieter S./Rittberger, Volker, Abrüstungspolitik und Grundgesetz. Eine verfassungsrechtlich-friedenswissenschaftliche Untersuchung, Baden-Baden 1976, S. 132.

11 Siehe bereits oben Abschnitt 1.2.3 und 3.

12 Raven, Wolfram von, Die Abschreckungslücke der NATO, in: loyal 3/1979, S. 6f.

13 Dorn, Jürgen, Europas Raketenlücke, in: Rheinischer Merkur vom 17. 8 1979, S. 20f.

14 Vgl. z. B.: «Helmut Schmidt: Keine Vorreiterrolle». Rolle und Interesse der Bundesrepublik bei den nuklearpolitischen Entscheidungen, in: Vorwärts Nr. 8 vom 15. 2. 1979, S. 10f, und dort den Begriff «Lücke im Abschreckungskontinuum».

15 Statement by General George S. Brown, USAF, Chairman, Joint Chiefs of Staff to the Congress on the Defense Posture of the United States for FY 1979, prepared 20 January 1978, 124 S., hier S. 8.

– ER-Gefechtsköpfe für die LANCE und neue Sprengköpfe für die 155-mm-Haubitzen der TNF der *USA* die *Überlegenheit* im Bereich der Gefechtsfeldsysteme über die 80er Jahre hinweg sichern würden[16];
– die Dislozierung des Marschflugkörpers TOMAHAWK und der nuklearen Antischiff-Rakete HARPOON die nukleare *Parität* der UdSSR zur See über die 80er Jahre *ausschließen* würde.[17]

Kräftevergleich und Rüstungsursache faßt der Vorsitzende der Vereinigten Stabschefs ebenfalls selbst zusammen: «Gegenwärtig besitzt die USA im TNF-Bereich einen *Vorsprung*, aber sie muß fortfahren, moderne Systeme zu entwickeln und zu dislozieren, um den Modernisierungen der UdSSR zu begegnen».[18] (Hervorhebungen – D. S. L.).

Militär-politische Kategorien, wie sie die von Stabschef Brown gebrauchten Termini «Vorsprung» und «Überlegenheit» widerspiegeln, lassen sich zwar kaum in Einklang bringen mit den Zielen einer erfolgsbemühten KRSt: der «ausgewogenen Leistungsbilanz» und der «Strategischen Stabilität» (vgl. oben Abschnitt 1.1). Gleichwohl sind sie nicht lediglich Ausdruck des Denkens eines einzelnen – wenngleich auch hochrangigen – Militärs, sondern Bestandteil einer (latent bis offen vorhandenen) Strömung in der amerikanischen Nation zu einer «Politik der Stärke». Zumindest glaubt sich der vormalige amerikanische Verteidigungsminister im jüngsten Bericht zum Fiskaljahr 1981 expressis verbis auf diese «geistige Haltung» seiner Landsleute berufen zu können: «Wir müssen jetzt entscheiden, ob wir die *mächtigste Nation der Welt bleiben wollen*. Die Alternative wäre ein Abrutschen in die Unterlegenheit, in eine Position der Schwäche in der *kompromißlosen* Welt, in der auf Prinzipien, hinter denen keine Macht steht, keine Rücksicht genommen wird ... Diese Nation muß die *stärkste der Welt bleiben*. Dies ist, so glaube ich, *übereinstimmende Auffassung im ganzen Land und im Kongreß*. Im Einklang mit dieser *geistigen Haltung* und den Erfordernissen dieses Zeitalters haben wir ein Programm beantragt, von dem der Präsident und ich glauben, daß es richtig und notwendig für die Sicherheit unseres Landes ist.»[19]

Diese «geistige Haltung» läßt sich allerdings nicht nur in öffentlichkeitswirksamen Schlagworten finden wie «die Vereinigten Staaten, die stärkste aller Nationen»[20] bzw. die «Nr. 1 in der Welt»[21] oder «Second to None in

---

16 Ebd., S. 9.
17 Ebd.
18 Ebd., S. 9f.
19 Brown, Harold, Department of Defense, Annual Report Fiscal Year 1981, o. O. 1980, S. 14.
20 So auch Präsident Carter in seiner Botschaft zur Lage der Nation vom 23. 1. 1980, abgedruckt als Amerika-Dienst, Dokumentation, vom 24. 1. 1980, 16 S., hier: S. 2.
21 Vgl. Gaebel, Hans-Herbert, Nr. 1 in der Welt, in: Frankfurter Rundschau vom 18. 7. 1980, S. 3, der sich vorrangig auf den Präsidentschaftskandidaten Reagan bezieht.

Military Strength»[22]. Sie läßt sich vielmehr auch den Zuwachsraten der US-Verteidigungsausgaben der kommenden Jahre entnehmen[23] und an Grundsätzen ablesen wie der sogenannten «Carter-Doktrin»[24] oder der *countervailing strategy* (dazu bereits Abschnitt 10.1). Sie ist schließlich auch – und dieser Aspekt ist als entscheidend zu betonen – immanenter Bestandteil der (zumindest auf den ersten Blick) so scheinbar defensiven Militärdoktrin der *flexible response*[25]. Das Ziel der «abgestuften Reaktion» nämlich, auf eben jeder Reaktionsstufe den Entscheidungsträgern und Handlungsakteuren der NATO die «Eskalationskontrolle»[26] oder noch deutlicher die «Eskalationsdominanz» zukommen zu lassen, setzt «militärische Überlegenheit»[27] voraus. Denn «Eskalationsdominanz» bedeutet nichts anderes als «die militärische Fähigkeit, durch Vorteile auf den höheren Stufen anwendbarer Gewalt den gegnerischen Handlungsspielraum bestimmen zu können».[28] Ähnliches gilt auch für die Vorstellung (nicht nur der Sowjetunion,

---

22 So: Carter Address to American Legion, Wireless Bulletin from Washington Nr. 35, vom 20. 2. 1980, S. 1: «We remain the World's most powerful force and the American People and the Congress are united with me in keeping the United States *second to none in military strength*» (Hervorheb. – DSL).

23 Die Regierung Reagan hat «Verteidigungsausgaben für den Zeitraum der kommenden fünf Jahre von insgesamt 1½ Billionen Dollar vorgeschlagen» – Dybvik, Russel E., «Warum die Vereinigten Staaten ihre Verteidigungsanstrengungen erhöhen müssen», in: Amerika-Dienst, Hintergrundmaterial Nr. 16 vom 8. 4. 1981, 9 S., hier S. 2; vgl. ebd., S. 4. auch: «Seit dem Zweiten Weltkrieg gründete sich die amerikanische und westliche Militärpolitik auf die amerikanische *Überlegenheit* im strategischen Nuklearbereich» (Hervorheb. – DSL).

24 Die «Carter-Doktrin» erklärt die Region Persischer Golf zum strategischen Interessengebiet der USA.

25 Vgl. zur *flexible response* u. a.: Weißbuch 1975/1976. Zur Sicherheit der Bundesrepublik Deutschland und zur Entwicklung der Bundeswehr, hg. vom Bundesminister der Verteidigung im Auftrage der Bundesregierung, Bonn 1976, S. 21f; vgl. stellvertretend auch: Lutz, Ernst, Lexikon zur Sicherheitspolitik, München 1980, S. 86f; ferner ebenfalls bereits oben Abschnitt 10.1 und die Literaturangaben; vgl. auch bereits oben Abschnitt 4.3, Anm. 11–13.

26 Vgl. dazu u. a.: Davis, Lynn Etheridge, Limited Nuclear Options. Deterrance and the New American Doctrine, Adelphi Papers No. 121/1975–76, S. 6ff; Powers , Robert C., Escalation Control, in: USNI Proceedings No. 1/1980 (Vol. 106), S. 52–56; Ruehl, Lothar, Der Beschluß der NATO zur Einführung nuklearer Mittelstreckenwaffen, in: EA 4/1980, S. 101, dort auch S. 105 den Begriff «Lücke im Eskalationsspektrum»; zur «Eskalationslücke» vgl. auch u. a.: Beste, Hans Dieter, Um die Fähigkeit zurückzuschlagen, in: Europäische Wehrkunde 11/1979, S. 542f.

27 Vgl. auch: Krell, Gert, Wenn Atomkrieg «denkbar» wird. Neue US-Nuklear-Strategie: Stabilität bleibt eine Illusion, in: Vorwärts Nr. 35 vom 21. 8. 1980, S. 21: «Gilt der Nuklearkrieg als denkbar und machbar, muß man stärker sein als der Gegner und in einer Krise möglicherweise zuerst losschlagen.»

28 Stratmann, K.-Peter, NATO-Strategie in der Krise? Militärische Optionen von NATO und Warschauer Pakt in Mitteleuropa, Baden-Baden 1981, S. 14, ferner S. 68, 75, 76, 192, 200, 204, 205, 207; ders.: Probleme der Bewertung der militärischen Optionen der NATO und des Warschauer Pakts in Europa, in: Forndran, Erhard/ Friedrich, Paul J.

sondern) auch der USA, über Möglichkeiten verfügen zu müssen, einen Krieg, ist er einmal ausgebrochen, «zu ihren Gunsten»[29], d.h. «siegreich»[30] entscheiden zu können.

Nach dem Weißbuch der Bundesregierung verbindet «die nuklear-taktische Komponente, das Mittelstück der Triade ... zwischen der konventionellen und der nuklear-strategischen Komponente alle Elemente der Abschreckung zu dem Gesamtspektrum, das als ein Ganzes erst den vollen Abschreckungseffekt erzielt».[31] Was aber ist zur Herstellung von Eskalationsdominanz und Überlegenheit auf strategischer Ebene besser geeignet als ein «Mittelstück der Triade», dessen Waffensysteme zwar «taktischnuklear» legitimiert wurden, die aber im Ernstfall nicht (nur) gegen Systeme wie die SS-20 gerichtet werden, sondern – SALT *einseitig* unterlaufend – gegen *strategische Ziele* wie ICBM-Silos, ABM-Stellungen, Kommando-Bunker und Führungszentralen in der Sowjetunion eingesetzt werden können (vgl. Schaubild Nr. 25) und auch der Logik des Systems entsprechend vorrangig eingesetzt werden müssen? (dazu noch Abschnitt 11.2.4.1).

In Beantwortung unserer ersten Leitfrage müssen wir zusammenfassend also nicht nur die sog. Nachrüstungsthese zurückweisen, sondern auch ein dem Abschreckungssystem offensichtlich inhärentes Überlegenheitspostulat auch der NATO konstatieren. Die weitergehende Schlußfolge-

---

(Hg.), Rüstungskontrolle und Sicherheit in Europa, Bonn 1979, S. 25–46, hier S. 27, 31, 36.

29 Stellvertretend: Mies, Ullrich F. J., Destabilisierungsfaktoren des gegenwärtigen Abschreckungssystems. Die Implikationen der 1974er Modifikation der US-Nuklearstrategie für die globalstrategische Stabilität, Frankfurt a. M. 1979, S. 61 und dort den Quellenverweis.

30 »We advocate a foreign policy which will avoid wars – if possible; if not, win them!« – aus dem «Statement of Policy» der Navy League of the United States, founded 1902 (818 Eighteenth Street, N. W.), Washington, D. C. 2006; vgl. auch in der Ansprache des neuen Präsidenten der Vereinigten Staaten, Ronald Reagan, nach Ablegung seines Amtseides am 20. Januar 1981, abgedruckt unter der Überschrift «Wir werden niemals um des Friedens willen kapitulieren», in: Frankfurter Rundschau vom 30. 1. 1981, S. 12: «Wir werden um den Frieden verhandeln, wir werden Opfer für ihn bringen, wir werden jedoch niemals um des Friedens willen kapitulieren – weder heute noch je»; vgl. auch zum Zitat von US-Außenminister Haig: «Es gibt wichtigeres als den Frieden» im folgenden noch Anm. 68; vgl. ferner: Gray S./Payne, Keith, Victory is Possible, in: Foreign Policy No. 39/1980, S. 14–27, im folgenden zitiert in der deutschen Übersetzung, abgedruckt als «Sieg ist möglich». Eine amerikanische Einladung zum Atomkrieg, in: Blätter für deutsche und internationale Politik 12/1980, S. 1502–1509; vgl. auch: United States Military Posture. An Overwiew by General David C. Jones, USAF, Chairman of the Joint Chiefs of Staff, For FY 1981 with Supplement prepared by The Organization of the Joint Chiefs of Staff, Washington o. J. (1980), S. VI: «Dieses Bewußtsein und der Wille, entsprechend zu handeln, wird uns in die Lage versetzen, das Nötige zu tun, um aus den Herausforderungen, die uns in den 80er Jahren erwarten, *siegreich* hervorzugehen». (Hervorheb. – D.S.L.).

31 Weißbuch 1975/1976, a. a. O. (Anm. 25), S. 22; vgl. auch bereits oben Abschnitt 4.3, Anm. 12.

Schaubild Nr. 25: Raketenfelder der Sowjetunion in Reichweite der NATO-LRTNF

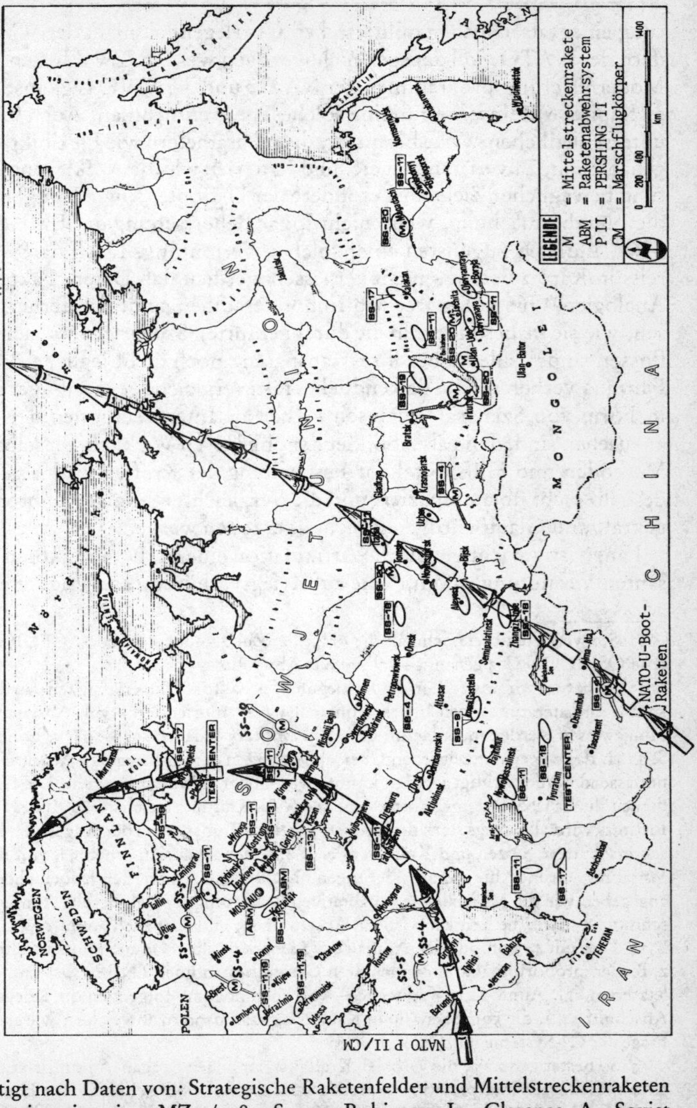

Angefertigt nach Daten von: Strategische Raketenfelder und Mittelstreckenraketen in der Sowjetunion, in: oMZ 2/1981, S. 137; Robinson, Jr., Clarence, A., Soviet SALT Violations Feared, in: Aviation Week & Space Technology, Sept. 22, 1980, S.

15; Ball, Desmond, Research Note: Soviet ICBM Deployment, in: Survival July/August 1980, S. 168.

---

rung einer tatsächlichen militärischen Überlegenheit nicht der WVO, sondern der NATO, soll dagegen nicht gezogen werden. Zwar ließen sich den Modernisierungsprogrammen der NATO und der WVO (vgl. insbesondere Kapitel 6) Hinweise für eine solche These entnehmen. Auch bilden die unterschiedlichen Werte bei qualitativen Parametern wie Flexibilität, Treffgenauigkeit, Zuverlässigkeit etc. und Kriterien wie die Aufklärung und Ortung beweglicher Ziele, insbesondere der U-Boote, sowie Fähigkeiten wie die Nutzbarmachung, wenn nicht sogar Beherrschung des EMP-Effektes usw., Indizien zugunsten einer solchen Vermutung. Doch darf – wie bereits in Kap. 2 betont – nicht vergessen werden, daß Daten, Fakten[32] und Analogien[33] nie völlig frei von Imponderabilien sind, daß ferner Prämissen, wie sie insbesondere in die durchgeführten Szenarienvergleiche eingeflossen sind[34], allein über ihre Transparenz noch nicht jegliche subjektive Färbung verlieren, und daß endlich Kräftevergleiche generell – gerade auch in Form von Szenario-Analysen – eher als Interpretationen der Realität anzusehen sind, denn als Abbilder der objektiven Wirklichkeit selbst.[35] Die Methoden und Hilfsmittel zur Feststellung der Kräfteverhältnisse dürfen deshalb nicht überstrapaziert und die Vergleichsergebnisse in ihrer Aussagekraft und Glaubwürdigkeit nicht überzogen werden.

Langfristig wichtiger als die Artikulation einer u. U. nur aktuell interessanten Vermutung sind für eine auf Kriegsverhütung ausgerichtete Sicher-

---

32 Stellvertretend sei nochmals die Frage der Zurechnung der 400 SACEUR assignierten POSEIDON C-3 genannt – vgl. bereits Abschnitt 4.5.1

33 So hatten wir uns z. B. in der Festlegung des Faktors «Zuverlässigkeit» an der amerikanischen Literatur zu den Interkontinentalsystemen orientiert – vgl. Abschnitt 10.3.2. Hingewiesen werden muß darauf, daß «The Military Balance 1980–1981», London 1980, S. 118f, das wegen der zeitlichen Überschneidung in der vorliegenden Arbeit nicht mehr umfassend berücksichtigt werden konnte, von höheren Werten ausgeht. Die Glaubwürdigkeit dieser IISS-Daten wie insgesamt des TNF-Kräftevergleichs 1980/81 des Londoner Instituts wird allerdings stark durch die mangelnde Transparenz der Angaben und Analysen erschüttert. Daten und Kräftevergleich unterscheiden sich erheblich von denen des Vorjahres. Gründe für diese Änderungen und Differenzen werden jedoch ebensowenig angegeben wie die Maßstäbe der qualitativen Bewertungen – vgl. bereits Anm. 32 in Abschnitt 3.2 sowie die Kritik am IISS in Abschnitt 8.3 und dort auch Anm. 12.

34 Dies gilt sowohl für den Aufbau der Szenarien selbst wie auch für Einzelfragen wie z. B. den proportional komplementären Gesamtbestand der TNF in Ost und West (zu letzterem vgl. Anm. 22 in Kapitel 10) – vgl. auch noch im folgenden die Kriegsbilder in Abschnitt 11.2, die vom Szenario in Kapitel 10 u. a. insofern abweichen, wie sie z. B. die Frage der C^3-Systeme mitberücksichtigen.

35 So bestätigen zwar die verbalen Kraftakte der neuen Reagan-Administration zu Beginn 1981 unsere Interpretation expressis verbis, gleichwohl geben sie nur Hinweise auf die Wahrscheinlichkeit eines möglichen Verhaltens der USA im Konfliktfall, noch nicht aber die tatsächliche Aktivität selbst wieder.

heitspolitik ohnehin die in die Zukunft weisenden (destabilisierenden) Tendenzen und Strukturen, die wir – quasi als Nebenprodukt unserer Kräftevergleiche – offengelegt haben. Sie formen – unabhängig vom Ergebnis in der Nachrüstungsfrage – die Antwort auf unsere zweite Leitfrage, ob in den 80er Jahren ein Mehr an nuklearen Mittelstreckenraketen in Westeuropa noch gleichzusetzen ist mit einem Mehr an strategischer Stabilität und Sicherheit.

11.2 Ist ein Mehr an Nuklearwaffen in Europa gleichzusetzen mit einem Mehr an Stabilität und Sicherheit?

Um die sicherheitspolitische Brisanz, die sich in der zweiten Leitfrage verbirgt, voll zu verdeutlichen, soll ihre Beantwortung nicht lediglich als Zusammenfassung von Ergebnissen aus den vorangegangenen Kapiteln (dazu Abschnitt 11.2.1) verstanden werden. In einem zweiten Schritt sollen vielmehr die herausgefilterten Tendenzen und Strukturen noch in eine Situationsbeschreibung des derzeitigen Abschreckungssystems in Form von Kriegsbildern eingebettet werden (vgl. Abschnitt 11.2.2). In einem dritten Schritt schließlich sollen die Risiken und Gefahren nuklearer Sicherheits- und Abschreckungspolitik analysiert werden (vgl. Abschnitt 11. 2. 3).

11.2.1 Zehn Strukturmerkmale des TNF-Kräfteverhältnisses der 80er Jahre

Wie die vorangegangenen Kapitel und insbesondere die Analysen im Rahmen des Counterforce/Counterforce-Vergleiches aus Kapitel 10 zeigen, sprechen alle Anzeichen dafür, daß bei konsequenter Fortführung der derzeitigen Politik der Rüstungsbereich der Nuklearkräfte in und für Europa in den 80er und frühen 90er Jahren stärker als je zuvor geprägt sein wird von voraussichtlich

erstens über den sogenannten Nachrüstungsbeschluß hinausgehenden Zuwachsraten und ggf. auch der Entwicklung neuer Waffensysteme,

zweitens einer Tendenz zur *self-fulfilling-prophecy* mit

drittens den Folgen einer numerischen Disparität von Zielen und Mitteln beider Seiten (Parität der Disparität), ferner

viertens einer qualitativ, in ihren Werten (Letalität, Vernichtungswahrscheinlichkeit) sich sprunghaft (exponentiell) entwikkelnden Dynamik der Nuklear- und Raketentechnologie, *fünftens* einer aufgrund gerade der sprunghaften Eigendynamik der Rüstungstechnologie nicht exakt und im voraus berechenbaren Entwicklung, und

sechstens dem hieraus ständig möglichen – tatsächlichen oder auch nur vermeintlichen – Wechsel der Kräfteverhältnisse, verbunden schließlich mit

siebtens der Realisierung einer Tendenz der Supermächte zur Beschaffung der militärischen Kapazitäten und Fähigkeiten eines entwaffnenden Erstschlages (*counterforce/first strike*).

Diese Aussagen besitzen – schließt man Waffensysteme wie die geplante MX-Rakete der USA oder modernisierte Systeme wie die SS-18 und SS-19 der UdSSR in die Betrachtung mit ein – durchaus auch Gültigkeit für den nuklearstrategischen Bereich der Rüstungsentwicklung. Spezifisch für den europäischen Kriegsschauplatz und damit auch für die LRTNF ist allerdings ein weiterer, im Krisenfall u. U. entscheidender Destabilisierungsfaktor, nämlich

achtens die drastische Verkürzung der Vorwarnzeit.

Während die Flugzeit einer interkontinental-strategischen Rakete von den USA in die UdSSR oder umgekehrt mit einer Dauer von 25 bis 30 Minuten angegeben wird, soll die Flugdauer eurostrategischer Systeme, etwa der für die Bundesrepublik vorgesehenen und auf Ziele in der UdSSR gerichteten PERSHING II lediglich 4 bis 10 Minuten[36] betragen. Bereits die interkontinentale Vorwarnzeit muß aber als kaum lange genug angesehen werden, um ggf. gesichert festzustellen, ob ein Angriff oder ein Irrtum (Fehlalarm)[37] vorliegt bzw. um in beiden Fällen möglichst rational[38] zu reagieren.

---

36 Zeitangaben finden sich u. a. bei: Sommer, Theo, Der Kreml glaubt den Worten nicht. Noch zeichnet sich ein gangbarer Ausweg aus der Afghanistan-Krise nicht ab, in: Die Zeit Nr. 15 vom 4. 4. 1980, S. 3; «Unsere Raketen zielen nicht auf Bonn» (Interview mit Wladin Sagladin und Walentin Falin), in: Der Spiegel vom 5. 11. 1979, S. 56, 58; NATO beschließt Produktion und Stationierung neuer Kernwaffen, in: IPW-Berichte 2/1980, S. 37–42, hier: S. 38; eine Zeit von 20 Minuten gibt dagegen an: Ruehl, Lothar, Der Beschluß der NATO zur Einführung nuklearer Mittelstreckenwaffen, in: EA 4/1980, S. 108.

37 Vgl. zum Problem des Fehlalarms den ausführlichen Bericht: «Zwanzig Minuten am Rand eines Atomkrieges», in: Der Spiegel Nr. 26 vom 23. 6. 1980, S. 102–114 sowie ebd., S. 115–118 auch: Bittorf, Wilhelm, Abblende heißt: Der Film ist zu Ende.

38 U. a. auch unter Nutzung des fälschlicherweise «rotes Telefon» genannten Fernschreibers zwischen Moskau und Washington. Anders allerdings «als das echte ‹Rote Telefon› auf dem Schreibtisch des US-Präsidenten, mit dem die Atombomber-Flotte in Marsch gesetzt werden kann, funktioniert das Fernschreibsystem langsam und umständlich, der eigentliche Zweck – die direkte Kommunikation zwischen den Staatsoberhäuptern – wird nicht erreicht» – so: «Heißer Draht»: Bedingt tauglich, in: Der Spiegel Nr. 5 vom 28. 1. 1980, S. 16.

Entscheidungen und Handlungen, denen ein noch kürzerer Zeitrahmen gesetzt wird, können deshalb nur dann in einem relativ rationalen Sinne gefällt und durchgeführt werden, wenn sie

neuntens als vorab festgelegte typische Muster, d. h. vorprogrammiert ablaufen.

Zum Programmschema im Abschreckungssystem gehört jedoch – wie wir bereits in Kapitel 1 festgehalten haben – nicht nur die Identifikation des potentiellen Feindes und die Vermutung seiner dauerhaften Aggressionsbereitschaft, sondern vor allem die ständige Orientierung und Vorbereitung der eigenen Abwehrbereitschaft am denkbar schlimmsten Fall (*worst case*), zukünftig also an der technischen Fähigkeit zum entwaffnenden Erstschlag. Für die Sowjetunion spezifisch wird diese Worst-Case-Orientierung in den kommenden Jahren zusätzlich noch geprägt sein (müssen) von der künftigen Fähigkeit nur der USA zu Optionenbegrenzungs- und (Teil-) Entwaffnungsmaßnahmen (zu den Modellen vgl. bereits Abschnitt 10.1) über den Einsatz von treffgenauen LRTNF-Potentialen gegen militärische Einrichtungen der UdSSR wie ICBM-Silos, Führungsbunker und Kommandozentralen. Mit anderen Worten: Das Abschreckungssystem wird sich ausweisen durch

zehntens ein strategisches Kräfteverhältnis zwischen den Supermächten, das von den USA in Krieg und Frieden einseitig durch (im Sinne von SALT nichtstrategischen) LRTNF zum Nachteil der Sowjetunion unterlaufen wird.

Wie werden, vor allem im Krisenfall, die USA insbesondere diesen letztgenannten strategischen «Strukturvorteil» nutzen (müssen)? Wie wird die Sowjetunion auf dieses strategische «Strukturdefizit» reagieren (müssen)? Bereits bislang schon bildet(e) die Versuchung, in irgendeiner Phase der im Rahmen eskalierender Aufrüstung und Umrüstung möglicherweise wechselnden Kräfteverhältnisse und Kräftevorteile zum Präemptiv- oder Präventivkrieg zu schreiten, sowohl für den stärkeren (und in naher Zukunft vielleicht wieder schwächeren) als auch für den jeweilig schwächeren (und in absehbarer Zeit noch schwächeren) der beiden Kontrahenten ein ernstes Problem. Zukünftig werden beide Gegner die zielstrebigen Bemühungen um Erstschlagskapazitäten des jeweilig anderen feststellen können, nicht aber wissen, ob diese als konkrete Vorbereitungen auf einen Krieg – sei es ein Angriffskrieg oder aus der Sicht des Angreifers u. U. wiederum ein als notwendig erachteter Präventivkrieg – einzuschätzen sind. Wenn aber beide Seiten vom *worst case* ausgehen, werden dann nicht beide zukünftig auch ohne ernsthafte eigene Absichten ständig mit dem Gedanken des Präemptiv- oder Präventivkrieges spielen müssen?

11.2.2 Kriegsbilder: Stabilität durch Vorhersehbarkeit

Mit letzter Gewißheit können die aufgeführten Fragen nur im Ernstfall – den es ja gerade zu vermeiden gilt – beantwortet werden. Um dennoch möglichst wirklichkeitsnahe Aussagen machen zu können, wollen wir in einem Exkurs drei hypothetische Kriegsverläufe durchspielen, um danach die Frage nach den voraussichtlichen Veränderungen in Ablauf und im Ergebnis auf Grund der Rüstungsmaßnahmen der kommenden Jahre anzuschließen. Ausgangspunkte dieser Diskussion sollen zum einen Doktrin und operatives Konzept der WVO sein, die als vorwärtsorientiert bezeichnet werden können,[39] und zum anderen die offizielle NATO-Strategie der *flexible response* mit ihrem Anspruch über Direktverteidigung und Eskalationsandrohung einen möglichen Aggressor zu veranlassen, «seinen Angriff aufzugeben und sich zurückzuziehen».[40] Grundlage der Überlegungen sind ferner «Kriegsbilder»[41], wie sie sich in teilweise außerordentlich öffentlichkeitswirksamen Studien von Generalen[42] der NATO fin-

---

39 Vgl. zum folgenden u. a.: Gathen, Heinz von zur, Änderungen in der Militärdoktrin der Sowjetunion?, in: Europäische Wehrkunde 9/1978, S. 437–442, insbesondere S. 439; Dialer, Friedrich, Operative Konzepte der UdSSR und der USA, Teil 1: Der strategische Rahmen. Die UdSSR, in: ÖMZ 4/1974, S. 267–275; ders., Teil 2: Massive Vergeltung – Flexible Reaktion, in: ÖMZ 5/1974, S. 355–362; ders., Teil 3: Die USA – Die realistische Abschreckung – Die Rüstung, in: ÖMZ 6/1974, S. 437–444; Erickson, John, Trends in the Soviet Combined – Arms Concept, in: Strategic Review No. 1/1977 (Vol. 15), S. 38–53; Stratmann, K.-Peter, NATO-Strategie, a. a. O. (Anm. 28), S. 100f; vor allem aber: Karber, Phillip A., Die taktische Revolution in der sowjetischen Militärdoktrin, Teil I, in: Europäische Wehrkunde 6/1977, S. 265–274; Teil II, in: Europäische Wehrkunde 7/1977, S. 321–332 und dort auch die zahlreichen Verweise auf die sowjetische Literatur; vgl. in Teil I insbesondere auch den «Trend zur Präemptiven Operation» – S. 269ff; ferner: Kielmannsegg, Johann Adolf Graf, Probleme eines kriegerischen Konflikts, insbesondere in Mitteleuropa, in: Kaiser, Karl/Kreis, Markus (Hg.), Sicherheitspolitik vor neuen Aufgaben, Frankfurt a. M. 1977, S. 295–349; Ruehl, Lothar, Der Nutzen militärischer Macht in Europa, in: ebd. S. 220–272; Kime, Steve F., The Soviet View of War, in: Wireless Bulletin from Washington No. 238 vom 19. 12. 1980, S. 25–30; vgl. ferner bereits oben Abschnitt 10.1 und dort die Literatur in Anm. 1–21.

40 Weißbuch 1975/1976, a. a. O. (Anm. 25); ferner: Kulisch, W., Die neue Militärdoktrin der NATO, in: Sowjetwissenschaftliche Gesellschaftswissenschaftliche Beiträge 12/1968 (Vol. 21), S. 1248–1260.

41 Vgl. «Zum Kriegsbild» den gleichnahmigen Aufsatz von: Freistetter, Franz, in: ÖMZ 5/1978, S. 364–373; vgl. ferner: Felber, Adolf Erwin, Kriegsspiele – Methoden, Techniken und Wertgehalt, in: ÖMZ 5/1978, S. 379–384; Kielmannsegg, Johann Adolf Graf, a. a. O. (Anm. 39), S. 295–349, hier insbesondere Abschnitt 3, «Kriegsbild und Konzeption», S. 301ff und Kapitel 12, «Mögliche Grundabläufe», S. 338ff; Miksche, F. O., Vom Kriegsbild, Stuttgart 1975.

42 Stellvertretend: Hackett, Sir John, Der Dritte Weltkrieg. Hauptschauplatz Deutschland. Mit einem Vorwort von General a. D. Graf Kielmannsegg, München 1978; Close, Robert, Europa ohne Verteidigung? 48 Stunden, die das Gesicht der Welt verändern, Bad Honnef-Erpel und Saarbrücken 1977; Steinhoff, Johannes, Wohin treibt die

den[43] oder aus ihnen konstruieren lassen. Um Mißverständnisse zu vermeiden: Die «Kriegsbilder», die im folgenden verwendet werden, dienen nicht der strategischen und taktischen Planung der Verteidigung; vielmehr sollen sie als Arbeitshilfe eingesetzt werden, um aus der *Vorhersehbarkeit* des hypothetischen Kriegsablaufs und seiner nuklearen Schwellen[44] Rückschlüsse auf die stabilisierende oder destabilisierende Wirkung nuklearen Potentials im Krieg bzw. Konsequenzen aus möglichen Kriegsgefahren und Kriegsrisiken rechtzeitig noch in Friedens- und Krisenzeiten ziehen zu können.

Da es uns im folgenden also um die kriegsverhütende und abschreckende Wirkung nuklearer Waffen geht, kann die Frage nach den möglichen politischen, ökonomischen und/oder ideologischen Kriegsursachen und -zielen[45] insoweit offen bleiben. Auch muß – angesichts der breiten Palette von Möglichkeiten und Varianten – der Ablauf des hypothetischen Kriegsgeschehens stark auf seine Grundmuster verkürzt und auf drei – allerdings grundlegende – Kriegsbilder beschränkt werden. Schließlich soll auch nicht unerwähnt bleiben, daß allein mit dem Durchspielen von Kriegsbildern und Szenarien über die kriegerischen oder friedlichen *Absichten* der jeweiligen Systeme und ihrer Entscheidungsträger noch keine Aussage gemacht ist und auch nicht gemacht werden soll.

11.2.2.1 Exkurs

a) Die konventionelle Offensive

Doktrinen, operative Konzepte und bereits vorfindbare Kriegsbilder lassen sich u. a. in der gemeinsamen Annahme eines konventionellen Angriffskrieges der WVO zusammenführen. Gehen wir also vorerst von einem Kriegsszenario aus, das auf eine konventionelle Offensive der WVO gegen Mitteleuropa aufbaut. Das operative Konzept der Staaten des Warschauer Vertrages[46] sieht für diesen Kriegsfall vor, die Verbände der ersten Angriffsstaffel konzentriert auf wenige Abschnitte mit großer Überlegenheit angreifen zu lassen, um die Verteidigungsräume des Gegners mit hoher

NATO? Probleme der Verteidigung Westeuropas, Hamburg 1976, insbesondere S. 66ff; Birnstiel, Fritz, Die Verteidigung Mitteleuropas nach dem NATO-Konzept der Flexible Response, Starnberg 1978, insbesondere S. 57ff, 263ff; ferner bereits oben Abschnitt 1.2.2, Anm. 79–81 und dort auch die Literaturhinweise.

43 Diese «Kriegsbilder» bauen in der Regel auf einem konventionellen Angriff der WVO gegen Mitteleuropa auf, schließen aber eine nukleare Eskalation nicht aus.

44 Die sicherlich bekannteste Eskalationsleiter von Herman Kahn besitzt 44 Sprossen – vgl.: Kahn, Herman, Eskalation. Die Politik mit der Vernichtungsspirale. Mit einer Einleitung von Helmut Schmidt, Berlin 1970.

45 Zu möglichen Kriegsursachen und Zielen siehe z. B.: Weizsäcker, Carl Friedrich von, Einleitung, in: ders. (Hg.), Kriegsfolgen und Kriegsverhütung, München 1970, S. 6.

46 Vgl. bereits oben Anm. 39.

Geschwindigkeit (u. U. auch unter Inkaufnahme hoher eigener Verluste) zu durchstoßen. Aufgabe der nachfolgenden zweiten Staffel ist es, den Angriff ohne Unterbrechung in die Tiefe des gegnerischen Raumes fortzusetzen, Reserveverbände der NATO zu zerschlagen und aus der Bewegung heraus Umfassungsmanöver gegen die Führungs-, Versorgungs- und Unterstützungskomponenten der angrenzenden Divisionen durchzuführen.

Tritt die Offensive bei entsprechend langen Mobilisierungszeiten[47] auf eine vorbereitete Verteidigung der NATO, so ist allerdings nicht auszuschließen, daß auch die Verbände der zweiten Staffel den Durchbruch erst noch erkämpfen müssen, statt ihn in rascher Bewegung vertiefen zu können.

Zu diesem Zeitpunkt, in dem die zweite Staffel (über die Reste der ersten hinweg) in das Kriegsgeschehen einzugreifen beginnt, ist zweifelsohne eine der Schwellen zur nuklearen Eskalation erreicht: Zum einen bieten die «nachrückenden vordersten Teile (der zweiten Staffel – D. S. L.) zusammen mit den noch im Einbruchsraum befindlichen Führungs-, Unterstützungs- und Versorgungsteilen der Divisionen der ersten Staffel einen Komplex lohnender nuklearer Angriffsziele».[48] Zum anderen ist die Gefahr für die NATO, daß der gegnerische Durchbruch doch noch gelingt, zum Zeitpunkt des Eingreifens der zweiten Staffel relativ hoch. Drittens steht die Entscheidung für oder gegen den Gebrauch von Nuklearwaffen zusätzlich unter dem Zwang militärischer Effizienzkriterien, welche die Nutzung der atomaren Wirkung durch anschließende Operationen konventioneller Kräfte vorsehen.[49] Dies aber setzt wiederum den Erhalt und die Existenz der eigenen Streitkräfte «vor Ort» voraus. Nach dem Weißbuch der Bundesregierung muß deshalb «der taktische Ersteinsatz nuklearer Waffen so spät wie möglich, aber so früh wie nötig erfolgen ... daß die Doktrin der Vorneverteidigung Geltung behält, die konventionellen Kräfte des Verteidigers nicht erschöpft sind».[50] Viertens gilt es, dem Gegner im Einsatz nuklearer Gefechtsfeldwaffen, etwa der FROG-Systeme der WVO (vgl. Ta-

---

47 Zur Einsatzbereitschaft der sowjetischen Verbände vgl.: Lutz, Dieter S., Die Rüstungsanstrengungen der Sowjetunion im konventionellen Bereich. Eine Datenvergleichs- und Bedrohungsanalyse, in: Lutz, Dieter S. (Hg.), Die Rüstung der Sowjetunion. Rüstungsdynamik und bürokratische Strukturen, Baden-Baden 1979, S. 80f; ferner ausführlich auch: Kielmannsegg, Johann Adolf Graf, a. a. O. (Anm. 39), S. 315–325.

48 Stratmann, K.-Peter, NATO-Strategie, a. a. O. (Anm. 28), S. 101f.

49 Vgl. Gessert, Robert A./Seim, Harvey B., Improving NATO's Theater Nuclear Posture. A Reassessment and a Proposal, o. O. (Georgetown University Washington), 1977, S. 24.

50 Weißbuch 1975/1976, a. a. O. (Anm. 25), S. 21; ebenso: Congressional Budget Office, (G. Philip Hughes), Budget Issue Paper, Planning U.S. General Purpose Forces: The Theater Nuclear Forces, Washington D. C. 1977, S. 18: «Therefore, NATO theater nuclear weapons would have the greatest effect on the battle if they were used while sufficient conventional forces remained to hold defensive positions or to retake lost territory.»

belle Nr. 25) zuvorkommen. Und fünftens schließlich muß – soll der Schaden für die eigene Zivilbevölkerung möglichst gering gehalten werden – der Einsatz nuklearer Waffen stattfinden, bevor die jeweiligen Bevölkerungszentren und größeren Industrieansiedlungen vom Kriegsgeschehen erreicht werden. Operiert der Gegner erst einmal im «Schatten» der Ballungszentren, etwa der Bundesrepublik, so ist der Zeitpunkt für den Einsatz nuklearer Gefechtsfeldwaffen verpaßt.

Fassen wir zusammen, so läßt sich dem dargelegten Kriegsablauf nicht nur ein starker Anreiz zum Gebrauch von Kernwaffen entnehmen, sondern auch unter militärisch-funktionalen Gesichtspunkten der Zeitpunkt ihres Einsatzes mit hoher Wahrscheinlichkeit kalkulieren. Art und Ausmaß wird – soll die Reaktion «angemessen» und nicht eskalierend sein – im Bereich eines begrenzten nuklearen Gefechtsfeldeinsatzes liegen (zu den Potentialen vgl. die Tabellen Nr. 20, 24 und 27).

Im Gegensatz dazu geht die offizielle Definition der NATO-Strategie der *flexible response* allerdings davon aus, daß für Angreifer «Art, Ausmaß und Zeitpunkt der jeweiligen Reaktionsform nicht kalkulierbar sein» dürfen. «Er muß mit einer Konfliktausweitung und -verschärfung rechnen, deren Risiken für ihn nicht abschätzbar sind».[51] Art und Ausmaß der Reaktion können danach also durchaus über den – durch die konkrete Situation gebotenen – nuklearen Gefechtsfeldeinsatz hinausgehen und etwa auch selektive Nuklearschläge auf strategischer Ebene einschließen. Bezogen auf den – laut Doktrin – nicht kalkulierbaren Zeitpunkt des Einsatzes kann dies wiederum nur heißen, daß sowohl präemptive Maßnahmen als auch nachträgliche Vergeltungsschläge nicht ausgeschlossen werden. Das offizielle Konzept der *flexible response* überschreitet also bewußt die durch den Kriegsablauf gebotene Reaktion (zu den möglichen Einsatzmitteln vgl. die Tabellen Nr. 20, 27 und 29).

Wann, in welcher Weise und in welchem Ausmaß die Reaktion aber auch immer erfolgen mag, festzuhalten ist in jedem Fall, daß der Angreifer die nukleare Antwort nicht ausschließen kann, vielmehr sogar mit einer hohen Wahrscheinlichkeit mit ihr rechnen muß. Der Gesichtsverlust bei Abbruch der gescheiterten konventionellen Offensive wäre für den Aggressor mit Weltmachtanspruch zu diesem Zeitpunkt aber schon ebenso untragbar wie die Folgen einer weiteren nuklearen Eskalation für das eigene Land (vgl. zu letzteren auch Kapitel 9). Sind beide Konsequenzen für ihn aber nicht akzeptabel, so wird er folgerichtig den Plan zum Angriff bereits auf dem Reißbrett fallen lassen, oder aber er muß ihn anders gestalten.

b) Der konventionelle Blitzkrieg

Als Alternative in Frage kommt der konventionelle «Überraschungsangriff

51 Weißbuch 1975/1976, ebd., S. 21.

aus dem Stand» d. h., ein konventioneller Blitzkrieg[52] mit dem vorrangigen Ziel, die nukleare Verteidigungsoption der NATO aus den Angeln zu heben. Ist das Operationsziel auf den «Vormarsch zum Rhein» beschränkt, so bringt eine solche Offensive aus dem Stand für die WVO zweifelsohne nicht zu unterschätzende Vorteile mit sich: die Bundeswehr liegt ohne ausreichende Vorwarnzeit noch personell unterhalb ihrer Kriegsstärke, die materiellen Mobilmachungsergänzungen bleiben unausgeführt, die britische Rheinarmee ist nicht aufgefüllt, die zusätzlichen amerikanischen Heeresverbände sind noch nicht eingeflogen, alliierte Korps sind noch nicht in die vorgesehenen Verteidigungsabschnitte verlegt und schließlich bleibt keine Zeit, die Freigabe nuklearer Waffen durchzuführen. Letztere erfordert nach dem Field Manual 100 – 5 der US-Army einen – allerdings nicht zwingenden – Regelentscheidungsprozeß[53] von 25 Stunden.[54]

Bereits eine Vorbereitungszeit von zwei bis vier Stunden[55] würde jedoch genügen, das Szenario und seine Erfolgsaussichten radikal zu ändern und einen raschen Vorstoß der ersten Angriffsstaffel stark zu beeinträchtigen. Die tatsächliche Vorwarnzeit, auch im Falle eines sogenannten «Überraschungsangriffes aus dem Stand», muß aber sogar noch erheblich höher angesetzt werden. Dann gerade bei einem Angriff aus dem Stand ist die Sowjetunion wentlich stärker auf die aktive Unterstützung ihrer Verbündeten angewiesen als im Falle der vorbereiteten Offensive unter Heranführung eigener rückwärtig dislozierter Divisionen. Die Einsatzbereitschaft der nationalen Verbände der WVO-Staaten ist aber nicht in jedem Fall mit derjenigen der vorne stationierten sowjetischen vergleichbar; militärische Vorbereitungen wären durchaus erforderlich – und feststellbar. Wie das

---

52 Vgl. dazu insbesondere: Close, Robert, a. a. O. (Anm. 42).

53 Der Entscheidungsweg läuft von den Korps über CENTAG, AFCENT, SHAPE, NATO MC hoch zum US-Präsidenten (National Command Authority/NCA) und über diesen Stufen wieder zu den Korps zurück, dann über die Divisionen in die jeweilige Einheit. Der Weg kann allerdings von den Korps direkt über CENTAG zum Präsidenten verkürzt werden – vgl.: Field Manual 100 – 5, ed. by Order of the Secretary of the Army (Fred C. Weyand, General U.S. Army, Chief of the Staff), Headquarter Department of the Army, Washington D.C., 1st July 1976, Chapter 10: Tactical Nuclear Operations, S. 9.

54 Nicht auszuschließen ist allerdings, daß SACEUR im Falle eines (nuklearen) Überraschungsangriffes eine *prädelegierte* Freigabebefugnis besitzt. Auch kann schließlich der US-Präsident direkt den Einsatz befehlen. Ähnlich auch: Steinhoff, Johannes, a. a. O. (Anm. 42), S. 191: «Sollten allerdings die Sowjets einen überraschenden Angriff gegen die NATO-Länder beginnen mit dem Ziele, diese durch strategische Raketen zu zerstören, so bliebe keine Zeit für Konsultationen, und die NATO-Kommandeure hätten sicherlich Handlungsfreiheit.»

55 Vgl. Stratmann, K.-Peter, NATO–Strategie, a. a. O. (Anm. 28), S. 123; der Blitzkrieg à la Close kann deshalb auch nur erfolgreich für die Sowjetunion verlaufen, weil der Autor völlig irreal annimmt, «die meisten Garnisonen» der NATO würden «im Schlaf überrascht» – vgl.: Close, Robert, a. a. O. (Anm. 42), S. 246.

Verhalten Rumäniens während der WVO-Intervention in der ČSSR 1968 zeigt, aber auch die derzeitige Polenkrise vermuten läßt, wäre ohnehin ohne propagandistische Vorbereitung und ohne politische Motivierung der sowjetischen Verbündeten, ihrer Parteispitzen, ihrer Streitkräfte und der betreffenden Bevölkerung ein Angriff aus dem Stand kaum möglich. Neben diese feststellbaren politischen und militärischen Warnzeichen würden schließlich noch – gleichfalls erkennbare – strategische treten: Auch im Rahmen eines konventionellen Blitzkrieges kann es sich die Sowjetunion nicht leisten, sich stategisch nicht rückzuversichern, d. h. u. a. Raketen-Stellungen vorzubereiten, Flotten auslaufen zu lassen und vor allem die auf sowjetischer Seite in Friedenszeiten sehr geringe Zahl an U-Booten *on patrol* drastisch zu erhöhen – alles Maßnahmen, die keinesfalls unbemerkt und vor allen Dingen nicht in wenigen Stunden ablaufen könnten.

Auch unter Bedingungen eines sogenannten Blitzkrieges müßte also ein Angreifer damit rechnen, daß der NATO Zeit genug bliebe, wenn schon nicht bis zur Kriegseröffnung konventionell alle Gegenmaßnahmen und -vorbereitungen im maximalen Umfang abgeschlossen zu haben, so doch rechtzeitig die Nuklearlager räumen und die für den Gefechtsfeldeinsatz erforderlichen Nuklearmittel in die Verfügungsräume schicken zu können. Für rückwärtig stationierte Kernwaffen wie die Lance-Raketen, die ihre Wirkung bis zu einer Reichweite von 140 km (siehe oben Tabelle Nr. 27) entfalten können, spielen Vorwarnzeiten (zumindest im Rahmen eines konventionellen Angriffes) ohnehin nur eine relative Rolle. Ähnliches gilt auch für die PERSHING I-Raketen (ca. 800 km) und die nuklearfähigen Kampfflugzeuge, von denen Teile des Gesamtbestandes noch zusätzlich unter ständiger Alarmbereitschaft (QRA/Quick Reaction Alert)[56] stehen, also jederzeit einsatzbereit sind.

Der Angreifer muß also auch im zweiten Kriegsbild davon ausgehen, daß es ihm mit hoher Wahrscheinlichkeit nicht gelingen wird, die NATO in ihren nuklearen Optionen entscheidend zu beschränken. Umgekehrt wächst als unerwünschte Folge eines konventionellen Überraschungsangriffes sogar der Anreiz, Nuklearwaffen einerseits frühzeitiger zu gebrauchen und andererseits auch weiterreichende und flächendeckende Systeme gegen die Bereitstellungsräume der zweiten gegnerischen Staffel auf dem Boden der WVO selbst einzubeziehen, erheblich. Auch in diesem Blitzkriegs-Modell sind also sowohl die Gefahren eines Gesichtsverlustes nach Scheitern der konventionellen Offensive mit all ihren außenpolitischen, bündnisinternen und innergesellschaftlichen Konsequenzen als auch das Risiko der nuklearen Eskalation gegeben; beides ist für die Sowjetunion kalkuliert untragbar, der Plan bleibt ein Sandkastenspiel.

---

56 Vgl. etwa: Perdelwitz, Wolf, Bundesrepublik Deutschland. Die versteckte Atommacht, in: Stern Nr. 9 vom 19. 2. 1981, S. 26–34, 218, hier: S. 34, 218, wenngleich auch die angegebenen Zahlen vermutlich zu hoch angesetzt sind.

c) Die nukleare Offensive

Es verbleibt im Rahmen der derzeitigen Rüstungstechnologien als dritte Variante der «nukleare Angriff» mit dem Ziel, rechtzeitig und vorrangig die nuklearen Optionen der NATO einzuschränken bzw. zu verhindern, um danach erst die konventionelle Offensive zu eröffnen bzw. weiterzuführen. Diese Möglichkeit ist als Überraschungsangriff, aber auch als (nach den bisherigen Ausführungen allerdings unwahrscheinliche) Fortsetzung der Fälle 1 und 2 denkbar.[57] Einsatzmittel wären bislang noch vorrangig die sowjetischen Mittelstreckenraketen SS-4 und SS-5 (vgl. auch die in Tabelle Nr. 28 genannten Waffensysteme); Ziele wären die gegnerischen Nuklearlager, Raketenstellungen, Flugplätze und Häfen, aber auch die Führungskomponenten der NATO, die sogenannte C^3-Systeme (Command, Control and Communications).[58]

Insbesondere wenn einzelne Teile des Führungs- und Fernmeldewesens beeinträchtigt würden, müßte mit einer kumulativen Wirkung gerechnet werden, welche die gesamte Operations- und Reaktionsfähigkeit unverhältnismäßig stark beeinträchtigen könnte. Einschränkend muß allerdings gesehen werden, daß zum einen Raketen wie die SS-4 und SS-5 keine punktzielgenauen Waffensysteme sind, die Überlebenschancen der gehärteten Lager, Hangars, Bunker und Kommandozentralen und mit ihnen die der eingelagerten Nuklearmittel und der geschützten C^3-Komponenten deshalb relativ hoch sind. Zum anderen bliebe auch bei (teil)zerstörten C^3-Systemen der NATO die Möglichkeit erhalten, den Einsatz von TNF durch außereuropäische Komponenten im Rahmen des weltweiten militärischen Führungssystems der USA (Worldwide Military Command and Control System – WWMCCS) zu steuern.[59] Drittens sind, wie wir bereits

---

57 Vgl. auch: Douglass jr., Joseph D., Soviet Nuclear Strategy in Europe: A Selective Targeting Doctrine?, in: Strategic Review Nr. 4/1977 (Vol. V), S. 19–32; Rummel, R. J., Der gefährdete Frieden. Die militärische Überlegenheit der UdSSR, München 1977, insbesondere Kapitel 11: «Das sowjetische Rüsten für einen ersten Schlag», S. 98 ff; Hackett, Sir John, a. a. O. (Anm. 42), insbesondere Kapitel 24, S. 305 ff: «Moskau entscheidet sich für Atomkrieg» wenngleich als Einzelschlag gegen Birmingham; vgl. S. 316ff; Lambeth, Benjamin S., Selective Nuclear Operations and Soviet Strategy, in: Holst, Johan J./Nerlich, Uwe, Beyond Nuclear Deterrence. New Aims. New Arms, New York 1976, S. 79–104, u. a. S. 92.

58 Zu letzterem vgl. u. a.: Brown, Harold, Department of Defense, Annual Report Fiscal Year 1980, o. O. 1979, S. 234–250.

59 Vgl. ebd.- S. 239; so auch: Stratmann, K.-Peter, NATO-Strategie, a. a. O. (Anm. 28), S. 151: «SACEUR ist als Oberbefehlshaber der amerikanischen Streitkräfte in Europa in das nationale militärische Führungssystem (NMCS) der USA eingeschlossen, welches das wichtigste und zentrale Teilsystem innerhalb des ‹weltweiten militärischen Führungssystems› (WWMCCS) der USA darstellt. Da CINCEUR – genau wie die nationalen amerikanischen Befehlshaber der atlantischen (CINCLANT) und pazifischen (CINPAC) Flotte sowie des ‹Strategic Air Command› (CINCSAC) – nukleare Angriffsstreitkräfte führt, verfügt er wie diese neben einem verbunkerten ‹alternate command center› auch

in Kap. 9 und 10 gesehen haben, zumindest bislang noch U-Boote *on patrol* nicht oder kaum ortbar und verwundbar. Viertens schließlich kann das strategische Potential der USA bei einem nuklearen Angriff der WVO gegen das TNF-Potential der NATO nicht völlig außerhalb jeder Kalkulation gelassen werden. Allein aber schon das Restpotential der nicht verwundbaren NATO-U-Boote reicht – wie das «Worst-Case»-Szenario in Kapitel 9 gezeigt hat – aus, um die eventuellen Gegenschäden nach einem nuklearen Erstschlag auch für die Sowjetunion als kalkuliert untragbar zu bezeichnen. Rational, d. h. militärisch operativ in seinen voraussehbaren Folgen durchgespielt, kann also auch das dritte Kriegsbild zumindest bislang noch keinen Anspruch auf erfolgreiche Realisierbarkeit und damit auf Plausibilität erheben.

11.2.2.2 Der Angriffskrieg der 80er Jahre

Was auch immer das Ziel der Kriege sein könnte, die wir in den vergangenen Abschnitten einseitig als Möglichkeit von Angriffen der WVO gegen Mitteleuropa durchgespielt haben, in jedem Fall sprechen – und dies gilt für beide Seiten – die Ergebnisse und ihre Vorhersehbarkeit eindeutig gegen den Versuch kriegerischer Konfliktregelung. Mit anderen Worten: Die in Kriegsbildern durchgespielte rationale Entscheidung zwischen Erfolg und in jedem Fall zu zahlenden Preis in Form von Folgeschäden, d. h. die Abwägung (nicht etwa zwischen Erfolg und Mißerfolg, sondern) zwischen Nutzen und Kosten lassen kriegerische Offensiven unwahrscheinlich und friedliche Regelungsversuche sinnvoll erscheinen. Zumindest in der hypothetischen Welt der drei durchgespielten Kriegsbilder kann somit dem nuklearen Abschreckungssystem eine stabilisierende und kriegsverhütende Bedeutung nicht abgesprochen werden.

Mit dieser Feststellung kommen wir zurück zu unserer zweiten Leitfrage, ob das für die 80er Jahre geplante Mehr an Nuklearwaffen auch ein Mehr an Stabilität und Sicherheit bedeutet, oder nun präziser gefragt: *ob dieses zukünftige Mehr die Ergebnisse aus den durchgespielten Kriegsbildern nicht nur bestätigt, sondern auch festigt und ausbaut.* Um diese Frage zu beantworten, wollen wir im folgenden die vorangegangenen drei Kriegsbilder unter insofern veränderten Bedingungen nochmals betrachten, daß wir zwar Struktur und Aufbau der jeweiligen Szenarien weitgehend gleichlassen, aber das zu Beginn der 80er Jahre bereits vorhandene bzw. für die kommenden Jahre geplante TNF-Potential in die jeweiligen Kriegsabläufe einbeziehen (zu den Modernisierungsmaßnahmen von NATO und WVO vgl. bereits Kapitel 6).

Gehen wir also zunächst nochmals vom Modell einer konventionellen Offensive der WVO aus, so verändert sich die Gefechtsfeldsituation im Kriegsbild der 80er Jahre insofern, als der NATO zur Eskalation eine größere Anzahl von nuklearfähigen Kampfflugzeugen, Haubitzen und Lance-

Raketen mit ferner verbesserten Sprengköpfen zur Verfügung stehen werden (vgl. Abschnitt 6.2). Neben diese mehr graduellen[60] Veränderungen treten allerdings ab 1983 qualitativ neue Optionen, die ganz im Sinne der von der NATO-Strategie der *flexible response* geforderten «Unkalkulierbarkeit» von «Art, Ausmaß und Zeitpunkt der jeweiligen Reaktionsformen» (auch über das Gefechtsfeld hinaus) liegen (vgl. oben Abschnitt 11.2.2.1). Zwar konnte schon das bisherige LRTNF-Potential zu entsprechenden Einsätzen herangezogen werden, doch sind Waffensysteme wie die neuen Marschflugkörper und PERSHING II erheblich besser zu «selektiven Schlägen»[61] im Sinne sog. chirurgischer Eingriffe[62] geeignet als etwa die Gefechtsköpfe der bisherigen PERSHING I, der U-Boot-SLBM oder die Bomben von Flugzeugen; das neue Potential

- besitzt größere Reichweiten, läßt also einen vernichtenden Einsatz selbst gegen Truppen zu, die sich noch in den Bereitstellungsräumen auf sowjetischem Boden befinden,
- verfügt über eine verbesserte Treffgenauigkeit und über veränderte Gefechtsköpfe (*earth penetrator*), die selbst gehärtete Ziele wie Führungsbunker und Kommandozentralen tief unter dem Erdboden vernichten können,
- hat eine Penetrationsfähigkeit und mit ihr eine Vernichtungswahrscheinlichkeit, die – im Vergleich mit Flugzeugen – um ein Vielfaches höher liegt,
- verbessert die Zielabdeckungsfähigkeit der NATO über die größere Anzahl der Einsatzmittel erheblich,
- gewährleistet die Flexibilität zur Begrenzung[63] (oder Ausweitung) der Einsätze deutlich.

über eine luftgestützte Kommandozentrale, die innerhalb des amerikanischen ‹World-Wide Airborne Command Post System› über Relais-Flugzeuge mit dem zentralen ‹National Emergency Airborne Command Post› (NEACP) verbunden ist, dem entscheidenden Führungsinstrument des US-Präsidenten für die nuklear-strategische Kriegsführung. Man kann deswegen voraussetzen, daß es auch in Europa eine rationale militärische Führungskomponente der USA gibt, die den höchsten amerikanischen Anforderungen an Überlebensfähigkeit genügt.»

60 Sollte allerdings die «Neutronenwaffe» in Europa stationiert werden, so muß davon ausgegangen werden, daß sich zumindest die Nuklearschwelle senkt.

61 Vgl.: Weißbuch 1975/1976, a. a. O. (Anm. 25), S. 22; Scoville Jr., Herbert, «First use» of Nuclear Weapons, in: Arms Control Today No. 7/8 (Vol. 5), July/August 1975, S. 1–3, insbesondere Seite 2 unter Verweis auf Schlesinger; vgl. auch: Douglass jr., Joseph D., a. a. O. (Anm. 57).

62 Zu diesem Begriff stellvertretend bei: Sommer, Theo, Noch funktioniert das Gleichgewicht des Schreckens. Das nuklearstrategische Kräfteverhältnis zwischen den beiden Supermächten, in: Die Zeit Nr. 17 vom 17. 4. 1981, S. 3; Maske, Achim, «Direktive 59». Einstimmung auf den atomaren «Erstschlag»?, in: Bredthauer, Karl D./Mannhardt, Klaus (Hg.), Es geht ums Überleben, Köln 1981, S. 89.

63 Ein U-Boot wie die POSEIDON C-3 mit 160 Gefechtsköpfen ist nach dem ersten

Diese Liste von Optionen und qualitativen Faktoren besitzt – da das Modell eines mit konventionellen Mitteln geführten «Blitzkrieges» eine Variante des ersten Kriegsbildes darstellt – auch weitgehend Gültigkeit für das zweite Szenario, die Möglichkeit eines «Überraschungskrieges aus dem Stand». Hinzukommen in diesem zweiten Kriegsbild der 80er Jahre allerdings noch zwei weitere spezifische Aspekte:

- die Flugdauer der PERSHING II und damit die Reaktionsmöglichkeit der NATO – liegt mit nur wenigen Minuten weit unter der Vorwarnzeit auch eines Überraschungsangriffes mit konventionellen Mitteln,
- Reichweite und Treffgenauigkeit der zukünftigen NATO-LRTNF machen eine Zerstörung der C^3-Systeme des Gegners bereits in der Anfangsphase der Offensive (wenn nicht sogar noch vor Überschreiten der Grenze) möglich.

Wir können also für beide Szenarien festhalten, daß die Abschreckungswirkung aus der Vorhersehbarkeit im Kriegsbildverlauf der 80er Jahre nicht nur künftig fortbesteht, sondern sich auch über die Erweiterung der Optionenskala komplettiert. Zu betonen ist ferner eine Tendenzverlagerung weg von demonstrativen Vergeltungs- und Bestrafungsschlägen als Instrument der Abschreckung (mit insbesondere zivilen Folgeschäden) hin zur Zerstörung von Zielen mit militärischen Funktionen, nicht zuletzt auch im Rahmen eines möglicherweise weiter eskalierenden Kriegsverlaufes.

Verbleibt dem Angreifer also – wie auch bereits in den durchgespielten Fällen der vorangegangenen Abschnitte – die Möglichkeit, die nukleare Offensive selbst zu eröffnen: Ziele des nuklearen Angriffs sind u. a. die gegnerischen Nuklearlager, Flugplätze, Häfen, C^3-Systeme und Raketenstellungen der NATO, jetzt auch unter Einbeziehung der neuen PERSHING II und der Marschflugkörper. Vorrangige Einsatzmittel der Sowjetunion sind allerdings nicht mehr nur die veralteten SS-4 und SS-5, sondern zukünftig punktzielgenaue Raketensysteme. Zwar kann der SS-20 bislang noch – entgegen der offiziellen NATO-Ansicht – keine Treffgenauigkeit zuerkannt werden, die mit den für 1983 geplanten westlichen Systemen vergleichbar wäre (vgl. insbesondere Abschnitt 10.4.2). Doch ist mit einem qualitativen Nachziehen der Sowjetunion für die 80er Jahre durchaus zu rechnen.

Anders als im dritten Modell des Abschnittes 11.2.2.1 müssen wir also im Kriegsbild der 80er Jahre davon ausgehen, daß es der Sowjetunion gelingen kann, die nuklearen Optionen der NATO durch Zerstörung der ortbaren Ziele inkl. der neuen LRTNF-Systeme – sei es punktzielgenau oder sei es flächendeckend – einzuschränken. Die Untragbarkeit des sowjetischen Risikos und damit die Abschreckungswirkung der NATO resultieren also zukünftig lediglich (oder zumindest vorrangig) aus dem nicht-ortbaren Bestand der NATO an U-Booten und aus den strategischen Waffensystemen

---

Raketenstart mit hoher Wahrscheinlichkeit ortbar, muß deshalb unter militärischen Effizienzaspekten alle Raketen innerhalb eines kurzen Zeitraumes abfeuern.

der USA.[64] Die Abschreckungswirkung beider Potentiale wird allerdings immer noch bei weitem ausreichen, den Gegner zu veranlassen, einen möglichen nuklearen Angriffsplan fallenzulassen.

Auch im dritten Kriegsbild der 80er Jahre kommt der Nuklearwaffe also eine stabilisierende, weil abschreckende Wirkung zu. Wichtiger ist im Kontext unserer zweiten Leitfrage (nach einem Mehr an Stabilität und Sicherheit durch ein Mehr an Rüstung) allerdings die Tatsache, daß gerade die im Nachrüstungsbeschluß geforderten neuen Waffensysteme für die Entscheidung der Sowjetunion keine Rolle spielen. Die Vorhersehbarkeit ihrer Zerstörung weist die neuen LRTNF der NATO gerade *im entscheidenden* der drei Kriegsbilder der 80er Jahre als *militärisch funktionslos* aus. Kann aber ein lediglich für die Kriegsbilder 1 und 2 systemimmanent feststellbarer gradueller Nutzenzuwachs die immensen Risiken rechtfertigen, die mit der Dislozierung von Nuklearwaffen und insbesondere von Kriegsführungssystemen verbunden sind? (Dazu im folgenden Abschnitt 11.2.3.)

11.2.3 Unkalkulierbare Realität?

Wenngleich also, wie Abschnitt 11.2.2.2 zeigt, die zweite Leitfrage nach einem Mehr an Sicherheit in den 80er Jahren gerade im entscheidenden Modell *nicht positiv* beantwortet werden kann, so ist mit diesem Ergebnis zumindest vorläufig auch *noch keine negative* Antwort gegeben. Im Gegenteil muß festgehalten werden, daß sich aus allen durchgespielten Kriegsbildern eine stabilisierende Bedeutung des nuklearen Abschreckungssystems ergibt. Einschränkend ist allerdings zu betonen, daß die angeführten Szenarien und ihre Ergebnisse im Frieden erdachten Kriegsabläufen entsprechen und zumindest zwei kritische Faktoren nicht berücksichtigen (und auch nicht ausreichend berücksichtigen können): Zum einen die Unzulänglichkeit menschlichen Verhaltens in Krisen und Kriegen, zum anderen die Eskalationsträchtigkeit sowohl von (u. U. nicht einmal selbst verursachten) Krisen und Konflikten[65] als auch der Anwendung von militäri-

---

64 Die Frage, ob die USA bereit sind, im Ernstfall auch interkontinentalstrategische Systeme zur Verteidigung Europas einzusetzen, wird immer wieder zweifelnd aufgeworfen, kann aber hier nicht diskutiert werden – vgl. dazu: Bundy, McGeorge, Die amerikanische strategische Abschreckung und die europäische Sicherheit, in: Amerika-Dienst. Information und Dokumentation Nr. 41 vom 24. 10. 1979, 7 S., hier S. 5: «Ich glaube an das, was Michael Howard hinsichtlich der Abschreckungskraft sogar einer ungewissen Bedrohung als «Healeys Theorem» bezeichnet hat: «Wenn die Chancen auch nur 1 : 100 stehen, daß Kernwaffen eingesetzt werden, dann wäre dies noch genug, um einen Angreifer abzuschrecken – auch wenn es nicht genug wäre, um einen Verbündeten zu beruhigen.»

65 Hierzu können sogar Naturkatastrophen zählen, zukünftig vor allem aber auch das Überspringen von Nord-Süd-Problemen auf den Ost-West-Konflikt.

scher Macht unterhalb der Kriegsschwelle[66], wie sie im internationalen Bereich nach wie vor üblich ist.

11.2.3.1 Fehlerquoten in der Krise

Trotz – oder je nach Perspektive gerade wegen – des nuklearen Abschreckungssystems kommt es in der Realität der internationalen Beziehungen immer wieder zu Weltkrisen und Konflikten, die oftmals bis an den Rand eines Krieges zwischen den Militärblöcken reichen; Beispiele hierfür sind die Berlin-Krisen, die Interventionen sowjetischer Streitkräfte in Ungarn, der ČSSR und derzeit in Afghanistan, die Suez-Krise, in der erstmals mit Atomwaffeneinsatz gedroht wurde, ferner die Kuba-Krise oder Konflikte, die zugleich regionale Kriege waren wie die Nahost-Krisen oder auch der Korea-Krieg und der Vietnam-Krieg.[67] Selbst wenn Äußerungen wie diejenigen des derzeitigen US-Außenministers Haig, es gäbe «wichtigeres als den Frieden»[68], außer Betracht bleiben und allen Entscheidungsträgern und ihren Beratern «guter Wille», «ehrliches Bemühen» und «friedliche Gesinnung» unterstellt wird, sind technisches Versagen und menschliche Fehlentscheidungen nicht völlig auszuschließen: Menschliche Unfehlbarkeit läßt sich ebensowenig herstellen wie das grundlegende Dilemma einer Abschreckungs- und Drohpolitik, die «Sicherheit produzieren» soll, aber eben auch immer zugleich Unsicherheitsgefühle und Bedrohungsperzeptionen hervorruft,[69] auch über Kooperative Rüstungssteuerung kaum völlig behoben werden kann.

---

66 Vgl. etwa die 14 Punkte bei: Ruehl, Lothar, Der Nutzen militärischer Macht, in: Kaiser, Karl/Kreis, Markus, (Hg.), a. a. O. (Anm. 39), S. 257f.

67 «Die Geschichte ist voll mit Beispielen von Staaten, die sich auf selbstmörderische Abenteuer eingelassen haben. Von allen staatlichen Entscheidungen, die den Ausbruch großer Kriege seit 1910 zur Folge hatten, erwiesen sich etwa drei Fünftel als falsch, und zwar sowohl in der Beurteilung der Fähigkeiten und Absichten anderer Großmächte zum Zeitpunkt des Kriegsbeginns als auch in der Einschätzung des tatsächlichen Kriegsverlaufs und der Kriegsfolgen» – so: Krell, Gert, Sichert das militärische Gleichgewicht den Frieden? Die Verteidigungspolitik der NATO und die Risiken der Abschreckung, in: Hessische Stiftung Friedens- und Konfliktforschung (Hg.), Europäische Sicherheit und der Rüstungswettlauf, Frankfurt a. M./ New York 1979, S. 25–46, hier: S. 34.

68 Dieses Zitat von Haig wird in den Medien sinngemäß wiedergegeben; wörtlich heißt es: «Wenn wir nur die Aufrechterhaltung des Friedens, so lebenswichtig diese ist, zum Grundsatz und zum Kern all unserer politischen Überlegungen machen, dann fürchte ich, daß wir damit Umstände herbeiführen könnten, die zur praktischen Folge haben müßten, zur Zerstörung eben dieses Zieles zu führen, das wir uns selbst gesteckt haben – nämlich des Friedens. Warum sage ich das? Was ich Ihnen, Senator Balzer, wirklich vermitteln wollte und was ich Ihnen gerne als Antwort geben möchte, ist, daß es Dinge gibt, für die wir Amerikaner bereit sein müssen zu kämpfen; es gibt Dinge, die es wert sind für sie zu kämpfen» – abgedruckt in: Amerika-Dienst. Information und Dokumentation Nr. 4 vom 21. 1. 1981, 38 S., hier: S. 5; vgl. auch oben bereits Anm. 30.

69 Zur Frage: «Beruht das Abschreckungssystem auf einer Psychose?», vgl. das gleichnamige Kapitel von: Guha, Anton-Andreas, Der Tod in der Grauzone. Ist Europa noch

Systemimmanente Dilemmata (dazu noch Abschn. 11.2.4) und menschliche Fehlbarkeit treten aber immer gerade dann am stärksten in Erscheinung, wenn sich System und Akteur funktional und rational bewähren müßten, d. h., wenn es darum geht, im Krisenfall den Krieg zu verhüten, und im Kriegsfall den Konflikt schnellstmöglichst wieder einzufangen. Die Gründe sind offensichtlich: Im Frieden können Entscheidungen (eher) ohne Zeitdruck, emotionslos, auf der Basis eines hohen Informationsniveaus und unter Abwägung aller Alternativen gefällt werden. In extremen Krisen[70] ist dagegen das politische und militärische Klima von vermeintlichen oder tatsächlichen Drohungen, Provokationen, Schikanen oder Ultimaten geprägt. Ferner ist die Versuchung, politische und militärische Vorwarnzeichen für eine anstehende Offensive (s. o.), aber auch defensive Vorbereitungen des Gegners, etwa zivile Evakuierungsmaßnahmen etc. überzogen deuten zu wollen, gerade dann am größten, wenn der Informationsstand lückenhaft, die Lagebeurteilungen ambivalent, die Ungewißheiten erheblich und Prognosen kaum objektivierbar sind, und die Kommunikationskanäle mit dem potentiellen Gegner verschüttet werden. Möglicherweise brechen auch Interessengegensätze mit den eigenen Verbündeten auf, begleitet von innergesellschaftlichen Protesten und Widerständen bis hin zu Terror- und Subversionsakten. Hinzukommt die Möglichkeit eines technischen Versagens oder Fehlalarms, die den immensen zeitlichen, physischen und psychischen Druck auf Politiker und Militärs an den Rand der Belastbarkeit treiben kann. Es würde an Hybris grenzen, zu meinen, Entscheidungen könnten dennoch und in jedem Fall frei sein von Fehlperzeptionen und Fehlkalkulationen oder situationsbedingten Streßerscheinungen und Erschöpfungszuständen, Emotionen und/oder Frustrationen. Aber auch systemimmanente Feindbilder, Ideologien und Psychosen und mit ihnen einhergehende Angst- und Haßgefühle sowie moralische Überhöhungen spielen im Abschreckungsgefüge, das sich als «lückenlos»[71] versteht, eine entscheidende Rolle: Ist die Abschreckungspolitik erst einmal in die Krise geraten, so liegt es nicht mehr nur in der Person des Entscheidungsträgers allein, sondern in der Logik eines Systems[72] und seiner immanenten

---

zu verteidigen?, Frankfurt a. M. 1980, S. 182ff; «Zur Pathologie des Rüstungswettlaufs» vgl. insbesondere die Beiträge von Dieter Senghaas, so u. a.: Senghaas Dieter (Hg.), Zur Pathologie des Rüstungswettlaufs. Beiträge zur Friedens- und Konfliktforschung, Freiburg i. B. 1970; ders., Aggressivität und kollektive Gewalt, Stuttgart u. a. 1972²; ders., Abschreckung und Frieden. Studien zur Kritik organisierter Friedlosigkeit, Frankfurt a. M. 1972; vgl. auch: Meyer, Berthold, Bedürfnis nach Sicherheit, in: Sozialwissenschaftliche Information für Unterricht und Studium (SOWI) 3/1980, S. 111–116.

70 Gantzel, Klaus Jürgen/Kress, Gisela/Rittberger, Volker (Hg.), Konflikt – Eskalation – Krise. Sozialwissenschaftliche Studien zum Ausbruch des Ersten Weltkrieges, Düsseldorf 1972.

71 Stellvertretend: Weißbuch 1975/1976, a. a. O. (Anm. 25), S. 22.

72 So z. B. auch: Senghaas, Dieter, Abschreckung und Frieden, a. a. O. (Anm. 69), S. 75.

«Worst-Case»-Orientierung, selbst objektiv friedliche Regelungsangebote des Gegners subjektiv als taktische Manöver[73] zu denunzieren und konfliktverschärfend beantworten zu müssen. Dem Gegner ist – zumindest in der Tendenz – die Chance genommen, sich nicht als Aggressor zu erweisen. «Daß eine Falsifikation praktisch unmöglich ist, darin liegt der lernpathologische Charakter des Abschreckungssystems».[74]

11.2.3.2 Überreaktionen im Krieg

Was für den Krisenfall gilt, trifft in vermutlich wesentlich stärkerem Ausmaß erst recht auf den Ernstfall, d. h. für einen möglichen Kriegsablauf zu. Nur in der Theorie von Kriegsbildern, wie wir sie skizziert haben, werden Handlungen nach Rationalitätsgesichtspunkten aus der hypothetischen Situation heraus und auf der Basis beschlossener Doktrinen und festgelegter Strategien ablaufen und gerade aus ihrer Vorhersehbarkeit kriegsverhütend oder deeskalierend wirken können. In der Realität dagegen kontrollieren und steuern – wie selbst auch der ehemalige US-Verteidigungsminister Schlesinger eingesteht – «Doktrinen die Ansichten der Menschen nur in ruhigen Zeiten. Sie tun es nicht zwingend in Ausnahmesituationen. Zum Zeitpunkt der Wahrheit, wenn die Gefahr einer verheerenden Verwüstung ansteht, wird man wahrscheinlich plötzliche Wechsel in der Doktrin entdecken können».[75]

In der Realität des Krieges ist also die Möglichkeit der Selbstabschrekkung ebensowenig ausgeschlossen wie die der Überreaktion. Letzteres ist in der konkreten Situation Mitteleuropas allerdings vergleichsweise wahrscheinlicher: Zum einen liegt die Entscheidung zur Freigabe von Nuklearwaffen innerhalb der NATO allein beim Präsidenten der USA.[76] Jeder außereuropäische Entscheidungsträger – und diese Aussage gilt generell, darf also keinesfalls als Antiamerikanismus interpretiert werden – ist in einem (vermeintlich) auf Europa begrenzten Krieg, stärker als ein unmittelbar

---

73 Als vergleichsweise harmlose Beispiele aus der jüngsten Zeit können etwa die diffamierenden Reaktionen des Westens auf die einseitige Abrüstungsmaßnahme der Sowjetunion – vgl. Tabelle 3 in Abschnitt 1.2.2 – und auf den Vorschlag Breschnews vom 6. 10. 1979, sofort Verhandlungen über SALT III einzuleiten – angeführt werden – vgl. auch Abschnitt 1.2.3 und dort die Medienhinweise in Anm. 134.

74 Senghaas, Dieter, Abschreckung und Frieden, a. a. O. (Anm. 69), S. 75.

75 Schlesinger, James, in: U. S. Senate Nuclear Weapons and Foreign Policy Hearings before the Subcommittee on Arms Control, International Law and Organization of the Committe on Foreign Relations, 93rd Congress, 2nd Session on U. S. Nuclear Weapons in Europe and U.S. – U.S.S.R. Strategic Doctrines and Politics, March 7 and April 4, 1974, Washington 1974, S. 160.

76 Nur Großbritannien besitzt für seine Nuklearwaffen ein Vetorecht und darüber hinaus in nationalen Notfällen auch die Möglichkeit eines Einsatzes seiner Nuklearkräfte gegen Ziele einer britischen Zielliste. Die französischen Kernwaffen stehen außerhalb der amerikanischen Freigabeentscheidung.

betroffener kontinentaler Politiker der Versuchung ausgesetzt, mit nuklearen Waffen zu reagieren und u. U. sogar massive Angriffsprogramme und flächendeckende Einsätze freizugeben. Ähnliches wie für die Freigabe gilt auch für die Durchführung, d. h. für den Einsatz der Nuklearwaffen selbst und die Wahl höherer Detonationswerte in kritischen Konfliktsituationen. «Die Skrupel amerikanischer Kommandeure im Hinblick auf die Ausmaße des damit verbundenen kollateralen Schadens wären in einer derart kritischen Lage möglicherweise geringer als die ihrer deutschen Kollegen.»[77]

Zum anderen kann nicht ausgeschlossen werden, daß – ist die «nukleare Schwelle» erst einmal überschritten – sich nicht nur die politische und militärische Wahrnehmung des Konfliktes bei allen Beteiligten radikal ändert, sondern auch die Steuerbarkeit des Kriegsgeschehens in Frage gestellt wird. Denn anders als Kriegsbilder und Doktrinen glauben machen, kann der Einsatz auch taktischer Atomwaffen nicht zweifelsfrei «zu einem vorhersehbaren militärischen Resultat führen. Niemand weiß, wie man einen taktischen Atomkrieg führt.»[78] Diese Aussage bestätigen zum einen auch Militärexperten wie Arthur S. Collins: «Nach meiner Erfahrung im Kampf sehe ich keine Möglichkeit, die atomare Eskalation unter Kontrolle zu halten wegen des Informationsmangels, des Zeitdrucks und der tödlichen Folgen auf beiden Seiten der Front.»[79]

---

77 Unter Verweis auf General Goodpasters: Stratmann, K.-Peter, a. a. O. (Anm. 28), S. 133.

78 Vgl. ausführlich den langjährigen Leiter der Abteilung für Systemanalysen im Pentagon: Enthoven, Alain, in: US-Congress, Senate Committee on Foreign Relations, Subcommittee on U.S. Security Agreements and Commitments Abroad and Subcommittee on Arms Control, International Law and Organizations, Hearings: Nuclear Weapons and Foreign Policy, Washington 1974, S. 72–76.

79 A. S. Collins war US-Generalleutnant und zuletzt (1971–1974) Stellvertretender Oberkommandierender der US-Armee in Europa – Collins, Arthur S., Tactical Nuclear Warfare and NATO: Viable Strategy or Dead End?, in: NATO's Fifteen Nations 3/1976 (Vol. 21), S. 72–87; hier nach der deutschen Übersetzung (Auszüge) in: Krell, Gert/ Schlotter, Peter, Zur Diskussion über die taktischen Nuklearwaffen in Europa. Analyse und Dokumentation, Frankfurt a. M. 1977, S. 57 – vgl. ebd. «Ich glaube, in einem Atomkrieg würden sich Situationen wie die folgende immer wieder abspielen: Es besteht ein stillschweigendes Übereinkommen, nur 10-Kilotonnen-Waffen einzusetzen. Genau das tut der Feind.
Aufgrund seiner hervorragenden Aufklärung und guter Nachforschung löscht er mit der ersten Salve ein Bataillon und einen Hauptquartier-Komplex aus. Der Kommandant, dessen Einheit so schwer angeschlagen wurde, erstattet Meldung, daß der Feind eine 20- oder 40-Kilotonnen-Waffe eingesetzt haben muß. Er versichert seinem Vorgesetzten, daß es anders gar nicht dazu hätte kommen können, und er erbittet die Genehmigung, in gleicher Weise zu erwidern, sonst sei der Kampf aus. Wie wird die Antwort aussehen? Nun, ich glaube nicht, daß wir Auszeichnungen für Zurückhaltung im Einsatz von Feuerkraft fordern dürfen; wir feuern dann wirklich los. Ist erst einmal die Atomschwelle überschritten, dann möchte ich kaum glauben, daß der US-Kommandant – der in unserer Tradition

Diese Aussage wird zum anderen auch durch den Charakter des Nuklearpotentials der WVO bestätigt, dessen Schwergewicht auch bislang noch auf taktischen Nuklearwaffen mit größeren Detonationswerten liegt (vgl. Abschnitte 5.1 und 7.1). Ein einmal – von welcher Seite auch immer – mit auch nur geringer atomarer Gefechtsfeldmunition begonnener Nuklearkrieg wird deshalb mit großer Wahrscheinlichkeit sehr schnell in die oberen Nuklearbereiche eskalieren.[80]

Selbst eindeutig defensive Waffensysteme wie Minen, Sperrmittel und Flugabwehrraketen[81] werden – sind sie nicht dem konventionellen Waffenpotential, sondern dem nuklearen zuzurechnen – vom Gegner als «atomare Provokation» und nicht als defensive Maßnahme mit de-eskalierender Tendenz verstanden werden. Mit der Explosion der Minen oder Abwehrraketen ist die nukleare Schwelle überschritten – die Kontrolle der Kampfhandlungen beginnt zu entgleiten. Die logischen Konsequenzen aus diesen und ähnlichen Problemen mit den TNF zieht der bundesdeutsche General a. D. Johannes Steinhoff: «Die Zweifel, ob diese Waffen beim Einsatz beherrschbar sind, zwingen zur Revision des Einsatzkonzeptes des nuklearen Inventars.»[82]

Gerade das derzeitige Einsatzkonzept der NATO, aber auch die Strategie der *flexible response*, sind wenig geeignet, Überreaktionen vorzubeugen. Im Gegenteil: Wie bereits im Rahmen des ersten Kriegsbildes dargelegt, begnügt sich die *flexible response* nicht zwingend mit einer nuklearen Maßnahme, die sich operativ adäquat aus der konkreten Situation ergibt, sondern behält sich Zeitpunkt sowie Art und Ausmaß, also auch präemptive und eskalierende Nuklearschläge mit strategischer Bedeutung vor. Das Einsatzkonzept der NATO zollt dieser Offenheit selbst auf der Gefechtsfeldebene ihr eskalationsträchtiges Tribut: Nuklearwaffen zur Gefechtsfeldunterstützung und zur operationsweiten Interdiktion sind nicht vorprogrammiert (und vermutlich auch wegen ihrer besonderen Natur nicht

---

aufgewachsen ist, mit unserem Interesse für das Leben unserer Leute – irgend etwas anderes tun wird, als natürlich den Einsatz der 20- oder 40-Kilotonnen-Waffe zu genehmigen, vorausgesetzt, die Entscheidung wurde ihm anheimgestellt. Von da ab können wir unserer Phantasie freien Lauf lassen.»

80 Ähnlich auch: Stahel, Albert, Kann die NATO den Einsatz der Neutronenwaffen strategisch verantworten?, in: Schweizer Soldat 3/1979, S. 8f, hier S. 9; diese Ansicht wird im übrigen auch von sowjetischen Autoren selbst vertreten – vgl. stellvertretend: Milshtein, Michael, Tactical nuclear weapons: problems of definition and application, in: Stockholm International Peace Research Institute (SIPRI), Tactical Nuclear Weapons: European Perspectives, London 1978, S. 172; vgl. auch Kubisch, W., a. a. O. (Anm. 40).

81 Vgl. z. B. die ADM der NATO oder die dual-fähigen Flugabwehrraketen Nike-Hercules in Tabelle 24.

82 Steinhoff, Johannes, a. a. O. (Anm. 42), S. 199ff, siehe auch S. 188: «Obgleich natürlich durch zahlreiche Versuche vieles wissenschaftlich kalkulierbar gemacht worden ist, gibt es Gebiete, die sich mangels praktischer Erfahrung der Berechnung und Beurteilung entziehen.»

vorprogrammierbar). Sie werden vielmehr je nach Lage auf nicht-feste Ziele abgerufen (*on call*). Eine Koordination mit dem SIOP besteht insofern nicht.[83] Abruf und Freigabe der Nuklearwaffen selbst erfolgen darüber hinaus nicht einzeln, sondern als Pakete (*packages*).[84] Ein solches Paket kann bis zu 150 Nuklearwaffen beinhalten.[85] Anzahl und Art der Systeme variieren allerdings. Das U.S. Army Field Manual 100 – 5 führt z. B. als hypothetisches Nuklearpaket für eine Zeitspanne von 180 Minuten an: 2 ADM, 10 Raketen, 30 Haubitzengranaten und 5 Flugzeugbomben (zu den Systemen selbst vgl. auch oben Abschnitt 5.2).[86]

Viertens schließlich ist die Befürchtung der Eskalation und Überreaktion um so mehr berechtigt als das, was auf dem militärtheoretischen Reißbrett im ersten Augenblick als Vorteil erscheint, im Ernstfall gerade konterproduktiv wirken kann: Ein Vorteil z. B. der in Abschnitt 5. 2. 1 und in Tabelle Nr. 24 angeführten 155-mm- und 203-mm-Haubitzen mit Nuklearbestückung soll es u. a. sein, daß sie sich äußerlich in keiner Weise von den für konventionelle Einsätze vorgesehenen Geschützen dieser Typen unterscheiden. «Ihre breite Verteilung und ihre Integration in die Artillerie der Divisionen und Brigaden, ihre hohe Beweglichkeit und gute Tarnbarkeit sichern ihnen wahrscheinlich trotz geringen Abstands zur Frontlinie eine relativ hohe Überlebensfähigkeit gegen konventionelle Waffenwirkung.» In ähnlicher Weise sollen auch die hohe Beweglichkeit und die Geländegängigkeit des Abschußgeräts der LANCE oder zukünftig der PERSHING II und der Marschflugkörper die Überlebensfähigkeit dieser Systeme gegen konventionelle Waffenwirkung garantieren.[87] Daß im Zweifelsfalle die gegnerische Aktion (oder Reaktion) gerade wegen der mangelnden Unterscheidungsmöglichkeit zwischen nuklear oder konventionell bestückten Waffensystemen selbst auch im nuklearen und nicht im konventionellen Waffenbereich liegen wird, systemimmanent – vom *worst case* ausgehend – sogar liegen muß, wird ebensowenig gesehen, wie die grundsätzliche Eskalationsgefahr hin zu flächendeckenden Nukleareinsätzen mit höheren Sprengwerten, die für eine wirksame Bekämpfung von nicht einzelnen ortbarten und identifizierbaren Gefechtsfeldzielen erforderlich sind.

---

83 Vgl. zum Gesamtkomplex: Nerlich, Uwe, Die Verbesserung der nuklearen Fähigkeiten der NATO: Verteidigungs- und verhandlungspolitische Probleme, SWP-AP 2159, Ebenhausen, Januar 1978.

84 «A package is a group of nuclear weapons of specific yields for employment in a specified area, within a limited timeframe to support a tactical contingency» – Field Manual 100 – 5, a. a. O. (Anm. 53), S. 10/17.

85 Congressional Budget Office (G. Philip Hughes), a. a. O. (Anm. 50), S. 19.

86 Field Manual 100 – 5, a. a. O. (Anm. 53), S. 10/17.

87 Vgl.: Stratmann, K.-Peter, a. a. O. (Anm. 28), S. 104f.

11.2.4 Weltkrieg wider Willen?

Selbst bei einer durchaus positiven und überaus optimistischen Einstellung gegenüber dem ehrlichen Bemühen und der «trainierten» Rationalität erfahrener Entscheidungsträger und ihren Beratern, wäre es also eine maßlose Überschätzung menschlicher Fähigkeiten, wollte man in extremen Krisensituationen die Möglichkeit von Fehlerquoten und in Kriegszeiten die Gefahr von Überreaktionen ausschließen. Wie die Kritikpunkte in den vorangegangenen beiden Abschnitten zeigen, ist es aber nicht nur die Möglichkeit menschlichen Versagens allein, sondern das nukleare Abschreckungssystem selbst, das Risiken und Gefahren (mit)erzeugt, Entscheidungsträger und Handlungsakteure unter Zugzwang setzt und u. U. nur die Wahl zwischen zwar verschiedenen, in jedem Fall aber *nicht friedlichen* Alternativen läßt. Es wäre deshalb eine Verkennung der Ursache-Wirkungs-Verhältnisse, wollte man allein den Faktor Mensch als Schwachstelle einer ansonsten vermeintlich reibungslos funktionierenden Sicherheitspolitik identifizieren. Die Rationalität der Entscheidungsträger kann vielmehr immer nur so groß sein wie die Logik des Abschreckungssystems selbst. Gerade die Rationalität einer Sicherheitspolitik, die vorrangig auf militärischen Mitteln aufbaut, wird aber von Strukturdefekten und grundlegenden Dilemmata geprägt.

Eines dieser Dilemmata liegt in der «Logik» der Abschreckung, zur Durchsetzung eigener Positionen mit der Irrationalität der letztendlichen Selbstvernichtung zu drohen, andererseits aber zu erwarten, daß der potentielle Gegner rational genug sein würde, eine solche irrationale Reaktion weder zu provozieren, noch für sich selbst als Ausgangspunkt zur Durchsetzung seiner eigenen Interessen in Anspruch zu nehmen.[87a] Ein weiteres dieser grundlegenden Dilemmata hatten wir bereits genannt; es kommt in den angeführten Kritikpunkten der Abschnitte 11.2.3.1 und 11.2.3.2 illustrativ zum Ausdruck: Einerseits sollen Militär und Rüstung «Sicherheit produzieren»[88], andererseits rufen sie im Abschreckungssystem stets zugleich Unsicherheitsgefühle und Bedrohungsperzeptionen auf der gegnerischen Seite hervor. Das System produziert insofern seine eigenen Instabilitäten. Dieses Dilemma zu bewältigen, galt und gilt der Versuch der Kooperativen Rüstungssteuerung (vgl. bereits Abschnitt 1.2).

Das dritte grundlegende Dilemma resultiert direkt aus dem Spannungsverhältnis des vorangegangenen; es ist zugleich das Dilemma einer längst (nicht nur in militärrischen Bereichen) obsoluten Struktur internationaler Beziehungen: Neue Instabilitäten werden im Abschreckungssystem über

87a So auch unter Bezug auf die Berlin-Krise: Morgenthau, Hans J., Vier Paradoxien der Nuklearstrategie, in: Senghaas, Dieter, Zur Pathologie des Rüstungswettlaufs. Beiträge zur Friedens- und Konfliktforschung, Freiburg i. Br. 1970, S. 46–78, hier: S. 49.

88 Wenngleich die Beweisführung meist auf dem Trugschluß des «post-hoc-ergo-propter-hoc» beruht.

laufende numerische Erweiterungen und eine qualitative Perfektionierung und Modernisierung der (Droh-)Mittel – sei es als Nachrüstung, sei es als Vorrüstung – zu bewältigen versucht. Ohne erfolgreiche «Arms-Control»-Maßnahmen reproduzieren sich die Instabilitäten also ständig selbst. Mehr noch: Wie Kapitel 10 (vgl. insbesondere auch Schaubild Nr. 24), aber auch die in Abschnitt 11.2.1 zusammengefaßten Strukturmerkmale des Kräfteverhältnisses der 80er Jahre zeigen, verläuft die Dynamik der nuklearen Rüstungstechnologie zukünftig nicht länger geradlinig, sondern in exponentiellen Sprüngen. Ferner weist die Tendenz in der Auslegung der Waffenpotentiale eindeutig auf die ein- und/oder beiderseitige Erlangung von Erstschlags- und Kriegsführungsfähigkeiten hin. Während also einerseits die militärische Sicherungs- und Abschreckungsfunktion zukünftiger Waffensysteme im Kriegsbild der 80er Jahre – wie Abschnitt 11.2.2.2 gezeigt hat – deutlich zurückgeht, verringern sich andererseits die Gefahren und Risiken, die wir in den beiden vorangegangenen Abschnitten beschrieben haben, nicht etwa gleichzeitig mit oder bleiben wenigstens konstant; vielmehr werden sie zusammen mit der (Eigen-)Dynamik der nuklearen Rüstungstechnologie als explosive Spannungen und Instabilitäten im Abschreckungssystem sogar noch sprunghaft ansteigen. Vor dieser Prognose für die kommenden Jahre kann unsere Leitfrage, ob ein Mehr an nuklearer Rüstung in den 80er Jahren gleichzusetzen ist mit einem Mehr an Stabilität und Sicherheit, nicht länger aufrechterhalten werden. Hatten wir die Frage im Rahmen der Kriegsbildanalyse schon einmal präzisiert, so müssen wir sie jetzt noch ein zweites Mal modifizieren. Sie lautet nunmehr: *Kann das nukleare Abschreckungssystem der kommenden Jahre das geplante Mehr an LRTNF-Potentialen überhaupt noch verkraften?*

11.2.4.1 «Damage Limiting» oder: Die Prämie des Erstschlages

Diese Frage impliziert das zukünftige Versagen der Kooperativen Rüstungssteuerung ebenso wie die Gefahr eines Kriegsausbruches. Zu Recht: Denn was als Dilemma des Abschreckungssystems mit und über Kooperative Rüstungssteuerung – wenn schon nicht heute, so doch mittel- und langfristig – als kalkulierbar und steuerbar schien, wird sich spätestens mit der Dislozierung der ersten Counterforce-Potentiale als trügerische Hoffnung erweisen. Sind nukleare Erstschlagswaffen – trotz Kooperativer Rüstungssteuerung – erst einmal eingeführt, so werden zukünftig nicht die Prämissen und Ziele der «Arms Control» die Sicherheitspolitik «steuern», sondern es wird umgekehrt eine auf Kriegsführungsvorkehrungen ausgelegte Rüstungsakkumulation als Interpretations- und Realisierungsmaßstab für die Kooperative Rüstungssteuerung zu gelten haben. Stärker als je zuvor werden systemimmanentes «Worst-Case»-Denken, technokratische Vorentscheidungen und militärische Beschaffungszwänge eines auf Überlegenheit ausgerichteten Systems bereits *im Frieden* die Bandbreite sicherheitspolitischer Optionen einengen und schließlich den Primat der Politik selbst in Frage stellen.[89]

Nicht erst im Krieg, sondern bereits *im Krisenfall* wird dann an die Stelle friedlicher Regelungsabsichten und -versuche ein in zweifacher Hinsicht extremer Präemptionszwang treten: Zum einen liegt die sicherheitspolitische Funktion der neuen Nukleartechnologien nicht länger in ihrer Abschreckungswirkung, sondern in ihrer militärischen Verwendbarkeit im Atomkrieg in und für Europa. Doktrinen wie die «Countervailing»-Strategie bestätigen dies nachdrücklich (vgl. bereits oben Abschnitt 10.1): Aufgabe von Systemen wie der SS-20 bzw. ihrer modifizierten Form wird es zukünftig sein, das gegnerische Nuklearpotential zu *zerschlagen*; Raketen wie dem modernen PERSHING-System der NATO wird die Aufgabe zufallen, die sowjetische SS-20, und u. U. sogar strategische Raketenfelder der UdSSR (vgl. bereits Schaubild Nr. 25) *abzudecken*. Beide Waffensysteme sind jedoch keine ABM-Systeme, also keine *duellfähigen* Abwehrwaffen, wie es die Termini «zerschlagen» und stärker noch «abdecken»[90] vorspiegeln. Beide Systeme können ihre Aufgabe nur im *first strike*, also im frühzeitigen Präventiv- oder Präemptivschlag erfüllen, sollen nicht lediglich leere Silos bzw. Startgeräte getroffen werden. Umgekehrt bildet angesichts der kurzen Flugzeit eurostrategischer Systeme der präemptive Frühstart – so makaber er in seinen Folgewirkungen auch ist – den einzigen Schutz der Raketen vor Zerstörung (vgl. bereits oben das Kriegsbild in Abschnitt 11.2.2.2). Es ist deshalb keine Übertreibung, zu befürchten, daß Chancen zur Beilegung eines Konfliktes oder zur Abwendung eines Irrtums zukünftig auf ein Minimum reduziert sind.[91]

Zum anderen verwandeln Waffensysteme wie die genannten trotz der höheren Treffgenauigkeit und trotz ihrer Ausrichtung vorrangig auf militärische Einrichtungen – quasi als Nebeneffekt – hochindustrialisierte und stark bevölkerte Staaten, insbesondere aber ein Land mit einer derart hohen «Atomwaffendichte»[92] wie der Bundesrepublik, im Kriegsfall in ein Trümmerfeld mit Millionen Toten (vgl. dazu auch Abschnitt 12.3). In der Konsequenz liegt es, wenn zukünftig Entscheidungen und Handlungen von Poli-

---

89 So auch: Afheldt, Horst, Kernwaffenkrieg – begrenzt auf Europa? Die russischen Mittelstrecken-Raketen SS-20 als Indiz für den Trend zur militärischen Instrumentalisierung von Kernwaffen, in: Wehrwissenschaftliche Rundschau 5/1979, S. 146.

90 Vgl. stellvertretend für den Gebrauch solcher Begriffe: Nerlich, Uw a. a. O. (Anm. 83), S. 28f.

91 Die lapidare Feststellung von US-Verteidigungsminister Brown, Harold, a. a. O. (Anm. 58), S. 86, zur Möglichkeit eines nuklearen Ersteinsatzes der NATO ist hierfür illustrativ: «Die Sowjetunion kann uns aber zuvorkommen.»

92 Vgl. Perdelwitz, Wolf, a. a. O. (Anm. 56), und dort das Schaubild zur Bundesrepublik «Die größte Atomwaffendichte der Welt» auf S. 33f; vgl. auch im folgenden noch Schaubild Nr. 26.

tikern und Militärs beider Seiten zugleich immer auch von der Furcht geprägt sein werden, durch versäumte Präemption oder Prävention einen noch größeren Schaden auf das eigene Land zu ziehen als er infolge eines Zweitschlages und in Reaktion auf einen eigenen Überraschungsangriff entstehen würde. Anders aber als die nukleartechnologische Entwicklung und die militärische Lage, die unter den genannten Vorzeichen ihre Kalkulierbarkeit und Steuerbarkeit vollends verlieren werden, bleiben auch zukünftig noch die (erheblichen) Unterschiede in den Folgeschäden und Auswirkungen alternativer Kriegsführungsstrategien bzw. Schadensbegrenzungsszenarien (*damage limiting*) auf der Basis (tatsächlicher oder vermuteter) überlegener Erstschlagsfähigkeiten *berechenbar*. Von der Öffentlichkeit nahezu unbemerkt und scheinbar unausweichlich wird sich deshalb die Logik des Abschreckungssystems mitsamt seiner Ausrichtung auf Kriegsverhütung auf die rechnerische Rationalität einer (menschenfeindlichen) mathematisch-technischen Betriebs- und Schadensvergleichseffizienz zu reduzieren beginnen.

Erste Anzeichen für die Richtigkeit dieser These lassen sich seit der Modifizierung der Nuklearstrategie der USA im Jahre 1974 in politischen und militärischen Überlegungen bis hin zur «Countervailing»-Doktrin von 1979 finden,[93] neuerdings aber auch in «wissenschaftlichen» Ausführungen der *Foreign Policy*, einer der großen politikwissenschaftlichen Zeitschriften der USA nachlesen – bezeichnenderweise unter dem Titel *Victory is Possible*: «In den meisten Konzepten atomarer Strategie ist ein Armageddon-Syndrom verborgen. Es läuft entweder darauf hinaus, daß man glaubt, weil die USA ja im Kriegsfall 20 Millionen Menschen verlieren können, sollte man auch die 80 Millionen oder mehr, die anderenfalls auf dem Spiel stünden, nicht retten. Oder aber man will nicht an die reelle Möglichkeit glauben, daß 200 Millionen Amerikaner einen Atomkrieg überleben könnten. Selbstverständlich bringt es wenig Befriedigung, für eine zur Anwendung bestimmte Atomdoktrin zu plädieren, die den Tod von 20 Millionen Menschen oder mehr bedeuten könnte im Falle eines uneingeschränkten Atomkrieges. Solange sich allerdings die USA auf nukleare Drohungen zur Abschreckung einer zunehmend mächtiger werdenden Sowjetunion verlassen, ist es nicht tragbar, daß die Sicherheitspolitik der USA weiterhin ihre Abschreckungsvorstellungen von ihren Planungen für eine effiziente Kriegsführung und Landesverteidigung trennt ...[94]

... Die Vereinigten Staaten sollten planen, die Sowjetunion zu besiegen,

---

93 Vgl. dazu bereits oben Abschnitt 10.1; schon 1974 unterstrich der damalige US-Verteidigungsminister Schlesinger, daß eine Opferanzahl, die in Hunderttausenden zählt, weniger sei als eine in Millionengröße – US-USSR Strategic Policies , Hearing before the Subcommittee on Arms Control, International Law and Organization of the Committee on Foreign Relations, United States Senate, 93rd Congress, 2nd Session on US and Soviet Strategic Doctrine and Military Policies, March 4, 1974, Washington, S. 19.

94 Gray, Colin S./Payne, Keith, a. a. O. (Anm. 30), hier deutsche Fassung, S. 1509.

und dies *zu einem Preis, der eine Erholung der USA erlauben würde*. Washington sollte Kriegsziele festlegen, die letztendlich die Zerstörung der politischen Macht der Sowjets und das Entstehen einer Nachkriegs-Weltordnung, die den westlichen Wertvorstellungen entspricht, in Betracht ziehen. Die furchterregendste Bedrohung für die Sowjetunion wäre die Zerstörung oder eine schwerwiegende Beeinträchtigung ihres politischen Systems. Daher sollten die Vereinigten Staaten in der Lage sein, die Schlüsselfiguren der Führung, ihre Kommunikationsmittel und -wege und einige ihrer innenpolitischen Kontrollinstrumente zu zerstören. Die UdSSR mit ihrer mächtigen Überzentralisierung der Macht, zusammengefaßt in der riesigen Bürokratie in *Moskau* dürfte *höchst verwundbar* einem solchen Angriff gegenüber sein. Die Sowjetunion würde möglicherweise aufhören zu funktionieren, wenn ihr Sicherheitsdienst, der KGB, ernsthaft in Mitleidenschaft gezogen würde. Wenn es gelänge, die *Moskauer Bürokratie* zu eliminieren, zu beschädigen oder zu isolieren, dann könnte die UdSSR sich in Anarchie auflösen.»[95]

Würden diese Gedankengänge der offiziellen Doktrin der USA entsprechen, so würde sich die Frage aufdrängen, ob das geplante LRTNF-Potential die Mittel (vgl. Schaubild Nr. 25) und die Zerstörung Europas der Preis zur Realisierung der Vorschläge in der «Foreign Policy» wären. Aber auch ohne diese makabren Zielsetzungen kann zukünftig ein Kriegsausbruch nicht ausgeschlossen werden. Präemptionszwänge wie die skizzierten und eine Sicherheitspolitik, die sich an Kategorien des *damage limiting* nach dem Muster «20 Millionen Tote sind weniger als 100 Millionen Tote» orientieren muß, lassen sogar einen Nuklearkrieg denkmöglich werden, der vorbeugend und ohne eigene Absichten und «nur» aus dem einen Grund geführt wird, dem möglichen Gegner zuvorzukommen. Einem solchen «Weltkrieg wider Willen» mögen zwar durchaus als Katalysator eine Kumulation äußerer Krisen vorausgehen, etwa derzeit der Afghanistan-Konflikt, der iranisch-irakische Krieg, mögliche Interventionen in El Salvador und/oder Polen, chinesisch-sowjetische Grenzkonflikte, Energieprobleme, Ressourcenverknappungen und Hungersnöte, «Geisel-Tragödien», bündnisinterne Abkoppelungsprozesse, innergesellschaftliche Unruhen, Terrorakte und vieles mehr; das auslösende Moment – die Kriegsursache – liegt aber weniger im «äußeren» Anlaß als vielmehr in der «inneren» Logik der derzeitigen nukleartechnologischen Entwicklung einerseits und des Abschreckungssystems andererseits. Sie läßt sich mit der Frage illustrieren: Wem fällt im Krisenfall die Prämie des Erstschlages zu?[96]

---

95 Ebd., S. 1506; das gleiche wird mit nahezu den selben Worten nochmals auf S. 1508 wiederholt (Hervorheb. im Text – D.S.L).

96 Nicht undenkbar ist ein Szenario, in dem der Verteidigungsminister und sein Generalstabschef in den 80er Jahren den Regierungschef ihrer Supermacht aufsuchen – Ort, Personen und Anrede sind austauschbar, die Frage wird stets die gleiche sein:

Droht also für die 80er Jahre ein «Weltkrieg wider Willen»? Solange sich politische Maßnahmen der Kriegsverhütung lediglich als Aufrüstung oder «Nachrüstung» niederschlagen und solange Gespräche zur Kooperativen Rüstungssteuerung von beiden Seiten mehr konfrontativ als kooperativ geführt werden, so lange läßt sich jedenfalls eine solche Frage kaum mit Bestimmtheit verneinen. Die Kriegsursache wird allerdings weniger im vermeintlichen Expansionsdrang der Sowjetunion liegen, wie u. a. westliche Militärs glauben machen, als vielmehr im gegenseitigen Mißtrauen auf der Grundlage der Abschreckungsdoktrin und ihres *worst case*-Imperatives sowie in der waffentechnologischen Eigendynamik einer menschenfeindlichen Rüstungspolitik in Ost und West. Auch der Krieg selbst wird nicht mit konventionellen Mitteln, sondern vorrangig mit atomaren geführt werden – Gewinner wird es auf beiden Seiten nicht geben.

«Wie lautet Ihr Befehl, Genosse Generalsekretär?»
oder: «What's your order, Mr. President?»

«Wir haben alle gegnerischen Nuklearkräfte bis auf wenige U-Boote geortet. Unsere eigenen Raketen sind mittlerweile so treffgenau und zuverlässig, daß wir einen Erstschlag führen können. Und die Vorwarnzeit beträgt seit Stationierung der neuen Mittelstreckenraketen in Europa nur noch 4 Minuten. Wir sind zwar friedfertig und wollen eigentlich keinen Krieg; auch müssen wir davon ausgehen, daß es dem Gegner selbst noch nach einem Erstschlag gelingt, uns ebenfalls Schaden zuzufügen. Doch wird der Schaden um ein Vielfaches höher sein, wenn nicht wir, sondern der Gegner den Erstschlag führt. Und alle Anzeichen sprechen dafür, daß er morgen einen ähnlich hohen technologischen Standard erreicht haben wird wie wir heute. Noch ist die Gelegenheit günstig.

What's your order, Mr. President? ...

Wie lautet Ihr Befehl, Genosse Generalsekretär?»

– vgl. so bereits: Lutz, Dieter S., Kriegsgefahr und Kriegsverhütung in den 80er Jahren, in: B 3/1981, S. 38; vgl. auch das Szenario von Kaiser, Robert G./Pincus, Walter, Greifen 1984 die Russen an?, in: Die Zeit Nr. 44 vom 26. 10. 1979, S. 25.

12. Die Zukunft der Kooperativen Rüstungssteuerung und die Nuklearkräfte in und für Europa

Unsere Ausführungen sollen nicht abgeschlossen werden, ohne der apokalyptischen Prognose nicht zumindest die Chance der Kriegsverhütung entgegenzuhalten. Lassen sich die Ursachen eines nächsten Weltkrieges vorrangig im *«Worst-Case»-Denken* und im *Mißtrauen* einerseits und in der Eigendynamik der *waffentechnologischen Entwicklung* andererseits finden, so liegt die Chance der Kriegsvermeidung komplementär bei der *Vertrauensbildung*, vor allem aber in einem sofortigen und umfassenden *Moratorium* nuklearer Rüstung, einschließlich der Bereiche von *Forschung und Entwicklung*. Zumindest letzteres läßt sich jedoch – wie der derzeitige Stand der KRSt-Gespräche auf SALT- und TNF-Ebene zeigt – nicht oder nicht mehr realisieren.

12.1 TNF-Verhandlungsangebot und Scheitern von SALT?

Zwar messen die Außen- und Verteidigungsminister der NATO – laut Abschlußkommuniqué der Ratstagung vom 12. 12. 1979 – nach wie vor «der Rüstungskontrolle als Beitrag zu einem stabileren militärischen Kräfteverhältnis zwischen Ost und West und zur Förderung des Entspannungsprozesses eine *große Bedeutung* bei»[1]. Auch bietet der Doppel-Beschluß des NATO-Rates, soweit bekannt erstmals in der Geschichte der KRSt, Verhandlungen über neue Waffensysteme *vor* ihrer Stationierung an. Er kommt also einer Forderung der Kooperativen Rüstungssteuerung nach, nicht erst über bereits dislozierte Systeme zu verhandeln, sondern zu versuchen, neue Technologien schon in einem möglichst frühzeitigen Stadium ihrer Erforschung, Entwicklung und Produktion abzuwenden. Doch kann weder das Verhalten der NATO im zeitlichen Vorfeld des Dezemberbeschlusses (vgl. dazu bereits Abschnitt 1.2.3), noch dasjenige der Sowjetunion im ersten Halbjahr danach als kooperativ und stabilisierend im Sinne der KRSt bezeichnet werden. Auch wird das an die Nachrüstungsentscheidung

1 Kommuniqué über eine Sondersitzung der Außen- und Verteidigungsminister der an der integrierten Verteidigungsstruktur beteiligten Mitgliedstaaten des Nordatlantikpakts in Brüssel am 12. 12. 1979, abgedruckt in: EA 2/1980, S. D 35–D 37, hier S. D 36 (Hervorheb. – D.S.L).

gekoppelte Rüstungssteuerungsangebot den zukünftigen Gefahren und Risiken, resultierend aus der Dynamik der nuklearen Rüstungstechnologie (vgl. Kapitel 10 und 11), nicht einmal in der Tendenz gerecht.

Das Angebot, das im übrigen «das Ergebnis *intensiver* Konsultationen des Bündnisses» [2] sein soll, lautet:

a) Jede künftige Begrenzung amerikanischer Systeme, die in erster Linie für den Einsatz als LRTNF bestimmt sind, soll von einer entsprechenden Begrenzung sowjetischer LRTNF begleitet sein.
b) Über Begrenzungen von amerikanischen und sowjetischen LRTNF soll Schritt für Schritt bilateral im Rahmen von SALT III verhandelt werden.
c) Das unmittelbare Ziel dieser Verhandlungen soll die Vereinbarung von Begrenzungen für amerikanische und sowjetische landgestützte LRTNF-Raketensysteme sein.
d) Jede vereinbarte Begrenzung dieser Systeme muß mit dem Grundsatz der Gleichheit zwischen beiden Seiten vereinbar sein. Die Begrenzungen sollen daher in einer Form vereinbart werden, die de jure Gleichheit sowohl für die Obergrenzen als auch für die daraus resultierenden Rechte festlegt.
e) Jede vereinbarte Begrenzung muß angemessen verifizierbar sein». [3]

Folgen wir den Ergebnissen aus den vorangegangenen Kapiteln und den Erfahrungen aus den bisherigen KRSt-Verhandlungen, so müssen die Aussichten auf eine erfolgreiche Realisierung des Angebotes – selbst in der vorliegenden eingeschränkten Form – mehr als fragwürdig erscheinen. Problematisch sind u. a.:

- die Anbindung an den «Nachrüstungsbeschluß»;
- die Beschränkung auf «landgestützte» LRTNF (nicht enthalten sind die FBS und die durch das SALT II-Protokoll nur bis 1981 begrenzten see- und luftgestützten Cruise Missiles);
- der Ausschluß britischer und französischer Systeme;
- die Institutionalisierung als SALT III (ohne Ratifizierung von SALT II);
- der überaus kurze Zeitraum bis 1983.

Hinzu kommt noch, daß die Verhandlungen, obwohl vorrangig europäische Interessen berührt werden, nach dem Kommuniqué der NATO-Außen- und Verteidigungsminister *bilateral* zwischen den USA und der Sowjetunion geführt werden sollen. Allerdings sollen die übrigen NATO-Staaten nicht völlig von der Diskussion ausgeschlossen werden: «Angesichts der besonderen Bedeutung dieser Verhandlungen für die Sicherheit des Bündnisses insgesamt wird zur Unterstützung der amerikanischen Verhandlungsbemühungen ein besonderes, hochrangiges Konsultationsgremium innerhalb des Bündnisses gebildet. Dieses Gremium wird die Ver-

2 Ebd., S. D 37.
3 Ebd.

handlungen kontinuierlich begleiten und den Außen- und Verteidigungsministern berichten.»[4]

Das geplante Beratungsgremium konstituierte sich bereits am 25. Januar 1980[5] als Sonderkonsultationsgruppe (Special Consultative Group – SCG): «Die SCG setzt sich aus hochgestellten offiziellen Vertretern der Länder zusammen, die an der Entscheidung über die nuklearen Mittelstreckensysteme vom 12. Dezember 1979 teilgenommen haben, sowie aus Vertretern des Internationalen Stabes und der Militärdienststellen der NATO».[6] Den Vorsitz übernahm der Direktor für militärische und politische Angelegenheiten im US-Außenministerium, Reginald Bartholomew.[7]

Im zeitlichen Ablauf sogar noch vor der Konstituierung der SCG, nämlich bereits am 18. Dezember 1979[8], übermittelten die Vereinigten Staaten das LRTNF-Rüstungssteuerungsangebot der NATO an die UdSSR. Die sowjetische Antwort vom 3. Januar 1980 [9] entsprach der Vorankündigung Außenminister Gromykos[10] vom November 1979: Moskau sei erst zu Verhandlungen bereit, wenn die NATO ihren nuklearen Nachrüstungsbeschluß widerrufe.[11] Trotz dieser eindeutigen Absage und trotz des mittlerweile eskalierenden Konflikts in und über Afghanistan[12] wurde das Angebot von den USA ein zweites Mal am 4. April 1980[13] wiederholt und erneut von der UdSSR abgelehnt[14] – allerdings in bereits abgemilderter Form: Der Beschluß müsse entweder zurückgenommen *oder* seine Verwirklichung wenigstens suspendiert werden.[15]

Eine weitere Abschwächung in der ablehnenden Haltung der Sowjetunion glaubte der Nordatlantikrat auf seiner Tagung am 25./26. Juni 1980

---

4 Ebd.

5 Vgl.: Beratungsgruppe für Abrüstung, in: Europäische Wehrkunde 3/1980, S. 153.

6 Brüsseler Sonderkonsultationsgruppe für Rüstungskontrolle einschließlich der nuklearen Mittelstreckensysteme, in: NATO. Brief 5/1980, S. 23.

7 Ebd.; ferner: Beratungsgruppe, a. a. O. (Anm. 5).

8 Vgl.: Brüsseler Sonderkonsultationsgruppe, a. a. O. (Anm. 6).

9 Vgl.: Dokumente zur westeuropäischen Sicherheitspolitik, in: EA 2/1980. S. D 23–D 25, hier S. D 24.

10 Vgl. oben Abschnitt 1.2.3, insbesondere Anm. 138.

11 Vgl. auch: Dybvik, Russell E., Auf der Suche nach tragfähigen Begrenzungen bei den nuklearen Mittelstreckensystemen großer Reichweite, in: Amerika-Dienst, Hintergrundmaterial Nr. 46 vom 15. 10. 1980, 7 S., hier insbesondere S. 2.

12 Dazu ausführlich: Lutz, Ernst, Fall Afghanistan. Grundlagen, Vorgeschichte, Verlauf, Optionen, IFSH-Forschungsberichte 17/1980.

13 Vgl.: Presse- und Informationsamt der Bundesregierung, Kommuniqué der Ministertagung des Verteidigungs-Planungsausschusses am 13. und 14. 5. 1980 in Brüssel, in: Bulletin vom 20. 5. 1980, S. 18.

14 Vgl.: Tagung der Nuklearen Planungsgruppe, in: Europäische Wehrkunde 7/1980, S. 363.

15 Nach Becker, Kurt, Ein neuer Anlauf. Die Supermächte wollen über Mittelstrekkenwaffen verhandeln, in: Die Zeit Nr. 40 vom 26. 9. 1980, S. 6, soll Gromyko seine Ablehnung zum erstenmal im Februar 1980 in dieser Form abgeschwächt haben.

in Ankara festhalten zu können. Im Kommuniqué der Tagung wiesen die Minister auf «Anzeichen dafür» hin, «daß die Sowjetunion anerkenne, daß SALT III das geeignete Forum für LRTNF-Verhandlungen sein könnte»[16]. Die tatsächliche Gesprächsbereitschaft der Sowjetunion erbrachte allerdings erst eine – unter heftiger Kritik der CDU/CSU durchgeführte[17] – Reise von Bundeskanzler Schmidt nach Moskau vom 30. Juni bis 1. Juli 1980.[18] In den Moskauer Gesprächen zwischen Schmidt und Breschnjew erklärte sich die Sowjetunion erstmals zu *Vorverhandlungen* über die TNF-Systeme bereit; zugleich gab sie aber zu erkennen, daß bei zukünftigen KRSt-Gesprächen drei Aspekte[19] berücksichtigt werden müßten, denen das vorliegende Angebot der NATO nicht genügen würde:

– die Verhandlungen müßten über die von der NATO genannten LRTNF hinaus auch die vorgeschobenen amerikanischen Nuklearmittel (FBS) einschließen;
– die sich aus den Vorgesprächen ergebenden Vereinbarungen könnten erst nach der Ratifikation von SALT II in Kraft treten;
– die französischen und britischen Nuklearwaffen seien zukünftig ebenfalls, wenngleich auch erst später, in der dritten SALT-Verhandlungsrunde[20] einzubeziehen.

Trotz dieser Vorbehalte der Sowjetunion gegenüber dem NATO-Angebot kann dem deutschen Bundeskanzler durchaus das Verdienst zugesprochen werden, den Durchbruch[21] zu Gesprächen zwischen den beiden Großmächten erzielt zu haben; gleichwohl darf nicht unerwähnt bleiben, daß bereits zuvor eine andere – für Fortgang und Erfolg der KRSt ebenso

16 Kommuniqué über die Ministertagung des Nordatlantikrates in Ankara am 25. und 26. 6. 1980, abgedruckt in: EA 15/1980, S. D 417–D 424, hier: S. D 423.

17 Vgl. stellvertretend: Union befürchtet Zerfall der NATO. Moskau-Reise erneut scharf verurteilt, in: Frankfurter Rundschau vom 15. 7. 1980, S. 1f; zur Art und Weise der Berichterstattung vgl. auch: Die geheimen Einzelheiten der Moskauer Gespräche, in: Die Welt vom 7. 7. 1980, S. 1f; Bölling rügt Welt-Bericht über Moskauer Gespräche, dementiert jedoch nicht, in: Die Welt vom 8. 7. 1980, S. 1f.

18 Vgl. dazu: Mehnert, Klaus, Bundeskanzler Schmidt in Moskau, in: Osteuropa 10/1980, S. 1081–1092.

19 Ebd., S. 1085f; Becker, Kurt, a. a. O. (Anm. 15), S. 16; Rühle, Hans, Schmidt schob Amerika den Schwarzen Peter zu, in: Die Welt vom 25. 7. 1980, S. 7.

20 Vgl. aber auch: Graf Brockdorf, Nach der Wahl zieht Kreml seine Zusage an Schmidt zurück, in: Die Welt vom 8. 12. 1980 und dort: «Die Sowjetunion hat bei den Genfer Vorverhandlungen mit den Vereinigten Staaten über die Begrenzung von Mittelstreckenwaffen in Europa überraschend eine Kehrtwendung vollzogen. Wie von informierter Seite über den Verlauf der geheimgehaltenen Verhandlungen verlautete, besteht Moskau darauf, daß die – insgesamt 243 – strategischen Atomwaffen Frankreichs und Großbritanniens bei dem angestrebten Abkommen über die Beschränkung von atomaren Mittelstreckenwaffen in Europa angerechnet werden müßten.»

21 Anzumerken ist allerdings, daß sich die beiden Außenminister der Sowjetunion und der USA, Andrej Gromyko und Edmund Muskie, seit dem Nachrüstungsbeschluß bzw.

wichtige – Initiative von Bundeskanzler Schmidt gescheitert war: Noch vor seiner Moskau-Reise, bereits am 11. April 1980 auf einer Landesdelegiertenkonferenz der SPD in Hamburg hatte er ein Dislozierungsmoratorium vorgeschlagen: «Ein erster Schritt in die richtige Richtung könnte darin liegen, daß beide Seiten gleichzeitig für eine *bestimmte Anzahl von Jahren* auf eine *Dislozierung* von neuen oder zusätzlichen Mittelstreckenwaffen verzichten und diese Zeit für Verhandlungen nutzen. Ich räume ein: der gegenwärtig erreichte Vorsprung der Sowjetunion würde für diese Zeit bestehenbleiben. Aber das wäre auch ansonsten mindestens für drei Jahre der Fall, ja der sowjetische Vorsprung würde in der Periode der drei Jahre noch wachsen, die der Westen für seine Produktion braucht.» [22]

Wie das Zitat zeigt, ging Bundeskanzler Schmidt in seiner Rede einerseits von einer «unbestimmten Anzahl von Jahren» für das Moratorium aus, und setzte andererseits diesen Zeitraum gegen die drei Jahre bis zum ursprünglich vorgesehenen Beginn einer Dislozierung der ersten PERSHING II und Marschflugkörper ab. In der Öffentlichkeit entstand konsequenterweise der Eindruck, der Vorschlag eines Dislozierungsmoratoriums beziehe sich nicht nur auf die Sowjetunion, sondern solle auch für die NATO gelten und könne (logischerweise) auch über einen Zeitraum von drei Jahren hinausgehen.[23] Nach Interventionen der FDP und insbesondere von Bundesaußenminister Genscher mit dem Tenor, die Vorschläge der NATO seien «unverändert» gültig, ließ Schmidt im Rahmen einer Pressekonferenz allerdings klarstellen, sein Vorschlag habe sich lediglich auf «drei Jahre» [24] bezogen und gelte somit nur für die Sowjetunion. Vorwürfe und Vorhaltungen von der Opposition,[25] aber auch von US-Präsident Carter blieben Bundeskanzler Schmidt wegen seines Vorschlages und gegen seine geplante Moskaureise gleichwohl nicht erspart. Die Unstimmigkeiten und Vorhaltungen, die in einem von Schmidt als «erstaunlich» bezeichneten Brief des US-Präsidenten zum Ausdruck kamen, konnten sogar erst kurz vor der

---

dem sowjetischen Einmarsch in Afghanistan erstmals bereits am 16. 5. 1980 aus Anlaß der 25. Wiederkehr der Unterzeichnung des Österreichischen Staatsvertrages in Wien getroffen hatten – vgl.: Weltmächte reden wieder miteinander, in: Frankfurter Rundschau vom 17. 5. 1980, S. 1f.

22 Zitiert nach: «Die Geschichte eines Angebotes an die Sowjetunion – Der Bundeskanzler zur Nachrüstungsfrage» (Wortlaut eines Artikels der Frankfurter Allgemeinen Zeitung vom 27. 5. 1980), in: Blätter für deutsche und internationale Politik 6/1980, S. 752–754, hier: S. 752 (Hervorheb. – D.S.L).

23 Nach einer nicht dementierten Tonband-Aufzeichnung in Hamburg soll Bundeskanzler Schmidt seinen Vorschlag sogar nicht nur auf «eine bestimmte Anzahl von Jahren» bezogen haben, sondern auf eine «bestimmte, zu verabredende Anzahl von Jahren» – ebd., S. 752f.

24 Vgl. ebd.; ferner: «Die Auseinandersetzung um die «Nachrüstung» und die Haltung der Bundesregierung». Eine Chronologie, in: Bredthauer, Karl D./Mannhardt, Klaus (Hg.), Es geht ums Überleben, Köln 1981, S. 201.

25 Die Auseinandersetzung, ebd., S. 202.

Moskau-Reise des Bundeskanzlers im Rahmen eines Gipfeltreffens zu Fragen der Weltwirtschaft am 22. Mai 1980 in Venedig ausgeräumt werden.[26]

Ob die Idee eines beiderseitigen Moratoriums tatsächlich auf einer Fehlinterpretation des Schmidtschen Vorschlages beruhte, kann dahingestellt bleiben. Festgehalten werden muß dagegen, daß mit der Distanzierung von einem solchen oder ähnlichen Konzept ein wichtiger, u. U. sogar entscheidender Schritt hin zu erfolgreichen KRSt-Verhandlungen unterblieb: Die Chance, den nach allen bisherigen Erfahrungen viel zu knapp bemessenen Zeitrahmen von lediglich drei Jahren auszuweiten, wurde nicht genutzt. Zweifel am Willen einzelner Beteiligter, zu erfolgreichen Rüstungsbeschränkungen auf TNF-Ebene zu kommen, entbehren deshalb nicht jeglicher Grundlage. Im Gegenteil sind sie um so mehr angebracht als selbst der nach der Moskaureise von Bundeskanzler Schmidt Mitte 1980 verbliebene zeitliche Spielraum bislang nicht effektiv genutzt wurde und wird. Zwar empfing bereits am 11. Juli 1980 der stellvertretende US-Außenminister Warren Christopher den sowjetischen Botschafter Anatoli Dobrynin zu einem ersten Gespräch über die veränderte Haltung der UdSSR[27]; ferner trafen sich Delegationen[28] der beiden Großmächte zu einer ersten Runde von Vorgesprächen vom 13. Oktober bis 17. November 1980 in Genf.[29] Ergebnisse erbrachten die Gespräche gleichwohl nicht; selbst eine Einigung über den Verhandlungsgegenstand konnte man nicht erzielen.[30]

So wenig erfolgreich diese erste «Fühlungnahme» der beiden Großmächte in Genf war, so wenig ermutigend müssen auch die Veränderungen, Aktivitäten und Reaktionen – soweit es sie zum Thema überhaupt gegeben hat – in der Folgezeit und insbesondere nach der Wahl von Reagan zum Präsi-

---

26 Vgl.: Schwartz, Rolf Dietrich, Kanzler und Carter: Sache ist aus der Welt, in: Frankfurter Rundschau vom 23. 6. 1980, S. 1 f; Helmut Schmidt: Erstaunlicher Brief, in: Frankfurter Rundschau vom 23. 6. 1980, S. 2; Blieb Verstimmung zurück? Carter hat doch Vorbehalte gegen Schmidts Reise nach Moskau, in: Frankfurter Rundschau vom 25. 6. 1980, S. 2.

27 Vgl.: Erste Gespräche über Raketen, in: Frankfurter Rundschau vom 12. 7. 1980, S. 2.

28 Delegationsleiter waren der stellvertretende Direktor der ACDA, Spurgeon Keeny, und der ehemalige SALT-Verhandlungsleiter der UdSSR, Viktor Karpow – vgl.: Simonitsch, Pierre, Wieder am Verhandlungstisch. Washington und Moskau sprechen über Mittelstreckenwaffen, in: Frankfurter Rundschau vom 16. 10. 1980, S. 1.

29 Ebd.; ferner: Horn, Erwin, Was unverändert das Ziel der SPD bleibt, in: Vorwärts Nr. 52 vom 18. 12. 1980, S. 16; vgl. auch: Simonitsch, Pierre, Die Teufel im Detail. Neue Verhandlungen über Mittelstreckenwaffen, in: Frankfurter Rundschau vom 15. 10. 1980, S. 8; USA : Moskau gesprächsbereit, in: Süddeutsche Zeitung vom 26. 11. 1980, S. 7.

30 Vgl.: Horn, Erwin, ebd.; radikaler noch: Schenke, Wolf, «Verhandlungen» – die große Täuschung des Helmut Schmidt, in: Neue Politik 4/1981, S. 3: «Es waren keine Verhandlungen; es handelte sich nur um eine erste Fühlungnahme, *ob überhaupt* Verhandlungen stattfinden könnten und welchen Themenkreis diese umfassen sollten.»

denten stimmen: Noch im September 1980 bezeichnete der amerikanische Verteidigungsminister Harold Brown das Frühjahr 1981 «als äußerste Grenze für die Ratifizierung des zweiten SALT-Vertrages, weil sonst der *Abrüstungsprozeß* einen *dauerhaften Schaden* erleiden könnte»;[31] sein Nachfolger Weinberger sah diese Gefahr im Januar 1981 dagegen nicht: «Ich denke, es braucht gute sechs Monate, bevor wir überhaupt eine Politik formuliert haben.»[32] Über die Richtung dieser Politik ließ Weinberger allerdings keinen Zweifel: «Ich denke nicht, daß wir je von einer Position der Schwäche aus verhandeln sollten ... Manchmal ist es ein *Erfolg, keinen Vertrag* zustande zu bringen.»[33] Die bisherige Personalpolitik entspricht dieser Denkhaltung voll: Im April 1981 wurde mit Eugene Rostow, dem er des «Committee on the Present Danger» (siehe bereits Abschnitt 1.2.1) ein dezidierter Gegner des SALT II-Vertrages zum neuen Direktor der Behörde für Rüstungskontrolle und Abrüstung (ACDA) ernannt.[34]

Berücksichtigt man, daß die Opposition zu SALT II einer der wichtigsten Punkte im Wahlkampfprogramm von US-Präsident Reagan bildete, so ist es weniger die Position der neuen Regierungsmannschaft der USA, die erstaunen muß, als vielmehr das wenig souveräne Verhalten[35] und schnelle Einschwenken der europäischen NATO-Partner auf die neue Linie: Noch auf der Ministertagung am 25. und 26. Juni 1980 in Ankara hatte der Nordatlantikrat seine «Unterstützung für den SALT II-Vertrag, der einen bedeutenden Beitrag zur Eindämmung des Rüstungswettlaufes und zur Gewährleistung der Sicherheit des Bündnisses und der Stabilität der Ost-West-Beziehungen leistet»[36], bekräftigt. Auf der folgenden Tagung des Nordatlantikrates am 11. und 12. Dezember 1980 in Brüssel, also kurz nach der Wahl Reagans zum US-Präsidenten bzw. nur ein halbes Jahr nach der vorangegangenen NATO-Sitzung und ein Jahr nach dem sogenannten Nachrüstungsbeschluß, befürworteten die Minister dagegen «nicht mehr speziell die Ratifizierung von SALT II, nachdem diese in den Vereinigten

31 Zitiert nach: Becker, Kurt, Ein neuer Anlauf. Die Supermächte wollen über Mittelstreckenwaffen verhandeln, in: Die Zeit Nr. 40 vom 26. 9. 1980, S. 6 (Hervorheb. – D.S.L).

32 Durham, William H., Weinberger says SALT Talks could begin in six months, in: Wireless Bulletin from Washington Nr. 4 vom 7. 1. 1981, S. 4.

33 Ebd., S. 4f (Hervorheb. – D.S.L).

34 Vgl.: «Falke» leitet Abrüstungsamt, in: Frankfurter Rundschau vom 24. 4. 1981, S. 2.

35 Beispielhaft war wieder einmal die bundesdeutsche Haltung. Bereits in seiner Regierungserklärung vom 24. 11. 1980 formulierte Bundeskanzler Schmidt: «Wir setzen uns mit Nachdruck dafür ein, den *SALT-Prozeß* fortzuführen» – zitiert nach: Mut zur Zukunft. Auszüge aus Helmut Schmidts Rede am Montag vor dem Deutschen Bundestag, in: Süddeutsche Zeitung vom 25. 11. 1980, S. 8.

36 Kommuniqué über die Ministertagung des Nordatlantikrats in Ankara am 25. und 26. 6. 1980, abgedruckt in: EA 15/1980, S. D 417–D 424, hier: S. D 420.

Staaten unwahrscheinlich geworden war»[37]; im Kommuniqué der Tagung heißt es nunmehr lediglich: «Das Bündnis befürwortet weitere Verhandlungen und bekennt sich weiterhin nachdrücklich zum *SALT-Prozeß* als einen Weg zur Erlangung bedeutsamer beiderseitiger Begrenzungen der amerikanischen und sowjetischen strategischen Nuklearstreitkräfte.»[38]

Auf westlicher Seite ist also einerseits das Abrücken der USA und der NATO von SALT II zum Jahreswechsel 1980/81 mehr oder weniger deutlich zu erkennen, andererseits sind auch selbst für die zweite Hälfte des Jahres 1981 neue Vorschläge kaum noch zu erwarten.[39] Im Gegensatz dazu lehnt die Sowjetunion nicht nur eine Neuverhandlung von SALT II ab[40], sondern unterbreitete im gleichen Zeitraum sogar weitergehende Gedanken. Insbesondere in seinem Rechenschaftsbericht auf dem XXVI. Parteitag der KPdSU im Februar 1981 schlug Generalsekretär Breschnjew neben Vertrauensbildenden Maßnahmen u. a. vor: «Die UdSSR ist bereit, über die Begrenzung beliebiger Waffen zu verhandeln ... Wir schlagen vor, uns darüber zu einigen, schon jetzt ein Moratorium über die Stationierung neuer nuklearer Kampfmittel mittlerer Reichweite der NATO-Länder und der UdSSR in Europa zu verhängen, das heißt quantitativ und qualitativ das bestehende Niveau solcher Mittel, darunter selbstverständlich der vorgeschobenen Kernmittel der USA in diesem Raum, einzufrieren. Ein solches Moratorium könnte sofort mit Beginn entsprechender Verhandlungen in Kraft treten und gelten, bis ein endgültiger Vertrag über die Begrenzung oder, besser noch, die Reduzierung solcher Kernmittel in Europa geschlossen sein wird. Hierbei lassen wir uns davon leiten, daß beide Seiten jegliche Vorbereitung auf die Stationierung entsprechender hinzukommender Mittel, darunter der amerikanischen ‹PERSHING II›-Rakete und der bodengestützten strategischen Flügelrakete, einstellen.»[41]

Während Bundeskanzler Schmidt in einer ersten Stellungnahme zur Moratoriumsinitiative des sowjetischen Generalsekretärs «eine sorgfältige

---

37 Dokumente zur westeuropäischen Sicherheitspolitik. Die Tagung der Bündnisgremien im Herbst 1980, in: EA 2/1981, S. D 30.

38 Kommuniqué über die Ministertagung des Nordatlantikrates in Brüssel am 11. und 12. 12. 1980, abgedruckt in: EA 2/1981, S. D 43–D 49, hier: S. D 47 (Hervorheb. – D.S.L).

39 In diesen Rahmen gehört auch das Vertagen der amerikanisch-sowjetischen Gesprächsrunde zur Überprüfung des SALT I-Abkommens – vgl.: USA vertagen SALT I-Gespräche, in: Frankfurter Rundschau vom 24. 3. 1981, S. 1.

40 Vgl.: Moskau hält an SALT II fest, in: Frankfurter Rundschau vom 17. 11. 1980, S. 2; ambivalent aber: Reagan hört Signale aus dem Kreml «mit Freude», in: Frankfurter Rundschau vom 1. 12. 1980, S. 1f; Moskau zeigt Verhandlungsbereitschaft, in: Süddeutsche Zeitung vom 25. 11. 1980, S. 6.

41 Den Frieden festigen, Entspannung vertiefen, Wettrüsten zügeln! Rechenschaftsbericht des Zentralkomitees der KPdSU an den XXVI. Parteitag der Kommunistischen Partei der Sowjetunion, Teil I, in: Frankfurter Rundschau vom 28. 2. 1981, S. 14, Teil II, in: Frankfurter Rundschau vom 2. 3. 1981, S. 14 und hier auch das Zitat.

Prüfung des Inhalts und der Bedingungen von Breschnjews Vorschlag»[42] ankündigte, lehnte Bundesaußenminister Genscher das Angebot sofort ab: Das «von Breschnjew vorgeschlagene Moratorium würde den NATO-Doppelbeschluß in seinem Nachrüstungsteil aufheben, die sowjetische Überlegenheit durch die schon aufgestellten SS-20-Raketen festschreiben und damit den Raketendruck auf Westeuropa legitimieren».[43] Bundeskanzler Schmidt folgte dieser Meinung seines Außenministers einen Tag später: Am 25. Februar lehnte als erste europäische NATO-Regierung das Bundeskabinett in einer Stellungnahme, die «nicht zuvor mit einem oder mehreren NATO-Partnern abgesprochen worden»[44] war, den Moratoriumsvorschlag ab.[45] Die NATO selbst wies in der Folgezeit u. a. über mehrfache Stellungnahmen ihres Generalsekretärs Luns den Moratoriumsvorschlag als «uninteressant», «abträglich» und «nicht seriös» zurück.[46]

Ob mit der Ablehnung des sowjetischen Moratoriumsangebots eine letzte Chance, zu einer erfolgreichen und Kooperativen Rüstungssteuerung zu kommen, vergeben wurde, werden die verbleibenden Monate bis zur Dislozierung der neuen NATO-LRTNF zeigen müssen. «Der vorherrschende Eindruck von Beobachtern»[47] eines zweitägigen Besuches von Bundesaußenminister Genscher am 2. und 3. April 1981 in Moskau scheint jedenfalls

---

42 Genscher sucht die Grundlinie der Regierungspolitik zu ziehen, in: FAZ vom 25. 2. 1981, S. 3.

43 Ebd.; ebenso: Mörbitz, Eghard, CDU, teilt Genschers Bedenken zu Breschnjews Vorschlägen. Im Gegensatz zum Kanzler Vorbehalte gegen Moratorium, in: Frankfurter Rundschau vom 25. 2. 1981, S. 2.

44 Die Bonner Antwort an Breschnew, in: FAZ vom 26. 2. 1981, S. 3; siehe ebd. auch: «Regierungssprecher Becker begründete am Mittwoch die unterschiedliche Akzentuierung der Bewertung des Breschnjew-Vorschlags durch Genscher und Schmidt mit dem Temperament des Bundesministers und des Bundeskanzlers ... Gleichwohl bestand in Bonn der Eindruck, daß Genscher einen entscheidenden Einfluß auf die Formulierung der Bonner Antwort an Moskau ausgeübt habe.»

45 Kritisch zur Ablehnung: Mörbitz, Eghard, Borm rügt «eilfertige Ablehnung» des Breschnjew-Vorschlags, in: Frankfurter Rundschau vom 3. 3. 1981, S. 4; Bredthauer, Karl D., Was fürchtet Bonn? Die SS-20 oder das Moratorium, in: Blätter für deutsche und internationale Politik 3/1981, S. 260–264; Mechtersheimer, Alfred, Der sowjetische Moratoriumsvorschlag: Propaganda oder letzte Chance, in: Frankfurter Hefte 4/1981, S. 2f; Scheer, Hermann, Für Pausen ist es nie zu früh, in: Vorwärts Nr. 13 vom 19. 3. 1981, S. 19.

46 Vgl.: Kein Interesse an einem Moratorium. Die NATO hält Breschnjews Angebot für nicht seriös, in: FAZ vom 7. 3. 1981, S. 3; vgl. auch den Pressespiegel, hg. vom Bundesminister der Verteidigung, IP Stab – Pressereferat Nr. 12/1981, und dort abgedruckt auf S. 15–18: Neumaier, Eduard, Propaganda statt diskreter Diplomatie, in: Süddeutsche Zeitung vom 18. 3. 1981; Luns: Einmütigkeit in der NATO, in: Süddeutsche Zeitung vom 21. 3. 1981; Bernhard, Rudolph, Breschnjews Vorstoß, in: Stuttgarter Nachrichten vom 18. 3. 1981; Mißtrauisch, in: Kölner Stadtanzeiger vom 18. 3. 1981.

47 Mörbitz, Eghard, Schlechte Chancen für Rüstungskontrolle. Keine Annäherung bei Genschers Moskau-Besuch, in: Frankfurter Rundschau vom 4. 4. 1981, S. 1.

eindeutig: «Die Chancen für erfolgreiche Rüstungskontrollgespräche zwischen Ost und West in Zusammenhang mit dem NATO-Doppelbeschluß und der sowjetischen Raketenrüstung stehen schlecht ... Ungeachtet der sachlichen Atmosphäre der Gespräche wurde kein bemerkenswerter Ansatz zu einer Überwindung der strittigen Punkte sichtbar.» [48]

Mit dieser pessimistischen Einschätzung vom April 1981 muß unsere Skizze der Entwicklung der KRSt-Beziehungen auf der Ebene der Nuklearwaffen abschließen.

Aber selbst unterstellt, es würde – wider Erwarten – doch noch gelingen, Verhandlungen einzuleiten und eine Annäherung der unterschiedlichen Standpunkte zu erreichen, so muß der friedenssichernde Effekt gleichwohl fraglich bleiben. Wie die bisherige TNF-Diskussion zeigt, streben beide Seiten lediglich ein numerisches Gleichgewicht an, sei es durch «Nachrüstung», sei es eventuell durch Festlegung von Höchstzahlen in der Tradition der vorangegangenen SALT-Verhandlungen, oder sei es bestenfalls über die Reduzierung der Potentiale in einem festzulegenden Umfang. Solange aber im LRTNF-Bereich keine Schranken gegen *qualitative* Modernisierungsmaßnahmen gezogen werden, kann eine *denkmögliche numerische Parität* allein noch keine stabilisierende Wirkung besitzen. Da es sich lediglich um eine *Parität der Disparität* zwischen Zielen und Mitteln handeln würde (siehe oben Kapitel 10), müßte jeder qualitative Schritt hin zur Erstschlagsfähigkeit über die Verbesserung von Faktoren wie Ortbarkeit, Treffgenauigkeit oder Zuverlässigkeit weitaus stärker destabilisieren als bisherige bloße numerische Zuwachsraten.

Solange also an eine grundsätzliche Abschaffung des LRTNF-Potentials bzw. an nuklearwaffenfreie Zonen nicht gedacht ist, müßten im Rahmen zukünftiger Rüstungskontrollgespräche vorrangig Themen behandelt werden, die den Ergebnissen aus den vorangegangenen Kapiteln, insbesondere aus Kapitel 10 und 11 gerecht werden, d. h. die sich in erster Linie mit der *Bildung von Barrieren gegen die Erlangung von Kriegsführungsfähigkeiten* befassen.

Zwingende Forderungen wären u. a.

– neben der Definition der LRTNF als strategische Systeme [49]

---

48 Ebd.; ferner: Mörbitz, Eghard, Schwieriger Dialog in moderatem Ton, in: Frankfurter Rundschau vom 6. 4. 1981, S. 3; Nach dem Genscher-Besuch in Moskau. Neuer Streit steht ins Haus, in: Vorwärts Nr. 16 vom 9. 4. 1981, S. 2.

49 Die Problembereiche, die mit einer solchen Definition angesprochen sind, hatten wir bereits mehrfach angeführt; es sind die Reichweiten der Flugzeuge, die Zuordnung von 400 POSEIDON C-3 zu SACEUR, die einseitig nachteilige geostrategische Lage der UdSSR und schließlich auch die Einsatzmöglichkeit sonstiger strategischer Streitkräfte als LRTNF-Mittel; zu letzterem vgl. z. B.: North Atlantic Assembly, Military Committee, General Report on the Security of the Alliance, presented by Vries, Klaas G. de (Netherlands), General Rapporteur, November 1978, S. 51, der darauf hinweist, daß seit 1974 alle strategischen Streitkräfte der USA mit einer beträchtlichen Zielflexibilität zur stärkeren

– die rückwärtige Dislozierung der LRTNF bzw. die Verringerung der Reichweiten der Trägersysteme;
– das Verbot bzw. eine zahlenmäßige Begrenzung nationaler militärischer Aufklärungsraumflugkörper (die zur Ortung mobiler Systeme für den Präemptionsschlag und nicht lediglich zur Frühwarnung dienen);
– das Verbot bzw. eine zahlenmäßige Begrenzung militärischer Navigationsraumflugkörper (die zur Erhöhung der Treffgenauigkeit eingesetzt werden);
– das Verbot militärischer Raketentests und der Erprobung neuer Flugtechnologien, (die zur Erhöhung von Zuverlässigkeit und Treffgenauigkeit beitragen);
– die Begrenzung der Sprengkraft durch Begrenzung der Tragfähigkeit der Flugsysteme (zur Verringerung von flächendeckenden Wirkungen);
– das Verbot der Härtung der Gefechtskopfplattformen (die zur Überwindung oder sogar Nutzung des EMP-Effektes dienen);

Unterstützung der NATO vorgesehen sind; vgl. auch: Brown, Harold, Department of Defense, Annual Report, Fiscal Year 1979, o. O. 1978, S. 133, der gleichfalls angibt, daß neben «SLBM und taktischen land- und seegestützten Flugzeugen noch weitere, zusätzliche strategische Streitkräfte der USA» für den TNF-Bereich abgestellt sind, vermutlich also Interkontinentalraketen (ICBM) und/oder Bomber, insbesondere wahrscheinlich die FB-111. Eine Zahl gibt Brown zwar nicht an; doch entspricht diese Aussage der Annahme, daß bereits heute die sog. «Abdeckung der SS-20 sowie anderer kontinentaler Systeme» durch «landgestützte ICBMs» der USA erfolgt oder zumindest auf Grund des Ungleichgewichts im Verhältnis der ICBM-Sprengkopfzahlen jederzeit erfolgen könnte – vgl. so u. a.: Nerlich, Uwe, Die Verbesserungen der nuklearen Fähigkeiten der NATO: verteidigungs- und verhandlungspolitische Probleme, SWP-AP 2159, Ebenhausen, Januar 1978, S. 29, Anm. 1; vgl. auch: Lothar Ruehl, der auf der Basis von Informationen aus Washington und Brüssel zu ähnlichen Aussagen kommt: «Die Frage, ob nicht strategische Offensivwaffen der USA über den Nordatlantik hinweg und aus den Ozeanen auch die gewachsene Zahl sowjetischer Mittelstreckenwaffen, die Westeuropa bedrohen, neutralisieren könnten, spielte bis in das Jahr 1979 hinein in der Allianz eine erhebliche Rolle. Von 1977 bis Ende 1978 argumentierte Verteidigungsminister Harold Brown eindringlich, daß das amerikanische Angriffspotential bei weitem ausreiche, um alle über große Entfernungen hinweg erfaßbaren Ziele in der Sowjetunion anzugreifen. Hohe Beamte im Stabe des Nationalen Sicherheitsrates (NSC) versicherten, daß eine amerikanische Mittelstreckenrüstung aus strategischen Gründen nicht notwendig sei» – Ruehl, Lothar, Der Beschluß der NATO zur Einführung nuklearer Mittelstreckenwaffen, in: EA 4/1980, S. 104, 110 und dort auch die Hinweise in Anm. 19 und 20; ähnliches gilt umgekehrt natürlich auch – wenngleich in wesentlich geringerem Umfang – für die Sowjetunion. So werden etwa die SS-11-Raketen erwähnt bei: Forster, Michael, Zur Datendiskussion des Kräfteverhältnisses bei den Nuklearwaffen großer Reichweite in Europa (LRTNF), hektogr. Manuskript, S. 2; Bertram, Christoph, Ringen um Raketen. Wie soll der Westen auf den sowjetischen Vorsprung antworten?, in: Die Zeit Nr. 50 vom 7. 12. 1979, S. 3, nennt ... «die Raketen SS-11 und SS-19, die theoretisch «euro-strategische» wie interkontinentalstrategische Ziele abdecken könnten?»; IISS, MB 1979–1980, S. 118, führt schließlich noch die SS-N-8 auf – vgl. auch oben Tabelle 9.

– die numerische Begrenzung der Gefechtskopfzahlen pro Trägersystem über die Begrenzung der Tragfähigkeit und die Offenlegung der telemetrischen Schlüssel;
– und erst zuletzt die numerische Begrenzung der Trägersysteme.

Irgendwelche Anzeichen für eine Diskussion dieser oder ähnlicher Aspekte im Rahmen möglicher KRSt-Verhandlungen der kommenden Monate sind nicht erkennbar. Angesichts der eindeutigen Dynamik und Tendenzen in der nuklearen Rüstungstechnologie kann aber bloßen Verhandlungen auf der Basis des LRTNF-Angebots der NATO – selbst bei einem (im übrigen unwahrscheinlichen) Abschluß der Gespräche unter Berücksichtigung der genannten sowjetischen Forderungen[50] – auch kurzfristig kein kriegsverhütender Erfolg mehr beschieden sein. Parallel laufende, destabilisierende Entwicklungen im Bereich der chemischen Kampfstoffe, der Laserwaffen, der neuen quasi-nuklearen Potentiale im konventionellen Bereich, der Militarisierung des Weltraums und vieles mehr sind in dieser pessimistischen Analyse noch nicht einmal berücksichtigt.

12.2 Scheitern der Vertrauensbildenden Maßnahmen?

Muß also zu Beginn der 80er Jahre befürchtet werden, daß das Instrument der Kooperativen Rüstungssteuerung seine Wirkung nicht mehr rechtzeitig oder nicht in ausreichendem Maße wird entfalten können, so bleiben komplementär (s. o.) zum abschreckungsimmanenten Mißtrauen und «Worst-Case»-Denken als Mitverursachung von Kriseneskalationen und Kriegsgefahren die Vertrauensbildenden Maßnahmen (VBM – Confidence Building Measures/CBM) als «Umwegstrategie»[51] und Chance der Kriegsverhütung[52]: VBM sind – so banal diese erste Definition auch klingt – Maßnahmen, die auf die Bildung von Vertrauen, oder konkreter noch: auf den Abbau von Mißtrauen ausgerichtet sind. Ihre «Ziele sind die Vorhersehbar-

50 Daß aber selbst der Abschluß keine Garantie für eine Ratifizierung ist, hat SALT II gezeigt. Der US-Senat ist derzeit in seiner Zusammensetzung noch konservativer ausgerichtet als 1979/80 und auch 1984 sind wiederum Wahlen in den Vereinigten Staaten.

51 Den Begriff der «Umwegstrategie» gebrauchen z. B.: Schlotter, Peter/Tiedtke, Stephan, Gibt es noch eine Alternative zur Aufrüstung in Europa? Der gegenwärtige Rüstungswettlauf in Europa und die Bedingungen militärischer Entspannung, in: Das kontrollierte Chaos: Die Krise der Abrüstung. Friedensanalysen Bd. 13, Frankfurt a. M. 1980, S. 39–72, insbesondere S. 56ff.

52 Vgl. zu folgendem bereits: Lutz, Dieter S., Sowjetische Nuklearrüstung und SALT, in: Lutz, Dieter S. (Hrsg.), Die Rüstung der Sowjetunion. Rüstungsdynamik und bürokratische Strukturen, Baden–Baden 1980, S. 159f.

keit eigener Politik und die Berechenbarkeit für die anderen.»[53] Ihr «politischer Wert» liegt nach Generalleutnant a. D. Graf Baudissin «in der Tatsache, daß sie Umfang, Organisation und Bewaffnung der Streitkräfte nicht unmittelbar berühren, sondern nur die Verfügbarkeit der Verbände, also ihre Aktivitäten und Dislozierungen in bestimmten Räumen eingrenzen. Sie geben den Beteiligten einen Überblick über die Routineausbildung des Gegenübers, gewähren Einblicke in die primär defensiven Militärstrategien, Übungsanlagen und Haltungen der Streitkräfte beider Lager und tragen durch persönliche Begegnungen zur Rationalisierung und Entideologisierung der Beziehungen bei. Sie erhöhen die beiderseitige Transparenz und machen dadurch Fehlbeurteilungen bzw. Fehlreaktionen unwahrscheinlicher.»[54]

Als Restbestand militärischer Themen (Manöverankündigung, Austausch von Manöverbeobachtern)[55] der Konferenz für Sicherheit und Zusammenarbeit (KSZE) sind VBM erstmals unter diesem Begriff in der neueren[56] Diskussion eingeführt und in der Folgezeit in unterschiedlichen Vorschlägen, u. a. im Rahmen der UNO[57] oder für eine Konferenz für Abrüstung in Europa (KAE)[58] aufgenommen worden. In den MBFR- und SALT-Verhandlungen tauchen sie als «begleitende Maßnahmen» (*associat-*

53 Bruns, Wilhelm, Ohne Vertrauen keine Abrüstung. Zum Konzept Vertrauensbildender Maßnahmen, in: Neue Gesellschaft 10/1979, S. 883–887, insbesondere S. 883f; ders., Vorwort zu: Krause, Christian, Vertrauensbildende Maßnahmen als Gegenstand europäischer Verhandlungen. Eine Studie im Auftrage der Friedrich-Ebert-Stiftung, Bonn 1977 (hektogr. 87 S.), hier: Vorwort ohne Seitenangaben; Bruns fährt mit einem Zitat von Bundeskanzler Schmidt fort: «Je größer die Berechenbarkeit des politischen, übrigens auch des militärischen Verhaltens der Beteiligten ist, desto geringer ist die Gefahr akuter Krisen. Voraussetzung für die Berechenbarkeit ist Durchsichtigkeit der eigenen Politik, Plausibilität dessen, was man erstrebt.»

54 Baudissin, Wolf Graf von, Vertrauensbildende Maßnahmen. Bedingungen und Perspektiven, in: ders., Sicherheit für Europa – Perspektiven der 80er Jahre, IFSH-Diskussionsbeiträge 18/1980, S. 54.

55 Vgl.: Lutz, Dieter S., a. a. O. (Anm. 52); Schlotter, Peter/Tiedtke, Stephan, a. a. O. (Anm. 51), S. 59f.

56 Vgl. aber auch: Krause, Christian, a. a. O. (Anm. 53), S. 10–18, der auf die VBM in den Abrüstungsverhandlungen der 50er und 60er Jahre sowie auf die verbliebenen Kontakte der Siegermächte im geteilten Deutschland und auf das Viermächte-Abkommen über Berlin hinweist.

57 Vgl. stellvertretend: Citron, Klaus J./Ehni, Reinhard W., Das Konzept Vertrauensbildender Maßnahmen. Ursprung – Erste Verwirklichung – Perspektiven, in: Vereinte Nationen 1/1979, S. 6–10.

58 Vgl. zu den Vorschlägen: Vorschlag Edward Giereks vom 11. Februar 1980 für eine gesamteuropäische Abrüstungskonferenz in Warschau (Auszug), abgedruckt in: Blätter für deutsche und internationale Politik 3/1980, S. 379; vgl. ebd. S. 260–262 auch den Kommentar; Polen für europäische Abrüstungskonferenz, in: Europäische Wehrkunde 5/1980, S. 257f; ferner: Deklaration der Teilnehmerstaaten des Warschauer Vertrages vom 14./15. 5. 1980, abgedruckt in: Neues Deutschland vom 16. 5. 1980; Schütze, Walter,

ed measures) bzw. Verifizierungsmaßnahmen auf.[59] In Anlehnung an Brigadegeneral a. D. Christian Krause können diese verschiedenen Diskussionsrichtungen und Vorschläge aus Wissenschaft und Praxis in eine Typologie mit sieben[60] VBM-Kategorien zusammengeführt werden[61]:

1. *Die Offenlegung von Daten und Fakten* mit militärischer Bedeutung, darunter Informationen über die geographische Lage militärischer Einrichtungen, ferner Informationen über Gliederung, Stärke, Dislozierung und Führungsorganisation von Truppen und schließlich Informationen über Rüstungsausgaben bzw. Militärbudgets.
2. *Die Ankündigung von Manövern und Bewegungen sowie der Austausch von Beobachtern* auch über die Pflege persönlicher Kontakte und der symbolischen Darstellung guten Willens hinaus im Sinne von tatsächlichen Verifikationsmaßnahmen durch Gewährung von Bewegungsfreiheit der Beobachter, Nachfragerechte und Einblick in die Manöverplanung.
3. *Die Verifizierungsmaßnahmen und Kontrollsysteme* im Rahmen von Rüstungsbegrenzungsmaßnahmen wie SALT, aber auch unabhängig von konkreten Rüstungskontrollergebnissen durch vorsorgliche und permanente Überwachung von Streitkräften und ihren Veränderungen in einem bestimmten Gebiet mit Hilfe von Inspektionen und laufenden Informationen.
4. *Die Maßnahmen zur Verbesserung der Zusammenarbeit* und des gegenseitigen Verständnisses über beratende Organe (wie der Ständigen Beratenden Kommission – Standing Consultative Commission/SCC im Rahmen von SALT oder wie den Folgetreffen zur KSZE-Schlußakte), ferner über Militärmissionen (wie sie noch in der Bundesrepublik und der DDR existieren) sowie schließlich über persönliche Begegnungen im

---

Neue Tendenzen der französischen Europa- und Sicherheitspolitik nach den Wahlen vom März 1978, in: EA 23/1978, S. 771–782; Hetze, Helmut, Östliche Vorschläge für die KSZE in Madrid, in: Die Neue Gesellschaft 11/1980, S. 937–940; Mut zur Zukunft. Helmut Schmidts Rede, a. a. O. (Anm. 35), S. 8.

59 Vgl. bereits oben Abschnitt 1.2.1 und 1.2.2; ferner: Baudissin, Wolf Graf von, a. a. O. (Anm. 54), S. 52ff; Baudissin, Wolf Graf von/Lutz, Dieter S., Kooperative Rüstungssteuerung in Europa. Analysen und Perspektiven, IFSH-Forschungsberichte 11/1979, S. 36ff; Frye, Alton, Confidence-Building Measures in Salt: a PAR Perspective, in: Alford, Jonathan (Ed.), The Future of Arms Control: Part III. Confidence-Building Measures, Adelphi Papers No. 149, London 1979, S. 14–22.

60 Vgl. aber auch die Typologie mit 10 Kategorien bei: Brauch, Hans Günter, Confidence-Building Measures for Europe. An evaluation of past experience and suggestions for the CSCE Madrid meeting (hektogr. Manuskript. 73 S.), Heidelberg 1980, S. 53–61; vgl. ferner die Aufteilung in drei verschiedene Arten «objektiver» VBM bei: Alford, Jonathan, Vertrauensbildende Maßnahmen und Sicherheit in Europa, in: EA 19/1980, S. 591f; vgl. auch ders., Confidence-Building Measures in Europe: The Military Aspects, in: ders. (Hg.), a. a. O. (Anm. 59), S. 4–13.

61 Zu folgendem ausführlich: Krause, Christian, a. a. O. (Anm. 53), S. 33ff.

Rahmen des Austausches militärischen Personals, sportlicher Kontakte, Flottenbesuchen, etc.

5. *Die restriktiven und stabilisierenden Maßnahmen*, darunter Maßnahmen, welche die Ausbildung beschränken wie die Festsetzung von Höchstgrenzen für Manöverbeteiligungen, das Verbot der Abhaltung von Manövern in Grenznähe und die Beschränkung der Gesamtzahl der Manöver, ferner Maßnahmen, die im Nahbereich stabilisierend wirken wie die Bildung von Pufferzonen oder von Infrastrukturbarrieren durch rückwärtige Dislozierungen von Logistik und Ausrüstung, ferner schließlich Maßnahmen, die militärische Optionen einschränken wie der Verzicht auf Technologien, welche insbesondere die Vorwarnzeit unter ein festzusetzendes Minimum sinken lassen würden.
6. *Die Vereinbarungen über Doktrinen*, darunter die Annäherung militärischen Verhaltens, die Erarbeitung defensiver Strategien und der Abbau von Bedrohungsperzeptionen und Feindbildern.
7. *Die Maßnahmen der Krisenkontrolle* über die Festlegung bestimmter de-eskalierender Verhaltensregeln in Spannungszeiten wie das sofortige Abbrechen von Manövern und Truppenbewegungen, das Zusammentreten von gemeinsamen Krisenstäben, das Angebot von Inspektionen, die Einrichtung von Pufferzonen, etc.

Wie die Typologie und auch die angeführten Beispiele zeigen, bezieht sich das Konzept der VBM bislang vorrangig auf die Teilebene der konventionellen Streitkräfte sowie auf konventionelle Rüstungsanstrengungen. In den Bereichen, in denen VBM die nukleare Ebene tangieren, sind sie als verifizierende und begleitende Maßnahmen (von SALT) nicht Voraussetzungen auf dem Weg zur KRSt, sondern, wie auch der Name sagt, «begleitende» oder nachträglich zu erfüllende Bedingungen. Ferner sind sie eher allgemein gültig bzw. von grundsätzlicher Natur für alle Ebenen der Rüstungssteuerung. Auf die nukleare Problematik abgestellte Vorschläge der Vertrauensbildung liegen dagegen kaum vor. Ausnahmen wie die Vorschläge zur Bildung kernwaffenfreier Zonen[62] oder des Verbotes von Ersteinsätzen nuklearer Waffen[63] sind entweder generell für alle Triade-Ebenen

62 Vgl. zuletzt die Breschnew-Rede auf dem XXVI. Parteitag, a. a. O. (Anm. 41), Teil II, S. 14; ferner: Heisenberg, Wolfgang, Nuklearwaffenfreie Zonen als Gegenstand der internationalen Rüstungskontroll-Diplomatie, in: EA 13/1976, S. 445–452; Statement on a European Nuclear-Free Zone, in: Bulletin of Peace Proposals No. 2/1980 (Vol. 11), S. 109–110.

63 Vgl. dazu u. a.: Epstein, William, Banning the use of nuclear weapons, in: The Bulletin of Atomic Scientist No. 4/1979 (Vol. 35), S. 7–9; Rodejohann, Jo/Tiedtke, Stephan, Für ein Einsatzverbot von Atomwaffen oder: Warum ein östlicher Vorschlag zur Rüstungskontrolle den Interessen der NATO an Kriegsverhinderung dienen kann, in: Studiengruppe Militärpolitik, Aufrüsten, um abzurüsten?, Informationen zur Lage. Friedensforscher reagieren auf die internationale Krise, Reinbek bei Hamburg 1980, S. 171–179.

denkbar, also unspezifisch, oder besitzen, da nicht verifizierbar, lediglich Symbolcharakter, oder werden angesichts tatsächlicher bzw. vermeintlicher Ungleichgewichte konventioneller Art vom Gegenüber nicht akzeptiert. Ein System *spezifischer* auf die LRTNF-Problematik einerseits und die nukleartechnologische Dynamik andererseits abgestellter VBM existiert darüber hinaus noch nicht einmal im Ansatz. Die Realisierungs- und Umsetzungschancen solcher VBM sind allerdings, wie der nachfolgende Katalog zeigt, kaum höher einzuschätzen als der Katalog an KRSt-Vorschlägen in Abschnitt 12.1. Analog zur angeführten Typologie sowie als Konsequenz aus den Ergebnissen der vorangegangenen Kapitel und ihrer Analysen wäre eine Kombination folgender Maßnahmen denkbar:

1. Die Offenlegung von Daten und Fakten durch Informationen über die Budgetanteile für die nuklearen Teilstreitkräfte und insbesondere für Forschungs- und Entwicklungsarbeiten im Bereich der Nukleartechnologie, ferner durch die Einrichtung einer Datenbank über die Anzahl und vor allen Dingen über die Qualitätssmerkmale der Nuklearpotentiale inkl. der TNF-Systeme.
2. Die Ankündigung der übungsweisen Auslagerung von Nuklearmitteln aus ihren Depots im Manöver, ferner von Patroullienfahrten der U-Boote beim Überschreiten einer festzusetzenden Obergrenze in Friedenszeiten und insbesondere von Bewegungen der mobilen LRTNF-Systeme vor Verlassen ihrer Hangars bzw. Stellungen.
3. Die Verbesserung und Multilateralisierung der Verifizierungsmaßnahmen durch die Schaffung einer internationalen Agentur für Aufklärungsraumflugkörper und Kontrollsatelliten.[64]
4. Die Verbesserung der Zusammenarbeit und des Fortgangs der KRSt durch Einberufung einer multilateralen Konferenz für Abrüstung in Europa (KAE), die Einrichtung eines internationalen Instituts für Friedensforschung und Abrüstung in Europa und die Bestellung eines ständigen Internationalen Wissenschaftlerkomitees zur Verhütung von Kriegen[65], ferner die Schaffung von nationalen Abrüstungsbe-

---

64 Vgl. zu diesem Vorschlag u. a.: Giscard d'Estaing unterbreitet Frankreichs Pläne: Schaffung internationaler und regionaler ständiger Gremien der Kontrolle und Forschung, in: Archiv der Gegenwart vom 5. 6. 1978, S. 21826–21829; Französischer Abrüstungsvorschlag, in: Europäische Wehrkunde 3/1980, S. 154; Presse- und Informationsabteilung der französischen Botschaft, Die Ost-West-Beziehungen aus französischer Sicht, in: Frankreich-Info 12/1980, 2 S.; zur «Satellitenaufklärung als Mittel der Rüstungskontrolle» vgl. auch den gleichnamigen Aufsatz von: Feigl, Hubert, in: EA 18/1979, S. 555–570; vgl. zum Thema auch ausführlich: Stockholm International Peace Research Institute (SIPRI), World Armaments and Disarmament. SIPRI Yearbook 1980, London 1980, S. 187–207.

65 Dieser Vorschlag findet sich in der Breschnew-Rede auf dem XXVI. Parteitag der KPdSU, a. a. O. (Anm. 41), Teil II, S. 14: «Die Völker müssen die Wahrheit darüber erfahren, welche verhängnisvolle Folgen ein Kernkrieg für die Menschheit hätte. Wir

hörden[66] und entsprechender Austausch des Personals sowie die Erstellung eines Langzeitprogrammes für Rüstungssteuerungsmaßnahmen im LRTNF-Bereich.

5. Die Einleitung restriktiver und stabilisierender Maßnahmen durch die Begrenzung der Gesamtzahl an Manövern mit mobilen LRTNF, die Beschränkung der Fahrbereitschaftslänge und ggf. der Luftverlastbarkeit mobiler TNF-Systeme, die Beschränkung der Reichweiten von Flugzeugen und Raketen und insbesondere die Erhöhung der Vorwarnzeit durch getrennte Lagerung von Raketen, Raketenmotoren und Gefechtsköpfen[67] sowie die Vereinbarung von Forschungs-, Entwicklungs- und Dislozierungsmoratorien.
6. Die Vereinbarungen von Doktrinen insbesondere zur Verhütung von nuklearen Präemptions- und Eskalationszwängen.
7. Die Maßnahmen der Krisenkontrolle, darunter der sofortige Abbruch aller Manöver mit atomaren Mitteln und der Bewegungen mobiler LRTNF-Systeme in Spannungszeiten, sowie das Zusammentreten gemeinsamer Krisenstäbe unter Beratung des internationalen Komitees zur Kriegsverhütung (s. o.).

Typologie und Vorschläge sind sicherlich diskussions- und ergänzungsbedürftig. Bereits die angeführten Beispiele genügen jedoch, um auf ein Grunddilemma des VBM-Konzeptes aufmerksam zu machen: VBM sind ein systemimmanentes Hilfsmittel, die Vorschläge müssen deshalb dort auf die Grenzen ihrer Realisierungschancen stoßen, wo sie letztlich das Abschreckungssystem selbst oder seine militärischen Instrumente in Frage stellen. Dieses grundsätzliche Problem wird um so offensichtlicher, je stärker die rüstungstechnologische Entwicklung zur Realisierung spezifischer Kriegsführungsfähigkeiten tendiert wie derzeit im LRTNF-Bereich. Denn anders als bislang noch auf konventioneller oder auch noch auf nuklearstrategischer Ebene, können (zukünftig) ein Großteil der VBM nur noch dann Wirkung zeigen, wenn es ihnen nicht mehr nur um eine Options*beschränkung* bzw. um eine Beschränkung der Optionenbandbreite geht, sondern um einen Optionen*verzicht*, exakter noch: um den *Verzicht von Funktionen* bestimmter Systeme. Das angeführte Beispiel einer Verlängerung der Vorwarnzeiten durch getrennte Lagerung von Gefechtsköpfen und Trägersystemen verdeutlicht das Dilemma besonders nachhaltig. Ent-

---

schlagen vor, ein maßgebendes internationales Komitee einzusetzen, das die Lebensnotwendigkeit der Verhütung einer nuklearen Katastrophe aufzeigt. Dem Komitee könnten prominenteste Wissenschaftler aus verschiedenen Ländern angehören. Über ihre Schlußfolgerungen müßte die ganze Welt informiert werden.»

66 Vgl. stellvertretend zum Thema: Rittberger, Volker (Hg.), Abrüstungsplanung in der Bundesrepublik. Aufgaben, Probleme, Perspektiven, Baden–Baden 1979 und: ders. (Hg.), Neue Wege der Abrüstungsplanung. Organisationsprobleme und Reformoptionen im internationalen Vergleich, Baden-Baden 1981.

67 Dieser Vorschlag findet sich auch bei: Frye, Alton, a. a. O. (Anm. 59), S. 20.

fällt nämlich durch VBM die Option für einen präemptiven Erstschlag gegen militärische Punktziele, so ist die technologische Auslegung von LRTNF-Raketen als Erstschlags- und Entwaffnungssysteme sowie die bewußte Dislozierung dieser Waffen auf europäischem Territorium militärisch funktionslos und überflüssig. Auf die Waffen könnte entweder verzichtet werden, zumal ohnehin ein Ungleichgewicht in der Anzahl der strategischen Gefechtsköpfe von ca. 9000 (bis 10000) zu 6000 (bis 7000) zugunsten der USA besteht,[68] oder sie könnten von vornherein als Zweitschlagssysteme ausgelegt werden, sei es als LRTNF mit z. B. eingeschränkter Treffgenauigkeit oder sei es wie bislang als strategisches System mit entsprechend längerer Flugdauer.

Ein weiteres Dilemma der Vertrauensbildenden Maßnahmen darf angesichts der Krisen in den internationalen Beziehungen zu Beginn der 80er Jahre gleichfalls nicht unterbewertet werden; es ergibt sich aus der dialektischen Natur von Vertrauen: Vertrauensbildung bzw. Abbau von Mißtrauen zwischen den Blöcken ist nicht nur *Bestandteil* und *Folge* des Entspannungs- und Rüstungsbegrenzungsprozesses selbst, sondern bereits eine *Voraussetzung*. Brüskierende Verhaltensweisen wie die des US-Senats bei der Koppelung der Meistbegünstigung und der Emigration von Juden oder wie im Rahmen des Ratifizierungsverfahrens von SALT II und militärische Interventionen wie die der Sowjetunion in Afghanistan sind aber kaum geeignet, Mißtrauen abzubauen; ebensowenig zeugen Äußerungern wie diejenigen von US-Präsident Reagan bereits auf seiner ersten Pressekonferenz, nämlich Kommunisten würden um der Weltrevolution willen *jedes Verbrechen begehen sowie lügen und betrügen*,[69] von Vertrauen, noch kann ihnen eine vertrauensbildende Wirkung zugesprochen werden.

Angesichts des noch bleibenden kurzen Zeitraumes bis 1983 darf schließlich auch ein drittes grundlegendes Problem des VBM-Konzeptes nicht übersehen werden: Die Herausbildung von Vertrauen in die Verläßlichkeit der politischen und militärischen Gegenseite sowie ihrer kooperativen und friedlichen Absichten bedarf der eskalationsfreien Konfliktlösung und Bewährung über einen *längeren Zeitraum* (von vermutlich Jahrzehnten) hinweg. Versuche der Supermächte, zu Vereinbarungen von Vertrauensbildenden Maßnahmen für den LRTNF-Bereich zu kommen, wären deshalb zwar uneingeschränkt zu befürworten; die Frage allerdings, ob

---

68 Vgl. bereits Abschnitt 1.2.1 und dort Anm. 40.

69 Vgl.: Erste Pressekonferenz von Präsident Reagan, in: Amerika-Dienst, Dokumentation, Nr. 6 vom 4. 2. 1981, 13 S., hier S. 7; vgl. auch: Schreitter-Schwarzenfeld, Horst, Reagan traut Moskau alles Böse zu. Heftige Worte bei der ersten Pressekonferenz des US-Präsidenten, in: Frankfurter Rundschau vom 31. 1. 1981, S. 1f; vgl. ferner: Reagan: «Wir dürfen nicht zimperlich sein», in: Der Spiegel Nr. 7 vom 9. 2. 1981, S. 100–109; der Schlußfolgerung von Theo Sommer, «Weghören tut not» in seinem gleichnamigen Aufsatz, in: Die Zeit Nr. 8 vom 13. 2. 1981, S. 7, kann nicht gefolgt werden.

sie zum jetzigen Zeitpunkt noch mehr als nur ein trügerischer Strohhalm sein können, ist ohne Täuschung und Selbsttäuschung der europäischen Verbündeten kaum optimistisch zu beantworten.

12.3 Schlußplädoyer: Risikofrage, Rüstungssteuerung und Vertrauensbildung im Rahmen einer alternativen Sicherheitspolitik

Bleibt zusammenfassend die Erkenntnis, daß schon heute der bisherige Grad strategischer Stabilität erst wieder durch den Verzicht – zumindest einer der beiden Seiten – auf nukleare Erstschlagswaffen und Entwaffnungssysteme hergestellt werden kann.[70] Erst dann entfällt der Grund für das «Spielen mit der Präemption» (vgl. Abschnitt 11.2.4.1), und nur auf diese Weise kann sich kurzfristig die Sicherheit beider Kontrahenten – auch des einseitig Verzichtenden[71] – doch noch bzw. wieder stabilisieren. Die Initiative für eine solche Kurskorrektur müßte nach Admiral a. D. La Rocque «von jenen Staaten ausgehen, die im Kriegsfall das nukleare Schlachtfeld darstellen würden»[72], d. h. vor allem von der Bundesrepublik. Als europäisches Land mit der größten Atomwaffendichte (vgl. Schaubild Nr. 26) bietet die Bundesrepublik die meisten Ziele und ist daher im Präemptionsfalle in besonderer Weise gefährdet.

Voraussetzung für eine solche Kurskorrektur, oder konkreter gesprochen: für eine Revision des sogenannten Nachrüstungsbeschlusses ist allerdings zum einen eine Rückbesinnung der bundesdeutschen und europäischen politischen Verantwortlichen auf die nationale Entscheidungsfreiheit und auf die politische und rechtliche Souveränität von Staaten auch und gerade innerhalb eines Militärbündnisses.

Voraussetzung ist zum anderen die Einsicht der europäischen Staaten, daß die Dislozierung von Erstschlagssystemen der Supermächte auf kontinentalem Territorium weder der Stabilität und Sicherheit im allgemeinen, noch den spezifischen Interessen Europas im besonderen dienen kann.

---

70 Vgl. bereits: Lutz, Dieter S., Kriegsgefahr und Kriegsverhütung in den 80er Jahren, in: B 3/1981, S. 38.

71 Dem Kontrahenten, der auf Erstschlagswaffen verzichtet, verbleiben die Zweitschlagssysteme, die zur Abschreckung bei weitem ausreichen. Die Furcht des immer noch «erstschlagsfähigen» Gegners, durch versäumte Präemption sich der Gefahr eines noch größeren Schadens auszusetzen, verliert so weitgehend ihre Grundlage. Die Situation bleibt durch den einseitigen Verzicht stabil(er); die Sicherheit auch des Verzichtenden ist erheblich höher als im sogenannten Nachrüstungsfall.

72 So US-Admiral a. D. La Rocque auf der Groninger «Conference on Nuclear War in Europe» vom 22. – 24. April 1981 – hier zitiert nach: «Guha, Anton-Andreas, «Der Dritte Weltkrieg findet in Europa statt», in: Frankfurter Rundschau vom 29. 4. 1981, S. 17.

Schaubild Nr. 26: Die «Atomwaffendichte» der Bundesrepublik Deutschland nach: Stern Nr. 9 vom 19. 02. 1981, S. 33f

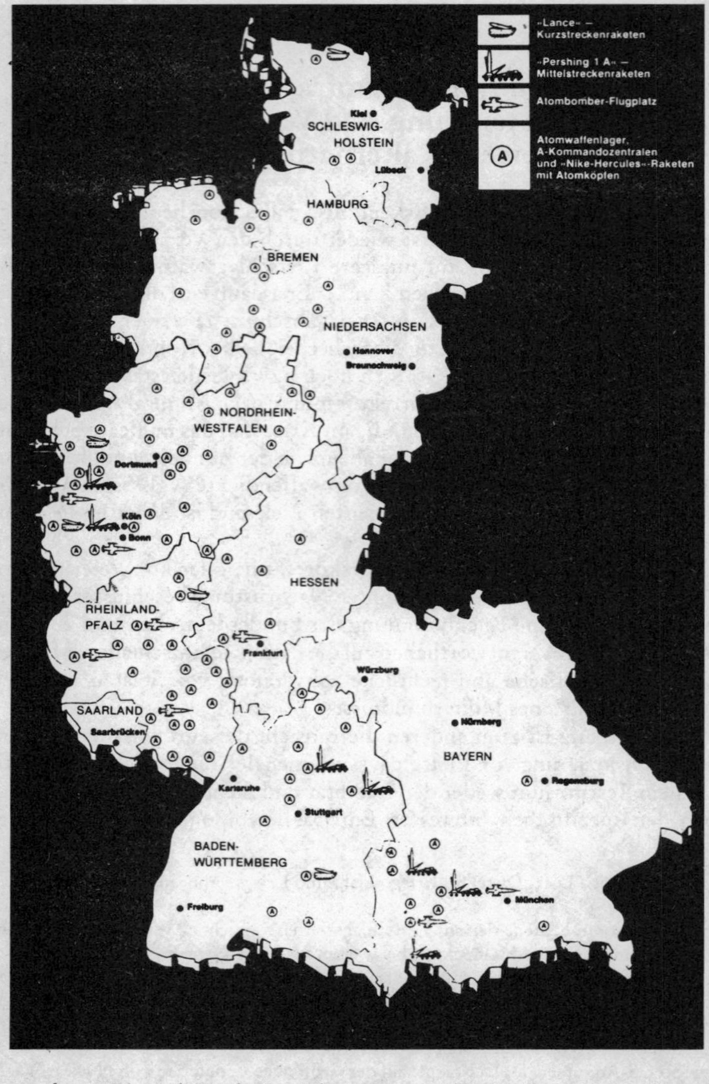

Anmerkung: Die vorliegende Karte des «Stern» ist allerdings zu ungenau, um mehr als einen ersten Eindruck vermitteln zu können.

Voraussetzung ist schließlich auch die Erkenntnis, daß selbst ein einseitiger Verzicht auf bestimmte – destabilisierende – Waffensysteme noch keinesfalls eine unilaterale Vorleistung bzw. ein einseitiger Abrüstungsschritt mit unberechenbaren Risiken bedeutet. *Destabilisierende Rüstungsmaßnahmen einer Seite – und auch dieses sei abschließend nochmals mit Nachdruck wiederholt – können nicht durch destabilisierende Reaktionen der anderen Seite aufgehoben werden. Im Gegenteil stellen beide Maßnahmen – jede einzeln für sich – das Sicherheitssystem insgesamt in Frage. Der Verzicht auf eine Selbstgefährdung durch Destabilisierung kann also, logisch und rational betrachtet, keine einseitige Vorleistung zugunsten der anderen Seite sein, sondern liegt vorrangig im eigenen Interesse.* Da überdies eine «Abschreckungslücke», wie wir gesehen haben, nicht existiert, könnte es sich ohnehin nicht um eine einseitige Abrüstung, sondern lediglich um den Verzicht auf Überlegenheit handeln.

Aber selbst wenn die Aufhebung des Nachrüstungsbeschlusses eine einseitige Abrüstungsvorleistung wäre[73], so müßte sie derzeit doch im Rahmen einer der wichtigsten Aussagen des ehemaligen US-Präsidenten Eisenhower interpretiert und gewichtet werden: «Jedes Risiko, das man bei der Abrüstung eingeht, ist nichts im Vergleich zu den schrecklichen Alternativen.»[74] Zu Beginn der 80er Jahre ist dieser Risikovergleich gültiger als je zuvor; er kann sowohl auf die Wahrscheinlichkeit eines Krieges angewandt als auch auf seine Folgen bezogen werden: Einerseits nehmen zukünftig Instabilitäten und Kriegswahrscheinlichkeit – wie die vorangegangenen Analysen zeigen – mit der nukleartechnologischen Dynamik rapide und sprunghaft zu. Andererseits sind die Kriegsfolgen selbst – wie die sog. Weizsäcker-Studie[75] und ähnliche Untersuchungen[76] ausführlich belegen – für die hochindustrialisierten und dichtbesiedelten Staaten in Europa untragbar. Aus einem Kernwaffenkrieg ginge Europa mit großer Wahrscheinlichkeit als Trümmerfeld mit Millionen von Toten hervor. Insbesondere die Bundesrepublik würde aufhören als lebensfähige Industriegesellschaft zu existieren. Entscheidend hierfür wären nicht nur die quantitativen Verluste, sondern auch der Zusammenbruch des Organisationsnetzes und der Infrastruktur. Vermutlich würden deshalb auch nicht einmal alle Überlebenden ernährt werden können. Langfristige Folgen wie die Veränderung des Klimas, die Verringerung der Ozonschicht der Erde, die genetischen

---

73 Nicht berücksichtigt wird in dieser Überlegung auch, daß die Sowjetunion – wie ihr Moratoriumsangebot (s. o.) zeigt – durchaus zu *Gegenleistungen* bereit ist.

74 Zitiert nach: Calder, Nigel, Atomares Schlachtfeld Europa. Report über die Wahrscheinlichkeit eines Atomkrieges in den 80er Jahren, Hamburg 1980, S. 235.

75 Vgl. bereits oben Kap. 1 und dort Anm. 10.

76 Vgl.: Lutz, Dieter S. (Hg.), Atomkriegsfolgen. Fakten, Daten, Analysen, Baden-Baden 1981 (i. E.), und dort die Ergebnisse der verschiedenen Studien.

Schäden der Menschen und ähnliches mehr sind in dieser Katastropheneinschätzung noch nicht einmal berücksichtigt.[77]

Definiert man «Risiko» (oder Gefahrenausmaß) als Produkt aus Schadenshöhe (Kriegsschäden) und Eintrittswahrscheinlichkeit (Kriegswahrscheinlichkeit), so muß als abschließendes Ergebnis unserer Untersuchung das Risiko der nuklearen Sicherheits- und «Nachrüstungs»-Politik zu Beginn der 80er Jahre als bereits in ihrem Streben nach einem Mehr an Stabilität durch ein Mehr an Rüstung als kalkuliert untragbar und politisch unverantwortlich bezeichnet werden. Verglichen etwa mit dem Gefahrenausmaß der zivilen Verwendung der Kernenergie übertrifft das Risiko «dasjenige des Betriebes eines Kernkraftwerkes mindestens um den Faktor 1 Million, eher aber um den Faktor 10- oder 100 Millionen.»[78] Neben dem kurzfristig

---

77 Vgl. auch zu den erstaunlichen Einsichten ehemaliger oder scheidender Präsidenten, Generale und sonstiger Entscheidungs- und Verantwortungsträger der USA z. B. die Abschiedsrede von Präsident Carter an die Nation, abgedruckt in: Amerika-Dienst, Dokumentation Nr. 3 vom 21. 1. 1981, 9 S., und dort insbesondere S. 4f: «Die Gefahr wird immer größer, da die Arsenale der Supermächte immer mehr an Umfang und Raffinesse zunehmen. Und da andere Regierungen diese Waffen erwerben, ist es vielleicht nur noch eine Frage der Zeit, bevor Verrücktheit, Verzweiflung, Habgier oder Fehlkalkulationen diese schreckliche Kraft freisetzen. In einem weltweiten Nuklearkrieg würde mehr Zerstörungskraft als im gesamten Zweiten Weltkrieg freigesetzt werden, und zwar in jeder Sekunde des langen Nachmittags, den man für den Abschuß und Abwurf aller Raketen und Bomben benötigen würde; jede Sekunde würde ein Zweiter Weltkrieg stattfinden, und in den ersten Stunden würden mehr Menschen getötet als in allen Kriegen der Geschichte zusammen. Die Überlebenden – wenn es überhaupt welche geben würde – würden in Verzweiflung leben inmitten der vergifteten Ruinen einer Zivilisation, die Selbstmord begangen hätte.»

78 So Fregatten-Kapitän i. G. Erhard Rosenkranz, Die Kernfrage der Sicherheitspolitik, in: Baudissin, Wolf Graf von/Lutz, Dieter S. (Hg.), Konflikte, Krisen, Kriegsverhütung, Baden-Baden 1981 (i. E.), hier zitiert nach hektogr. Manuskript, S. 9f: «Unsere Sicherheitspolitik ist also bei der gegebenen Ost-West-Konfrontation mit einem Risiko behaftet, welches insgesamt dasjenige des Betriebes eines Kernkraftwerkes mindestens um den Faktor 1 Million, eher aber um den Faktor 10- oder 100 Millionen übertrifft. Mit anderen Worten: Selbst der Betrieb von eintausend Kernkraftwerken auf deutschem Boden bedeutet ein verschwindend geringes Risiko im Vergleich zu demjenigen der Ost-West-Konfrontation und unserer Sicherheitspolitik darin. Das Ergebnis einer Gegenüberstellung der Todesfallrisiken für den einzelnen Bürger sieht ebenso deutlich aus: Gehen wir von durchschnittlich jährlich 1 Prozent Wahrscheinlichkeit allein für 6 Millionen Tote von 60 Millionen Einwohnern der Bundesrepublik aus (was als schlimmst-mögliche Annahme weit untertrieben ist), so stehen hier 10^{-3} Tote durchschnittlich pro Person und Jahr der geforderten Norm von maximal 10^{-8} Toten pro Person und Jahr bei der Kernenergiegewinnung durch einen Reaktor gegenüber. Dies bedeutet ein 10^{5}-faches oder 100000-faches Risiko in der Sicherheitspolitik.» Die Ausgangsrechnung von Rosenkranz ist einfach: Die Annahme von durchschnittlich einer Krise in fünf Jahren bedeutet die Wahrscheinlichkeit von 20% im Jahr. Die Wahrscheinlichkeit von 5%, daß eine Krise zum Krieg führt, ist mit der ersten multipliziert und gibt dann die Gesamtwahrscheinlichkeit: $W = 0{,}2 \times 0{,}05 = 0{,}01$ pro Jahr. D. h. ein Prozent Wahrscheinlichkeit spricht für Krieg in jedem Jahr, 99% sprechen dagegen. Schwachpunkte dieser Berechnung sind sicherlich die

bedeutsamen, einseitigen Verzicht der europäischen NATO-Staaten auf die sog. Nachrüstung sind deshalb mittelfristig auch unilaterale Abrüstungsmaßnahmen zu fordern. Die Risiken solcher einseitiger Abrüstungsschritte sind in den 80er Jahren als weitaus geringer einzuschätzen als die Risiken einer Sicherheitspolitik auf der Basis numerisch und qualitativ ständig steigender Rüstungsniveaus. Umgekehrt kann die vertrauensbildende Wirkung solcher Maßnahmen für eine kooperative und fruchtbare Fortsetzung des Rüstungssteuerungsprozesses nicht hoch genug veranschlagt werden. Langfristig und auf Dauer können Instabilitäten und Kriegsgefahren aber nur bewältigt werden, wenn die Kooperative Rüstungssteuerung selbst konzeptionell neu durchdacht und in die Forderung nach einer alternativen Sicherheits- und Friedenspolitik eingebettet wird. Dies kann, muß aber nicht notwendigerweise eine Auflösung oder Umwandlung der NATO oder ein Austritt der Bundesrepublik aus der Allianz und ggf. auch anderer Staaten in Ost und West aus beiden Pakten bedeuten. Diskussionen, wie sie derzeit wieder um eine Neutralität[79] der Bundesrepublik bzw. beider deutscher Staaten aufleben, geben zwar erste Richtungshinweise, können aber auch als Katalysator des kreativen Durchdenkens neuer Mittel und Wege für die KRSt fruchtbar gemacht werden. Politik und Wissenschaft, aber auch die Friedensbewegungen sind aufgefordert, sich an dieser Diskussion über Abhaltestrategien und Vertrauensmodelle aktiv zu beteiligen, Komponenten der Sozialen Verteidigung oder Vorschläge für eine rein defensiv ausgerichtete Streitkräfte- und Rüstungsstruktur in die Debatte einzubringen und aus allen Elementen zusammen mit Forderungen nach entmilitarisierten Gebieten, interventionsfreien Zonen und vielem mehr ein neues sicherheitspolitisches Alternativkonzept zu formen. Die Programmatik dieser konzeptuellen Suche und Diskussion wird durch die sich abzeichnende Kriegsgefahr vorgegeben: «Die Risikobereitschaft zum Krieg muß durch die Risikobereitschaft zum Frieden ersetzt werden.»[80]

---

zwangsläufig subjektiven Annahmen über die Schwere der Krisen und die Höhe der Fehlentscheidungen, die quantifiziert als fünfjähriger Krisenrhythmus und fünfprozentige Fehlerquote das Ergebnis bestimmen. Dennoch kann nicht geleugnet werden, daß das Vergleichsrisiko der militärischen Nutzung der Kernenergie so offensichtlich größer als das der friedlichen Nutzung ist, daß den eingeflossenen Prämissen durchaus eine erhebliche Irrtumstoleranz zugestanden werden kann.

79 Ausführlich: Lutz, Dieter S./Große-Jütte, Annemarie (Hg.), Neutralität – Eine Alternative? Die Militär- und Sicherheitspolitik europäischer Neutraler, Baden-Baden 1981 (i. E.) und dort insbesondere Kapitel 1: Lutz, Dieter S., Bewaffnete Neutralität – Eine sicherheitspolitische Option für die Bundesrepublik Deutschland?

80 Diese Forderung findet sich in einer Denkschrift der von Volker Rittberger geleiteten Arbeitsgruppe Abrüstungsplanung, hier zitiert nach: Arbeitsgruppe Abrüstungsplanung, Neue Wege der Abrüstungsplanung – Eine Denkschrift, DGFK – PP. Papiere für die Praxis Nr. 26 (November 1980), 13 S., S. 6.

Anhang Nr. 1: Vernichtungswahrscheinlichkeit

Die Vernichtungswahrscheinlichkeit (PK) bei variabler Härtung, Sprengkraft, Streukreishalbmesser (CEP) und Sprengkopfanzahl (RV) pro Ziel in % (Bodenexplosion), berechnet nach dem Vulnerability Calculator, The Boeing Aerospace Company, a Division of the Boeing Company, Seattle, Washington 98 124 (1973).

CEP in nm	Sprengkraft in MT	Härtung in psi	Anzahl der Sprengköpfe pro Ziel 1	2	3	5	10
1	10	3000	8	15	21	33	55
		2000	10	18	26	40	65
		1000	15	28	39	56	81
		500	24	42	56	75	94
		300	34	56	71	87	98
		100	63	86	95	99	99,9
		30	95	99,9	99,9	99,9	99,9
1	1	3000	2	3	5	8	15
		2000	2	4	6	10	19
		1000	3	7	10	16	30
		500	6	11	16	25	44
		300	8	16	23	35	58
		100	19	34	47	66	83
		30	46	70	84	95	99,9
1	0,75	3000	1	3	4	5	13
		2000	2	3	5	8	16
		1000	3	6	8	13	25
		500	5	9	13	21	38
		300	7	13	19	30	52
		100	16	29	40	58	83
		30	39	63	78	92	99
1	0,6	3000	1	2	3	6	11
		2000	2	3	3	7	14
		1000	3	5	7	12	22
		500	4	8	12	18	34
		300	6	12	17	26	46
		100	14	26	31	53	78
		30	35	59	73	89	99

Anmerkung: Faktoren wie die Zuverlässigkeit des Waffensystems oder das Problem des *fratricide* sind nicht berücksichtigt. Abweichungen aus der Kalibrierung nicht ausgeschlossen.

CEP in nm	Sprengkraft in MT	Härtung in psi	Anzahl der Sprengköpfe pro Ziel 1	2	3	5	10
1	0,5	3000	1	2	3	5	10
		2000	1	3	4	7	13
		1000	2	4	6	10	20
		500	4	7	10	17	31
		300	5	10	15	23	42
		100	13	23	33	49	74
		30	33	54	69	81	98
1	0,25	3000	0,7	1	2	3	6
		2000	1	2	3	5	8
		1000	1	3	4	7	13
		500	2	4	7	11	20
		300	3	7	10	15	29
		100	8	15	22	34	57
		30	21	37	51	69	91
1	0,2	3000	0,6	1	2	3	6
		2000	0,7	2	2	4	7
		1000	1	2	3	6	11
		500	2	4	6	9	18
		300	3	6	8	13	25
		100	7	13	19	29	51
		30	19	33	46	64	88
1	0,1	3000	0,4	0,7	1	2	4
		2000	0,5	0,9	1	2	5
		1000	0,7	2	2	4	7
		500	1	3	4	6	12
		300	2	4	5	9	17
		100	4	7	13	20	36
		30	13	23	32	53	73
1	0,05	3000	0,2	0,5	0,7	1	2
		2000	0,3	0,6	0,8	2	3
		1000	0,5	1	2	2	5
		500	0,8	2	2	4	8
		300	2	4	6	10	19
		100	3	6	8	14	25
		30	8	15	22	34	57
0,5	10	3000	27	41	61	79	96
		2000	33	55	70	87	98
		1000	48	73	81	96	99,9
		500	67	89	96	99,5	99,9
		300	81	96	99	99,9	99,9
		100	98	99,9	99,9	99,9	99,9
		30	99,9	99,9	99,9	99,9	99,9

CEP in nm	Sprenkraft in MT	Härtung in psi	Anzahl der Sprengköpfe pro Ziel 1	2	3	5	10
0,5	1	3000	6	12	18	28	49
		2000	8	16	22	35	58
		1000	13	24	34	50	75
		500	20	37	50	69	90
		300	29	50	65	82	97
		100	57	82	92	99	99,9
		30	92	99	99,9	99,9	99,9
0,5	0,75	3000	5	10	15	19	42
		2000	7	13	19	30	51
		1000	11	20	29	44	69
		500	17	32	43	62	86
		300	25	43	52	76	94
		100	50	75	88	97	99,9
		30	87	98	99,7	99,9	99,9
0,5	0,6	3000	4	9	13	20	36
		2000	6	11	16	26	45
		1000	9	18	25	39	63
		500	15	28	38	56	81
		300	21	38	51	70	91
		100	44	69	83	95	99,7
		30	83	95	99	99,9	99,9
0,5	0,5	3000	4	8	12	19	34
		2000	5	10	15	20	42
		1000	8	16	23	35	59
		500	14	25	35	51	77
		300	19	35	47	66	89
		100	41	66	80	93	99,5
		30	80	95	99	99,9	99,9
0,5	0,25	3000	3	5	7	12	23
		2000	3	7	10	16	29
		1000	5	10	15	24	42
		500	9	11	23	36	60
		300	13	23	33	49	74
		100	28	48	63	81	99,6
		30	62	85	94	99	99,9
0,5	0,2	3000	2	4	6	10	20
		2000	3	6	8	14	25
		1000	5	9	13	21	37
		500	7	14	21	32	54
		300	11	20	29	44	69
		100	24	34	57	75	94
		30	56	81	91	98	99,9

CEP in nm	Sprengkraft in MT	Härtung in psi	Anzahl der Sprengköpfe pro Ziel 1	2	3	5	10
0,5	0,1	3000	2	3	4	7	14
		2000	2	4	5	9	17
		1000	3	6	9	14	26
		500	5	9	14	22	39
		300	7	14	20	31	53
		100	16	30	32	60	84
		30	42	65	79	93	99,5
0,5	0,05	3000	0,9	2	3	4	9
		2000	1	2	3	6	11
		1000	2	4	6	9	17
		500	3	6	9	15	27
		300	5	9	13	21	38
		100	11	20	29	43	69
		30	29	49	64	81	99,7
0,2	10	3000	86	98	99,7	99,9	99,9
		2000	92	99,3	99,9	99,9	99,9
		1000	98	99,9	99,9	99,9	99,9
		500	99,9	99,9	99,9	99,9	99,9
		300	99,9	99,9	99,9	99,9	99,9
		100	99,9	99,9	99,9	99,9	99,9
		30	99,9	99,9	99,9	99,9	99,9
0,2	1	3000	34	56	71	87	98
		2000	41	66	80	93	99,5
		1000	58	82	93	99	99,9
		500	76	94	99	99,9	99,9
		300	88	99	99,8	99,9	99,9
		100	99,4	99,9	99,9	99,9	99,9
		30	99,9	99,9	99,9	99,9	99,9
0,2	0,75	3000	29	49	64	82	97
		2000	36	59	74	89	99
		1000	51	76	88	97	99,9
		500	70	91	97	99,7	99,9
		300	83	97	99,5	99,9	99,9
		100	99	99,9	99,9	99,9	99,9
		30	99,9	99,9	99,9	99,9	99,9
0,2	0,6	3000	25	44	58	77	95
		2000	32	53	68	85	98
		1000	45	70	84	95	99,8
		500	65	82	95	99,4	99,9
		300	78	95	99	99,9	99,9
		100	98	99,9	99,9	99,9	99,9
		30	99,9	99,9	99,9	99,9	99,9

CEP in nm	Sprengkraft in MT	Härtung in psi	Anzahl der Sprengköpfe pro Ziel 1	2	3	5	10
0,2	0,5	3000	23	40	54	73	93
		2000	29	49	64	82	97
		1000	42	66	81	94	99,6
		500	60	84	93	99	99,9
		300	74	93	98	99,9	99,9
		100	96	99,8	99,9	99,9	99,9
		30	99,9	99,9	99,9	99,9	99,9
0,2	0,25	3000	15	27	38	55	80
		2000	19	34	47	65	88
		1000	29	50	65	82	97
		500	43	68	82	94	99,7
		300	57	81	92	98	99,9
		100	87	98	99,7	99,9	99,9
		30	99,7	99,9	99,9	99,9	99,9
0,2	0,20	3000	13	19	34	50	75
		2000	17	30	42	60	84
		1000	25	44	59	77	95
		500	39	63	77	92	99,3
		300	52	77	89	97	99,9
		100	84	97	99,5	99,9	99,9
		30	99,4	99,9	99,9	99,9	99,9
0,2	0,1	3000	8	16	23	35	53
		2000	11	20	29	44	69
		1000	18	31	42	61	85
		500	27	46	61	79	96
		300	37	60	75	90	99
		100	68	89	96	99,6	99,9
		30	96	99,8	99,9	99,9	99,9
0,2	0,05	3000	6	11	16	24	43
		2000	7	14	20	31	52
		1000	11	21	30	44	70
		500	18	32	44	63	86
		300	25	44	59	77	99,5
		100	51	76	88	97	99,9
		30	88	98	99,8	99,9	99,9
0,1	10	3000	99,9	99,9	99,9	99,9	99,9
		2000	99,9	99,9	99,9	99,9	99,9
		1000	99,9	99,9	99,9	99,9	99,9
		500	99,9	99,9	99,9	99,9	99,9
		300	99,9	99,9	99,9	99,9	99,9
		100	99,9	99,9	99,9	99,9	99,9
		30	99,9	99,9	99,9	99,9	99,9

CEP in nm	Sprengkraft in MT	Härtung in psi	Anzahl der Sprengköpfe pro Ziel 1	2	3	5	10
0,1	1	3000	81	96	99,2	99,9	99,9
		2000	88	99	99,8	99,9	99,9
		1000	97	99,9	99,9	99,9	99,9
		500	99,6	99,9	99,9	99,9	99,9
		300	99,9	99,9	99,9	99,9	99,9
		100	99,9	99,9	99,9	99,9	99,9
		30	99,9	99,9	99,9	99,9	99,9
0,1	0,75	3000	74	93	98	99,9	99,9
		2000	83	97	99,5	99,9	99,9
		1000	94	99,6	99,9	99,9	99,9
		500	99,1	99,9	99,9	99,9	99,9
		300	99,9	99,9	99,9	99,9	99,9
		100	99,9	99,9	99,9	99,9	99,9
		30	99,9	99,9	99,9	99,9	99,9
0,1	0,6	3000	69	90	97	99,7	99,9
		2000	78	95	99	99,9	99,9
		1000	92	99,3	99,9	99,9	99,9
		500	98	99,9	99,9	99,9	99,9
		300	99,7	99,9	99,9	99,9	99,9
		100	99,9	99,9	99,9	99,9	99,9
		30	99,9	99,9	99,9	99,9	99,9
0,1	0,5	3000	65	88	96	99,4	99,9
		2000	75	94	98	99,9	99,9
		1000	89	99	99,9	99,9	99,9
		500	98	99,9	99,9	99,9	99,9
		300	99,9	99,9	99,9	99,9	99,9
		100	99,9	99,9	99,9	99,9	99,9
		30	99,9	99,9	99,9	99,9	99,9
0,1	0,25	3000	47	72	86	96	99,9
		2000	58	82	92	99	99,9
		1000	75	94	98	99,9	99,9
		500	90	99	99,9	99,9	99,9
		300	97	99,9	99,9	99,9	99,9
		100	99,9	99,9	99,9	99,9	99,9
		30	99,9	99,9	99,9	99,9	99,9
0,1	0,2	3000	42	67	81	94	99,6
		2000	52	76	89	97	99,9
		1000	70	91	97	99,7	99,9
		500	86	98	99,7	99,9	99,9
		300	95	99,7	99,9	99,9	99,9
		100	99,9	99,9	99,9	99,9	99,9
		30	99,9	99,9	99,9	99,9	99,9

CEP in nm	Sprengkraft in MT	Härtung in psi	Anzahl der Sprengköpfe pro Ziel 1	2	3	5	10
0,1	0,1	3000	30	51	66	83	97
		2000	37	60	75	90	99
		1000	53	78	90	98	99,9
		500	72	92	99,3	99,8	99,9
		300	84	97	99,6	99,9	99,9
		100	99	99,9	99,9	99,9	99,9
		30	99,9	99,9	99,9	99,9	99,9
0,1	0,05	3000	20	36	49	68	90
		2000	25	44	59	77	95
		1000	38	62	76	91	99,2
		500	55	80	91	98	99,9
		300	70	91	97	99,7	99,9
		100	95	99,7	99,9	99,9	99,9
		30	99,9	99,9	99,9	99,9	99,9
0,05	10	3000	99,9	99,9	99,9	99,9	99,9
		2000	99,9	99,9	99,9	99,9	99,9
		1000	99,9	99,9	99,9	99,9	99,9
		500	99,9	99,9	99,9	99,9	99,9
		300	99,9	99,9	99,9	99,9	99,9
		100	99,9	99,9	99,9	99,9	99,9
		30	99,9	99,9	99,9	99,9	99,9
0,05	1	3000	99,9	99,9	99,9	99,9	99,9
		2000	99,9	99,9	99,9	99,9	99,9
		1000	99,9	99,9	99,9	99,9	99,9
		500	99,9	99,9	99,9	99,9	99,9
		300	99,9	99,9	99,9	99,9	99,9
		100	99,9	99,9	99,9	99,9	99,9
		50	99,9	99,9	99,9	99,9	99,9
0,05	0,75	3000	99,6	99,9	99,9	99,9	99,9
		2000	99,9	99,9	99,9	99,9	99,9
		1000	99,9	99,9	99,9	99,9	99,9
		500	99,9	99,9	99,9	99,9	99,9
		300	99,9	99,9	99,9	99,9	99,9
		100	99,9	99,9	99,9	99,9	99,9
		30	99,9	99,9	99,9	99,9	99,9
0,05	0,6	3000	99,1	99,9	99,9	99,9	99,9
		2000	99,7	99,9	99,9	99,9	99,9
		1000	99,9	99,9	99,9	99,9	99,9
		500	99,9	99,9	99,9	99,9	99,9
		300	99,9	99,9	99,9	99,9	99,9
		100	99,9	99,9	99,9	99,9	99,9
		30	99,9	99,9	99,9	99,9	99,9

CEP in nm	Sprengkraft in MT	Härtung in psi	Anzahl der Sprengköpfe pro Ziel 1	2	3	5	10
0,05	0,5	3000	98	99,9	99,9	99,9	99,9
		2000	99,6	99,9	99,9	99,9	99,9
		1000	99,9	99,9	99,9	99,9	99,9
		500	99,9	99,9	99,9	99,9	99,9
		300	99,9	99,9	99,9	99,9	99,9
		100	99,9	99,9	99,9	99,9	99,9
		30	99,9	99,9	99,9	99,9	99,9
0,05	0,25	3000	93	99,5	99,9	99,9	99,9
		2000	97	99,9	99,9	99,9	99,9
		1000	99,6	99,9	99,9	99,9	99,9
		500	99,9	99,9	99,9	99,9	99,9
		300	99,9	99,9	99,9	99,9	99,9
		100	99,9	99,9	99,9	99,9	99,9
		30	99,9	99,9	99,9	99,9	99,9
0,05	0,2	3000	90	99	99,9	99,9	99,9
		2000	95	99,7	99,9	99,9	99,9
		1000	99,1	99,9	99,9	99,9	99,9
		500	99,9	99,9	99,9	99,9	99,9
		300	99,9	99,9	99,9	99,9	99,9
		100	99,9	99,9	99,9	99,9	99,9
		30	99,9	99,9	99,9	99,9	99,9
0,05	0,1	3000	77	94	99	99,9	99,9
		2000	85	98	99,6	99,9	99,9
		1000	95	99,7	99,9	99,9	99,9
		500	99,4	99,9	99,9	99,9	99,9
		300	99,9	99,9	99,9	99,9	99,9
		100	99,9	99,9	99,9	99,9	99,9
		30	99,9	99,9	99,9	99,9	99,9
0,05	0,05	3000	61	84	94	99	99,9
		2000	70	91	97	99,7	99,9
		1000	86	98	99,7	99,9	99,9
		500	96	99,8	99,9	99,9	99,9
		300	99,1	99,9	99,9	99,9	99,9
		100	99,9	99,9	99,9	99,9	99,9
		30	99,9	99,9	99,9	99,9	99,9

Anhang Nr. 2: Verzeichnis der Tabellen

Anhang Nr. 3: Verzeichnis der Schaubilder

Anhang Nr. 4: Literaturverzeichnis (Auswahl)

AFHELDT, HORST, u. a., Durch Kriegsverhütung zum Krieg. München 1972.
DERS., Salt und qualitatives Wettrüsten, in: Wehrkunde 12/1972, S. 628-634.
DERS., Kernwaffenkrieg – begrenzt auf Europa? Die russische Mittelstreckenrakete SS-20 als Indiz für den Trend zur militärischen Instrumentalisierung von Kernwaffen, in: Wehrwissenschaftliche Rundschau 5/1979, S. 141–151.
ALDRIDGE, ROBERT C., The Counterforce Syndrome: A Guide to U.S. Nuclear Weapons and Strategic Doctrine, Santa Clara (California) 1979².
ALFORD, JONATHAN, Confidence-Building Measures in Europe: The Military Aspects, in: DERS. (Hg.), The Future of Arms Control: Part III. Confidence-Buildung Measures, Adelphi Papers No. 149, London 1979, S. 4–13.
DERS., Vertrauensbildende Maßnahmen und Sicherheit in Europa, in: EA 19/1980, S. 589–598.
ARBEITSGRUPPE ABRÜSTUNGSPLANUNG, Neue Wege der Abrüstungsplanung – Eine Denkschrift, DGFK – PP. Papiere für die Praxis Nr. 26 (Nov. 1980), 13 S.
ARNETT, ROBERT L., Soviet Attitudes Towards Nuclear War: Do they really think they can win?, in: Journal of Strategic Studies 2/1979, S. 172–191.
ASPIN, LES, Wie stark sind die USA. Eindrucksvolle Militärtechnologie (Judge not by number alone. U.S. Military Posture), Bonn 1980, 39 S.
BALL, DESMOND, The Costs of the Cruise Missile, in: Survival 6/1978 (Vol. XX), S. 242–247.
BASTIAN, GERD, «Warum ich die Nachrüstung ablehne», in: Argumente zur Zeit Nr. 253, Sonderdruck aus Blätter für deutsche und internationale Politik 2/1980, S. 246–249.
BAUDISSIN, WOLF GRAF VON, Grenzen und Möglichkeiten militärischer Bedürfnisse. Sicherheitspolitische Perspektiven im kommenden Jahrzehnt, in: EA 1/1970, S. 1–10.
DERS., Kooperative Rüstungssteuerung als Mittel der Entspannungspolitik, in: Informationen für die Truppe 7/1972, S. 13–39.
BERMAN, ROBERT P., Soviet Air Power in Transition, Washington 1978.
DERS./BAKER, JOHN C., BACKFIRE Plagues SALT, in: Arms Control Today 1/1979, S. 1, 4–5.
BERRY JR., F. CLIFTON, Entwicklung von Marschflugkörpern nach dem SALT II-Abkommen, in: Interavia 8/1979, S. 760–764.
BERTRAM, CHRISTOPH,, Ringen um Raketen. Wie soll der Westen auf den sowjetischen Vorsprung antworten?, in: Die Zeit Nr. 50 vom 07. 12. 1979, S. 3.
DERS., Messen und gemessen werden: Zur Problematik statistischer Definitionen des militärischen Kräfteverhältnisses, in: DGFK-Informationen 1/1980, S. 21–23.

The BERTRAND RUSSELL Peace Foundation, Statement on a European Nuclear-Free Zone, in: Bulletin of Peace Proposals No. 2/1980 (Vol. 11), S. 109–110.

BESNAULT, R., Genèse, vie et survie du S.N.L.E., in Stratégique 2/1979, S. 83–127.

BIDWELL, SHELFORD, Brassey's Artillery of the World, London 1977.

BIELFELDT, CAROLA/KRELL, GERT/TIEDTKE, STEPHAN, Aufrüstung durch Rüstungsvergleiche. Europäische Sicherheit: ein Rechenkunststück?, in: Bielfeldt, Carola, u. a., Frieden in Europa? Zur Koexistenz von Rüstung und Entspannung, Reinbek bei Hamburg 1973, S. 8–47.

BIRNSTIEL, FRITZ, Die Verteidigung Mitteleuropas nach dem NATO-Konzept der Flexible Response, Starnberg 1978 (hektogr.).

BITTDORF, WILHELM, Abblende heißt: Der Film ist zu Ende, in: Der Spiegel Nr. 26 vom 23. 06. 1980, S. 115–118.

BOHN, WERNER, Erfahrungen aus der Entwicklung neuer Flugzeugwaffensysteme, in: Jahrbuch der Wehrtechnik 8/1978, S. 26–31.

BRAUCH, HANS GÜNTER, Die inneramerikanische Debatte zur «Sowjetischen Bedrohung». Schlußfolgerungen für Entspannungsinitiativen, in: Die neue Gesellschaft 2/1979, S. 117–125.

BRAUN, AXEL, B-1 Projekt und die Modernisierung der strategischen Bomberflotte der USA, Frankfurt a. M. 1978.

BRENNAN, DONALD G. (Hg.), Strategien der Abrüstung. Achtundzwanzig Problemanalysen. Deutsche erweiterte Ausgabe, herausgegeben in Verbindung mit dem Forschungsinstitut der Deutschen Gesellschaft für Auswärtige Politik von Uwe Nerlich, Gütersloh 1962.

BRODIE, BERNHARD, The Development of Nuclear Strategy, in: International Security 4/1978, S. 65–84.

BROWN, GEORGE S., USAF, Chairman, Joint Chiefs of Staff to the Congress, Prepared Statement, in: Defense Posture of the United States for FY 1979, o. O. 20th January 1978, 124 S.

BROWN, HAROLD, Department of Defense, Annual Report Fiscal Year 1979, o. O. 1978.

DERS., Department of Defense, Annual Report Fiscal Year 1980, o. O. 1979.

DERS., Department of Defense, Annual Report Fiscal Year 1981, o. O. 1980.

DERS., Schreiben an die Verteidigungsminister anderer NATO-Mitgliedsstaaten vom 08. 08. 1980 zur Erläuterung der amerikanischen Nuklearstrategie, in: EA 16/1980, S. D 475–D 476.

DERS., USA wollen keinen Atomkrieg. Schreiben an die NATO-Verteidigungsminister, in: Amerika-Dienst, Dokumentation vom 20. 8. 1980, S. 1–4.

DERS., Strategische Waffen schrecken vor Atomkrieg ab. Rede des US-Verteidigungsministers vor dem Naval War College, in: Amerika-Dienst, Dokumentation vom 27. 08. 1980, S. 11.

HAROLD BROWN erläutert den Verteidigungshaushalt der USA. Erklärung vor dem Außenpolitischen Ausschuß des Senats, in: Amerika-Dienst, Dokumentation vom 26. 09. 1979, S. 1–28.

BROWN, THOMAS, Missile Accuracy and Strategic Lethality, in: Survival 2/1976 (Vol. XVIII), S. 52–59.

Bruns, Wilhelm, Vorwort zu: Krause, Christian, Vertrauensbildende Maßnahmen als Gegenstand europäischer Verhandlungen. Eine Studie im Auftrage der Friedrich-Ebert-Stiftung, Bonn 1977 (hektogr. 87 S.).

ders., Ohne Vertrauen keine Abrüstung. Zum Konzept Vertrauensbildender Maßnahmen, in: Neue Gesellschaft 10/1979, S. 883–887.

Bülow, Andreas von, Problematik eines Kräftevergleichs zwischen NATO und Warschauer Pakt, in: Soldat und Technik 6/1979, S. 289–293.

Bundesminister der Verteidigung – Planungsstab (Hg.), Die nuklearen Mittelstreckenwaffen. Modernisierung und Rüstungskontrolle. Texte, Materialien und Argumente zum Beschluß der NATO vom 12. 12. 1979, o. O. 1980.

Bundy, McGeorge, Die amerikanische strategische Abschreckung und die europäische Sicherheit, in: Amerika-Dienst, Information und Dokumentation Nr. 41 vom 24. 10. 1979, 7 S.

Burke, Gerhard Keith, The Need for the Trident, in: United States Naval Institute, Proceedings 11/1978 (Vol. 104), S. 33–41.

Calder, Nigel, Atomares Schlachtfeld Europa. Report über die Wahrscheinlichkeit eines Atomkrieges in den 80er Jahren, Hamburg 1980.

Caldwell, Lawrence T., Soviet Attitudes to SALT, Adelphi Papers No. 75, London 1971.

Carter, Jimmy, Botschaft über die Lage der Nation vom 23. 01. 1980, in: Amerika-Dienst, Dokumentation vom 24. 01. 1980, S. 2.

ders., Address to American Legion, in: Wireless Bulletin from Washington Nr. 35 vom 20. 02. 1980, S. 1.

ders., Rede an die Nation, abgedruckt in: Amerika-Dienst, Dokumentation Nr. 3 vom 21. 01. 1981, 9 S.

Chambost, G., Frankreichs Verhältnis zur NATO ist gekennzeichnet durch Widersprüchlichkeit, in: Internationale Wehrrevue 4/1979, S. 526.

Chruschtschow, Nikita S., Rechenschaftsbericht an den Parteitag, Berlin 1956.

Citron, Klaus J./Ehni, Reinhard W., Das Konzept Vertrauensbildender Maßnahmen. Ursprung – Erste Verwirklichung – Perspektiven, in: Vereinte Nationen 1/1979, S. 6–10.

Clawson, Carl H., Jr., The Wartime Role of Soviet SSBNs-Round Two, in: United States Naval Institute, Proceedings (Vol. 106), March 1980, S. 64–71.

Close, Robert, Europa ohne Verteidigung. 48 Stunden, die das Gesicht der Welt verändern, Bad Honnef-Erpel 1977.

Cockburn, Andrew/Cockburn, Alexander, The Myth of Missile Accuracy, in: The New York Review of Books, 20. 11., 1980, S. 40–44.

Coffey, Joseph, Arms Control, Tactical Nuclear Forces and European Security, Occasional Papers, Center for Arms Control and International Security Studies, University Center for International Studies, University of Pittsburgh, Pittsburgh, Penns., o. J., ohne Seitenangaben.

Cohen, S. T., The Neutron Bomb: Political, Technological and Military Issues, Washington 1978.

COLLINS, ARTHUR S., Tactical Nuclear Warfare and NATO: Viable Strategy or Dead End?, in: NATO's Fifteen Nations 3/1976 (Vol. 21), S. 72–87.
COMMON Sense and the Common Danger. A Political Statement, ed. by the Committee on the Present Danger, Washington D.C., November 1976.
The CONGRESS of the United States, Congressional Budget Office, Assessing the NATO/Warsaw Pact Military Balance, Washington 1977.
The CONGRESS of the United States, Congressional Budget Office, U.S. Air and Ground Conventional Forces for NATO: Firepower Issues, Washington 1978.
The CONGRESS of the United States, Office of Technological Assessment (OTA), The Effects of Nuclear War, Washington 1979.
CONGRESSIONAL BUDGET OFFICE (Hughes, G. Philip), Budget Issue Paper, Planning U.S. General Purpose Forces: The Theater Nuclear Forces, Washington D.C. 1977.
DASS., (Soule, Robert R.), Counterforce Issues for the U.S. Strategic Nuclear Forces, Background Paper, Washington 1978.
DASS., Retaliatory Issues for the U.S. Strategic Nuclear Forces, Background Paper, Washington 1978.
COOK, CHRIS/STEVENSON, JOHN, The Atlas of Modern Warfare, London 1978.
DAHM, HELMUT, Abschreckung oder Volkskrieg. Strategische Machtplanung der Sowjetunion und Chinas im internationalen Kräfteverhältnis, Olten und Freiburg i. Br. 1968.
DERS., Entwicklungstendenzen in der Militärdoktrin der Sowjetunion und der Volksrepublik China, in: Meissner, Boris/Rhode, Gotthold (Hg.), Grundfragen sowjetischer Außenpolitik, Stuttgart u. a. 1970, S. 117–171.
DAVIS, LYNN ETHERIDGE, Limited Nuclear Options. Deterrence and the New American Doctrine, Adelphi Papers No. 121 (1975/6), London 1976.
DAVIS, LYNN ETHERIDGE/SCHILLING, WARNER R., All you ever wanted to know about MIRV and ICBM calculations but were not cleared to ask, in: Journal of Conflict Resolution 2/1973 (Vol. 17), S. 207–242.
DIALER, FRIEDRICH, Operative Konzepte der UdSSR und der USA, Teil 1: Der strategische Rahmen. Die UdSSR, in: ÖMZ 4/1974, S. 267–275.
DERS., Operative Konzepte der UdSSR und der USA, Teil 2: Massive Vergeltung – Flexible Reaktion, in: ÖMZ 5/1974, S. 355–362.
DERS., Operative Konzepte der UdSSR und der USA, Teil 3: Die USA – Die realistische Abschreckung – Die Rüstung, in: ÖMZ 6/1974, S. 437–444.
DORMAN, JAMES E., Die strategische Raketengruppe, in: Die sowjetische Militärmacht. Geschichte, Technik, Strategie, Bayreuth 1979, S. 200–211.
DORNER, KLAUS, Abrüstung durch Nachrüstung? Hypothesen und Dokumente zu einer (über)lebenswichtigen Frage, Aachen 1980 (hektogr. Manuskript).
DOUGLASS JR., JOSEPH D., Soviet Nuclear Strategy in Europe: A Selective Targeting Doctrine?, in: Strategic Review No. 4/1977 (Vol. V), S. 19–32.
DERS., Soviet Military Strategy in Europe, New York 1980.

DERS./HOEBER, AMORETTA M., Soviet Strategy for Nuclear War, Stanford 1979.
ENTHOVEN, ALAIN, in: Hearings: Nuclear Weapons and Foreign Policy, U.S. Congress, Senate Committee on Foreign Relations, Subcommittee on U.S. Security Agreements and Commitments Abroad and Subcommittee on Arms Control, International Law and Organisations, Washington 1974, S. 72-76.
DERS./SMITH, K. WAYNE, How much is enough? Shaping the Defense Program, 1961–1969, New York u. a. 1972.
EPSTEIN, WILLIAM, Banning the use of nuclear weapons, in: The Bulletin of Atomic Scientist No. 4/1979 (Vol. 35), S. 7–9.
ERICKSON, JOHN, Trends in the Soviet Combined-Arms Concept, in: Strategic Review No. 1/1977 (Vol. 15), S. 38–53.
EVANS, W. F., The Impact of Technology on U.S. Deterrent Forces, in: Strategic Review 3/1976, S. 40–47.
FAHL, GUNDOLF, Internationales Recht der Rüstungsbeschränkung, Berlin 1975.
DERS., SALT I: Die strategische Grenznachbarschaft von USA und UdSSR, Berlin 1977, S. 24–30.
FEIGL, HUBERT, Satellitenaufklärung als Mittel der Rüstungskontrolle, in: EA 18/1979, S. 555–570.
FELBER, ADOLF ERWIN, Kriegsspiele – Methoden, Techniken und Wertgehalt, in: ÖMZ 5/1978, S. 379–384.
FORNDRAN, ERHARD, Rüstungskontrolle. Friedenssicherung zwischen Abschreckung und Abrüstung, Düsseldorf 1970.
DERS./FRIEDRICH, PAUL J. (Hg.), Rüstungskontrolle und Sicherheit in Europa. Mit einem Vorwort von Ulrich Scheuner, Bonn 1979.
FORSTER, MICHAEL, Zur Datendiskussion des Kräfteverhältnisses bei den Nuklearwaffen größerer Reichweite in Europa (LRTNF), (hekt. Manuskript) 10 Seiten.
FRANÇOIS (Pseudonym für Doly, Guy), Wenn die Russen angreifen ..., mit einem Vorwort von Paul Carell, Stuttgart-Degerloch 1980.
FREI, DANIEL/GAUPP, PETER, Das Konzept «Sicherheit» – Theoretische Aspekte, in: Schwarz, Klaus-Dieter (Hg.), Sicherheitspolitik. Analysen zur politischen und militärischen Sicherheit, Bad Honnef-Erpel 1978³, S. 3–16.
FREISTETTER, FRANZ, Zum Kriegsbild, in: ÖMZ 5/1978, S. 364–373.
DERS., Die Frage der Mittelstreckenraketen, in: ÖMZ 2/1980, S. 101–108.
FRYE, ALTON, Confidence-Building Measures in SALT: a PAR Perspective, in: Alford, Jonathan (Ed.), Confidence-Building Measures, Adelphi Papers No. 149, London 1979, S. 14–22.
GANTZEL, KLAUS JÜRGEN/KRESS, GISELA/RITTBERGER, VOLKER (Hg.), Konflikt – Eskalation – Krise. Sozialwissenschaftliche Studien zum Ausbruch des Ersten Weltkrieges, Düsseldorf 1972.
GARTHOFF, RAYMOND L., Soviet Military Policy. A Historical Analysis, London 1966.
GATLAND, KENNETH W., Sowjetische Flugkörper, in: Die sowjetische Militärmacht. Geschichte, Technik, Strategie, Bayreuth 1979.

GESSERT, ROBERT A./SEIM, HARVEY B., Improving NATO's Theater Nuclear Posture. A Reassessment and a Proposal, o. O. (Georgetown University, Washington) 1977.

GLASSTONE, SAMUEL (Hg.), Die Wirkung der Kernwaffen. Ausgearbeitet vom Verteidigungsministerium der Vereinigten Staaten, veröffentlicht von der Atomenergiekommission der Vereinigten Staaten, Köln u. a. 1960.

DERS./DOLAN, PHILIP J., The Effects of Nuclear Weapons, prepared and published by the United States Department of Energy, U.S. Government Printing Office, Washington 1977.

GÖRTEMAKER, MANFRED, Der gebändigte Kontinent. Verteidigung und Entspannung in Europa, Bonn 1979.

DERS., Zur Vorgeschichte der KSZE, in: Woyke, Wichard/Nieder, Klaus/Görtemaker, Manfred, Sicherheit für Europa? Die Konferenz von Helsinki und Genf, Opladen 1974, S. 61–93.

GRAY, COLIN S./PAYNE, KEITH, Victory is possible, in: Foreign Policy No. 39/1980, S. 14–27.

DIES., «Sieg ist möglich». Eine amerikanische Einladung zum Atomkrieg, in: Blätter für deutsche und internationale Politik 12/1980, S. 1502–1509.

GORSCHKOW, SERGEJ G., Die Flotten in Krieg und Frieden, München 1975.

DERS., Seemacht Sowjetunion, Hamburg 1978.

GRÜNBUCH zu den Folgewirkungen der KSZE, hg. von Delbrück, Jost/Ropers, Norbert/Zellentin, Gerda, Köln 1977.

GUHA, ANTON-ANDREAS, Die Neutronenbombe oder die Perversion menschlichen Denkens, Frankfurt 1977.

DERS., Der Tod in der Grauzone. Ist Europa noch zu verteidigen? Frankfurt a. M. 1980.

GUNSTON, BILL, Sowjetische Flugzeuge, in: Die sowjetische Militärmacht. Geschichte, Technik, Strategie, Bayreuth 1979, S. 86–111.

HACKETT, JOHN, Der Dritte Weltkrieg. Hauptschauplatz Deutschland. Mit einem Vorwort von General a. D. Graf Kielmannsegg, München 1978.

HANDEL, GÜNTER, Das Waffensystem LANCE. Eine Artillerierakete mittlerer Reichweite, in: Soldat und Technik 11/1979, S. 604–609.

HEADQUARTER Department of the Army, Field Manual 100–5, ed. by Order of the Secretary of the Army (Fred C. Weyand, General U.S. Army, Chief of the Staff), Chapter 10: Tactical Nuclear Operations, Washington D.C. 1976.

HEISENBERG, WOLFGANG, Nuklearwaffenfreie Zonen als Gegenstand der internationalen Rüstungskontroll-Diplomatie, in: EA 13/1976, S. 445–452.

HIGHAM, ROBIN/KIPP, JACOB W., A Historical View, London/Boulder 1977/78.

HOFFMANN, HUBERTUS/STEINRÜCKE, ROLF, Rüstung und Abrüstung im euronuklearen Bereich. Die Mitwirkungsmöglichkeiten der europäischen Staaten an den SALT III-Verhandlungen (Würzbach/Berger-Studie); Kurzstudie im Auftrage der Bundestagsabgeordneten Peter Kurt Würzbach und Markus Berger, Washington/Bonn, April–Mai 1979 (hekt. Manuskript, Maschinenschrift ca. 180 Seiten).

Holloway, David, Military Technology, in: Amann, Ronald/Cooper, Julian/Davies, R. W., Technological Level of Soviet Industry, London 1977, S. 407–489.
The International Institute for Strategic Studies (IISS), The Military Balance 1969–1970ff, London 1969ff.
Jablonsky, Walter, Taktische Nuklearwaffen der Marinen in der Konfrontation NATO/Warschauer Pakt, München 1979.
Jones, David C., Chief of Staff, U.S. Air Force, prepared Statement, in: Hearings before the Committee in Armed Services United States Senate, Ninety-Fifth Congress, First Session, Part 2, January 27, February 1, 3, 8, 10, 1979, S. 1436.
Jukes, Geoffrey, The Development of Soviet Strategic Thinking since 1945, Canberra 1972.
Kahn, Herman, Eskalation. Die Politik der Vernichtungsspirale. Mit einer Einleitung von Helmut Schmidt, Berlin 1970.
Kaiser, Karl, Die Sicherheit Europas und die Politik der Bundesrepublik Deutschland, in: Kaiser, Karl/Kreis, Karl Markus (Hg.), Sicherheitspolitik vor neuen Aufgaben, Frankfurt a. M. 1977, S. 425–440.
Kaiser, Robert G./Pincus, Walter, Greifen 1984 die Russen an?, in: Die Zeit Nr. 44 vom 26. 10. 1979, S. 25.
Karber, Phillip A., Die taktische Revolution in der sowjetischen Militärdoktrin, Teil I, in: Europäische Wehrkunde 6/1977, S. 265–274.
ders., Die taktische Revolution in der sowjetischen Militärdoktrin, Teil II, in: Europäische Wehrkunde 7/1977, S. 321–332.
Kemp, Geoffrey, Nuclear Forces for Medium Powers: Part I: Targets and Weapon Systems, Adelphi Papers No. 106, London 1974.
ders., Nuclear Forces for Medium Powers: Part II and III: Strategic Requirements and Options, Adelphi Papers No. 107, London 1974.
Kielmannsegg, Johann Adolf Graf, Probleme eines kriegerischen Konflikts, insbesondere in Mitteleuropa, in: Kaiser, Karl/Kreis, Markus (Hg.), Sicherheitspolitik vor neuen Aufgaben, Frankfurt a. M. 1977, S. 295–349.
Kirk, Grayson/Wessel, Nils (Hg.), The Soviet Threat. Myths and Realities, New York 1978.
Knabe, Bernd, Erste Ergebnisse der Volkszählung in der UdSSR, in: Osteuropa 9/1979, S. 744–755.
Korkisch, Friedrich, SLBM-Waffen. Die U-Boot-Raketen – Entwicklung, Einsatzkriterien und technische Aspekte, in: ÖMZ 1/1978, S. 30–39.
Krause, Christian, Die sowjetischen Mittelstreckenwaffen, in: Europäische Wehrkunde 10/1978, S. 502f.
ders., Vertrauensbildende Maßnahmen als Gegenstand europäischer Verhandlungen, Bonn 1977.
Kreker, Hans-Justus, F-111 ein vielseitiges Flugzeug. Das Problem der beweglichen Tragflächen wurde erstmals gelöst, in: Soldat und Technik 1/1979, S. 23.
Krell, Gert, Die Entwicklung des Sicherheitsbegriffes, in: Beiträge zur Konfliktforschung 3/1980, S. 33–57.

DERS., Rüstungsdynamik und Rüstungskontrolle. Die gesellschaftlichen Auseinandersetzungen um SALT in den USA 1969–1975, Frankfurt a. M. 1977.

DERS., Sichert das militärische Gleichgewicht den Frieden? Die Verteidigungspolitik der NATO und die Risiken der Abschreckung, in: Hessische Stiftung Friedens- und Konfliktforschung (Hg.), Europäische Sicherheit und der Rüstungswettlauf, Frankfurt a. M./New York 1979, S. 25–46.

DERS./LUTZ, DIETER S., Rüstungskontrolle von SALT I zu SALT III, in: Osteuropa 12/1979, S. 1008–1020.

DERS./LUTZ, DIETER S., Nuklearrüstung im Ost-West-Konflikt. Potentiale, Doktrinen, Rüstungssteuerung, Baden-Baden 1980.

DERS./SCHLOTTER, PETER, Zur Diskussion über die taktischen Nuklearwaffen in Europa. Analyse und Dokumentation, Frankfurt a. M. 1977.

KRIVINYI, NIKOLAUS, Taschenbuch der Luftflotten 1976, München 1976.

KUBISCH, W., Die neue Militärdoktrin der NATO, in: Sowjetwissenschaftliche Gesellschaftswissenschaftliche Beiträge 12/1968 (Vol. 21), S. 1248–1260.

LAMBETH, BENJAMIN S., The Soviet Strategic Challenge under SALT I, in: Current History, Vol. 23, Oct. 1972, S. 150–155.

DERS., Selective Nuclear Operations and Soviet Strategy, in: Holst, Johan J./Nerlich, Uwe, Beyond Nuclear Deterrence. New Aims. New Arms, New York 1976, S. 79–104.

LAUK, KURT, Die nuklearen Optionen der Bundesrepublik Deutschland, Berlin 1979.

LAUMANN, MANFRED, Die Flugzeuge und Hubschrauber der Luftwaffe, in: Jahrbuch der Luftwaffe 13/1976, S. 164–172.

LEGAULT, ALBERT/LINDSEY, GEORGE, Dynamik des nuklearen Gleichgewichts, Frankfurt a. M. 1973.

LEGETT, ROBERT L., Prepared Statement, in: Hearings before the Subcommittee of International Security and Scientific Affairs of the Committee of International Relations, House of Representatives, Ninety-fourth Congress. First Session, June 24 and July 8, Washington 1975, S. 8–15.

LEITENBERG, MILTON, SALT als Mittel der Rüstungskontrolle, in: Beiträge zur Konfliktforschung 2/1974, S. 15–41 und 3/1974, S. 89–120.

LUTTWACK, EDWARD, The U.S. – U.S.S.R. Nuclear Weapons Balance, The Washington Papers Vol. II, Beverly Hills/London 1974.

LUTZ, DIETER S., Die KSZE im Geflecht anderer internationaler Handlungssysteme und Organisationen, in: Grünbuch zu den Folgewirkungen der KSZE, hg. von Delbrück, Jost/Ropers, Norbert/Zellentin, Gerda, Köln 1977. S. 37–53.

DERS., Peace and Security by Means of Arms Limitations – Six Imperatives of the German Grundgesetz to Orient Defense Policy towards its Consequences, in: Journal of Peace Research No. 2/1977 (Vol. XIV), S. 129–144.

DERS., «Positiver Frieden» als Verfassungsauftrag, in: Friedensanalysen. Für Theorie und Praxis Bd. 6, Frankfurt a. M. 1977, S. 178–199.

DERS., Verteidigung + Folgenorientierung = Sicherheit, IFSH-Forschungsberichte 2/1977.

DERS., Das militärische Kräfteverhältnis im Bereich der euronuklearen Waffensysteme, IFSH-Forschungsberichte 12/1979.
DERS., Die Marinedoktrin der UdSSR. Theoretische Grundlagen der sowjetischen Rüstung zur See, in: ÖMZ 2/1979, S. 117–123.
DERS. (Hg.), Die Rüstung der Sowjetunion. Rüstungsdynamik und bürokratische Strukturen, Baden-Baden 1979.
DERS., Will a Third World War Occur in the Eighties?, in: Gandhi Marg 1/1979 (Vol. 1), S. 13–20.
DERS., Besitzt die Sowjetunion in der konventionellen Rüstung eine militärische Überlegenheit? Eine Datenvergleichsanalyse, IFSH-Forschungsberichte 9/1979.
DERS., How much is enough? – Wieviel an Vernichtung(skapazität) ist genug? Ein Worst-Case-Szenario gegen West-Europa, IFSH-Diskussionsbeiträge 17/1980.
DERS., Kriegsgefahr und Kriegsverhütung in den 80er Jahren, in: Aus Politik und Zeitgeschichte, Beilage zur Wochenzeitung Das Parlament, B3/1981 vom 17. 01. 1981, S. 23–38.
DERS./GROSSE-JÜTTE, ANNEMARIE (Hg.), Neutralität – eine Alternative? Die Militär- und Sicherheitspolitik europäischer Neutraler, Baden-Baden 1981 (i. E.).
DERS./POTT, ANDREAS, Seemacht Sowjetunion? Ein Beitrag zu Entwicklung und Stand der sowjetischen Seerüstung, IFSH-Diskussionsbeiträge 12/1979.
DERS./RITTBERGER, VOLKER, Abrüstungspolitik und Grundgesetz. Eine verfassungsrechtlich-friedenswissenschaftliche Untersuchung, Baden-Baden 1976.
DERS./SCHIERHOLZ, HENNING, Friedens- und Abrüstungspolitik. Bausteine für eine politische Bildungsarbeit. Waldkirch 1978.
LUTZ, ERNST, Sicherheitspolitik und Streitkräfte. Definitionen, Erläuterungen, Zitate, Abkürzungen, München 1980.
MCNAMARA, ROBERT S., The Essence of Security, New York 1968.
MCGWIRE, MICHAEL, Soviet Military Doctrine: Contingency Planning and the Reality of World War, in: Survival 5–6/1980, S. 107–113.
MECHTERSHEIMER, ALFRED, Rüstung und Politik in der Bundesrepublik. MRCA TORNADO. Geschichte und Funktion des größten westeuropäischen Rüstungsprogramms, Bad Honnef 1977.
DERS., Hat SALT III noch eine Chance? in: B 41/80, S. 3–25
MEHNERT, KLAUS, Bundeskanzler Schmidt in Moskau, in: Osteuropa 10/1980, S. 1081–1092.
MENAULT, W.B., Die sowjetischen Luftstreitkräfte, in: Die sowjetische Militärmacht. Geschichte, Technik, Strategie, Bayreuth 1979, S. 65–85.
MERTES, ALOIS, Sowjetische Kriterien der Sicherheit und Rüstungskontrolle – Konzeptionelle Gegensätze und Unterschiede zum Westen, in: Forndran, Erhard/Friedrich, Paul J. (Hg.), Rüstungskontrolle und Sicherheit in Europa. Mit einem Vorwort von Ulrich Scheuner, Bonn 1979, S. 257–272.
METZGER, ROBERT/DOTY, PAUL, Arms Control enters the gray area, in: International Security No. 3/1978/79, S. 17–52.

MEYER, BERTHOLD, Bedürfnis nach Sicherheit, in: Sozialwissenschaftliche Informationen für Unterricht und Studium (SOWI) 3/1980, S. 111–116.
MIES, ULLRICH F. J., Destabilisierungsfaktoren des gegenwärtigen Abschrekkungssystems. Die Implikationen der 1974er Modifikationen der US-Nuklearstrategie für die globalstrategische Stabilität, Frankfurt a. M. 1979.
MIKSCHE, F. O., Vom Kriegsbild, Stuttgart 1975.
MILITÄR-STRATEGIE, hg. unter der Redaktion vom Marschall der Sowjetunion W. D. Sokolowski, Köln 1969³.
MILSHTEIN, MICHAEL, Tactical nuclear weapons: problems of definition and application, in: Stockholm International Peace Research Institute (SIPRI), Tactical Nuclear Weapons: European Perspectives, London 1978.
MOORE, E. (Ed.), Jane's Fighting Ships 1978–79, London 1978.
MORGENTHAU, HANS J., Vier Paradoxien der Nuklearstrategie, in: Senghaas, Dieter (Hg.), Zur Pathologie des Rüstungswettlaufs. Beiträge zur Friedens- und Konfliktforschung, Freiburg i. Br. 1970, S. 46–78.
MÜLLER, ERWIN, «Nach»-Rüstung und Rüstungswettlauf. Zum Nato-Beschluß über neue eurostrategische Mittelstreckensysteme, in: Argumente Nr. 3, Tübingen, Februar 1980.
MÜLLER, MARTIN, Die Theorie der Kooperativen Rüstungssteuerung, in: Schwarz, Klaus-Dieter (Hg.), Sicherheitspolitik. Analysen zur politischen und militärischen Sicherheit, Bad Honnef-Erpel 1978³.
MUTZ, REINHARD, Die Bundesrepublik und MBFR. Bedingungen und Wirkungen der Rolle Bonns bei den Wiener Verhandlungen über Truppen- und Rüstungsreduzierungen in Mitteleuropa, Occasional Papers 1/1981, FU Berlin 1981.
NATO Informationsabteilung Brüssel, NATO. Tatsachen und Dokumente, Brüssel, Januar 1976.
NERLICH, UWE, Die Verbesserungen der nuklearen Fähigkeiten der NATO: verteidigungs- und verhandlungspolitische Probleme, SWP-AP 2159, Ebenhausen, Januar 1978.
NEWHOUSE, JOHN, Cold Dawn. The Story of Salt, New York 1973.
NITZE, PAUL, Assuring Strategic Stability in an Era of Détente, in: Foreign Affairs, Januar 1976, S. 207–232.
DERS., Die Sicherung der strategischen Stabilität in der Ära der Entspannung, in: Beiträge zur Konfliktforschung 2/1976, S. 5–34.
DERS., The Global Military Balance, in: Kirk, Grayson/Wessel, Nils (Eds.), The Soviet Threat. Myths and Realities, New York 1978, S. 4–14.
DERS., Analysis of the Current States and Implications of the SALT II Negotiations, ed. by the Committee on the Present Danger, Washington, D.C., März 1978.
NORTH ATLANTIC ASSEMBLY, Military Committee, General Report on the Security of the Alliance, presented by de Vries, Klaas G. (Netherlands), General Rapporteur, November 1978.
NOWARRA, HEINZ J., Die sowjetischen Flugzeuge 1941–1966, München 1967.
NUNN, SAM/BARTLETT, DEWEY F., NATO and the New Soviet Threat, Report to the Committee of Armed Services United States Senate, Washington 1977.

O'Neil, William D., BACKFIRE: Long Shadow on the Sea-Lanes, in: USNI Proceedings 3/1977, S. 26–35.
Owen, John (Ed.), Brassey's Infantry Weapons of the World 1979, London/New York 1979[2].
Paulsen, Andreas, Die Raketenartillerie und ihre Waffensysteme. Zur Geschichte der Raketentechnik und der Raumfahrt, in: Soldat und Technik 11/1979, S. 600–602.
Pawelczyk, Alfons, Sicherheits- und bündnispolitische Interessen der Bundesrepublik und Rüstungskontrolle, in: Forndran, Erhard/Friedrich, Paul J. (Hg.), Rüstungskontrolle und Sicherheit in Europa. Mit einem Vorwort von Ulrich Scheuner, Bonn 1979, S. 233–241.
Payne, Samuel P., The Soviet Debate on Strategic Arms Limitations: 1969–1972, in: Soviet Studies No. 1/1975 (Vol. XXVII), S. 27–45.
Perdelwitz, Wolfgang, Wollen die Russen Krieg? Ein Portrait der Roten Armee, Hamburg 1980.
ders., Bundesrepublik Deutschland. Die versteckte Atommacht, in: Stern 9/1981 vom 19. 02. 1981, S. 26–34, 218.
Petersen, Phillip A., Soviet Air Power and the Persuit of New Military Options. Studies in Communist Affairs, Vol. 3, Washington, o. J.
Das philosophische Erbe W. J. Lenins und Probleme des modernen Krieges. Unter Redaktion von A. S. Milowidow und W. G. Koslow, Berlin (DDR) 1974.
Pierre, Andrew J., Das SALT-Abkommen und seine Auswirkungen auf Europa, in: EA 13/1972, S. 431–440.
Poetsch, Klaus, Das FlaRak-Waffensystem Patriot, in: Jahrbuch der Luftwaffe 13/1976, S. 64–73.
Polmar, Norman, The Ships and Aircraft of the U.S. Fleet, London 1978.
Pordzik, Wolfgang, SALT II im Kreuzfeuer der Kritik, in: EA 16/1978, S. 517–526.
ders., Zur Frühgeschichte taktischer Atomwaffen, in: Europäische Wehrkunde 11/1979, S. 533–536.
Pott, Andreas, Zur Rolle der Marineflieger im System maritimer Sicherheit, IFSH-Forschungsberichte 13/1979.
Pretty, R. T. (Ed.), Jane's Weapon Systems 1979–1980, London 1979.
Powers, Robert C., Escalation Control, in: USNI Proceedings No. 1/1980, (Vol. 106), S. 52–56.
Rauschning, Dietrich, Der Wandel der amerikanischen Konzeption, in: Abschreckung und Entspannung. Fünfundzwanzig Jahre Sicherheitspolitik zwischen bipolarer Konfrontation und begrenzter Kooperation, Berlin 1977, S. 230–292.
Raven, Wolfram von, Gefahr aus der grauen Zone, in: Beiträge zur Konfliktforschung 2/1979, S. 27–45.
Record, Jeffrey, U.S. Tactical Nuclear Weapons in Europe. 7000 Warheads in Search of a Rationale, in: Arms Control Today 4/1974 (Vol. 4), S. 1–5.
Reich, Friedhelm (Pseudonym), Für den Nuklear-Sieg?, in: WT 5/1978, S. 87f.
ders., SS-20. Eine Datenanalyse, in: WT 8/1979, S. 14–16.

RITEL III, JOHN B./FRIENDLY JR., ALFRED, SALT and the NATO Allies. A Staff Report to the Subcommittee on European Affairs of the Committee on Foreign Relations United States Senate, Washington 1979.

RITTBERGER, VOLKER, «Frieden ist mehr als kein Krieg» – Gewaltpolitik als Problem der Friedensforschung, in B 20/1977, S. 19–29.

DERS. (Hg.), Abrüstungsplanung in der Bundesrepublik. Aufgaben, Probleme, Perspektiven, Baden-Baden 1979.

DERS. (Hg.), Neue Wege der Abrüstungsplanung. Organisationsprobleme und Reformoptionen im internationalen Vergleich, Baden-Baden 1981.

ROBINSON, JR., CLARENCE A., Soviets Developing Two Bombers, in: Aviation Week & Space Technology vom 19. 02. 1979, S. 14–18.

RODEJOHANN, JO, Verpaßte Abrüstungschance? Vor einer neuen Rüstungsrunde mit «mininuces», in: Friedensanalysen Bd. 1/1975, S. 137–149.

DERS./TIEDTKE, STEPHAN, Für ein Einsatzverbot von Atomwaffen oder: Warum ein östlicher Vorschlag zur Rüstungskontrolle den Interessen der NATO an Kriegsverhinderung dienen kann, in: Studiengruppe Militärpolitik, Aufrüsten, um abzurüsten? Informationen zur Lage. Friedensforscher reagieren auf die internationale Krise, Reinbek bei Hamburg 1980, S. 171–179.

ROSENKRANZ, ERHARD, Abschreckung durch flexible response – eine Mystifikation?, in: ders./Jütte, Rüdiger, Abschreckung contra Sicherheit?, München 1975, S. 15–77.

DERS., Die Kernfrage der Sicherheitspolitik, in: Baudissin, Wolf Graf von/Lutz, Dieter S. (Hg.), Konflikte, Krisen, Kriegsverhütung, Baden-Baden 1981.

The ROYAL United Services Institute for Defence Studies, R.U.S.I. and Brassey's Defence Yearbook 1980, London 1979.

RUEHL, LOTHAR, Der Nutzen militärischer Macht in Europa, in: Kaiser, Karl/Kreis, Markus (Hg.), Sicherheitspolitik vor neuen Aufgaben, Frankfurt a. M. 1977, S. 220–272.

DERS., Keine Rakete ohne Verhandlungen. Bonn lehnt einen deutsch-amerikanischen Alleingang ab, in: Die Zeit Nr. 10 vom 02. 03. 1979, S. 7.

DERS., Ein Beschluß ohne Spitzfindigkeiten. Amerikaner fordern klare NATO-Entscheidungen über Mittelstreckenwaffen, in: Die Zeit Nr. 47 vom 16. 11. 1979, S. 12.

DERS., Der Beschluß der NATO zur Einführung nuklearer Mittelstreckenwaffen, in: EA 4/1980, S. 99–110.

DERS., Das Verhandlungsangebot der NATO an die Sowjetunion. Suche nach einem Gleichgewicht bei den «eurostrategischen» Waffen, in: EA 7/1980, S. 215–226.

DERS., So schlecht steht die NATO gar nicht da. Bei den eurostrategischen Waffen ließe sich eine Balance erreichen, in: Die Zeit Nr. 29 vom 11. 06. 1980, S. 3.

DERS., Eine Division ist verschwunden. Neue sowjetische Vorschläge schockieren die NATO, in: Die Zeit Nr. 30 vom 18. 07. 1980, S. 7.

RUMMEL, RUDOLPH J., Der gefährdete Frieden. Die militärische Überlegenheit der UdSSR, München 1977.

SCHELLING, THOMAS C., Reziproke Maßnahmen zur Stabilisierung der Rüstungen, in: Brennan, Donald G. (Hg.), Strategien der Abrüstung. Achtundzwanzig Problemanalysen. Deutsche erweiterte Ausgabe, herausgegeben in Verbindung mit dem Forschungsinstitut der Deutschen Gesellschaft für Auswärtige Politik von Uwe Nerlich, Gütersloh 1962, S. 186–207.

SCHLESINGER, JAMES R., US-USSR Strategic Policies, in: Hearings before the Subcommittee on Arms Control, International Law and Organization of the Committee on Foreign Relations, United States Senate, 93rd Congress, 2nd Session on US and Soviet Strategic Doctrines and Military Policies, March 4, 1974, Washington, S. 19.

DERS., U.S. Senate Nuclear Weapons and Foreign Policy, in: Hearings before the Subcommittee on Arms Control, International Law and Organization of the Committee on Foreign Relations, 93rd Congress, 2nd Session on US-USSR Strategic Doctrines and Politics, March 7 and April 4, 1974, Washington 1974, S. 160.

DERS., Secretary of Defense. The Theater Nuclear Force Posture in Europe. A Report to the United States Congress in compliance with Public Law 93–365, o. O., o. J (Washington 1975), 30 S.

SCHLOTTER, PETER, Rüstungspolitik in der Bundesrepublik. Die Beispiele Starfighter und Phantom. Frankfurt/New York 1975.

DERS./TIEDTKE, STEPHAN, Gibt es noch eine Alternative zur Aufrüstung in Europa? Der gegenwärtige Rüstungswettlauf in Europa und die Bedingungen militärischer Entspannung, in: Das kontrollierte Chaos: Die Krise der Abrüstung. Friedensanalysen Bd. 13, Frankfurt a. M. 1980, S. 39–72.

SCHMIDT, HELMUT, Politische und wirtschaftliche Aspekte der westlichen Sicherheit, Alastair Buchan Memorial Lecture, in: Bulletin des Presse- und Informationsamtes der Bundesregierung Nr. 112 vom 08. 11. 1977, S. 1013–1020.

SCHNEIDER, BARRY, 30.000 U.S. Nuclear Weapons. 22 000 Tactical and 8000 Strategic, in: The Defense Monitor Heft 2/1975.

SCHUBERT, KLAUS VON, Bedingungen des Überlebens. Sicherheitspolitik und politische Moral zwischen Militärstrategie und Waffentechnik, in: B 10/1980, S. 3–36.

SCHÜTZE, WALTER, Neue Tendenzen der französischen Europa- und Sicherheitspolitik nach den Wahlen vom März 1978, in: EA 23/1978, S. 771–782.

SCHULZ-TORGE, ULRICH, Die sowjetische Kriegsmarine Bd. 1, Bonn 1976.

SCHWARZ, GÜNTER/LUTZ, DIETER S., Sicherheit und Zusammenarbeit. Eine Bibliographie zu SALT, MBFR und KSZE, Baden-Baden 1980.

SCHWARZ, KLAUS-DIETER (Hg.), Sicherheitspolitik. Analysen zur politischen und militärischen Sicherheit, Bad Honnef-Erpel 1978[3].

DERS., Amerikanische Militärstrategie 1945–1978. Eine Analyse zum außen- und innenpolitischen Problem strategischer Politik, in: Schwarz, Klaus-Dieter (Hg.), Sicherheitspolitik. Analysen zur politischen und militärischen Sicherheit, Bad Honnef-Erpel 1978[3].

SCOVILLE JR., HERBERT, «First use» of Nuclear Weapons, in: Arms Control Today No. 7/8 (Vol. 5), Juli/August 1975, S. 1–3.

SENGHAAS, DIETER (Hg.), Zur Pathologie des Rüstungswettlaufs. Beiträge zur Friedens- und Konfliktforschung, Freiburg i. Br. 1970.
DERS., Abschreckung und Frieden. Studien zur Kritik organisierter Friedlosigkeit, Frankfurt a. M. 1972.
DERS., Aggressivität und kollektive Gewalt, Stuttgart u. a. 1972².
DERS., Aufrüstung durch Rüstungskontrolle, Stuttgart u. a. 1972.
DERS., Rüstung und Militarismus, Frankfurt a. M. 1972.
DERS./RITTBERGER, VOLKER/LUBER, BURKHARD, MBFR: Aufrüstung durch Rüstungskontrolle?, in: Bielfeldt, Carola u. a., Frieden in Europa? Zur Koexistenz von Entspannung, Reinbek bei Hamburg 1973, S. 48–87.
SHULMAN, MARSHALL D., SALT and the Soviet Union, in: Willrich, Mason/Rhinelander, John B. (Hg.), SALT: The Moscow Agreement and Beyond, New York 1974, S. 101–121.
SIENKIEWICZ, STANLEY, SALT and Soviet Nuclear Doctrine, in: International Security, No. 4/1978 (Vol. 2), S. 84–100.
SOMEJKO, LEW, Gibt es ein militärisches Ungleichgewicht in Europa; in: Blätter für deutsche und internationale Politik 11/1979, S. 1337–1342.
DERS., Strategie des Gleichgewichts und «Eurostrategie» der Überlegenheit, in: Europäische Rundschau 4/1980, S. 67–74.
SOMMER, THEO, Weltuntergang als Notlösung? Das Bonner Raketen-Rätsel, in: Die Zeit vom 09. 03. 1979, S. 1.
DERS., Der Kreml glaubt den Worten nicht. Noch zeichnet sich ein gangbarer Weg aus der Afghanistan-Krise nicht ab, in: Die Zeit Nr. 15 vom 04. 04. 1980, S. 3.
DERS., Weghören tut not, in: Die Zeit Nr. 8 vom 13. 02. 1981, S. 7.
DERS., Noch funktioniert das Gleichgewicht des Schreckens. Das nuklearstrategische Kräfteverhältnis zwischen den beiden Supermächten, in: Die Zeit Nr. 17 vom 17. 04. 1981, S. 3.
STATISTISCHES BUNDESAMT Wiesbaden, Statistik des Auslands, Länderkurzbericht Sowjetunion 1978, Stuttgart und Mainz 1978.
STEINHOFF, JOHANNES, Wohin treibt die NATO? Probleme der Verteidigung Westeuropas, Hamburg 1976.
STEVENSON, JOHN, The Atlas of Modern Warfare, London 1978.
STOCKHOLM International Peace Research Institute (SIPRI), World Armaments and Disarmament, SIPRI Yearbook 1974ff, London 1974ff.
STAHEL, ALBERT, Kann die NATO den Einsatz der Neutronenwaffen strategisch verantworten?, in: Schweizer Soldat 3/1979, S. 8f.
STRATMANN, KARL-PETER, NATO-Strategie in der Krise? Militärische Optionen von NATO und Warschauer Pakt in Mitteleuropa, Baden-Baden 1981.
TAYLOR, JOHN W. R. (Ed.), Jane's all the world's aircraft 1978–1979. The annual record of aviation development and progress, London 1978.
TAYLOR, MICHAEL J. H./TAYLOR, JOHN W. R., Die Raketenwaffen und Flugkörper der Welt, Stuttgart 1975².
TERZIBASCHITSCH, STEFAN, Die Luftwaffe der U.S. Navy und des Marine Corps, München 1974.

DERS., Flugzeugträger der U.S. Navy, Bd. 1: Flottenflugzeugträger, München 1978.
TIEDTKE, STEPHAN, Rüstungskontrolle aus sowjetischer Sicht. Die Rahmenbedingungen der sowjetischen MBFR-Politik, HSFK-Report, Frankfurt a. M. 1979.
TSIPIS, KOSTA, Offensive Missiles, Stockholm Paper 5, Uppsala 1974.
UNITED STATES Military Posture for FY 1980. An Overview by General David C. Jones, USAF, Chairman of the Joint Chiefs of Staff. With Supplement prepared by the Organization of the Joint Chiefs of Staff, Washington o. J. (1979).
UNITED STATES Military Posture for FY 1981. An Overview by General David C. Jones, USAF, Chairman of the Joint Chiefs of Staff. With Supplement prepared by the Organization of the Joint Chiefs of Staff, Washington o. J. (1980).
U.S. CONGRESS, House Committee on International Relations Subcommittee on International Political and Military Affairs, Hearings U.S. – U.S.S.R. Relations and Strategic Balance, Washington 1976.
U.S. GOVERNMENT Printing Office Arms Control Impact Statements, Fiscal Year 1982. Statements submitted to the Congress by the President Persuant to Section 36 of the Arms Control and Disarmament Act. Printed for the use of the Committees on Foreign Affairs and Foreign Relations of the House of Representatives and Senate respectively, Washington, Februar 1981.
VOGL, WALTER, TORNADO – Avionik in der Erprobung, in: Jahrbuch der Luftwaffe 13/1976, S. 104–112.
WALPUSKI, GÜNTER, Verteidigung + Entspannung = Sicherheit. Texte und Materialien zur Außen- und Sicherheitspolitik, Bonn-Bad Godesberg 1975[2].
WEISSBUCH 1975/76. Zur Sicherheit der Bundesrepublik Deutschland und zur Entwicklung der Bundeswehr, im Auftrage der Bundesregierung, herausgegeben vom Bundesminister der Verteidigung, o. O., o. J.
WEISSBUCH 1979. Zur Sicherheit der Bundesrepublik Deutschland und zur Entwicklung der Bundeswehr, im Auftrage der Bundesregierung, herausgegeben vom Bundesminister der Verteidigung, o. O., o. J.
WEIZSÄCKER, CARL FRIEDRICH VON (Hg.), Kriegsfolgen und Kriegsverhütung, München 1971.
WETTIG, GERHARD, Nachrüstungsbeschluß und Verhandlungsangebot der NATO im sowjetischen Urteil, in: Europäische Wehrkunde 7/1980, S. 326–330.
WHAT is the Soviet Union Up To?, ed. by the Committee on the Present Danger, Washington D.C., April 1977.
WIENER, FRIEDRICH, Die Armeen der NATO-Staaten, Taschenbuch der Landstreitkräfte Bd. 1, München 1977[5].
DERS., Die Armeen der Warschauer Pakt-Staaten, Taschenbuch der Landstreitkräfte Bd. 2, München 1979[7].
WIESNER, JEROME B., Umfassende Systeme der Rüstungsbeschränkung, in: Brennan, Donald G. (Hg.), Strategien der Abrüstung. Achtundzwanzig Problemanalysen. Deutsche erweiterte Ausgabe, herausgegeben in Verbin-

dung mit dem Forschungsinstitut der Deutschen Gesellschaft für Auswärtige Politik von Uwe Nerlich, Gütersloh 1962, S. 219–257.

WILLRICH, MASON/RHINELANDER, JOHN B. (Hg.), SALT: The Moscow Agreement and Beyond, New York 1974.

WOLF, DIETER O. A./HOOSE, HUBERTUS/DANSES, MANFRED A., Gefahr aus dem Weltraum. Politische, militärische und rechtliche Aspekte der Weltraumnutzung, Bonn 1979.

WORLD Missile Directory, in: Flight International, June 1979, S. 1820–1866.

WOYKE, WICHARD/NIEDER, KLAUS/GÖRTEMAKER, MANFRED, Sicherheit für Europa? Die Konferenz von Helsinki und Genf, Opladen 1974.

WUST, HARALD, Das Angriffsrisiko wird für die Sowjetunion immer leichter kalkulierbar, in: Die Welt Nr. 283 vom 4. 12. 1979, S. 9.

YORK, HERBERT, The Nuclear Balance of Terror in Europe, in: AMBIO 5–6/1975 (Vol. IV), S. 203–208.

YOST, DAVID S., French Defense Budgeting: Executive Dominants and Resource Constraints, in: Orbis 3/1979 (Vol. 23), S. 579–608.

ZIMMER, ERNST-HEINRICH, Frankreichs Streitkräfte, in: Europäische Wehrkunde 11/1979, S. 544–548.

ZOLL, RALF/LIPPERT, EKKEHARD/RÖSSEL, TJARK (Hg.), Bundeswehr und Gesellschaft. Ein Wörterbuch, Opladen 1977.

Anhang Nr. 5: Glossar

Erstschlagsfähigkeit
Unter Erstschlagsfähigkeit (*first strike capability*) ist die Fähigkeit zu verstehen, mit Hilfe eines eigenen nuklearen Überraschungsangriffes gegen Militäreinrichtungen (*counterforce*) den Gegner zu entwaffnen bzw. teilzuentwaffnen oder das Kräfteverhältnis so zu verändern, daß Risiko und Schaden eines möglichen Vergeltungsschlags des Gegners kalkuliert tragbar(er) erscheinen.

Flexible Response
Anders als die NATO-Strategie der «massiven Vergeltung» will die NATO-Strategie der «flexiblen Reaktion» (*flexible response*) jeder Aggression auf einer Ebene entgegentreten, die zur Abschreckung eines Angriffes und ggf. für die Abwehr dieses Angriffes ausreichend ist. Wenn die Verteidigung auf der zunächst gewählten Ebene nicht zum gewünschten Erfolg führt, verlangt die Strategie der flexiblen Reaktion auch die Fähigkeit, die jeweilige Ebene unter ständiger Kontrolle anheben zu können. Art, Ausmaß und Zeitpunkt der jeweiligen Reaktionsform, auch des nuklearen Waffeneinsatzes, dürfen hierbei für den Gegner nicht kalkulierbar sein. Ferner muß die NATO die Eskalationskontrolle (Eskalationsdominanz) besitzen, d. h. die militärische Fähigkeit, durch Vorteile auf den höheren Stufen anwendbarer Gewalt den gegnerischen Handlungsspielraum bestimmen zu können.

Gesicherte Zerstörung
Die Doktrin der «gesicherten Zerstörung» (*assured destruction*) verlangt von den USA die Aufrechterhaltung eines Nuklearpotentials, das auch noch nach einem nuklearen Überraschungsangriff in der Lage und fähig ist, dem Gegner einen «untragbaren Schaden» zuzufügen. Nach dem ehemaligen US-Verteidigungsminister McNamara soll ein derartiger Schaden im Falle der UdSSR bei der Vernichtung eines Fünftels bis eines Viertels der sowjetischen Bevölkerung und bei der Zerstörung der Hälfte ihrer Industriekapazität liegen.

Kooperative Rüstungssteuerung (KRSt)
Kooperative Rüstungssteuerung (KRSt) steht im deutschen Sprachraum für den Begriff der «Arms Control» (Rüstungskontrolle). KRSt darf nicht mit (einseitiger) Abrüstung verwechselt werden. Ziel der KRSt ist vielmehr strategische Stabilität unter Aufrechterhaltung glaubwürdiger gegenseitiger Abschreckung, wenngleich langfristig mit der Perspektive weniger bedrohter, weniger bedrohlicher und weniger kostspieliger Potentiale.

Letalität

Die Vernichtungswirkung einer Waffe auf ein Ziel wird als Letalität oder *Kill capability* (K) bezeichnet. Sie ist die Funktion aus zwei Faktoren: Der Treff- und Zielgenauigkeit (CEP) der Waffe einerseits und ihrer Sprengkraft (*yield*) andererseits. Nach Ergebnissen von Atomwaffentests ist davon auszugehen, daß die Letalität einer Nuklearwaffe in direkter Proportion zur Kubikwurzel aus dem Quadrat der Sprengkraft und umgekehrt proportional zum Quadrat der Zielgenauigkeit steigt. Die Formel zur Berechnung der Letalität eines einzelnen Raketengefechtskopfes lautet also

$$K = \frac{y^{2/3}}{(CEP)^2}$$

MBFR

Die Gespräche über Truppenreduzierungen in Europa (Mutual Balanced Force Reductions/MBFR) können als Rüstungssteuerungsversuche angesehen werden, die sich auf Mitteleuropa konzentrieren, schwerpunktmäßig auf den nicht-nuklearen Bereich ausgerichtet sind und anders als die SALT-Gespräche ein multilaterales Forum trotz bündnisorientierter Bilateralität darstellen. Obwohl die vorbereitenden Konsultationen für MBFR bereits im Januar 1973 begonnen haben, ist bis heute – u. a. wegen der Datenfrage – noch kein Abkommen erzielt worden.

NATO

Die NATO (North Atlantic Treaty Organization) wurde 1949 durch Belgien, Dänemark, Frankreich, Großbritannien, Island, Italien, Kanada, Luxemburg, die Niederlande, Norwegen, Portugal und die USA zur Wahrung der Sicherheit im nordatlantischen Raum gegründet. Griechenland und die Türkei traten 1952 bei, die Bundesrepublik Deutschland 1955. Die NATO ist kein System kollektiver Sicherheit, sondern ein Militärpakt, der sich vorrangig gegen die Sowjetunion richtet.

NATO-Doppelbeschluß (Nachrüstung)

Der Beschluß der Außen- und Verteidigungsminister der NATO vom 12. 12. 1979 sieht die Einführung von 572 neuen treffgenauen Nuklearraketen in und für Europa ab 1983 vor. Die Gesamtzahl setzt sich aus 108 PERSHING II und 464 Marschflugkörpern zusammen, von denen je 48 Marschflugkörper in Belgien und Holland, in Italien 112, in Großbritannien 160 und in der Bundesrepublik 96 stationiert werden sollen; die 108 verbesserten PERSHING-Raketen sollen ausschließlich in der Bundesrepublik disloziert werden. Begründet wurde der Beschluß mit einer «Abschreckungslücke» der NATO bzw. mit einem Vorrüsten der Sowjetunion. Entsprechend wurde der Beschluß als «Nachrüstungsentscheidung» bezeichnet. Gekoppelt ist der Beschluß mit einem Rüstungssteuerungsangebot, das sich allerdings nur auf landgestützte LRTNF beschränkt. Zu Rüstungssteuerungsverhandlungen ist es bislang (Herbst 1981) nicht gekommen.

Präemptivkrieg/Präventivkrieg
Unter Präemptivkrieg ist ein Krieg zu verstehen, der in der sicheren Annahme begonnen wird, ein feindlicher Angriff stehe unmittelbar bevor oder habe bereits begonnen. Der Präventivkrieg wird dagegen in der Überzeugung begonnen, eine militärische Auseinandersetzung stehe zwar nicht unmittelbar bevor, sei auf die Dauer aber unvermeidlich und bedeute bei Zuwarten ein größeres Risiko.

SALT
Das erste Abkommen über die Begrenzung strategischer Waffensysteme (Strategic Arms Limitation Talks/SALT) ist am 3. Oktober 1972 in Kraft gesetzt worden. Es umfaßt den Vertrag über Systeme zur Abwehr ballistischer Raketen (Anti-Ballistic-Missiles/ABM) sowie ein Interimsabkommen über die Begrenzung strategischer Angriffswaffen. Zu einem Stillstand des nuklearen Rüstungswettlaufs hat SALT I nicht geführt. SALT II wurde am 18. Juni 1979 von US-Präsident Carter und dem sowjetischen Generalsekretär Breschnjew unterzeichnet, bislang jedoch nicht vom US-Senat ratifiziert. Zur Zeit kann nicht davon ausgegangen werden, daß SALT II in der vorliegenden Form in Kraft treten wird.

TNF
Deutlicher als der englische Ausdruck «Theatre Nuclear Forces» (TNF) weist der deutsche Begriff der «Nuklearkräfte in und für Europa» auf die Landzielorientierung und auf den Kriegsschauplatz Europa hin, für den TNF-Systeme vorgesehen sind. Die Begriffsbildung «in und für Europa» illustriert zugleich, daß diesen Nuklearkräften nicht nur «in» Europa stationiertes Potential zuzurechnen ist. Zu unterscheiden sind ferner TNF kurzer Reichweite bis 100 km (SRTNF), TNF mittlerer Reichweite bis 1000 km (MRTNF) und TNF großer Reichweite über 1000 km (LRTNF).

Vernichtungswahrscheinlichkeit
Die Vernichtungswirkung eines nuklearen Gefechtskopfes kann nach den Ergebnissen aus Versuchen und Tests auch als Reichweite der Druckwelle angegeben werden, innerhalb der sie Ziele (oder ein Gebiet) mit einer bestimmten Härtung zerstört. Die Entfernung, innerhalb welcher der erforderliche Überdruck, vom Explosionspunkt aus gemessen, vernichtend auftritt, wird dann als Letalitätsradius bezeichnet. Ist der Letalitätsradius bekannt, so kann die Wahrscheinlichkeit, mit der ein Gefechtskopf ein vorge-

gebenes Ziel zerstören kann, berechnet werden. Hierfür wurden technische Hilfsmittel in Form von Tabellen, Graphiken, Skalenscheiben und ähnliches entwickelt.

WVO

Die Warschauer Vertragsorganisation (WVO) wurde 1955 von Bulgarien, Ungarn, der DDR, Polen, Rumänien, der Sowjetunion und der Tschechoslowakei gegründet. Sie richtet sich gegen die NATO und stellt wie diese kein System kollektiver Sicherheit, sondern einen Militärpakt dar.

Zielgenauigkeit/Streukreishalbmesser (CEP)

Die Zielgenauigkeit einer Waffe wird als Streukreishalbmesser oder «Circular Error Probability» (CEP) wiedergegeben; sie ist eine statistische Meßgröße, die den Radius des Kreises um einen Zielpunkt bezeichnet, in den der Sprengkopf bzw. die Waffe mit einer Wahrscheinlichkeit von 50 % auftrifft.

Zweitschlagsfähigkeit

Unter Zweitschlagsfähigkeit (*second strike capability*) ist die Fähigkeit zu verstehen, auch noch nach einem erlittenen Nuklearschlag einen Vergeltungsschlag gegen den Angreifer mit dem Ziel der «gesicherten Zerstörung» zu führen. Der Zweitschlag richtet sich vorrangig gegen weiche Ziele des Gegners wie Bevölkerungszentren (*countercity*) oder Industrieansiedlungen (*countervalue*).

Anhang Nr. 6: Abkürzungsverzeichnis

a. A.		andere Ansicht
a. a. O.		am angegebenen Ort
ABM	Anti-Ballistic Missile, s	Abwehrrakete gegen ballistische Flugkörper
ACE	Allied Command Europe	NATO Kommandobereich Europa
ADM	Atomic Demolition Munition, s	Atomare Sperrmunition/ Atomare Sprengladung, en
AEC	Atomic Energy Commission	Atomenergiekommission (der USA)
AFCENT	Allied Forces Central Europe	NATO Kommandobehörde Europa-Mitte
ALBM	Air-Launched Ballistic Missile, s	Luftgestützte, r ballistische, r Flugkörper
ALCM	Air-Launched Cruise Missile, s	Luftgestützte, r Marschflugkörper
Anm.		Anmerkung
ASM	Air-to-Surface Missile, s	Luft-Boden-Flugkörper
ASprK		Atomsprengkopf
ASW	Anti-Submarine Warfare	U-Boot-Abwehr
atü		Atmosphärenüberdruck (0,7 atü = 10 psi)
B		Aus Politik und Zeitgeschichte. Beilage zur Wochenzeitung Das Parlament
BM	Ballistic Missile, s	Ballistische, r Flugkörper
BMVg		Bundesministerium der Verteidigung
C^3	Command, Control, and Communications	Führungs- und Fernmeldewesen
CBM	Confidence-Building Measures	Vertrauensbildende Maßnahmen
CBO	Congressional Budget Office	

CENTAG	Central Army Group	Kommandobehörde Armeegruppe Mitte
CEP	Circular Error Probable	Streukreishalbmesser
CM	Cruise Missile, s	Marschflugkörper
DCA	Dual-capable Aircraft	Dual einsatzfähige Flugzeuge
DDR		Deutsche Demokratische Republik
DoD	Department of Defense	US-Verteidigungsministerium
Div		Division
EA		Europa Archiv
Ebda.		ebenda
ECM	Electronic Counter Measures	Elektronische Abwehrmaßnahmen
Ed.	Editor	Herausgeber
EMP	Electromagnetical Pulse	Elektromagnetischer Impuls
EP	Earth Penetrator	Erdeindringungsgefechtskopf
ER	Enhanced Radiation	Verstärkte Strahlung
ERW	Enhanced Radiation Weapon	Neutronenwaffe
FAZ		Frankfurter Allgemeine Zeitung
FBS	Forward Based System	Vorne dislozierte Waffensysteme/Vorgelagerte Mittel
FlaRak		Flugabwehrrakete
FOBS	Fractional Orbital Bombardment System, s	Teilerdumlauffähige, s Bombensystem, e
FROG	Free Rocket over Ground	Ungelenkte Rakete
FY	Fiscal Year	Haushaltsjahr
FYDP	Five Year Defense Program	Fünfjahresverteidigungsprogramm
GLCM	Ground-Launched Cruise Missile's	Landgestützte, r Marschflugkörper
HLG	High Level Group	Hochrangige Gruppe (der NATO)
HQ	Headquarter	Hauptquartier
Hrsg./Hg.		Herausgeber

HSFK		Hessische Stiftung Friedens- und Konfliktforschung (Frankfurt)
ICBM	Intercontinental Ballistic Missile, s	Interkontinentalrakete, n
IISS	The International Institute for Strategic Studies	Internationales Institut für Strategische Studien (London)
IPW		Institut für Internationale Politik und Wirtschaft – Berlin/DDR
IRBM	Intermediate-Range Ballistic Missile, s	Ballistische, r Flugkörper mittlerer Reichweite/Ballistische Mittelstreckenrakete, n
KAE		Konferenz für Abrüstung in Europa
km		Kilometer
KRSt		Kooperative Rüstungssteuerung
KSZE		Konferenz für Sicherheit und Zusammenarbeit in Europa
KT		Kilotonne, n
L		Landstreitkräfte
lg		logarithmisch
LR	1. Long-Range	1. Langstrecke/große Reichweite
	2. Lethal Radius	2. Letalitätsradius
LRTNF	Long-Range Theater Nuclear Forces	Nuklearkräfte in und für Europa großer Reichweite
LTDP	Long Term Defense Program	Langfristiges Verteidigungsprogramm
m	1. metre, s	1. Meter
	2. Statute mile, s	2. Meile, n (= 1.760 yards/ 1,61 km)
MB	The Military Balance	
MC	Military Committee	Militärausschuß
MBFR	Mutual Balanced Forces Reductions	Beiderseitige ausgewogene Truppenreduzierungen

MIRV	Multiple Independently-targetable Re-entry Vehicle, s	Mehrfach unabhängig zielprogrammierbare, r Wiedereintrittsflugkörper
MLF	Multilateral Force	Multilaterale Atomstreitmacht
mm		Millimeter
MMIRBM	Mobile Medium Intermedium-Range Ballistic Missile, s	Mittlere mobile ballistische Mittelstreckenrakete, n
MR	Medium Range	Mittelstrecke/mittlere Reichweite
MRCA	Multi-Role Combat Aircraft	Mehrzweckkampfflugzeug
MRCM	Medium-Range Cruise Missile, s	Mittelstreckenmarschflugkörper
MRTNF	Medium-Range Theater Nuclear Forces	Nuklearkräfte in und für Europa mittlerer Reichweite
MRV	Multiple Re-entry Vehicle, s	Mehrfachwiedereintrittsflugkörper
MT		Megatonne
MUR-FRAAMCE	Mutual Force Reductions and Associated Measures in Central Europe	Beiderseitige Reduktion von Streitkräften und Rüstung und damit zusammenhängende Maßnahmen in Mitteleuropa
n	number	Anzahl
NATO	North Atlantic Treaty Organization	Nordatlantikpakt/-Organisation
NCA	National Command Authority	Der Entscheidungsträger zur Freigabe von Nuklearwaffen (US-Präsident)
nm	Nautical Mile	Seemeile, n (= 6076 feet = 1.852 m)
NOP	Nuclear Operations Plan	Nuklearer Operationsplan
NPG	Nuclear Planning Group	Nukleare Planungsgruppe (der NATO)
NSC	National Security Council	Nationaler Sicherheitsrat (der USA)
NSM	National Security Memorandum	Nationales Sicherheitsmemorandum
NSTL	National Strategic Target List	Nationale Strategische Zielliste der USA

OAR	Overall Reliability	Technische Zuverlässigkeit des Gesamtwaffensystems
OBH	Optimum Burst Height	Luftexplosion bei optimaler Höhe
o. D.		ohne Datum
o. J.		ohne Jahr
ÖMZ		Österreichische Militärzeitschrift
OTA	Office of Technology Assessment	
PGM	Precision Guided Munition	Präzisionsgelenkte Munition
PK	Probability of Kill	Vernichtungswahrscheinlichkeit
psi	Pounds per Square Inch	1 psi =,07 atü
PZ		Panzer
QRA	Quick Reaction Alert	Schnelle Reaktionsbereitschaft
RAND	Research and Development Corporation, Santa Monica	
RB	Reduced Blast	Verringerter Überdruck
RFK		Raumflugkörper
RV	Re-entry Vehicle,s	Wiedereintrittsflugkörper
S.		Seite
SAC	Strategic Air Command	Strategisches Bomberkommando
SACEUR	Supreme Allied Commander Europe	Oberster Alliierter Befehlshaber Europa
SALT	Strategic Arms Limitation Talks	Gespräche über die Begrenzung strategischer Waffen
SAM	Surface-to-Air Missile,s	Boden-Luft-Flugkörper
SB	Surface Burst	Bodenexplosion
SCC	Standing Consultative Commission	Ständiger Beratungsausschuß
SCG	Special Consultative Group	Sonderkonsultationsgruppe
SG	Special Group on Arms Control and Related Matters	Spezialgruppe für KRSt im Rahmen der NPG
SHAPE	Supreme Headquarters Allied Powers Europe	Oberstes Hauptquartier der alliierten Mächte in Europa

SIOP	Single Integrated Operational Plan	Einheitlicher Operationsplan der USA
SIPRI	Stockholm International Peace Research Institute	Internationales Friedensforschungsinstitut Stockholm
SLBM	1. Submarine-Launched Ballistic Missile,s 2. Sea-Launched Ballistic Missile,s	1. U-Boot-gestützte ballistische Rakete,n 2. Seegestützte ballistische Rakete,n
SLCM	1. Submarine-Launched Cruise Missile,s 2. Sea-Launched Cruise Missile,s	1. U-Boot-gestützte,r Marschflugkörper 2. Seegestützte,r Marschflugkörper
sm		Seemeile,n (= 6076 feet = 1.852 m)
s. o.		siehe oben
SR	Short Range	Kurzstrecke/kurze Reichweite
SRAM	Short Range Attack Missile,s	Angriffslenkwaffe,n, Luft-Boden-Lenkwaffe,n geringer Reichweite
SRBM	Short-Range Ballistic Missile,s	Ballistische Kurzstreckenrakete,n
SRM	Short-Range Missile,s	Kurzstreckenrakete,n
SRTNF	Short-Range Theater Nuclear Forces	Nuklearkräfte in und für Europa kurzer Reichweite
SU		Sowjetunion
SSBN	Ballistic Missile Submarine,s Nuclear	Atom-U-Boot mit ballistischen Raketen
SSKP	Single Shot Kill Probability	Vernichtungswahrscheinlichkeit eines einzigen Geschosses
SSM	Surface-to-Surface Missile,s	Boden-Boden Rakete,n
SWP		Stiftung Wissenschaft und Politik (Ebenhausen)
TNF	Theater Nuclear Forces	1. Nuklearkräfte in und für Europa 2. Kriegsschauplatzgebundene Nuklearwaffen
TNT		Trinitrotoluol
TNW	Tactical Nuclear Weapons	Taktische Nuklearwaffen

UdSSR		Union der sozialistischen Sowjetrepubliken
UN	United Nations	Vereinte Nationen
US	United States	Vereinigte Staaten
USA	United States of America	Vereinigte Staaten von Amerika
USAF	US Airforce	US-Luftstreitkräfte
USNI	United States Naval Institute	Marine-Institut der Vereinigten Staaten
VBM		Vertrauensbildende Maßnahmen
vgl.		vergleiche
VIP		Verteidigungspolitische Informationen für Politik und Presse
Vol.	Volume	Band
WPO		Warschauer Pakt Organisation
WT		Wehrtechnik
WTO	Warsaw Treaty Organization	Warschauer Vertragsorganisation
WVO		Warschauer Vertragsorganisation
WWMCCS	Worldwide Military Command and Control System	Weltweites militärisches Führungssystem (der USA)
y	yield	Sprengkraft

1073/2

Militär, Rüstung, Sicherheit

Eine Veröffentlichung des Instituts für Friedensforschung und Sicherheitspolitik an der Universität Hamburg
Herausgegeben von Dieter S. Lutz

1 Lutz, Dieter S. (Hrsg.)
Die Rüstung der Sowjetunion – Rüstungsdynamik und bürokratische Strukturen, *1979, 273 S., brosch., 49,– DM* *ISBN 3-7890-0482-0*

2 Schwarz, Günter; Lutz, Dieter S.
Sicherheit und Zusammenarbeit – Eine Bibliographie zu MBFR, SALT und KSZE, *1980, 150 S., brosch., 58,– DM* *ISBN 3-7890-0540-1*

3 Krell, Gert (Hrsg.)
Die Rüstung der USA – Gesellschaftliche Interessen und politische Entscheidungen, *1981, 288 S., brosch., 49,– DM*
ISBN 3-7890-0638-6

4 Lutz, Dieter S.; Große-Jütte, Annemarie (Hrsg.)
Neutralität – Eine Alternative? – Die Militär- und Sicherheitspolitik neutraler Staaten in Europa, *1981, 224 S., brosch., in Vorbereitung*
ISBN 3-7890-0626-2

5 Krell, Gert; Lutz, Dieter S.
Nuklearrüstung im Ost-West-Konflikt – Potentiale, Doktrinen, Rüstungssteuerung, *1980, 217 S., brosch., 24,– DM*
ISBN 3-7890-0585-1

6 Lüders, Carl H.
Ideologie und Machtdenken in der Außen- und Sicherheitspolitik der Sowjetunion, *1981, 113 S., brosch., 12,80 DM*
ISBN 3–7890–0722–6

7 OTA, Kongress der Vereinigten Staaten, Office of Technology Assessment
Atomkriegsfolgen – Mit einer Einleitung von Dieter S. Lutz, *1982, in Vorbereitung*

8 Kutz, Martin
Reform und Restauration der Offiziersausbildung der Bundeswehr – Strukturen und Konzeptionen der Offiziersausbildung im Widerstreit militärischer und politischer Interessen, *1982, in Vorbereitung*

9 Schultz, Karl-Ernst (Hrsg.)
Bildungsreform in der Bundeswehr – Zwischenbilanz und Perspektiven, *1982, in Vorbereitung*

Militär, Rüstung, Sicherheit

10 von Baudissin, Wolf Graf; Lutz, Dieter S. (Hrsg.)
Kooperative Rüstungssteuerung – Sicherheitspolitik und Strategische Stabilität, *1981, 242 S., brosch., 19,80 DM*
ISBN 3-7890-0707-2

11 von Baudissin, Wolf Graf; Lutz, Dieter S. (Hrsg.)
Konflikte, Krisen, Kriegsverhütung – Fragen, Analysen, Perspektiven, *1981, 238 S., brosch., 19,80 DM* *ISBN 3-7890-0708-0*

12 Böge, Volker
Die Türkei – Eckpfeiler der westlichen Allianz? Zur türkischen Außen- und Sicherheitspolitik und zu den NATO-Interessen in Südosteuropa und Mittelost, *1982, in Vorbereitung*

13 Lutz, Dieter S. (Hrsg.)
Sicherheitspolitik am Scheideweg?, *1982, in Vorbereitung*

14 Beuter, Heinz-Jürgen
SALT als System antagonistischer Rüstungssteuerung, *1982, in Vorbereitung*

15 Mutz, Reinhard
Konventionelle Abrüstung in Europa – Die Bundesrepublik Deutschland und MBFR, *1982, in Vorbereitung*

16 Lutz, Dieter S.; Pott, Andreas; Schwarz, Günter
Seemacht und Friedenspolitik, *1982, in Vorbereitung*

17 Leitenberg, Milton
Sicherheitspolitik und militärische Doktrin, *1982, in Vorbereitung*

Studien zur Abrüstungsplanung

1 Rittberger, Volker (Hrsg.)
Abrüstungsplanung in der Bundesrepublik, *1979, 183 S., 19,– DM*
ISBN 3-7890-0428-6

2 Albrecht, Ulrich
Rüstungskonversionsforschung – Eine Literaturstudie mit Forschungsempfehlungen unter Mitarbeit von Franz Lorenz und Dan Smith, *1979, 139 S., 19,– DM* *ISBN 3-7890-0448-0*

3 Rittberger, Volker (Hrsg.)
Neue Wege der Abrüstungsplanung – Organisationsprobleme und Reformoptionen im internationalen Vergleich, *1981, 333 S., brosch., 69,– DM* *ISBN 3-7890-0664-5*

Nomos Verlagsgesellschaft
Postfach 610 · 7570 Baden-Baden